(NATIONAL FISHING TACKLE MUSEUM)

GENERAL GRADING SYSTEM OF LURES

IN BOX	Pristine in box with papers.
FLAWLESS	Pristine, but without a box and/or papers.
EXCELLENT	Bright paint with few scratches or minor scrapes.
VERY GOOD	Shows use, little varnish loss, duller finish.
GOOD	Minor problems; hook scars, rust, little loss to primer.
AVERAGE	Loss of paint, maybe 10% to primer, cracks, starting to look at age in relation to condition.
FAIR	Major defects, looking at possible replacement, showing wood 10% or more.
POOR	Looking at reconditioning or touching up, replacing hardware.
REPAINTED	A reconditioned beaten plug, no dents.
BEATER	Ready to strip for repaint or to use parts.
PLUG BODY	Rig and paint yourself, use for fishing.

COMMENT: 1/4 OF VALUE SHOULD BE TAKE OFF OR ADDED TO, BETWEEN EACH GRADE

The lures in this book are valued very good to excellent even though many are not.

PUBLISHED BY HOLLI ENTERPRISES
P.O. BOX 9
LUTHER, OK   73054
PHONE (405) 277-3635
FAX   (405) 277-3733
COPYRIGHT   TX 2 982 928
ALL RIGHTS RESERVED
FIRST EDITION
FIRST PRINTING   JULY 1987
SECOND EDITION
FIRST PRINTING   SEPT 1990
SECOND PRINTING   JUNE 1991
THIRD PRINTING   JUNE 1992
FOURTH PRINTING   APRIL 1993
FIFTH PRINTING   MAY 1994
THIRD EDITION
FIRST PRINTING   MARCH 1995
SECOND PRINTING   NOV 1995
ISBN 0-9634515-5-3

FISHING TACKLE ANTIQUES AND COLLECTABLES

REFERENCE AND EVALUATION OF PRE-1960 TACKLE

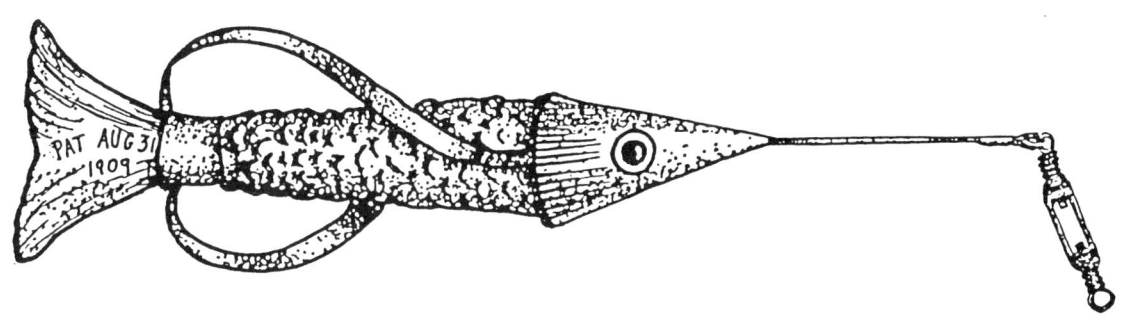

BY KARL T. WHITE

P.O. BOX 9
LUTHER, OK 73054
(405) 277-3635

ALL PICTURES WERE TAKEN FROM THE
KARL T. WHITE FISHING TACKLE COLLECTION

PHOTOGRAHER DEL CYPHERS   ASSEMBLED BY JACKIE SIMPSON

ACKNOWLEDGEMENT

1. A special thanks to the National Fishing Lure Collectors Club - without it's 4,000 members and 18 years of existence, it would not have been possible to obtain these items for the museum and book.
   A special thanks to B.A.S.S. and Dave Ellison for the free exposure of myself and this book to the fishing industry. This type of exposure helps this book to be the success that it is.
   A special thanks to Langs Sporting Auction by helping to evaluate the tackle, as the only true test of value is at auction.

2. The many people in the club who were instrumental in various ways, giving their knowledge to help put this book together:
   Art Kimball - Clyde Harbin - Steve Vernon
   Jim Brown - Dick Streater

3. For a lot of collections which were compiled into the museum, thanks to:
   Harvey Siebert - Clarence Grim (deceased)
   Richard Miller - Vernon Hatley - Joe Nelson
   Trig Lund

4. Finally, the savory advise of:
   Al Dement - Jackie Hewlett (deceased)
   Mike Heinze - Dick Kotis - Bob Mannix
   Seth Rosenbaum - John Shoffner -Dick Wilson

THIS BOOK IS DEDICATED TO MY WIFE OF 35 YEARS, BEVERLY

AND MY THREE CHILDREN, CRYSTAL, LEESA AND HOLLI

ABOUT THE AUTHOR

Since 1948, at age 9, Karl White has been interested in fishing. This began while living next to a sandpit lake. One day while he was fishing, another young boy came along, throwing a red and white River Runt. Trying to be helpful Karl told the boy to leave his cork in the water or he would never catch a fish. You can guess what happened. "Bang! A Bass." From that point on, Karl has been a collector. A few years passed, and Karl's father took him to an old hotel in Claremore, where probably the best collection of antique firearms is kept. Karl was fascinated by this. He thought,"If there is a museum on hunting material,why isn't there one on fishing, since it's more popular?" Hence, collecting antique fishing tackle started.

In 1961, he was married to Beverly Wright and they had three daughters Crystal, Leesa and Holli.

In 1962 Karl received his degree in Biology and Chemistry from Central State University in Edmond, Oklahoma.

By 1976, Karl's business in allergy, Crystal Laboratory Inc. was growing fast, and gave him the income to purchase some of the best fishing collections that have existed.

In 1976, the National Fishing Lure Collectors Club (NFLCC) was founded by three gentlemen in the School of the Ozarks. Karl had previously contacted these people and was instrumental in the formation of the club and and is one of it's founding members. This club has now grown to over 3000 members at the present time. In this time, Karl has seen a, "gasp" when someone paid $50.00 for a lure to a, "gasp "when someone paid $20,000.00. The NFLCC has given him the means to seek out the best collections available and to trade duplicates to add to his collection.

In 1986, Karl built the National Fishing Tackle Museum in Arcadia, OK to house and show his collection. This is a 10,000 sq ft building containing the best collection of fishing and related materials that exists. The museum closed in 1990 to move to a more desirable location.

INTRODUCTION

The purpose of this book is to identify and evaluate lures, reels and other miscellaneous fishing material dated up to 1960. In the first 5 years since printing this book, I have sold over 500 copies per month of the second edition. 1995 is the third edition, with new evaluations. The year 1995 will be the lower end of the evaluations and they will increase as the years progress. Prices can flucuate up to 50% according to the demand of antique tackle. One thing to remember is that the better items keep getting more valuable and the common items stay about the same. Lure sets (items of one company's production) and color sets (all colors produced of one item), should be a least 25% more valuable. The same goes for reels; reel sets and change sets (collections of one reel through it's production). The values in this book are rated as to excellent condition, although the items pictured might not be. Rarity, demand, condition and age determine value. Keep in mind that, the higher the number found, the lower the value is. A true collector obtains tackle for love of the hobby and not for the investment. The only common denominator that everyone understands is putting a dollar value on it. Good finds of tackle are hard to come by and more people are collecting the 1940's, 1950's and 1960's items.

In this book the lures and reels are basically in alphabetical order as to manufacturer. To find a particular item or manufacturer, USE THE INDEX. There are 3 indexes: Common Name of Lures, Manufacturers of Lures and Manufacturers of Reels.

The rods are listed according to manufacturer within the book and evaluated according to auction prices. Bamboo and wood rods are about the only collectibles and are valued for the craftsmanship and condition. Age plays a smaller part in their evaluation.

All items pictured are the oldest versions. The supplement and addendum were collected after the book was printed the first time. There is a ruler at the bottom of page 31 for measuring the lures.

Best of luck and good hunting,

Karl T. White

TABLE OF CONTENTS

```
        Dedication and Acknowledgement.............2
        About the Author........................3
        Introduction............................4
        Picture Description Guide...............6
```

CHAPTER I
Artifacts and Addendum.............................7-11, 299

CHAPTER II
Hooks and Harnesses................................12-16
    Supplement I and Addendum.......................17,299,300

CHAPTER III
Miscellaneous......................................18-22
    Supplement I and Addendum.......................23,296,298,300

CHAPTER IV
Tackle Boxes.......................................24,25

CHAPTER V
Lures
    Hardware (Hook Rigs and Propellors).............26,27
    Want List.......................................28,29
    Pictures and Descriptions
        General Lures...............................30-141
        Saltwater, etc..............................142,143
        Decoys......................................144,145
        Novelty.....................................146,147
        Supplement I-II-III and Addendum............148-159,280-289
        Unknown Lures (Identification 158,276,277)..160-166,290-292
        Unknown Homemade Lures......................167
        Unknown Fly Rod Lures.......................168,169
        Phantoms and Devons.........................170
        Lure Boxes..(Values on page 278)............171-186,292,293
        Supplement I and Addendum...................187,292,293

CHAPTER VI
Rods
        Pictures....................................188-190
        Descriptions................................191,192
        Anatomy.....................................193
        Descriptions and Values at Auction..........194-196

CHAPTER VII
Reels
        Anatomy.....................................197
        Pictures and Descriptions...................198-268
        Supplement I and Addendum...................269,270,294-298
        Unknowns....................................271-275

CHAPTER VII
Patents..301-304
Index
        Lures by Common Names.......................305-321
        Lures by Company Names......................322-327
        Reels by Company Names......................327-328

PICTURE DESCRIPTION GUIDE

Pages 7 thru 16

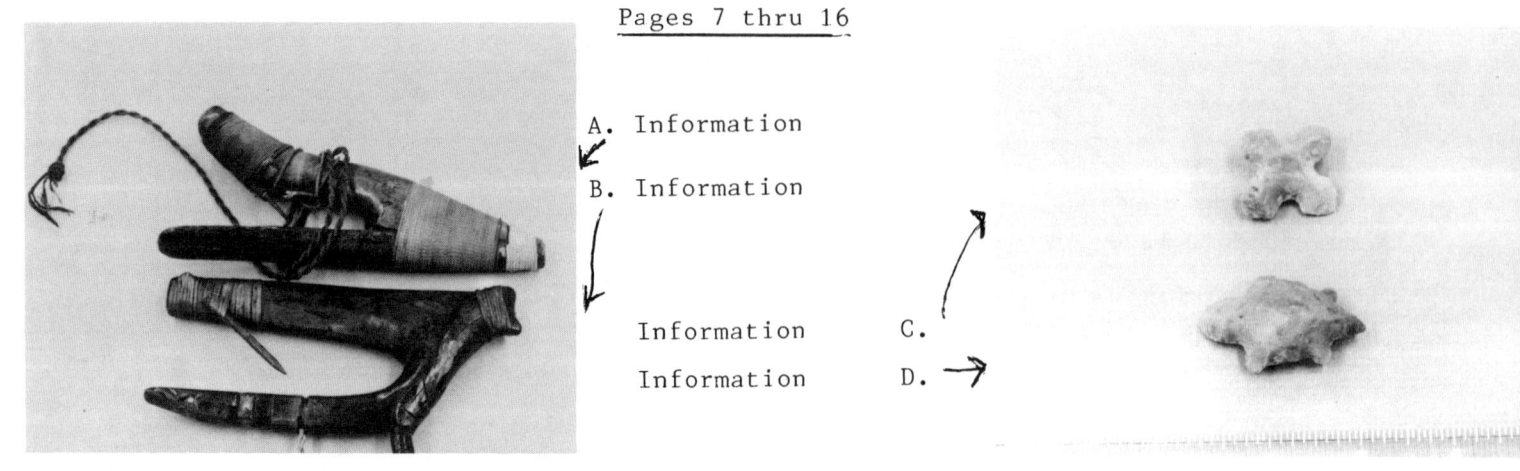

A. Information
B. Information

Information C.
Information D.

Pages 17- 25

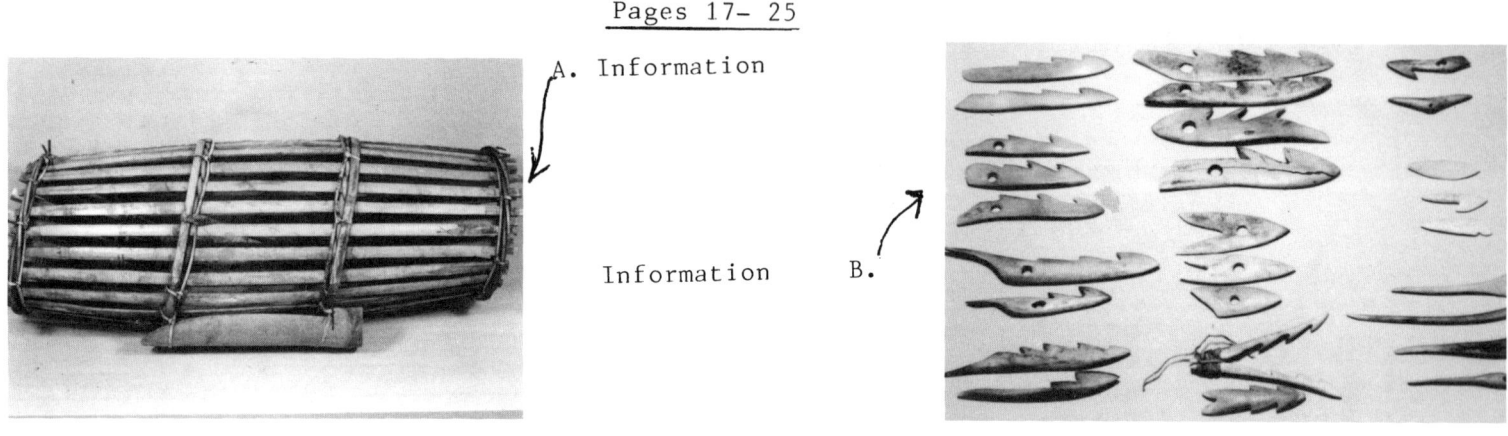

A. Information

Information B.

Pages 26 thru 275

Page of Picture   Column Down   Row Across

233-   A   14

EXAMPLE USING 233-A14

TO FIND A LURE BY IT'S COMMON NAME OR MANUFACTURER

OR A REEL BY IT'S MANUFACTURER

USE THE INDEX

Artifacts
Pictures with Descriptions

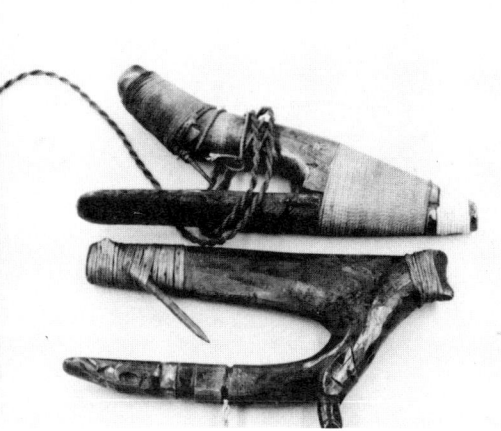

A.-Halibut Hook. Date unk.
  Haida Indians of British
  Columbia.   150-200
B.-Halibut Hook. Date unk.
  Spruce.root binding.
  Waterbird carve.   150-200

Date unk. Halibut Hook. -.C
  Haida Indians. Wood/root.
  Totem carving.   150-200
Date unk. Halibut Hook. -.D
  Wood/root. Haida, B.C.
  Walrus carving.   150-200

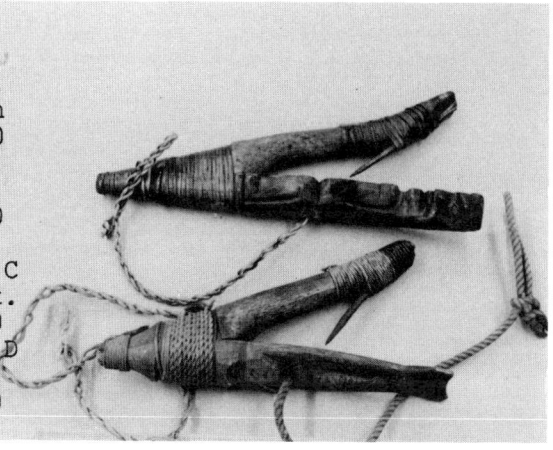

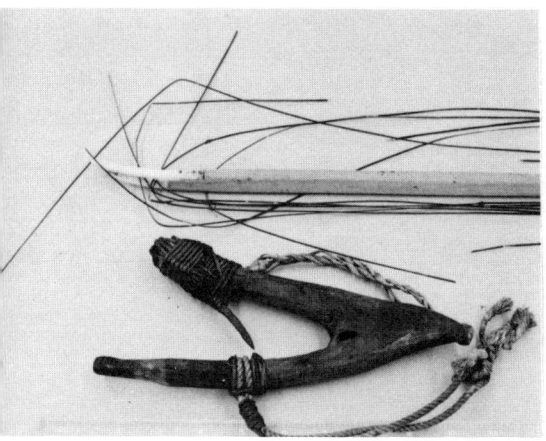

E.-Tom Cod Sculpin fish-
  ing outfit. Wood with
  ivory baleen.   100-150
F.-Halibut Hook. Date unk.
  Tlingit Indians. Alaska.
  Wood/iron.   150-200

Date unk. Indian Hook. -.G
  Pine or spruce wood with
  root binding.   150-200
Date unk. Native Hook. -.H
  Wood/bone or iron hook.
  Waterbird carve.   150-200

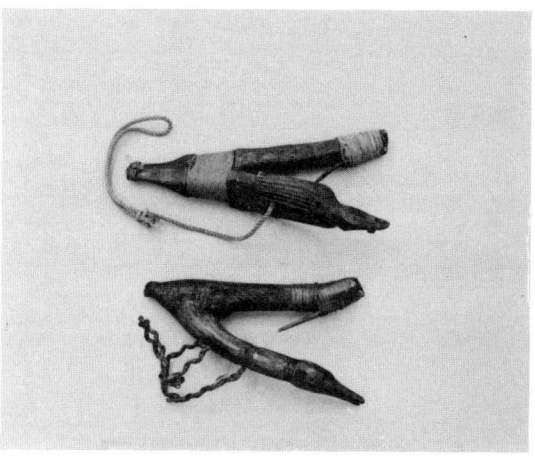

J.-Native Hook. Date unk.
  Haida Indians. British
  Columbia.   100-150
K.-Halibut Hood. Date unk.
  Wood with cedar root.
  Haida Indians.   100-150

Date unk. Fish Hook. -.L
  Trade iron barb. Spruce
  wood.   150-200
Date unk. Haida Hook. -.M
  Wood/iron from British
  Columbia.   150-200

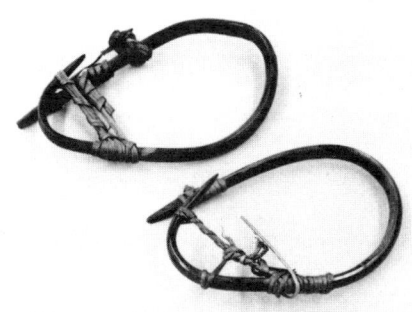

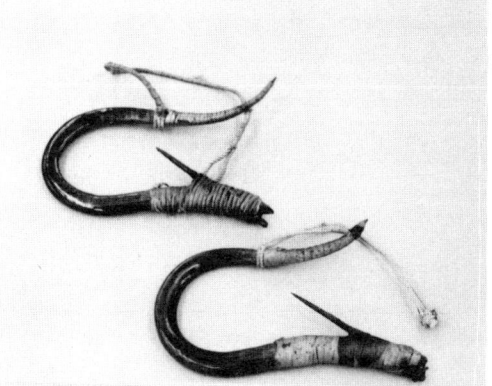

N.-Halibut Hook. Date unk.
  Mortlock Is, Solomon Is.
  Wood/root.   100-150
P.-Native Hook. Date unk.
  Queen Charlotte Is. B.C.
  Wood/root.   100-150

Date unk. Bone Hook. -.Q
  Made of bone.
                       50-75
Date unk. Fish Hook. -.R
  Ahousett Indians. Wood,
  root, bone.   150-200

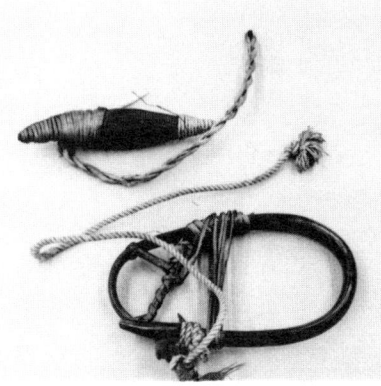

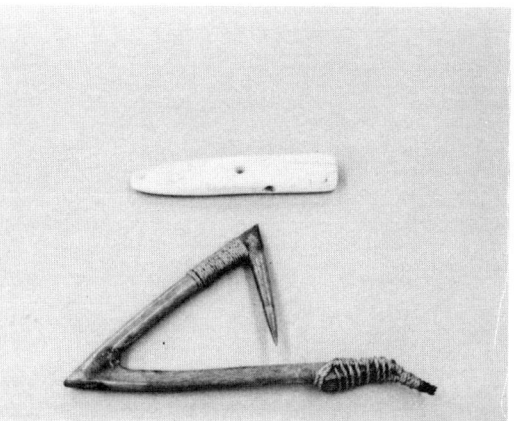

Artifacts
Pictures with Descriptions

A.-Fish Lures. Date unk. found in Alaska.   50-75
B.-Fish Lures. Date unk. Made of stone and shell.   50-75

Date unk. White Fish Hook. C Eskimo. Ivory/walurs/iron baleen.   100-150
Date unk. Pike Hook.   -.D Eskimo. Dillingham Alaska Ivory/iron pt.   100-150

E.-Fish Hook. Date unk. Fiji Is. Wood w/mother of pearl.   150-200
F.-Fish Hook. Date unk. Aitape, New Guinea shell /mother of pearl. 100-150

Date unk. Fish Hook.   -.G Mother of pearl and tied with palmetto.   150-200
Date unk. Fish Hook.   -.H found on Tahiti Islands. Same material.   150-200

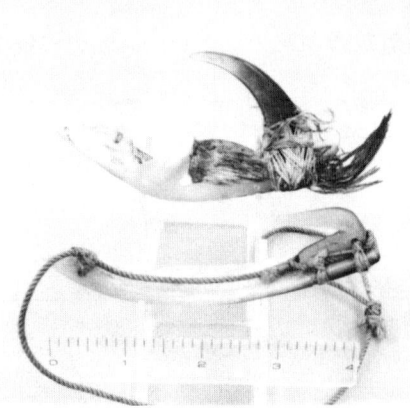

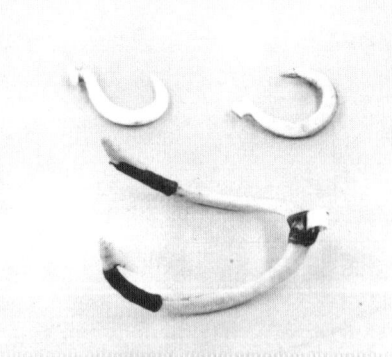

J.-Fish Hooks. Date unk. Made of shell. Found in San Diego.   50-75
K.-Fish Hook. Date unk. Bone. Wrapped in sinew for strength.   75-100

Date unk. Fish Hook. - .L Abalone shell. Found in Santa Barbara   75-100
Date unk. Shell Hooks - .M Found in Cross County Arkansas.   75-100

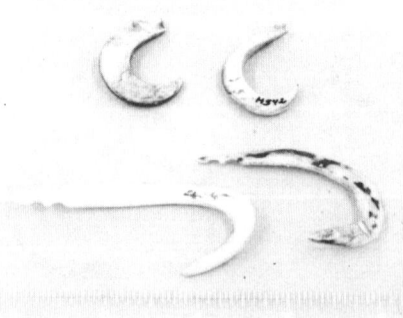

N.-Shell Hooks. Date unk. Indian. Found in Newton County, AR.   75-100
P.-Fish Hooks. Date unk. Shell, Cross County, Arkansas.   75-100

Date unk. Shell Hooks. -.Q Indian. Made of shell. Arkansas.   50-75
Date unk. Shell Hooks. -.R Indian. Made of shell. Arkansas.   50-75

Artifacts
Pictures with Descriptions

A.-Stone Sinkers. Date unk.
  made of stone.
                          10-20
B.-Harpoon Hook. Date unk.
  Whale bone or stay bone.
  Alaska.   20-30

C.- Indian Hook. Date unk.
  Steel fish hook w/bone
  Alaska.   30-40
D.- Hook, Line, Date unk.
  and sinker. Ivory, iron
  with stone point.   40-50

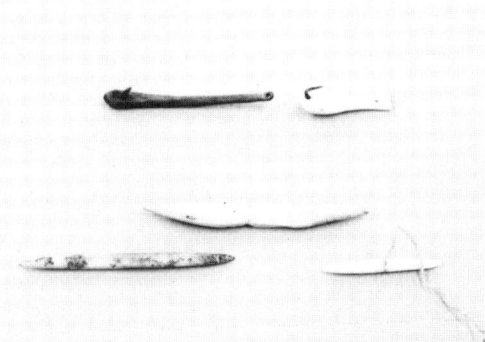

E.-Greyling Hook. Dt unk.
  Alaskan, Ivory, bone w/
  iron barbs.   40-50
F.-Gorge Fish Hook. Dt unk.
  Indian, Bone. Burial
  mounds in Calif.   40-50

G.- Fish Hook. Date unk.
  Tortoise shell, Solomon
  Islands.   40-50
H.- Bone Hook. Date unk.
  Indian, Bone. Found in
  Arkansas.   40-50

J.-Fish Hook. Date unk.
  Made of wood. Fiber
  line.   50-75
K.-Fish Hooks. Date unk.
  Made of stone.
                          30-40

L.- Early Line. Date unk.
  Made of plant fiber.
                          30-40
M.- Fish Wallet. Date unk.
  Made of inner bark of
  cedar.   75-100

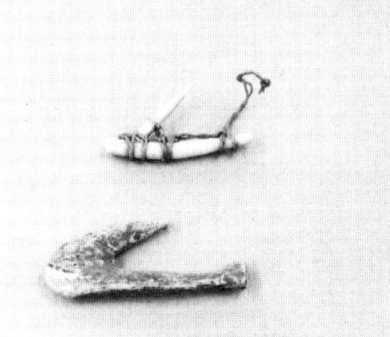

N.-Bone Hook. Date unk.
  Eskimo. Bone with sinew
  binding.   40-50
P.-Indian Hooks. Date unk.
  Made of bone. Found in
  Arkansas.   40-50

Q.- Eskimo Hooks. Date unk.
  Ivory with iron barbs.
  Baleen leader.   40-50
R.- Octopus Hooks. Date unk.
  Made of iron. Alaskan.
                          10-20

Artifacts
Pictures with Descriptions

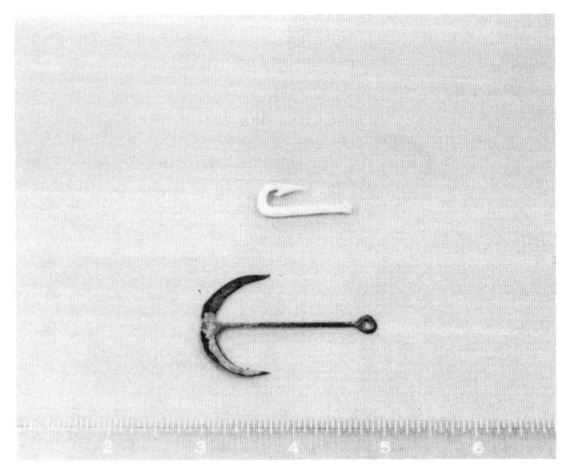

A.-Antique Hook. Date unk.
 made of bone.
                    20-30
B.-Fish Hook. Date unk.
 Made of iron.
                    40-50

Date unk. Fish Hook.   -.C
 Made of flint. Found in
 Ohio.   30-40
Date unk. Fish Hook.   -.D
 Made of flint. Found in
 Ohio.   30-40

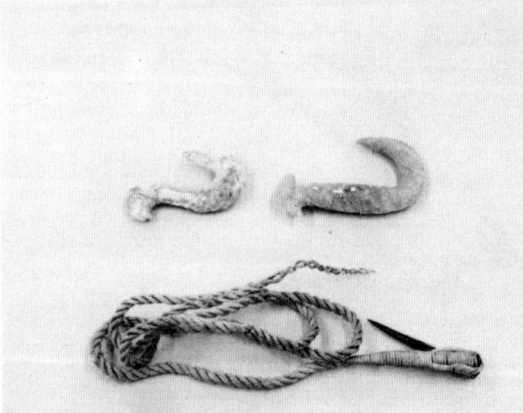

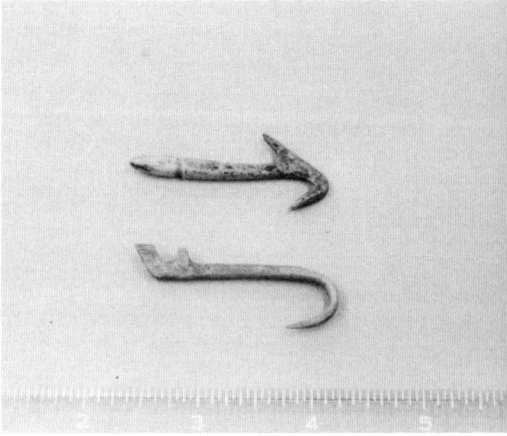

E.-Fish Hooks. Date unk.
 Made of flint. Found in
 USA.   30-40
F.-Bone Hook. Date unk.
 Made of flying fox
 bones. Solomon Is. 40-50

Date unk. Greyling Hook.-.G
 Alaskan. Ivory shank w/
 ivory points.   40-50
Date unk. Fish Hook.   -.H
 Indian, Made of bone.n
 Snake River, WA. 40-50

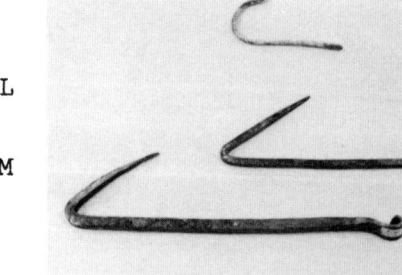

J.-Eskimo Hook. Date unk.
 Alaskan. Large iron
 Hook.   20-30
K.-Early Eskimo Hook.
 Made of iron. Alaskan.
 Date unk.   20-30

Date unk. Native Copper-.L
 Hook. Apostle Indians
 of Wisconsin.   20-30
Date unk. Indian Hooks.-.M
 Made of copper. Leflore
 Coundy, OK.   20-30

N.-Pike Hook. Date unk.
 Made of iron.
                    5-10
P.-Fish Hooks. Date unk.
 Very large iron hooks.
 Salmon Hooks.   5-10

Date unk. Ropi Hooks. -.Q
 Made of steel. Used in
 Europe.   5-10
Date unk. Early Hooks. -.R
 Made of iron.
                    5-10

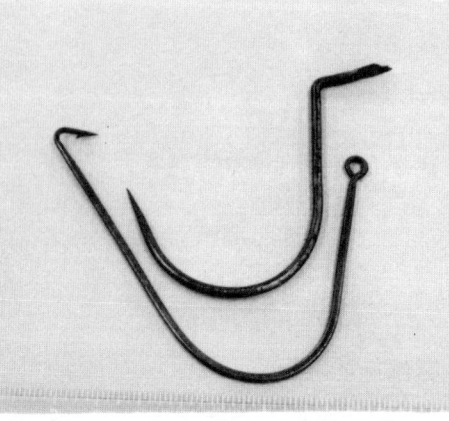

Artifacts
Pictures with Descriptions

A.-Arrowheads. Date unk. Made of flint. Found in USA. 10-20
B.-Lg. Spearheads. Date unk. Made of flint. Found in USA. 10-20

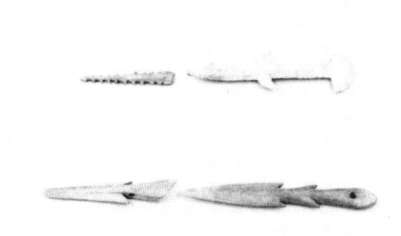

Date unk. Harpoon Hooks-.C Made of bone. Found in USA. 20-30
Date unk. Harpoon Hooks-.D Made of flint and bone. Found in USA. 20-30

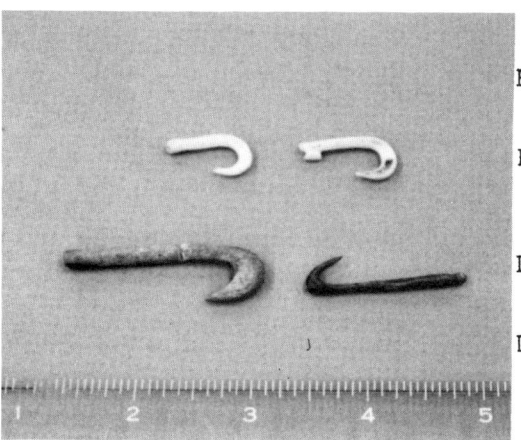

E.-Fish Hooks. Date unk. Made of abalone shell. CA. 20-30
F.-Fish Hooks. Date unk. Made of bone. Missouri and AR. 20-30

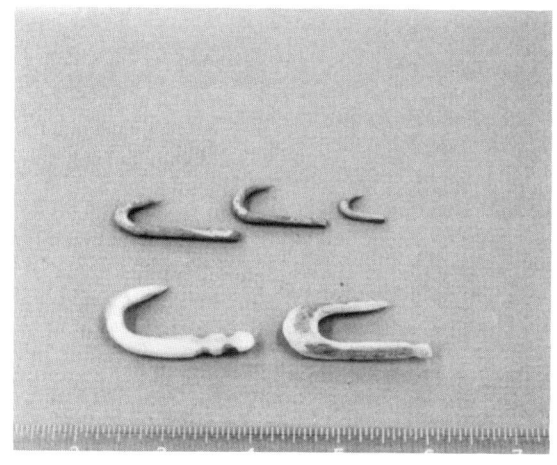

Date unk. Indian Hooks.-.G Made of bone. Found in Philadelphia, PA. 20-30
Date unk. Shell Hooks. -.H Made of shell. Cross County, AR. 20-30

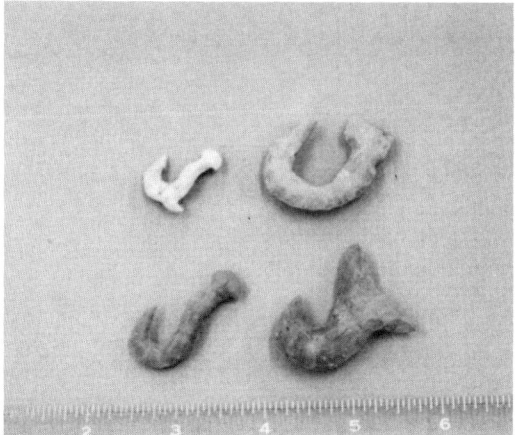

J.-Indian Hooks. Date unk. Made of flint. Found in AZ. 30-40
K.-Flint Hooks. Date unk. Found in Arkansas. 20-30

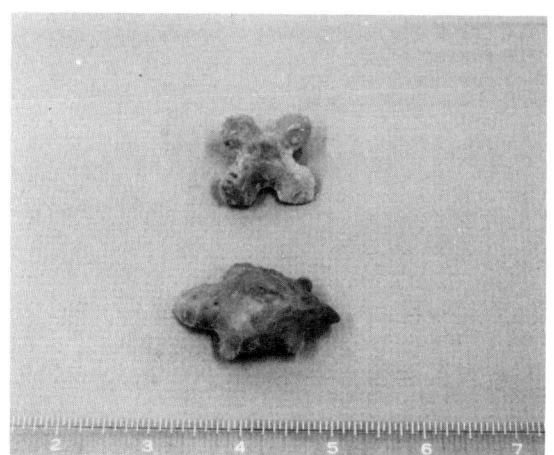

Date unk. Fish knife. -.L Made of flint. Knife and fish cleaner. 40-50
Date unk. Turtle Charm.-.M Made from flint as a charm. USA 40-50

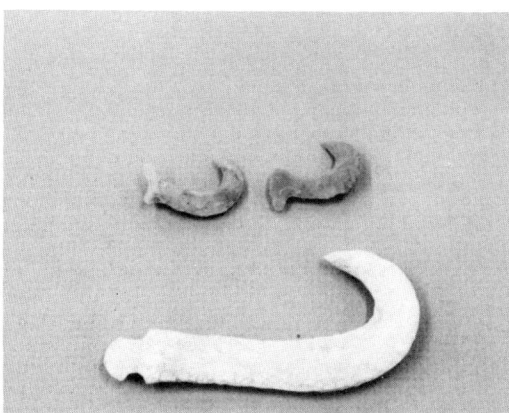

N.-Fish Hooks. Date unk. Made of flint. Found in TN. 20-30
P.-Lg. Bone Hook. Date unk. Made of bone. Found in Texas. 20-30

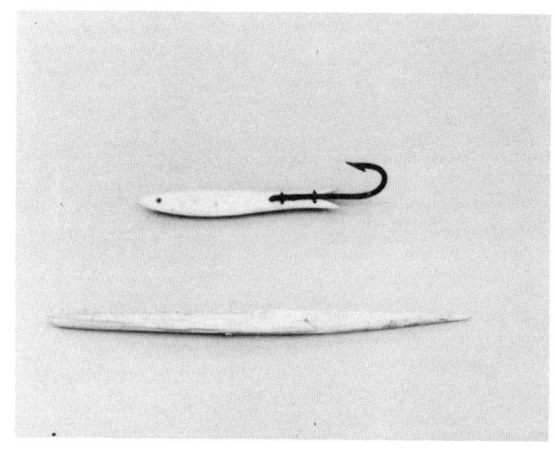

Date unk. Fish Hook. -.Q Saltwater fish hook. Japan. 20-30
Date unk. Bone Hook. -.R Made of bone, has barb missing. 30-40

Hooks and Harnesses
Pictures with Descriptions

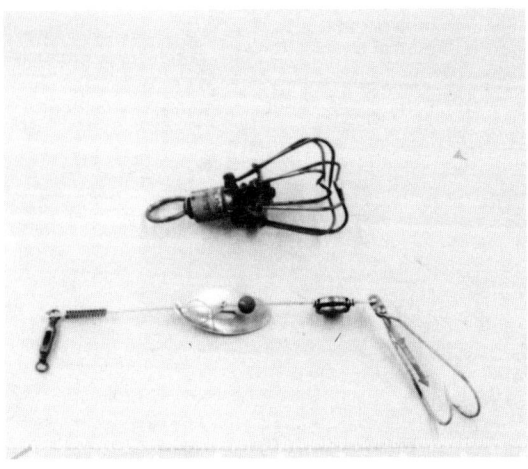

A.-Eagle Claw Fish Hook.
S.W. Evans & Sons. 1877
Springloaded.   400-500
B.-Junebug Spinner.
Maker unknown. 1890's
Harness.   5-10

Sockdolager Hook.   -.C
Job Johnson, NY
1847.   300-400
Springloaded Hook.   -.D
Monarch. 1890's.
                    20-30

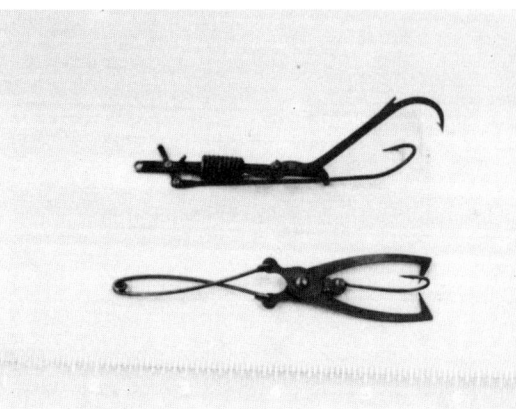

E.-Springloaded Hook.
Maker unknown. 1920's.
                    20-30
F.-Spring Snap and Catch
'em Hook. Nathan Gardner
Jr., NY. 1864   75-100

Greer's Level Hook.   -.G
Seth Greer, GA. 1890's.
Metal.   30-40
Minnow casting and Troll.H
ing snood. Wilkinson Co.
1890's.   10-20

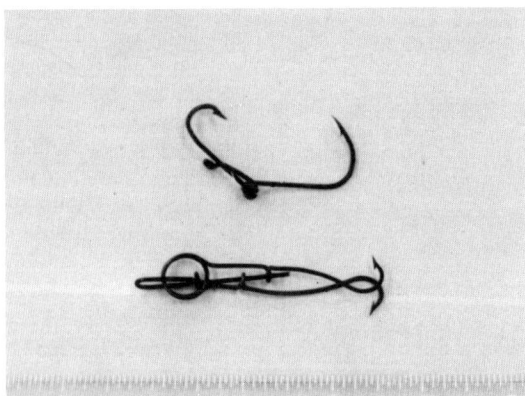

J.-Jamison Barbless Hook.
Jamison Co. 1920's.
                    10-20
K.-Springloaded Hook.
Unknown maker. 1920's.
                    20-30

Keeper Hook. Aron Metal-.L
Specialties. 1920's.
                    20-30
Red's Sure Catch.   .-.M
Red's Chevrolet Co.
TN. 1940's.   10-20

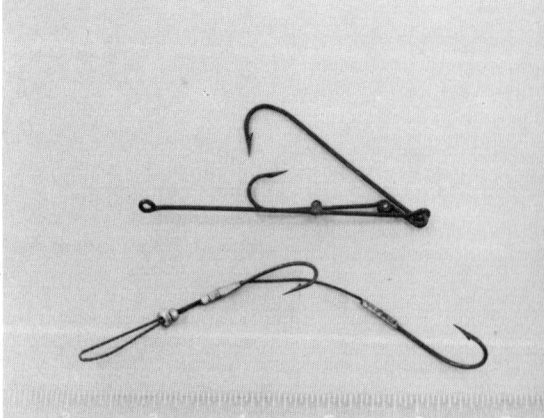

N.-Getzem Hook.
Getzem Hook Co. 1940
                    10-20
P.-Minnow Sock.
Bait's Alive. Held live
bait. 1948   40-50

Adirondack Gang.   -.Q
Seth Greer, GA. 1890's.
                    10-20
Adirondack Gang.   -.R
Seth Greer, GA. 1890's
                    10-20

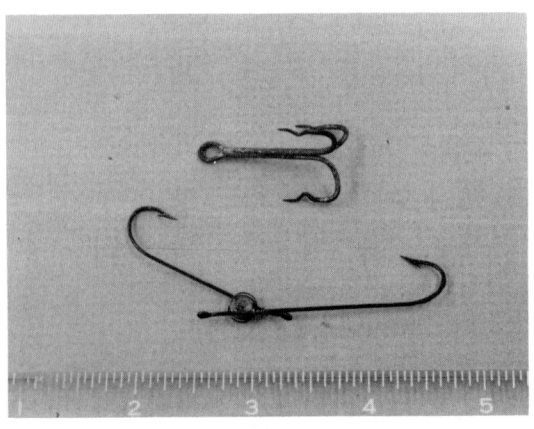

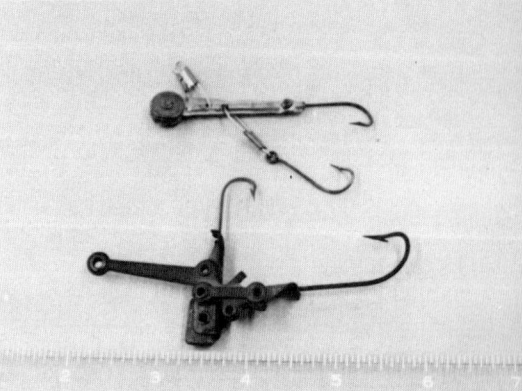

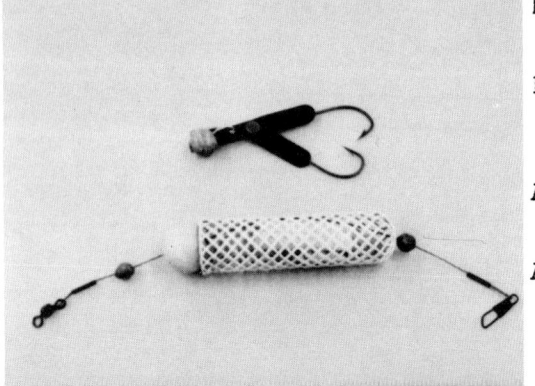

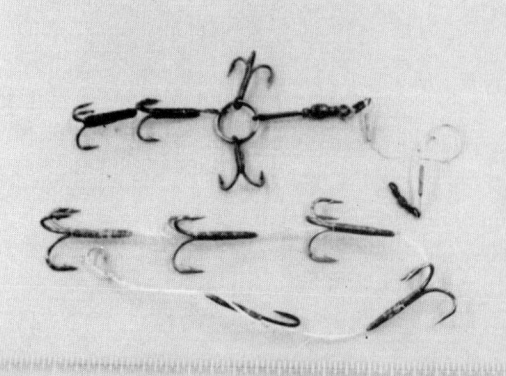

Hooks and Harnesses
Pictures with Descriptions

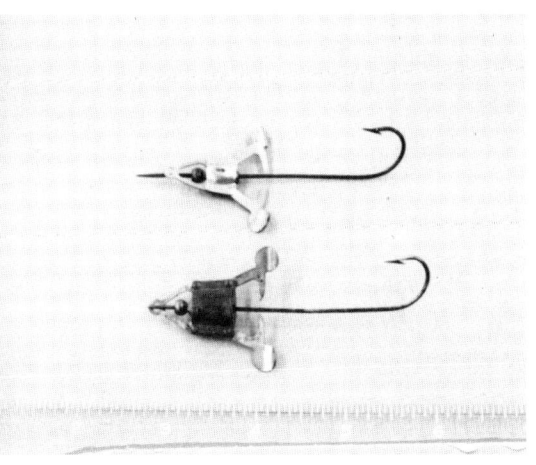

A.-Dead Bait Trolling
  Lure. Unknown Maker
  1900-1910   10-20
B.-Dead Bair Trolling
  Lure. Unknown Maker.
  1900-1920   10-20

Dead Bait Trolling Lure-.C
  Unknown maker.
  1900-1910   10-20
Dead Bait Trolling Lure-.D
  W. Bartlett & Sons.
  1900-1910   10-20

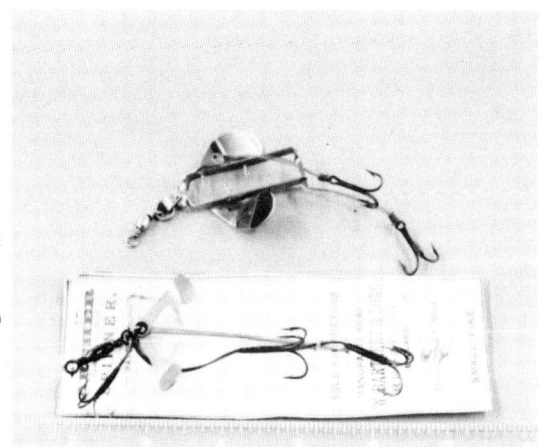

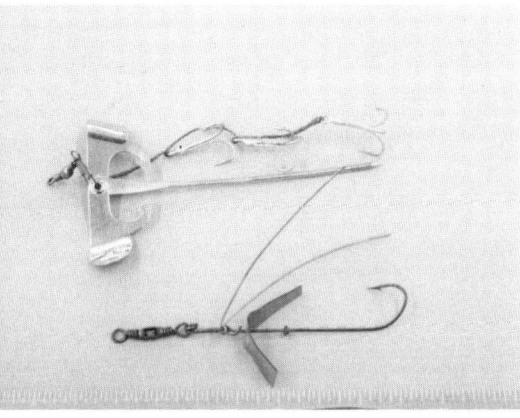

E.-Dead Bait Trolling
  Lure. Archer Co.
  1900-1910   10-20
F.-Doddridge Automatic
  Weedless #246. 1906
  Shakespeare Co. 30-40

Weedless Minnow Harness-.G
  George P. Parr
  1917   30-40
Weedless Frog Harness -.H
  George P. Parr
  1917   30-40

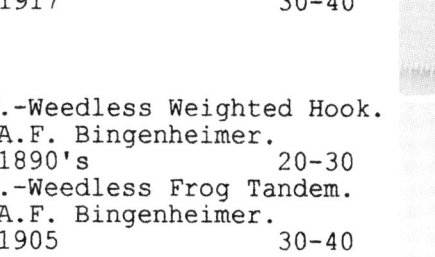

J.-Weedless Weighted Hook.
  A.F. Bingenheimer.
  1890's   20-30
K.-Weedless Frog Tandem.
  A.F. Bingenheimer.
  1905   30-40

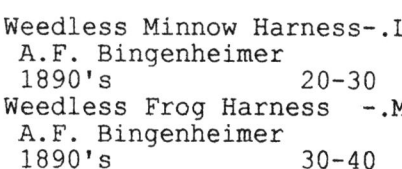

Weedless Minnow Harness-.L
  A.F. Bingenheimer
  1890's   20-30
Weedless Frog Harness -.M
  A.F. Bingenheimer
  1890's   30-40

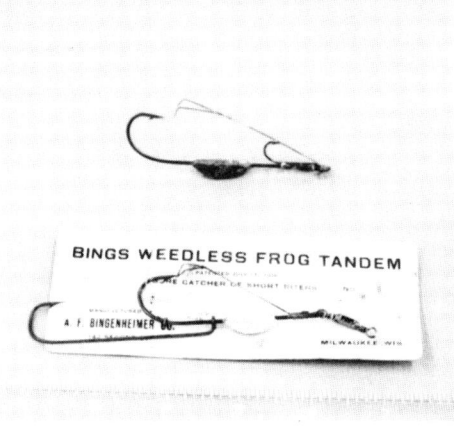

N.-U.B. Weedless Hook
  Unkefer & Bradley
  1900's   20-30
P.-U.B. Live Frog Harness
  Unkefer & Bradley
  1900's   30-40

U.B. Live Frog Harness -.Q
  Unkefer & Bradley
  1900's   20-30
U.B. Live Frog Harness -.R
  Unkefer & Bradley
  1900's   20-30

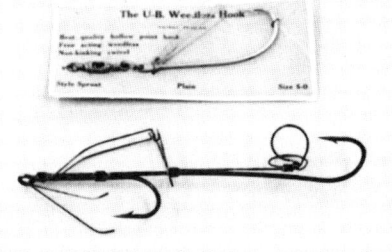

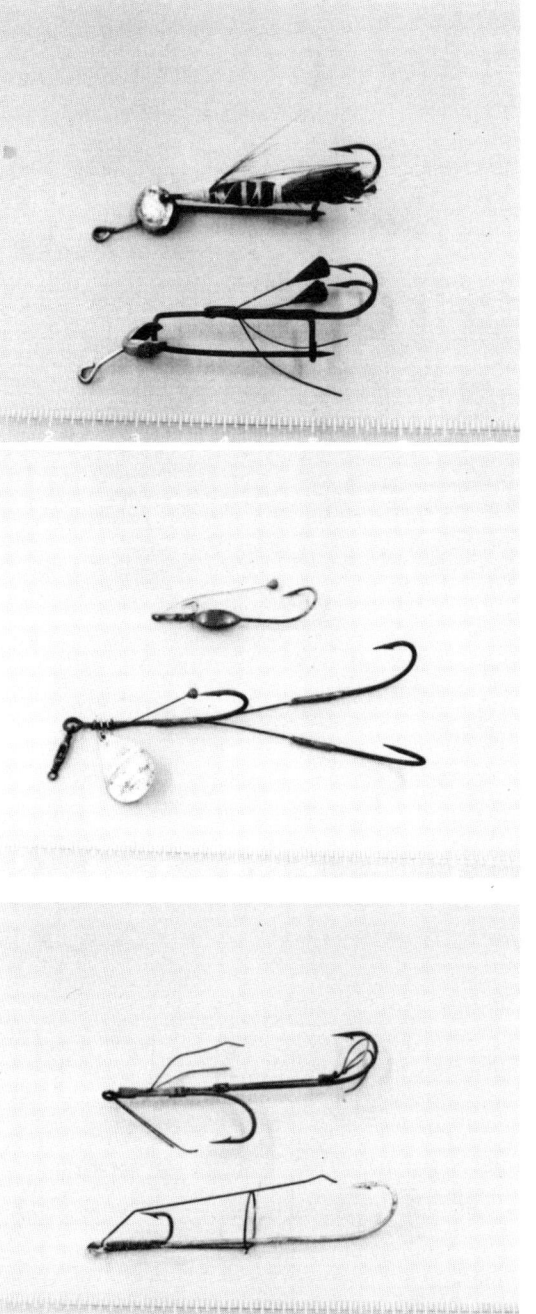

Hooks and Harnesses
Pictures with Descriptions

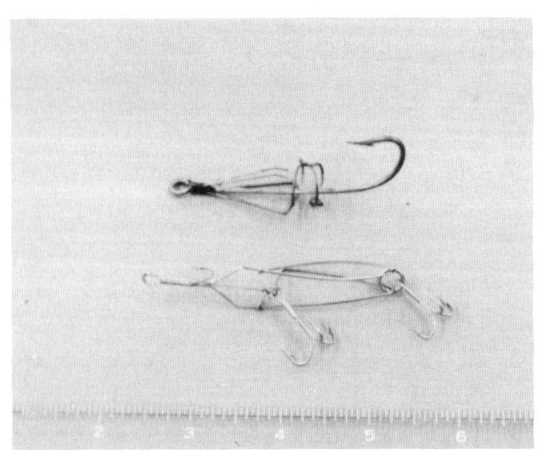

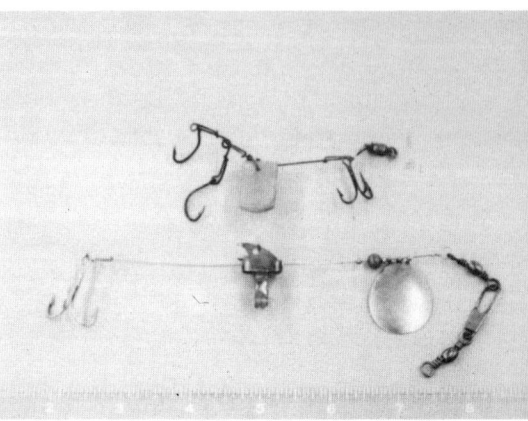

A.-Frog Harness
  Pflueger
  1930's   5-10
B.-Minnow Harness
  Unknown Maker
  1940's   5-10

Herter's Frog Harness   -.C
  Herter's Catalog
  1930's   5-10
Minnow Harness   -.D
  South Bend
  1930's   20-30

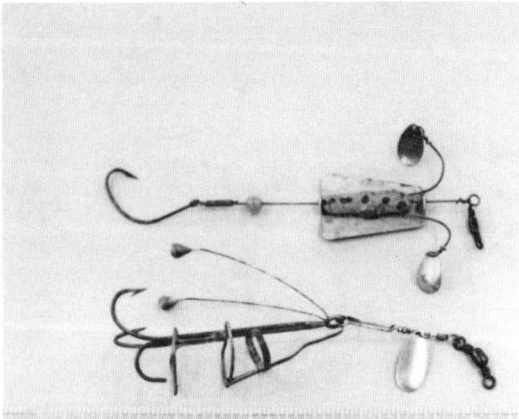

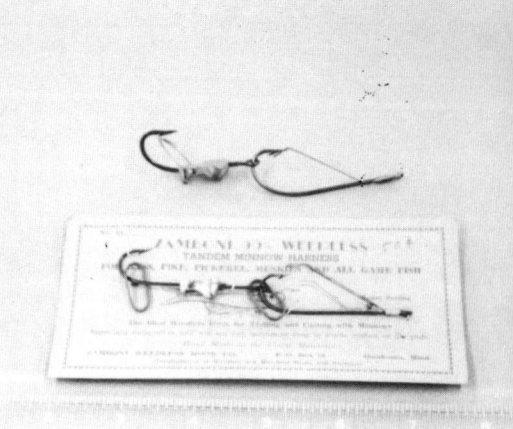

E.-Tying Frog Harness
  Unknown maker
  1890's   50-75
F.-Weedless Frog Harness
  Arthur Hanselman
  1890's   50-75

Zamboni Frog Harness   -.G
  Zamboni Weedless Hook Co.
  1910's   30-40
Zamboni Minnow Harness -.H
  Zamboni Weedless Hook Co.
  1910's   30-40

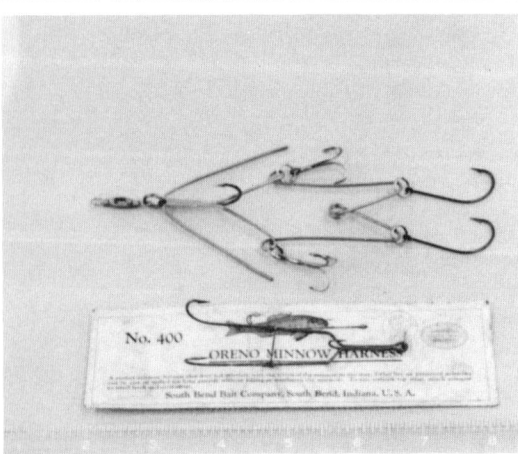

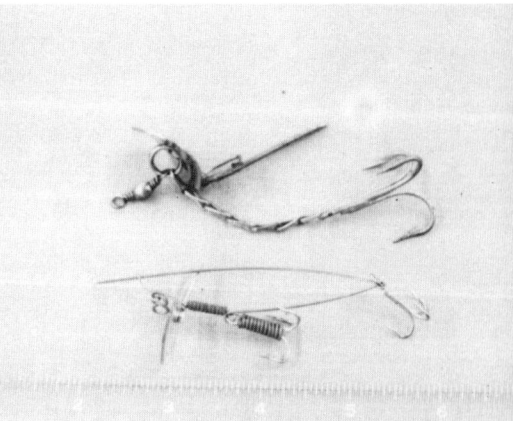

J.-Frog Casting Frame Gang
  W.R. Ketchem
  1890's   40-50
K.-Oreno Minnow Harness
  South Bend
  1920's   10-20

Minnow Harness   -.L
  South Bend
  1930's   20-30
Herter's Minnow Harness-.M
  Herter's Catalog
  1930   5-10

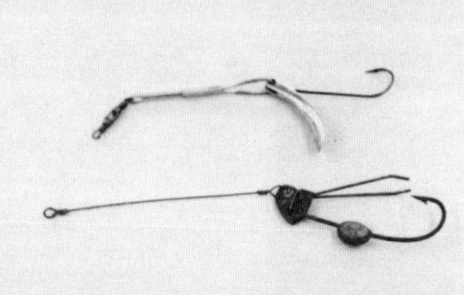

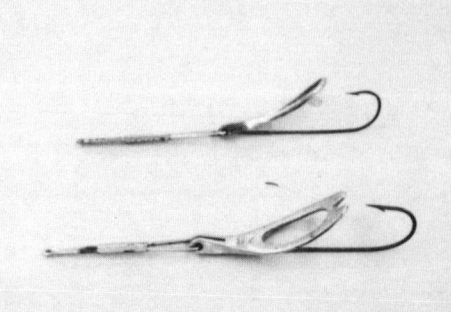

N.-Pyson Weedless Hook
  Pyson Co.
  1890's   30-40
P.-Worden Minnow Hook
  Worden Bait Co. (South
  Bend) 1902   40-50

Weedless Minnow Hook   -.Q
  Pyson Co.
  1900's   30-40
Weedless Minnow Hook   -.R
  Pyson Co.
  1900's   30-40

Hooks and Harnesses
Pictures with Descriptions

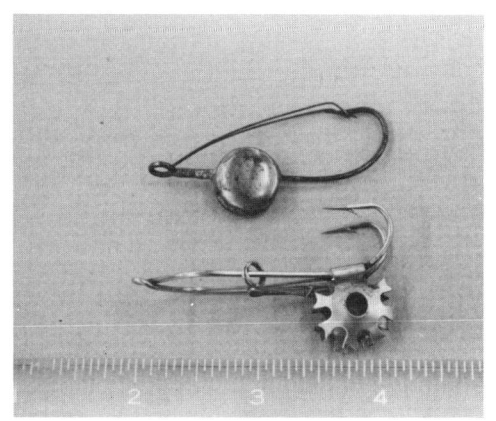

A.-Weighted Weedless Hook
  Unknown Maker
  1920's   5-10
B.-Minnow Corset
  Unknown Maker
  1920's   30-40

Snag-off Hook   -.C
  Northland Products
  1940's   5-10
Eckardt Minnow Hook   -.D
Max B. Eckardt
  1920 Weedless.   5-10

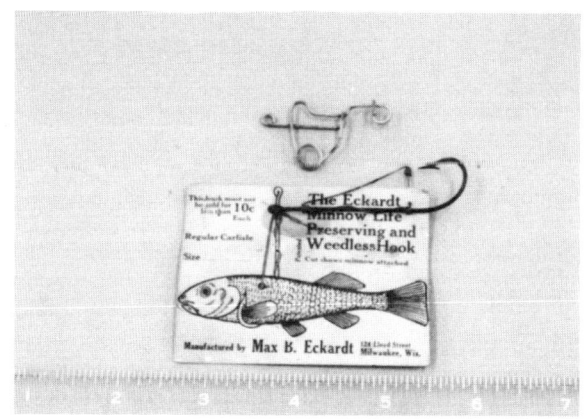

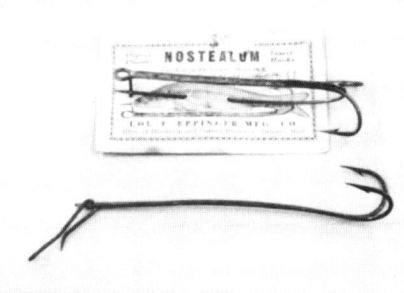

E.-Nostealum Minnow Hook
  Lou P. Eppinger
  1920   5-10
F.-Nostealum Cricket Hook
  Lou P. Eppinger
  1920   5-10

Weighted Weedless Hook -.G
  A.F. Bingenheimer
  1890's   10-20
Weedless Hook   -.H
  A.F. Bingenheimer
  1890's   10-20

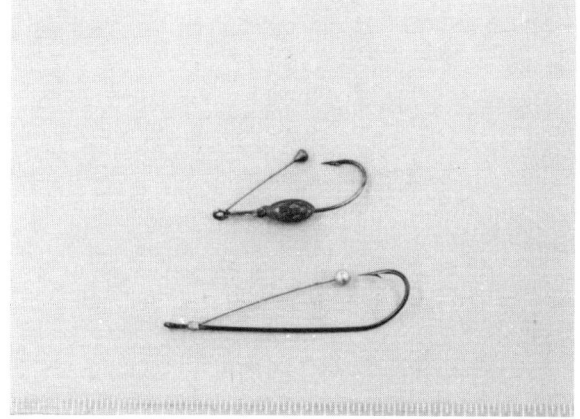

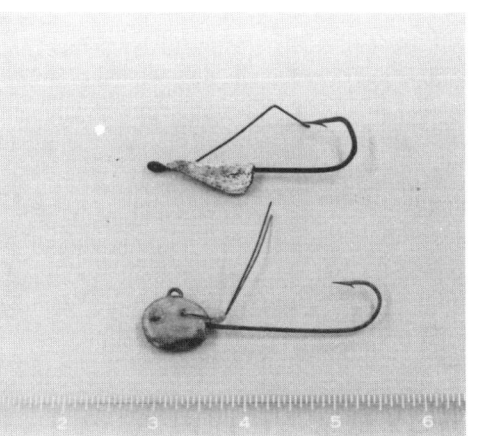

J.-Weedless Weighted Hook
  Unknown Maker
  1900's   10-20
K.-Weedless Weighted Hook
  Unknown Maker
  1900's   10-20

Combination Spinner   -.L
  Hook. Dame Stoddard
  1900's   30-40
Combination Spinner   -.M
  Hook. Dame Stoddard
  1900's   30-40

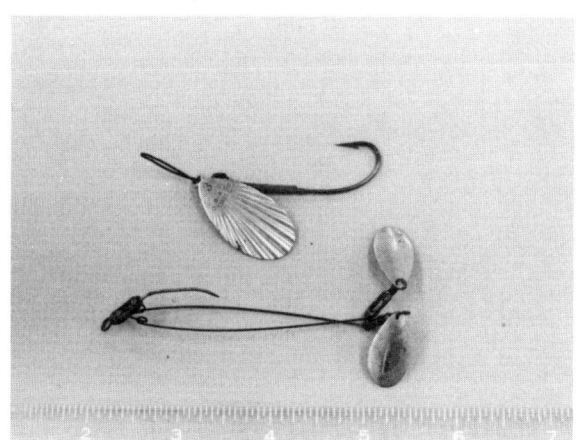

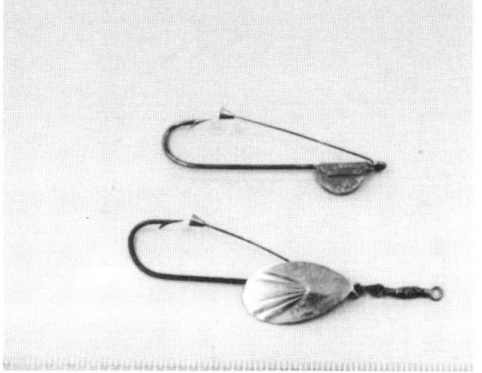

N.-Sure Catch Weedless
  Hook. Sure Catch
  1890's   10-20
P.-Weedless Hook
  Unknown Maker
  1890's   20-30

Jamison Non-kinking   -.Q
  Sink. Jamison Co.
  1900-1920   20-30
Minnow Harness   -.R
  Unknown Maker
  1880's   10-20

Hooks and Harnesses
Pictures with Descriptions

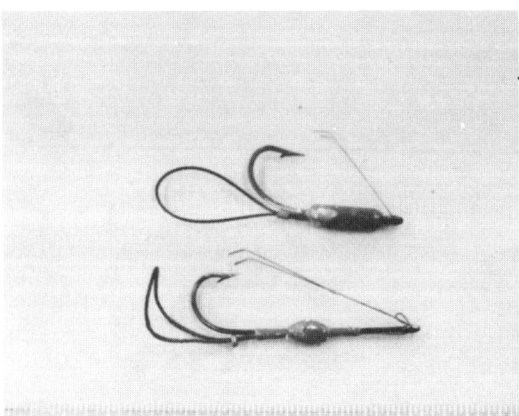

A.-Bing's Weedless Frog
  Hook. Unknown Maker
  1890's   10-20
B.-Weedless Frog Hook
  South Bend
  1920   10-20

P & K Minnow Saver   -.C
  Pachner & Kollor
  1939   5-10
Minnow Casting and   -.D
  Trolling Snood. 1890's
  Wilkinson Co.   10-20

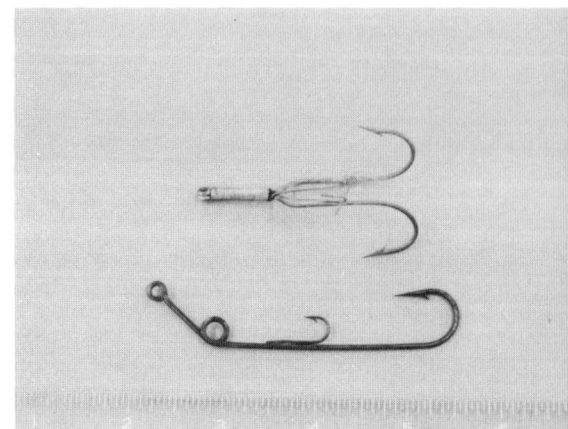

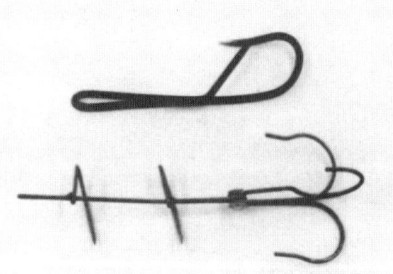

E.-Barbless & Weedless
  Hook.
  Edger. 1880   10-20
F.-Frog Harness
  Unknown Maker
  1880's   10-20

St. Lawrence Gang   -.G
  Wilkinson Co.
  1890's   5-10
Dead Bait Minnow Hook -.H
  Unknown Maker
  1910   5-10

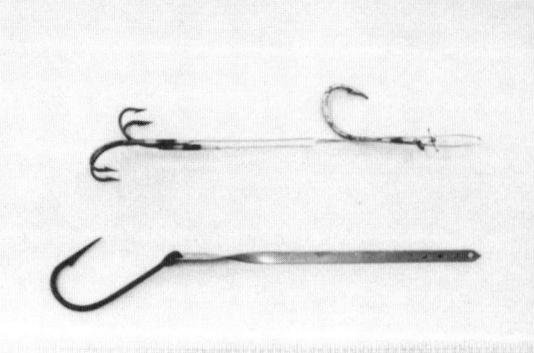

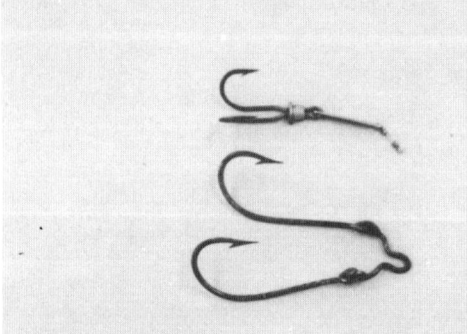

J.-Combination Frog Hook
  Prevost
  1890's   5-10
K.-Weldon OK Minnow Hook
  Weldon
  1890's   5-10

Line Spreader   -.L
  Unknown Maker
  1890's   5-10
Line Spreader   -.M
  Unknown Maker
  1890's   5-10

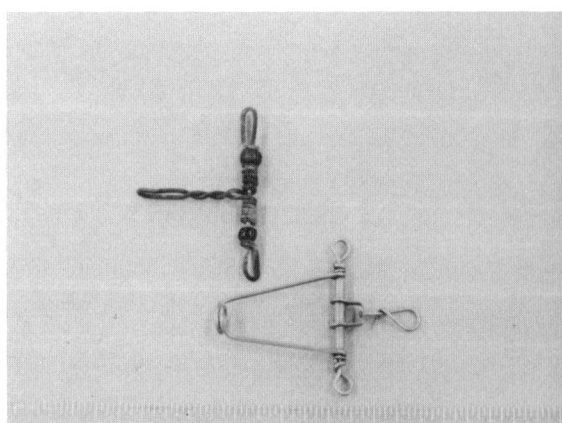

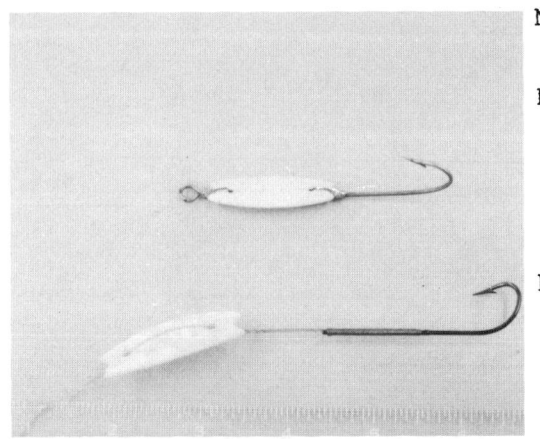

N.-Pearl Attractors
  Pflueger
  1880's   10-20
P.-Mother of Pearl
  Attractor.
  Pflueger.1880's   10-20

  Assorted Sizes   -.Q
  of hooks made by

Harrison of England   -.R
  1914   50-75

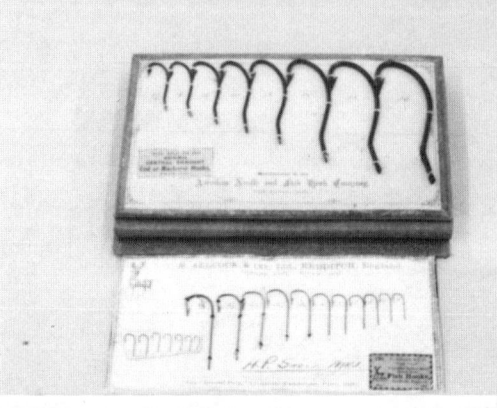

Supplement I
Hooks and Harnesses

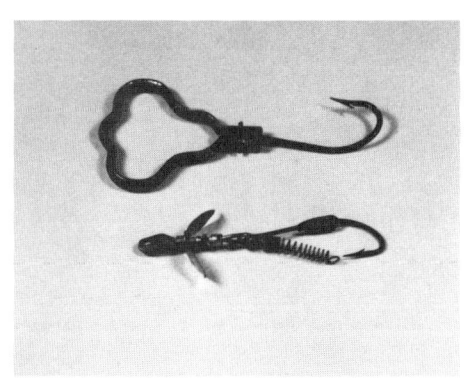

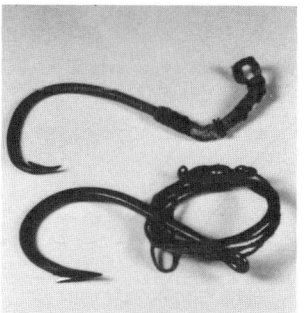

A1.-Hand Gaff
  Patented 1877
          30-40
A2.-Up To The Minute
  Baker Weedless Hook
  Co. MN 1900's
          30-40

Forked Barbed Hooks -.B
Vanvleck Hook Co.
1910   20-30

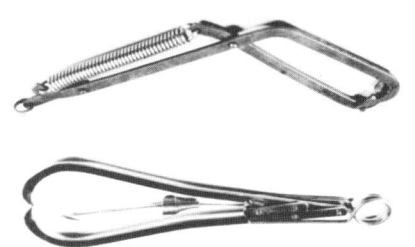

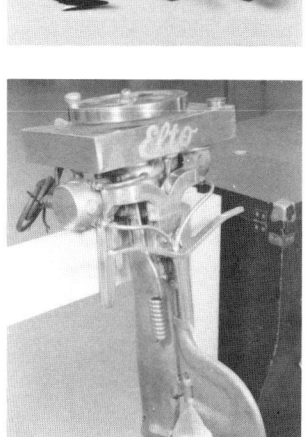

C1.-Rostfritt Springloaded
  Hook, large. 1940
  Carl Johansson, Sweden
          20-30
C2.-Kayen-Vee Springloaded
  Hook. Iowa   20-30

Evinrude.   -.D
  Ole Evinrude
  Circa 1919   750-1000

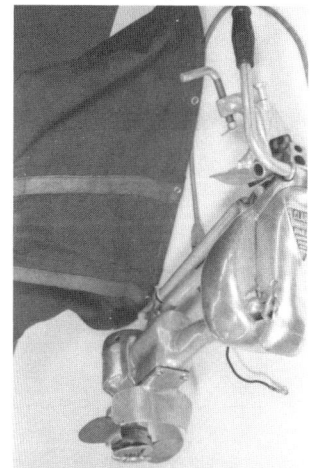

E.-Weedless treble hook
  about 1890, and tandem
  minnow hook.
  1914   40-50

Clarkson trolling   -.F
  motor. 1920's
          400-500

G.-Dilly Weedless Leader
  The Bonaire Co. MN
  1940's   10-20

1902 Electric Outboard -.H
  (first). A 504 pound
  battery recommended.
          750-1000

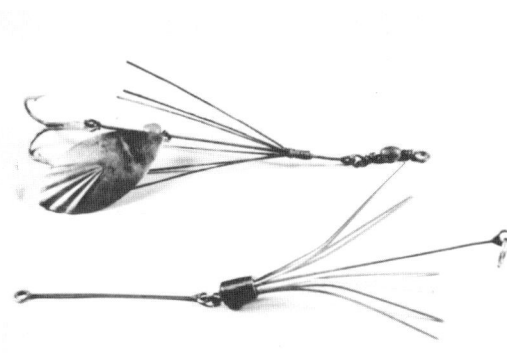

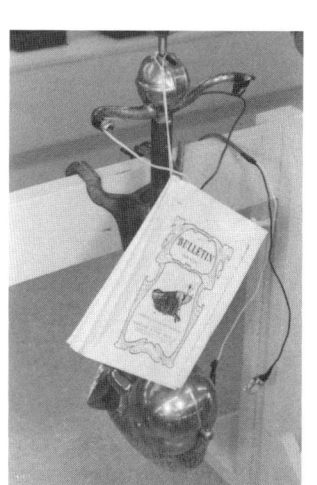

Miscellaneous Items
Pictures with Descriptions

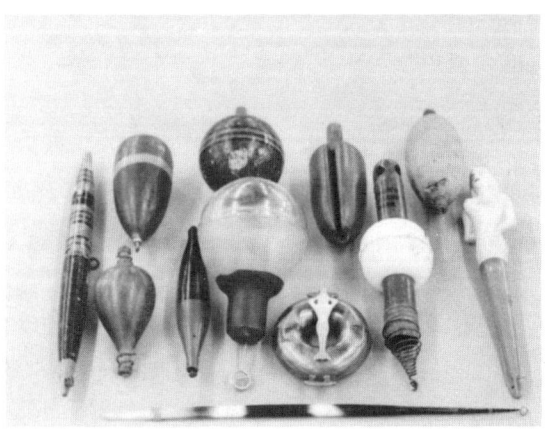

A. Assorted Bobbers Novelty types

Made of plastic wood and cork.
1920's-1940's
    10-40

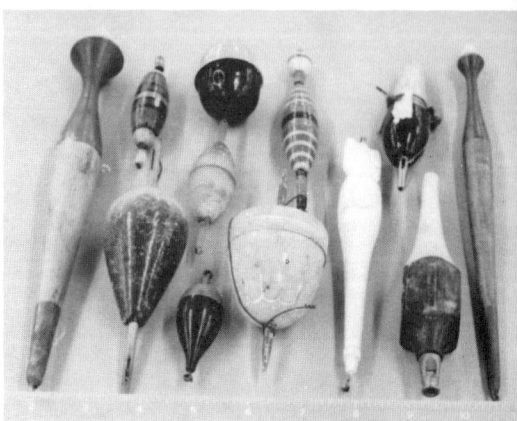

B. Assorted better quality bobbers. Made of cork and wood.
1900's - 1920's
    10-75

C. Assorted Oil Cans Bottles of oil and assorted oilers
1880's - 1940's
    10-40

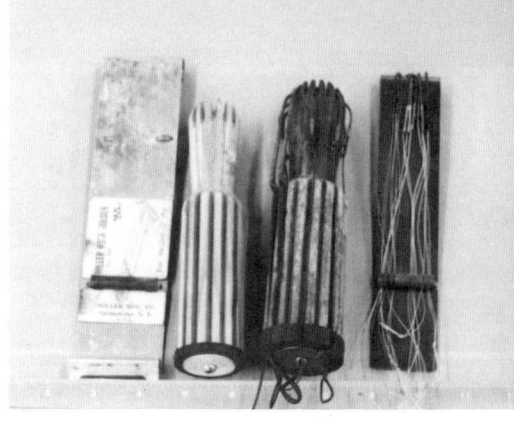

D. Assorted hook holders.
1920's - 1940's
    10-20

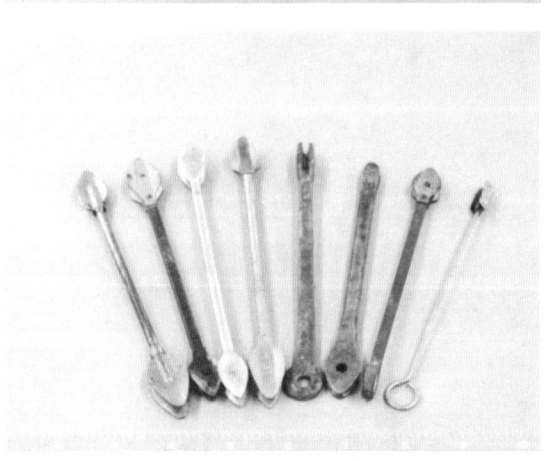

E. Assorted hook Disgorgers
1880's- 1930's
    10-20

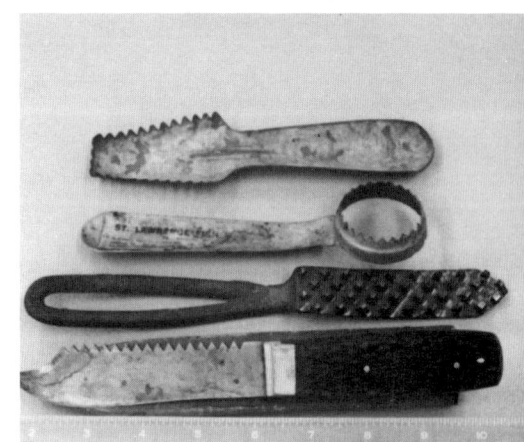

F. Assorted Fish Scalers
1880's - 1930's
    10-20

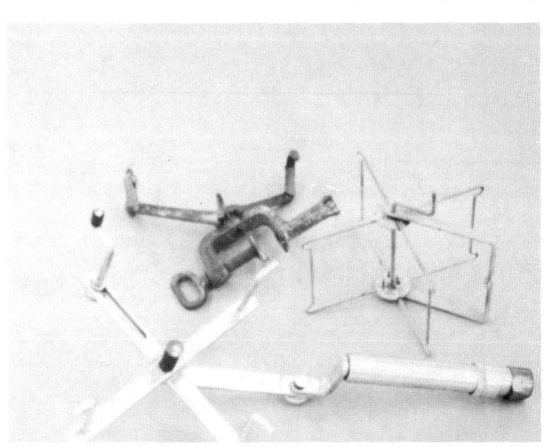

G. #1 Boat Rod Holder Assorted Line Dryers
1920's
    40-50

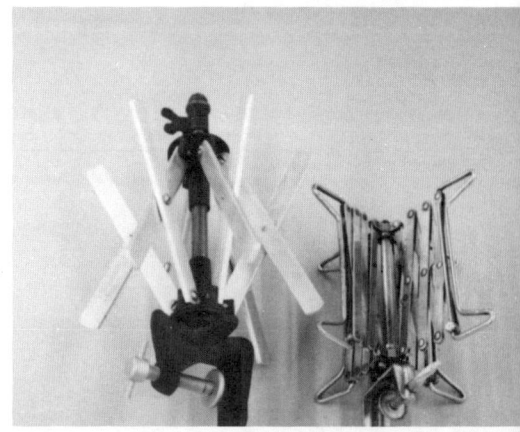

H. Assorted Line Dryers
1900's
    40-50

Miscellaneous Items
Pictures with Descriptions

A. Trolley sinkers.
   Made of lead.
   1900's-1920's
           30-75

   B. Trolley sinkers.
   Made of lead.
   1900's - 1920's
           20-50

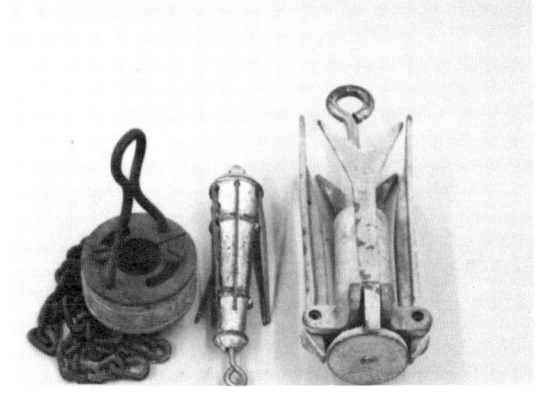

C. Assorted lead
   sinkers.
   1850's - 1930's
           1-10

   D. #1 is a Plug
   Knocker.
   Also other assorted
   anchors.
   1920's   30-40

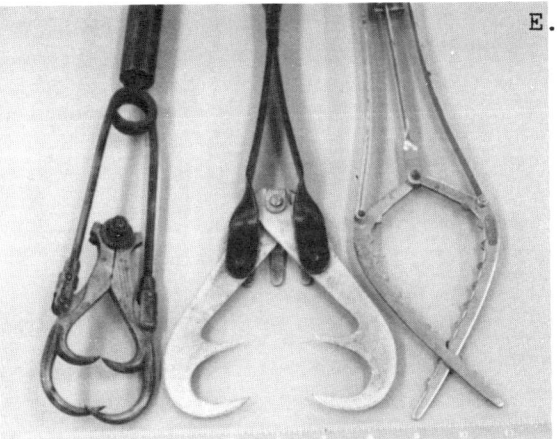
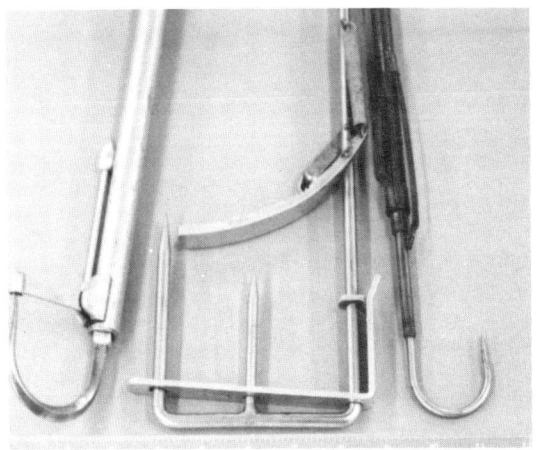

E. Assorted Gaffs
   #1 Springloaded gaff
      (Marble's)
   #2 Norland Gaff
   #3 Hand Fish Holder
      1940's
           75-100

   F. #4 Simple Hook Gaff
   #5 Lift Gaff
   #6 Hook Gaff
      1920's- 1940's
           75-100

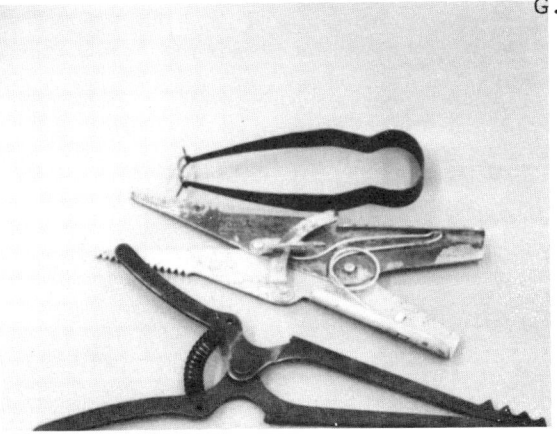
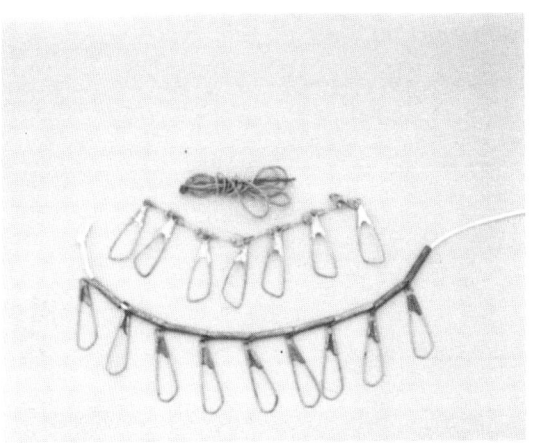

G. Tools to disengage
   hooks from fish
   mouths.
   1910 - 1930
           20-30

   H. Assorted Stringers
   String Line
   Metal Stingers
   #1 Outing
   #2 Heddon
   1900's - 1920's
           30-40

Miscellaneous Items
Pictures with Descriptions

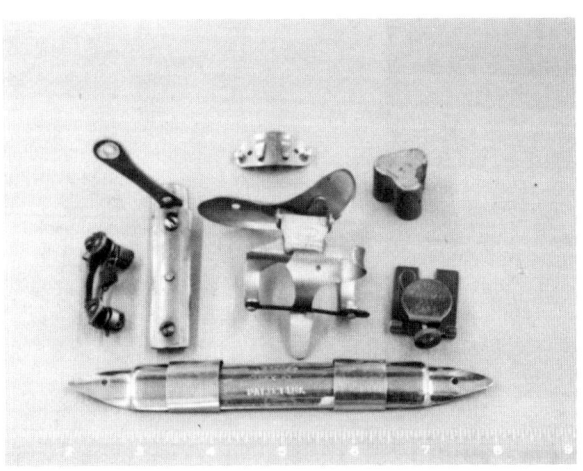

A.
Reel accessories.
1910 - 1930

Level reel winder.
Huffman Attachment
Reel spool straightener.
75-100

B.
Hook protectors.
1910 - 1940
5-10
Dunk's Gaff
1940
40-50

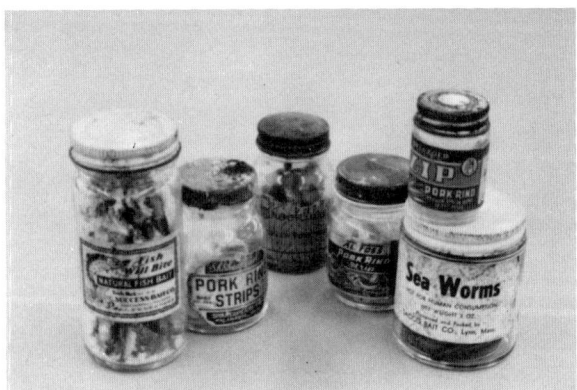

C.
Assorted preserved baits and pork rind baits.
1920 - 1940s
10-20

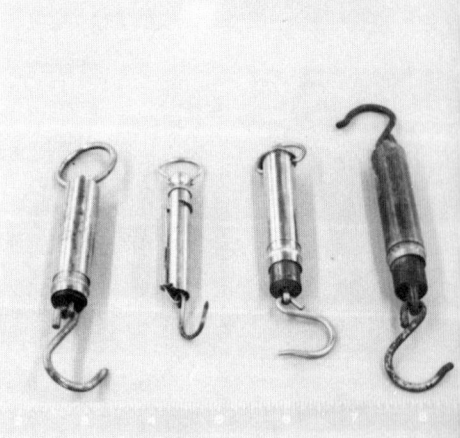

D.
Assorted early insect repellents.
1890 - 1940
10-20

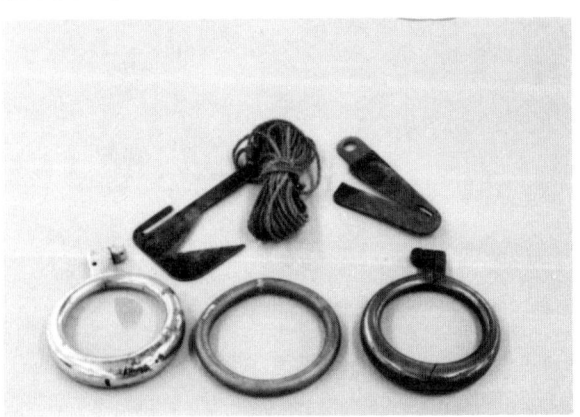

E.
Line Releaser.
1900 - 1910
20-30

F.
Assorted scales for weighing fish.
1890 - 1920
20-30

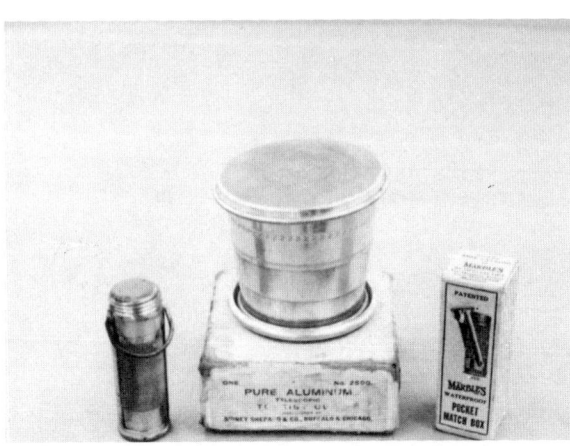

G.
Waterproof match holder.
1900
20-30

H.
Chum and dead bait holder.
1920
40-50

Miscellaneous Items
Pictures with Descriptions

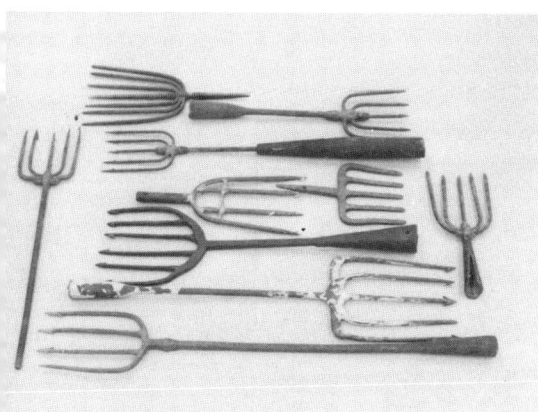

A.
Iron Spears
Used with spear decoys.
1880's - 1920
        30-40

B.
Rods for holding spear decoys.
1880 - 1920
        30-40

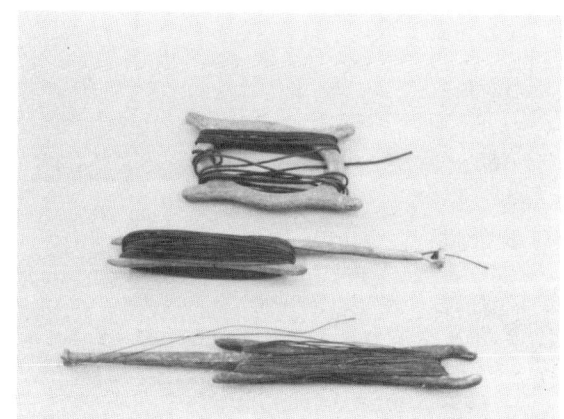

C.
Ice fishing trips
Used for ice fishing
Assorted types
1920's
        75-100

D.
Ice fishing rod and reels
Used for ice fishing
Assorted types
1930's
        20-30

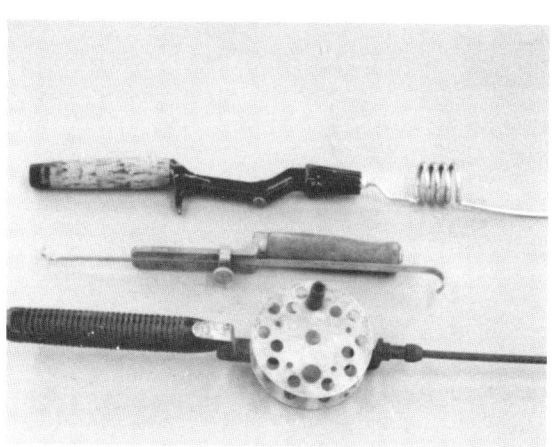

E.
Bells to alarm the fisherman that he has a bite.
1920's
        5-10

F.
Old lines made of silk and linen.
1890's
        5-10

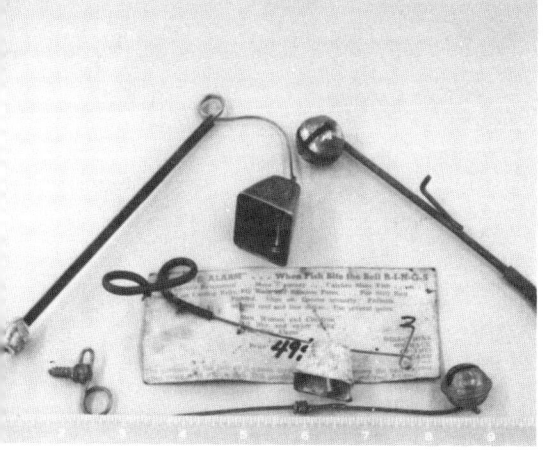

G.
Old spools of ch assorted makers of line.
Made of linen
1920' - 1940's
        5-10

Same as G.
        5-10

Miscellaneous Items
Pictures with Descriptions

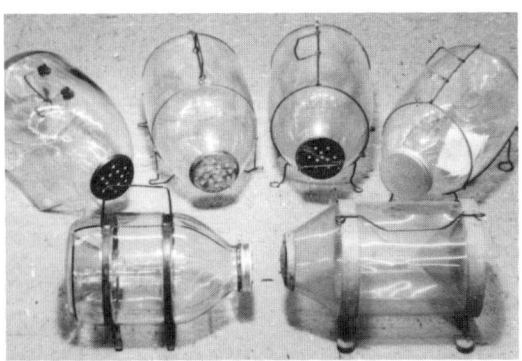

A. Assorted glass minnow traps.
1900's - 1930's
75-300

B. Assorted metal minnow buckets.
1895 - 1940
30-40

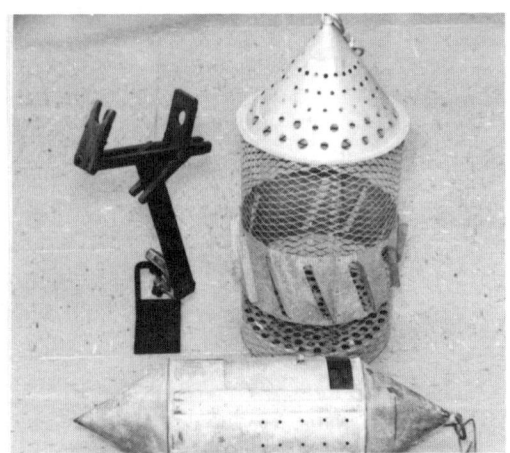

C. Fish scaler for cleaning fish.

Live bait car. Use while boat is moving.

Rod holder.
1920- 1940
30-40

D. Frog bucket.

Portable minnow bucket.
1930's   30-40

E. Assorted live bait cans.
1920's
10-20

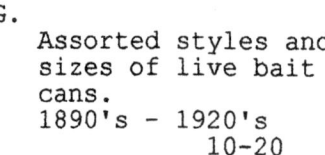

F. Assorted cricket and hopper cans.
1920's
10-20

G. Assorted styles and sizes of live bait cans.
1890's - 1920's
10-20

H. Same as G.
10-20

Supplement I
Miscellaneous Items

A. Various minnow traps. 1900's - 1930's
75-300

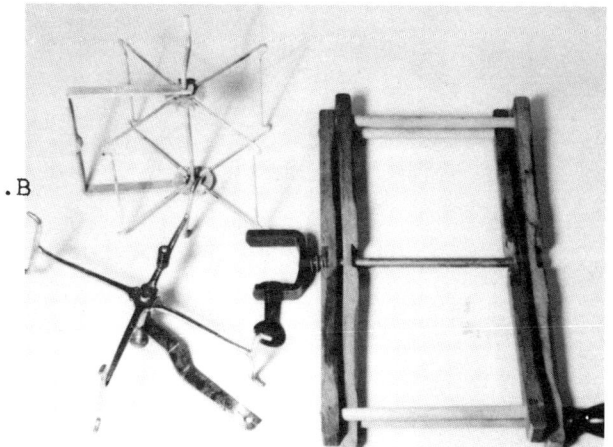

B. Various line dryers. 1900's - 1940's
75-100

C. Two more minnow traps. 1920's - 1940's
25-200

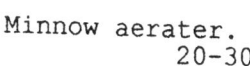

D. Minnow aerater. 20-30

Flashlight for rod. 30-40

Line guide for reel. 1930 - 1950
30-40

E. Various line dryers. 1890's - 1930
75-100

F. Tournament corks. 1920 - 1960
150-200

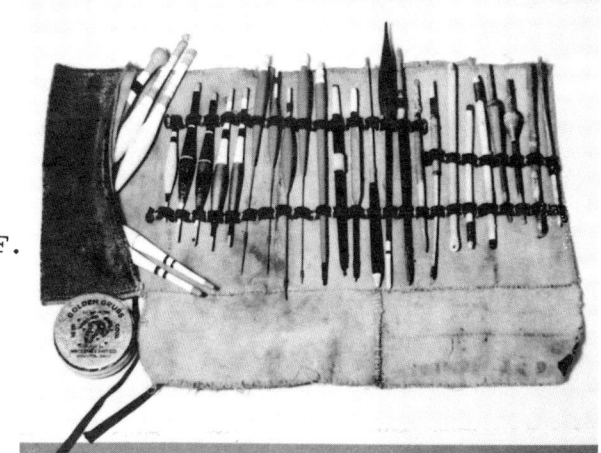

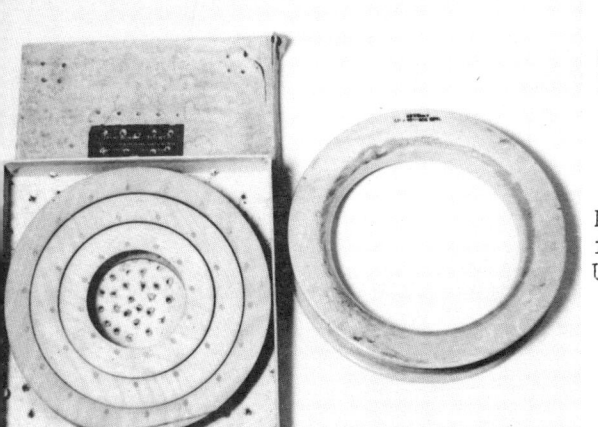

G. Fly line dryer. 1890's
75-100

H. Diving Duck fish decoys. Unknown maker.
400-500

Tackle Boxes

A. Wooden tackle box.
circa 1910
Wooden tackle box.
circa 1930
150-200

B. Leather tackle box.
circa 1890
Eaglelock leater tackle box.
circa 1900
150-200

C. Leather tackle box.
circa 1890's
Leather tackle box.
circa 1890's
150-200

D. Wooden tackle box.
circa 1890's
Leather tackle box.
circa 1890's
100-150

E. Leather box.
Corbin Lock
circa 1890's
Kentucky Meek & Sons
circa 1900
150-300

F. Homemade from baby's coffin.
circa 1890's
Homemade
circa 1950's
100-150

G. Climax box.
circa 1910
Union Hardware
circa 1912
20-30

H. Heddon Outing
circa 1940
Heddon Outing
circa 1930
50-75

Tackle Boxes

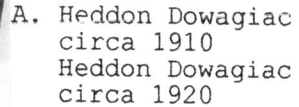

A. Heddon Dowagiac
circa 1910
Heddon Dowagiac
circa 1920
50-75

B. Leather tackle box.
circa 1880
Leather tackle box.
circa 1890
75-100

C. Standard box.
circa 1910
Johnson tackle box.
circa 1907
75-100

D. Price's tackle box.
circa 1883
Wincheste box.
circa 1930
50-100

E. Shakespeare's own
tackle box.
circa 1903
Shakespeare tackle box
circa 1920
50-75

F. Utilco tackle box.
circa 1923
Falls City tackle box.
circa 1920's
40-50

G. Walton Griplock.
circa 1912
Tac-All Tournament
circa 1940
300-400

H. Kennedy box.
circa 1930's
Kennedy box.
circa 1940's
20-30

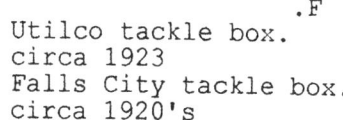

J. Unknown
circa 1900's
Grout box.
circa 1910
50-75

K. Roll-a-Tray
circa 1950
Whopper Stopper
circa 1952
10-20

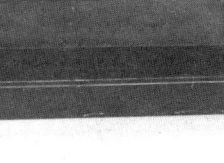
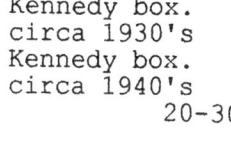
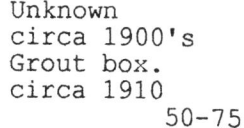

Lures
Hardware Types

BASIC HOOK HANGERS

of

6 Major Companies

CREEK CHUB (CCBCo)
1. Washer Rig   1911–1915
2. Shallow Cup   1916–1919
3. Cup Rig   1920–____

HEDDON
1. Cup Rig   1903–1914
2. L Rig   1915–1930
3. Toilet Seat   1926–1930
4. Flap Rig   1931–1948
5. Surface Rig   1949–____

PFLEUGER
1. Wire Rig   1900–1925
2. Eye Screw   1910–1941
3. Paper Clip Rig   1912–1913
4. Bent Wire   1914–1927
5. Surface Rig   1929–____

MOONLIGHT (PAW PAW)
1. Shallow Cup   1906–1919
2. Eye Screw   1920–1941
3. Cup Rig   1920–____
4. Built-in Cup   1945–____
5. Surface Rig   1945–____

SHAKESPEARE
1. Wire Rig   1899–1920
2. Staple Rig   1908–1912
3. Eye Screw   1907–1941
4. Paper Clip Rig   1907–1912
5. Flat Wire Through 1913–1941
6. Cup Rig   1945–____

SOUTH BEND (WORDEN)
1. Eye Screw   1903–1909
2. Aluminum Cup   1910–1912
3. Cup Rig   1913–1950
4. Surface Rig   1951–____

L RIG

TOILET SEAT

FLAP RIG

SURFACE RIG

EYE SCREW

WASHER RIG

Bent Wire

STAPLE RIG

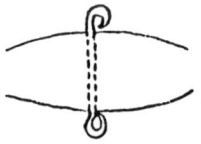
WIRE RIG

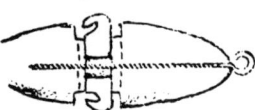
FLAT WIRE THROUGH

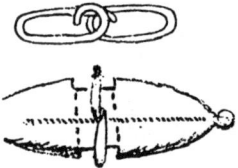
PAPER CLIP RIG

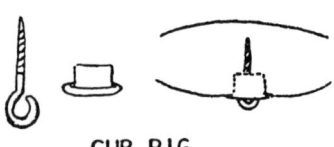
CUP RIG

SHALLOW CUP

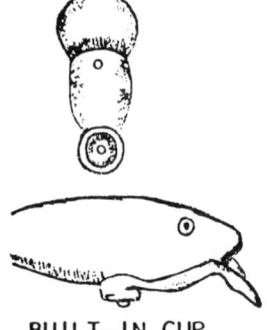
BUILT-IN CUP

Lures
Hardware Types

BASIC PROPELLER TYPES OF 6 MAJOR COMPANIES

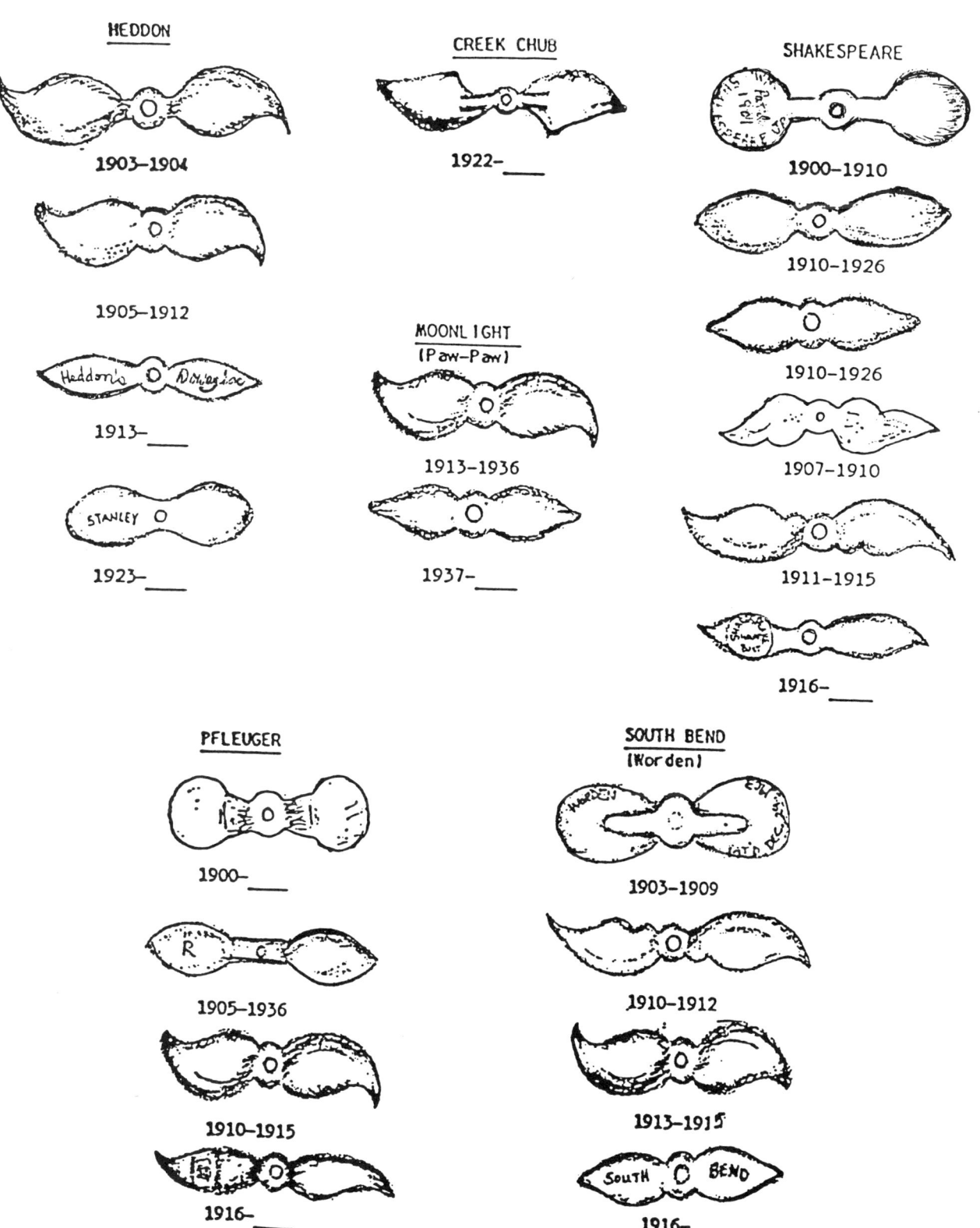

Lure Want List

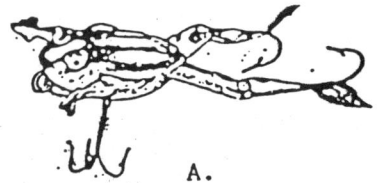
A.

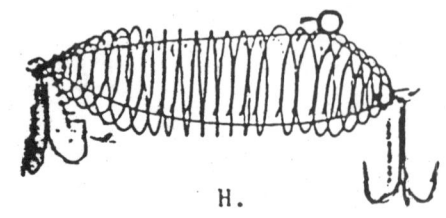
H.

B.

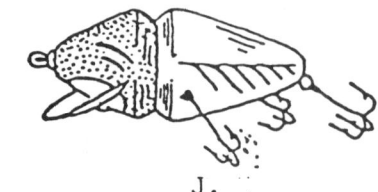
J.

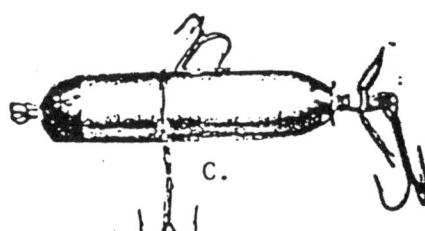
C.

A. AuClaire "Oscar the Frog"
   1947   MI   200-300
B. Bidwell "Bottle Bait"
   1915   MI   200-300
C. Blee & Helmkamp "Submarine"
   1914   IN   750-1000
D. Garst "Close Pin"
   1925   IL   200-300
E. Bowersox Minnow
   1907   IN   1000-1500
F. Brown's "Wiggletail Minnow"
   1907   MI   1000-1500
G. Creek Chub "Decoy"
   1919   IN   1000-1500
H. Detroit "Minnow Cage"
   1914   MI   500-750
J. Donaly "Diver"
   1938   NJ   500-750
K. Cornelius Lie Patent Bait
   1885   Norway 400-500
L. Dr. Wasweyler's "Glow Worm"
   1915   WI   500-750
M. Ewert "Artificial Bait"
   1919   CA   1500-2000
N. Gaide Bait
   1895   IN   2000-3000
P. Garrison Minnow
   1910   WA   1500-2000

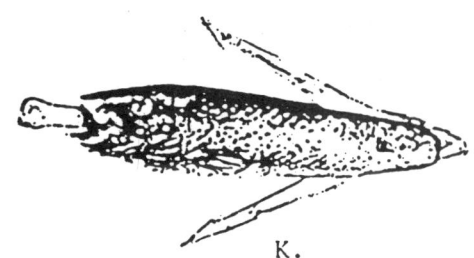
K.

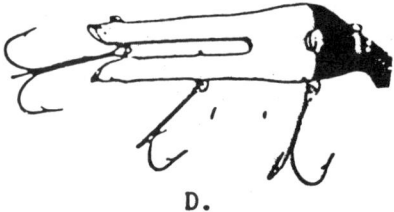
D.

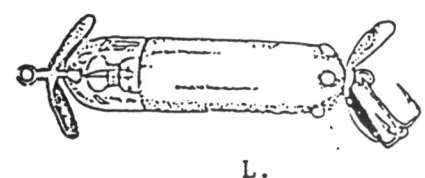
L.

E.

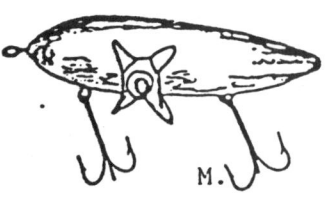
M.

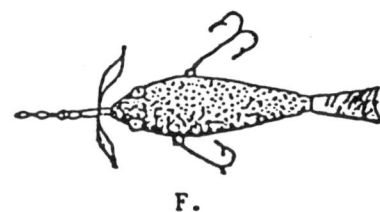
F.

N.

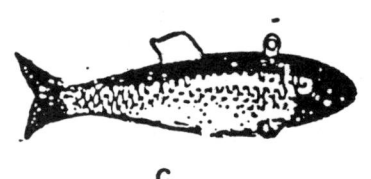
G.

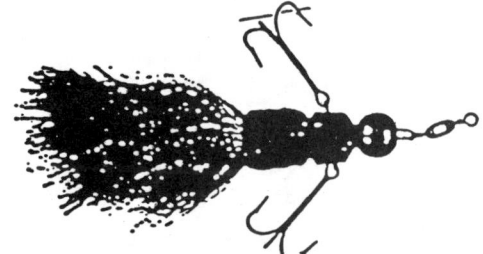
P.

Lure Want List

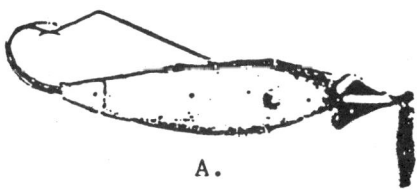
A.

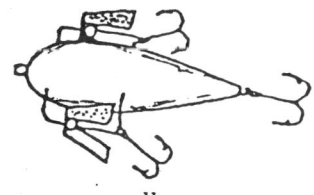
H.

A. Hendryx Bait
   1912   CT   1000-1500

B. Homser "Mechanical Froggie"
   1928   MI   1500-2000

C. Irgen "Glass Minnow"
   1888   OH   1000-1500

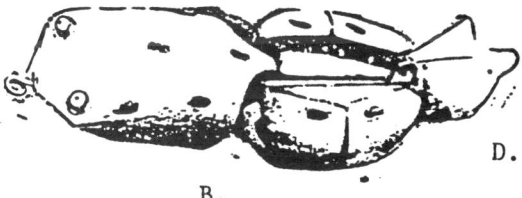
B.

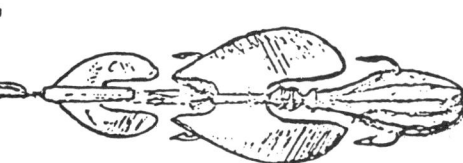
J.

D. Kuehn's "Frog"
   1931   500-750

E. Knight & Wall's "Costa Lure"
   1930   FL   500-750

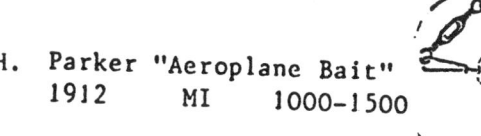
K.

F. Meadow's "Wooden Minnow"
   1937   FL   200-300

G. Moonlight "1913 Special"
           MI   1000-1500

H. Parker "Aeroplane Bait"
   1912   MI   1000-1500

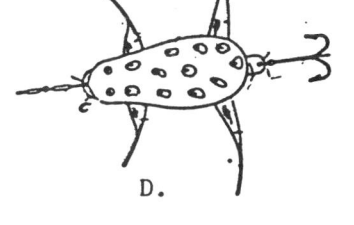
C.

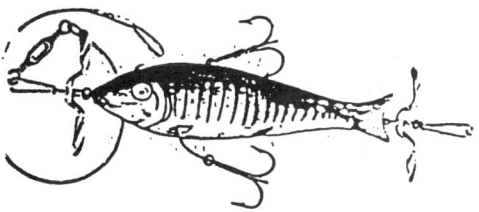
L.

J. Pepper's "Revolving Minnow"
   1915   NY   500-750

K. Pepper's Spoon
   1893   NY   500-750

L. Pflueger "Trory Minnow"
   1899   OH   1500-2000

M. Rhead "Frog"
   1915   NY   500-750

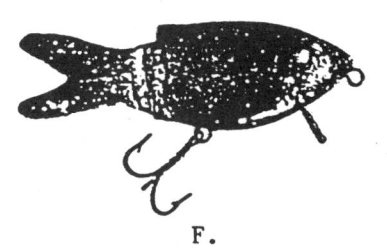
D.

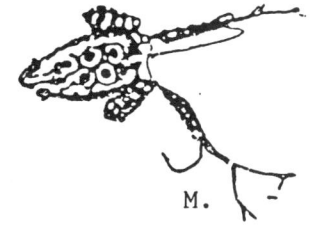
M.

N. Smith Minnow
   1905   IN   2000-3000

P. VanDeCar "Bonified Minnow"
   1907   MI   2000-3000

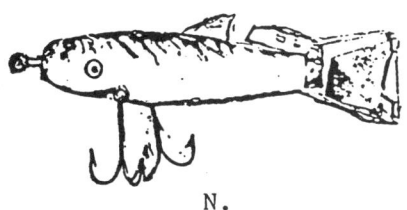
E.

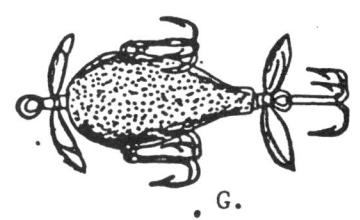
F.

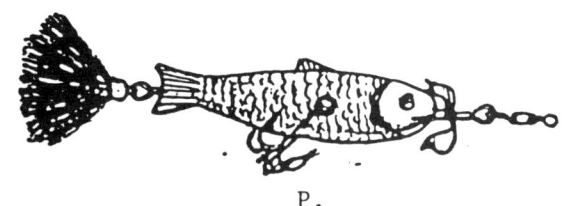
G.   P.

Descriptions of Lures

Page No.	Lure Name		Misc. Inform.	Length	Manufacturer	St.	Date	Value
31-A1	SPOON-FISH	#590	ALUMINUM	4 1/4 IN	ABBEY & IMBRIE (HEDDON)	NY	1930	400-500
31-A2	KING SPOON	#290	3/4 OZ	2 3/4 IN	ABBEY & IMBRIE (HEDDON)	NY	1927	30-40
31-A3	BASSER	#8500	CUP 3/4 OZ	4 1/4 IN	ABBEY & IMBRIE (HEDDON)	NY	1922	40-50
31-A4	CRAB	#1800	CUP 7/8 OZ	3 3/4 IN	ABBEY & IMBRIE (HEDDON)	NY	1925	40-50
31-A5	VAMP, JOINTED	#7300	L RIG 3/4 OZ	4 3/4 IN	ABBEY & IMBRIE (HEDDON)	NY	1922	40-50
31-A6	RIDEAU	#75	CUP	4 IN	ABBEY & IMBRIE (MOONLIGHT)	NY	1928	50-75
31-A7	WHIRLING CHUB	#3200	CUP 1 OZ	4 1/2 IN	ABBEY & IMBRIE (MOONLIGHT)	NY	1929	75-100
31-A8	FLASH-HEAD WOBBLER	#3700	CUP 1 OZ	3 1/2 IN	ABBEY & IMBRIE (MOONLIGHT)	NY	1929	50-75
31-A9	GHOST		ALUMINUM	1 3/4 IN	ABBEY & IMBRIE (ROCKWOOD)	NY	1898	400-500
31-A10	TORPEDO		ALUMINUM	3 1/4 IN	ABBEY & IMBRIE (JENNINGS)	NY	1899	300-400
31-A11	GLOWBODY		GLASS	3 1/2 IN	ABBEY & IMBRIE	NY	1920	75-100
31-A12	EZY-KATCH		GO-GETTER	4 IN	ABBEY & IMBRIE	NY	1930'S	40-50
31-A13	CLEARWATER		GO-GETTER	2 1/2 IN	ABBEY & IMBRIE	NY	1930'S	40-50
31-A14	BIG BOY		PAW PAW	6 IN	ABBEY & IMBRIE	NY	1930'S	40-50
31-A15	BIG BOY		PAW PAW	8 IN	ABBEY & IMBRIE	NY	1930'S	40-50
31-B1	RUSH TANGO TYPE		GO-GETTER	4 1/4 IN	ABBEY & IMBRIE	NY	1930'S	30-40
31-B2	SOS TANGO TYPE		GO-GETTER	2 1/2 IN	ABBEY & IMBRIE	NY	1930'2	30-40
31-B3	PIKE TYPE, JOINTED		GO-GETTER	4 1/2 IN	ABBEY & IMBRIE	NY	1930'3	30-40
31-B4	MOUSE		GO-GETTER	2 1/2 IN	ABBEY & IMBRIE	NY	1930'S	30-40
31-B5	TIGER TANGO		GO-GETTER	3 1/2 IN	ABBEY & IMBRIE	NY	1930'S	30-40
31-B6	MOUSE TYPE		GO-GETTER	3 1/4 IN	ABBEY & IMBRIE	NY	1930'2	30-40
31-B7	EZY-KATCH	#50	GO-GETTER	3 1/2 IN	ABBEY & IMBRIE	NY	1930'S	30-40
31-B8	ASTRA	#15	GO-GETTER	2 3/4 IN	ABBEY & IMBRIE	NY	1930'S	30-40
31-B9	FLOATING RUNT TYPE		GO-GETTER	3 3/4 IN	ABBEY & IMBRIE	NY	1930'S	40-50
31-B10	INJURED MINNOW		GO-GETTER	3 1/2 IN	ABBEY & IMBRIE	NY	1930'S	30-40
31-B11	FLOATING VAMP TYPE		GO-GETTER	4 1/2 IN	ABBEY & IMBRIE	NY	1930'S	30-40
31-B12	BASS-ORENO TYPE		GO-GETTER	3 3/4 IN	ABBEY & IMBRIE	NY	1930'S	30-40
31-B13	BABE-ORENO TYPE		GO-GETTER	3 IN	ABBEY & IMBRIE	NY	1930'S	30-40
31-B14	FLY ROD BASS-ORENO		GO-GETTER	1 3/4 IN	ABBEY & IMBRIE	NY	1930'S	30-40
31-B15	FLY ROD MINNOW		GO-GETTER	1 3/4 IN	ABBEY & IMBRIE	NY	1930'S	30-40
31-C1	MIDGET TANGO TYPE		GO-GETTER	2 3/4 IN	ABBEY & IMBRIE	NY	1930'S	30-40
31-C2	PUNKINSEED TYPE		GO-GETTER	1 1/2 IN	ABBEY & IMBRIE	NY	1930'S	40-50
31-C3	TROUT TANGO TYPE		GO-GETTER	1 3/4 IN	ABBEY & IMBRIE	NY	1930'S	30-40
31-C4	TWO-ORENO TYPE		GO-GETTER	3 IN	ABBEY & IMBRIE	NY	1930'S	40-50
31-C5	CRAB TYPE		GO-GETTER	3 IN	ABBEY & IMBRIE	NY	1930'S	40-50
31-C6	RIVER RUNT TYPE		GO-GETTER	2 3/4 IN	ABBEY & IMBRIE	NY	1930'S	30-40
31-C7	MIDGET RIVER RUNT		GO-GETTER	2 3/4 IN	ABBEY & IMBRIE	NY	1930'S	30-40
31-C8	GREEN SPOON	#301	GREEN MFG.		ABBEY & IMBRIE	NY	1920	20-30
31-C9	SKINNER TYPE	#9403	BARREL SWIVEL		ABBEY & IMBRIE	NY	1930	10-20
31-C10	FLUTED BAIT		SILVER		ABBEY & IMBRIE	NY	1890	30-40
31-C11	TRIP LURE			2 IN	ATOMIC FISHING TACKLE	NJ	1946	30-40
31-C12	GOLD FISH LONGTAIL		SPORTSMAN CENTER	2 1/4 IN	AL'S GOLD FISH	MA	1948	UNDER 5
31-C13	GOLD FISH LONGTAIL		SPORTSMAN CENTER	1 1/4 IN	AL'S GOLD FISH	MA	1949	UNDER 5
31-C14	GOLDFISH MITE		SPORTSMAN CENTER	1 1/4 IN	AL'S GOLDFISH	MA	1949	UNDER 5
31-C15	ORIGINAL GOLDFISH		SPORTSMAN CENTER	1 1/4 IN	AL'S GOLDFISH	MA	1947	UNDER 5
31-D1	MICHIGAN LIFE LIKE	5 HK	HANSEN	3 3/4 IN	ARNTZ, ADOLPH	MI	1908	750-1000
31-D2	MICHIGAN LIFE LIKE	3 HK	HANSEN	3 IN	ARNTZ, ADOLPH	MI	1908	750-1000
31-D3	SPOONJACK		HANSEN	4 1/2 N	ARNTZ, ADOLPH	MI	1918	300-400
31-D4	SPOONJACK TOPWATER		HANSEN	4 IN	ARNTZ, ADOLPH	MI	1920	300-400
31-D5	PULL-ME-SLOW		HANSEN	4 3/4 IN	ARNTZ, ADOLPH	MI	1936	150-200
31-D6	HANSEN WOBBLER		HANSEN	4 1/4 IN	ARNTZ, ADOLPH	MI	1920	750-1000
31-D7	FANTAIL			2 1/4 IN	ATLANTIC LURES	RI	1958	5-10
31-D8	SLEEK-FISH			2 3/4 IN	ATLANTIC LURES	RI	1960	UNDER 5
31-D9	MINNOW SPOON			2 IN	ATLANTIC LURES	RI	1959	UNDER 5
31-D10	BARN DOOR HINGE	LARGE		4 IN	AKRON TACKLE	OH	1946	30-40
31-D11	BARN DOOR HINGE	SMALL		2 3/4 IN	AKRON TACKLE	OH	1947	30-40
31-D12	ANDERSON MINNOW		7/8 OZ	3 1/2 IN	ANDERSON BAIT CO.	IL	1949	30-40
31-D13	WEEDLESS WONDER			2 3/4 IN	ANDERSON & SON	IL	1969	30-40
31-D14	MAGIC MINNOW			5 IN	ALCOE LURE CO.	FL	1958	30-40
31-D15	LUCKY BUNNY			3 IN	AMERICAN ROD & GUN	CT	1954	30-40

Lures

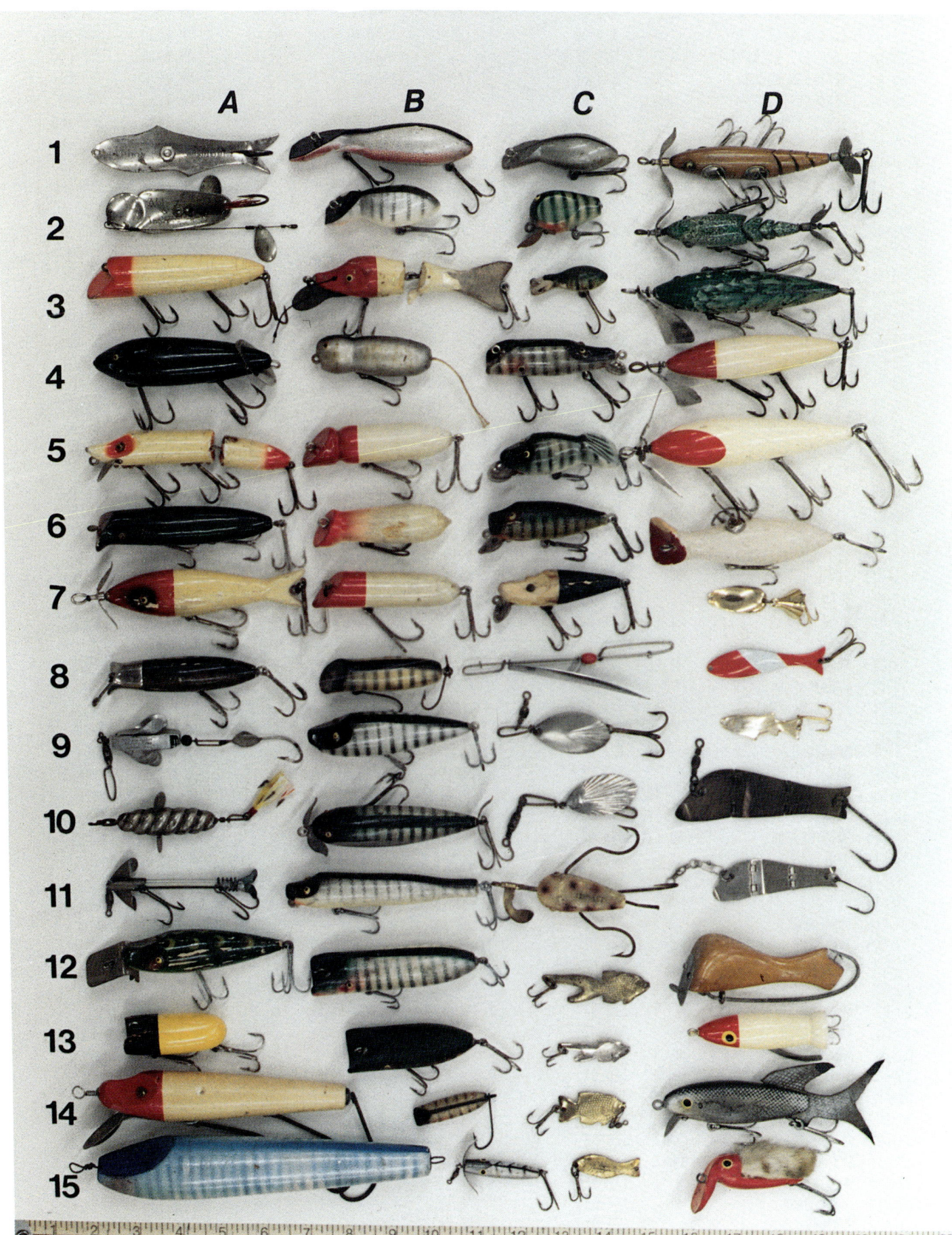

Descriptions of Lures

Page No.	Lure Name	Misc. Inform.		Length	Manufacturer	St.	Date	
33-A1	SPINTAIL KICKER		5/8 OZ	1 1/4 IN	ARBOGAST	OH	1924	200-300
33-A2	SPINTAIL KICKER	G.E.	5/8 OZ	1 1/4 IN	ARBOGAST	OH	1920	150-200
33-A3	COCKTAIL KICKER		5/8 OZ	1 1/4 IN	ARBOGAST	OH	1920	200-300
33-A4	COCKTAIL KICKER	G.E.	5/8 OZ	1 1/4 IN	ARBOGAST	OH	1920	200-300
33-A5	WEEDLESS KICKER	LARGE	5/8 OZ	1 1/4 IN	ARBOGAST	OH	1927	75-100
33-A6	WEEDLESS KICKER	SMALL	1/2 OZ	1 IN	ARBOGAST	OH	1928	75-100
33-A7	SNAKE TIN LIZ		5/8 OZ	3 IN	ARBOGAST	OH	1933	300-400
33-A8	MUSKY TIN LIZ		5/8 OZ	3 IN	ARBOGAST	OH	1933	1000-1500
33-A9	SUNFISH TIN LIZ	LARGE	5/8 OZ	2 IN	ARBOGAST	OH	1928	300-400
33-A10	TIN LIZ SUNFISH	SMALL	1/2 OZ	1 3/4 IN	ARBOGAST	OH	1928	300-400
33-A11	WALLEYE TIN LIZ		5/8 OZ	2 3/4 IN	ARBOGAST	OH	1933	1000-1500
33-A12	TIN LIZ 3 FIN		5/8 OZ	2 1/2 IN	ARBOGAST	OH	1933	75-100
33-A13	TIN LIZ HICKORY SHAD		1/2 OZ	2 1/4 IN	ARBOGAST	OH	1940	40-50
33-A14	TWIN LIZ	SMALL	5/8 OZ	1 3/4 IN	ARBOGAST	OH	1938	30-40
33-A15	TWIN LIZ	LARGE	3/4 OZ	2 IN	ARBOGAST	OH	1938	100-150
33-B1	TIN LIZ SPINTAIL		5/8 OZ	2 1/2 IN	ARBOGAST	OH	1926	100-150
33-B2	TIN LIZ	LARGE	1 OZ	2 3/4 IN	ARBOGAST	OH	1927	30-40
33-B3	TIN LIZ	MED.	5/8 OZ	2 1/2 IN	ARBOGAST	OH	1927	40-50
33-B4	TIN LIZ	SMALL	1/2 OZ	2 1/4 IN	ARBOGAST	OH	1927	20-30
33-B5	TIN LIZ SPINNING		3/8 OZ	1 3/4 IN	ARBOGAST	OH	1948	10-20
33-B6	FLY ROD TIN LIZ		1/16 OZ	2 IN	ARBOGAST	OH	1952	10-20
33-B7	FLY ROD TIN LIZ		1/32 OZ	1 1/2 IN	ARBOGAST	OH	1937	20-30
33-B8	FLY ROD TIN LIZ		1/64 OZ	1 IN	ARBOGAST	OH	1937	10-20
33-B9	MUSKY JITTERBUG, Two Treble		1 1/4 OZ	4 3/4 IN	ARBOGAST	OH	1939	100-150
33-B10	JITTERBUG (WOOD)	MEDIUM	5/8 OZ	2 3/4 IN	ARBOGAST	OH	1937	30-40
33-B11	JITTERBUG	SMALL	1/2 OZ	2 1/4 IN	ARBOGAST	OH	1939	75-100
33-B12	FLY ROD JITTERBUG		1/8 OZ	1/4 IN	ARBOGAST	OH	1947	20-30
33-B13	FLY ROD HULA-POPPER		1/8 OZ	3/4 IN	ARBOGAST	OH	1940	100-150
33-B14	HULA POPPER, Side Mark		5/8 OZ	2 1/2 IN	ARBOGAST	OH	1947	5-10
33-B15	HULA POPPER	SMALL	1/2 OZ	2 IN	ARBOGAST	OH	1948	UNDER 5
33-C1	SHAKER		5/8 OZ	1 1/2 IN	ARBOGAST	OH	1933	100-150
33-C2	HAWAIIAN WIGGLER	#1	5/8 OZ	1 1/2 IN	ARBOGAST	OH	1934	5-10
33-C3	HAWAIIAN WIGGLER SPINNING #1		1/2 OZ	3/4 IN	ARBOGAST	OH	1955	10-20
33-C4	FLY ROD HAWAIIAN WIGGER #1		1/4 OZ	1/2 IN	ARBOGAST	OH	1947	10-20
33-C5	HAWAIIAN SPINNER		1/2 OZ	3 IN	ARBOGAST	OH	1935	10-20
33-C6	HAWAIIAN WIGGLER	#1 1/2	5/8 OZ	1 1/2 IN	ARBOGAST	OH	1935	UNDER 5
33-C7	HAWAIIAN WIGGLER	#2	5/8 OZ	1 1/2 IN	ARBOGAST	OH	1947	UNDER 5
33-C8	FLY ROD HAWAIIAN WIGGLER #2		1/4 OZ	1 IN	ARBOGAST	OH	1935	10-20
33-C9	HAWAIIAN WIGGLER	#2 1/2	5/8 OZ	1 1/2 IN	ARBOGAST	OH	1946	100-150
33-C10	SPUTTER FUSS	#2 1/2	5/8 OZ	1 1/2 IN	ARBOGAST	OH	1947	UNDER 5
33-C11	HAWAIIAN WIGGLER	#3	5/8 OZ	2 1/2 IN	ARBOGAST	OH	1937	5-10
33-C12	HAWAIIAN SPOON SPINNING		5/8 OZ	1 3/4 IN	ARBOGAST	OH	1947	5-10
33-C13	HUM BUG		1/2 OZ	1 1/2 IN	ARBOGAST	OH	1957	UNDER 5
33-C14	BUSY BODY		1/2 OZ	1 1/2 IN	ARBOGAST	OH	1958	UNDER 5
33-C15	EYE, THE		1/4 OZ	3/4 IN	ARBOGAST	OH	1959	UNDER 5
33-D1	HULA DANCER		1/2 OZ	1 1/2 IN	ARBOGAST	OH	1944	5-10
33-D2	SPIN DANCER		1/2 OZ	1 3/4 IN	ARBOGAST	OH	1949	5-10
33-D3	HULA DIVER		5/8 OZ	2 IN	ARBOGAST	OH	1949	5-10
33-D4	ARBOGASTER	LARGE	5/8 OZ	2 IN	ARBOGAST	OH	1955	UNDER 5
33-D5	ARBOGASTER	SMALL	1/2 OZ	1 3/4 IN	ARBOGAST	OH	1956	UNDER 5
33-D6	SPUTTER BUG	LARGE	5/8 OZ	3 3/4 IN	ARBOGAST	OH	1955	UNDER 5
33-D7	SPUTTER BUG	SMALL	1/2 OZ	2 1/4 IN	ARBOGAST	OH	1955	UNDER 5
33-D8	SCOOTER		5/8 OZ	3 3/4 IN	ARBOGAST	OH	1958	UNDER 5
33-D9	SKINNY MINNY	LARGE	5/8 OZ	5 IN	ARBOGAST	OH	1959	UNDER 5
33-D10	SKINNY MINNY	SMALL	1/2 OZ	3 1/2 IN	ARBOGAST	OH	1960	UNDER 5
33-D11	HULA PIKE		1/2 OZ	2 3/4 IN	ARBOGAST	OH	1960	UNDER 5
33-D12	LIT'L BASS		1/4 OZ	2 1/2 IN	ARBOGAST	OH	1949	UNDER 5
33-D13	HUSTLER		5/8 OZ	3 3/4 IN	ARBOGAST	OH	1962	UNDER 5
33-D14	HULA HOOPLE		5/8 OZ	4 1/2 IN	ARBOGAST	OH	1960	UNDER 5
33-D15	SCUDDER		1 1/4 OZ	5 IN	ARBOGAST	OH	1965	10-20

Lures

Descriptions of Lures

Page No.	Lure Name	Misc. Inform.	Length	Manufacturer	St. Date	Value
35-A1	MITY ATOM		2 1/2 IN	MITY ATOM BAIT CO.	TX 1947	10-20
35-A2	ACTION LURE	TABLET INSIDE	2 IN	ACTION LURE CO.	CA 1952	5-10
35-A3	GENTLEMAN JIM		4 IN	ASSOCIATED SPECIALTY CO.	1949	10-20
35-A4	MUSKY GEE WHIZ	MADE SHORT TIME	6 IN	ALLSTAR BAIT CO.	IL 1931	100-150
35-A5	GEE WHIZ FROG		5 IN	ALLSTAR BAIT CO.	IL 1931	75-100
35-A6	STEEL'S FROG	RUBBER	3 IN	STEEL, FRANK R. INC.	IL 1949	30-40
35-A7	COOL RIPPLE FROG		2 IN	ASSOCIATED SPECIALTIES	IL 1949	40-50
35-A8	ACTUAL SHAD	REAL ANIMAL	5 IN	ACTUAL LURE CO.	NY 1950	10-20
35-A9	ACTUAL MINNOW	REAL ANIMAL	3 IN	ACTUAL LURE CO.	NY 1950	10-20
35-A10	ACTUAL CRAWDAD	REAL ANIMAL	2 IN	ACTUAL LURE CO.	NY 1950	10-20
35-A11	HOPALONG		3 IN	ARNOLD, S. & CO.	MO 1947	10-20
35-A12	HY-YO	DRY ICE INSIDE	4 IN	JET-PROPELLED BAIT CO.	OH 1947	20-30
35-A13	SPINNER	C.C.B.CO	CANADA	A.L.& W.	1930	10-20
35-A14	SPINNER	C.C.B.CO.	CANADA	A.L.& W.	1930	10-20
35-A15	STRIPER ATOM		7 1/4 IN	ATOM MFG. CO.	MA 1947	30-40
35-B1	ALGER'S MINNOW		4 IN	ALGERS, FRANK	MI 1910	300-400
35-B2	BULL NOSE BAIT		4 1/2 IN	APEX BAIT CO.	IL 1913	100-150
35-B3	BULL NOSE JR.		4 1/4 IN	APEX BAIT CO.	IL 1914	100-150
35-B4	HOPPIE		2 3/4 IN	AIREX BAIT CO.	NY 1952	5-10
35-B5	DARTER		2 1/2 IN	AIREX BAIT CO.	NY 1955	5-10
35-B6	SPINNING MINNOW		1 3/4 IN	AIREX BAIT CO.	NY 1950	5-10
35-B7	TUBE SPINNER		2 IN	AIREX BAIT CO.	NY 1947	UNDER 5
35-B8	AIREX SPINNER		2 IN	AIREX BAIT CO.	NY 1948	UNDER 5
35-B9	LIMPER	PFLUEGER?	2 IN	ALLEN BAIT CO.	1946	5-10
35-B10	JIG BUG	1/8 OZ	2 1/2 IN	ALLEN, M.C.	NJ 1931	40-50
35-B11	A.B.C. MINNOW		2 1/4 IN	A.B.C. BAIT CO.	MI 1923	10-20
35-B12	WIGGLY WIGGLER	1/2 OZ	3 1/4 IN	ALLIANCE MFG.	OH 1932	150-200
35-B13	HOLLOW HEAD	HOLE THRU PLUG	2 IN	ACETTA, TONY	OH 1938	30-40
35-B14	JIG IT		1 1/4 IN	ACETTA, TONY	OH 1957	5-10
35-B15	BUG SPOONETTE		1 1/4 IN	ACETTA, TONY	OH 1941	20-30
35-C1	JIGOLET SNAGLESS		2 1/2 IN	ACETTA, TONY	OH 1940	20-30
35-C2	JIGOLET		2 1/2 IN	ACETTA, TONY	OH 1941	10-20
35-C3	BUG SPOON		2 1/2 IN	ACETTA, TONY	OH 1939	20-30
35-C4	SPIN DODGER		2 1/4 IN	ACETTA, TONY	OH 1939	10-20
35-C5	WEED DODGER	OLD	2 1/2 IN	ACETTA, TONY	OH 1938	5-10
35-C6	WEED DODGER, NEW		2 /2 IN	ACETTA, TONY	OH 1940	5-10
35-C7	HOBO		2 1/4 IN	ACETTA, TONY	OH 1937	20-30
35-C8	RIVER DEVIL	OLD	1 1/2 IN	ACETTA, TONY	OH 1947	10-20
35-C9	RIVER DEVIL, NEW	SKIRT ON SIDES	1 1/2 IN	ACETTA, TONY	OH 1940	10-20
35-C10	META-LURE		3 IN	META-LURE BAIT CO.	MD 1931	10-20
35-C11	SUPER MOP		1 1/4 IN	ACETTA, TONY	OH 1938	10-20
35-C12	PET SPOON	1/2 OZ	3 1/4 IN	ACETTA, TONY	OH 1938	5-10
35-C13	PET SPOON	1/8 OZ	2 IN	ACETTA, TONY	OH 1939	5-10
35-C14	PET SPOON	1/4 OZ	2 1/4 IN	ACETTA, TONY	OH 1939	5-10
35-C15	FLY ROD PET	1/24 OZ	1 1/2 IN	ACETTA, TONY	OH 1939	10-20
35-D1	DOODLE BUG, DIVING		2 1/2 IN	AQUA SPORTS, INC.	OK 1965	10-20
35-D2	MUSKY BRIGHT EYES	BRIGHT EYE LURES	5 1/2 IN	AIKEN BAIT CO.	MN 1935	10-20
35-D3	PIKE BAIT	BRIGHT EYE LURES	2 3/4 IN	AIKEN BAIT CO.	MN 1935	10-20
35-D4	BRIGHT-TWIN SPOON	BRIGHT EYE LURES	2 1/2 IN	AIKEN BAIT CO.	MN 1935	10-20
35-D5	ABENAKI SPINNER			UNKNOWN	ME 1935	10-20
35-D6	BASS-BAIT	CORK	2 IN	BIFF BAIT CO.	WI 1926	100-150
35-D7	MR. BIFF	HOLE IN PLUG	2 4/3 IN	BIFF BAIT CO.	WI 1925	75-100
35-D8	MASTER BIFF	HOLE IN PLUG	2 1/8 IN	BIFF BAIT CO.	WI 1925	100-150
35-D9	MUSKY SPIRAL SPINNER	5/8 OZ	3 IN	BIFF BAIT CO.	WI 1925	75-100
35-D10	SPIRAL SPINNER PIKE		2 IN	BIFF BAIT CO.	WI 1925	100-150
35-D11	MUD PUPPY	LARGE	3 3/4 IN	BARR-ROYERS	IA 1931	150-200
35-D12	MUD PUPPY	SMALL	2 1/4 IN	BARR-ROYERS	IA 1931	150-200
35-D13	FROG		2 IN	BARR-ROYERS	IA 1931	150-200
35-D14	MINNOW		2 1/4 IN	BARR-ROYERS	IA 1931	150-200
35-D15	MUSKY MINNOW		5 1/2 IN	BARR-ROYERS	IA 1931	150-200

Lures

Descriptions of Lures

Page No.	Lure Name		Misc. Inform.	Length	Manufacturer	St. Date	Value
37-A1	BALDWIN MINNOW		PFLUEGER?	5 1/2 IN	BALDWIN BAITS	1910'S	1000-1500
37-A2	BENTLEY DUAL SPINNER		SPING-LOADED		BENTLEY, JOHN	NY 1910'S	75-100
37-A3	BENTLEY SPINNER		SPRING-LOADED		BENTLEY, JOHN	NY 1910'S	50-75
37-A4	INVADER		RUBBER BODY	4 IN	B & M PRODUCTS	CT 1946	75-100
37-A5	BONNETT BAIT		HINGED LIP	5 IN	BONNETT, C.E.	LA 1922	300-400
37-A6	GOLD CAP DODGER		FRONT PLATE	4 IN	BRAINERD BAIT CO.	MN 1932	150-200
37-A7	BEAN'S SPOON		VERY THIN	3 1/4 IN	BEAN, L.L.	ME 1948	UNDER 5
37-A8	BEAN'S HAMMERED SPOON		VERY THIN	2 IN	BEAN, L.L.	ME 1948	UNDER 5
37-A9	DEEP RUNT TYPE		ABSAINT LIP	2 1/2 IN	BASS BUSTER	MA 1952	10-20
37-A10	BUG		RUBBER	2 1/4 IN	BURKE, B.F. BAITS	IL 1914	100-150
37-A11	BURKE BAIT		RUBBER	2 IN	BURKE, B.F. BAITS	IL 1913	100-150
37-A12	BURKE BASS BAIT		RUBBER	2 IN	BURKE, B.F. BAITS	IL 1913	150-200
37-A13	DANIEL BOONE SPOON		THIN	3 1/4 IN	DANIEL BOONE BAITS	1947	10-20
37-A14	BONNER CASTING MINNOW		SALTWATER	3 IN	BONNER CO.	FL 1931	300-400
37-A15	RAZZLE DAZZLE			2 1/4 IN	BOSHEAR TACKLE CO.	AR 1951	20-30
37-B1	BITE-EM-BATE			3 IN	BITE-EM-BATE CO.	IN 1919	100-150
37-B2	BUG			1 1/2 IN	BITE-EM-BATE CO.	IN 1920	150-200
37-B3	FLY ROD WATER MOLE			1 1/2 IN	BITE-EM-BATE CO.	IN 1920	100-150
37-B4	WATER MOLE			3 IN	BITE-EM-BATE CO.	IN 1921	150-200
37-B5	WIGGLER			3 3/4 IN	BITE-EM-BATE CO.	IN 1920	150-200
37-B6	FLOATING MINNOW			2 1/2 IN	BITE-EM-BATE CO.	IN 1921	300-400
37-B7	UNDERWATER MINNOW			3 3/4 IN	BITE-EM-BATE CO.	IN 1921	300-400
37-B8	LIPPED WIGGLER		ADJUSTABLE	3 1/2 IN	BITE-EM-BATE CO.	IN 1920	150-200
37-B9	UNKNOWN BITE-EM		WEIGHTED HOOKS	3 IN	BITE-EM-BATE CO.	IN 1922	200-300
37-B10	UNKNOWN		RIDGE FRONT	4 IN	MOONLIGHT BAIT CO.	1920'S	40-50
37-B11	UNKNOWN		RIDGE FRONT	3 IN	MOONLIGHT BAIT CO.	CD 1920'S	40-50
37-B12	SERPENTINE MINNOW		METAL	2 1/4 IN	BATES, T.H.	NY 1854	400-500
37-B13	BUMBY SPECIAL				BUMBY, JOSEPH HARDWARE CO	1929	40-50
37-B14	BASGETER UNDERWATER		HOME MFG.	5 1/2 IN	BYLER, AL BAITS	WA 1930	150-200
37-B15	BASGETER SURFACE		HOME MFG.	3 1/2 IN	BYLER, AL BAITS	WA 1930	150-200
37-C1	GIMPY	LARGE		1 IN	BOMBER BAIT CO.	TX 1955	UNDER 5
37-C2	GIMPY	SMALL		3/4 IN	BOMBER BAIT CO.	TX 1955	UNDER 5
37-C3	HOG CALLER			1 IN	BOMBER BAIT CO.	TX 1955	UNDER 5
37-C4	BOMBER		1ST MFG.	2 1/2 IN	BOMBER BAIT CO.	TX 1940	40-50
37-C5	BOMBER		2ND MFG.	2 1/2 IN	BOMBER BAIT CO.	TX 1945	30-40
37-C6	WATER DOG	MED.	3 SIZES	3 1/2 IN	BOMBER BAIT CO.	TX 1948	UNDER 5
37-C7	SPIN STICK	LARGE	2 SIZES	3 1/2 IN	BOMBER BAIT CO.	TX 1952	5-10
37-C8	BOMBER SPECIAL		SPECIAL MADE	2 1/2 IN	BOMBER BAIT CO.	TX 1948	75-100
37-C9	TOPPER			2 1/2 IN	BOMBER BAIT CO.	TX 1948	5-10
37-C10	JERK	LARGE	3 SIZES	3 3/4 IN	BOMBER BAIT CO.	TX 1952	10-20
37-C11	JERK	MED.		3 IN	BOMBER BAIT CO.	TX 1952	10-20
37-C12	BOMBERETTE	LARGE		2 1/2 IN	BOMBER BAIT CO.	TX 1948	10-20
37-C13	BOMBERETTE	SMALL		2 IN	BOMBER BAIT CO.	TX 1948	10-20
37-C14	BOTTLE BAIT		3 VERSIONS	3 1/2 IN	BIDWELL, C.W.	MI 1915	400-500
37-C15	BEST BAIT			3 IN	BEST BAIT CO.	MA 1950	UNDER 5
37-D1	MOUSE SPOON			3 IN	"BM"	1935	10-20
37-D2	SPOON, BBCO			3 1/2 IN	"BBCO"	1932	10-20
37-D3	JUNE BUG SPINNER			1 1/2 IN	"BBCO"	1932	UNDER 5
37-D4	HORSEFLY	UNDERWATER		2 1/2 IN	"B"	1938	75-100
37-D5	HORSEFLY	TOPWATER		2 1/2 IN	"B"	1938	100-150
37-D6	BLODGETT BAIT		SPRING-LOADED		BLODGETT BAIT CO.	WI 1926	150-200
37-D7	MINNOW RIG				BURGESS, B.F.	MI 1898	30-40
37-D8	SPINNER				BURGESS, B.F.	MI 1898	150-200
37-D9	BURGESS BAIT			2 1/2 IN	BURGESS, B.F.	MI 1898	3000-5000
37-D10	WEEDLESS BEETLE		(LUR-ALL)	1 1/2 IN	BEETLE BUG BAIT CO.	MI 1941	30-40
37-D11	FLY ROD BEETLE, BASS		(LUR-ALL)	1 IN	BEETLE BUG BAIT CO.	MI 1941	30-40
37-D12	FLY ROD BEETLE, TROUT		(LUR-ALL)	1/2 IN	BEETLE BUG BAIT CO.	MI 1941	30-40
37-D13	MUSKY FLOATING SPOON		CORK BODY	2 IN	BRUSH, H.C.	NY 1876	200-300
37-D14	FLOATING SPOON	PIKE	CORK BODY	1 1/2 IN	BRUSH, H.C.	NY 1876	200-300
37-D15	FLOATING SPOON	BASS	CORK BODY	1 IN	BRUSH, H.C.	NY 1876	200-300

Lures

Descriptions of Lures

Page No.	Lure Name		Misc. Inform.	Length	Manufacturer	St.	Date	Value
39-A1	BROOK'S SHINER		2 SIZES	3 3/4 IN	BROOK'S SHINER BAIT	WI	1926	400-500
39-A2	DIGGER		1/2 OZ	3 1/4 IN	BROOKS BAIT (RJ IND)	OH	1948	10-20
39-A3	DOUBLE O		1/2 OZ	3 IN	BROOKS BAIT (RJ IND)	OH	1939	10-20
39-A4	"O"		1/2 OZ	2 IN	BROOKS BAIT (RJ IND)	OH	1938	10-20
39-A5	REEFER		1/2 OZ	4 IN	BROOKS BAIT (RJ IND)	OH	1947	5-10
39-A6	BABY REEFER		1/2 OZ	3 IN	BROOKS BAIT (RJ IND)	OH	1940	5-10
39-A7	TOPWATER NO.5		1/2 OZ	2 1/4 IN	BROOKS BAIT (RJ IND)	OH	1940	10-20
39-A8	WEEDLESS NO.4		5/8 OZ	1 3/4 IN	BROOKS BAIT (RJ IND)	OH	1941	10-20
39-A9	BABY WEEDLESS BROOKS		1/2 OZ	1 1/2 IN	BROOKS BAIT (RJ IND)	OH	1941	10-20
39-A10	MANITOU MINNOW		WITH WRENCH	3 3/4 IN	BAILEY & ELLIOT	IN	1905	1000-1500
39-A11	DECOY, FISHERETTO		TACK EYE	4 1/2 IN	BROWN BAIT	MN	1940	100-150
39-A12	FISHERETTO BAIT		GLASS EYE	4 IN	BROWN BAIT	MN	1915	200-300
39-A13	FISHERETTO WIGGLER		GLASS EYE	4 IN	BROWN BAIT	MN	1918	150-200
39-A14	BING'S NEMAHBIN MINNOW			4 IN	BINGENHEIMER, A.F.	WI	1910	400-500
39-A15	BING'S MINNOW RIG				BINGENHEIMER, A.F.	WI	1905	50-75
39-B1	BUEL HOMEMADE SPOON	2HK		2 1/3 IN	BUEL, J.T.	NY	1840	150-200
39-B2	BUEL HOMEMADE SPOON	1 HK		3 IN	BUEL, J.T.	NY	1840	150-200
39-B3	BUEL HOMEMADE SPOON, DOUBLE			4 IN	BUEL, J.T.	NY	1840	150-200
39-B4	SPOON		OLD		BUEL, J.T.	NY	1850	150-200
39-B5	FEATHERED SPOON				BUEL, J.T.	NY	1880	100-150
39-B6	FEATHERED KIDNEY SPOON		OLD		BUEL, J.T.	NY	1850	200-300
39-B7	SPOON WITH WEED GUARD		OLD		BUEL, J.T.	NY	1856	100-150
39-B8	TANDEM FLUTED SPOON				BUEL, J.T.	NY	1880	75-100
39-B9	TROLLING SPOON	OLD		3 1/4 IN	BUEL, J.T.	NY	1852	200-300
39-B10	TROLLING SPOON	OLD		2 1/4 IN	BUEL, J.T.	NY	1860	150-200
39-B11	ATTRACTOR			3 3/4 IN	BUEL, J.T.	NY	1920	75-100
39-B12	CASTING SPOON	LARGE		2 1/2 IN	BUEL, J.T.	NY	1900	50-75
39-B13	CASTING SPOON	SMALL		2 IN	BUEL, J.T.	NY	1880	75-100
39-B14	ST. JAMES'S SPOON			2 IN	BUEL, J.T.	NY	1900	150-200
39-B15	MINNOW RIG				BUEL, J.T.	NY	1920	40-50
39-C1	TROLLING SPOON	OLD		2 3/4 IN	BUEL, H.W.	NY	1840	300-400
39-C2	KIDNEY SPOON	OLD			BUEL, H.W.	NY	1840	150-200
39-C3	SPOON		OLD		BUEL, H.W.	NY	1840	150-200
39-C4	SUCKER MINNOW		2 SIZES	3 3/4 IN	BEAR CREEK BAIT CO.	MI	1952	30-40
39-C5	TWEEDLER		2 SIZES	2 1/2 IN	BEAR CREEK BAIT CO.	MI	1952	30-40
39-C6	DECOY, BEAR CREEK		WOOD	6 1/2 IN	BEAR CREEK BAIT CO.	MI	1940	150-200
39-C7	DECOY, BEAR CREEK		WOOD	6 1/2 IN	BEAR CREEK BAIT CO.	MI	1940	200-300
39-C8	A-B-C MINNOW		MULTI-BODIED	4 IN	BOLTON	MI	1925	400-500
39-C9	DECOY, A-B-C			5 IN	BOLTON	MI	1925	1500-2000
39-C10	BASS HOG			4 1/4 IN	BOULTON, T.J.	MI	1911	150-200
39-C11	FLY ROD BASS HOG			2 1/4 IN	BOULTON, T.J.	MI	1913	300-400
39-C12	BRIGHT-EYES		LARGE	3 1/2 IN	BRIGHT-EYE LURE PRODUCTS	MI	1933	100-150
39-C13	BRIGHT-EYES		SMALL	3 IN	BRIGHT-EYE LURE PRODUCTS	MI	1933	100-150
39-C14	GOLF TEE			2 3/4 IN	BIEK BAIT CO.	MI	1947	50-75
39-C15	PADDLER			3 IN	BIEK BAIT CO.	MI	1947	50-75
39-D1	MUSKY BLEEDER BAIT		BLOOD TABLET	4 IN	BLEEDER BAIT CO.	TX	1940'S	100-150
39-D2	BROKEN BACK		BLOOD TABLET	4 IN	BLEEDER BAIT CO.	YX	1940'S	100-150
39-D3	RIVER FLASH	LARGE	BLOOD TABLET	3 IN	AMER.& NATION. TACKLE CO.	OK	1940'S	100-150
39-D4	RIVER FLASH	SMALL	BLOOD TABLET	2 1/2 IN	AMER.& NATION. TACKLE CO.	OK	1940'S	100-150
39-D5	CHUNKER		BLOOD TABLET	2 1/2 IN	BLEEDER BAIT CO.	TX	1940'S	100-150
39-D6	BUBBLER		BLOOD TABLET	2 1/2 IN	BLEEDER BAIT CO.	TX	1940'S	100-150
39-D7	RANGER TYPE		BLOOD TABLET	2 1/2 IN	AMER.& NATION. TACKLE CO.	OK	1940'S	100-150
39-D8	NICHOL'S SHRIMP		LATER VERSION	3 IN	NICHOL'S BAIT CO.	TX	1940'S	30-40
39-D9	BARNES'S BAIT		HAND PAINTED	3 1/2 IN	BARNES E. & B.D.		1906	2000-3000
39-D10	B-K BAIT, DOUBLE			2 IN	BAILER, BILL	NY	1925	50-75
39-D11	B-K BAIT, SINGLE			1 1/2 IN	BAILER, BILL	NY	1925	50-75
39-D12	BABBITT WEEDLESS		SPRING-LOADED	4 IN	BABBITT, E.J.	MI	1926	150-200
39-D13	TALKY TOPPER			3 IN	BERRY-LEBECK	MO	1947	20-30
39-D14	DILLY			2 3/4 IN	BENDER FISHING TACKLE	FL	1955	10-20
39-D15	BINN'S BAIT			2 IN	BINN'S BAIT INC.	OH	1931	50-75

Lures

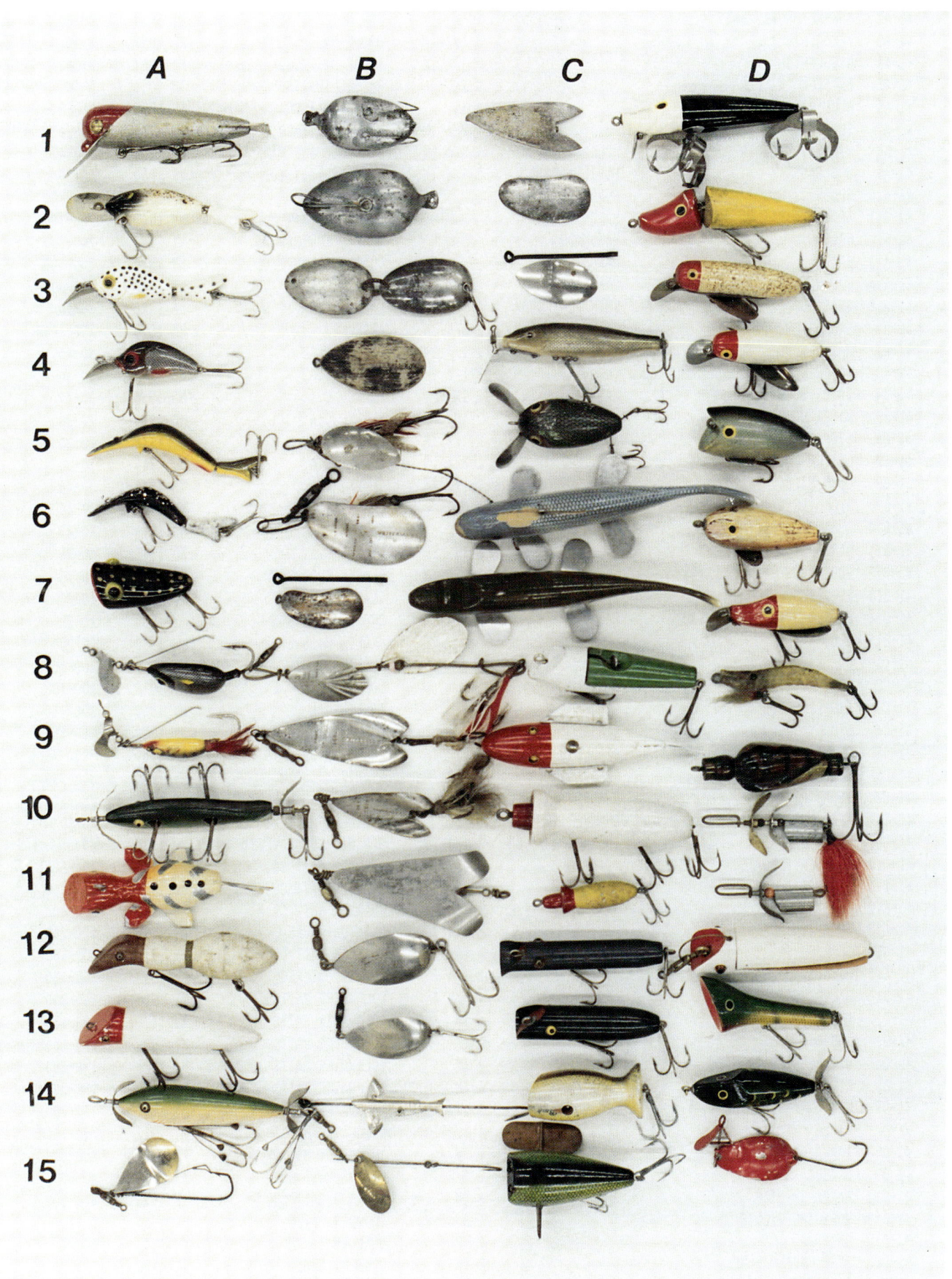

Descriptions of Lures

Page No.	Lure Name	Misc. Inform.		Length	Manufacturer	St.	Date	Value
41-A1	BURMECK'S SECRET BAIT	MUSKY BAIT		7 1/2 IN	BURMECK, TONY	WI	1960	10-20
41-A2	BON-NET MUSKY BAIT			4 IN	BON-NET BAIT CO.	MI	1939	40-50
41-A3	NEEDLEFISH	LARGE		5 1/2 IN	BOONE BAIT CO.	FL	1957	5-10
41-A4	NEEDLEFISH	SMALL		3 3/4 IN	BOONE BAIT CO.	FL	1957	5-10
41-A5	BATSELL "KILLER"			3 IN	BATSELL BAITS	TX	1950	5-10
41-A6	BLUE RIBBON MINNOW			3 IN	BOONE BAIT CO.	FL	1955	UNDER 5
41-A7	SLO-POKE			1 3/4 IN	BARBEE BAIT CO,	IN	1955	10-20
41-A8	DIAMOND WIGGLER	HOLE IN BAIT		3 3/4 IN	BINGHALL & SCHAAF	MI	1914	300-400
41-A9	BUG BASS	NOVELTY BAIT		3 1/4 IN	BUCKEYE BAIT CO.	KS	1960	20-30
41-A10	SPOON	HANDMADE			CLARK, EDWIN	NY	1840	200-300
41-A11	SPOON	HANDMADE			CLARK, EDWIN	NY	1840	200-300
41-A12	SPOON	HANDMADE			CLARK, EDWIN	NY	1840	200-300
41-A13	SPOON	HANDMADE			CLARK, EDWIN	NY	1840	200-300
41-A14	SPOON	HANDMADE			CLARK, EDWIN	NY	1840	200-300
41-A15	GRASSHOPPER POPPER	THIN FLAT BODY		2 3/4 IN	CAIN, RALPH	OK	1940	75-100
41-B1	EXCELSIOR FLY SPOON			2 3/4 IN	ANGELLS	NY	1898	750-1000
41-B2	WATER SCOUT	LARGE	EARLY	2 1/4 IN	CLARK, C.A.	MO	1936	30-40
41-B3	WATER SCOUT	LARGE		2 1/4 IN	CLARK, C.A.	MO	1946	20-30
41-B4	WATER SCOUT	SMALL	EARLY	2 IN	CLARK, C.A.	MO	1936	30-40
41-B5	WATER SCOUT	SMALL		2 IN	CLARK, C.A.	MO	1946	20-30
41-B6	STREAMLINER			2 1/4 IN	CLARK, C.A.	MO	1948	20-30
41-B7	LITTLE EDDIE			1 3/4 IN	CLARK, C.A.	MO	1946	20-30
41-B8	DUCK BILL			2 1/4 IN	CLARK, C.A.	MO	1946	30-40
41-B9	DUCKLING			2 IN	CLARK, C.A.	MO	1946	30-40
41-B10	DUCK BILL, JOINTED			3 IN	CLARK, C.A.	MO	1946	30-40
41-B11	DARTER SCOUT			3 IN	CLARK, C.A.	MO	1948	50-75
41-B12	GOOFY GUS			3 1/4 IN	CLARK, C.A.	MO	1948	50-75
41-B13	POPPER SCOUT			2 1/2 IN	CLARK, C.A.	MO	1936	10-20
41-B14	FLUTED SPINNER	CANADA		2 1/2 IN	CROFT, W. & SON		1930	10-20
41-B15	SPOON	CANADA			CROFT, W. & SON		1930	10-20
41-C1	COLORADO SPOON	LG	HANDMADE		COLLINS, H.	NY	1850	100-150
41-C2	COLORADO SPOON	SM	HANDMADE		COLLINS, H.	NY	1850	100-150
41-C3	KIDNEY SPOON		HANDMADE LG		COLLINS, H.	NY	1850	100-150
41-C4	KIDNEY SPOON		HANDMADE SM		COLLINS, H.	NY	1850	100-150
41-C5	CHAUTAUQUA MINNOW	WEEDLESS		3 1/2 IN	KRANTZ & SMITH	NY	1909	5000-7500
41-C6	CHAUTAUQUA PORK RIND	WEEDLESS		2 1/2 IN	KRANTZ & SMITH	NY	1910	500-750
41-C7	MUSKY REEL LURE	CHARMER BAIT CO.		3 1/4 IN	SPRINGFIELD NOVELTY	MO	1930	750-1000
41-C8	REEL LURE TOPWATER	CHARMER BAIT CO.		2 IN	SPRINGFIELD NOVELTY	MO	1934	40-50
41-C9	REEL LURE	CHARMER BAIT CO.		2 1/4 IN	SPRINGFIELD NOVELTY	MO	1934	40-50
41-C10	CHARMER TOPWATER			3 1/2 IN	CHARMER BAIT CO.	MO	1912	400-500
41-C11	CHARMER 1/2			3 IN	CHARMER BAIT CO.	MO	1915	300-400
41-C12	CHARMER	MADE MUSKY SIZE		3 1/4 IN	CHARMER BAIT CO.	MO	1910	300-400
41-C13	CHAMPION			3 1/4 IN	CLINTON-WILKE	MO	1912	500-750
41-C14	CHARMER JR.			3 IN	CHARMER BAIT CO.	MO	1912	300-400
41-C15	LITTLE WONDER			2 1/4 IN	CLINTON-WILKES	MO	1913	500-750
41-D1	HELLDIVER			4 3/8 IN	COLDWATER BAITS	MI	1917	150-200
41-D2	WIGGLER			4 IN	COLDWATER BAITS	MI	1915	100-150
41-D3	GHOST			4 IN	COLDWATER BAITS	MI	1931	100-150
41-D4	WEEDLESS BAIT			4 IN	COLDWATER BAITS	MI	1920	150-200
41-D5	KING SPOON			4 IN	COLDWATER BAITS	MI	1920	150-200
41-D6	UNKNOWN COLDWATER			4 1/2 IN	COLDWATER BAITS	MI	1912	150-200
41-D7	FINCH			4 1/2 IN	COLDWATER BAITS	MI	1912	750-1000
41-D8	TAMPA BAY MINNOW			4 IN	TAMPA BAY MINNOW CO.	FL	1922	400-500
41-D9	CRABUG			3 3/4 IN	CRABUG BAIT CO.	MI	1939	40-50
41-D10	MAKES-EM-BITE			3 IN	CLARK'S BAIT CO.	IN	1926	400-500
41-D11	WOBBLING WILLIE			1 3/4 IN	CROWDER, BILL		1960	10-20
41-D12	UNKNOWN			2 IN	UNKNOWN			10-20
41-D13	GENE COOPER LURE	5/8 OZ		2 IN	COOPER, GENE	IL	1951	10-20
41-D14	FLUTTERJACK JR.	1/2 OZ		1 IN	COOK, L.B. MFG. CO.	LA	1947	5-10
41-D15	FLUTTERJACK SR.	1/3 OZ		1 1/4 IN	COOK, L.B. MFG. CO.	LA	1947	5-10

Lures

Descriptions of Lures

Page No.	Lure Name		Misc. Inform.	Length	Manufacturer	St.	Date	Value
43-A1	FLYING HELGRAMITE		RED GLASS EYE	3 IN	COMSTOCK, HARRY	NY	1883	7000-10000
43-A2	MUSKY CHUNK		EXTERNAL WEIGHT	2 3/4 IN	COMSTOCK, F.E.	IN	1926	150-200
43-A3	CHUNK		EXTERNAL WEIGHT	2 1/2 IN	COMSTOCK, F.E.	IN	1926	100-150
43-A4	KING CHUB JR.		3 SIZES	3 1/2 IN	CHICAGO TACKLE CO.	IL	1952	20-30
43-A5	BESTEVER BAIT	#30	LARGE 3/4 OZ	3 5/8 IN	CARTER BAIT CO.	IN	1923	30-40
43-A6	BESTEVER BAIT	#20	"OLE BLACK JOE"	3 1/8 IN	CARTERS BAIT CO.	IN	1923	30-40
43-A7	BESTEVER BAIT	#10	GLASS EYE	3 1/8 IN	CARTER-DUNKS	IN	1931	40-50
43-A8	BESTEVER BAIT		#10	2 5/8 IN	CARTER BAIT CO.	IN	1927	30-40
43-A9	MOUSE		1/2 OZ	2 5/8 IN	CARTER-DUNKS	IN	1933	75-100
43-A10	BABY BESTEVER		1/8 OZ	1 3/4 IN	CARTER BAIT CO.	IN	1924	75-100
43-A11	FLY ROD BESTEVER		1/16 OZ	1 1/4 IN	CARTER BAIT CO.	IN	1925	75-100
43-A12	PIKE BAIT	CP-60	3/4 OZ	1 1/4 IN	CARTER BAIT CO.	IN	1924	100-150
43-A13	DUBBLE-HEADER	OLD	ADJUSTABLE HEAD	3 1/4 IN	CARTER-DUNKS	IN	1930	100-150
43-A14	DUBBLE-HEADER		2 SIZES	2 IN	CARTER-DUNKS	IN	1933	100-150
43-A15	SURFACE MINNOW		3/4 OZ	3 1/4 IN	CARTER-DUNKS	IN	1931	100-150
43-B1	SWIM-A-LURE FROG			2 1/2 IN	CARTER-DUNKS	IN	1939	200-300
43-B2	SWIM-A-LURE BABY PIKE			3 IN	CARTER-DUNKS	IN	1939	200-300
43-B3	SWIM-A-LURE PIKE			4 1/2 IN	CARTER-DUNKS	IN	1939	200-300
43-B4	SWIM-A-LURE JOINTED PIKE		DPB-120 3/4 OZ	4 1/2 IN	CARTER-DUNKS	IN	1939	200-300
43-B5	STUBB'S HYDRO-PLUG		METAL 5/8 OZ	2 3/4 IN	CARTER BAIT CO.	IN	1923	75-100
43-B6	CRAW	CC-50	3/4 OZ	3 IN	CARTER-DUNKS	IN	1930	75-100
43-B7	SPOONFISH (FIXED HOOK)	CC-50 3/4 OZ		2 1/2 IN	CARTER-DUNKS	IN	1930	40-50
43-B8	SPOONFISH (FLOATING HOOK)		3 SIZES	2 1/2 IN	CARTER-DUNKS	IN	1930	40-50
43-B9	MUSKY CHIPPEWA			5 IN	FROST, C.J.	WI	1914	750-1000
43-B10	CHIPPEWA PIKE			4 IN	FROST, C.J.	WI	1914	400-500
43-B11	CHIPPEWA BASS			3 IN	FROST, C.J.	WI	1914	400-500
43-B12	CHIPPEWA SKIPPER			4 1/2 IN	FROST, C.J.	WI	1915	500-750
43-B13	MUSKY EXPERT	1 OZ	REVERSE GILLS	4 IN	CLARK, J.L. MFG. CO.	IL	1907	500-750
43-B14	EXPERT		REVERSE GILLS	4 IN	CLARK, J.L. MFG. CO.	IL	1907	300-400
43-B15	BABY EXPERT	1/2 OZ	REVERSE GILLS	3 IN	CLARK, J.L. MFG. CO.	IL	1907	400-500
43-C1	ROTARY MARVEL			3 IN	CASE BAIT CO.	MI	1910	500-750
43-C2	ROTARY MARVEL		(PFLUEGER)	3 IN	CASE BAIT CO.	MI	1911	500-750
43-C3	SNAKER BAIT		CERAMIC	4 1/4 IN	CLEWELL, R.L.	OH	1926	750-1000
43-C4	ED'S HULA HULA BAIT			3 3/4 IN	CUMMINGS, ED INC.	MI	1936	75-100
43-C5	CHASE FISH GETTER			3 3/4 IN	CHASE ROD & TACKLE	FL	1952	20-30
43-C6	FANCY DANCER		HOLE IN PLUG	3 1/4 IN	CARNES, JACK LURES	AR	1953	20-30
43-C7	MAD DAD	LARGE		3 3/4 IN	CREME, NICK	TX	1960	10-20
43-C8	MAD DAD	SMALL		3 IN	CREME, NICK	TX	1960	10-20
43-C9	LOLLIPOP			2 IN	CREME, NICK	TX	1960	10-20
43-C10	DO DAD			2 IN	CREME, NICK	TX	1960	10-20
43-C11	CHRISTENSEN FROG		WORKING LEGS	3 IN	CHRISTENSEN, O.	MN	1936	750-1000
43-C12	MORAN WEEDLESS		RUBBER	1 1/4 IN	MORAN BAIT CO.	IL	1913	75-100
43-C13	COOPER PORKER		RUBBER	1 1/4 IN	COOPER (FISHERMAN CO)	MI	1910	50-75
43-C14	WILCOX POPPER			2 7/8 IN	CAMPBELL, F.C.	OH	1909	400-500
43-C15	UNKNOWN WILCOX			2 1/4 IN	CAMPBELL, F.C.	OH	1909	300-400
43-D1	CANADIAN SPOON			2 IN	CANADIAN BAIT CO.	CD	1947	10-20
43-D2	CANADIAN JOINTED WIGGLER		METAL	4 1/2 IN	CANADIAN BAIT CO.	CD	1952	UNDER 5
43-D3	CANADIAN WIGGLER		METAL	3 3/4 IN	CANADIAN BAIT CO.	CD	1952	UNDER 5
43-D4	COOL RIPPLE FROG	MALE	HUMAN PARTS	2 3/4 IN	COOL RIPPLE LURES, INC.	IL	1947	50-75
43-D5	COOL RIPPLE FROG	FEMALE	HUMAN PARTS	2 3/4 IN	COOL RIPPLE LURES, INC.	IL	1947	50-75
43-D6	UBANGI			2 IN	COOPER LURES	IL	1952	5-10
43-D7	EGG SPOON			3 IN	CROWN BAIT CO.	CD	1930	10-20
43-D8	EGG SPOON			4 IN	CROWN BAIT CO.	CD	1930	10-20
43-D9	EGG SPOON			2 1/2 IN	CROWN BAIT CO.	CD	1930	10-20
43-D10	LIZARD			3 IN	CROWN BAIT CO.	CD	1930	10-20
43-D11	DAY SPINNER				DAY & CO.	NY	1900	40-50
43-D12	DAZZLER			2 1/2 IN	CHESTER, F.E.	RI	1938	40-50
43-D13	DAZZLUM JR.			2 1/4 IN	CHESTER, F.E.	RI	1938	40-50
43-D14	UNKNOWN DAZZLER			3 IN	CHESTER, F.E.	RI	1947	20-30
43-D15	CUMMINGS BASS BAIT		DECKER?	3 1/2 IN	CUMMINGS BAIT CO.	NJ	1918	200-300

Lures

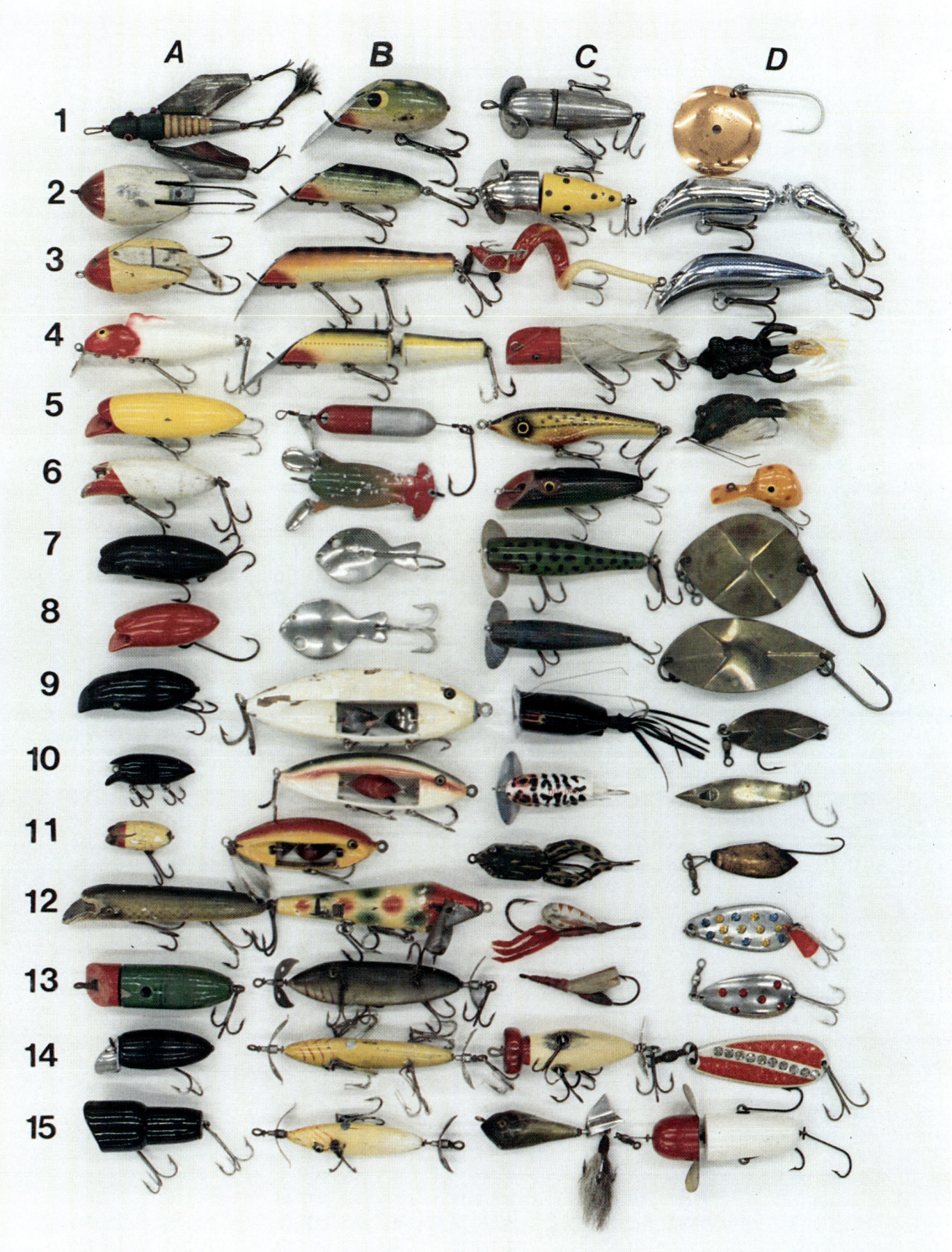

Descriptions of Lures

Page No.	Lure Name	Misc. Inform.		Length	Manufacturer	St.	Date	Value
45-A1	COMBINATION MINNOW				CHAPMAN, W.D.	NY	1880	750-1000
45-A2	COMBINATION MINNOW				CHAPMAN, W.D.	NY	1880	750-1000
45-A3	COMBINATION MINNOW				CHAPMAN, W.D.	NY	1880	750-1000
45-A4	DEVON TYPE MINNOW				CHAPMAN, W.D.	NY	1880	750-1000
45-A5	DEVON TYPE MINNOW				CHAPMAN, W.D.	NY	1880	750-1000
45-A6	COMBINATION MINNOW				CHAPMAN, W.D.	NY	1880	750-1000
45-A7	COMBINATION MINNOW				CHAPMAN, W.D.	NY	1880'S	750-1000
45-A8	COMBINATION MINNOW, PROPELLOR				CHAPMAN, W.D.	NY	1870'S	400-500
45-A9	COMBINATION MINNOW, PROPELLOR				CHAPMAN, W.D.	NY	1870'S	400-500
45-A10	COMBINATION ALLURE, BASS				CHAPMAN, W.D.	NY	1870'S	400-500
45-A11	ALLURE	NEW			CHAPMAN, W.D.	NY	1890'S	200-300
45-A12	ALLURE	NEW	SMALL		CHAPMAN, W.D.	NY	1890'S	200-300
45-A13	REVERSIBLE PROPELLOR				CHAPMAN, W.D.	NY	1890'S	200-300
45-A14	PHANTOM TYPE				CHAPMAN, W.D.	NY	1890'S	750-1000
45-A15	CYCLONE BAIT				CHAPMAN, W.D.	NY	1890'S	750-1000
45-B1	ALLURE				CHAPMAN, W.D.	NY	1890'S	200-300
45-B2	MINNOW TYPE				CHAPMAN, W.D.	NY	1890'S	200-300
45-B3	WATER NYMPH				CHAPMAN, W.D.	NY	1890'S	400-500
45-B4	DEVON TYPE MINNOW				CHAPMAN, W.D.	NY	1890'S	400-500
45-B5	ARROWHEAD				CHAPMAN, W.D.	NY	1890'S	200-300
45-B6	MONTREAL BAIT				CHAPMAN, W.D.	NY	1890'S	200-300
45-B7	PICKEREL BAIT				CHAPMAN, W.D.	NY	1890'S	200-300
45-B8	PICKEREL BAIT				CHAPMAN, W.D.	NY	1890'S	200-300
45-B9	PICKEREL BAIT				CHAPMAN, W.D.	NY	1890'S	100-150
45-B10	MERMAID				CHAPMAN, W.D.	NY	1890'S	200-300
45-B11	FORRELLE	#1			CAST RIGHT BAIT CO.	OH	1936	20-30
45-B12	CEDAR SQUID	SMALL	SALTWATER		CEDAR SQUID BAIT CO.	NY	1900'S	20-30
45-B13	CEDAR SQUID	MED.	SALTWATER		CEDAR SQUID BAIT CO.	NY	1900'S	20-30
45-B14	CEDAR SQUID	LARGE	SALTWATER		CEDAR SQUID BAIT CO.	NY	1900'S	20-30
45-B15	CEDAR SQUID	LARGE	SALTWATER		CEDAR SQUID BAIT CO.	NY	1900'S	20-30
45-C1	CHUB WIGGLER	#100	HPG 1 OZ	3 1/2 IN	CREEK CHUB BAIT CO.	IN	1906	100-150
45-C2	CHUB WIGGLER	#100	NO EYE 1 OZ	3 1/2 IN	CREEK CHUB BAIT CO.	IN	1926	100-150
45-C3	BABY CHUB WIGGLER	#200	HPG 1/2 OZ	2 3/4 IN	CREEK CHUB BAIT CO.	IN	1917	100-150
45-C4	BABY CHUB WIGGLER	#200	NO EYE 1/2 OZ	2 3/4 IN	CREEK CHUB BAIT CO.	IN	1926	100-150
45-C5	CRAWDAD	#300	OLD STYLE 3/4 OZ	2 3/4 IN	CREEK CHUB BAIT CO.	IN	1918	100-150
45-C6	CRAWDAD	#300	NEW STYLE 3/4 OZ	2 3/4 IN	CREEK CHUB BAIT CO.	IN	1926	20-30
45-C7	BABY CRAWDAD	#400	OLD STYLE 1/2 OZ	2 1/4 IN	CREEK CHUB BAIT CO.	IN	1918	100-150
45-C8	BABY CRAWDAD	#400	NEW STYLE 1/2 OZ	2 1/4 IN	CREEK CHUB BAIT CO.	IN	1926	20-30
45-C9	OPEN MOUTH SHINER	#500	LARGE 3/4 OZ	3 1/4 IN	CREEK CHUB BAIT CO.	IN	1918	200-300
45-C10	BABY OPEN MOUTH SHINER		BABY 1/2 OZ	3 IN	CREEK CHUB BAIT CO.	IN	1926	200-300
45-C11	PIKIE MINNOW	#700	HPG 3/4 OZ	4 1/2 IN	CREEK CHUB BAIT CO.	IN	1920	100-150
45-C12	PIKIE MINNOW	#700	NO EYE 3/4 OZ	4 1/2 IN	CREEK CHUB BAIT CO.	IN	1926	100-150
45-C13	FIN TAIL SHINER	#2100	OLD STYLE 3/4 OZ	4 IN	CREEK CHUB BAIT CO.	IN	1924	100-150
45-C14	FIN TAIL SHINER	#2100	NO EYE 3/4 OZ	4 IN	CREEK CHUB BAIT CO.	IN	1930	300-400
45-C15	FIN TAIL SHINER	#2100	NEW STYLE 3/4 OZ	4 IN	CREEK CHUB BAIT CO.	IN	1930	150-200
45-D1	DELUXE WAGTAIL CHUB	#800	HPG 1/2 OZ	2 3/4 IN	CREEK CHUB BAIT CO.	IN	1920	75-100
45-D2	DELUXE WAGTAIL CHUB	#800	NO EYE 1/2 OZ	2 3/4 IN	CREEK CHUB BAIT CO.	IN	1926	150-200
45-D3	BABY PIKIE MINNOW	#900	HPF 1/2 OZ	3 1/4 IN	CREEK CHUB BAIT CO.	IN	1921	75-100
45-D4	BABY PIKIE MINNOW	#900	NO EYE 1/2 OZ	3 1/4 IN	CREEK CHUB BAIT CO.	IN	1926	150-200
45-D5	MIDGET PIKIE	#2200	G.E. 1/4 OZ	2 3/4 IN	CREEK CHUB BAIT CO.	IN	1924	75-100
45-D6	MIDGET PIKIE	#2200	NO EYE 1/4 OZ	2 3/4 IN	CREEK CHUB BAIT CO.	IN	1926	150-200
45-D7	SPINNING PIKIE		1/4 OZ	2 1/4 IN	CREEK CHUB BAIT CO.	IN	1953	20-30
45-D8	INJURED MINNOW	#1500	3/4 OZ	3 3/4 IN	CREEK CHUB BAIT CO.	IN	1924	30-40
45-D9	BABY INJURED MINNOW	#1600	OLD STYLE 1/2 OZ	2 3/4 IN	CREEK CHUB BAIT CO.	IN	1924	30-40
45-D10	BABY INJURED MINNOW	#1600	NEW STYLE 1/2 OZ	2 3/4 IN	CREEK CHUB BAIT CO.	IN	1952	20-30
45-D11	SPINNING INJURED MINNOW	#9500	1/4 OZ	2 IN	CREEK CHUB BAIT CO.	IN	1953	10-20
45-D12	RIVER RUSTLER	#3700	5/8 OZ	2 5/8 IN	CREEK CHUB BAIT CO.	IN	1930	75-100
45-D13	POLLY WIGGLE	#1700	1/2 OZ	1 3/4 IN	CREEK CHUB BAIT CO.	IN	1924	200-300
45-D14	LUCKY MOUSE		3/4 OZ	2 1/2 IN	CREEK CHUB BAIT CO.	IN	1929	100-150
45-D15	SUCKER MINNOW	#3900	3/4 OZ	3 1/2 IN	CREEK CHUB BAIT CO.	IN	1932	400-500

*Later models of Pikies, after 1930, 10-20

Lures

Descriptions of Lures

Page No.	Lure Name		Misc. Inform.	Length	Manufacturer	St. Date	Value
47-A1	GAR		3/4 OZ	5 1/4 IN	CREEK CHUB BAIT CO.	IN 1927	300-400
47-A2	CASTROLA	#3100	3/4 OZ	3 5/8 IN	CREEK CHUB BAIT CO.	IN 1927	100-150
47-A3	SARASOTA	#3300	SIDE HOOK 5/8 OZ	4 1/4 IN	CREEK CHUB BAIT CO.	IN 1927	400-500
47-A4	SARASOTA	#3300	5/8 OZ	4 1/4 IN	CREEK CHUB BAIT CO.	IN 1927	300-400
47-A5	WIGGLE WIZARD	#4500	1/2 OZ	2 1/2 IN	CREEK CHUB BAIT CO.	IN 1934	75-100
47-A6	PLUNKER, OLD STYLE	#3200	3/4 OZ	3 IN	CREEK CHUB BAIT CO.	IN 1927	100-150
47-A7	PLUNKER, NEW STYLE	#3200	3/4 OZ	3 IN	CREEK CHUB BAIT CO.	IN 1929	20-30
47-A8	MIDGET PLUNKER	#5900	3/8 OZ	2 1/4 IN	CREEK CHUB BAIT CO.	IN 1939	20-30
47-A9	SPINNING PLUNKER	#9200	1/4 OZ	2 1/4 IN	CREEK CHUB BAIT CO.	IN 1953	10-20
47-A10	PIKIE, JOINTED	#2600	OLD STYLE 3/4 OZ	4 1/4 IN	CREEK CHUB BAIT CO.	IN 1926	75-100
47-A11	PICKEREL PIKIE	#2600	3/4 OZ	4 1/4 IN	CREEK CHUB BAIT CO.	IN 1926	75-100
47-A12	BABY JOINTED PIKIE	#2700	OLD STYLE 1/2 OZ	3 1/4 IN	CREEK CHUB BAIT CO.	IN 1927	75-100
47-A13	MIDGET JOINTED PIKIE	#4200	1/4 OZ	2 3/4 IN	CREEK CHUB BAIT CO.	IN 1933	10-20
47-A14	BOMBER KREEKER	#6200	1/2 OZ	2 3/4 IN	CREEK CHUB BAIT CO.	IN 1942	40-50
47-A15	BABY BOMBER	#6500	3/8 OZ	2 1/4 IN	CREEK CHUB BAIT CO.	IN 1942	30-40
47-B1	BIG CREEK BUG WIGGLER	#1400	1/2 OZ	2 1/2 IN	CREEK CHUB BAIT CO.	IN 1924	150-200
47-B2	BASS BUG WIGGLER	#1100	1/2 OZ	1 1/4 ON	CREEK CHUB BAIT CO.	IN 1924	150-200
47-B3	TROUT BUG WIGGLER	#1000	1/2 OZ	7/8 IN	CREEK CHUB BAIT CO.	IN 1924	150-200
47-B4	FLY ROD TROUT PIKIE	#1200	1/2 OZ	7/8 IN	CREEK CHUB BAIT CO.	IN 1924	150-200
47-B5	FLY ROD INJURED MINNOW	#F-90	1/2 OZ	2 1/4 IN	CREEK CHUB BAIT CO.	IN 1926	150-200
47-B6	PAN FISH DING BAT	#F-1300	1/2 OZ	7/8 IN	CREEK CHUB BAIT CO.	IN 1938	75-100
47-B7	FLY ROD DING BAT	#F-1400	1/2 OZ	7/8 IN	CREEK CHUB BAIT CO.	IN 1938	75-100
47-B8	FLY ROD MOUSE		#F-200 1 1/4 OZ	7/8 IN	CREEK CHUB BAIT CO.	IN 1938	150-200
47-B9	FLY ROD JOINTED PIKIE			1 3/4 IN	CREEK CHUB BAIT CO.	IN 1924	150-200
47-B10	FLYROD BULL PUP	#F-900	1/40 OZ	1 IN	CREEK CHUB BAIT CO.	IN 1938	50-75
47-B11	WEED BUG	#2800	3/4 OZ	2 IN	CREEK CHUB BAIT CO.	IN 1927	300-400
47-B12	UNDERWATER SPINN. MINNOW	#1800	3/4 OZ	3 3/4 IN	CREEK CHUB BAIT CO.	IN 1924	750-1000
47-B13	CREEK & RIVER FISH LURE	#1900	5/8 OZ	2 3/4 IN	CREEK CHUB BAIT CO.	IN 1924	750-1000
47-B14	POP N DUNK	#6300	5/8 OZ	2 3/4 IN	CREEK CHUB BAIT CO.	IN 1941	30-40
47-B15	RIVER SCAMP	#4300	1/2 OZ	2 1/2 IN	CREEK CHUB BAIT CO.	IN 1933	30-40
47-C1	SEVEN THOUSAND	#7000	LARGE	2 3/4 IN	CREEK CHUB BAIT CO.	IN 1950	20-30
47-C2	BABY SEVEN THOUSAND	#7000	BABY	2 1/4 IN	CREEK CHUB BAIT CO.	IN 1950	20-30
47-C3	SINFUL SAL	#S-20	3/4 OZ	2 3/4 IN	CREEK CHUB BAIT CO.	IN 1930	100-150
47-C4	WEE-DEE	#4800	5/8 OZ	2 1/2 ON	CREEK CHUB BAIT CO.	IN 1936	300-400
47-C5	WIGL-Y RIND	#S-10	5/8 OZ	2 1/2 ON	CREEK CHUB BAIT CO.	IN 1929	100-150
47-C6	MUSKY CHAMP	#S-40	1 1/2 OZ	5 IN	CREEK CHUB BAIT CO.	IN 1936	40-50
47-C7	CHAMP	#S-30	5/8 OZ	3 1/4 IN	CREEK CHUB BAIT CO.	IN 1936	30-40
47-C8	WICKED WIGGLER	#S-1	3/4 OZ	2 1/4 IN	CREEK CHUB BAIT CO.	IN 1926	20-30
47-C9	CREEK DARTER	#2000	OLD STYLE 1/2 OZ	3 3/4 IN	CREEK CHUB BAIT CO.	IN 1924	30-40
47-C10	DARTER		METALLIZED	3 3/4 IN	CREEK CHUB BAIT CO.	IN 1924	200-300
47-C11	DARTER, JOINTED	#4900	1/2 OZ	3 3/4 IN	CREEK CHUB BAIT CO.	IN 1938	20-30
47-C12	MIDGET DARTER	#8000	3/8 OZ	3 IN	CREEK CHUB BAIT CO.	IN 1938	20-30
47-C13	SPINNING DARTER	#9000	1/4 OZ	2 3/4 IN	CREEK CHUB BAIT CO.	IN 1953	10-20
47-C14	FLY ROD DARTER			1 3/4 IN	CREEK CHUB BAIT CO.	IN 1960	10-20
47-C15	CLOSE-PIN	#5000	1 1/2 OZ	3 1/4 IN	CREEK CHUB BAIT CO.	IN 1936	400-500
47-D1	JIGGER	#4100	3/4 OZ	3 5/8 IN	CREEK CHUB BAIT CO.	IN 1933	150-200
47-D2	BABY JIGGER		3/4 OZ	3 1/4 IN	CREEK CHUB BAIT CO.	IN 1935	200-300
47-D3	NIKIE	#1000	1/2 OZ	3 1/4 IN	CREEK CHUB BAIT CO.	IN 1960	10-20
47-D4	WEE-DEE		NEW STYLE	1 1/2 IN	CREEK CHUB BAIT CO.	IN 1960	10-20
47-D5	SKIPPER	#4600	5/8 OZ	3 IN	CREEK CHUB BAIT CO.	IN 1936	50-75
47-D6	WIGGLE FISH	#2400	OLD STYLE 3/4 OZ	3 1/2 IN	CREEK CHUB BAIT CO.	IN 1925	75-100
47-D7	BABY WIGGLE FISH	#2500	1/2 OZ	2 1/2 IN	CREEK CHUB BAIT CO.	IN 1925	75-100
47-D8	DINGER	#5600	1/2 OZ	4 IN	CREEK CHUB BAIT CO.	IN 1939	30-40
47-D9	MIDGET DINGER	#6100	3/8 OZ	4 IN	CREEK CHUB BAIT CO.	IN 1940	50-75
47-D10	PLUNKING DINGER	#6200	5/8 OZ	4 IN	CREEK CHUB BAIT CO.	IN 1940	40-50
47-D11	DING BAT	#5100	5/8 OZ	2 IN	CREEK CHUB BAIT CO.	IN 1937	20-30
47-D12	MIDGET DINGBAT	#5200	1/2 OZ	1 5/8 OZ	CREEK CHUB BAIT CO.	IN 1938	30-40
47-D13	DING BAT		NEW STYLE	1 1/2 IN	CREEK CHUB BAIT CO.	IN 1960	10-20
47-D14	SURFACE DING BAT	#5400	5/8 OZ	1 3/4 IN	CREEK CHUB BAIT CO.	IN 1938	40-50
47-D15	FLIP-FLAP	#4400		2 IN	CREEK CHUB BAIT CO.	IN 1942	75-100

Lures

Descriptions of Lures

Page No.	Lure Name	#	Misc. Inform.	Length	Manufacturer	St. Date	Value
49-A1	SPOON-TAIL	#500	LARGE 1/2 OZ	3 1/2 IN	CREEK CHUB BAIT CO.	IN 1954	10-20
49-A2	SPOON-TAIL	#9100	SMALL	2 1/2 IN	CREEK CHUB BAIT CO.	IN 1954	10-20
49-A3	SPIN-DEEPSTER	#9600	1/4 OZ	2 1/4 IN	CREEK CHUB BAIT CO.	IN 1953	10-20
49-A4	FEATHER CASTING MINNOW		NEW STYLE 1/2 OZ	1 3/4 IN	CREEK CHUB BAIT CO.	IN 1926	200-300
49-A5	TINY TIM	#6400	NO EYE 1/2 OZ	1 3/4 IN	CREEK CHUB BAIT CO.	IN 1941	30-40
49-A6	TINY TIM		DECAL EYE	1 3/4 IN	CREEK CHUB BAIT CO.	IN 1941	20-30
49-A7	TOP-N-POP			3 IN	CREEK CHUB BAIT CO.	IN 1955	20-30
49-A8	SNARK-EEL			3/8 IN	CREEK CHUB BAIT CO.	IN 1958	20-30
49-A9	BABY SHARKEE			2 IN	CREEK CHUB BAIT CO.	IN 1958	20-30
49-A10	SWIMMING MOUSE	#6500	OLD STYLE	2 3/4 IN	CREEK CHUB BAIT CO.	IN 1940-50	50-75
49-A11	SWIMMING MOUSE	#6577	NEW STYLE	2 3/4 IN	CREEK CHUB BAIT CO.	IN 1960	20-30
49-A12	MIDGET BEETLE	#6000	1/2 OZ	2 IN	CREEK CHUB BAIT CO.	IN 1932	75-100
49-A13	BEETLE	#3800	3/4 OZ	2 1/2 IN	CREEK CHUB BAIT CO.	IN 1931	75-100
49-A14	SIMMONS SPECIAL			3 IN	CREEK CHUB BAIT CO.	IN 1947	50-75
49-A15	PETER SPECIAL	#2600-B		4 1/2 IN	CREEK CHUB BAIT CO.	IN 1947	30-40
49-B1	SURE STRIKE PIKIE DBL JTD		A.L.& W.	5 1/2 IN	CREEK CHUB BAIT CO.	IN 1938	30-40
49-B2	SURE STRIKE JOINTED PIKIE		A.L.& W.	5 1/2 IN	CREEK CHUB BAIT CO.	IN 1938	20-30
49-B3	RIVER RUSTLER		A.L.& W.	2 1/2 IN	CREEK CHUB BAIT CO.	IN 1938	30-40
49-B4	PIKIE, P TYPE		SURE STRIKE	4 1/4 IN	CREEK CHUB BAIT CO.	IN 1938	30-40
49-B5	BABY PIKIE BP TYPE		SURE STRIKE	3 1/4 IN	CREEK CHUB BAIT CO.	IN 1938	30-40
49-B6	MIDGET PIKIE, MP TYPE		SURE STRIKE	2 3/4 IN	CREEK CHUB BAIT CO.	IN 1938	30-40
49-B7	ROUND NOSE NO. 4 SERIES		SURE STRIKE	4 1/2 IN	CREEK CHUB BAIT CO.	IN 1930'S	30-40
49-B8	ANTEATER BAIT		SURE STRIKE	4 1/4 IN	CREEK CHUB BAIT CO.	IN 1930'S	30-40
49-B9	BABY ANTEATER		SURE STRIKE	3 1/4 IN	CREEK CHUB BAIT CO.	IN 1930'S	30-40
49-B10	MIDGET ANTEATER		SURE STRIKE	2 3/4 IN	CREEK CHUB BAIT CO.	IN 1930'S	30-40
49-B11	PIKIE, JOINTED PJ TYPE		SURE STRIKE	4 1/4 IN	CREEK CHUB BAIT CO.	IN 1930'S	30-40
49-B12	BABY JOINTED PIKIE BJP TYPE		SURE STRIKE	3 1/2 IN	CREEK CHUB BAIT CO.	IN 1930'S	30-40
49-B13	RIVER RUNT, JOINTED HRJ TYPE		SURE STRIKE	3 1/2 IN	CREEK CHUB BAIT CO.	IN 1930'S	30-40
49-B14	BABY RIVER RUNT HR TYPE		SURE STRIKE	2 1/2 IN	CREEK CHUB BAIT CO.	IN 1930'S	30-40
49-B15	DINGER		SURE STRIKE	2 1/4 IN	CREEK CHUB BAIT CO.	IN 1930'S	40-50
49-C1	POINTED NOSE WIGGLER		SURE STRIKE	4 IN	CREEK CHUB BAIT CO.	IN 1930'S	75-100
49-C2	SLANT-NOSE STYLE G		SURE STRIKE	4 1/4 IN	CREEK CHUB BAIT CO.	IN 1930'S	75-100
49-C3	DARTER		SURE STRIKE	3 1/2 IN	CREEK CHUB BAIT CO.	IN 1930'S	75-100
49-C4	FLATFISH FF TYPE		SURE STRIKE	3 3/4 IN	CREEK CHUB BAIT CO.	IN 1930'S	40-50
49-C5	PLUNKER, PL TYPE		SURE STRIKE	3 IN	CREEK CHUB BAIT CO.	IN 1930'S	30-40
49-C6	POP N DUNK		SURE STRIKE	2 3/4 IN	CREEK CHUB BAIT CO.	IN 1930'S	30-40
49-C7	BASS-ORENO TYPE, BO TYPE		SURE STRIKE	3 3/4 IN	CREEK CHUB BAIT CO.	IN 1930'S	30-40
49-C8	BASS-ORENO TYPE BBO TYPE		SURE STRIKE	3 IN	CREEK CHUB BAIT CO.	IN 1930'S	30-40
49-C9	SLANT-NOSE STYLE A		SURE STRIKE	3 3/4 IN	CREEK CHUB BAIT CO.	IN 1930'S	30-40
49-C10	SLANT-NOSE STYLE B		SURE STRIKE	3 IN	CREEK CHUB BAIT CO.	IN 1930'S	30-40
49-C11	MINNIE MOUSE, PP TYPE		SURE STRIKE	3 IN	CREEK CHUB BAIT CO.	IN 1930'S	30-40
49-C12	MINNIE MOUSE		SURE STRIKE	3 IN	CREEK CHUB BAIT CO.	IN 1930'S	30-40
49-C13	MINNIE MOUSE		SURE STRIKE	3 IN	CREEK CHUB BAIT CO.	IN 1930'S	30-40
49-C14	BINGO MOUSE			2 1/2 IN	SOUTHWEST TACKLE CO.	IN 1930'S	40-50
49-C15	INJURED MINNOW, IM TYPE		SURE STRIKE	3 3/4 IN	CREEK CHUB BAIT CO.	IN 1930'S	30-40
49-D1	SURF-ORENO, SO TYPE		SURE STRIKE	3 3/4 IN	CREEK CHUB BAIT CO.	IN 1930'S	30-40
49-D2	BABY SURF-ORENO BSO TYPE		SURE STRIKE	2 3/4 IN	CREEK CHUB BAIT CO.	IN 1930'S	30-40
49-D3	PETITE SPINNER PS TYPE		SURE STRIKE	2 IN	CREEK CHUB BAIT CO.	IN 1930'S	30-40
49-D4	SLIM JIM SS TYPE		SURE STRIKE	4 IN	CREEK CHUB BAIT CO.	IN 1930'S	40-50
49-D5	UNDERWATER MINNOW, U TYPE		SURE STRIKE	3 1/4 IN	CREEK CHUB BAIT CO.	IN 1930'S	30-40
49-D6	HUSKY MINNOW	#600	HPG	5 IN	CREEK CHUB BAIT CO.	IN 1919	150-200
49-D7	HUSKY MINNOW	#600	NO EYE	5 IN	CREEK CHUB BAIT CO.	IN 1922	150-200
49-D8	MUSKY WIGGLE FISH			5 IN	CREEK CHUB BAIT CO.	IN 1926	200-300
49-D9	MUSKY INJURED MINNOW	#3500		5 IN	CREEK CHUB BAIT CO.	IN 1929	100-150
49-D10	SNOOK PLUNKER	#7100		4 1/2 IN	CREEK CHUB BAIT CO.	IN 1953	75-100
49-D11	HUSKY PLUNKER	#5800		4 1/2 IN	CREEK CHUB BAIT CO.	IN 1939	75-100
49-D12	MUSKY DINGBAT	#5300		2 1/2 IN	CREEK CHUB BAIT CO.	IN 1938	100-150
49-D13	HUSKY DINGER	#5700		3 1/4 IN	CREEK CHUB BAIT CO.	IN 1939	200-300
49-D14	BIG BOMBER	#6700		3 1/2 IN	CREEK CHUB BAIT CO.	IN 1939	200-300
49-D15	SNOOK PIKIE	#3400		4 1/2 IN	CREEK CHUB BAIT CO.	IN 1929	75-100

Lures

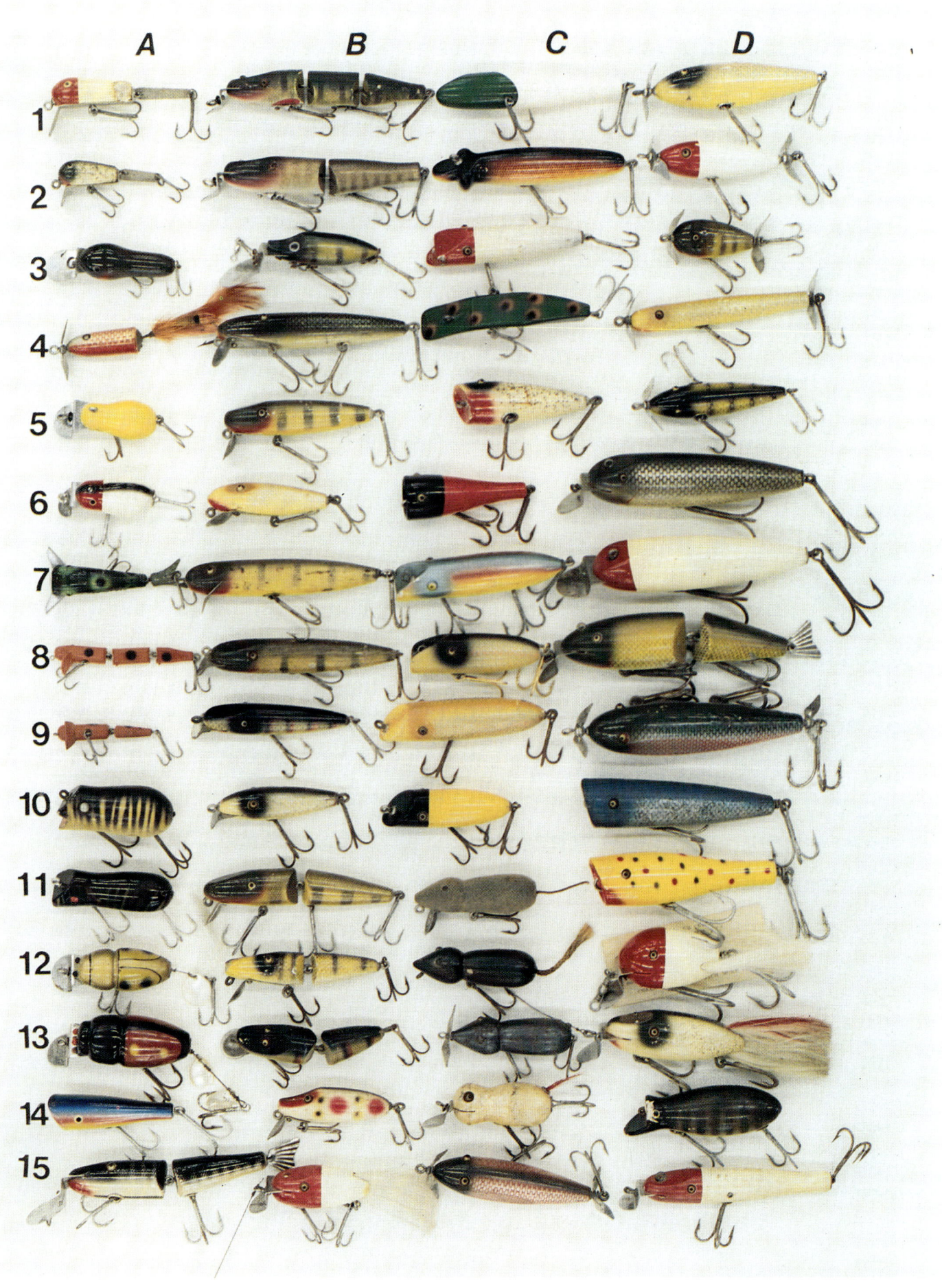

Descriptions of Lures

Page No.	Lure Name	Misc. Inform.		Length	Manufacturer	St. Date	Value
51-A1	GIANT JOINTED PIKIE	#800	4 OZ	13 OZ	CREEK CHUB BAIT CO.	IN 1957	50-75
51-A2							
51-A3	HUSKY PIKIE MINNOW, JOINTED	1 1/2 OZ	#3000	7 1/4 IN	CREEK CHUB BAIT CO.	IN 1950	50-75
51-A4	STRIPER PIKIE, JOINTED	#6800	3 1/4 OZ	6 1/2 IN	CREEK CHUB BAIT CO.	IN 1950	40-50
51-A5							
51-A6	STRIPER PIKIE, JOINTED	#6800	OLD 3 1/4 OZ	6 1/2 IN	CREEK CHUB BAIT CO.	IN 1950	40-50
51-A7							
51-A8	SNOOK PIKE, JOINTED	#5500	1 1/8 OZ	5 1/2 IN	CREEK CHUB BAIT CO.	IN 1950	50-75
51-A9							
51-A10	KINGFISH PIKIE			5 1/4 IN	CREEK CHUB BAIT CO.	IN	500-750
51-A11							
51-A12	DARTER, SALTWATER	#2000		7 1/4 IN	CREEK CHUB BAIT CO.	IN 1957	75-100
51-A13							
51-A14	SURF POPPER	#7500	3 3/4 OZ	7 1/4 IN	CREEK CHUB BAIT CO.	IN 1953	75-100
51-A15							
51-B1							
51-B2							
51-B3							
51-B4							
51-B5							
51-B6							
51-B7							
51-B8							
51-B9							
51-B10							
51-B11							
51-B12							
51-B13							
51-B14							
51-B15							
51-C1	SURFSTER	#7200	1 7/8 OZ	4 1/2 IN	CREEK CHUB BAIT CO.	IN 1953	40-50
51-C2							
51-C3	SURFSTER, CREEK CHUB	#7300	1 7/8 OZ	6 IN	CREEK CHUB BAIT CO.	IN 1953	40-50
51-C4	SURFSTER	#7400	4 OZ	7 1/4 IN	CREEK CHUB BAIT CO.	IN 1953	40-50
51-C5							
51-C6	TARPON PIKIE	#4000		6 3/4 IN	CREEK CHUB BAIT CO.	IN 1933	150-200
51-C7							
51-C8	HUSKY PIKIE	#2300	1 1/2 OZ	6 3/4 IN	CREEK CHUB BAIT CO.	IN 1925	50-75
51-C9							
51-C10	STRIPER PIKIE	#6900	3 3/4 OZ	6 IN	CREEK CHUB BAIT CO.	IN 1950	40-50
51-C11							
51-C12	STRIPER PIKIE	#6900	3 3/4 OZ	5 1/4 IN	CREEK CHUB BAIT CO.	IN 1950	40-50
51-C13							
51-C14	NEW HUSKY PIKIE	#2300	2 OZ	6 IN	CREEK CHUB BAIT CO.	IN 1957	40-50
51-C15							
51-D1							
51-D2							
51-D3							
51-D4							
51-D5							
51-D6							
51-D7							
51-D8							
51-D9							
51-D10							
51-D11							
51-D12							
51-D13							
51-D14							
51-D15							

Lures

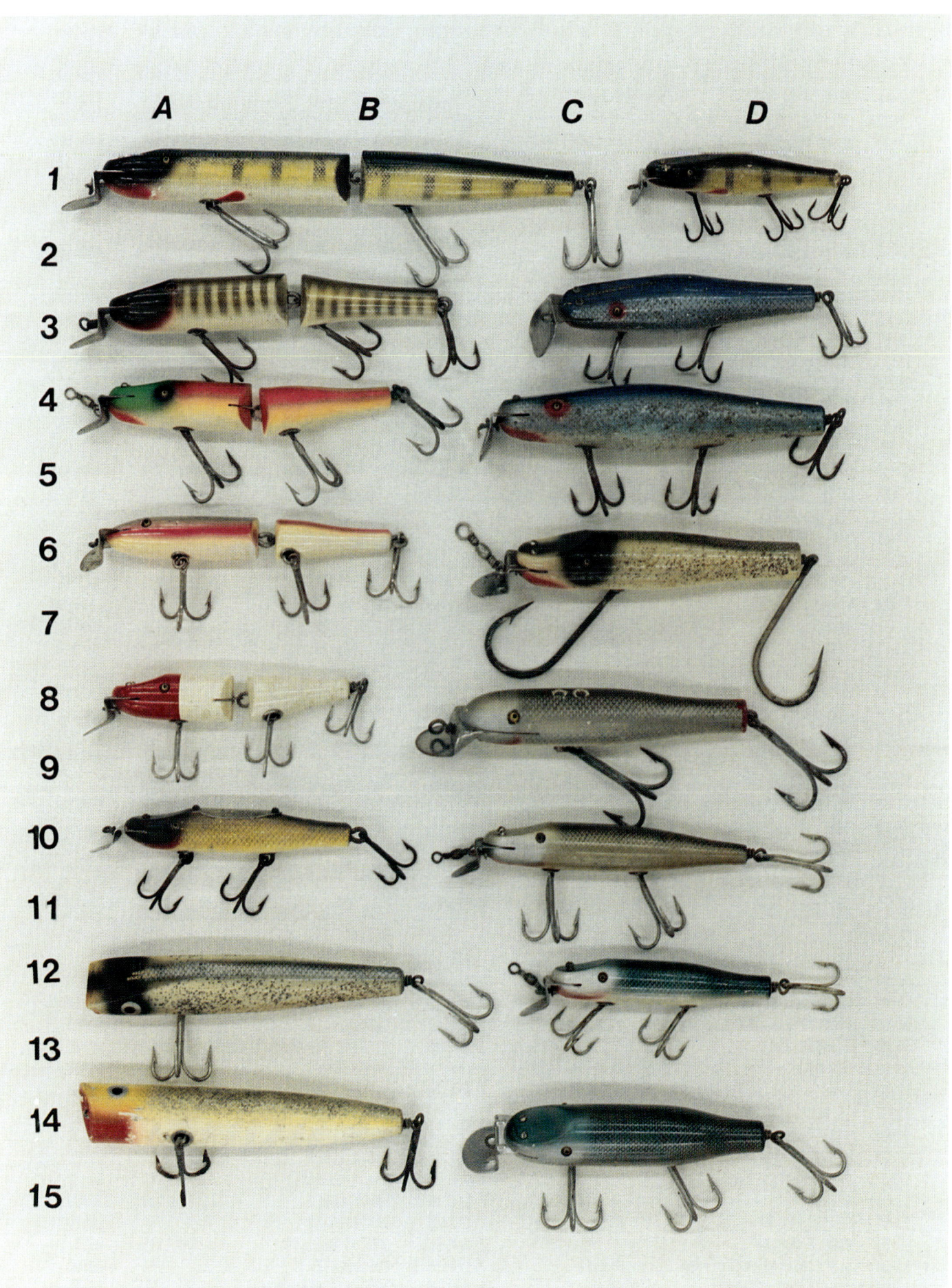

Descriptions of Lures

Page No.	Lure Name	Misc. Inform.	Length	Manufacturer	St.	Date	Value
53-A1	TOPWATER CASTING BAIT		3 1/2 IN	DECKER, ANS. B.	NJ	1908	50-75
53-A2	BABY DECKER	5/8 OZ	2 3/4 IN	DECKER, ANS. B.	NJ	1909	100-150
53-A3	DECKER PLUG BAIT	5/8 OZ	3 1/2 IN	DECKER, ANS. B.	NJ	1909	75-100
53-A4	UNDERWATER DECKER		2 1/4 IN	DECKER, ANS. B.	NJ	1910	400-500
53-A5	UNKNOWN DECKER	MINNOW	2 3/4 IN	DECKER, ANS. B.	NJ	1910	400-500
53-A6	UNKNOWN DECKER	WABBLE	3 1/2 IN	DECKER, ANS. B.	NJ	1910	400-500
53-A7	UNKNOWN DECKER	BABY WABBLE	2 3/4 IN	DECKER, ANS. B.	NJ	1910	400-500
53-A8	UNKNOWN DECKER	ARTISTIC TYPE	2 IN	DECKER, ANS. B.	NJ	1910	400-500
53-A9	UNKNOWN DECKER	PROTO TYPE	2 IN	DECKER, ANS. B.	NJ	1910	400-500
53-A10	UNKNOWN DECKER	JIM TRACY TYPE	5 1/2 IN	DECKER, ANS. B.	NJ	1910	400-500
53-A11	UNKNOWN DECKER	K & K TYPE	4 IN	DECKER, ANS. B.	NJ	1910	400-500
53-A12	UNKNOWN DECKER	WABBLE	3 IN	DECKER, ANS. B.	NJ	1910	400-500
53-A13	UNKNOWN DECKER	WABBLE	2 1/2 IN	DECKER, ANS. B.	NJ	1910	400-500
53-A14	UNKNOWN DECKER	WABBLE	2 1/2 IN	DECKER, ANS. B.	NJ	1910	400-500
53-A15	UNKNOWN DECKER	MOUSE TYPE	2 1/2 IN	DECKER, ANS. B.	NJ	1910	400-500
53-B1	UNKNOWN DECKER	MUSKY DECKER	5 IN	DECKER, ANS. B.	NJ	1910	400-500
53-B2	MUSKY DECKER		4 1/4 IN	DECKER, ANS B.	NJ	1910	400-500
53-B3	UNKNOWN DECKER	BABY DECKER	3 1/4 IN	DECKER, ANS. B.	NJ	1910	100-150
53-B4	UNKNOWN DECKER	MIDGET DECKER	2 1/2 IN	DECKER, ANS. B.	NJ	1910	400-500
53-B5	UNKNOWN DECKER	POPPER TYPE	2 IN	DECKER, ANS. B.	NJ	1910	400-500
53-B6	UNKNOWN DECKER	BUG TYPE	1 3/4 IN	DECKER, ANS. B.	NJ	1910	400-500
53-B7	FLY ROD DECKER	BUG TYPE	1 3/4 IN	DECKER, ANS. B.	NJ	1910	400-500
53-B8	UNKNOWN DECKER	IDEAL TYPE	3 IN	DECKER, ANS. B.	NJ	1910	400-500
53-B9	UNKNOWN DECKER		3 1/4 IN	DECKER, ANS. B.	NJ	1910	400-500
53-B10	DECKER WABBLE	FOUND MASK	3 IN	DECKER, ANS. B.	NJ	1910	400-500
53-B11	UNKNOWN DECKER	DIVER	3 3/4 IN	DECKER, ANS. B.	NJ	1910	400-500
53-B12	UNKNOWN DECKER	WAGTAIL	3 IN	DECKER, ANS. B.	NJ	1910	400-500
53-B13	UNKNOWN DECKER		2 IN	DECKER, ANS. B.	NJ	1910	400-500
53-B14	UNKNOWN DECKER		3 IN	DECKER, ANS. B.	NJ	1910	400-500
53-B15	UNKNOWN DECKER	PORK RIND	3 IN	DECKER, ANS. B.	NJ	1910	400-500
53-C1	UNKNOWN DECKER METAL			DECKER, ANS. B.	NJ	1910	50-75
53-C2	UNKNOWN DECKER METAL			DECKER, ANS. B.	NJ	1910	50-75
53-C3	UNKNOWN DECKER METAL			DECKER, ANS. B.	NJ	1910	50-75
53-C4	UNKNOWN DECKER METAL			DECKER, ANS. B.	NJ	1910	50-75
53-C5	UNKNOWN DECKER METAL			DECKER, ANS. B.	NJ	1910	50-75
53-C6	UNKNOWN DECKER METAL			DECKER, ANS. B.	NJ	1910	50-75
53-C7	UNKNOWN DECKER METAL			DECKER, ANS. B.	NJ	1910	50-75
53-C8	UNKNOWN DECKER METAL			DECKER, ANS. B.	NJ	1910	50-75
53-C9	UNKNOWN DECKER METAL			DECKER, ANS. B.	NJ	1910	50-75
53-C10	UNKNOWN DECKER METAL			DECKER, ANS. B.	NJ	1910	50-75
53-C11	MULLET	#800	4 3/4 IN	DEWITT, BILL BAITS	NJ	1936	30-40
53-C12	FLASHER	#300	2 IN	DEWITT, BILL BAITS	NJ	1936	20-30
53-C13	NATURAL MINNOW	#500	4 3/4 IN	DEWITT, BILL BAITS	NJ	1936	10-20
53-C14	NATURAL MINNOW	#500	3 3/8 IN	DEWITT, BILL BAITS	NJ	1936	20-30
53-C15	NATURAL MINNOW	#500	3 3/8 IN	DEWITT, BILL BAITS	NJ	1936	30-40
53-D1	DINEEN SPINNING MINNOW		3 1/2 IN	DINEEN, JOHN	IL	1911	200-300
53-D2	DANIELSON WEEDLESS		4 1/4 IN	DANIELSON, RUBEN	IL	1914	300-400
53-D3	DIAMOND JIM LURE	LARGE AL'S GOLDFISH	3 3/4IN	DIAMOND JIM TACKLE CO.	FL	1960	10-20
53-D4	DIAMOND JIM LURE	SMALL AL'S GOLDFISH	3 1/4 IN	DIAMOND JIM TACKLE CO.	FL	1960	10-20
53-D5	SEA DILLINGER	FLORIDA TACKLE	4 IN	DANDY LURES	FL	1940'S	20-30
53-D6	SHAD	FLORIDA TACKLE	4 1/4 IN	DANDY LURES	FL	1940'S	20-30
53-D7	SHINER		3 IN	DANDY LURES	FL	1940'S	20-30
53-D8	MASTER DILLINGER	FLORIDA TACKLE	4 IN	DANDY LURES	FL	1940'S	20-30
53-D9	PEE-WEE	FLORIDA TACKLE	2 1/4 IN	DANDY LURES	FL	1940'S	20-30
53-D10	DANGLE BACK	FLORIDA TACKLE	4 1/4 IN	DANDY LURES	FL	1940'S	20-30
53-D11	REYHU	FLORIDA TACKLE	2 1/4 IN	DANDY LURES	FL	1940'S	20-30
53-D12	CLOTHES PIN	FLORIDA TACKLE	2 1/2 IN	DANDY LURES	FL	1940'S	10-20
53-D13	WIGGLE WONDER		2 1/4 IN	DAYTON BAIT CO.	OH	1949	5-10
53-D14	OLD TIMER NIPPLE DIPPER	RUBBER	2 1/4 IN	DURA-FLOTE		1949	20-30
53-D15	MINNIE THE SWIMMER	RUBBER	3 1/4 IN	DRULEY'S RESEARCH	WI	1936	40-50

Lures

Descriptions of Lures

Page No.	Lure Name	Misc. Inform.	Length	Manufacturer	St. Date	Value
55-A1	WOW		2 3/4 IN	DONALY, JIM BAITS	NY 1935	100-150
55-A2	JERSEY WOW		3 IN	DONALY, JIM BAITS	NJ 1936	100-150
55-A3	REDFIN MINNOW		3 1/2 IN	DONALY, JIM BAITS	NJ 1908	750-1000
55-A4	REDFIN FLOATING BAIT		2 3/4 IN	DONALY, JIM BAITS	NJ 1925	150-200
55-A5	REDFIN WEEDLESS BAIT #67		3 1/4 IN	DONALY, JIM BAITS	NJ 1915	500-750
55-A6	REDFIN COLLAR BAIT(CATCHUMBIG)		4 IN	DONALY, JIM BAITS	NJ 1915	1000-1500
55-A7	TRIGGER FISH #40		3 3/8 IN	DAVIS TACKLE MFG. GO.	MI 1947	30-40
55-A8	DOANE'S MINNOW		3 1/4 IN	DOANE, EDWARD	FL 1928	150-200
55-A9	DEVIL HORSE LURE		5 3/4 IN	SMITHWICK	LA 1958	5-10
55-A10	DEVIL HORSE LURE		4 1/4 IN	SMITHWICK	LA 1958	5-10
55-A11	DEVIL HORSE LURE		4 IN	SMITHWICK	LA 1958	5-10
55-A12	COBURG SPINNER			DULANEY BAIT CO.	NY 1898	20-30
55-A13	KOEPKE BAIT		4 1/2 IN	KOEPKE, FRANK	WA 1922	100-150
55-A14	BASS CALLER		3 1/2 IN	DETROIT BAIT CO.	MI 1937	50-75
55-A15	DARBY BAIT		4 IN	DARBY BAIT CO.	MI 1932	150-200
55-B1	MAGNET PEARL MINNOW		3 IN	DOERING, F.S. & CO.	NY 1910	150-200
55-B2	MAGNET PEARL MINNOW		2 3/4 IN	DOERING, F.S. & CO.	NY 1908	100-150
55-B3	MAGNET PEARL MINNOW		3 3/4 IN	DOERING, F.S. & CO.	NY 1919	40-50
55-B4	KIDNEY PEARL BAIT		3 3/4 IN	DOERING, F.S. & CO.	NY 1919	40-50
55-B5	PEARL SPOON			DOERING, F.S. & CO.	NY 1925	30-40
55-B6	PEARL SPOON BAIT			DOERING, F.S. & CO.	NY 1908	40-50
55-B7	LIAR CONVERTIBLE MINNOW	CLIP IN HOOK	3 1/2 IN	DICKENS BAIT CO., THE	IN 1918	150-200
55-B8	WEEDLESS WONDER		1 3/4 IN	DICKENS BAIT CO., THE	IN 1920	100-150
55-B9	WEEDMASTER		1 3/4 IN	SUMMER WOODS, INC.	MI 1940	20-30
55-B10	UNKNOWN DICKENS		4 3/4 IN	DICKENS BAIT CO., THE	IN 1917	150-200
55-B11	JERSEY EXPERT TOPWATER	QUESTIONABLE	3 1/2 IN	DAVIS, W.E.	NY 1909	500-750
55-B12	JERSEY EXPERT		3 1/2 IN	DAVIS, W.E.	NY 1909	2000-3000
55-B13	LIVE MINNOW BAIT		3 1/2 IN	DETROIT GLASS MIN. TUBE	MI 1914	400-500
55-B14	DUBROW SPOON		5 IN	DUBROW, E.B.	NY 1898	30-40
55-B15	DIPPER		2 3/4 IN	DUBROW, E.B.	NY 1898	30-40
55-C1	DAVIS SALTWATER MINNOW		8 IN	DAVIS, JOHN	WA 1948	30-40
55-C2	DUBL-POP BAIT		3 IN	LUCKY DAY BAIT CO.	MN 1955	20-30
55-C3	FLASHING POP		2 1/2 IN	LUCKY DAY BAIT CO.	MN 1955	20-30
55-C4	RIVER RUNT TYPE	BLOOD TABLET	3 IN	DAM (GERMANY)	1950	30-40
55-C5	JOINTED PIKIE TYPE		4 3/4 IN	DAM (GERMANY)	1940	40-50
55-C6	DAY SPINNER			DAY, J.F.	NY 1890	75-100
55-C7	DAY SPINNER			DAY, J.F.	NY 1890	75-100
55-C8	DIAMOND WOBBLER	LARGE	4 1/2 IN	DIAMOND MFG.	MO 1930	10-20
55-C9	DIAMOND WOBBLER	SMALL	3 IN	DIAMOND MFG.	MO 1930	10-20
55-C10	SEA-BAT		3 1/4 IN	DRAKE, HARRY F.	WI 1932	75-100
55-C11	YPSILANTI MINNOW	ULTRA CAST. MINN	3 3/4 IN	YPSILANTI BAIT CO.	MI 1920	100-150
55-C12	YPSILANTI MINNOW	ULTRA CAST. MINN	3 3/4 IN	YPSILANTI BAIT CO.	MI 1920	100-150
55-C13	PADDLE JUMPER		3 3/4 IN	ELKAY BAIT CO.	1940	75-100
55-C14	SILVER MINNOW	RUBBER	4 1/2 IN	EXCEL LURE CO.	IL 1925	100-150
55-C15	SILVER STREAK	RUBBER	4 1/2 IN	EXCEL LURE CO.	IL 1925	100-150
55-D1	DAVIS SALTWATER MINNOW		8 IN	DAVIS, JOHN	CA 1948	20-30
55-D2	JUMPING JO	2/3 OZ	3 3/4 IN	ELECTRONIC UNITS CO.	OH 1946	20-30
55-D3	EDGREN SPINNING MINNOW	2/3 OZ	2 3/4 IN	EDGREN MFG. CO.	IL 1903	50-75
55-D4	EDGREN SPINNING MINNOW	2/3 OZ	2 1/4 IN	EDGREN MFG. CO.	IL 1903	50-75
55-D5	SUNSPOT		2 1/4 IN	EDWOOD	IN 1932	30-40
55-D6	HELGA-LURE		4 1/2 IN	ETCHEN TACKLE CO.	MI 1946	30-40
55-D7	HELGA-DEVIL		4 1/2 IN	ETCHEN TACKLE CO.	MI 1946	30-40
55-D8	ELECTROLURE		3 1/2 IN	ELECTROLURE	IL 1952	40-50
55-D9	SNEAK-BAC		4 1/2 IN	ECKFIELD BOAT CO.	MI 1915	300-400
55-D10	DYNA-MITE BAIT		2 IN	DYNA TACKLE CO.	TX 1955	5-10
55-D11	EDSON'S FISH FOOLER		5 1/2 IN	EDSON FISH LURES	MI 1939	50-75
55-D12	EUREKA WIGGLER		4 3/4 IN	EUREKA BAIT CO.	MI 1912	200-300
55-D13	WAGTAIL WITCH	E.J.LOCKHART	4 1/2 IN	EUREKA BAIT CO.	MI 1915	150-200
55-D14	WOBBLE WIZARD	E.J.LOCKHART	4 1/2 IN	EUREKA BAIT CO.	MI 1916	200-300
55-D15	POLLYWOG BAIT	E.J.LOCKHART	2 3/4 IN	EUREKA BAIT CO.	MI 1916	200-300

Lures

Descriptions of Lures

Page No.	Lure Name	Misc. Inform.		Length	Manufacturer	St.	Date	Value
57-A1	JIFFY PLUG			2 7/8 IN	EVANS CASE CO.	MA	1955	20-30
57-A2	TIN SQUID			7 IN	EVANS CASE CO.	MA	1955	20-30
57-A3	BLUE POPPER			6 3/8 IN	E & E TACKLE	MA	1946	20-30
57-A4	BLUE STREAK			6 IN	E & E TACKLE	MA	1946	20-30
57-A5	WINGED HUSKY DEVLE	LARGE		4 3/4 IN	EPPINGER, LOU J.	MI	1926	30-40
57-A6	WINGED HUSKY DEVLE	MED		4 IN	EPPINGER, LOU J.	MI	1926	30-40
57-A7	WINGED HUSKY DEVLE	SMALL		3 1/4 IN	EPPINGER, LOU J.	MI	1926	30-40
57-A8	OSPREY WOBBLER	LARGE		5 IN	EPPINGER, LOU J.	MI	1946	10-20
57-A9	OSPREY WOBBLER	SMALL		4 IN	EPPINGER, LOU	MI	1946	10-20
57-A10	BABY OSPREY WOBBLER			2 1/2 IN	EPPINGER, LOU J.	MI	1948	10-20
57-A11	MIDGET OSPREY WOBBLER			1 3/4 IN	EPPINGER, LOU J.	MI	1948	20-30
57-A12	NO TANGLE SPINNER			1 3/4 IN	EPPINGER, LOU J.	MI	1925	30-40
57-A13	KLINKER			1 1/2 IN	EPPINGER, LOU J.	MI	1925	30-40
57-A14	MOUSE DEVLE			2 1/4 IN	EPPINGER, LOU J.	MI	1939	20-30
57-A15	OSPREY SPOON	OLD DARDEVLE		3 1/2 IN	EPPINGER, LOU J.	MI	1917	40-50
57-B1	JIFFY PLUG				EVANS CASE CO.	MA	1955	20-30
57-B2	MIDGET DARDEVLE			1 1/2 IN	EPPINGER, LOU J.	MI	1950	UNDER 5
57-B3	DARDEVLE SPINNIE			1 3/4 IN	EPPINGER, LOU J.	MI	1950	UNDER 5
57-B4	DARDEVLE IMP			2 1/4 IN	EPPINGER, LOU J.	MI	1921	UNDER 5
57-B5	DARDEVELET			2 3/4 IN	EPPINGER, LOU J.	MI	1920	UNDER 5
57-B6	DARDEVLE, CRYSTAL			3 1/2 IN	EPPINGER, LOU J.	MI	1950	10-20
57-B7	THIN DEVLE			3 1/4 IN	EPPINGER, LOU J.	MI	1958	UNDER 5
57-B8	SEA DEVLE IMP			3 1/4 IN	EPPINGER, LOU J.	MI	1950	UNDER 5
57-B9	SEA DEVLET			4 1/4 IN	EPPINGER, LOU J.	MI	1950	UNDER 5
57-B10	HUSKY DEVLE			5 3/4 IN	EPPINGER, LOU J.	MI	1939	UNDER 5
57-B11	HUSKY DEVLE			5 3/4 IN	EPPINGER, LOU J.	MI	1939	UNDER 5
57-B12	FROG PAPPY	#1512	5/8 OZ	3 7/8 IN	EGER BAIT MFG. CO.	FL	1940	30-40
57-B13	FROGGY JR.	#1412	3/8 OZ	3 1/8 IN	EGER BAIT MFG. CO.	FL	1940	30-40
57-B14	BULL NOSE FROG	#1312	3/8 OZ	3 IN	EGER BAIT MFG. CO.	FL	1940	50-75
57-B15	WEEDLESS DILLINGER	#100	5/8 OZ	2 1/4 IN	EGER BAIT MFG. CO.	FL	1940	20-30
57-C1	EGER PLUNKER			3 3/4 IN	EGER BAIT MFG. CO.	FL	1940	50-75
57-C2	MASTER DILLINGER	#300	3/4 OZ	3 7/8 IN	EGER BAIT MFG. CO.	FL	1940	10-20
57-C3	SEA DILLINGER	#400	3/4 OZ	3 7/8 IN	EGER BAIT MFG. CO.	FL	1940	10-20
57-C4	JUNIOR DILLINGER	#200	5/8 OZ	3 3/8 IN	EGER BAIT MFG. CO.	FL	1940	10-20
57-C5	BABY DILLINGER	#0	1/2 OZ	2 1/2 IN	EGER BAIT MFG. CO.	FL	1940	10-20
57-C6	CHUNKER			2 1/4 IN	EGER BAIT MFG. CO.	FL	1940	20-30
57-C7	WIGGLE-TAIL	#1100	1 OZ	2 1/2 IN	EGER BAIT MFG. CO.	FL	1940	5-10
57-C8	SUICIDE			4 3/8 IN	EGER BAIT MFG. CO.	FL	1940	30-40
57-C9	TOPPER			4 3/8 IN	EGER BAIT MFG. CO.	FL	1940	20-30
57-C10	CHUGGER TYPE			3 1/2 IN	EGER BAIT MFG. CO.	FL	1940	20-30
57-C11	SUICIDE			4 IN	FLORIDA FISHING TACKLE	FL	1950	20-30
57-C12	UNKNOWN FLORIDA FISHING TACKLE			3 IN	FLORIDA FISHING TACKLE	FL	1950	20-30
57-C13	CONVICT 9999 MINNOW		5/8 OZ	4 1/4 IN	FLORIDA FISHING TACKLE	FL	1950	30-40
57-C14	TIPSY CUDA		13/16 OZ	4 1/2 IN	FLORIDA FISHING TACKLE	FL	1950	20-30
57-C15	JIG		13/16 OZ	3/4 IN	FLORIDA FISHING TACKLE	FL	1950	5-10
57-D1	DALTON TWIST			4 1/4 IN	FLORIDA FISHING TACKLE	FL	1950	20-30
57-D2	DALTON SPECIAL			4 1/4 IN	FLORIDA FISHING TACKLE	FL	1950	20-30
57-D3	TWITCHIN CUDA		3/4 OZ	4 IN	FLORIDA FISHING TACKLE	FL	1950	20-30
57-D4	OLD ALBERT			4 1/4 IN	FLORIDA FISHING TACKLE	FL	1950	40-50
57-D5	BULGE EYE FROG		3/4 OZ	4 1/4 IN	FLORIDA FISHING TACKLE	FL	1950	30-40
57-D6	FLORIDA SHAD			5 IN	FLORIDA FISHING TACKLE	FL	1950	20-30
57-D7	UNKNOWN FLORIDA FISHING TACKLE			5 IN	FLORIDA FISHING TACKLE	FL	1950	30-40
57-D8	GAR MINNOW			5 1/2 IN	FLORIDA FISHING TACKLE	FL	1950	30-40
57-D9	SEA HAWK			3 IN	BATSELL BAIT CO.	TX	1950	5-10
57-D10	JIG			1 1/2 IN	FLORIDA FISHING TACKLE	FL	1950	5-10
57-D11	MAY WES		3/4 OZ	3 IN	FLORIDA FISHING TACKLE	FL	1950	10-20
57-D12	REFLECTO SPOON	LARGE		5 IN	FLORIDA FISHING TACKLE	FL	1950	UNDER 5
57-D13	REFLECTO SPOON	SMALL		1 3/4 IN	FLORIDA FISHING TACKLE	FL	1950	UNDER 5
57-D14	SHRIMPKIN			3 3/4 IN	BYU QUEEEN	LA	1951	20-30
57-D15	UNKNOWN FLORIDA FISHING TACKLE			2 1/2 IN	FLORIDA TACKLE CO.	FL	1958	10-20

Lures

57

Descriptions of Lures

Page No.	Lure Name		Misc. Inform.	Length	Manufacturer	St. Date	Value
59-A1	FLORIDA SHINER		1 OZ	5 IN	FLORIDA TACKLE CO.	FL 1958	20-30
59-A2	FLORIDA SHINER JR.		5/8 OZ	4 IN	FLORIDA TACKLE CO.	FL 1958	20-30
59-A3	FLOAT DIVING MODEL			4 IN	FLORIDA TACKLE CO.	FL 1958	20-30
59-A4	TWITCHIN CUDA		3/4 OZ	4 IN	FLORIDA TACKLE CO.	FL 1958	20-30
59-A5	PEE-WEE		1/2 OZ	3 IN	FLORIDA TACKLE CO.	FL 1958	20-30
59-A6	TOPPER JR.			2 1/4 IN	FLORIDA TACKLE CO.	FL 1958	20-30
59-A7	SUPER MIDGET			2 IN	LAYFIELD BAIT CO.	TX 1948	20-30
59-A8	MISS GOLD DIGGER			3 1/4 IN	FLORIDA TACKLE CO.	FL 1958	5-10
59-A9	UNKNOWN			3 3/4 IN	FLORIDA TACKLE CO.	FL 1958	150-200
59-A10	FLOOD MINNOW			6 1/2 IN	FLOOD, T.L.B.	FL 1929	300-400
59-A11	SUPER STRIKE			5 IN	FLA. ARTIFICIAL BAIT CO.	FL 1928	100-150
59-A12	SHRIMP			3 3/4 IN	FLA. ARTIFICIAL BAIT CO.	FL 1930	150-200
59-A13	MASTER MINNOW			3 IN	FLA. ARTIFICIAL BAIT CO.	FL 1930	150-200
59-A14	PEMBERTON FLAPPER			2 1/2 IN	FLA. ARTIFICIAL BAIT CO.	FL 1930	100-150
59-A15	BUSY BODY			2 1/2 IN	FLA. ARTIFICIAL BAIT CO.	FL 1930	100-150
59-B1	FLORIDA POPPER			4 1/4 IN	FLA. ARTIFICIAL BAIT CO.	FL 1930	300-400
59-B2	FLORIDA MINNOW			4 1/4 IN	FLA. ARTIFICIAL BAIT CO.	FL 1932	200-300
59-B3	ZIG WOG			2 3/4 IN	FISHER	FL 1928	20-30
59-B4	MUSKY CHICAGO CAPTOR			4 IN	FISCHER-SHUBERTH CO.	IL 1914	750-1000
59-B5	CHICAGO CAPTOR			3 IN	FISCHER-SHUBERTH CO.	IL 1914	500-750
59-B6	W.A.B.			2 1/4 IN	FENNER WEEDLESS BAIT CO.	WI 1926	40-50
59-B7	SKIDDER		1/2 OZ	3/4 IN	FOSS, AL	OH 1916	100-150
59-B8	LITTLE EGYPT WIGGLER			3/4 IN	FOSS, AL	OH 1916	75-100
59-B9	ORIENTAL WIGGLER	#3	5/8 OZ	2 IN	FOSS, AL	OH 1917	50-75
59-B10	BABY ORIENTAL WIGGLER	#4	1/2 OZ	2 IN	FOSS, AL	OH 1917	50-75
59-B11	SHIMMY GAL	#5		1 1/4 IN	FOSS, AL	OH 1919	20-30
59-B12	SHIMMY GAL	#4		1 IN	FOSS, AL	OH 1919	20-30
59-B13	SHIMMY JR.	#7		1 IN	FOSS, AL	OH 1940	20-30
59-B14	SHIMMY SPINNER	#8		1 IN	FOSS, AL	OH 1940	30-40
59-B15	SHIMMY SPINNER	#8		1 3/4 IN	FOSS, AL	OH 1940	40-50
59-C1	NEW EGYPT			1 IN	FOSS, AL	OH 1931	30-40
59-C2	DIXIE WIGGLER	#13		1 1/4 IN	FOSS, AL	OH 1929	20-30
59-C3	DIXIE WIGGLER JR.	#13		1 IN	FOSS, AL	OH 1929	20-30
59-C4	SHIMMY FLUTTER SPOON			2 IN	FOSS, AL	OH 1940	40-50
59-C5	SHIMMY FLUTTER SPOON JR.			1 3/4 IN	FOSS, AL	OH 1940	40-50
59-C6	FROG WIGGLER	#11	BRASS	1 3/4 IN	FOSS, AL	OH 1926	100-150
59-C7	FROG WIGGLER JR.	#11	BRASS	1 1/4 IN	FOSS, AL	OH 1926	100-150
59-C8	MOUSE	#15	BRASS	1 1/4 IN	FOSS, AL	OH 1931	300-400
59-C9	SHIEK	#19		1 IN	FOSS, AL	OH 1936	30-40
59-C10	BASS POP W/FROG			1 1/2 IN	FOSS, AL	OH 1940	100-150
59-C11	SUPER LURE	#22	3 SIZES	3 3/8 IN	FOSS, AL	OH 1937	300-400
59-C12	HELL CAT	#27		2 1/2 IN	FOSS, AL	OH 1940	40-50
59-C13	TOM	#29	1/2 OZ	1 IN	FOSS, AL	OH 1940	40-50
59-C14	JERRY		1/2 OZ	1 IN	FOSS, AL	OH 1940	40-50
59-C15	FAN DANCER	#18	5/8 OZ	1 1/2 IN	FOSS, AL	OH 1936	30-40
59-D1	MINNIE THE MOOCHER	#16		3 1/4 IN	FOSS, AL	OH 1932	100-150
59-D2	LITTLE MINNIE	#17		2 IN	FOSS, AL	OH 1932	100-150
59-D3	JAZZ WIGGLER	#9		1 1/2 IN	FOSS, AL	OH 1923	30-40
59-D4	JAZZ WIGGLER JR.	#9		1 1/4 IN	FOSS, AL	OH 1923	30-40
59-D5	FLY ROD SHIMMEYETTE SPINNER	#7A		1 1/4 IN	FOSS, AL	OH 1922	30-40
59-D6	FLY ROD SHIMMEYETTE SPINNER JR	#8A		1 IN	FOSS, AL	OH 1922	30-40
59-D7	FLY ROD BUCKTAIL SPOON				FOSS, AL	OH 1931	50-75
59-D8	DOC				FOSS, AL	OH 1941	40-50
59-D9	FLYROD DOC				FOSS, AL	OH 1941	40-50
59-D10	FLITTER FLY	#24	LARGE 1/20 OZ	1 1/2 IN	FOSS, AL	OH 1940	50-75
59-D11	FLITTER FLY	#25	MED 1/24 OZ	1 1/4 IN	FOSS, AL	OH 1940	50-75
59-D12	FLITTER FLY	#26	SMALL 1/36 OZ	1 IN	FOSS, AL	OH 1940	50-75
59-D13	CRIPPLED SHAD (TRU-TEMPER)		5/8 OZ	2 3/4 IN	FOSS, AL	OH 1941	20-30
59-D14	SPEED SHAD (TRU-TEMPER)		5/8 OZ	2 1/8 IN	FOSS, AL	OH 1941	20-30
59-D15	SPEED SHAD JR. (TRU-TEMPER)		1/2 OZ	2 IN	FOSS, AL	OH 1951	30-40

Lures

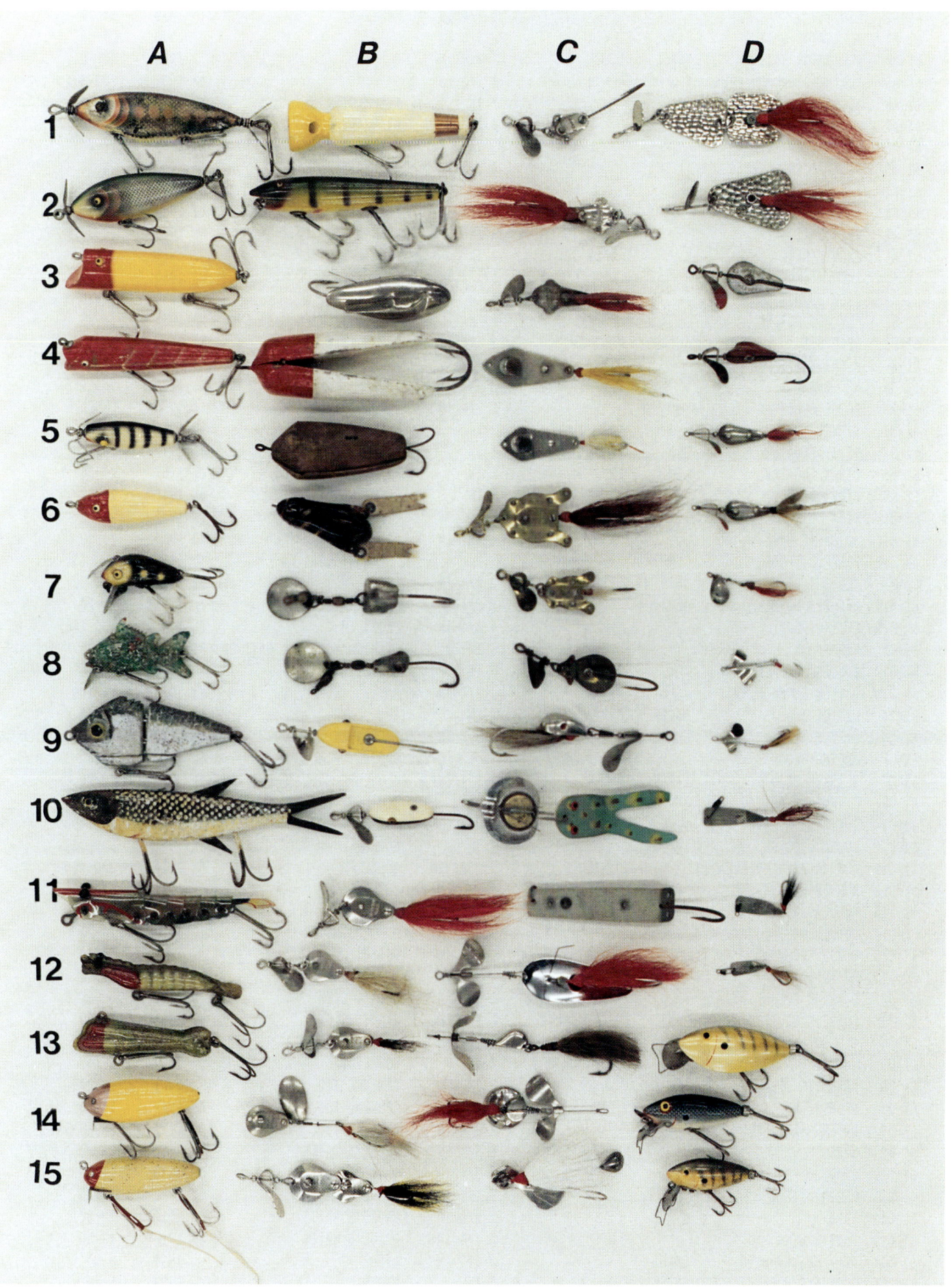

Descriptions of Lures

Page No.	Lure Name	Misc. Inform.		Length	Manufacturer	St.	Date	Value
61-A1	AUTOMATIC WEEDLESS		1/2 OZ		GILMORE, E.L. & CO.	OH	1925	30-40
61-A2	FIG			1 3/4 IN	FOREIGN		1930	10-20
61-A3	ALLIGATOR BAIT	LARGE	SILVER	2 3/4 IN			1938	20-30
61-A4	ALLIGATOR BAIT	SMALL	SILVER	1 3/4 IN			1938	20-30
61-A5	FLATHEAD SALMON PLUG		SALMON	4 1/2 IN		MT	1931	200-300
61-A6	JERRY'S MULLET			7 IN	FISHMASTER	MA	1947	20-30
61-A7	FISHMASTER LURE			4 1/2 IN	FISHMASTER	MA	1947	10-20
61-A8	FISHMASTER LURE			3 IN	FISHMASTER	MA	1947	10-20
61-A9	FISHMASTER WOBBLER			4 1/2 IN	FISHMASTER	MA	1947	20-30
61-A10	FISHMASTER WOBBLER			3 IN	FISHMASTER	MA	1947	20-30
61-A11	BUBBLE MINNIE			3 1/4 IN	FAIR PLAY INDUSTRIES	MI	1948	20-30
61-A12	49ER BAIT			3 IN	49ER's BAIT CO.	MN	1949	20-30
61-A13	INCH MINNOW		1 1/16 OZ	2 IN	FALL'S BAIT CO.	WI	1960	10-20
61-A14	INCH MINNOW			1 1/2 IN	FALL'S BAIT CO.	WI	1960	10-20
61-A15	INCH MINNOW			1 IN	FALL'S BAIT CO.	WI	1960	10-20
61-B1	FLY ROD WORDEN			1 IN	WORDEN SPINNER BAIT CO.	WA	1934	10-20
61-B2	DEEP SIX			3 1/4 IN	FALLS CITY	MI	1939	30-40
61-B3	MICHIGAN TIPPER			3 IN	FALLS CITY	MI	1946	20-30
61-B4	MR. CHAMP			2 IN	FORGE		1955	UNDER 5
61-B5	FORGE SPOON			1 3/4 IN	FORGE		1953	UNDER 5
61-B6	SINKEE			3 IN	FORGE		1953	5-10
61-B7	DIZZY FLOATER	OLD	1/2 OZ	4 IN	FISHATHON BAIT CO.	OK	1947	20-30
61-B8	DIZZY FLOATER	NEW	1/2 OZ	4 IN	FISHATHON BAIT CO.	OK	1957	20-30
61-B9	DIZZY DIVER	REAR EYE	5/8 OZ	3 IN	FISHATHON BAIT CO.	OK	1947	20-30
61-B10	DIZZY DIVER			3 IN	FISHATHON BAIT CO.	OK	1947	20-30
61-B11	FETCH-IT-LURE			4 1/2 IN	FETCH-IT-CO., THE	ID	1960	20-30
61-B12	FREEPORT HOOK				FREEPORT HOOK CO.	IL	1903	100-150
61-B13	DEL-REY WOBBLER	OLD		2 3/4 IN	FROST, H.J.	FL	1915	75-100
61-B14	DEL-REY WOBBLER	NEW		2 3/4 IN	FROST, H.J.	FL	1925	10-20
61-B15	FELIX SPOON			4 1/4 IN	FROST, H.J.	FL	1938	100-150
61-C1	F&F SPOON		FISHERMANS FANCY	5 IN	FISHERMANS FLY & BAIT CO.	MI	1948	20-30
61-C2	GAYLES SURFACE BAIT			5 IN	GAYLE, GEO. W.	KY	1936	75-100
61-C3	GAYLES SURFACE BAIT			2 1/4 IN	GAYLE, GEORGE, W.	KY	1935	75-100
61-C4	LITTLE IMP	LARGE		2 IN	GOOD LUCK	MS	1949	UNDER 5
61-C5	LITTLE IMP	SMALL		1 3/4 IN	GOOD LUCK	MS	1949	UNDER 5
61-C6	GREENE SPOON				GREENE, F.B.	CT	1917	20-30
61-C7	BLINKIN BEAUTY	LARGE		1 3/4 IN	GLO-LURE CO.	IL	1946	10-20
61-C8	BLINKIN BEAUTY	SMALL		3/4 IN	GLO-LURE CO.	IL	1946	10-20
61-C9	TULSA WIGGLER			5 1/2 IN	GOBEL	OK	1926	300-400
61-C10	TULSA WIGGLER			4 IN	GOBEL	OK	1927	300-400
61-C11	PUNKINSEED (EVERREADY)		JOINTED	3 3/4 IN	GOBEL	OK	1927	300-400
61-C12	PUNKINSEED		EVERREADY	4 1/2 IN	GOBEL	OK	1929	300-400
61-C13	GUNDERSON SPOON	LARGE		4 IN	GUNDERSON, AXEL	IL	1912	10-20
61-C14	GUNDERSON SPOON	SMALL		2 3/4 IN	GUNDERSON, AXEL	IL	1912	10-20
61-C15	GUISE SPOON		CANADA	2 3/4 IN	GUISE, O.		1910	30-40
61-D1	AUSTRALIAN TANDEM SPINNER						1914	30-40
61-D2	SUNBEAM SPOON			1 1/2 IN	EVANS, GLEN	ID	1956	UNDER 5
61-D3	SUNBEAM MOUSE SPOON			1 1/2 IN	EVANS, GLEN	ID	1956	10-20
61-D4	GLO BOY LURE			3 1/4 IN	GLO-BOY BAIT CO.		1941	40-50
61-D5	HORNET			2 IN	HORNET INC.	OH	1949	5-10
61-D6	MAGNETIC WEEDLESS			3 IN	GENERAL TOOL CO.	MN	1947	10-20
61-D7	SPOON FIN			2 3/4 IN	GENERAL TOOL CO.	MN	1947	10-20
61-D8	WATER GREMLIN			2 3/4 IN	GENERAL TOOL CO.	MN	1947	UNDER 5
61-D9	MOUSE		HARNISH	2 3/4 IN	GRUBE'S BAITS	OH	1910	20-30
61-D10	CRAWDAD			3 3/4 IN	GRUBE'S BAITS	OH	1910	20-30
61-D11	HELGRAMITE			2 1/2 IN	GRUBE'S BAITS	OH	1910	20-30
61-D12	FROG	#10		1 1/4 IN	GRUBE'S BAITS	OH	1910	20-30
61-D13	FLUTTERWING			1 1/4 IN	GRUBE'S BAITS	OH	1910	40-50
61-D14	RUBY EYE WOBBLER	LARGE		3 1/2 IN	GIBBS		1939	5-10
61-D15	RUBY EYE WOBBLER	SMALL		3 IN	GIBBS		1939	5-10

Lures

Descriptions of Lures

Page No.	Lure Name	Misc. Inform.		Length	Manufacturer	St. Date	Value
63-A1	UNKNOWN			6 1/2 IN			20-30
63-A2	PENCIL POPPER			5 1/2 IN	GIBBS, STAN	MA 1958	10-20
63-A3	INJURED MINNOW			3 3/4 IN	GARLAND BROS.	FL 1946	30-40
63-A4	CORKHEAD MINNOW		5/8 OZ	3 3/4 IN	GARLAND BROS.	FL 1936	100-150
63-A5	GEEN SPOON	LARGE	ENGLAND	3 1/4 IN	GEEN BAIT CO.	1890	100-150
63-A6	GEEN SPOON	SMALL	ENGLAND	2 IN	GEEN BAIT CO.	1890	100-150
63-A7	GEEN PLUG		ENGLAND	5 1/2 IN	GEEN BAIT CO.	1890	150-200
63-A8	GEEN DEVON TYPE		ENGLAND	1 1/2 IN	GEEN BAIT CO.	1890	50-75
63-A9	KLIPON MINNOW			5 1/4 IN	GREEN-WYLIE CO.	NY 1930	100-150
63-A10	KLIPON MINNOW			4 1/2 IN	GREEN-WYLIE CO.	NY 1930	100-150
63-A11	KLIPON MINNOW			3 3/4 IN	GREEN-WYLIE CO.	NY 1930	100-150
63-A12	KLIPON MINNOW			4 IN	GREEN-WYLIE CO.	NY 1930	100-150
63-A13	KLIPON MINNOW			4 IN	GREEN-WYLIE CO.	NY 1930	100-150
63-A14	GLASS-EYED SPOON		ENGLISH	2 IN		1939	20-30
63-A15	UNKNOWN BAIT			3 3/4 IN		1948	20-30
63-B1	PHANTOM FLATTIE			3 1/2 IN	GAME GUIDE PRODUCTS	WA 1937	30-40
63-B2	BASS BIRD			4 IN	GILL, J.J.	CA 1946	30-40
63-B3	WATER PLANE			2 IN	GO-ITE MFG. CO.	MI 1927	20-30
63-B4	ARROWHEAD			2 1/4 IN	GO-ITE MFG. CO.	MI 1927	20-30
63-B5	SURFACE SPINNER			1 1/2 IN	GO-ITE MFG. CO.	MI 1927	20-30
63-B6	GEN-SHAW BAIT			3 1/4 IN	GEN-SHAW BAIT CO.	IL 1953	10-20
63-B7	SPRING-LOADED SPOON			3 IN	WOOD, J.	1888	200-300
63-B8	GENE'S GEM			3 1/2 IN	G G BAIT CO.	1949	20-30
63-B9	GUPPY			3 1/4 IN	FRANCE	1948	5-10
63-B10	VIVA			3 IN	FRANCE	1960	5-10
63-B11	HOOKZEM		GOTTSCHAK	3 IN	HOOKZEM BAIT CO.	IL 1921	400-500
63-B12	GUDEBROD DEEPSTER	LARGE		4 IN	GUDEBROD BAITS	PA 1960	5-10
63-B13	GUDEBROD DEEPSTER	SMALL		3 IN	GUDEBROD BAITS	PA 1960	5-10
63-B14	GUDEBROD DARTER			3 IN	GUDEBROD BAITS	PA 1960	5-10
63-B15	GUDEBROD POPPER			2 IN	GUDEBROD BAITS	PA 1960	5-10
63-C1	HI-LO		ABU	2 IN	GARCIA, CHARLES	NY 1957	5-10
63-C2	STINGRAY		ABU	1 IN	GARCIA, CHARLES	NY 1957	5-10
63-C3	VALLEXAY		ABU	3/4 IN	GARCIA, CHARLES	NY 1957	5-10
63-C4	EELETTEY		ABU	4 IN	GARCIA, CHARLES	NY 1957	5-10
63-C5	GARCIA SPINNER			1 1/4 IN	GARCIA, CHARLES	NY 1957	5-10
63-C6	GARCIA SHRIMP			2 1/4 IN	GARCIA, CHARLES	NY 1957	5-10
63-C7	GARCIA MULLET			2 IN	GARCIA, CHARLES	NY 1957	5-10
63-C8	GARCIA MINNOW			2 1/4 IN	GARCIA, CHARLES	NY 1957	5-10
63-C9	DEVON TYPE MINNOW			1 1/2 IN	GARCIA, CHARLES	NY 1957	5-10
63-C10	PLUNKY	LARGE		4 1/4 IN	GARCIA, CHARLES	NY 1957	5-10
63-C11	PLUNKY	MED		2 3/4 IN	GARCIA, CHARLES	NY 1957	5-10
63-C12	PLUNKY	SMALL		2 1/4 IN	GARCIA, CHARLES	NY 1957	5-10
63-C13	REFLEX		ABU	1 1/4 IN	GARCIA, CHARLES	NY 1957	UNDER 5
63-C14	ABU SPINNER	LARGE		2 IN	GARCIA, CHARLES	NY 1957	UNDER 5
63-C15	ABU SPINNER	SMALL		1 1/4 IN	GARCIA, CHARLES	NY 1957	UNDER 5
63-D1	RETREATING MINNOW			3 1/4 IN	GREIDER, J.A.	IN 1933	200-300
63-D2	WELSH & GRAVES MINNOW TUBE		BASS SIZE	5 IN	GRAVES, CALVIN V.	NY 1893	400-500
63-D3	WELSH & GRAVES MINNOW TUBE		PIKE SIZE	4 1/4 IN	GRAVES, CALVIN V.	NY 1893	400-500
63-D4	TWIN DANCER			3 IN	GARDNER SPORTS MFG.	MA 1948	20-30
63-D5	BOOSTER BAIT			2 3/4 IN	HENZEL, J.G.	IL 1907	300-400
63-D6	HINKLE LIZARD			6 IN	HINKLE, JOE B.	KY 1946	75-100
63-D7	HASKELL MINNOW			4 1/2 IN	HASKELL, RILEY	OH 1859	7500-10000
63-D8	SPOON FIN		GENERAL TOOL CO.	4 IN	HOAGE, C.	MN 1932	300-400
63-D9	HETZEL MINNOW			4 1/4 IN	HETZEL	1946	30-40
63-D10	SKIPPER			2 1/2 IN	HOM-ART BAIT CO.	OH 1949	10-20
63-D11	DIPPER			2 IN	HOM-ART BAIT CO.	OH 1949	10-20
63-D12	UNCLE HUB'S DOOFER			2 1/4 IN	UNCLE HUB'S ENTERPRISE	FL 1949	10-20
63-D13	HAWK DIVER			2 1/2 IN	HAWK FISH LURE CO.	MO 1953	10-20
63-D14	BASS HAWK			2 IN	HAWK FISH LURE CO.	MO 1953	10-20
63-D15	HOOKER, THE		1/2 OZ	3 IN	HUNT LURE CO.	TN 1957	10-20

Lures

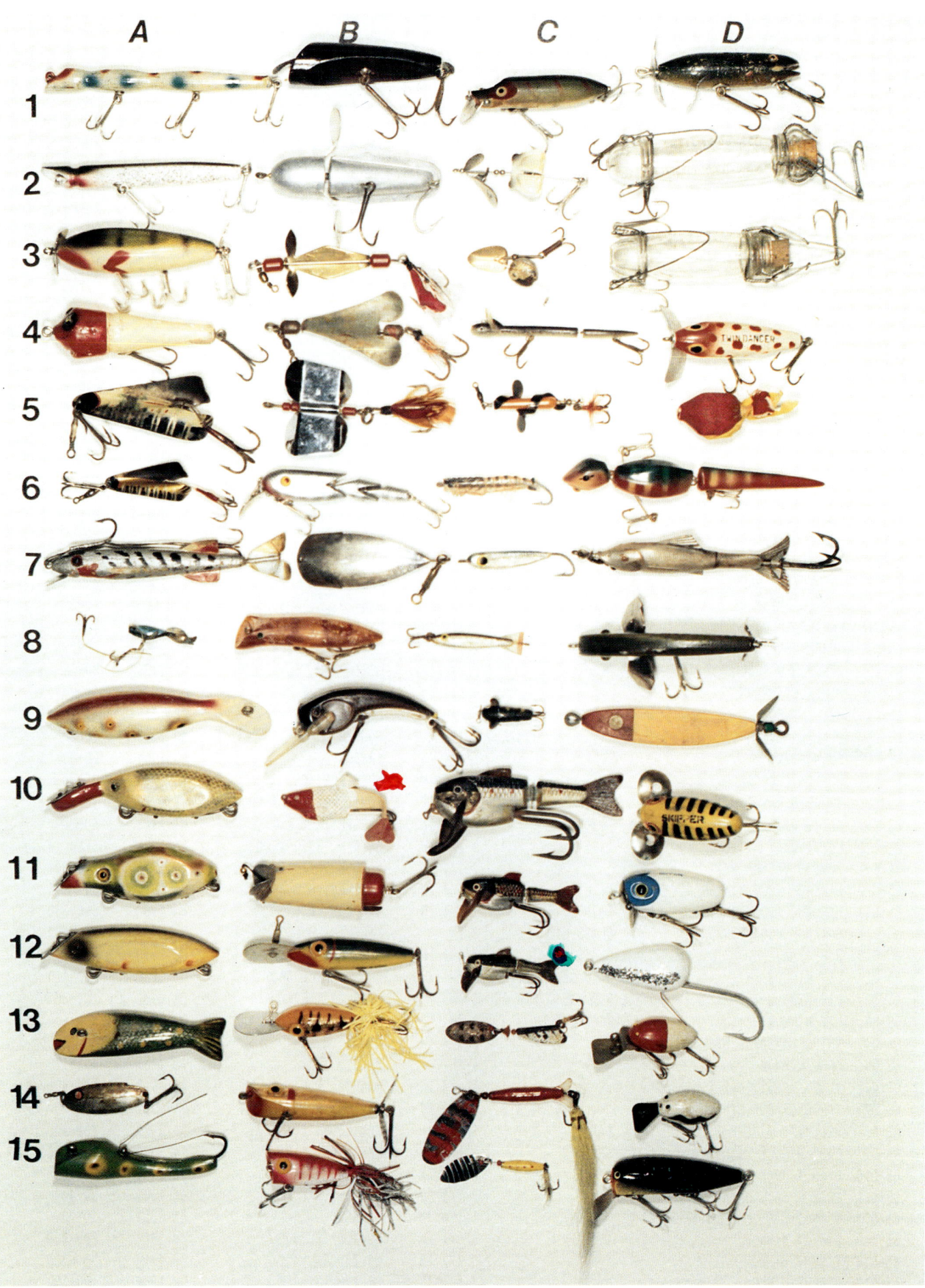

Descriptions of Lures

Page No.	Lure Name	Misc. Inform.	Length	Manufacturer	St. Date	Value
65-A1	HARDER SPOON		4 1/2 IN	HARDER BAIT CO.	NY 1928	20-30
65-A2	HARDER SPOON		2 1/2 IN	HARDER BAIT CO.	NY 1928	20-30
65-A3	HARDER SPOON		3 1/4 IN	HARDER BAIT CO.	NY 1928	20-30
65-A4	HARDER SPOON		2 1/4 IN	HARDER BAIT CO.	NY 1928	20-30
65-A5	HARDER SPOON		2 1/2 IN	HARDER BAIT CO.	NY 1928	20-30
65-A6	WILLOWLEAF		4 1/4 IN	HARDER BAIT CO.	NY 1928	20-30
65-A7	KIDNEY SPOON			HARDER BAIT CO.	NY 1928	20-30
65-A8	COLORADO SPINNER			HARDER BAIT CO.	NY 1928	20-30
65-A9	COLORADO SPINNER			HARDER BAIT CO.	NY 1928	20-30
65-A10	HEINIE SPINNER			HEINIE BAIT CO.	IL 1946	20-30
65-A11	H & J MINNOW		3 1/2 IN	H & J FISHING TACKLE	ME 1946	30-40
65-A12	H & J MINNOW		3 1/2 IN	H & J FISHING TACKLE	ME 1950	20-30
65-A13	HELLION FISH		2 1/4 IN	HELLION LURE PRODUCTS	MI 1952	5-10
65-A14	DRONE SPOON		3 1/4 IN	HUNTINGTON	MD 1923	10-20
65-A15	HOOT SPINNER		1 34/ IN	HOOT SPINER CO.	CA 1939	30-40
65-B1	HERB'S DILLY	LARGE	1 3/4 IN	HERBERT, J.M.	IN 1940	5-10
65-B2	HERB'S DILLY	SMALL	1 1/4 IN	HERBERT, J.M.	IN 1941	5-10
65-B3	ALL RIGHT FLUTED BAIT	LARGE		HACKETT	1905	20-30
65-B4	ALL RIGHT FLUTED BAIT	SMALL		HACKETT	1905	20-30
65-B5	HILL'S SPOON			HILL, L.H.	MI 1879	150-200
65-B6	HIBBARD SPOON			HIBBARD	MI 1884	150-200
65-B7	HAGEN SPINNER	1/2 OZ	3 IN	HAGEN TACKLE CO.	IL 1946	10-20
65-B8	HOPKIN'S LURE	LARGE	4 IN	HOPKINS FISH LURE CO.	VA 1946	UNDER 5
65-B9	HOPKIN'S LURE	SMALL	2 3/4 IN	HOPKINS FISH LURE CO.	VA 1946	UNDER 5
65-B10	MULTI-WAG		3 1/4 IN	HAYDEN, BOYD CO.	MA 1946	5-10
65-B11	TWINKLE SPINNERS		2 1/4 IN	ENGLISH	1960	UNDER 5
65-B12	TWINKLE SPINNERS		2 1/4 IN	ENGLISH	1960	UNDER 5
65-B13	TWINKLE SPINNERS		1 1/2 IN	ENGLISH	1960	UNDER 5
65-B14	HARREN SPINNER			HARREN, E. & SONS	1890	40-50
65-B15	HARREN SPOON		2 3/4 IN	HARREN, E. & SONS	1890	40-50
65-C1	HERENDHEN SPOON		2 1/4 IN	HERENDHEN, G. & SONS	NY 1898	50-75
65-C2	HERENDHEN SPOON		1 3/4 IN	HERENDHEN, G. & SONS	NY 1898	50-75
65-C3	HINCKLEY SPOON		4 1/4 IN	HINCKLEY, ELMER	1928	10-20
65-C4	HELL DIVER	5/8 OZ		HOUSER	MO 1949	10-20
65-C5	BLABBERMOUTH		4 IN	HOUSER	MO 1955	10-20
65-C6	SUBMASTER		1 3/4 IN	HANSON	KS 1954	20-30
65-C7	MUK-KA-CHOC FROG		2 1/4 IN	HUBB MFG. CO.	MI 1938	30-40
65-C8	TORPEDO RAY		4 IN	NORTHERN TACKLE CO.	MI 1948	30-40
65-C9	CAT'S PAW		3 1/2 IN	HARGRETT	MI 1946	40-50
65-C10	MULTI-WAG		3 1/4 IN	HAYDEN, BOYD & CO.	MA 1951	5-10
65-C11	HOWE'S VACUUM BAIT		2 1/2 IN	VACUUM BAIT CO., THE	IN 1909	200-300
65-C12	HARKAUF WOOD MINNOW	NO EYE	3 1/4 IN	KAUFMAN, H.C.	PA 1899	300-400
65-C13	HARKAUF WOOD MINNOW	PAINTED EYE	2 3/4 IN	KAUFMAN, H.C.	PA 1903	500-750
65-C14	HARKAUF WOOD MINNOW	GLASS EYE	3 IN	KAUFMAN, H.C.	PA 1907	300-400
65-C15	BAG-O-MAD	GLASS EYE	3 3/4 IN	HERINGTON, BILL BAITS	MO 1933	30-40
65-D1	LIV-MINNOW	2 HINGE G.E. 5/8 OZ	4 IN	HAAS TACKLE CO.	OK 1928	300-400
65-D2	LIV-MINNOW	2 HINGE PTD EYE 5/8 OZ	4 IN	HAAS TACKLE CO.	OK 1938	200-300
65-D3	LIV-MINNOW	TACK EYE	3 IN	HAAS TACKLE CO.	OK 1933	300-400
65-D4	INTERCHANGABLE MINNOW		2 3/4 IN	HARDY, W.A.	IN 1907	3000-5000
65-D5	KROU MINNOW		4 IN	HARDY, J.A.	IN 1917	400-500
65-D6	MUSKY IRRESISTABLE MINNOW		4 1/4 IN	HANSON, W.B.	PA 1917	300-400
65-D7	IRRESISTABLE MINNOW		3 3/4 IN	HANSON, W.B.	PA 1919	300-400
65-D8	MEDLEY'S WIGGLE-FISH	LARGE	3 IN	HAMILTON, F.B.	CA 1920	150-200
65-D9	BABY WIGGLE-FISH	SMALL	2 1/4 IN	HAMILTON, F.B.	CA 1920	150-200
65-D10	3 IN 1 JACK HARMON POPPER		2 3/4 IN	HARMON, JACK	OK 1948	30-40
65-D11	3 IN 1 JACK HARMON DIVER		2 1/2 IN	HARMON, JACK	OK 1949	30-40
65-D12	3 IN 1 JACK HARMON SPINNER		1 1/4 IN	HARMON, JACK	OK 1951	10-20
65-D13	EXPERT MINNOW		3 3/4 IN	HOLZWORTH, J.C.	OH 1904	300-400
65-D14	EXPERT MINNOW		3 1/2 IN	HOLZWORTH, J.C.	OH 1904	300-400
65-D15	EXPERT MINNOW		3 1/4 IN	HOLZWORTH, J.C.	OH 1904	400-500

Lures

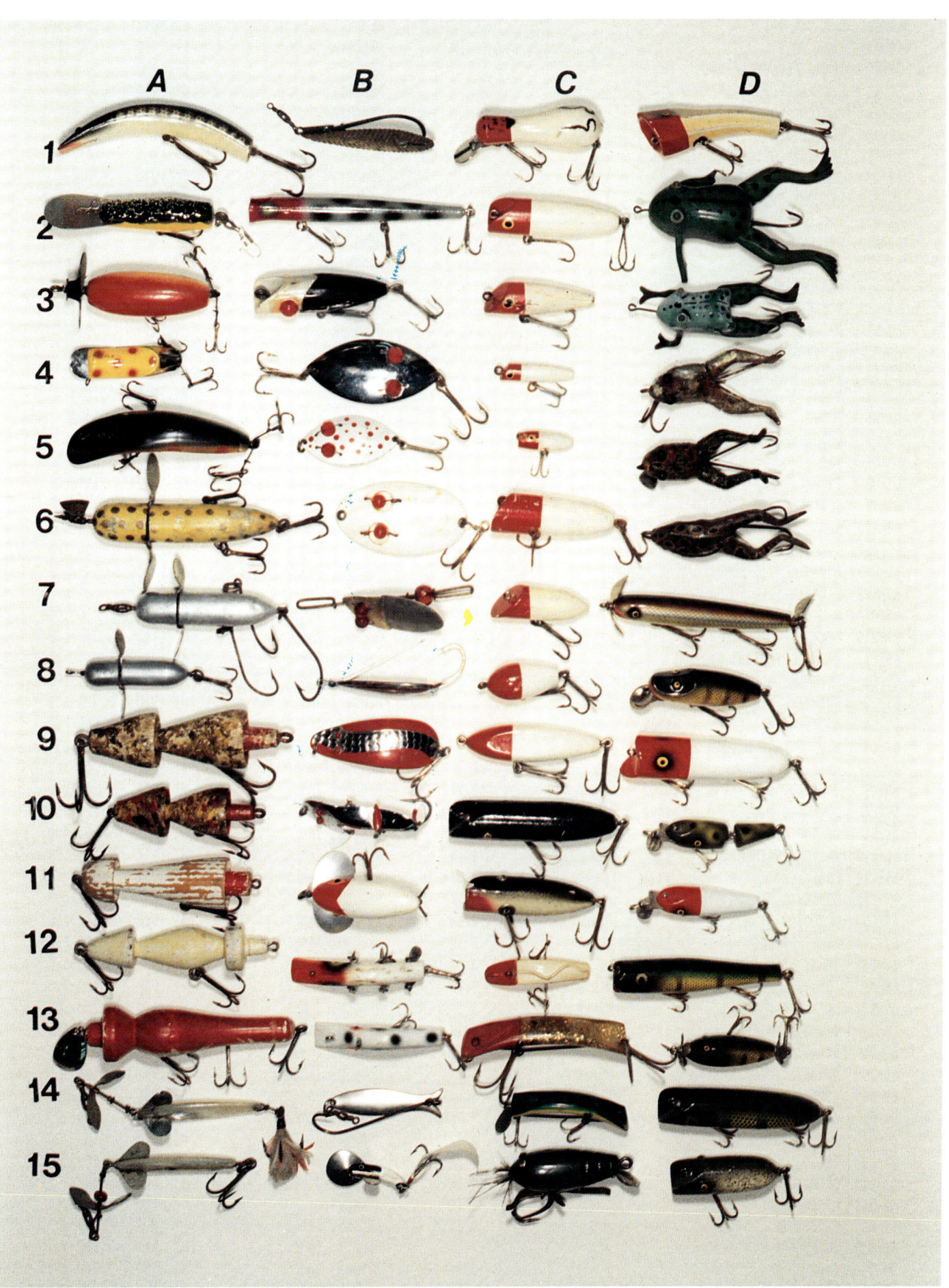

Descriptions of Lures

Page No.	Lure Name	Misc. Inform.	Length	Manufacturer	St. Date	Value
69-A1	SNAKE BAIT		3 1/4 IN	HENDRYX	CT 1900	500-750
69-A2	BURDETT BAIT		4 3/4 IN	HENDRYX	CT 1890	100-150
69-A3	CORK BAIT		1 IN	HENDRYX	CT 1910	100-150
69-A4	PEARL KIDNEY SPINNER			HENDRYX	CT 1910	30-40
69-A5	COLORADO PEARL SPINNER			HENDRYX	CT 1910	30-40
69-A6	FLUTED PEARL SPINNER			HENDRYX	CT 1910	30-40
69-A7	FLUTED PEARL SPOON		3 IN	HENDRYX	CT 1900	30-40
69-A8	AMERICAN SPINNER		2 1/4 IN	HENDRYX	CT 1886	50-75
69-A9	TANDEM SPINNER			HENDRYX	CT 1990	30-40
69-A10	CYCLONE SPINNER			HENDRYX	CT 1890	30-40
69-A11	CYCLONE SPINNER		3/4 IN	HENDRYX	CT 1886	30-40
69-A12	WILLOWLEAF SPINNER		3/4 IN	HENDRYX	CT 1900	20-30
69-A13	FLUTED SPINNER		3/4 IN	HENDRYX	CT 1890	20-30
69-A14	COMPLETED FLUTED SPINNER		3/4 IN	HENDRYX	CT 1890	20-30
69-A15	KIDNEY SPOON		3/4 IN	HENDRYX	CT 1900	30-40
69-B1	DELEVAN SPINNER		3/4 IN	HENDRYX	CT 1890	30-40
69-B2	MUSKY SPINNER		5 IN	HENDRYX	CT 1920	30-40
69-B3	LAKE TAHOE SPOON		4 3/4 IN	HENDRYX	CT 1920	30-40
69-B4	DOWAGIAC UNDERWATER 1st	1st BAIT	4 1/4 IN	HEDDON, JAMES	MI 1890	2000-3000
69-B5	FROG	1st SOLD	4 1/4 IN	HEDDON, JAMES	MI 1896	10000-15000
69-B6	UNDERWATER EXPERT	1st UNDERWATER	2 1/2 IN	HEDDON, JAMES	MI 1904	2000-3000
69-B7	BOB		2 IN	HEDDON, JAMES	MI 1903	2000-3000
69-B8	EXPERT TOPWATER	1st COMMERCIAL	4 1/2 IN	HEDDON, JAMES	MI 1902	400-500
69-B9	DOWAGIAC 200 SPECIAL	4/5 OZ	4 3/4 IN	HEDDON, JAMES	MI 1912	300-400
69-B10	DOWAGIAC 200 SPECIAL	4/5 OZ	4 3/4 IN	HEDDON, JAMES	MI 1912	100-150
69-B11	DOWAGIAC 200 SPECIAL	G. E.	4 3/4 IN	HEDDON, JAMES	MI 1930	100-150
69-B12	DOWAGIAC 210 SURFACE LURE	3/8 OZ	3 1/2 IN	HEDDON, JAMES	MI 1920	50-75
69-B13	DOWAGIAC 210 SURFACE LURE	NEW STYLE	3 1/2 IN	HEDDON, JAMES	MI 1930	50-75
69-B14	UNKNOWN WOODPECKER		5 IN	HEDDON, JAMES	MI 1912	750-1000
69-B15	UNKNOWN WOODPECKER		5 IN	HEDDON, JAMES	MI 1913	750-1000
69-C1	MOONLIGHT NIGHT RADIANT		3 3/4 IN	HEDDON, JAMES	MI 1912	3000-4000
69-C2	SWIMMING MINNOW	LARGE #900	4 1/2 IN	HEDDON, JAMES	MI 1910	300-400
69-C3	SWIMMING MINNOW	#800	3 IN	HEDDON, JAMES	MI 1910	400-500
69-C4	MULTI-METAL MINNOW #500		2 3/4 IN	HEDDON, JAMES	MI 1905	500-750
69-C5	NEW SURFACE MINNOW #200	4/5 OZ	4 3/4 IN	HEDDON, JAMES	MI 1907	500-750
69-C6	ARTISTIC MINNOW #50	1/2 OZ	1 3/4 IN	HEDDON, JAMES	MI 1907	200-300
69-C7	BABY DOWAGIAC MINNOW #20		2 1/4 IN	HEDDON, JAMES	MI 1905	100-200
69-C8	DOWAGIAC KILLER #400		3 IN	HEDDON, JAMES	MI 1905	500-750
69-C9	WALTON FEATHERTAIL #40	OLD 1/2 OZ	3 IN	HEDDON, JAMES	MI 1922	300-400
69-C10	WALTON FEATHERTAIL #40	NEW 1/2 OZ	3 IN	HEDDON, JAMES	MI 1924	100-150
69-C11	HEAVY CASTING MINNOW #175		3 3/4 IN	HEDDON, JAMES	MI 1911	500-750
69-C12	DOWAGIAC MINNOW #100	OLD	2 3/4 IN	HEDDON, JAMES	MI 1907	300-400
69-C13	DOWAGIAC MINNOW	NEWER	3 IN	HEDDON, JAMES	MI 1912	100-150
69-C14	DUMMY-DOUBLE #1500	OLD	3 IN	HEDDON, JAMES	MI 1907	500-750
69-C15	DUMMY-DOUBLE NEWER		3 IN	HEDDON, JAMES	MI 1912	400-500
69-D1	"0"	OLD	3 IN	HEDDON, JAMES	MI 1906	200-300
69-D2	"0"	NEWER	3 1/2 IN	HEDDON, JAMES	MI 1912	200-300
69-D3	DOWAGIAC MINNOW #150	OLD	4 IN	HEDDON, JAMES	MI 1903	500-750
69-D4	DOWAGIAC MINNOW 150		3 3/4 IN	HEDDON, JAMES	MI 1907	300-400
69-D5	DOWAGIAC MINNOW	NEWER	4 IN	HEDDON, JAMES	MI 1912	100-150
69-D6	"00"	OLD	3 3/4 IN	HEDDON, JAMES	MI 1906	200-300
69-D7	"00"	NEW	3 3/4 IN	HEDDON, JAMES	MI 1912	200-300
69-D8	DECOY, BAT WING		4 3/8 IN	HEDDON, JAMES	MI 1910	500-750
69-D9	DECOY	8 1/2 IN	4 3/8 IN	HEDDON, JAMES	MI 1920	400-500
69-D10	DECOY SPOOK		5 IN	HEDDON, JAMES	MI 1930	400-500
69-D11	DECOY METAL		5 IN	UNKNOWN	1930	200-300
69-D12	SURFUSSER #300	OLD	4 IN	HEDDON, JAMES	MI 1907	300-400
69-D13	SURFUSSER	NEW	4 IN	HEDDON, JAMES	MI 1911	200-300
69-D14	SURFUSSER		3 3/4 IN	HEDDON, JAMES	MI 1930	200-300
69-D15	MUSKY SURFUSSER #300	1 OZ	4 IN	HEDDON, JAMES	MI 1936	300-400

Lures

Descriptions of Lures

Page No.	Lure Name	Misc. Inform.		Length	Manufacturer	St. Date	Value
71-A1	MUSKOLLONGE MINNOW	#700	5 HK	5 1/4 IN	HEDDON, JAMES	MI 1907	750-1000
71-A2	MUSKOLLONGE MINNOW	#700	3 HK	5 IN	HEDDON, JAMES	MI 1907	750-1000
71-A3	BLACK SUCKER	#1300	2 1/2 OZ	5 3/4 IN	HEDDON, JAMES	MI 1911	1000-1500
71-A4	COAST MINNOW	#4	LARGE	5 IN	HEDDON, JAMES	MI 1914	400-500
71-A5	COAST MINNOW	#1	MEDIUM	4 1/2 IN	HEDDON, JAMES	MI 1914	400-500
71-A6	COAST MINNOW	#3	SMALL	2 3/4 IN	HEDDON, JAMES	MI 1914	300-400
71-A7	MUSKY SOS	#370		4 3/4 IN	HEDDON, JAMES	MI 1928	400-500
71-A8	SOS	#170	3 HK	4 1/2 IN	HEDDON, JAMES	MI 1928	75-100
71-A9	SOS	#160	2 HK	4 1/2 IN	HEDDON, JAMES	MI 1928	75-100
71-A10	SOS 140	#140	1/2 OZ	3 IN	HEDDON, JAMES	MI 1937	50-75
71-A11	FLIPPER	#140		3 3/4 IN	HEDDON, JAMES	MI 1927	200-300
71-A12	SURFACE MINNY	#260		3 3/4 IN	HEDDON, JAMES	MI 1934	300-400
71-A13	TORPEDO	#130		5 IN	HEDDON, JAMES	MI 1924	100-150
71-A14	TORPEDO	#120	SMALL 7/8 OZ	4 4/8 IN	HEDDON, JAMES	MI 1925	100-150
71-A15	TORPEDO	#30	SALTWATER	4 1/2 IN	HEDDON, JAMES	MI 1948	75-100
71-B1	TORPEDO SPOOK	#9130	3/4 OZ	4 3/4 IN	HEDDON, JAMES	MI 1933	100-150
71-B2	WOUNDED SPOOK	#9140		3 1/4 IN	HEDDON, JAMES	MI 1939	10-20
71-B3	DYING FLUTTER			4 IN	HEDDON, JAMES	MI 1959	5-10
71-B4	DYING QUIVER			4 IN	HEDDON, JAMES	MI 1959	5-10
71-B5	UNKNOWN ROTARY HEAD			3 3/4 IN	HEDDON, JAMES	MI 1913	200-300
71-B6	STANLEY PORK RIND BAIT	#70	5/8 OZ	2 1/4 IN	HEDDON, JAMES	MI 1923	75-100
71-B7	SPIN-DIVER	#3000		4 1/2 IN	HEDDON, JAMES	MI 1918	300-400
71-B8	LIGHT CASTING MINNOW	#10		2 1/2 IN	HEDDON, JAMES	MI 1922	400-500
71-B9	FLORIDA SPECIAL	#10B	LARGE 3/4 OZ	2 1/2 IN	HEDDON, JAMES	MI 1922	300-400
71-B10	FLORIDA SPECIAL	#10S	SMALL 1/2 OZ	2 3/4 IN	HEDDON, JAMES	MI 1922	300-400
71-B11	BIG MARY	#800	3/4 OZ	3 7/8 IN	HEDDON, JAMES	MI 1924	100-150
71-B12	BIG MARY	#850	1/2 OZ	3 IN	HEDDON, JAMES	MI 1924	100-150
71-B13	BIG JOE	#600	3/4 OZ	3 5/8 IN	HEDDON, JAMES	MI 1924	75-100
71-B14	LITTLE JOE	#500	1/2 OZ	2 3/4 ON	HEDDON, JAMES	MI 1924	75-100
71-B15	UNKNOWN SALTWATER, HEDDON			3 5/8 IN	HEDDON, JAMES	MI 1926	150-200
71-C1	SALTWATER SPECIAL, HEDDON			2 IN	HEDDON, JAMES	MI 1932	150-200
71-C2	DEEP DIVING WIGGLER	#1600	OLD 3/4 OZ	4 3/4 IN	HEDDON, JAMES	MI 1915	150-200
71-C3	DEEP DIVING WIGGLER	#1600	NEW	4 1/4 IN	HEDDON, JAMES	MI 1916	100-150
71-C4	NEAR SURFACE WIGGLER	#1700	3/4 OZ	4 1/4 IN	HEDDON, JAMES	MI 1915	100-150
71-C5	BABY NEAR SURFACE WIGGLER			3 IN	HEDDON, JAMES	MI 1917	400-500
71-C6	WIGGLE-KING 1st			4 1/4 IN	HEDDON, JAMES	MI 1918	200-300
71-C7	WIGGLE-KING	#2000	1/2 OZ	3 7/8 IN	HEDDON, JAMES	MI 1919	75-100
71-C8	LUCKY 13	#2500	OLD 5/8 OZ	3 7/8 IN	HEDDON, JAMES	MI 1920	50-75
71-C9	LUCKY 13	#2500	NEW	3 3/4 IN	HEDDON, JAMES	MI 1940	50-75
71-C10	LUCKY 13 JR.	#2400	1/2 OZ	3 1/8 IN	HEDDON, JAMES	MI 1921	75-100
71-C11	BABY LUCKY 13	#2400		2 1/2 IN	HEDDON, JAMES	MI 1919	75-100
71-C12	TINY LUCKY 13	#370	1/5 OZ	1 7/8 IN	HEDDON, JAMES	MI 1955	5-10
71-C13	SPOONY FISH	#790	LARGE	5 3/4 IN	HEDDON, JAMES	MI 1927	300-400
71-C14	SPOONY FISH	#590	MED	4 1/4 IN	HEDDON, JAMES	MI 1927	300-400
71-C15	SPOONY FISH	#490	SMALL	2 5/8 IN	HEDDON, JAMES	MI 1927	300-400
71-D1	MUSKY LUCKY 13			5 3/4 IN	HEDDON, JAMES	MI 1958	100-150
71-D2	KING-BASSER	#8550		5 IN	HEDDON, JAMES	MI 1937	100-150
71-D3	BASSER	#8500	3/4 OZ	4 1/4 IN	HEDDON, JAMES	MI 1920	100-150
71-D4	BASSER SALTWATER		NEW	4 IN	HEDDON, JAMES	MI 1922	50-75
71-D5	PLUNKING BASSER	#8400	5/8 OZ	3 IN	HEDDON, JAMES	MI 1926	150-200
71-D6	BASSER 1st SALMON PLUG			4 IN	HEDDON, JAMES	MI 1925	100-150
71-D7	DELUXE BASSER	#8500	7/8 OZ	4 IN	HEDDON, JAMES	MI 1936	50-75
71-D8	KING-ZIG-WAG	#8360	1 1/2 OZ	6 IN	HEDDON, JAMES	MI 1939	50-75
71-D9	KING-ZIG-WAG	#8350	1 1/8 OZ	5 IN	HEDDON, JAMES	MI 1939	50-75
71-D10	ZIG-WAG	#8300	3/4 OZ	4 1/2 IN	HEDDON, JAMES	MI 1927	50-75
71-D11	ZIG-WAG	#8300	3/4 OZ	4 1/2 IN	HEDDON, JAMES	MI 1927	50-75
71-D12	ZIG-WAG JUNIOR	#8340	1/2 OZ	3 1/4 IN	HEDDON, JAMES	MI 1929	100-150
71-D13	ZIG-WAG SALMON			3 1/4 IN	HEDDON, JAMES	MI 1930	200-300
71-D14	SHARK-MOUTH MINN	#520	3/4 OZ	3 IN	HEDDON, JAMES	MI 1935	400-500
71-D15	SHRIMPY SPOOK	#9000	1 OZ	4 IN	HEDDON, JAMES	MI 1930	150-200

Lures

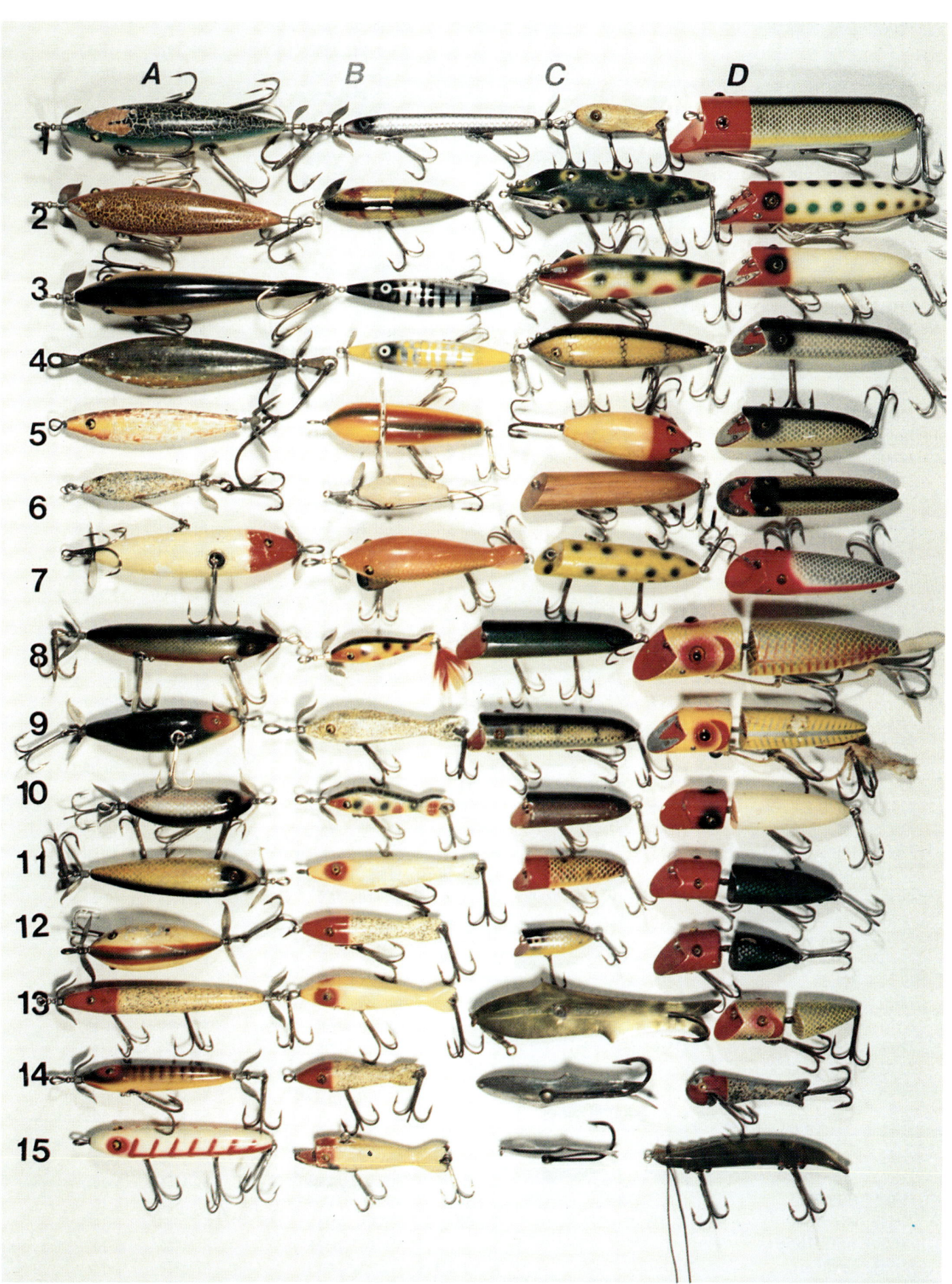

Descriptions of Lures

Page No.	Lure Name	Misc. Inform.		Length	Manufacturer	St. Date	Value
73-A1	CRAB WIGGLER	#1800	NO EYE	4 1/4 IN	HEDDON, JAMES	MI 1914	400-500
73-A2	CRAB WIGGLER	#1800	OLD	4 IN	HEDDON, JAMES	MI 1915	50-75
73-A3	CRAB WIGGLER	#1800	NEW	4 IN	HEDDON, JAMES	MI 1920	40-50
73-A4	BABY CRAB WIGGLER	#1900	OLD 5/8 OZ	3 1/8 IN	HEDDON, JAMES	MI 1916	40-50
73-A5	BABY CRAB WIGGLER	#1900		3 1/8 IN	HEDDON, JAMES	MI 1920	30-40
73-A6	GO DEEPER CRAB	#1900	1/2 OZ	3 1/2 IN	HEDDON, JAMES	MI 1948	10-20
73-A7	MIDGET CRAB WIGGLER	#1950	3/7 OZ	2 1/2 IN	HEDDON, JAMES	MI 1930	40-50
73-A8	CRAB SPOOK	#9900	3/4 OZ	3 IN	HEDDON, JAMES	MI 1936	40-50
73-A9	BABY CRAB SPOOK			2 1/2 IN	HEDDON, JAMES	MI 1950	30-40
73-A10	DEEP-O-DIVE	#7000	2/3 OZ	2 1/2 IN	HEDDON, JAMES	MI 1919	50-75
73-A11	GAMEFISHER	#5500	3/4 OZ	4 3/4 IN	HEDDON, JAMES	MI 1923	30-40
73-A12	BABY GAMEFISHER	#5400	1/2 OZ	4 IN	HEDDON, JAMES	MI 1925	40-50
73-A13	WEEDLESS WIDOW	#220	OLD 3/4 OZ	2 1/2 IN	HEDDON, JAMES	MI 1928	30-40
73-A14	WEEDLESS WIDOW		NEW	2 1/4 IN	HEDDON, JAMES	MI 1939	20-30
73-A15	SAM-SPOON	#2160	1 1/5 OZ	2 1/4 IN	HEDDON, JAMES	MI 1927	75-100
73-B1	TADPOLLY BOTTLENOSE			4 IN	HEDDON, JAMES	MI 1919	400-500
73-B2	TADPOLLY	#6000	3/4 OZ	4 5/8 IN	HEDDON, JAMES	MI 1925	50-75
73-B3	BABY TADPOLLY	#5000	5/8 OZ	3 7/8 IN	HEDDON, JAMES	MI 1923	40-50
73-B4	TADPOLLY RUNT	#5100	1/2 OZ	3 IN	HEDDON, JAMES	MI 1936	400-500
73-B5	TADPOLLY SPOOK	#9000	3/8 OZ	3 IN	HEDDON, JAMES	MI 1948	10-20
73-B6	TINY TAD	#390	1/5 OZ	2 1/8 IN	HEDDON, JAMES	MI 1955	10-20
73-B7	ZARAGOSSA		OLD	4 1/4 IN	HEDDON, JAMES	MI 1919	200-300
73-B8	ZARAGOSSA	#6500	3/4 OZ	4 1/2 IN	HEDDON, JAMES	MI 1922	150-200
73-B9	ZARAGOSSA SPOOK			4 1/4 IN	HEDDON, JAMES	MI 1939	100-150
73-B10	ZARAGOSSA (SPECIAL)			4 1/4 IN	HEDDON, JAMES	MI 1936	150-200
73-B11	DARTING ZARA	#6600	OLD 5/8 OZ	4 IN	HEDDON, JAMES	MI 1934	300-400
73-B12	DARTING ZARA		NEW	4 IN	HEDDON, JAMES	MI 1936	150-200
73-B13	DARTING ZARA-SPOOK	#9200	4/5 OZ	3 1/4 IN	HEDDON, JAMES	MI 1948	20-30
73-B14	ZARA-SPOOK	#9260	4/5 OZ	4 1/4 IN	HEDDON, JAMES	MI 1948	20-30
73-B15	BABY ZARA-SPOOK	#635	5/8 OZ	2 7/8 IN	HEDDON, JAMES	MI 1948	10-20
73-C1	MUSKY ZARAGOSSA			6 1/4 IN	HEDDON, JAMES	MI 1948	300-400
73-C2	LUNY FROG (CLOSED LEG)	#3500	7/8 OZ	4 1/4 IN	HEDDON, JAMES	MI 1926	200-300
73-C3	LITTLE LUNY	#3400	2/3 OZ	3 3/4 IN	HEDDON, JAMES	MI 1927	100-150
73-C4	SPOONY FROG	#3200	4/5 OZ	3 IN	HEDDON, JAMES	MI 1928	50-75
73-C5	SILVER KING	#390	2 OZ	4 IN	HEDDON, JAMES	MI 1927	75-100
73-C6	KING	#290	2 OZ	4 IN	HEDDON, JAMES	MI 1927	20-30
73-C7	DEVIL QUEEN	#1280	2/3 OZ	2 3/8 IN	HEDDON, JAMES	MI 1932	40-50
73-C8	DEVIL ACE	#1190		1 3/4 IN	HEDDON, JAMES	MI 1932	40-50
73-C9	ACE BULLET	#B190	1/2 OZ	1 3/4 IN	HEDDON, JAMES	MI 1926	30-40
73-C10	TRIPLE TEASER	#1000			HEDDON, JAMES	MI 1929	30-40
73-C11	SEA SPOOK	#9800		3 3/4 IN	HEDDON, JAMES	MI 1929	150-200
73-C12	SUPER DOWAGIAC SPOOK	#9100	1 OZ	3 3/4 IN	HEDDON, JAMES	MI 1930	40-50
73-C13	BABY DOWAGIAC SPOOK			3 1/2 IN	HEDDON, JAMES	MI 1931	40-50
73-C14	SUPER DOWAGIAC			2 1/4 IN	HEDDON, JAMES	MI 1936	200-300
73-C15	SAINT SPINNER	#440	1/2 OZ	3 3/8 IN	HEDDON, JAMES	MI 1948	5-10
73-D1	YOWSER	#195	OLD	1 IN	HEDDON, JAMES	MI 1932	150-200
73-D2	YOWSER	#195	NEW	1 IN	HEDDON, JAMES	MI 1934	100-150
73-D3	CHUGGER SPOOK	#9540	(FLAP RIG)	3 IN	HEDDON, JAMES	MI 1939	30-40
73-D4	BABY CHUGGER SPOOK	#9520		2 IN	HEDDON, JAMES	MI 1953	5-10
73-D5	TINY CHUGGER			2 IN	HEDDON, JAMES	MI 1955	10-20
73-D6	TINY SPOOK	#390	1/4 OZ	1 7/8 IN	HEDDON, JAMES	MI 1955	10-20
73-D7	FIDGET	#400	3/8 OZ	2 1/8 IN	HEDDON, JAMES	MI 1955	5-10
73-D8	FLASHER FIDGET	#401	3/8 OZ	2 1/8 IN	HEDDON, JAMES	MI 1955	5-10
73-D9	FEATHERED FIDGET		3/8 OZ	2 1/8 IN	HEDDON, JAMES	MI 1956	5-10
73-D10	SPIN FIN	#413	LARGE	2 5/8 IN	HEDDON, JAMES	MI 1956	5-10
73-D11	SPIN FIN	#412	SMALL	2 1/2 IN	HEDDON, JAMES	MI 1960	5-10
73-D12	WHIS-PURR	#420-425	2 SIZES	3 IN-3 1/2 N	HEDDON, JAMES	MI 1960	5-10
73-D13	SABER TOOTH				HEDDON, JAMES	MI 1960	5-10
73-D14	GAMBY	#421-423	2 SIZES	2 3/4-3 1/4	HEDDON, JAMES	MI 1960	5-10
73-D15	HEP	#460	1/16 OZ	1 3/4 IN	HEDDON, JAMES	MI 1955	5-10

Lures

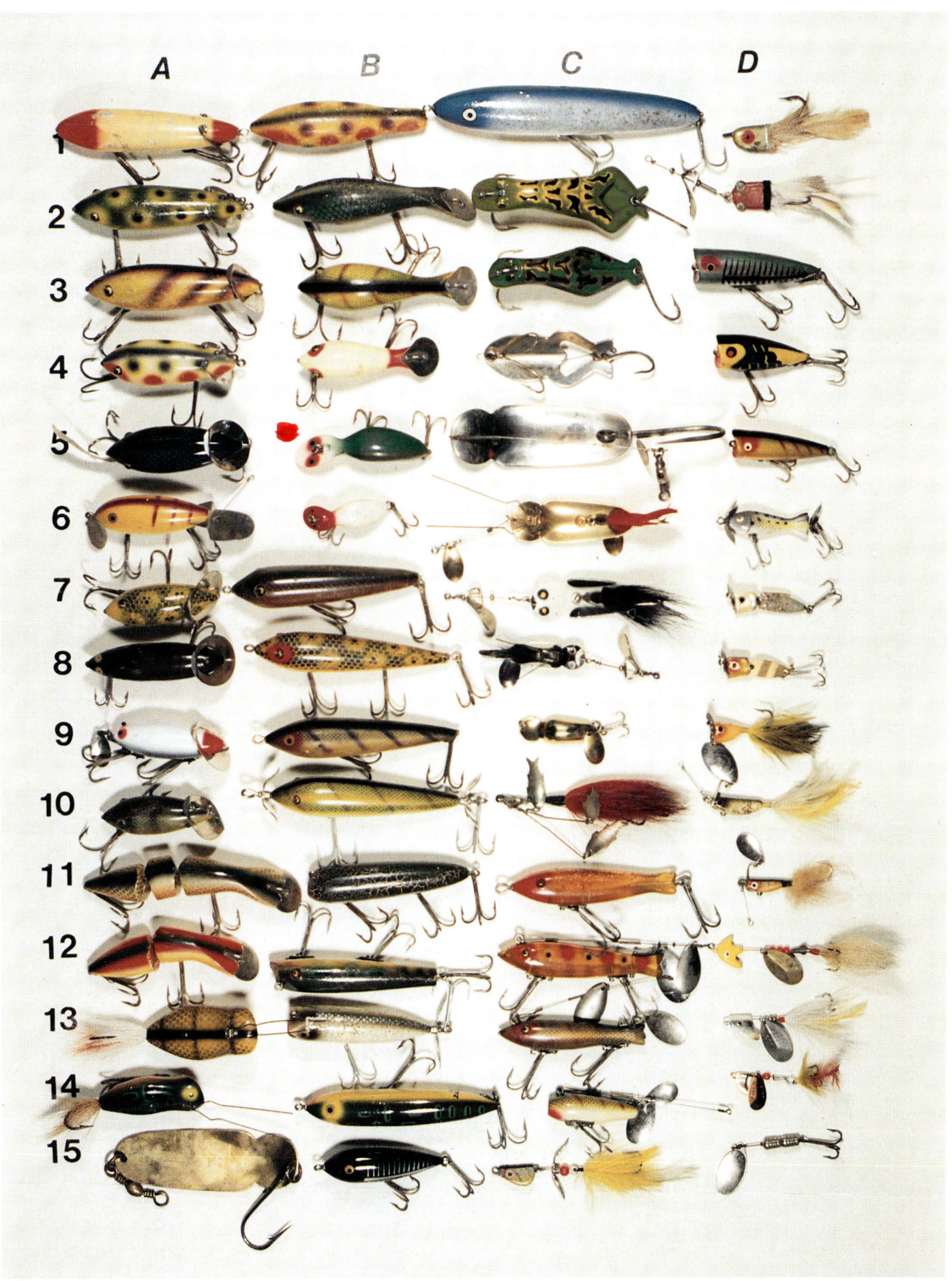

Descriptions of Lures

Page No.	Lure Name		Misc. Inform.	Length	Manufacturer	St. Date	Value
75-A1	MUSKY CRAZY CRAWLER	#2150	1 OZ	3 1/2 IN	HEDDON, JAMES	MI 1941	50-75
75-A2	CRAZY CRAWLER	#2100	CHIPMUNK	3 IN	HEDDON, JAMES	MI 1941	100-150
75-A3	BABY CRAZY CRAWLER	#2120		2 1/2 IN	HEDDON, JAMES	MI 1946	20-30
75-A4	MUSKY VAMP	#7600		8 IN	HEDDON, JAMES	MI 1925	200-300
75-A5	MUSKY VAMP	#7550		6 IN	HEDDON, JAMES	MI 1927	150-200
75-A6	GREAT VAMP	#7540		5 IN	HEDDON, JAMES	MI 1928	200-300
*75-A7	VAMP (LUNY FROG)	#7500	5/8 OZ	4 1/2 IN	HEDDON, JAMES	MI 1921	75-100
75-A8	FLOATING VAMP SPOOK	#9500	3/4 OZ	3 3/4 IN	HEDDON, JAMES	MI 1931	75-100
75-A9	VAMP SPOOK	#9750	3/4 OZ	4 1/2 IN	HEDDON, JAMES	MI 1935	20-30
75-A10	BABY VAMP	#7400	1/2 OZ	3 1/2 IN	HEDDON, JAMES	MI 1931	30-40
75-A11	SURFACE VAMP			3 1/2 IN	HEDDON, JAMES	MI 1930	100-150
75-A12	STINGAREE	#9930	3/8 OZ	2 1/2 IN	HEDDON, JAMES	MI 1948	10-20
75-A13	STINGAREE, TINY			1 1/2 IN	HEDDON, JAMES	MI 1948	10-20
75-A14	SONAR			2 1/2 IN	HEDDON, JAMES	MI 1958	UNDER 5
75-A15	SONAR			1 3/4 IN	HEDDON, JAMES	MI 1958	UNDER 5
75-B1	SCISSORTAIL SPOOK			3 1/4 IN	HEDDON, JAMES	MI 1948	20-30
75-B2	MUSKY JOINTED VAMP	#7350	3/4 OZ	4 3/4 IN	HEDDON, JAMES	MI 1948	75-100
75-B3	VAMP, JOINTED	#7300	3/4 OZ	4 3/4 IN	HEDDON, JAMES	MI 1925	30-40
75-B4	FLAPTAIL JR 1 HK	#7010	4/4 OZ	4 IN	HEDDON, JAMES	MI 1935	50-75
75-B5	FLAPTAIL, JR. 2 HK	#7010	4/4 OZ	4 IN	HEDDON, JAMES	MI 1935	40-50
75-B6	FLAPTAIL SPOOK	#7200		3 3/8 IN	HEDDON, JAMES	MI 1948	10-20
75-B7	FLAPTAIL	#7000		4 1/2 IN	HEDDON, JAMES	MI 1935	30-40
75-B8	MUSKY FLAPTAIL	#7050		5 1/2 IN	HEDDON, JAMES	MI 1940	75-100
75-B9	HUSKY FLAPTAIL	#7050	1 OZ	7 IN	HEDDON, JAMES	MI 1937	75-100
75-B10	RESEARCH PLUG			5 IN	HEDDON, JAMES	MI 1950	50-75
75-B11	TINY TORPEDO	#360		2 IN	HEDDON, JAMES	MI 1955	UNDER 5
75-B12	WAG	#451		2 IN	HEDDON, JAMES	MI 1960	UNDER 5
75-B13	TINY TEAZ	#82		2 IN	HEDDON, JAMES	MI 1928	100-150
75-B14	TWIN PAL				HEDDON, JAMES	MI 1960	UNDER 5
75-B15	SEA RUNT	#600	5/8 OZ	2 5/8 IN	HEDDON, JAMES	MI 1939	100-150
75-C1	SALMON RIVER RUNT	#8850	1 2/5 OZ	5 IN	HEDDON, JAMES	MI 1941	150-200
75-C2	GIANT RIVER RUNT	#7510	1 OZ	3 1/4 IN	HEDDON, JAMES	MI 1940	400-500
75-C3	RIVER RUNT	#110	1/2 OZ	2 5/8 IN	HEDDON, JAMES	MI 1929	50-75
75-C4	MIDGET DIGET	#B-110	2/5 OZ	1 1/2 IN	HEDDON, JAMES	MI 1941	20-30
75-C5	MIDGET DIGET SPOOK	#9020	5/8 OZ	1 5/8 IN	HEDDON, JAMES	MI 1946	10-20
75-C6	LAGUNA RUNT	#L-10	1/2 OZ	2 5/8 IN	HEDDON, JAMES	MI 1939	100-150
75-C7	RIVER RUNT SPOOK FLOATER	#9400		3 IN	HEDDON, JAMES	MI 1937	10-20
75-C8	RIVER RUNT SPOOK SINKER	#9110		2 1/2 IN	HEDDON, JAMES	MI 1936	10-20
75-C9	TINY FLOATING RUNT	#350	1/4 OZ	2 3/8 IN	HEDDON, JAMES	MI 1952	5-10
75-C10	MIDGET RIVER RUNT	#9010		2 1/8 IN	HEDDON, JAMES	MI 1938	5-10
75-C11	GO DEEPER RIVER RUNT	#D9110	LARGE 5/8 OZ	2 1/2 IN	HEDDON, JAMES	MI 1939	10-20
75-C12	GO DEEPER RIVER RUNT	#D9010	SMALL 3/7 OZ	2 1/4 IN	HEDDON, JAMES	MI 1939	10-20
75-C13	GO DEEPER RIVER RUNT	#D9110	NEWER	2 1/2 IN	HEDDON, JAMES	MI 1946	5-10
75-C14	GO DEEPER RIVER RUNT	#D9010	SMALL	2 1/4 IN	HEDDON, JAMES	MI 1946	5-10
75-C15	TINY GO DEEPER RUNT	#D350		2 IN	HEDDON, JAMES	MI 1952	5-10
75-D1	RIVER RUNT SPOOK, JOINTED	#9430	FLOATER 3/4 OZ	4 IN	HEDDON, JAMES	MI 1946	5-10
75-D2	RIVER RUNT SPOOK, JOINTED		SINKER #9300	3 IN	HEDDON, JAMES	MI 1946	5-10
75-D3	GO DEEPER RIVER RUNT SPOOK		#D9430 SINKER	3 1/8 IN	HEDDON, JAMES	MI 1946	5-10
75-D4	NO SNAG RIVER RUNT SPOOK		#N-9110 5/8 OZ	2 1/2 IN	HEDDON, JAMES	MI 1941	20-30
75-D5	ABU HI-LO RIVER RUNT SPOOK			3 1/4 IN	HEDDON, JAMES	MI 1959	10-20
75-D6	MEADOW MOUSE	#4000		2 3/4 IN	HEDDON, JAMES	MI 1929	40-50
75-D7	MEADOW MOUSE	#F4000	NEWER	3 IN	HEDDON, JAMES	MI 1955	30-40
75-D8	MUNK MOUSE	#F4200		3 IN	HEDDON, JAMES	MI 1939	100-150
75-D9	PUNKINSEED	#740		2 1/2 IN	HEDDON, JAMES	MI 1940	75-100
75-D10	PUNKINSEED	#730	SINKER	2 IN	HEDDON, JAMES	MI 1940	75-100
75-D11	PUNKIE-SPOOK	#980	1/20 OZ	1 5/8 IN	HEDDON, JAMES	MI 1960	10-20
75-D12	STANLEY FEATHERED HOOK	#2BT	WEIGHTED		HEDDON, JAMES	MI 1924	5-10
75-D13	STANLEY FEATHERED HOOK	#60	NON-WEIGHTED		HEDDON, JAMES	MI 1924	5-10
75-D14	STANLEY HOOK	#50			HEDDON, JAMES	MI 1924	5-10
75-D015	ACE, WEEDLESS		#101	1 3/4 IN	HEDDON, JAMES	MI 1955	10-20

*Vamp (regular), 30-40

Lures

Descriptions of Lures

Page No.	Lure Name		Misc. Inform.	Length	Manufacturer	St. Date	Value
77-A1	PUNKIE/ POPPER/ RUNTIE		#980/940/	FLYROD SIZE	HEDDON, JAMES	MI 1940'S	30-40
77-A2	FLAPTAIL/ FEATHERED / WIDGET		# /720/300	FLYROD SIZE	HEDDON, JAMES	MI 1940'S	30-40
77-A3	POP-EYE FROG/ POPPER		#85/	FLYROD SIZE	HEDDON, JAMES	MI 1940'S	30-40
77-A4	BASS BUG SPOOK/ LARGE-SMALL		#975/974	FLYROD SIZE	HEDDON, JAMES	MI 1930'S	30-40
77-A5	WILDERDILG/ LARGE-SMALL, WOOD		#910/930	FLYROD SIZE	HEDDON, JAMES	MI 1920'S	40-50
77-A6	WILDERDILG/ LARGE-SMALL SPOOK		#910/930	FLYROD SIZE	HEDDON, JAMES	MI 1920'S	40-50
77-A7	SOUTHERN BASSER		LARGE	3 3/4 IN	ISLE ROYALE BAITS	MI 1948	10-20
77-A8	WOBLIT		SMALL	2 5/8 IN	ISLE ROYALE BAITS	MI 1948	10-20
77-A9	PIKE CHUB	LARGE		3 1/4 IN	ISLE ROYALE BAITS	MI 1948	10-20
77-A10	PIKE CHUB	SMALL		2 3/4 IN	ISLE ROYALE BAITS	MI 1948	10-20
77-A11	MOUSE			2 1/2 IN	ISLE ROYALE BAITS	MI 1948	20-30
77-A12	PLUNKET			2 1/2 IN	ISLE ROYALE BAITS	MI 1948	10-20
77-A13	INSTANT BASS		LARGE	3 3/4 IN	INSTANT BASS PLUG CO.	OK 1959	10-20
77-A14	INSTANT BASS		SMALL	3 3/4 IN	INSTANT BASS PLUG CO.	OK 1959	10-20
77-A15	JET WIGGLER	#1	1 1/8 OZ	3 IN	JET LURES	NY 1947	20-30
77-B1	JACK'S SPOON			2 3/4 IN	UNKNOWN		5-10
77-B2	JACK'S DUAL SPINNER			1 3/4 IN	UNKNOWN	1938	20-30
77-B3	WIG-L-LURE			2 5/8 IN	JACK'S TACKLE	OK 1946	20-30
77-B4	RIP-L-LURE			3 3/4 IN	JACK'S TACKLE	OK 1948	20-30
77-B5	J.T.'S SHINER		LARGE	2 5/8 IN	J.T.'S LURE CO.	OK 1947	20-30
77-B6	J.T.'S SHINER		SMALL	2 IN	J.T.'S LURE CO.	OK 1948	20-30
77-B7	LASITER BAIT			1 1/2 IN	J.T.'S LURE CO.	OK 1941	100-150
77-B8	CRIPPLE CRITTER CRAWFISH			4 1/4 IN	JOE-BOB MFG. CO.	OK 1946	30-40
77-B9	CRIPPLE CRITTER DIVER			2 1/2 IN	JOE-BOB MFG. CO.	OK 1946	20-30
77-B10	JOHN L BAIT			1 IN	JOHN-L BAIT CO.	OK 1950	5-10
77-B11	JACOB'S HOSS FLY			2 1/4 IN	JACOBS, EDWARD L.	MI 1932	300-400
77-B12	JACOBS POLLYWOG			2 IN	JACOBS, EDWARD L.	MI 1942	50-75
77-B13	JACOBS POLLYWOG POPPER			2 1/2 IN	JACOBS, EDWARD L.	MI 1942	50-75
77-B14	JACOBS BUCKTAIL BAIT			3 IN	JACOBS, EDWARD L.	MI 1942	50-75
77-B15	JIMBO			3 IN	J & R TACKLE	FL 1954	5-10
77-C1	JOS. DOODLEBLUG			2 1/4 IN	JOSEPH TACKLE SHOP	IN 1939	30-40
77-C2	JENNING'S SURFACE MINNOW			4 1/2 IN	JENNINGS'S FISH TACKLE CO	WA 1930'S	30-40
77-C3	JENNING'S BULL FROG BAIT			2 3/4 IN	JENNINGS'S FISH TACKLE CO	WA 1930'S	150-200
77-C4	FROGLEG		WOOD 5/8 OZ	1 3/4 IN	MODERN SPORTING GOODS	TX 1938	40-50
77-C5	FROGLEG KICKER		PLASTIC	1 3/4 IN	JENSON	TX 1946	20-30
77-C6	FROG POPPER			1 3/4 IN	JENSON	TX 1946	20-30
77-C7	BABY FROGLEGS			1 1/2 IN	JENSON	TX 1950	20-30
77-C8	TEXAS SHORTY SHRIMP		DOUG ENGLISH	3 IN	SPORTSMAN LURE CO.	TX 1939	10-20
77-C9	SLIPPERY SLIM			2 3/4 IN	ORCHARD INDUSTRIES	MI 1946	10-20
77-C10	FISH NIPPLE		LARGE	2 IN	JACOB NOVELTY CO.	MN 1902	200-300
77-C11	FISH NIPPLE		SMALL	2 IN	JACOB NOVELTY CO.	MN 1902	200-300
77-C12	CLOTHES-PIN BAIT			3 IN	JOHNSON, ERNEST	FL 1930	30-40
77-C13	L.G. JOHNSON SPOON		LARGE	5 1/2 IN	JOHNSON, L.G.	WA 1940	UNDER 5
77-C14	L.G. JOHNSON SPOON		MED	3 1/4 IN	JOHNSON, L.G.	WA 1940	UNDER 5
77-C15	L.G. JOHNSON SPOON		SMALL	2 IN	JOHNSON, L.G.	WA 1940	UNDER 5
77-D1	SILVER MINNOW		WEEDLESS	3 IN	JOHNSON, LOUIS CO.	IL 1928	UNDER 5
77-D2	SILVER BUCKTAIL MINNOW			2 3/8 IN	JOHNSON, LOUIS CO.	IL 1950	UNDER 5
77-D3	SPRITE			2 3/8 IN	JOHNSON, LOUIS CO.	IL 1950	UNDER 5
77-D4	AUTOMATIC STRIKER BAIT		LARGE	6 1/2 IN	JOHNSON, CARL A.	IL 1935	200-300
77-D5	AUTOMATIC STRIKER BAIT		MED	3 IN	JOHNSON, CARL A.	IL 1936	150-200
77-D6	AUTOMATIC STRIKER BAIT		SMALL	1 3/4 IN	JOHNSON, CARL A.	IL 1939	200-300
77-D7	MUSKY JOLIET SPINNER			6 IN	JOLIET BAIT CO.	1904	40-50
77-D8	JOLIET SPINNER			3 IN	JOLIET BAIT CO.	1904	30-40
77-D9	JOY'S WATER NEMESIS			3 5/8 IN	JOY'S BAIT CO.	MI 1934	50-75
77-D10	WEEDO			3 IN	JOHNSON	WI 1947	40-50
77-D11	DARTO			3 1/4 IN	JOHNSON	WI 1947	40-50
77-D12	JASMINE SPOON			2 3/4 IN	JASMINE PERFUME CO.		5-10
77-D13	MUSKY JUNOD SPINNER				JUNOD, P. & CO.	OH 1903	20-30
77-D14	JUNOD SPINNER				JUNOD, P. & CO.	OH 1903	20-30
77-D15	JUNOD SPINNER				JUNOD, P. & CO.	OH 1903	20-30

Lures

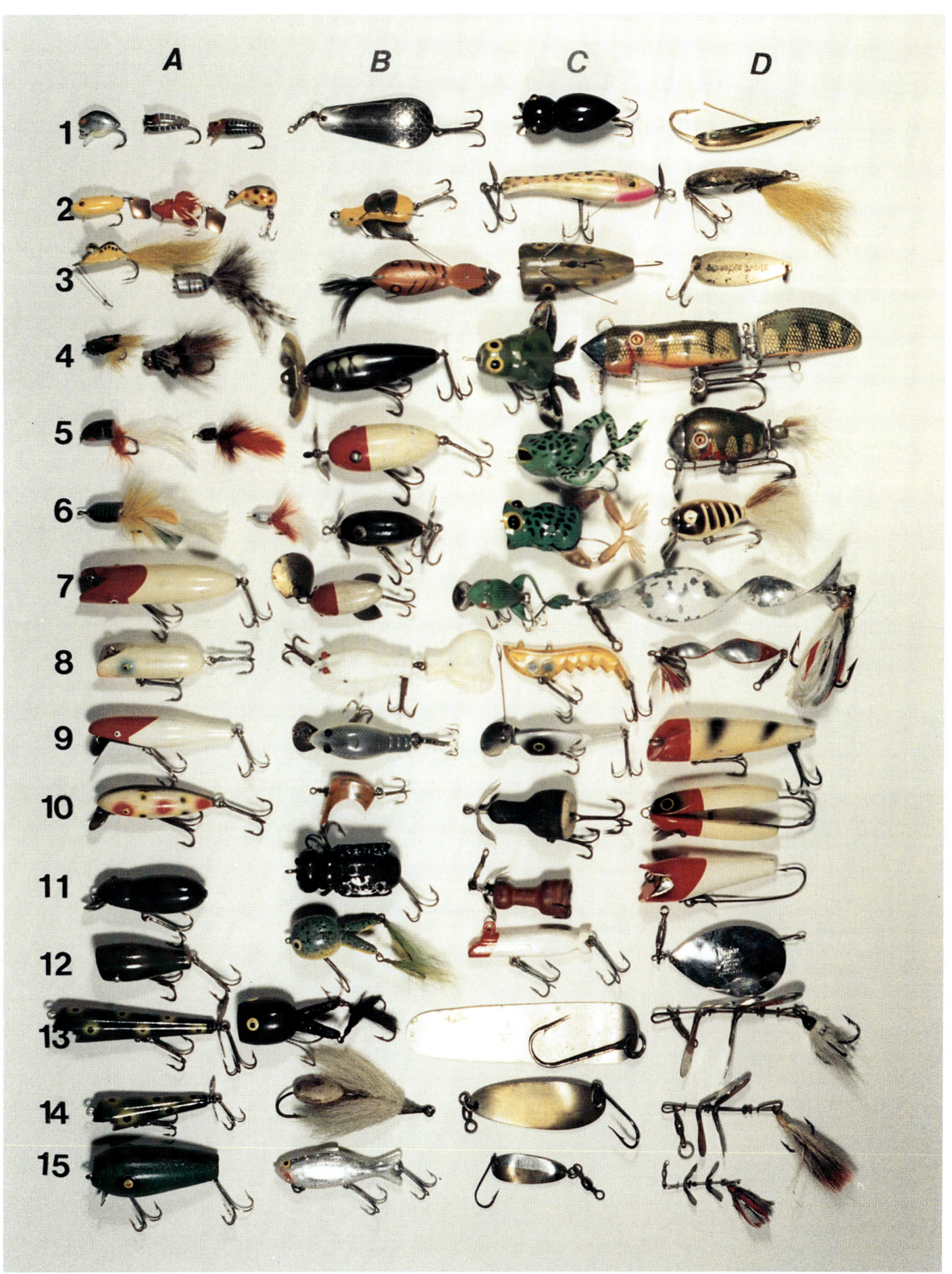

Descriptions of Lures

Page No.	Lure Name	Misc. Inform.		Length	Manufacturer	St.	Date	Value
79-A1	BOTTLE BASS POPPER	MILLER HIGH LIFE		3 1/4 IN	JAMISON, WM. J.	IL	1946	50-75
79-A2	BOTTLE BASS POPPER	BLATZ		3 1/4 IN	JAMISON, WM. J.	IL	1946	50-75
79-A3	QUIVERLURE BASS	#1921-5	1 OZ	4 3/4 IN	JAMISON, WM. J.	IL	1940	20-30
79-A4	QUIVERLURE BASS	#1901-5	5/8 OZ	3 1/4 IN	JAMISON, WM. J.	IL	1940	20-30
79-A5	LUR-O-LITE	#1950	3 OZ	4 IN	JAMISON, WM. J.	IL	1941	30-40
79-A6	#1501 JOINTED		1/2 OZ	4 IN	JAMISON, WM. J.	IL	1941	30-40
79-A7	TORPEDO	#1000		3 3/4 IN	JAMISON, WM. J.	IL	1940	30-40
79-A8	BEETLE PLOP	#2001-3	1/2 OZ	2 IN	JAMISON, WM. J.	IL	1941	30-40
79-A9	WIG-L-TAIL	#2000		2 1/4 IN	JAMISON, WM. J.	IL	1941	30-40
79-A10	WIG-L-TWIN	#1801-4	5/8 OZ	2 1/2 IN	JAMISON, WM. J.	IL	1939	30-40
79-A11	#1500, JAMISON		5/8 OZ	3 1/4 IN	JAMISON, WM. J.	IL	1941	30-40
79-A12	WIG-WAG GEP BAIT			4 1/2 IN	JAMISON, WM. J.	IL	1938	100-150
79-A13	MINNOW HOOK, SHANNON				JAMISON, WM. J.	IL	1939	30-40
79-A14	WEIGHTED TRAILER, SHANNON				JAMISON, WM. J.	IL	1929	40-50
79-A15	WEIGHTED TRAILER, SHANNON				JAMISON, WM. J.	IL	1929	40-50
79-B1	SOFT HOLLOW RUBBER FROG			3 1/2 IN	JAMISON, WM. J.	IL	1905	75-100
79-B2	COAXER EXPERIMENTAL MODEL			2 IN	JAMISON, WM. J.	IL	1903	150-200
79-B3	MUSKY COAXER			2 1/8 IN	JAMISON, WM. J.	IL	1905	150-200
79-B4	COAXER, WEEDLESS	#1		1 5/8 IN	JAMISON, WM. J.	IL	1904	40-50
79-B5	COAXER, WEEDLESS	#2		1 1/2 IN	JAMISON, WM. J.	IL	1904	40-50
79-B6	COAXER, WEEDLESS			1 1/4 IN	JAMISON, WM. J.	IL	1904	40-50
79-B7	COAXER, LUMINOUS BUCKTAIL			1 1/2 IN	JAMISON, WM. J.	IL	1912	40-50
79-B8	COAXER, CONVERTIBLE	#1		1 1/4 IN	JAMISON, WM. J.	IL	1905	40-50
79-B9	TEASER SURFACE BAIT			1 IN X 2	JAMISON, WM. J.	IL	1905	150-200
79-B10	FLOAT BASS FLY			1 IN	JAMISON, WM. J.	IL	1905	50-75
79-B11	FLY ROD COAXER, TROUT			1/2 IN	JAMISON, WM. J.	IL	1905	50-75
79-B12	COAXER, UNDERWATER			1 1/4 IN	JAMISON, WM. J.	IL	1906	50-75
79-B13	BASS FLY			1 1/4 IN	JAMISON, WM. J.	IL	1938	30-40
79-B14	KROKER FLOATING HARNESS			2 IN	MID-NORTH TACKLE CO.	MN	1938	30-40
79-B15	KROKER FLOATING HARNESS			2 IN	MID-NORTH TACKLE CO.	MN	1938	30-40
79-C1	WAG-A-SPOON			2 1/4 IN	JAMISON, WM. J.	IL	1936	50-75
79-C2	PILOT			1 1/2 IN	JAMISON, WM. J.	IL	1907	50-75
79-C3	TURN-A-FROG			1 1/2 IN	JAMISON, WM. J.	IL	1905	200-300
79-C4	SMACKER			2 1/4 IN	JAMISON, WM. J.	IL	1932	200-300
79-C5	MUSKY TWIN-SPINNER, SHANNON	#201-17			JAMISON, WM. J.	IL	1932	40-50
79-C6	GIANT TWIN-SPINNER, SHANNON	#1301-4			JAMISON, WM. J.	IL	1916	40-50
79-C7	FEATHERED TWIN-SPIN, SHANNON	#1001-6			JAMISON, WM. J.	IL	1932	10-20
79-C8	BUCKTAIL TWIN-SPIN, SHANNON	#1010-25			JAMISON, WM. J.	IL	1932	10-20
79-C9	BUCK.& FEATH.TWIN SPIN,SHANNON				JAMISON, WM. J.	IL	1917	10-20
79-C10	PORKER TWIN-SPIN	#1071			JAMISON, WM. J.	IL	1917	30-40
79-C11	TWIN-SPIN, JOINTED	#1050-55			JAMISON, WM. J.	IL	1929	10-20
79-C12	STRIKE-O-MATIC, JOINTED				JAMISON, WM. J.	IL	1932	30-40
79-C13	PERSUADER, SHANNON				JAMISON, WM. J.	IL	1939	10-20
79-C14	DELUXE SHANNON TWIN-SPIN	#1030-41			JAMISON, WM. J.	IL	1930	30-40
79-C15	PLAIN SHANNON TWIN-SPIN				JAMISON, WM. J.	IL	1917	10-20
79-D1	UNKNOWN SHANNON				JAMISON, WM. J.	IL	1930	50-75
79-D2	UNKNOWN SHANNON				JAMISON, WM. J.	IL	1932	50-75
79-D3	BABY TWIN-SPIN	#T13482			JAMISON, WM. J.	IL	1921	20-30
79-D4	TINY MITE				JAMISON, WM. J.	IL	1921	20-30
79-D5	FLY ROD SHANNON				JAMISON, WM. J.	IL	1921	20-30
79-D6	WEEDMASTER, SHANNON				JAMISON, WM. J.	IL	1932	30-40
79-D7	SINGLE-SPIN PORK RIND BAIT				JAMISON, WM. J.	IL	1915	30-40
79-D8	SINGLE-SPIN	#1810-30			JAMISON, WM. J.	IL	1926	30-40
79-D9	MAGNET, SHANNON				JAMISON, WM. J.	IL	1932	30-40
79-D10	TWIN-SPIN SPOON			2 IN	JAMISON, WM. J.	IL	1940	10-20
79-D11	UNKNOWN MUSKY JAMISON			5 IN	JAMISON, WM. J.	IL	1916	300-400
79-D12	MUSKY MASCOT			5 1/4 IN	JAMISON, WM. J.	IL	1920	400-500
79-D13	MASCOT			4 IN	JAMISON, WM. J.	IL	1916	200-300
79-D14	WINGED MASCOT			4 IN	JAMISON, WM. J.	IL	1916	150-200
79-D15	BABY WINGED MASCOT			2 3/4 IN	JAMISON, WM. J.	IL	1916	100-150

Lures

Descriptions of Lures

Page No.	Lure Name	Misc. Inform.	Length	Manufacturer	St. Date	Value
81-A1	BILL'S BASS GETTER		3 1/2 IN	JAMISON, WM. J.	IL 1927	400-500
81-A2	CHICAGO WOBBLER		4 IN	JAMISON, WM. J.	IL 1917	200-300
81-A3	SURFACE WIGGLER		2 3/4 IN	JAMISON, WM. J.	IL 1928	400-500
81-A4	HUMDINGER		3 1/4 IN	JAMISON, WM. J.	IL 1916	200-300
81-A5	STRUGGLING MOUSE		2 1/4 IN	JAMISON, WM. J.	IL 1919	300-400
81-A6	NEMO BASS BAIT		2 1/4 IN	JAMISON, WM. J.	IL 1911	500-750
81-A7	FLY ROD WIGGLER		2 IN	JAMISON, WM. J.	IL 1918	100-150
81-A8	FLY ROD WIGGLER		1 3/4 IN	JAMISON, WM. J.	IL 1918	100-150
81-A9	KING SPIRAL LURE		2 3/4 IN	KING SPIRAL CO.	MI 1947	50-75
81-A10	MUSKY BUCKSKIN BAIT		6 1/2 IN	KURZ BROS. CO.	IL 1922	40-50
81-A11	BUCKSKIN BAIT	BASS	3 1/4 IN	KURZ BROS. CO.	IL 1922	40-50
81-A12	KING WIGGLER		3 IN	KING BAIT CO.	MN 1918	150-200
81-A13	KOSTENELLI TOPWATER BAIT		2 1/2 IN	KOSTENELLI	MI 1929	40-50
81-A14	KOSTENELLI BUCKTAIL BAIT		2 1/2 IN	KOSTENELLI	MI 1929	40-50
81-A15	TUNA JIG		6 IN	KETTLETY, E.A.	MA 1958	10-20
81-B1	ISTOKPOGA BAIT		4 1/2 IN	KNIGHT & WALL	FL 1930	150-200
81-B2	FLYING FISH BAIT		3 1/4 IN	KENTUCKY BAIT CO.	KY 1960	20-30
81-B3	KEISTER PLUG		3 IN	KEISTER, A.J.	1935	30-40
81-B4	KINNEY BASS BAIT		3 1/4 IN	KINNEY, H.& A. CO.	FL 1919	500-750
81-B5	FISH CALL		3 1/2 IN	KEYS & JONES CO. LTD.	AR 1957	40-50
81-B6	UNKNOWN (KIMMICH?)		3 IN	UNKNOWN		40-50
81-B7	K-LURE		3 1/4 IN	KALVIG, A.J. & CO.	MI 1954	20-30
81-B8	NAPPANEE-YPSI BAIT		3 IN	KAUFMANN, A.H.	MI 1938	30-40
81-B9	QUAITAW TRAVELER		3 3/4 IN	QUAITAW TRAVELER BAIT CO.	AR 1950	20-30
81-B10	GLUTTON DIBBLER		3 IN	KEY, CLYDE E.	MI 1950	20-30
81-B11	KIRWIN'S BAD EGG		2 IN	KIRWIN, M.F. MFG.	NE 1923	200-300
81-B12	KIMMICH MOUSE		2 1/2 IN	KIMMICH BAIT CO.	PA 1929	200-300
81-B13	MERCURY-WORM		2 1/2 IN	K-L COMPANY	IN 1955	10-20
81-B14	KNIGHT SPOON		2 3/4 IN	KNIGHT, C.W.	MI 1934	30-40
81-B15	BASS CHARGER		2 1/4 IN	KATCHMORE BAIT CO.	IN 1955	10-20
81-C1	KEWELL-STEWART SPOON	LARGE	5 1/2 IN	KEWELL, CHARLES	CA 1911	10-20
81-C2	KEWELL-STEWART SPOON	MED	4 1/2 IN	KEWELL, CHARLES	CA 1911	10-20
81-C3	KEWELL-STEWART SPOON	SMALL	2 1/2 IN	KEWELL, CHARLES	CA 1911	10-20
81-C4	K-B SPOON	LARGE (PRESCOTT)	4 1/2 IN	SUPERIOR DOOR CATCH CO.	WI 1919	10-20
81-C5	K-B SPOON	MEDIUM (PRESCOTT)	3 1/2 IN	SUPERIOR DOOR CATCH CO.	WI 1919	10-20
81-C6	K-B SPOON	SMALL (PRESCOTT)	2 1/2 IN	SUPERIOR DOOR CATCH CO.	WI 1919	10-20
81-C7	KOSMIC SPOON	SPAULDING		KOSMIC BAIT CO.	NY 1880	30-40
81-C8	KOSMIC SPOON	SPAULDING		KOSMIC BAIT CO.	NY 1880	30-40
81-C9	FISH SPOTTER	DIVER	3 1/4 IN	KUMM, A.J.	MI 1935	200-300
81-C10	FISH SPOTTER	TOPWATER	3 IN	KUMM, A.J.	MI 1945	100-150
81-C11	MULTI-MINNOW		2 1/2 IN		1950	20-30
81-C12	KNOWLE'S AUTOMATIC STRIKER		4 1/2 IN	KNOWLES, S.F.	CA 1906	20-30
81-C13	KNOWLE'S AUTOMATIC STRIKER		3 1/2 IN	KNOWLES, S.F.	CA 1906	20-30
81-C14	KNOWLE'S AUTOMATIC STRIKER		3 IN	KNOWLES, S.F.	CA 1906	20-30
81-C15	KNOWLE'S AUTOMATIC STRIKER		1 1/2 IN	KNOWLES, S.F.	CA 1906	20-30
81-D1	UNKNOWN WILSON TYPE		4 1/2 IN	UNKNOWN	1947	30-40
81-D2	UNKNOWN WILSON TYPE		5 1/2 IN	UNKNOWN	1947	30-40
81-D3	KAUSCH-MOUSE		2 5/8 IN	KAUSCH, C.	NY 1919	75-100
81-D4	KAUSCH-SPOON		3 1/4 IN	KAUSCH, C.	NY 1919	75-100
81-D5	MUSKY SILVER SOLDIER MINNOW		3 1/2 IN	KAUSCH, C.	NY 1903	100-150
81-D6	SILVER SOLDIER MINNOW		3 IN	KAUSCH, C.	NY 1903	75-100
81-D7	SILVER SOLDIER MINNOW		2 1/2 IN	KAUSCH, C.	NY 1903	75-100
81-D8	SILVER SOLDIER MINNOW		1 1/2 IN	KAUSCH, C.	NY 1903	100-150
81-D9	SILVER SOLDIER MINNOW		2 IN	KAUSCH, C.	NY 1903	100-150
81-D10	SILVER SOLDIER SPINNER		2 1/2 IN	KAUSCH, C.	NY 1903	150-200
81-D11	K & K ANIMATED MINNOW #2-A		5 1/2 IN	K & K MFG. CO.	OH 1908	300-400
81-D12	K & K ANIMATED MINNOW #1-A		4 1/2 IN	K & K MFG. CO.	OH 1908	300-400
81-D13	K & K ANIMATED MINNOW #2		4 IN	K & K MFG. CO.	OH 1908	300-400
81-D14	K & K ANIMATED DIVER		4 IN	K & K MFG. CO.	OH 1908	400-500
81-D15	GHOST		2 3/4 IN	K & K MFG. CO.	OH 1908	500-750

Lures

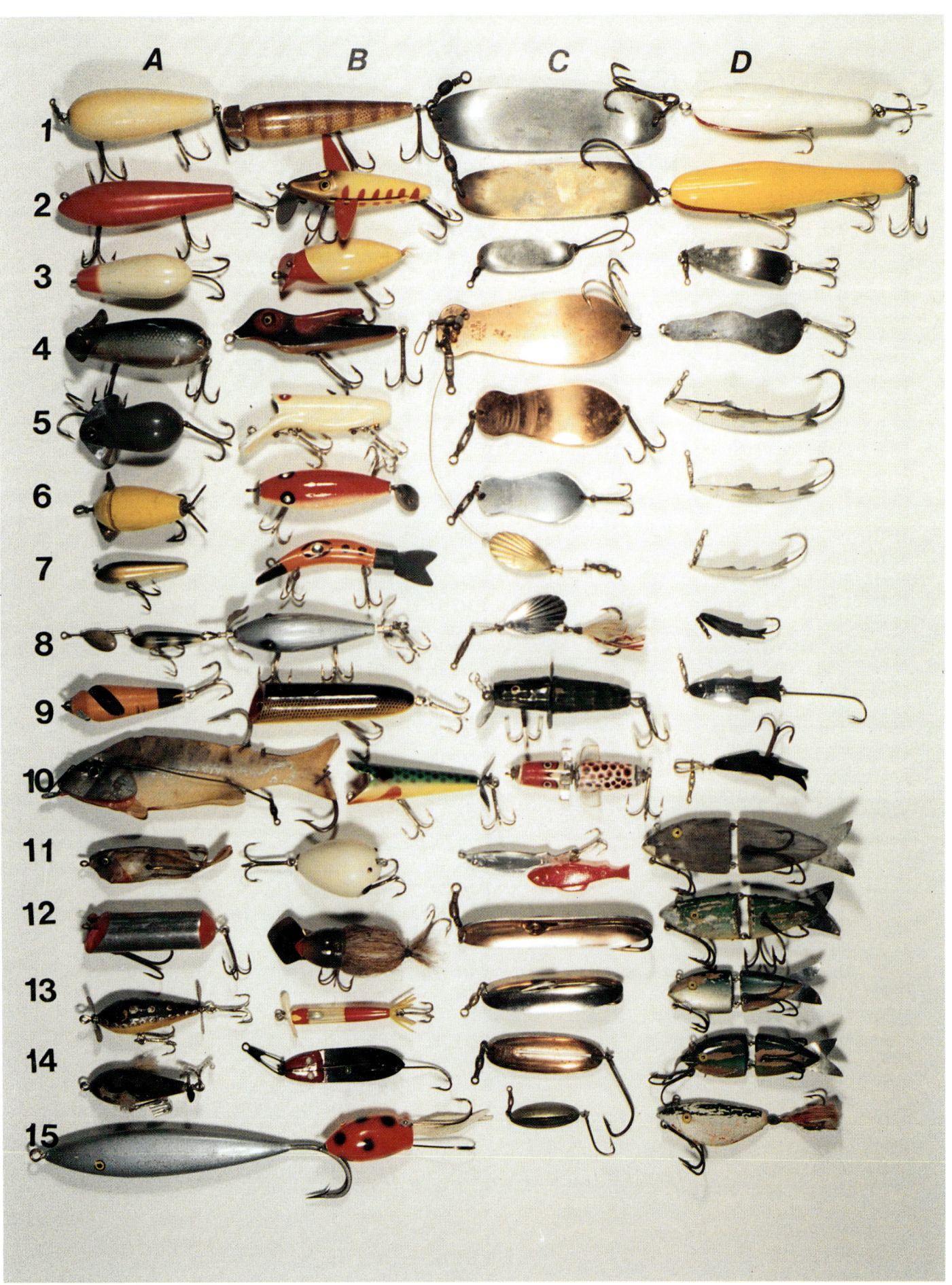

Descriptions of Lures

Page No.	Lure Name		Misc. Inform.	Length	Manufacturer	St. Date	Value
83-A1	KENT FLOATER		MANCO	2 3/8 IN	KENT-FRIEND-PARDEE	OH 1900	3000-4000
83-A2	KENT 5 HOOK MINNOW		MANCO	4 IN	KENT-FRIEND-PARDEE	OH 1900	3000-4000
83-A3	KENT 3 HOOK MINNOW		MANCO	3 1/2 IN	KENT-FRIEND-PARDEE	OH 1900	3000-4000
83-A4	MUSKY IKE			4 1/2 IN	KAUTSKY LAZY IKE CORP.	IA 1946	UNDER 5
83-A5	LAZY IKE	#4	5/8 OZ	3 1/2 IN	KAUTSKY LAZY IKE CORP.	IA 1946	UNDER 5
83-A6	LAZY IKE	#3	1/2 OZ	3 IN	KAUTSKY LAZY IKE CORP.	IA 1939	UNDER 5
83-A7	LAZY IKE	#1	1/8 OZ	2 IN	KAUTSKY LAZY IKE CORP.	IA 1940	UNDER 5
83-A8	FLY IKE	#0	1/15 OZ	1 3/4 IN	KAUTSKY LAZY IKE CORP.	IA 1946	UNDER 5
83-A9	TOP IKE	#8	LARGE 5/8 OZ	3 3/4 IN	KAUTSKY LAZY IKE CORP.	IA 1950	UNDER 5
83-A10	TOP IKE	#7	SMALL 1/4 OZ	2 3/4 IN	KAUTSKY LAZY IKE CORP.	IA 1950	UNDER 5
83-A11	FLEX-IKE			3 IN	KAUTSKY LAZY IKE CORP.	IA 1946	UNDER 5
83-A12	DEEP IKE			2 3/4 IN	KAUTSKY LAZY IKE CORP.	IA 1949	UNDER 5
83-A13	CHUG IKE		LARGE	2 3/4 IN	KAUTSKY LAZY IKE CORP.	IA 1949	UNDER 5
83-A14	CHUG IKE		SMALL	2 1/4 IN	KAUTSKY LAZY IKE CORP.	IA 1949	UNDER 5
83-A15	SKITTER IKE			3 IN	KAUTSKY LAZY IKE CORP.	IA 1960	UNDER 5
83-B1	STINGEREE		LARGE	2 1/2 IN	KAUTSKY LAZY IKE CORP.	IA 1960	UNDER 5
83-B2	STINGEREE		SMALL	2 IN	KAUTSKY LAZY IKE CORP.	IA 1960	UNDER 5
83-B3	SHARK IKE			1 1/2 IN	KAUTSKY LAZY IKE CORP.	IA 1960	UNDER 5
83-B4	LAZY IKE SPINNER	#D3	1/4 OZ	1 1/2 IN	KAUTSKY LAZY IKE CORP.	IA 1957	UNDER 5
83-B5	MUSKY EXPERT			5 IN	KEELING, FRED C.	IL 1920	1000-1500
83-B6	EXPERT WOODEN MINNOW		5 HOOK	4 IN	KEELING, FRED C.	IL 1919	300-400
83-B7	EXPERT WOODEN MINNOW		3 HOOK	3 1/4 IN	KEELING, FRED C.	IL 1923	300-400
83-B8	EXPERT WOODEN MINNOW		NO EYE	3 1/4 IN	KEELING, FRED C.	IL 1912	400-500
83-B9	SURFACE MINNOW			2 5/8 IN	KEELING, FRED C.	IL 1920	200-300
83-B10	TOM THUMB		OLD	2 IN	KEELING, FRED C.	IL 1915	150-200
83-B11	TOM THUMB			2 IN	KEELING, FRED C.	IL 1917	150-200
83-B12	BABY TOM WIGGLER			2 IN	KEELING, FRED C.	IL 1920	40-50
83-B13	PIKE TOM WIGGLER			2 3/4 IN	KEELING, FRED C.	IL 1920	40-50
83-B14	LITTLE TOM			2 1/2 IN	KEELING, FRED C.	IL 1920	40-50
83-B15	TIP TOP			4 IN	KEELING, FRED C.	IL 1923	200-300
83-C1	SURF-KEE-WIG			3 1/4 IN	KEELING, FRED C.	IL 1923	150-200
83-C2	CRAB			2 1/2 IN	KEELING, FRED C.	IL 1923	150-200
83-C3	PIKE-KEE-WIG			4 1/2 IN	KEELING, FRED C.	IL 1923	150-200
83-C4	BABY PIKE-KEE-WIG			3 1/2 IN	KEELING, FRED C.	IL 1923	150-200
83-C5	SURFACE TOM WIGGLER			3 1/4 IN	KEELING, FRED C.	IL 1920	150-200
83-C6	GENERAL TOM			3 5/8 IN	KEELING, FRED C.	IL 1920	200-300
83-C7	MUSKY TOM			4 1/2 IN	KEELING, FRED C.	IL 1918	200-300
83-C8	ST. JOHN'S WIGGLER			4 IN	KEELING, FRED C.	IL 1918	300-400
83-C9	KING BEE			3 3/4 IN	KEELING, FRED C.	IL 1917	400-500
83-C10	SCOUT			3 3/4 IN	KEELING, FRED C.	IL 1920	40-50
83-C11	UNKNOWN KEELING			3 3/4 IN	KEELING, FRED C.	IL 1923	200-300
83-C12	UNKNOWN KEELING			2 1/2 IN	KEELING, FRED C.	IL 1923	200-300
83-C13	KEELING SPOON		LARGE	3 1/2 IN	KEELING, FRED C.	IL 1920	40-50
83-C14	KEELING SPOON		SMALL	3 IN	KEELING, FRED C.	IL 1920	40-50
83-C15	BUTTERFLY SPOON				KEELING, FRED C.	IL 1920	40-50
83-D1	KINGFISHER BAIT	LARGE	CCBCO	3 3/4 IN	KINGFISHER BAIT	IN 1934	40-50
83-D2	KINGFISHER BAIT	MEDGE	CCBCO	3 1/4 IN	KINGFISHER BAIT	IN 1934	40-50
83-D3	KINGFISHER BAIT	SMALL	CCBCO	3 IN	KINGFISHER BAIT	IN 1934	40-50
83-D4	MUSKY LAUBY LURE			4 1/4 IN	LAUBY BAIT CO.	WI 1930	150-200
83-D5	LAUBY PIKE LURE			3 3/4 IN	LAUBY BAIT CO.	WI 1929	150-200
83-D6	LAUBY BASS LURE			2 3/4 IN	LAUBY BAIT CO.	WI 1929	100-150
83-D7	FLY ROD LAUBY LURE			1 1/2 IN	LAUBY BAIT CO.	WI 1930	75-100
83-D8	LAUBY MINNOW		LARGE	3 1/4 IN	LAUBY BAIT CO.	WI 1934	50-75
83-D9	LAUBY MINNOW		MED	2 3/4 IN	LAUBY BAIT CO.	WI 1934	50-75
83-D10	LAUBY MINNOW		SMALL	2 IN	LAUBY BAIT CO.	WI 1934	50-75
83-D11	SHINER MINNOW, JOINTED		WOOD	3 1/4 IN	LEMASTER BAIT CO.	IL 1933	300-400
83-D12	CHUBBY MINNOW		BILL KAUTH	2 1/2 IN	STREAMLINE BAIT CO.	IL 1939	75-100
83-D13	PIKE MASTER			3 3/4 IN	L & S BAIT CO.	IL 1940	10-20
83-D14	BASS MASTER			3 1/4 IN	L & S BAIT CO.	IL 1940	10-20
83-D15	BABY CAT			3 1/4 IN	L & S BAIT CO.	IL 1946	10-20

Lures

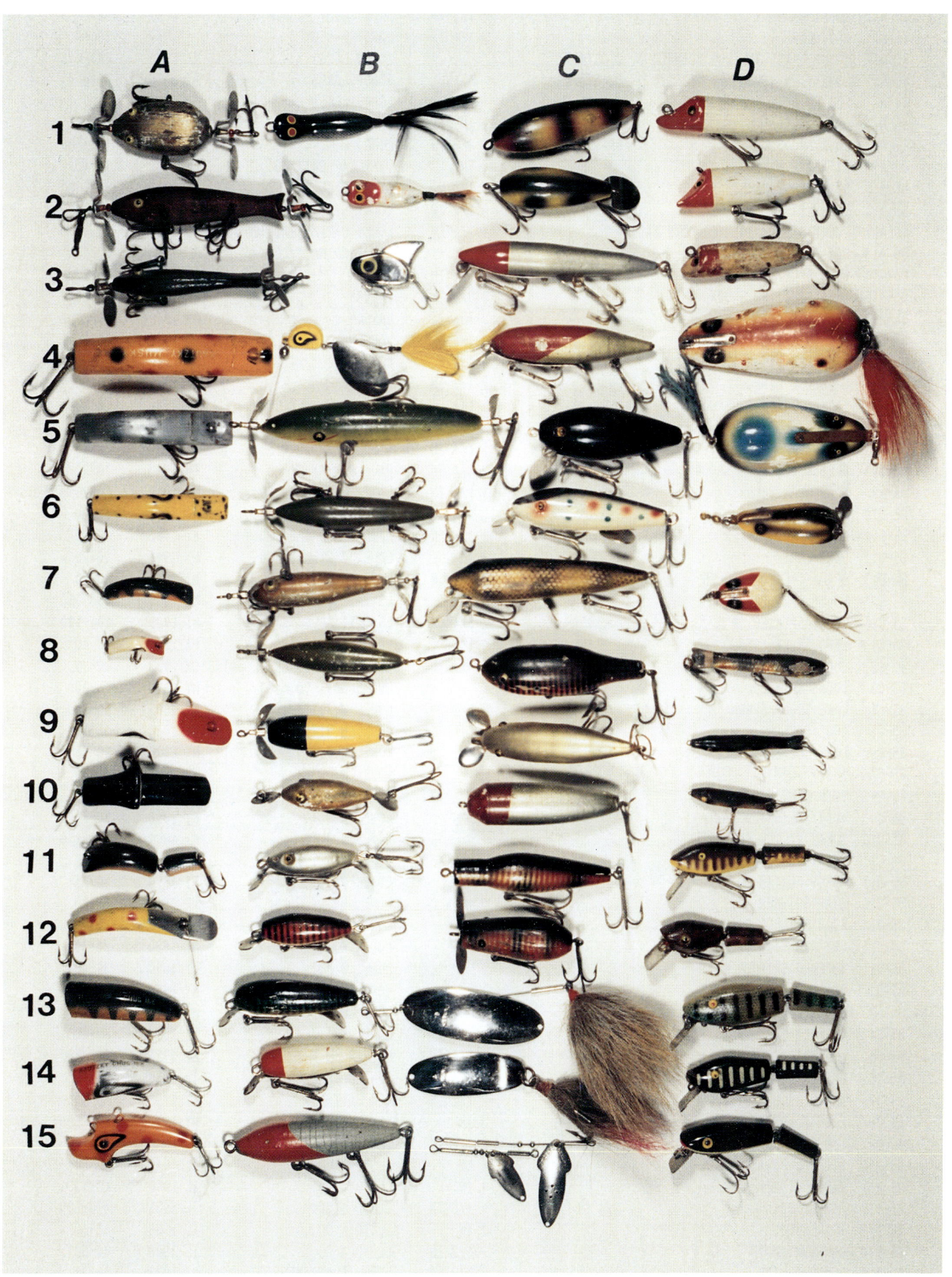

Descriptions of Lures

Page No.	Lure Name	Misc. Inform.	Length	Manufacturer	St. Date	Value
85-A1	FLASHER		3 1/2 IN	LONG ISLAND MFG.	NY 1934	30-40
85-A2	LUCKY LADY		2 1/2 IN	LUCKY LADY TACKLE CO.	CA 1953	UNDER 5
85-A3	SWIVALURE		3 1/4 IN	LAMOTHE-STOKES	1949	30-40
85-A4	10000 LAKES JUNEBUG SPINNER	C. STAPF		10000 LAKES	MI 1920	UNDER 5
85-A5	LOWE TYPE SPOON	C. STAPF		10000 LAKES	MI 1920	5-10
85-A6	FLUTED BAIT	C. STAPF		10000 LAKES	MI 1920	5-10
85-A7	LARUE FROG		2 IN	LARUE BAITS	1946	20-30
85-A8	LOBB SPOON	BRASS	2 3/8 IN	LOBB, F.F.	NY 1840'S	150-200
85-A9	LIFELIKE MINNOW		4 IN	LIFELIKE BAIT CO.	FL 1932	30-40
85-A10	ST. GEORGE BALL BAIT		3 IN	ST. GEORGE BAIT CO.	MI 1913	300-400
85-A11	LUCKY STRIKE PIKE BAIT		4 1/2 IN	LUCKY STRIKE BAIT CO.	CD 1938	30-40
85-A12	LUCKY STRIKE JOINTED PIKE BAIT		4 3/4 IN	LUCKY STRIKE BAIT CO.	CD 1938	30-40
85-A13	RAT TRAP		3 IN	RAT TRAP BAIT CO.	FL 1952	20-30
85-A14	WEED SPLITTER PLUG		3 1/4 IN	LARSON	OH 1940	10-20
85-A15	WEED SPLITTER SPOON		3 3/4 IN	LARSON	OH 1940	10-20
85-B1	WEEDLESS SPOON		3 IN	LARSON	OH 1940	10-20
85-B2	LARSON SPOON		3 IN	LARSON	OH 1940	10-20
85-B3	WEEDLESS MINNOW	LARGE	3 IN	ACME	OH 1940	10-20
85-B4	WEEDLESS MINNOW	SMALL	2 1/2 IN	ACME	OH 1940	10-20
85-B5	LANE'S WEEDLESS SPOON		3 IN	LANE, C.W. MFG. CO.	NY 1934	10-20
85-B6	LANE'S FLASHER		2 7/8 IN	LANE, C.W. MFG. CO.	NY 1914	10-20
85-B7	STEELSTAMP SPOON		3 1/4 IN	STEELSTAMP CO.	1936	20-30
85-B8	OLESON WEEDLESS SPOON	HOOK ROTATES	2 3/4 IN	PAUL BUNYAN	MN 1949	10-20
85-B9	SPARK-L-WOBBLER	LARGE	3 1/2 IN	LANE, C.W. MFG. CO.	NY 1941	10-20
85-B10	SPARK-L-WOBBLER	SMALL	3 1/4 IN	LANE, C.W. MFG. CO.	NY 1941	10-20
85-B11	ARROWHEAD SPINNER		2 3/4 IN	LANE, C.W. MFG. CO.	NY 1941	10-20
85-B12	DEVI-LURE		3 IN	LANE, C.W. MFG. CO.	NY 1941	10-20
85-B13	SPARK-L-EYED WOBBLER		2 1/4 IN	LANE, C.W. MFG. CO.	NY 1941	10-20
85-B14	LOUIE SPINNER		4 IN	LS BAIT CO.	MI 1929	100-150
85-B15	LOUIE SPINNER		2 3/4 IN	LS BAIT CO.	MI 1929	100-150
85-C1	LEBOUFF CREEPER		4 IN	LEBOUFF BAIT CO.	PA 1946	30-40
85-C2	LUCKY DEVIL	MILNERS	1 3/4 IN	CINCINNATI SUPERIOR BAITS	OH 1933	20-30
85-C3	LUCAS SPINNER			LUCAS BAIT CO.	NY 1890	75-100
85-C4	LAKE TROUT SPOON		3 1/2 IN	LOWE, W.J.T.	NY 1883	50-75
85-C5	LOWE CUPSEPTIC	SMALL		LOWE, W.J.T.	NY 1884	50-75
85-C6	LOWE CUPSEPTIC SPINNER	LARGE		LOWE, W.J.T.	NY 1890'S	50-75
85-C7	MUSKY TWIN			LOWE, W.J.T.	NY 1890'S	40-50
85-C8	TWIN PIKE BAIT			LOWE, W.J.T.	NY 1890'S	30-40
85-C9	MUSKY WEIGHTED BAIT			LOWE, W.J.T.	NY 1890'S	50-75
85-C10	MUSKY WILLOWLEAF SPINNER			LOWE, W.J.T.	NY 1890'S	100-150
85-C11	MUSKY DOUBLELEAF SPINNER			LOWE, W.J.T.	NY 1890'S	50-75
85-C12	MUSKY FLUTED SPINNER			LOWE, W.J.T.	NY 1890'S	50-75
85-C13	STAR SPINNER BAIT			LOWE, W.J.T.	NY 1890'S	20-30
85-C14	STAR SPINNER BAIT			LOWE, W.J.T.	NY 1890'S	20-30
85-C15	FLY ROD STAR SPINNER			LOWE, W.J.T.	NY 1890'S	20-30
85-D1	BUFFALO SPINNER BAIT			LOWE, W.J.T.	NY 1890'S	30-40
85-D2	BUFFALO SPINNER BAIT			LOWE, W.J.T.	NY 1890'S	30-40
85-D3	BUFFALO SPINNER BAIT			LOWE, W.J.T.	NY 1890'S	30-40
85-D4	BUFFALO SPINNER BAIT			LOWE, W.J.T.	NY 1890'S	30-40
85-D5	LEEPER'S BASS BAIT	3/4 OZ	2 3/4 IN	LEEPER, HENRY	KY 1921	300-400
85-D6	LANDEM LURE		4 3/4 IN	LANDEM LURE CO.	IA 1938	75-100
85-D7	KENTUCKY LEADER LURE		2 1/2 IN	LEX BAITS	KY 1955	20-30
85-D8	LANE'S WAGTAIL		3 IN	LANE, CHARLES	NY 1917	400-500
85-D9	LIM-BO-LEGS	1/2 OZ	2 1/2 IN	LEVAN INDUSTRIES	IL 1940	75-100
85-D10	LIGHTED PIRATE		4 IN	LLOYD & CO.	IL 1940	40-50
85-D11	WATER WITCH		4 IN	LLOYD & CO.	IL 1940	40-50
85-D12	HUNGRY JACK	3/4 OZ	4 1/2 IN	LLOYD & CO.	IL 1931	400-500
85-D13	TWIRL-BUG		2 IN	LLOYD & CO.	IL 1938	40-50
85-D14	UNKNOWN LLOYD		2 1/2 IN	LLOYD & CO.	IL 1938	40-50
85-D15	FLASH-O-LITE		3 1/2 IN	LONG ISLAND MFG. CO.	NY 1939	20-30

Lures

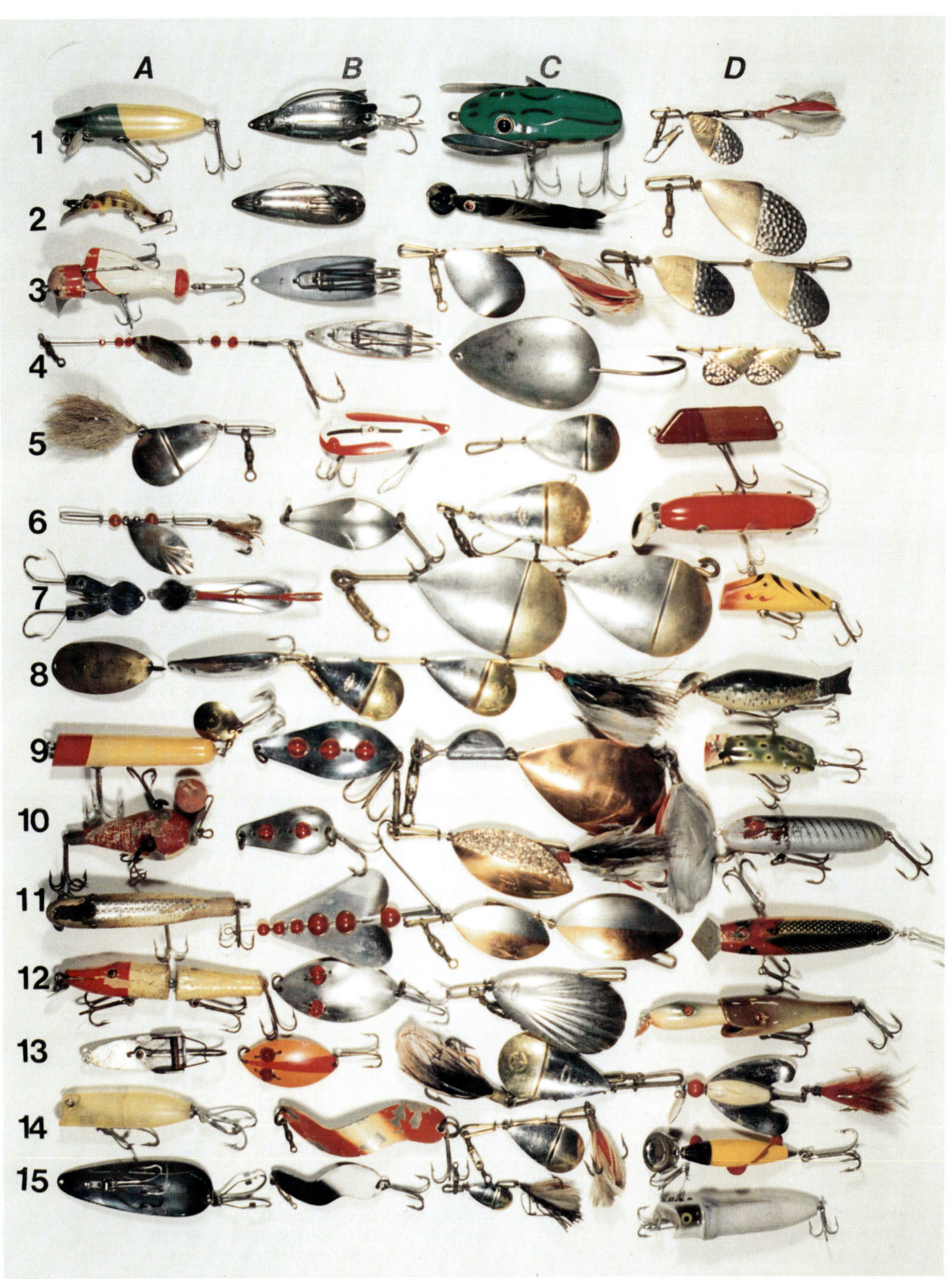

85

Descriptions of Lures

Page No.	Lure Name	Misc. Inform.	Length	Manufacturer	St. Date	Value
87-A1	MICHIGAN FIN WING		3 1/4 IN	MICHIGAN TACKLE CO.	MI 1940	40-50
87-A2	MUSKY CHIPPEWA BAIT		3 IN	LAKE O' WOODS	WI 1932	200-300
87-A3	LEAPING LENA	SMALL	3 IN	MILLER, RALPH	FL 1940	20-30
87-A4	LEAPING LENA	LARGE	4 IN	MILLER, RALPH	FL 1941	20-30
87-A5	COMET-MEPPS SPINNER			MEPPS BAIT CO.	WI 1951	UNDER 5
87-A6	MOHAWK DARTER		3 IN	MOHAWK LURE CO.	NY 1890	100-150
87-A7	MUSKY MAKILURE		6 1/2 IN	MAKINEN TACKLE CO.	MI 1945	30-40
87-A8	MAKILURE		3 3/4 IN	MAKINEN TACKLE CO.	MI 1945	20-30
87-A9	MAKILURE JR.		3 IN	MAKINEN TACKLE CO.	MI 1945	20-30
87-A10	MUSKY HOLI-COMET		7 IN	MAKINEN TACKLE CO.	MI 1945	30-40
87-A11	HOLI-COMET	5/8 OZ	4 IN	MAKINEN TACKLE CO.	MI 1945	20-30
87-A12	MERRY WIDOW	5/8 OZ	4 IN	MAKINEN TACKLE CO.	MI 1945	20-30
87-A13	WADDLE BUG		3 IN	MAKINEN TACKLE CO.	MI 1945	20-30
87-A14	WONDERLURE	1/2 OZ	2 1/2 IN	MAKINEN TACKLE CO.	MI 1945	20-30
87-A15	MACK SPINNER			MACK HOOK CO.	NY 1890	150-200
87-B1	McHARG SPOON			McHARG, J.B.	NY 1880	150-200
87-B2	McDONALD KIDNEY SPOON			McDONALD, P.	1920	20-30
87-B3	McDONALD BUCKTAIL			McDONALD, P.	1915	20-30
87-B4	MILLER SINGLE HOOK SPOON	LARGE	3 1/2 IN	MILLER MFG. CO.	NY 1929	10-20
87-B5	MILLER SINGLE HOOK SPOON	SMALL	3 IN	MILLER MFG. CO.	NY 1929	10-20
87-B6	MILLER SPOON	SMALL	2 1/2 IN	MILLER MFG. CO.	NY 1929	10-20
87-B7	MILLER TROUTER		2 1/2 IN	MILLER MFG. CO.	NY 1929	10-20
87-B8	MAGIC MINNOW, SALTWATER		4 1/2 IN	MAGIC MINNOW CO.	MA 1926	100-150
87-B9	MAGIC MINNOW	3/4 OZ	3 1/2 IN	MAGIC MINNOW CO.	MA 1939	40-50
87-B10	BABY MAGIC MINNOW		2 1/2 IN	MAGIC MINNOW CO.	MA 1946	10-20
87-B11	JIG TYPE MAGIC MINNOW		2 IN	MAGIC MINNOW CO.	MA 1926	75-100
87-B12	MIGHTY ATOM	THOMPSON-MOORE	2 1/2 IN	MIGHTY ATOM BAIT CO.	TX 1950	20-30
87-B13	FLIPPER FISH	3/8 OZ	2 1/2 IN	MICHIGAN TACKLE CO.	MI 1950'S	20-30
87-B14	MANNING SHRIMP		3 3/4 IN	MANNING LURE CO.	LA 1954	30-40
87-B15	MOUSE		3 IN	MOUSE BAIT CO.	TX 1926	100-150
87-C1	ACROBAT SURFACE MINNOW		3 1/4 IN	MILLS, HERB FISH TACKLE	OH 1930	150-200
87-C2	CHIEF TEEZUM	#711	3 1/2 IN	MILLS, HERB FISH TACKLE	OH 1929	150-200
87-C3	CRAWDAD #100	5/8 OZ	3 3/4 IN	MILLS, HERB FISH TACKLE	OH 1935	150-200
87-C4	MIN-NIX SPOON	LARGE	3 3/4 IN	MILLER MFG. CO. (MINNIX)	NY 1928	75-100
87-C5	MIN-NIX SPOON	SMALL	3 IN	MILLER MFG. CO. (MINNIX)	NY 1928	75-100
87-C6	MIN-NIX SPOON		3 1/2 IN	MILLER MFG. CO. (MINNIX)	NY 1928	75-100
87-C7	MIN-NIX SPOON		2 7/8 IN	MILLER MFG. CO. (MINNIX)	NY 1928	75-100
87-C8	MIN-NIX SPOON		1 1/2 IN	MILLER MFG. CO. (MINNIX)	NY 1928	75-100
87-C9	MIN-NIX CRAB		2 7/8 IN	MILLER MFG. CO. (MINNIX)	NY 1928	75-100
87-C10	M & M 66 SPOON	LARGE	3 1/4 IN	M & M PRODUCTS	NY 1938	5-10
87-C11	M & M 66 SPOON	SMALL	2 1/4 IN	M & M PRODUCTS	NY 1938	5-10
87-C12	MANISTEE MINNOW	SMALL	4 1/4 IN	MANISTEE BAIT CO.	MI 1909	750-1000
87-C13	MOELLER MINNOW		2 1/2 IN	MOELLER MFG. CO.	TX 1935	100-150
87-C14	BILL'S PRIDE		3 1/2 IN	MILES, WM. C. CO.	NY 1928	75-100
87-C15	WOBBLER		3 IN	WISE	NY 1920	300-400
87-D1	SHIELD SPOON			MANN, J.H. LURE CO.	NY 1880	200-300
87-D2	KIDNEY SPOON			MANN, J.H. LURE CO.	NY 1880	150-200
87-D3	HEART SPOON			MANN, J.H. LURE CO.	NY 1880	100-150
87-D4	TEAR DROP DBL SPOON			MANN, J.H. LURE CO.	NY 1880	200-300
87-D5	MANN SPOON		2 7/8 IN	MANN, J.H. LURE CO.	NY 1880	150-200
87-D6	HOOTENANNA	LARGE	3 1/4 IN	MONTPELIER BAIT CO.	OH 1939	20-30
87-D7	HOOTENANNA	SMALL	2 3/4 IN	MONTPELIER BAIT CO.	OH 1939	30-40
87-D8	LIOTTA JR.		2 1/2 IN	MASTER WEEDLESS	OH 1945	30-40
87-D9	MARVELURE		3 IN	ADVANCE DEVICES CO. INC.	IL 1946	30-40
87-D10	SIDE FLOATING MINNOW		4 IN	MICHAEL, J. EARL	FL 1930	300-400
87-D11	MACK MOUSE		3 IN	MACK BAIT CO.	TX 1934	400-500
87-D12	MACK'S MINNOW BUG	OLD	3/4 IN	MACK'S TACKLE WORKSHOP	TX 1931	20-30
87-D13	MACK'S MINNOW BUG		3/4 IN	MACK'S TACKLE WORKSHOP	TX 1946	10-20
87-D14	MERCURY MINNOW	3/8 OZ	4 IN	MERCOY TACKLE CO., THE	MI 1947	10-20
87-D15	MERCURY MINNOW JR.	5/8 OZ	3 IN	MERCOY TACKLE CO., THE	MI 1947	10-20

Lures

89-A1 to 89-A11	Salmon Plug	Pat'd 2110382	Martin	WA	1930's	20-30
89-A12	Hotter-N-Hell		Martin	WA	1954	20-30
89-A13	Western Bass Plug		Martin	WA	1946	50-75
89-A14 to 89-A15	Salmon Spoon		Martin	WA	1935	20-30
89-B1	Nelson	Pat'd 2290702	Nelson	WA	1939	20-30
89-B2	CHIX	Pat'd 2239404	CHIX	WA	1939	20-30
89-B3	Highliner	Pat'd 2587658	Wallace	WA	1942	20-30
89-B4	Roseguard	Pat'd 2373417	Roseguard	WA	1936	20-30
89-B5	Spar-X-Plug		Maygard, Roy	WA	1946	20-30
89-B6	Hansen		Hansen	WA	1938	20-30
89-B7 & 89-B8	Lucky Louie		Misner	WA	1935	20-30
89-B9 to 89 B-15	Rex Field	Canada	Field, Rex		1944	20-30
89-D1 & 89-D2	Unknown					
89-D3	Wonder Plug	Pat'd 2069972	Schroeder	WA	1934	75-100
89-D4 & 89-D5	Unknown					
89-D6 to 89-D10	McMahon Spoon		Pacific Marine Co.	WA	1932	20-30
89-D11 to 89-D13	Musky Sucker		Musky Sucker Mfg. Co.	WI	1946	30-40

Salmon Fishing Plugs of the Pacific Northwest (Not Shown)

1. Arlington Plug (1946) Pat'd 2516468
2. Paris Special (1935)
3. Bill's Action Plug (1950) Pat'd 2572616
4. Carl's Herring Plug (1945)
5. Carlson Plug (1941)
6. Chinook Plug (1966)
7. Dee Gee Plug (1950)
8. Devine Plug (1942) Pat'd 2338577
9. Dew Dad Spoon Plug (1947)
10. Diamond Plug (1931)
11. Doc Stafford Plug (1938)
12. Ed's Egg Plug (1924)
13. Ellis-White Plug (Bremerton WA)
14. Feather Plug (1934)
15. G.A. Harrison Plug (1938)
16. Game Master Plug
17. Griffiths Pirate
18. Hansen Plug (1947) Pat'd 2549463
19. Harris Lure (1934)
20. Hook Brothers Plug (1935)
21. Isaacson's Plug (1937)
22. Iverson's Plug (1938)
23. Jim's Special (1939)
24. Krilich Plug (1947) Pat'd 2565660
25. Larsen's Spoon Plug (1939)
26. Les Davis Salmon King Plug
27. Linc's Plug (1934)
28. Lure Lite (1959)
29. Mac's Squid Plug (1950)
30. Mason DeLuxe Lure (1948) Pat'd 2616205
31. Middle Miss Plug (1938) Pat'd 2189958
32. McKenzie Plug (1945)
33. Morrison's Ace-Hi Plug
34. Nif-T-Plug (1938) Pat'd 2165071
35. Olsen Plug (1941)
36. Patterson Plug (1947) Pat'd 2547279
37. Point Lawrence Special (1927)
38. Presley Plug (1938)
39. Renton Plug (1945)
40. Robbins & Larsen Plug (1944) 2459288
41. Ross Reflecto Plug (1937)
42. Roy Self Plug (1969)
43. Schechterle Plug (1940) 2256173
44. Sea King
45. Seattle Plug (1936)
46. Silver Horde (1959)
47. Smart's Plug (1935)
48. Star Plug (1933)
49. Steffensen Plug (1931) Pat'd 1878015
50. Supreme Lure (1937)
51. Swiftsure Plug (1959)
52. Tillicum Plug
53. Torpedo (1926)
54. Tyee Plug (1944)
55. Velez Salmon Plug (1933)
56. Vipler Plug (1935)
57. Vance Water Success Plug
58. West Coast Lure
59. White Plug (1939) Pat'd 2225676
    (1946) Pat'd 2547103
60. Zimmy Plug (1950) Pat'd 2670559

Lures

Descriptions of Lures

Page No.	Lure Name		Misc. Inform.	Length	Manufacturer	St.	Date	Value
91-A1	GOPHER		E.J. DUSTER	6 IN	MARATHON BAIT CO.	WI	1957	40-50
91-A2	BABY MUSKRAT			4 IN	MARATHON BAIT CO.	WI	1960	30-40
91-A3	MUSKRAT			7 IN	MARATHON BAIT CO.	WI	1960	30-40
91-A4	MUSKY SPINNER BAIT				MARATHON BAIT CO.	WI	1951	5-10
91-A5	MUSKY SPINNER BAIT				MARATHON BAIT CO.	WI	1951	5-10
91-A6	MUSKY SPINNER BAIT				MARATHON BAIT CO.	WI	1951	5-10
91-A7	DOUBLE SPIN				MARATHON BAIT CO.	WI	1946	5-10
91-A8	JAKO MINNOW		LARGE	4 IN	MARATHON BAIT CO.	WI	1946	5-10
91-A9	JAKO MINNOW		SMALL	S IN	MARATHON BAIT CO.	WI	1946	5-10
91-A10	MUSKY HOUND				MARATHON BAIT CO.	WI	1936	5-10
91-A11	MARATHON SPINNER				MARATHON BAIT CO.	WI	1950	5-10
91-A12	MOUSE			2 1/2 IN	MARATHON BAIT CO.	WI	1946	10-20
91-A13	MARATHON SPOON			2 IN	MARATHON BAIT CO.	WI	1946	10-20
91-A14	PERCH SPOON			2 1/4 IN	MARATHON BAIT CO.	WI	1946	5-10
91-A15	DEVLIN			2 1/4 IN	MARATHON BAIT CO.	WI	1950	5-10
91-B1	KITTY CLAW		G.E.	2 1/4 IN	MARATHON BAIT CO.	WI	1950	5-10
91-B2	MUSK-E-MUNK		GLASS EYE	2 1/2 IN	MARATHON BAIT CO.	WI	1936	50-75
91-B3	MUSK-E-MUNK		DECAL EYE	2 3/4 IN	MARATHON BAIT CO.	WI	1948	40-50
91-B4	FEATHERED WOBBLER			2 IN	MARATHON BAIT CO.	WI	1948	10-20
91-B5	VEE-BUG		5/8 OZ	3 3/4 IN	MARTZ TACKLE CO.	MI	1948	10-20
91-B6	SCAT BACK			2 3/4 IN	MERMADE BAIT CO.	WI	1949	20-30
91-B7	MOOSEHEAD SPINNER				MOOSEHEAD LURE CO.		1936	5-10
91-B8	GOOF BALL			1 1/4 IN	MILLS		1960	10-20
91-B9	MOOSELUCK WOBBLER			4 IN	MOOSELUCK BAIT CO.		1947	UNDER 5
91-B10	MOOSELUCK WOBBLER			3 IN	MOOSELUCK BAIT CO.		1947	UNDER 5
91-B11	MARTIN LIZARD			3 IN	MARTIN BAIT CO.	OK	1946	20-30
91-B12	JOE MOORE BAIT			4 1/2 IN	MOORE, JOE	MI	1934	50-75
91-B13	SPINNAREN WITH 7 SPINNERS				UNKNOWN		1958	5-10
91-B14	MEYER'S BAIT			3 3/4 IN	MYERS & SPELLMAN	MI	1916	300-400
91-B15	MIRR-O-LURE		4 HEADS	3 IN	MIRRO LURE CO.	FL	1959	10-20
91-C1	WIG-WAG			3 IN	MILLSITE TACKLE CO.	MI	1946	10-20
91-C2	WIG-WAG SINKER			2 1/2 IN	MILLSITE TACKLE CO.	MI	1946	10-20
91-C3	DEEP CREEP		#100	2 1/2 IN	MILLSITE TACKLE CO.	MI	1946	10-20
91-C4	BASSOR FLOATER			2 1/4 IN	MILLSITE TACKLE CO.	MI	1946	20-30
91-C5	BASSOR			2 IN	MILLSITE TACKLE CO.	MI	1946	20-30
91-C6	DAILY DOUBLE FLOATER		LARGE	4 IN	MILLSITE TACKLE CO.	MI	1946	20-30
91-C7	DAILY DOUBLE FLOATER		SMALL	3 1/2 IN	MILLSITE TACKLE CO.	MI	1946	20-30
91-C8	RATTLE BUG	#902	5/8 OZ	1 7/8 IN	MILLSITE TACKLE CO.	MI	1936	20-30
91-C9	PADDLE BUG	#F-600	1/2 OZ	1 3/4 IN	MILLSITE TACKLE CO.	MI	1937	20-30
91-C10	FISH-N-FOOL			1 3/4 IN	FALLS BAIT CO.	WI	1950	20-30
91-C11	BEETLEBUG		5/8 OZ	1 IN	MILLSITE TACKLE CO.	MI	1938	10-20
91-C12	MARSH MINNOW		SILVER	5 1/2 IN	MARSH BAIT CO.		1890	100-150
91-C13	MOONLIGHT BAIT (OLDEST) #1			4 IN	MOONLIGHT BAIT CO.	MI	1907	500-750
91-C14	MOONLIGHT BAIT	#1		4 IN	MOONLIGHT BAIT CO.	MI	1918	100-150
91-C15	MOONLIGHT WEEDLESS	#2		3 5/8 IN	MOONLIGHT BAIT CO.	MI	1908	100-150
91-D1	MOONLIGHT	#1		4 IN	MOONLIGHT BAIT CO.	MI	1921	100-150
91-D2	MOONLIGHT BAIT	#2	SIDE HOOK	3 5/8 IN	MOONLIGHT BAIT CO.	MI	1920	75-100
91-D3	MOONLIGHT BAIT	#2	3 HOOK	3 5/8 IN	MOONLIGHT BAIT CO.	MI	1920	75-100
91-D4	FLY ROD JUGHEAD			1 5/8 IN	MOONLIGHT BAIT CO.	MI	1908	200-300
91-D5	MOONLIGHT BAIT	#1		4 1/4 IN	MOONLIGHT BAIT CO.	MI	1908	75-100
91-D6	MOONLIGHT (OLDEST)	#2		3 5/8 IN	MOONLIGHT BAIT CO.	MI	1912	150-200
91-D7	TROUT BOB, FLY ROD	(OLDEST)		2 IN	MOONLIGHT BAIT CO.	MI	1911	200-300
91-D8	DREADNOUGHT			4 IN	MOONLIGHT BAIT CO.	MI	1918	3000-5000
91-D9	FISH NIPPLE			2 1/4 IN	MOONLIGHT BAIT CO.	MI	1911	100-150
91-D10	ZIG ZAG			3 3/4 IN	MOONLIGHT BAIT CO.	MI	1913	100-150
91-D11	BABY ZIG ZAG			3 IN	MOONLIGHT BAIT CO.	MI	1914	150-200
91-D12	ZIG ZAG TOPWATER			3 1/2 IN	MOONLIGHT BAIT CO.	MI	1913	200-300
91-D13	FISH SPEAR	#586		4 IN	MOONLIGHT BAIT CO.	MI	1914	500-750
91-D14	BUG		3/4 OZ	3 IN	MOONLIGHT BAIT CO.	MI	1916	1000-1500
91-D15	UNKNOWN WOBBLER			2 3/4 IN	MOONLIGHT BAIT CO.	MI		75-100

Lures

Descriptions of Lures

Page.No.	Lure Name		Misc. Inform.	Length	Manufacturer	St. Date	Value
93-A1	MOONLIGHT MINNOW		5 HOOK	3 3/4 IN	MOONLIGHT BAIT CO.	MI 1910	150-200
93-A2	MOONLIGHT MINNOW		3 HOOK	3 IN	MOONLIGHT BAIT CO.	MI 1910	150-200
93-A3	2900	#2900		3 3/4 IN	MOONLIGHT BAIT CO.	MI 1928	200-300
93-A4	3000	#3000	TOPWATER	3 1/4 IN	MOONLIGHT BAIT CO.	MI 1924	150-200
93-A5	FEATHERED MINNOW	#1400		2 IN	MOONLIGHT BAIT CO.	MI 1913	200-300
93-A6	MOONLIGHT UNDERWATER MINNOW		5 HOOK	3 3/4 IN	MOONLIGHT BAIT CO.	MI 1910	150-200
93-A7	MOONLIGHT UNDERWATER		3 HOOK	3 3/4 IN	MOONLIGHT BAIT CO.	MI 1912	200-300
93-A8	MOONLIGHT UNDERWATER MINNOW		SMALL 3 HOOK	3 IN	MOONLIGHT BAIT CO.	MI 1910	150-200
93-A9	ARTISTIC TYPE MINNOW			2 IN	MOONLIGHT BAIT CO.	MI 1912	200-300
93-A10	SURFACE MINNOW			3 IN	MOONLIGHT BAIT CO.	MI 1922	150-200
93-A11	LADY BUG WIGGLER	#801	OLD STYLE	4 1/2 IN	MOONLIGHT BAIT CO.	MI 1917	400-500
93-A12	LADY BUG WIGGLER	#1800	NEW STYLE	2 1/2 IN	MOONLIGHT BAIT CO.	MI 1928	500-750
93-A13	UNKNOWN LADY BUG			4 IN	MOONLIGHT BAIT CO.	MI	300-400
93-A14	WILSON WOBBLER		3 HOOK	4 1/4 IN	MOONLIGHT BAIT CO.	MI 1921	50-75
93-A15	WILSON WOBBLER		2 HOOK	4 IN	MOONLIGHT BAIT CO.	MI 1921	50-75
93-B1	3350	#3350	GLASS EYED	3 3/4 IN	MOONLIGHT BAIT CO.	MI 1925	75-100
93-B2	3350	#3350	PAINTED EYE	3 3/4 IN	MOONLIGHT BAIT CO.	MI 1925	75-100
93-B3	UNKNOWN KINGFISHER			3 1/2 IN	KINGFISHER		75-100
93-B4	LITTLE WONDER		#2100	3 IN	MOONLIGHT BAIT CO.	MI 1925	100-150
93-B5	1900	#1900		3 1/4 IN	MOONLIGHT BAIT CO.	MI 1925	100-150
93-B6	BASS SEEKER		#2600	3 1/4 IN	MOONLIGHT BAIT CO.	MI 1920	75-100
93-B7	BRILLIANT BASS SEEKER		TACKEYE	4 1/4 IN	MOONLIGHT BAIT CO.	MI 1920	75-100
93-B8	BABY BASS SEEKER	#2700	GLASS EYED	3 1/2 IN	MOONLIGHT BAIT CO.	MI 1921	100-150
93-B9	BABY BASS SEEKER		TACK EYE	3 1/2 IN	MOONLIGHT BAIT CO.	MI 1921	75-100
93-B10	99% WEEDLESS BAIT	#600	TACK EYE	2 1/2 IN	MOONLIGHT BAIT CO.	MI 1926	75-100
93-B11	99% WEEDLESS BAIT	#600	FLOATING HOOK	2 1/2 IN	MOONLIGHT BAIT CO.	MI 1921	100-150
93-B12	99% WEEDLESS BAIT	#600	PAINTED EYE	2 1/2 IN	MOONLIGHT BAIT CO.	MI 1925	75-100
93-B13	PORK RIND BAIT		LARGE	3 IN	MOONLIGHT BAIT CO.	MI	50-75
93-B14	PORK RIND BAIT		SMALL	2 1/2 IN	MOONLIGHT BAIT CO.	MI	50-75
93-B15	WEEDLESS POPPER			2 3/4 IN	MOONLIGHT BAIT CO.	MI	75-100
93-C1	MUSKY PIKAROON	#900	SCHOENFIELD	5 1/2 IN	MOONLIGHT BAIT CO.	MI 1923	200-300
93-C2	MUSKY JOINTED PIKAROON	#3110	SCHOENFIELD	5 3/4 IN	MOONLIGHT BAIT CO.	MI 1924	300-400
93-C3	PIKAROON	#1000	SCHOENFIELD	4 1/4 IN	MOONLIGHT BAIT CO.	MI 1923	150-200
93-C4	PIKAROON, JOINTED	#2000	SCHOENFIELD	4 IN	MOONLIGHT BAIT CO.	MI 1926	200-300
93-C5	SEA GULL	#800	SCHOENFIELD	4 IN	MOONLIGHT BAIT CO.	MI 1925	150-200
93-C6	SEA GULL, JOINTED		SCHOENFIELD	3 1/2 IN	MOONLIGHT BAIT CO.	MI 1926	150-200
93-C7	BABY SEA GULL	#700	SCHOENFIELD	3 1/2 IN	MOONLIGHT BAIT CO.	MI 1926	150-200
93-C8	BABY SEA GULL	#700	SCHOENFIELD	3 1/4 IN	MOONLIGHT BAIT CO.	MI 1926	150-200
93-C9	PIKAROON MINNOW	5 HOOK	SCHOENFIELD	4 IN	MOONLIGHT BAIT CO.	MI 1923	400-500
93-C10	WOBBLER	3 HOOK	SCHOENFIELD	4 IN	MOONLIGHT BAIT CO.	MI 1927	100-150
93-C11	WOBBLER	1 HOOK	SCHOENFIELD	2 IN	MOONLIGHT BAIT CO.	MI 1927	100-150
93-C12	NOTCHED WOBBLER	#300	SCHOENFIELD	3 IN	MOONLIGHT BAIT CO.	MI 1927	100-150
93-C13	NOTCHED WOBBLER	1 HOOK	SCHOENFIELD	2-1 1/4 IN	MOONLIGHT BAIT CO.	MI 1927	100-150
93-C14	TROUT-EAT-US		SCHOENFIELD	2 1/2 IN	MOONLIGHT BAIT CO.	MI 1928	100-150
93-C15	TROUT-EAT-US		SCHOENFIELD	2 3/4 IN	MOONLIGHT BAIT CO.	MI 1928	100-150
93-D1	UNKNOWN SCHOENFIELD			3 IN	MOONLIGHT BAIT CO.	MI	75-100
93-D2	UNKNOWN SCHOENFIELD			3 IN	MOONLIGHT BAIT CO.	MI	30-40
93-D3	UNKNOWN SCHOENFILED			3 IN	MOONLIGHT BAIT CO.	MI	30-40
93-D4	UNKNOWN SCHOENFIELD			3 IN	MOONLIGHT BAIT CO.	MI	30-40
93-D5	UNKNOWN SCHOENFIELD			3 IN	MOONLIGHT BAIT CO.	MI	30-40
93-D6	DECOY, MOONLIGHT			6 IN	MOONLIGHT BAIT CO.	MI 1915	500-750
93-D7	DECOY, PAW PAW			5 1/4 IN	PAW PAW BAIT CO.	MI 1929	300-400
93-D8	GREAT INJURED MINNOW	#3400	GLASS EYE	4 IN	PAW PAW BAIT CO.	MI 1926	150-200
93-D9	GREAT INJURED MINNOW	#3400	TACK EYE	4 IN	PAW PAW BAIT CO.	MI 1928	100-150
93-D10	BULLHEAD	#3500		4 1/2 IN	PAW PAW BAIT CO.	MI 1928	150-200
93-D11	WOOD CRAB			3 IN	PAW PAW BAIT CO.	MI 1934	100-150
93-D12	BABY WOOD CRAB			2 1/2 IN	PAW PAW BAIT CO.	MI 1934	75-100
93-D13	SUCKER MINNOW, JOINTED			4 1/2 IN	PAW PAW BAIT CO.	MI 1938	100-150
93-D14	SUCKER MINNOW			4 1/4 IN	PAW PAW BAIT CO.	MI 1938	100-150
93-D15	UNKNOWN DEERHAIR WOBBLER			3 IN	PAW PAW BAIT CO.	MI 1940	50-75

Lures

Descriptions of Lures

Page No.	Lure Name	Misc. Inform.			Length	Manufacturer	St. Date	Value
95-A1	MOUSE	#50			2 1/2 IN	PAW PAW BAIT CO.	MI 1930	50-75
95-A2	MINNIE MOUSE	#F-50	OLD	5/8 OZ	2 1/2 IN	PAW PAW BAIT CO.	MI 1946	75-100
95-A3	MINNIE MOUSE		NEW		2 1/2 IN	PAW PAW BAIT CO.	MI 1950	40-50
95-A4	FUZZY MOUSE	#60	1/8 OZ		2 1/4 IN	PAW PAW BAIT CO.	MI 1958	30-40
95-A5	FUZZY MOUSE		TOPWATER		2 IN	PAW PAW BAIT CO.	MI 1958	30-40
95-A6	MUSKY HAIR MOUSE				4 1/2 IN	PAW PAW BAIT CO.	MI 1930	300-400
95-A7	SPINNERED HAIR MOUSE				2 1/2 IN	PAW PAW BAIT CO.	MI 1935	40-50
95-A8	NATURAL HAIR MOUSE	#60	5/8 OZ		2 1/2 IN	PAW PAW BAIT CO.	MI 1930	40-50
95-A9	WOTTAFROG	#72	LARGE	5/8 OZ	3 1/4 IN	PAW PAW BAIT CO.	MI 1940	40-50
95-A10	WOTTAFROG	#72	SMALL	1/2 OZ	2 1/4 IN	PAW PAW BAIT CO.	MI 1940	40-50
95-A11	WOTTAFROG	#75	3/8 OZ		2 IN	PAW PAW BAIT CO.	MI 1950	30-40
95-A12	FLY ROD WOTTAFROG	#72			3/4 IN	PAW PAW BAIT CO.	MI 1950	30-40
95-A13	WEEDLESS WOW	#700	LARGE		2 1/12 IN	PAW PAW BAIT CO.	MI 1940	30-40
95-A14	WEEDLESS WOW	#700	SMALL		2 IN	PAW PAW BAIT CO.	MI 1941	30-40
95-A15	CROAKER				3 IN	PAW PAW BAIT CO.	MI 1935	75-100
95-B1	SWIMMING MOUSE	#4600	1/2 OZ		2 IN	PAW PAW BAIT CO.	MI 1946	20-30
95-B2	CRAWDAD	#500	3/4 OZ		2 3/4 IN	PAW PAW BAIT CO.	MI 1935	30-40
95-B3	CASTING MINNOW				2 1/2 IN	PAW PAW BAIT CO.	MI 1938	40-50
95-B4	SPOON BELLY WOBBLER				5 1/2 IN	PAW PAW BAIT CO.	MI 1940	50-75
95-B5	PIKE CASTER, JOINTED				5 1/2 IN	PAW PAW BAIT CO.	MI 1941	50-75
95-B6	TROUT CASTER, JOINTED				4 1/2 IN	PAW PAW BAIT CO.	MI 1941	50-75
95-B7	DACE NATURAL MINNOW		1/2 OZ		3 1/2 IN	PAW PAW BAIT CO.	MI 1941	40-50
95-B8	TROUT CASTER	#1072	1/2 OZ		3 3/4 IN	PAW PAW BAIT CO.	MI 1941	40-50
95-B9	PIKE CASTER				2 3/4 IN	PAW PAW BAIT CO.	MI 1941	40-50
95-B10	PERCH CASTER	#1077			2 1/2 IN	PAW PAW BAIT CO.	MI 1941	40-50
95-B11	CASTING LURE				2 1/2 IN	PAW PAW BAIT CO.	MI 1941	40-50
95-B12	MUSKY PIKE BAIT	OLD	DREADNOUGHT		6 1/2 IN	PAW PAW BAIT CO.	MI 1940	50-75
95-B13	MUSKY PIKE BAIT	NEW			6 1/2 IN	PAW PAW BAIT CO.	MI 1946	40-50
95-B14	PIKE BAIT, JOINTED		DREADNOUGHT- OLD		7 IN	PAW PAW BAIT CO.	MI 1940	50-75
95-B15	PIKE BAIT, JOINTED		NEW		7 IN	PAW PAW BAIT CO.	MI 1946	40-50
95-C1	PIKIE, FLUTED				4 1/2 IN	PAW PAW BAIT CO.	MI 1935	30-40
95-C2	PIKIE		3/4 OZ		4 1/2 IN	PAW PAW BAIT CO.	MI 1940	20-30
95-C3	BABY PIKIE				3 3/4 IN	PAW PAW BAIT CO.	MI 1946	10-20
95-C4	PIKIE, JOINTED		#2000		4 1/2 IN	PAW PAW BAIT CO.	MI 1940	20-30
95-C5	BABY JOINTED PIKIE	#2100			3 3/4 IN	PAW PAW BAIT CO.	MI 1946	10-20
95-C6	MIDGET PIKIE				3 1/4 IN	PAW PAW BAIT CO.	MI 1946	10-20
95-C7	OLD FAITHFUL	#4400	5/8 OZ		3 3/4 IN	PAW PAW BAIT CO.	MI 1940	10-20
95-C8	BABY OLD FAITHFUL	#9400	1/4 OZ		3 IN	PAW PAW BAIT CO.	MI 1941	20-30
95-C9	GROOVE HEAD BASS	#1080	3/4 OZ		1 5/8 IN	PAW PAW BAIT CO.	MI 1941	20-30
95-C10	GROOVE HEAD PIKE				1 1/4 IN	PAW PAW BAIT CO.	MI 1941	20-30
95-C11	BASS SEEKER				4 IN	PAW PAW BAIT CO.	MI 1940	20-30
95-C12	TORPEDO	#2400	5/8 OZ		4 IN	PAW PAW BAIT CO.	MI 1946	20-30
95-C13	DARTER	#2503	3/4 OZ		3 3/4 IN	PAW PAW BAIT CO.	MI 1940	20-30
95-C14	DARTER				3 3/4 IN	PAW PAW BAIT CO.	MI 1941	20-30
95-C15	SEAGRAM LUCKY 7				2 3/4 IN	PAW PAW BAIT CO.	MI 1953	20-30
95-D1	CHUB	#900	1/2 OZ		2 5/8 IN	PAW PAW BAIT CO.	MI 1940	20-30
95-D2	RIVER GO GETTER	#1071	1/2 OZ		2 1/2 IN	PAW PAW BAIT CO.	MI 1941	20-30
95-D3	LITTLE JIGGER	#F-7200	5/8 OZ		1 5/16 IN	PAW PAW BAIT CO.	MI 1946	10-20
95-D4	LIPPY JOE		3/8 OZ		2 1/4 IN	PAW PAW BAIT CO.	MI 1955	10-20
95-D5	LIPPY SUE		3/8 OZ		2 1/4 IN	PAW PAW BAIT CO.	MI 1955	10-20
95-D6	SERIES 9100 BAIT	#9100	3/8 OZ		2 5/8 IN	PAW PAW BAIT CO.	MI 1946	10-20
95-D7	SERIES 9300 BAIT	#9100	1/2 OZ		3 1/4 IN	PAW PAW BAIT CO.	MI 1946	10-20
95-D8	SERIES 9100-J BAIT	#9100J	3/8 OZ		2 5/8 IN	PAW PAW BAIT CO.	MI 1946	10-20
95-D9	SERIES 9300-J BAIT	#9300J	1/2 OZ		3 1/4 IN	PAW PAW BAIT CO.	MI 1946	10-20
95-D10	BASS SEEKER	#300	1/2 OZ		3 IN	PAW PAW BAIT CO.	MI 1955	10-20
95-D11	BASS SEEKER, JOINTED				3 1/4 IN	PAW PAW BAIT CO.	MI 1955	10-20
95-D12	PLUNKER	#2201	3/4 OZ		2 3/4 IN	PAW PAW BAIT CO.	MI 1935	10-20
95-D13	PLUNKER				2 3/4 IN	PAW PAW BAIT CO.	MI 1940	10-20
95-D14	SPINNING PLUNKER				2 IN	PAW PAW BAIT CO.	MI 1941	10-20
95-D15	UNKNOWN PLUNKER				2 1/2 IN	PAW PAW BAIT CO.	MI 1941	40-50

Lures

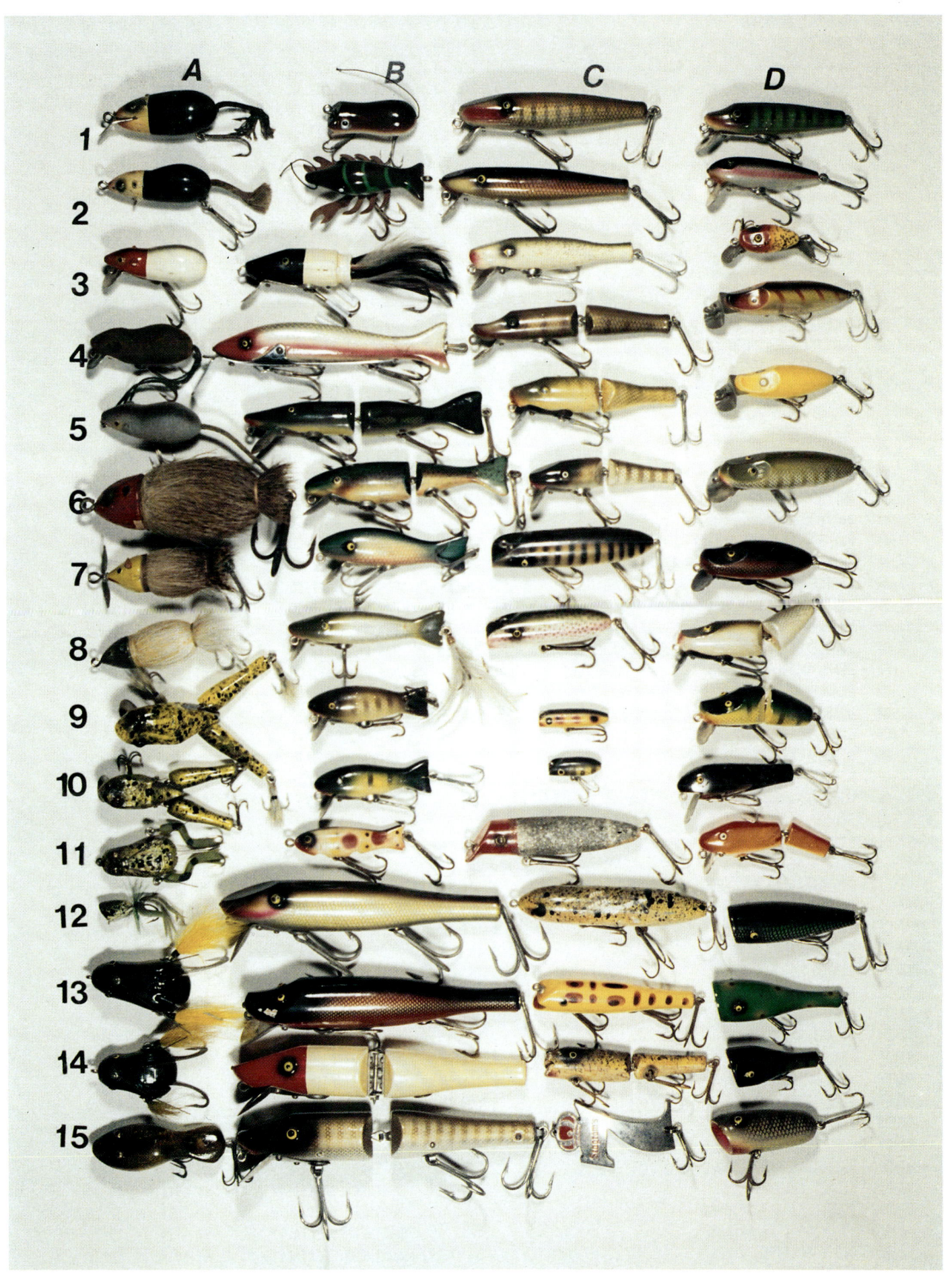

Descriptions of Lures

Page No.	Lure Name	Misc. Inform.		Length	Manufacturer	St.	Date	Value
97-A1	POPPING LURE	#2201	3/4 OZ	1 1/2 IN	PAW PAW BAIT CO.	MI	1950	10-20
97-A2	UNKNOWN PLUNKER			2 1/2 IN	PAW PAW BAIT CO.	MI	1946	40-50
97-A3	WOBBLER	#9101	3/8 OZ	3 3/4 IN	PAW PAW BAIT CO.	MI	1946	30-40
97-A4	FLAPJACK	#3600	3/4 OZ	3 1/2 IN	PAW PAW BAIT CO.	MI	1941	10-20
97-A5	FLAPJACK JR.	#6500	1/4 OZ	2 1/2 IN	PAW PAW BAIT CO.	MI	1960	10-20
97-A6	BABY FLAPJACK			1 1/2 IN	PAW PAW BAIT CO.	MI	1960	10-20
97-A7	CLOTHES PIN BAIT			2 1/2 IN	PAW PAW BAIT CO.	MI	1941	10-20
97-A8	CLOTHES PIN BAIT			2 3/4 IN	PAW PAW BAIT CO.	MI	1941	10-20
97-A9	PENCIL BAIT			5 IN	PAW PAW BAIT CO.	MI	1950	20-30
97-A10	PENCIL BAIT			4 IN	PAW PAW BAIT CO.	MI	1950	20-30
97-A11	WOBBLE BUG			2 IN	PAW PAW BAIT CO.	MI	1950	20-30
97-A12	PLATYPUS	#3524		4 IN	PAW PAW BAIT CO.	MI	1946	10-20
97-A13	LIGHT CASTING SPOON	#3	1/4 OZ	1 3/4 IN	PAW PAW BAIT CO.	MI	1960	10-20
97-A14	NEW SPINNER			5 IN	PAW PAW BAIT CO.	MI	1958	10-20
97-A15	WOBBLE BOY		5/8 OZ	3 1/2 IN	PAW PAW BAIT CO.	MI	1935	30-40
97-B1	UNDERWATER MINNOW		1/2 OZ	2 3/8 IN	PAW PAW BAIT CO.	MI	1935	40-50
97-B2	ARISTOCRAT MINNOW			3 1/2 IN	PAW PAW BAIT CO.	MI	1946	40-50
97-B3	WOUNDED MINNOW		FLATSIDE 3 HOOK	3 3/4 IN	PAW PAW BAIT CO.	MI	1941	20-30
97-B4	WOUNDED MINNOW	2 HK	FLATSIDE OLD	3 3/4 IN	PAW PAW BAIT CO.	MI	1941	20-30
97-B5	WOUNDED MINNOW, NEW		CRIPPLED KILLER	3 1/4 IN	PAW PAW BAIT CO.	MI	1941	10-20
97-B6	SLIM LINDY	#2403	5/8 OZ	4 IN	PAW PAW BAIT CO.	MI	1955	10-20
97-B7	POGO STICK		CUSTOMIZED	3 3/4 IN	PAW PAW BAIT CO.	MI	1950	10-20
97-B8	SHORE MINNOW			3 3/4 IN	PAW PAW BAIT CO.	MI	1941	10-20
97-B9	SURFACE MINNOW			3 IN	PAW PAW BAIT CO.	MI	1941	10-20
97-B10	SURFACE MINNOW			3 IN	PAW PAW BAIT CO.	MI	1941	10-20
97-B11	FLY ROD SURFACE MINNOW			2 1/4 IN	PAW PAW BAIT CO.	MI	1955	10-20
97-B12	SPINNING WOUNDED MINNOW	#9800	1/4 OZ	2 IN	PAW PAW BAIT CO.	MI	1946	10-20
97-B13	LITTLE SHINER	#8500	1/2 OZ	4 IN	PAW PAW BAIT CO.	MI	1940	20-30
97-B14	LITTLE SHINER	#8400	SMALL 3/8 OZ	2 3/4 IN	PAW PAW BAIT CO.	MI	1940	20-30
97-B15	UNKNOWN PAW PAW			3 1/2 IN	PAW PAW BAIT CO.	MI	1946	30-40
97-C1	WOBBLE BOY	#100	MOONLIGHT	2 3/4 IN	PAW PAW BAIT CO.	MI	1928	40-50
97-C2	PEARL WOBBLE BOY		MOONLIGHT	2 3/4 IN	PAW PAW BAIT CO.	MI	1928	40-50
97-C3	PEARLER			3 1/4 IN	PAW PAW BAIT CO.	MI	1955	10-20
97-C4	QUEEN STRIKEE		3 OZ	7 IN	NATURALURE BAIT CO.	CA	1950	10-20
97-C5	TROPICAL STRIKEE		5/8 OZ	3 7/8 IN	NATURALURE BAIT CO.	CA	1950	10-20
97-C6	STRIKEE MINNOW		5/8 OZ	3 7/8 IN	NATURALURE BAIT CO.	CA	1950	10-20
97-C7	STRIKEE WOBBLER			1 1/4 IN	NATURALURE BAIT CO.	CA	1950	10-20
97-C8	MUDDLER			1 3/4 IN	NASH PRODUCTS	MI	1925	100-150
97-C9	SQUID			7 1/2 IN	NORRIS, BRAD	RI	1947	50-75
97-C10	BASS KING		LARGE	3 1/2 IN	NATIONAL BAIT CO.	MN	1927	50-75
97-C11	BASS KING		SMALL	3 IN	NATIONAL BAIT CO.	MN	1927	50-75
97-C12	SCANDINAVIAN SOCKAROO			3 1/4 IN	SCANDINAVIAN BAIT CO.	MN	1930	50-75
97-C13	NIXON IVORY MINNOW			3 3/4 IN	FRANK T. NIXON	MI	1914	750-1000
97-C14	NIFTY MINNIE		1 OZ	4 1/2 IN	NESS, JOSEPH M.	MN	1913	750-1000
97-C15	NEON MICKEY			4 IN	NEON MICKEY BAIT CO.	OR	1955	10-20
97-D1	SAM-BO			3 IN	NOVELTY LURE CO.	NE	1952	20-30
97-D2	NORTH CHANNEL BAIT	OLD		3 3/4 IN	NORTH CHANNEL BAIT CO.		1907	300-400
97-D3	NORTH CHANNEL BAIT	NEW		3 3/4 IN	NORTH CHANNEL BAIT CO.		1912	200-300
97-D4	4-IN-1 BAIT			2 IN	N & N TACKLE		1958	5-10
97-D5	NEAL SPINNER			2 3/4 IN	NEAL ARTIFICIAL BAIT CO.	IN	1948	20-30
97-D6	NEAL SPINNER			2 3/4 IN	NEAL ARTIFICIAL BAIT CO.	IN	1948	20-30
97-D7	PIKE SPOON			4 1/4 IN	NORTHERN SPECIALTY	NY	1914	10-20
97-D8	PIKE SPOON			3 IN	NORTHERN SPECIALTY	NY	1914	10-20
97-D9	BUEL TYPE SPOON LARGE			3 3/4 IN	NORTHERN SPECIALTY	NY	1914	10-20
97-D10	BUEL TYPE SPOON SMALL			2 1/4 IN	NORTHERN SPECIALTY	NY	1914	10-20
97-D11	KIDNEY SPINNER				NORTHERN SPECIALTY	NY	1914	10-20
97-D12	DOUBLE KIDNEY SPINNER				NORTHERN SPECIALTY	NY	1914	10-20
97-D13	COLORADO TYPE SPINNER				NORTHERN SPECIALTY	NY	1914	10-20
97-D14	OLD LOBB TYPE				NORTHERN SPECIALTY	NY	1914	10-20
97-D015	GREENE TYPE				NORTHERN SPECIALTY	NY	1914	10-20

Lures

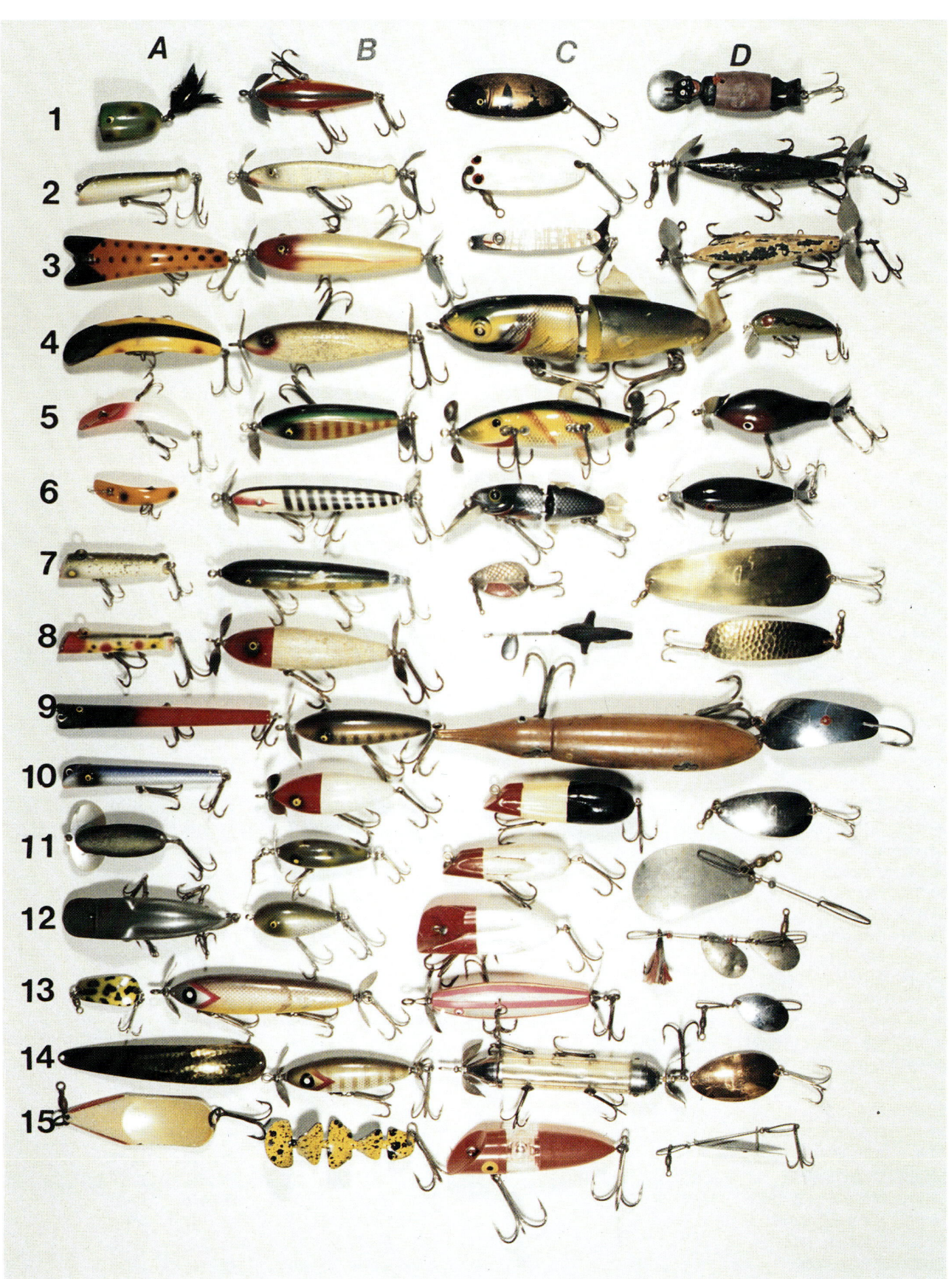

Descriptions of Lures

Page No.	Lure Name	Misc. Inform.			Length	Manufacturer	St. Date	Value
99-A1	EXPERT SPOON				3 3/4 IN	NATIONAL EXPERT BAITS	MN 1932	5-10
99-A2	FLASHER SPOON				3 3/4 IN	NATIONAL EXPERT BAITS	MN 1932	5-10
99-A3	TOR-P-DO				1 1/2 IN	NATIONAL EXPERT BAITS	MN 1936	5-10
99-A4	BAYFIELD SPOON				4 1/2 IN	NATIONAL EXPERT BAITS	MN 1932	5-10
99-A5	SPRING LOADED ARROWHEAD BAIT				4 IN	NAUTO	1890	75-100
99-A6	OK SPINNER					OLT, PHILIP	IL 1917	150-200
99-A7	O.K. SPINNER					OLT, PHILIP	IL 1917	150-200
99-A8	OLD RELIABLE					OLD RELIABLE BAIT CO.	1898	20-30
99-A9	GLOWURM				4 3/4 IN	OLIVER & GRUBER	WA 1920	100-150
99-A10	BOTTOM-SCRATCHER				2 1/2 IN	ORCHARD IND. IN.	MI 1946	20-30
99-A11	KICK-N-KACKLE				2 5/8 IN	ORCHARD IND. INC.	MI 1946	10-20
99-A12	GLITTER BUG				2 IN	O'GENE CO.	TX 1944	10-20
99-A13	OLLIE'S DOUBLE WEEDLESS				2 1/2 IN	OLLIE'S DBL. WEEDLESS CO.	IL 1948	10-20
99-A14	BIMBO				2 1/2 IN	OLD PAL	1955	5-10
99-A15	CRAZY GEORGE				5 1/2 IN	ORLUCK BAIT CO.	MN 1945	20-30
99-B1	OZARK LIZARD				4 1/4 IN	OZARK LURE CO., THE	OK 1948	10-20
99-B2	LIT'L LIZARD				2 1/4 IN	OZARK LURE CO., THE	OK 1948	10-20
99-B3	TOP LIZARD		LARGE		2 1/2 IN	OZARK LURE CO., THE	OK 1958	10-20
99-B4	TOP LIZARD		SMALL		2 1/4 IN	OZARK LURE CO., THE	OK 1960	10-20
99-B5	WEE GEE		SMALL		2 1/4 IN	BERRY-LEBECK MFG. CO.	MO 1960	5-10
99-B6	FEATHER GETUM				1 3/4 IN	OUTING MFG. CO.	IN 1923	75-100
99-B7	BUCKY GETUM		LARGE		2 IN	OUTING MFG. CO.	IN 1923	75-100
99-B8	BUCKY GETUM		SMALL		1 3/4 IN	OUTING MFG. CO.	IN 1923	75-100
99-B9	PORKY GETUM		SMALL		1 1/2 IN	OUTING MFG. CO.	IN 1923	75-100
99-B10	FLOATER GETUM	#400	3/4 OZ		4 1/4 IN	OUTING MFG. CO.	IN 1923	300-400
99-B11	PIKIE GETUM	#1000	1/2 OZ		3 5/8 IN	OUTING MFG. CO.	IN 1923	200-300
99-B12	BASSY GETUM	#1200	5/8 OZ		3 7/8 IN	OUTING MFG. CO.	IN 1923	150-200
99-B13	BASSY GETUM FLOATER				3 7/8 IN	OUTING MFG. CO.	IN 1923	150-200
99-B14	DU-GETUM	#700	LARGE	3/4 OZ	3 IN	OUTING MFG. CO.	IN 1925	100-150
99-B15	DU-GETUM	#750	SMALL	5/8 OZ	2 3/4 IN	OUTING MFG. CO.	IN 1925	100-150
99-C1	LUCKY 66 SPINNER					PAUL BUNYAN BAIT CO.	MN 1946	UNER 5
99-C2	LUCKY 66 SPINNER					PAUL BUNYAN BAIT CO.	MN 1946	UNER 5
99-C3	LADYBUG DIVER				3 1/4 IN	PAUL BUNYAN BAIT CO.	MN 1946	20-30
99-C4	LADYBUG DIVER				2 3/4 IN	PAUL BUNYAN BAIT CO.	MN 1946	20-30
99-C5	LADYBUG DIVER				3 1/4 IN	PAUL BUNYAN BAIT CO.	MN 1946	20-30
99-C6	LADYBUG DIVER				2 3/4 IN	PAUL BUNYAN BAIT CO.	MN 1946	20-30
99-C7	ELECTRO-LURE				4 IN	PAUL BUNYAN BAIT CO.	MN 1938	30-40
99-C8	DODGER				4 IN	PAUL BUNYAN BAIT CO.	MN 1938	20-30
99-C9	ARTFUL DODGER	#2100	1/25 OZ		1 1/4 IN	PAUL BUNYAN BAIT CO.	MN 1939	20-30
99-C10	MINNIE	#1600	1/8 OZ		2 1/4 IN	PAUL BUNYAN BAIT CO.	MN 1939	20-30
99-C11	DYNA-MITE		LARGE		2 IN	PAUL BUNYAN BAIT CO.	MN 1946	5-10
99-C12	DYNA-MITE		SMALL		1 3/4 IN	PAUL BUNYAN BAIT CO.	MN 1946	5-10
99-C13	TWIRL BUG				2 1/2 IN	PAUL BUNYAN BAIT CO.	MN 1940	40-50
99-C14	MOBY DICK		LARGE		3 3/4 IN	PAUL BUNYAN BAIT CO.	MN 1949	10-20
99-C15	MOBY DICK		SMALL		3 IN	PAUL BUNYAN BAIT CO.	MN 1949	10-20
99-D1	LUCKY 66 SPINNER					PAUL BUNYAN BAIT CO.	MN 1946	UNDER 5
99-D2	WEAVER				3 IN	PAUL BUNYAN BAIT CO.	MN 1939	20-30
99-D3	PAUL BUNYAN MINNOW	#1250	LARGE		3 5/8 IN	PAUL BUNYAN BAIT CO.	MN 1939	30-40
99-D4	PAUL BUNYAN MINNOW	#1250	SMALL		2 IN	PAUL BUNYAN BAIT CO.	MN 1940	30-40
99-D5	TOPWATER MINNOW		SMALL		2 IN	PAUL BUNYAN BAIT CO.	MN 1940	30-40
99-D6	SILVER SHINER	#1100	9/16 OZ		2 IN	PAUL BUNYAN BAIT CO.	MN 1940	30-40
99-D7	GOLD FISH	#1200	9/16 OZ		2 IN	PAUL BUNYAN BAIT CO.	MN 1940	40-50
99-D8	CENTIPEDE SPINNER		5/8 OZ		5 IN	PAUL BUNYAN BAIT CO.	MN 1941	50-75
99-D9	RUBY SPOON				4 3/4 IN	PAUL BUNYAN BAIT CO.	MN 1939	30-40
99-D10	RUBY-EYE SPOON	#1600	2 1/8 OZ		4 3/4 IN	PAUL BUNYAN BAIT CO.	MN 1941	10-20
99-D11	BABY RUBY EYE SPOON	#2400	1/25 OZ		3 1/2 IN	PAUL BUNYAN BAIT CO.	MN 1941	10-20
99-D12	FLASH EYE SPOON				3 1/4 IN	PAUL BUNYAN BAIT CO.	MN 1941	10-20
99-D13	FLASH EYE SPOON				2 3/4 IN	PAUL BUNYAN BAIT CO.	MN 1941	10-20
99-D14	MINNOW SPOON				2 1/2 IN	PAUL BUNYAN BAIT CO.	MN 1941	10-20
99-D15	TRANS-LURE				3 3/4 IN	INGALLS, JOHN CO.	IL 1946	30-40

Lures

Descriptions of Lures

Page No.	Lure Name	Misc. Inform.	Length	Manufacturer	St. Date	Value
101-A1	POLK MINNOW		4 IN	POLK MFG. CO.	MS 1949	20-30
101-A2	POLK WALKER		3 1/2 IN	POLK MFG. CO.	MS 1949	10-20
101-A3	WALKIE TALKIE, SALTWATER		6 IN	PACHNER & KELLER INC.	IL 1946	30-40
101-A4	WALKIE TALKIE	#43	1 3/4 IN	P & K INC.	IL 1946	10-20
101-A5	LIPPY SALTWATER		7 IN	P & K INC.	IL 1946	30-40
101-A6	AMAZIN' MAIZIE	#42 5/8 OZ	2 1/4 IN	P & K INC.	IL 1946	10-20
101-A7	BRIGHT EYE	LARGE LARGE	3 IN	P & K INC.	IL 1946	10-20
101-A8	BRIGHT EYE	SMALL SMALL	2 1/4 IN	P & K INC.	IL 1946	10-20
101-A9	WHIRL-A-WAY	5/8 OZ	3 IN	P & K INC.	IL 1946	30-40
101-A10	SPINNING MINNIE		2 3/4 IN	P & K INC.	IL 1946	10-20
101-A11	WOBBLER		4 1/2 IN	P & K INC.	IL 1946	10-20
101-A12	SOFTY THE WONDER CRAB		3 1/2 IN	P & K INC.	IL 1946	10-20
101-A13	MOUSE	LARGE	2 1/4 IN	P & K INC.	IL 1946	10-20
101-A14	MOUSE	SMALL	1 1/4 IN	P & K INC.	IL 1946	10-20
101-A15	SPOTTY THE WONDER FROG		3 IN	P & K INC.	IL 1946	10-20
101-B1	CRAWFISH	FOR COON TRAP	3 IN	P & K INC.	IL 1946	20-30
101-B2	FROG	FOR COON TRAP	2 IN	P & K INC.	IL 1946	20-30
101-B3	SHINY FISH	FOR COON TRAP	2 3/4 IN	P & K INC.	IL 1946	20-30
101-B4	PONY LURE	SERV-A-LURE CO.	3 IN	COLT DISTRIBUTING CO.	FL 1953	20-30
101-B5	PONY LURE	SERV-A-LURE	2 1/4 IN	COLT DISTRIBUTING CO.	FL 1953	20-30
101-B6	BANANA LURE		3 3/4 IN	PFEFFER, JIM	FL 1952	30-40
101-B7	DARTER	LARGE	3 3/4 IN	PFEFFER, JIM	FL 1952	30-40
101-B8	DARTER	SMALL	3 IN	PFEFFER, JIM	FL 1952	30-40
101-B9	SHINER	LARGE	4 IN	PFEFFER, JIM	FL 1952	30-40
101-B10	SHINER	SMALL	3 1/2 IN	PFEFFER, JIM	FL 1952	30-40
101-B11	WOBBLER, JOINTED		4 1/4 IN	PFEFFER, JIM	FL 1952	30-40
101-B12	TOP SHINER	LARGE	4 1/4 IN	PFEFFER, JIM	FL 1952	30-40
101-B13	TOP SHINER	SMALL	3 3/4 IN	PFEFFER, JIM	FL 1952	30-40
101-B14	TOPPER		4 IN	PFEFFER, JIM	FL 1952	30-40
101-B15	PECK'S CASTING MINNOW		1 IN	PECKINPAUGH, E.H.	TN 1925	20-30
101-C1	SIDE FLOATING MINNOW		4 1/4 IN	PORTER	FL 1955	20-30
101-C2	PLUNKER		4 1/4 IN	PORTER	FL 1955	20-30
101-C3	DARTER		3 IN	PORTER	FL 1955	20-30
101-C4	SCOOTER		3 IN	PORTER	FL 1955	20-30
101-C5	SWIMMING MINNOW	GLASS EYE	2 1/4 IN	PICO	TX 1939	50-75
101-C6	SWIMMING MINNOW	GLASS EYE	2 1/2 IN	PICO	TX 1939	50-75
101-C7	PEPPY		2 IN	PICO	TX 1946	10-20
101-C8	UNKNOWN NICHOLS		2 1/2 IN	NICHOLS	TX 1937	20-30
101-C9	NICHOLS POPPER		2 1/2 IN	NICHOLS	TX 1937	20-30
101-C10	DIGGER		2 1/2 IN	PICO	TX 1960	5-10
101-C11	DARTER		4 IN	PICO	TX 1955	5-10
101-C12	SHORTY SHRIMP	DOUG ENGLISH	3 1/4 IN	SPORTSMAN PRODUCTS	TX 1940	5-10
101-C13	UNKNOWN NICHOLS		3 1/4 IN	NICHOLS	TX 1937	30-40
101-C14	UNKNOWN NICHOLS		4 IN	NICHOLS	TX 1937	30-40
101-C15	EWELURE		2 IN	PARKER, EWELL	TX 1958	10-20
101-D1	PAULSON WOBBLER		3 1/2 IN	PAULSON, FRED	IL 1922	200-300
101-D2	CRAB		2 1/4 IN	PHILIP BAIT CO.	WI 1934	300-400
101-D3	MINNOW		3 IN	PHILIP TACKLE CO.	PA 1948	UNDER 5
101-D4	CRIPPLED KILLER	LARGE	2 3/4 IN	PHILIP TACKLE CO.	PA 1948	UNDER 5
101-D5	CRIPPLED KILLER	SMALL	2 IN	PHILIP TACKLE CO.	PA 1948	UNDER 5
101-D6	POPPER		1 3/4 IN	PHILIP TACKLE CO.	PA 1948	UNDER 5
101-D7	SPOON PLUG	LARGE	3 IN	PERRY, BUCK	1960	UNDER 5
101-D8	SPOON PLUG	MED	2 1/2 IN	PERRY, BUCK	1960	UNDER 5
101-D9	SPOON PLUG	SMALL	2 IN	PERRY, BUCK	1960	UNDER 5
101-D10	HOT SHOT	LARGE	3 3/4 IN	POPE, EDDIE & CO.	CA 1954	UNDER 5
101-D11	HOT SHOT	MED	2 3/4 IN	POPE, EDDIE & CO.	CA 1954	UNDER 5
101-D12	HOT SHOT	SMALL	1 3/4 IN	POPE, EDDIE & CO.	CA 1954	UNDER 5
101-D13	PITT-KAN MINNOW		2 1/4 IN	PITT-KAN BAIT CO.	1949	20-30
101-D14	PETERS BAIT MINNOW		4 1/4 IN	PETERS BAIT CO.	IN 1919	100-150
101-A15	PETERS BAIT WOBBLER		4 IN	PETERS BAIT CO.	IN 1919	100-150

Lures

Descriptions of Lures

Page No. Lure Name		Misc. Inform.	Length	Manufacturer	St. Date	Value
103-A1	LULU BAIT		6 IN	PHOENIX CO., THE	IL 1960	20-30
103-A2	PHILIP MORRIS SPINNER			MORRIS, PHILIP CO.	NH 1942	10-20
103-A3	PEARL PLUG		3 IN	PEARL BAIT CO.	1922	400-500
103-A4	PFEIFFER'S LIVE BAIT HOLDER		4 1/4 IN	PFEIFFER LIVE BAIT CO.	MI 1914	400-500
103-A5	RED DEVIL SPINNER			PEPPER, JOE E. BAIT CO.	NY 1941	30-40
103-A6	STREAMLINED MINNOW		1 1/2 IN	PEPPER, JOE E. BAIT CO.	NY 1941	30-40
103-A7	DEVIL-EYE WOBBLER		2 1/4 IN	PEPPER, JOE E. BAIT CO.	NY 1941	30-40
103-A8	PEPPER SPOON		3 3/4 IN	PEPPER, JOE E. BAIT CO.	NY 1937	75-100
103-A9	NEW CENTURY MINNOW SPINNER			PEPPER, JOE E. BAIT CO.	NY 1910	40-50
103-A10	FLY ROD PEPPER BAIT			PEPPER, JOE E. BAIT CO.	NY 1912	30-40
103-A11	PEPPER HARNESS			PEPPER, JOE E. BAIT CO.	NY 1908	40-50
103-A12	GYPSY SPINNER			PEPPER, JOE E. BAIT CO.	NY 1921	40-50
103-A13	ROMAN PEARL SPINNER	LARGE		PEPPER, JOE E. BAIT CO.	NY 1922	20-30
103-A14	ROMAN PEARL SPINNER	SMALL		PEPPER, JOE E. BAIT CO.	NY 1922	20-30
103-A15	PEPPER SPINNER			PEPPER, JOE E. BAIT CO.	NY 1922	20-30
103-B1	NATIONAL MINNOW		3 1/4 IN	PEPPER, JOE E. BAIT CO.	NY 1905	400-500
103-B2	MANHATTAN MINNOW		3 1/2 IN	PEPPER, JOE E. BAIT CO.	NY 1900	400-500
103-B3	NEW CENTURY MINNOW	3 HOOK	2 1/2 IN	PEPPER, JOE E. BAIT CO.	NY 1900	400-500
103-B4	NEW CENTURY MINNOW	1 HOOK	2 1/2 IN	PEPPER, JOE E. BAIT CO.	NY 1900	400-500
103-B5	BABY ROMAN REDTAIL		1 3/4 IN	PEPPER, JOE E. BAIT CO.	NY 1910	400-500
103-B6	FLY ROD PEPPER BAIT		2 IN	PEPPER, JOE E. BAIT CO.	NY 1912	500-750
103-B7	ROMAN REDTAIL MINNOW		3 1/4 IN	PEPPER, JOE E. BAIT CO.	NY 1912	750-1000
103-B8	ROMAN SPIDER #620	NOTCHED HEAD	3 1/4 IN	PEPPER, JOE E. BAIT CO.	NY 1915	400-500
103-B9	PONTIAC MINNOW		3 IN	PONTIAC MFG. CO.	MI 1908	300-400
103-B10	POINT JUDE JIG		3 1/4 IN	POINT JUDE BAIT CO.	RI 1960'S	5-10
103-B11	WOBBLE-BUG		3 1/2 IN	PAYNE BAIT CO.	IL 1915	400-500
103-B12	MOTOR-LURE		5 1/2 IN	PRESTO	1955	30-40
103-B13	PACIFIC SHINER		2 3/4 IN	PACIFIC BAIT CO.	CA 1948	UNDER 5
103-B14	PEQUEA MOMBO DANCER		2 1/4 IN	PEQUEA WORKS, INC., THE	CA 1949	UNDER 5
103-B15	PETER'S DEVON		1 1/4 IN	PETER'S BAIT CO.	1929	UNDER 5
103-C1	SALAMO SPOON		3 1/2 IN	PFLUEGER	OH 1910	30-40
103-C2	O'BOY SPOON		1 1/4 IN	PFLUEGER	OH 1946	5-10
103-C3	PATROL		1 1/4 IN	PFLUEGER	OH 1946	5-10
103-C4	JIG		1 IN	PFLUEGER	OH 1946	10-20
103-C5	WHOOPEE	OLD		PFLUEGER	OH 1926	50-75
103-C6	WHOOPEE SPINNER			PFLUEGER	OH 1930	20-30
103-C7	SELF STRIKER SPOON	LARGE	4 1/4 IN	PFLUEGER	OH 1926	10-20
103-C8	SELF STRIKER SPOON	MED	3 1/4 IN	PFLUEGER	OH 1926	10-20
103-C9	SELF STRIKER SPOON	SMALL	2 1/4 IN	PFLUEGER	OH 1926	10-20
103-C10	RECORD SPOON	LARGE	3 1/4 IN	PFLUEGER	OH 1914	10-20
103-C11	RECORD SPOON	SMALL	2 3/4 IN	PFLUEGER	OH 1914	10-20
103-C12	CHUM SPOON	LARGE	3 1/4 IN	PFLUEGER	OH 1936	10-20
103-C13	CHUM SPOON	MED	2 3/4 IN	PFLUEGER	OH 1936	10-20
103-C14	CHUM SPOON	SMALL	1 3/4 IN	PFLUEGER	OH 1936	5-10
103-C15	LIMPER 4		2 1/4 IN	PFLUEGER	OH 1934	5-10
103-D1	SNAPIE SPINNER #3370	OLD		PFLUEGER	OH 1930	10-20
103-D2	SNAPIE SPINNER	NEW		PFLUEGER	OH 1930	10-20
103-D3	ZAM BAIT	LARGE 5/8 OZ	2 1/8 IN	PFLUEGER	OH 1941	10-20
103-D4	ZAM BAIT	SMALL 1/2 OZ	1 7/8 IN	PFLUEGER	OH 1941	10-20
103-D5	PIPPIN WOBBLER	LARGE	3 IN	PFLUEGER	OH 1930	20-30
103-D6	PIPPIN WOBBLER	MED	1 1/4 IN	PFLUEGER	OH 1930	20-30
103-D7	PIPPIN WOBBLER	SMALL	3/4 IN	PFLUEGER	OH 1930	10-20
103-D8	GLAMOUR SPOON		2 IN	PFLUEGER	OH 1930	10-20
103-D9	LAST WORD WOBBLER #2600		2 IN	PFLUEGER	OH 1930	10-20
103-D10	LAST WORD WOBBLER	HEAVY	3 IN	PFLUEGER	OH 1930	10-20
103-D11	TAFFEE MINNOW		3 1/4 IN	PFLUEGER	OH 1914	30-40
103-D12	O'BOY SPINNER	5/8 OZ		PFLUEGER	OH 1926	30-40
103-D13	PROPELLOR LURE SINGLE #681			PFLUEGER	OH 1893	20-30
103-D14	PROPELLOR LURE DOUBLE			PFLUEGER	OH 1893	10-20
103-D15	ROVER PORK RIND W/PORK RIND			PFLUEGER	OH 1919	40-50

Lures

Descriptions of Lures

Page No. Lure Name		Misc. Inform.	Length	Manufacturer	St. Date	Value
105-A1	4-BROS KIDNEY SPOON			PFLUEGER	OH 1895	10-20
105-A2	4-BROS KIDNEY SPOON			PFLUEGER	OH 1895	10-20
105-A3	KIDNEY SPOON			PFLUEGER	OH 1895	10-20
105-A4	KIDNEY SPOON			PFLUEGER	OH 1895	10-20
105-A5	4-BROS WILLOWLEAF SPOON			PFLUEGER	OH 1910	10-20
105-A6	4-BROS WILLOWLEAF SPOON			PFLUEGER	OH 1910	10-20
105-A7	INDIANA SPINNER			PFLUEGER	OH 1912	10-20
105-A8	ROVER			PFLUEGER	OH 1919	10-20
105-A9	DAISY SPINNER	#200		PFLUEGER	OH 1898	30-40
105-A10	DAISY SPINNER			PFLUEGER	OH 1898	30-40
105-A11	ADIRONDACK SPINNER			PFLUEGER	OH 1898	10-20
105-A12	ADIRONDACK SPINNER			PFLUEGER	OH 1898	10-20
105-A13	WILLOWLEAF, DOUBLE			PFLUEGER	OH 1898	10-20
105-A14	WILLOWLEAF, DOUBLE			PFLUEGER	OH 1898	10-20
105-A15	DRAGON SPINNER	#7328		PFLUEGER	OH 1934	20-30
105-B1	JUNEBUG SPINNER			PFLUEGER	OH 1898	10-20
105-B2	JUNEBUG SPINNER			PFLUEGER	OH 1898	10-20
105-B3	4-BROS FLUTED SPOON			PFLUEGER	OH 1893	10-20
105-B4	4-BROS FLUTED SPOON			PFLUEGER	OH 1893	10-20
105-B5	EMPIRE CITY BAIT			PFLUEGER	OH 1893	10-20
105-B6	EMPIRE CITY BAIT			PFLUEGER	OH 1893	10-20
105-B7	FLUTED BAIT			PFLUEGER	OH 1893	10-20
105-B8	FLUTED BAIT			PFLUEGER	OH 1893	10-20
105-B9	PEERLESS FLUTED BAIT			PFLUEGER	OH 1893	20-30
105-B10	IMPERIAL FLUTED BAIT			PFLUEGER	OH 1893	10-20
105-B11	MINNEHAHA SPINNER			PFLUEGER	OH 1885	75-100
105-B12	MINNEHAHA SPINNER			PFLUEGER	OH 1885	75-100
105-B13	JOSEPH SPOON	#160		PFLUEGER	OH 1885	100-150
105-B14	CRESCENT SPOON		1 1/2 IN	PFLUEGER	OH 1885	100-150
105-B15	IMPERIAL SPOON			PFLUEGER	OH 1932	30-40
105-C1	BALL BAIT			PFLUEGER	OH 1882	150-200
105-C2	OVAL HAMMERED BAIT			PFLUEGER	OH 1882	75-100
105-C3	DELAVAN BAIT			PFLUEGER	OH 1905	20-30
105-C4	DELAVAN BAIT			PFLUEGER	OH 1905	20-30
105-C5	LEWIS INTERCHANGABLE MINNOW			PFLUEGER	OH 1926	30-40
105-C6	UNKNOWN PFLUEGER		2 1/4 IN	PFLUEGER	OH 1919	40-50
105-C7	UNKNOWN PFLUEGER			PFLUEGER	OH 1875	150-200
105-C8	CYCLONE SPINNER	#3053		PFLUEGER	OH 1895	30-40
105-C9	CYCLONE SPINNER	#3053		PFLUEGER	OH 1895	30-40
105-C10	AMERICAN BALL SPINNER		2 1/4 IN	PFLUEGER	OH 1895	40-50
105-C11	BALL SPINNER		2 1/4 IN	PFLUEGER	OH 1895	40-50
105-C12	BALL SPINNER		1 3/4 IN	PFLUEGER	OH 1895	40-50
105-C13	EGG BEADED BAIT			PFLUEGER	OH 1895	40-50
105-C14	HAMMR'D KIDNEY EGG BEADED BAIT			PFLUEGER	OH 1895	40-50
105-C15	UNKNOWN ALLURE			CHAPMAN	1875	100-150
105-D1	McMURRAY SPINNER		6 1/2 IN	PFLUEGER	OH 1894	40-50
105-D2	McMURRAY SPINNER		4 IN	PFLUEGER	OH 1894	40-50
105-D3	BLACK BASS SPINNER	OLD	1 3/4 IN	PFLUEGER	OH 1905	40-50
105-D4	BLACK BASS SPINNER	OLD	1 1/4 IN	PFLUEGER	OH 1905	40-50
105-D5	BLACK BASS SPINNER		2 IN	PFLUEGER	OH 1915	30-40
105-D6	BLACK BASS SPINNER		1 1/4 IN	PFLUEGER	OH 1915	30-40
105-D7	SEATTLE TROUT SPOON			PFLUEGER	OH 1912	20-30
105-D8	HEART SHAPED SPOON		1 1/4 IN	PFLUEGER	OH 1910	30-40
105-D9	BEAR VALLEY SPINNER			PFLUEGER	OH 1906	10-20
105-D10	BEAR VALLEY SPINNER			PFLUEGER	OH 1906	10-20
105-D11	COLORADO SPINNER			PFLUEGER	OH 1906	10-20
105-D12	MUSKILL SPINNER			PFLUEGER	OH 1910	30-40
105-D13	MUSKILL SPINNER			PFLUEGER	OH 1910	30-40
105-D14	COBURG SPINNER			PFLUEGER	OH 1900	20-30
105-D15	COBURG SPINNER			PFLUEGER	OH 1900	20-30

Lures

Descriptions of Lures

Page No.	Lure Name	Misc. Inform.	Length	Manufacturer	St. Date	Value
107-A1	MULTI-LITE			PFLUEGER	OH 1912	20-30
107-A2	LOWE SPOON			PFLUEGER	OH 1920	20-30
107-A3	LOWE SPOON			PFLUEGER	OH 1920	20-30
107-A4	DOUBLE HAMMERED LOWE SPINNER			PFLUEGER	OH 1920	20-30
107-A5	BEARCAT SPINNER			PFLUEGER	OH 1900	30-40
107-A6	PORK RIND SPINNER			PFLUEGER	OH 1912	40-50
107-A7	TANDEM SPINNER			PFLUEGER	OH 1910	10-20
107-A8	TANDEM SPINNER			PFLUEGER	OH 1910	10-20
107-A9	WEIGHTED TANDEM SPINNER			PFLUEGER	OH 1920	10-20
107-A10	PEARL TANDEM SPINNER			PFLUEGER	OH 1910	40-50
107-A11	PEARL COLORADO SPINNER			PFLUEGER	OH 1910	20-30
107-A12	PEARL KIDNEY SPINNER			PFLUEGER	OH 1903	10-20
107-A13	PEARL OVAL SPINNER			PFLUEGER	OH 1903	10-20
107-A14	PEARL MINNOW	SALTWATER	3 1/2 IN	PFLUEGER	OH 1910	20-30
107-A15	PEARL MINNOW	SALTWATER	2 1/2 IN	PFLUEGER	OH 1910	20-30
107-B1	PEARL SPOON		3 IN	PFLUEGER	OH 1916	20-30
107-B2	PEARL SPOON		1 3/4 IN	PFLUEGER	OH 1916	20-30
107-B3	RAINBOW PEARL WOBBLER		3 1/2 IN	PFLUEGER	OH 1910	10-20
107-B4	RAINBOW PEARL WOBBLER		2 1/2 IN	PFLUEGER	OH 1910	10-20
107-B5	BREAKLESS DEVON MINNOW #289		3 1/4 IN	PFLUEGER	OH 1882	20-30
107-B6	BREAKLESS DEVON MINNOW		2 IN	PFLUEGER	OH 1882	20-30
107-B7	RED DEVIL SPINNER #2700	OLD		PFLUEGER	OH 1910	20-30
107-B8	RED DEVIL SPINNER	NEW	2 3/4 IN	PFLUEGER	OH 1928	40-50
107-B9	MAY BUG SPOON		1 1/2 IN	PFLUEGER	OH 1882	2000-3000
107-B10	FLOATING FROG, METAL LEG		3 IN	PFLUEGER	OH 1900	400-500
107-B11	LUMINOUS FROG		3 IN	PFLUEGER	OH 1900	400-500
107-B12	CONRAD FROG #676		3 IN	PFLUEGER	OH 1897	150-200
107-B13	CONRAD SUBMERGIBLE FROG		3 IN	PFLUEGER	OH 1900	100-150
107-B14	CONRAD FLOATING FROG		3 IN	PFLUEGER	OH 1905	100-150
107-B15	PRACTICE CASTING FROG #780		3 IN	PFLUEGER	OH 1905	1000-1500
107-C1	FROG, UNDERWATER		3 IN	PFLUEGER	OH 1899	200-300
107-C2	SURFACE MEADOW FROG		3 IN	PFLUEGER	OH 1899	200-300
107-C3	FROG, FLOATING		2 3/4 IN	PFLUEGER	OH 1885	200-300
107-C4	TANDEM SPIN FROG		1 3/4 IN	PFLUEGER	OH 1910	10-20
107-C5	KORMISH FROG #503		2 IN	PFLUEGER	OH 1900	100-150
107-C6	KORMISH FROG #503		1 IN	PFLUEGER	OH 1900	100-150
107-C7	HELGRAMITE #759	3 SIZES	2 IN	PFLUEGER	OH 1920	30-40
107-C8	GRASSHOPPER #760	3 SIZES	1 3/4 IN	PFLUEGER	OH 1900	40-50
107-C9	CRICKET		1 IN	PFLUEGER	OH 1930	30-40
107-C10	ANGLEWORMS		2 1/2 IN	PFLUEGER	OH 1890	30-40
107-C11	CRAWDAD		3 IN	PFLUEGER	OH 1900	20-30
107-C12	CRAWFISH #761		3 IN	PFLUEGER	OH 1900	100-150
107-C13	HOPTOIT #1552		3 IN	PFLUEGER	OH 1938	150-200
107-C14	RAZEM MINNOW		2 1/2 IN	PFLUEGER	OH 1938	40-50
107-C15	OLD RUBBER MINNOW		2 IN	PFLUEGER	OH 1892	100-150
107-D1	TEELAN MINNOW		2 1/2 IN	PFLUEGER	OH 1914	75-100
107-D2	INVINCIBLE MINNOW		2 1/2 IN	PFLUEGER	OH 1892	100-150
107-D3	ADMIRAL BAIT		2 IN	PFLUEGER	OH 1892	100-150
107-D4	ADMIRAL BAIT		2 IN	PFLUEGER	OH 1892	100-150
107-D5	VANITIE MINNOW		3 IN	PFLUEGER	OH 1914	50-75
107-D6	JUSTRITE MINNOW		1 1/4 IN	PFLUEGER	OH 1938	10-20
107-D7	BIZ MINNOW		1 1/4 IN	PFLUEGER	OH 1938	10-20
107-D8	MUSKOLLONGE MINNOW		7 IN	PFLUEGER	OH 1892	1000-1500
107-D9	DECOY, RUBBER, PFLUEGER		7 IN	PFLUEGER	OH 1892	1500-2000
107-D10	MUSKY TNT MINNOW	EXPERIMENTAL	4 1/4 IN	PFLUEGER	OH 1930	300-400
107-D011	TNT MINNOW		3 1/2 IN	PFLUEGER	OH 1930	75-100
107-D12	BIRDIE		4 3/4 IN	PFLUEGER	OH 1916	75-100
107-D13	SQUID		1 1/2 IN	PFLUEGER	OH 1936	30-40
107-D14	GAY BLADE		4 IN	PFLUEGER	OH 1960	5-10
107-D015	GAY BLADE		1 3/4 IN	PFLUEGER	OH 1960	5-10

Lures

Descriptions of Lures

Page No.	Lure Name	Misc. Inform.	Length	Manufacturer	St. Date	Value
109-A1	DECOY, PFLUEGER		5 IN	PFLUEGER	OH 1908	3000-5000
109-A2	FLYING HELGRAMITE		3 IN	PFLUEGER	OH 1885	5000-7000
109-A3	WIZARD WOODEN MINNOW 5 HOOK		3 3/4 IN	PFLUEGER	OH 1902	200-300
109-A4	WIZARD WOODEN MINNOW 3 HOOK		3 3/4 IN	PFLUEGER	OH 1902	200-300
109-A5	BABY WIZARD		2 3/4 IN	PFLUEGER	OH 1903	200-300
109-A6	GEM WOODEN MINNOW		3 1/2 IN	PFLUEGER	OH 1903	100-150
109-A7	COMPETITOR MINNOW 5 HOOK	TACK EYE	3 3/4 IN	PFLUEGER	OH 1908	100-150
109-A8	COMPETITOR MINNOW 3 HOOK	TACK EYE	3 3/4 IN	PFLUEGER	OH 1908	100-150
109-A9	PEERLESS MINNOW		2 1/2 IN	PFLUEGER	OH 1910	40-50
109-A10	COMPETITOR MINNOW	TACK EYE	3 3/4 IN	PFLUEGER	OH 1908	75-100
109-A11	COMPETITOR MINNOW 3 HOOK	TACK EYE	3 1/4 IN	PFLUEGER	OH 1908	75-100
109-A12	BABY COMPETITOR MINNOW	TACK EYE	2 1/2 IN	PFLUEGER	OH 1908	75-100
109-A13	PEERLESS, WIRE THROUGH	TACK EYE	2 1/2 IN	PFLUEGER	OH 1910	40-50
109-A14	PEERLESS, NEVERFAIL	TACK EYE	2 1/2 IN	PFLUEGER	OH 1912	50-75
109-A15	PEERLESS, THROUGH-WIRE	TACK EYE	2 1/2 IN	PFLUEGER	OH 1910	40-50
109-B1	MONARCH MINNOW	GLASS EYE	3 3/4 IN	PFLUEGER	OH 1908	150-200
109-B2	MONARCH FANCY-BACK	GLASS EYE	3 3/4 IN	PFLUEGER	OH 1912	200-300
109-B3	MONARCH 3 HOOK	GLASS EYE	2 3/4 IN	PFLUEGER	OH 1908	100-150
109-B4	MONARCH NEVERFAIL	GLASS EYE	3 IN	PFLUEGER	OH 1912	200-300
109-B5	NEVERFAIL MINNOW	GLASS EYE	3 3/4 IN	PFLUEGER	OH 1912	200-300
109-B6	NEVERFAIL MINNOW	DECAL EYE	3 3/4 IN	PFLUEGER	OH 1927	75-100
109-B7	NEVERFAIL MINNOW	GLASS EYE	3 IN	PFLUEGER	OH 1912	200-300
109-B8	NEVERFAIL MINNOW	DECAL EYE	3 IN	PFLUEGER	OH 1927	75-100
109-B9	METALIZED MINNOW	5 HOOK	3 3/4 IN	PFLUEGER	OH 1912	300-400
109-B10	METALIZED MINNOW	3 IN 3 HOOK	3 3/4 IN	PFLUEGER	OH 1912	300-400
109-B11	METALIZED MINNOW, FLOATING		3 3/4 IN	PFLUEGER	OH 1927	200-300
109-B12	OLD FLOATING MINNOW		3 3/4 IN	PFLUEGER	OH 1908	300-400
109-B13	ELECTRIC MINNOW		4 IN	PFLUEGER	OH 1912	300-400
109-B14	PEERLESS FLOATING MINNOW	GLASS EYE	3 1/2 IN	PFLUEGER	OH 1938	30-40
109-B15	PEERLESS FLOATING MINNOW	GLASS EYE	2 3/4 IN	PFLUEGER	OH 1938	30-40
109-C1	PEERLESS UNDERWATER MINNOW		3 IN	PFLUEGER	OH 1938	30-40
109-C2	ELECTRIC WOODEN MINNOW	WIRE THROUGH	2 3/4 IN	PFLUEGER	OH 1910	300-400
109-C3	ELECTRIC NEVERFAIL MINNOW	WIRE THROUGH	2 3/4 IN	PFLUEGER	OH 1912	300-400
109-C4	SIMPLEX MINNOW	#2475	1 3/4 IN	PFLUEGER	OH 1905	300-400
109-C5	GLOBE BAIT STAPLE RIG		2 3/4 IN	PFLUEGER	OH 1905	50-75
109-C6	GLOBE BAIT WIRE THROUGH		3 1/4 IN	PFLUEGER	OH 1910	50-75
109-C7	GLOBE BAIT THROUGH-WIRE		3 3/4 IN	PFLUEGER	OH 1910	50-75
109-C8	GLOBE BAIT NEVERFAIL		2 3/4 IN	PFLUEGER	OH 1912	40-50
109-C9	GLOBE BAIT SURFACE RIG		3 3/4 IN	PFLUEGER	OH 1930	30-40
109-C10	MUSKY GLOBE BAIT		5 1/2 IN	PFLUEGER	OH 1938	30-40
109-C11	GLOBE BAIT 2 PIECE		3 IN	PFLUEGER	OH 1950	30-40
109-C12	METALIZED MINNOW		3 3/4 IN	PFLUEGER	OH 1910	300-400
109-C13	UNKNOWN POPPER		3 3/4 IN	PFLUEGER	OH 1915	300-400
109-C14	UNKNOWN POPPER		2 3/4 IN	PFLUEGER	OH 1915	200-300
109-C15	FANTAIL SQUID		3 1/2 IN	PFLUEGER	OH 1928	40-50
109-D1	MUSKY WIZARD WOBBLER		4 1/2 IN	PFLUEGER	OH 1922	300-400
109-D2	WIZARD WOBBLER		3 1/2 IN	PFLUEGER	OH 1925	40-50
109-D3	WIZARD WOBBLER		3 IN	PFLUEGER	OH 1925	40-50
109-D4	WIZARD WOBBLER		2 1/4 IN	PFLUEGER	OH 1925	40-50
109-D5	WIZARD WOBBLER		2 IN	PFLUEGER	OH 1925	40-50
109-D6	FLY ROD WIZARD WOBBLER	1/20 OZ	1 1/2 IN	PFLUEGER	OH 1925	40-50
109-D7	PAL-O-MINE JOINTED MINNOW		4 1/4 IN	PFLUEGER	OH 1932	20-30
109-D8	PAL-O-MINE JR. JOINTED MINNOW		3 1/4 IN	PFLUEGER	OH 1932	20-30
109-D9	PAL-O-MINE		4 1/4 IN	PFLUEGER	OH 1928	20-30
109-D10	PAL-O-MINE JR.		3 1/4 IN	PFLUEGER	OH 1928	20-30
109-D11	MIDGET PAL-O-MINE		2 3/4 IN	PFLUEGER	OH 1928	20-30
109-D12	PAL-O-MINE HAIR MOUSE		2 1/4 IN	PFLUEGER	OH 1928	50-75
109-D13	SCOOP MINNOW	#9300	3 5/8 IN	PFLUEGER	OH 1937	20-30
109-D14	SCOOP JR.	#9300	3 IN	PFLUEGER	OH 1937	20-30
109-D15	MIDGET SCOOP		2 1/4 IN	PFLUEGER	OH 1946	10-20

Lures

Descriptions of Lures

Page No. Lure Name		Misc. Inform.	Length	Manufacturer	St. Date	Value
111-A1	MUSKY JOINTED MUSTANG		6 1/2 IN	PFLUEGER	OH 1929	300-400
111-A2	MUSTANG MINNOW	#9500 1 1/2 OZ	5 IN	PFLUEGER	OH 1938	30-40
111-A3	MUSTANG MINNOW PYRALIN		4 IN	PFLUEGER	OH 1927	300-400
111-A4	MUSTANG MINNOW		4 IN	PFLUEGER	OH 1938	30-40
111-A5	BABY MUSTANG SINKER		2 1/2 IN	PFLUEGER	OH 1939	20-30
111-A6	BABY MUSTANG FLOATER		2 1/2 IN	PFLUEGER	OH 1940	20-30
111-A7	BABY JOINTED MUSTANG		2 1/2 IN	PFLUEGER	OH 1940	20-30
111-A8	ALL-IN-ONE MINNOW		4 IN	PFLUEGER	OH 1920	400-500
111-A9	O'BOY MINNOW	#5400 3/4 OZ	3 1/2 IN	PFLUEGER	OH 1921	150-200
111-A10	O'BOY MINNOW	#5400 1/2 OZ	2 3/4 IN	PFLUEGER	OH 1921	100-150
111-A11	POPRITE	#8500 5/8 OZ	4 IN	PFLUEGER	OH 1953	10-20
111-A12	POPRITE JR.	#8500 1/2 OZ	3 IN	PFLUEGER	OH 1953	10-20
111-A13	POPRITE SIDEHOOK	#8500	3 IN	PFLUEGER	OH 1953	40-50
111-A14	TANTRUM		3 3/4 IN	PFLUEGER	OH 1953	20-30
111-A15	JERK		5 IN	PFLUEGER	OH 1955	10-20
111-B1	BALLERINA MINNOW	#5400	4 1/4 IN	PFLUEGER	OH 1950	20-30
111-B2	SURPRISE MINNOW OLD	HOLE EYE	4 IN	PFLUEGER	OH 1938	300-400
111-B3	SURPRISE MINNOW		3 3/4 IN	PFLUEGER	OH 1914	150-200
111-B4	SURPRISE MINNOW	GLASS EYE	3 3/4 IN	PFLUEGER	OH 1916	100-150
111-B5	SURPRISE, SPINNERED	GLASS EYE	3 3/4 IN	PFLUEGER	OH 1917	150-200
111-B6	BABY SURPRISE		3 IN	PFLUEGER	OH 1929	200-300
111-B7	MERIT BAIT OLD		4 1/4 IN	PFLUEGER	OH 1908	100-150
111-B8	MERIT BAIT		4 1/4 IN	PFLUEGER	OH 1909	100-150
111-B9	MAGNET		4 IN	PFLUEGER	OH 1910	100-150
111-B10	MAGNET		4 IN	PFLUEGER	OH 1912	75-100
111-B11	MAGNET		4 IN	PFLUEGER	OH 1929	50-75
111-B12	CATALINA MINNOW OLD		4 1/2 IN	PFLUEGER	OH 1916	400-500
111-B13	QUALMAN SPOON BAIT		6 IN	QUALMAN, GEORGE	OH 1895	100-150
111-B14	NORTH COAST MINNOW	HOAGEE?	4 IN	PFLUEGER	OH 1925	200-300
111-B15	NORTH COAST MINNOW	HOAGEE?	2 1/2 IN	PFLUEGER	OH 1925	200-300
111-C1	BALLERINA JR.		2 1/2 IN	PFLUEGER	OH 1950	10-20
111-C2	CATALINA MINNOW	LATEST	4 1/4 IN	PFLUEGER	OH 1932	100-150
111-C3	LIVE-WIRE MINNOW, OLD	#7600 1 OZ	5 1/2 IN	PFLUEGER	OH 1932	100-150
111-C4	BABY LIVE-WIRE MINNOW	#7600 2/3 OZ	3 1/2 IN	PFLUEGER	OH 1932	100-150
111-C5	LIVE-WIRE MINNOW, NEW	LATEST	3 3/4 IN	PFLUEGER	OH 1938	30-40
111-C6	UNKNOWN DIVING BAIT, PFLUEGER	LARGE	3 1/2 IN	PFLUEGER	OH 1926	100-150
111-C7	UNKNOWN DIVING BAIT, PFLUEGER	SMALL	2 1/2 IN	PFLUEGER	OH 1926	100-150
111-C8	FRISKY MINNOW	#8494	4 IN	PFLUEGER	OH 1941	20-30
111-C9	FRISKY MINNOW JR.		2 1/2 IN	PFLUEGER	OH 1941	20-30
111-C10	BENDER		3 1/2 IN	PFLUEGER	OH 1927	400-500
111-C11	PAKRON MINNOW	#7000 1 OZ	2 3/4 IN	PFLUEGER	OH 1930	300-400
111-C12	FRISKY MINNOW		3 IN	PFLUEGER	OH 1938	50-75
111-C13	FLILITE BASS BUG		3/4 IN	PFLUEGER	OH 1938	20-30
111-C14	RUSSELURE		2 1/2 IN	RUSSELURE MFG. CO.	CA 1940-60	UNDER 5
111-C15	RUSSELURE		1 1/2 IN	RUSSELURE MFG. CO.	CA 1940-60	UNDER 5
111-D1	RADFORD METAL MINNOW		3 1/4 IN	RADFORD	1946	10-20
111-D2	ROY'S WOW		2 1/2 IN	ROY TACKLE CO.	1946	UNDER 5
111-D3	ANDY REEKER BAIT		2 IN	GRIZZLY INC.	WA 1955	UNDER 5
111-D4	RED'S BAIT		3 IN	RED'S BAIT CO.	1948	10-20
111-D5	MUD PUPPY, 1ST		7 IN	ROBERTS, C.C.	WI 1918	500-750
111-D6	MUD PUPPY		7 IN	ROBERTS, C.C.	WI 1941	50-75
111-D7	RIVER PUP		4 1/2 IN	ROBERTS, C.C.	WI 1941	50-75
111-D8	BABY RIVER PUP		5 1/2 IN	ROBERTS, C.C.	WI 1941	10-20
111-D9	RAINEY'S SECRET BAIT		3 1/2 IN	RAINEY BAIT CO.	1946	20-30
111-D10	TUMBLEBUG		3 IN	ROSS BAIT CO.	OH 1947	20-30
111-D11	LIVE LURE		4 IN	RICE ENG. CO.	MI 1947	10-20
111-D12	FINCHEROO		3 IN	ROBFIN	AZ 1972	10-20
111-D13	RHEAD MINNOW		3 3/4 IN	RHEAD, LOUIS	NY 1915	100-150
111-D14	MUSKY JINX		5 IN	RINEHART TACKLE CO.	OH 1947	10-20
111-D15	JINX		2 1/4 IN	RINEHART TACKLE CO.	OH 1947	5-10

Lures

Descriptions of Lures

Page No. Lure Name	Misc. Inform.	Length	Manufacturer	St.	Date	Value
113-A1 FIELD SPECIAL		8 IN	RUSH, J.K.	NY	1914	500-750
113-A2 TARPON TANGO		5 1/2 IN	RUSH, J.K.	NY	1917	300-400
113-A3 MUSKY TANGO		6 IN	RUSH, J.K.	NY	1918	400-500
113-A4 RUSH TANGO		5 IN	RUSH, J.K.	NY	1915	50-75
113-A5 RUSH TANGO JR.		4 IN	RUSH, J.K.	NY	1916	50-75
113-A6 TANGO, DELUXE		4 IN	RUSH, J.K.	NY	1926	150-200
113-A7 TIGER TANGO	OLD	3 3/4 IN	RUSH, J.K.	NY	1925	150-200
113-A8 TIGER TANGO		4 IN	RUSH, J.K.	NY	1926	100-150
113-A9 TIGER TANGO, DELUXE #K507		4 IN	RUSH, J.K.	NY	1926	300-400
113-A10 TANGOLURE		3 1/2 IN	RUSH, J.K.	NY	1923	200-250
113-A11 SOS		3 IN	RUSH, J.K.	NY	1920	50-75
113-A12 MIDGET TANGO	OLD	2 1/2 IN	RUSH, J.K.	NY	1922	50-75
113-A13 MIDGET TANGO		2 1/2 IN	RUSH, J.K.	NY	1922	50-75
113-A14 TROUT TANGO	G-700	2 IN	RUSH, J.K.	NY	1923	75-100
113-A15 TROUT TANGO	G-700	1 3/4 IN	RUSH, J.K.	NY	1919	50-75
113-B1 YACKLEY SPINNER			RUSH, J.K.	NY	1912	100-150
113-B2 YACKLEY EXPERT		4 IN	RUSH, J.K.	NY	1913	400-500
113-B3 YACKLEY PATENT BAIT		3 3/4 IN	RUSH, J.K.	NY	1914	400-500
113-B4 YACKLEY PATENT BAIT		2 3/4 IN	RUSH, J.K.	NY	1914	400-500
113-B5 YACKLEY PATENT BAIT		3 3/4 IN	RUSH, J.K.	NY	1913	400-500
113-B6 DARTER		4 IN	ROBINSON BAIT CO.	FL	1952	30-40
113-B7 BASS KILLER		4 IN	ROBINSON BAIT CO.	FL	1952	30-40
113-B8 INJURED MINNOW		4 IN	ROBINSON BAIT CO.	FL	1952	30-40
113-B9 ROBINSON, HANDMADE		4 IN	ROBINSON BAIT CO.	FL	1946	40-50
113-B10 ROBINSON, HANDMADE		4 IN	ROBINSON BAIT CO.	FL	1946	40-50
113-B11 ROBINSON, HANDMADE		4 1/4 IN	ROBINSON BAIT CO.	FL	1946	40-50
113-B12 ROBINSON, HANDMADE	SMALL	3 1/4 IN	ROBINSON BAIT CO.	FL	1946	40-50
113-B13 TEMPTER BAIT		4 IN	REYNOLD'S, J.W. DECOY CO.	IL	1920	400-500
113-B14 SPIKE TAIL MOTION BAIT		3 3/4 IN	REYNOLD'S, J.W. DECOY CO.	IL	1919	400-500
113-B15 BASS BUG		1 1/2 IN	REYNOLD'S, J.W. DECOY CO.	IL	1929	100-150
113-C1 RAPALA MINNOW	FINLAND	7 IN	RAPALA, LOURI		1960	UNDER 5
113-C2 RAPALA MINNOW	FINLAND	4 1/4 IN	RAPALA, LOURI		1960	UNDER 5
113-C3 SAMBA SPINNER		1 1/2 IN	ROESSLER CORP.	PA	1948	5-10
113-C4 L.V. MOUSE		3 IN	ROOT, L.V.	MI	1946	100-150
113-C5 HOLLOW HEAD		3 1/4 IN	R-K TACKLE CO.	MI	1949	10-20
113-C6 ROCHESTER SPOON BAIT		1 1/2 IN	ROCHESTER BAIT MFG. CO.	NY	1903	100-150
113-C7 SKINNER SPOON		4 IN	SKINNER, G.M.	NY	1895	10-20
113-C8 SKINNER WILLOWLEAF			SKINNER, G.M.	NY	1893	20-30
113-C9 SKINNER SPOON	OLDEST TURKEY WING		SKINNER, G.M.	NY	1873	200-300
113-C10 SKINNER SPOON	1st PATENT TURKEY FOOT		SKINNER, G.M.	NY	1884	300-400
113-C11 SKINNER FLOATING DIVICE		5 1/4 IN	SKINNER, G.M.	NY	1890	200-300
113-C12 SKINNER FLUTED BAIT			SKINNER, G.M.	NY	1890	50-75
113-C13 SKINNER WEEDLESS BAIT			SKINNER, G.M.	NY	1900	20-30
113-C14 SKINNER DBL BUCKSKIN SPOON			SKINNER, G.M.	NY	1910	30-40
113-C15 SKINNER FLY CASTING SPOON			SKINNER, G.M.	NY	1903	30-40
113-D1 SKINNER TROLLING BAIT		5 IN	SKINNER, G.M.	NY	1940	10-20
113-D2 SPAULDING COLORADO SPOON			SPAULDING	NY	1886	50-75
113-D3 SPAULDING COLORADO SPOON			SPAULDING	NY	1886	50-75
113-D4 SPAULDING KIDNEY SPOON			SPAULDING	NY	1886	50-75
113-D5 STANLEY SMELT	2 SIZES	3 1/2 IN	STANLEY & CHAPMAN	MA	1908	150-200
113-D6 CRAWFISH CRAWLER		1 1/2 IN	SCHILPP, CHARLES	OH	1945	20-30
113-D7 WONDER MOUSE		1 1/2 IN	SCHILPP, CHARLES	OH	1945	20-30
113-D8 FROG		1 IN	SCHLIPP, CHARLES	OH	1945	20-30
113-D9 ROTO-FLI			ROTO-FLI	OK	1941	20-30
113-D10 ROTO-FLI SPINNER			ROTO-FLI	OK	1941	20-30
113-D11 ROTO-FLI SPINNER			ROTO-FLI	OK	1941	20-30
113-D12 ROTO-FLI CASTING BAIT		1 IN	ROTO-FLI	OK	1941	20-30
113-D13 ROY SELF LURE		2 1/4 IN	SELF, ROY		1932	5-10
113-D14 UNKNOWN		2 IN	UNKNOWN		1947	5-10
113-D15 UNKNOWN		3 1/2 IN	UNKNOWN		1947	5-10

* LATER SKINNERS 10-20

Lures

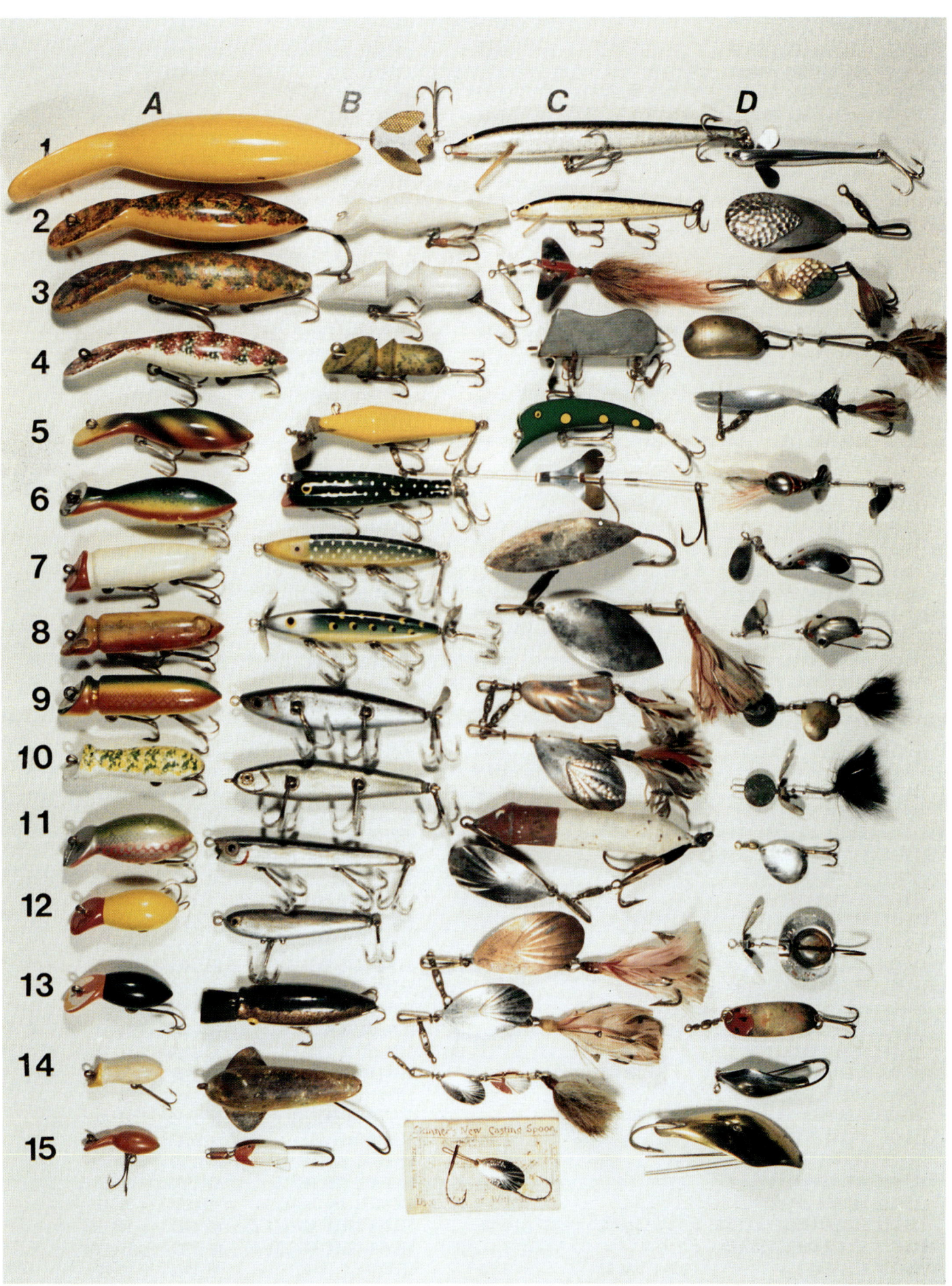

Descriptions of Lures

Page No. Lure Name	Misc. Inform.	Length	Manufacturer	St. Date	Value
115-A1 SPEED BAIT		2 IN	WALTON PRODUCTS	NY 1918	150-200
115-A2 BEYERLEIN LURE		5 1/2 IN	BEYERLEIN, G.B.	GB 1938	50-75
115-A3 SOUTH HAVEN WOBBLER		3 IN	LIESKE, J.J.	MI 1938	50-75
115-A4 SOUTH HAVEN WOBBLER		2 1/2 IN	LIESKE, J.J.	MI 1938	50-75
115-A5 FISHERETTO	GLASS EYE	3 1/2 IN	BROWN BAIT CO.	MN 1020'S	75-100
115-A6 SOUTH HAVEN MOUSE		3 IN	LIESKE, J.J.	MI 1938	20-30
115-A7 SOUTH HAVEN PLUG		2 3/4 IN	LIESKE, J.J.	MI 1938	20-30
115-A8 SAFE-T-LURE		2 1/4 IN	GLENWILLOW PRODUCTS	OH 1947	20-30
115-A9 SNIPE		2 3/4 IN	ST. CROIX BAIT CO.	WI 1955	UNDER 5
115-A10 SKATE		2 IN	SHUREBITE INC.	MI 1948	20-30
115-A11 STUBB SPOON		3 IN	STUBB BAIT CO.	1932	10-20
115-A12 STUBB SPOON		2 1/4 IN	STUBB BAIT CO.	1932	10-20
115-A13 FLUTED SPINNER			S.A. & CO.	1910	10-20
115-A14 SCORPION FIZZAL		2 IN	SCORPION BAIT CO.	1949	5-10
115-A15 SCORPION FIZZAL		1 3/4 IN	SCORPION BAIT CO.	1949	5-10
115-B1 FISHERMAN'S FAV. WIGGLING MINN		3 IN	SPORTSMAN'S LURE CO.	TX 1939	5-10
115-B2 PIKIE MINNOW		5 IN	SUGARWOOD LURE CO.	OK 1960	5-10
115-B3 SCHLITZ SPOON		3 1/4 IN	SCHLITZ NOVELTY	1948	10-20
115-B4 SAN LUCO LURE		4 IN	SAN LUCO INC.	CA 1952	10-20
115-B5 GLOP		2 1/4 IN	STORM MFG. CO.	OK 1960	10-20
115-B6 BUBBLING BUG		3 3/4 IN	TROPICAL BAIT CO.	1960	30-40
115-B7 CRAWPAPPY	1/2 OZ	4 1/4 IN	SMITH & YELTON	MO 1951	40-50
115-B8 SPIN-TWIN		2 IN	SPIN-TWIN BAIT CO.	1953	UNDER 5
115-B9 SLEEKEE		2 1/2 IN	SLEEKER BAIT CO.	1960	UNDER 5
115-B10 SLEEKEE		2 IN	SLEEKER BAIT CO.	1960	UNDER 5
115-B11 SNELL LURE		3 IN	SNELL LURE CO.	IL 1929	30-40
115-B12 LITTLE SCAMP		1 3/4 IN	SCAMP LURE CO.	1951	UNDER 5
115-B13 LITTLE SCAMP		2 IN	SCAMP LURE CO.	1951	UNDER 5
115-B14 SEA SHINER		2 3/4 IN	SEA SHINER BAIT CO.	1954	UNDER 5
115-B15 SNAKE BAIT		6 IN	SNAKE BAIT CO.	1923	100-150
115-C1 SALMONEER		4 1/4 IN	SENECA BAIT CO.	NY 1946	5-10
115-C2 SIDE-WINDER		2 1/2 IN	SENECA BAIT CO.	NY 1946	UNDER 5
115-C3 SIDE-WINDER		2 IN	SENECA BAIT CO.	NY 1946	UNDER 5
115-C4 WOB-L-RITE		2 IN	SENECA BAIT CO.	NY 1946	UNDER 5
115-C5 WOB-L-RITE		1 1/2 IN	SENECA BAIT CO.	NY 1946	UNDER 5
115-C6 WOB-L-RITE		1 1/4 IN	SENECA BAIT CO.	NY 1946	UNDER 5
115-C7 LITTLE CLEO		1 1/2 IN	SENECA BAIT CO.	NY 1946	UNDER 5
115-C8 SUTTON SPOON		4 1/2 IN	SUTTON, S.R.	NY 1921	10-20
115-C9 SUTTON COLORADO SPINNER			SUTTON, S.R.	NY 1921	10-20
115-C10 SUTTON COLORADO SPINNER			SUTTON, S.R.	NY 1921	10-20
115-C11 SUTTON SPOON			SUTTON, S.R.	NY 1921	10-20
115-C12 GLUTTON		4 IN	SHURE-BITE BAIT CO.	1937	10-20
115-C13 SHURE-BITE BAIT		3 IN	SHURE-BITE BAIT CO.	MI 1937	10-20
115-C14 SHURE-BITE SURFACE		3 1/4 IN	SHURE-BITE BAIT CO.	MI 1937	10-20
115-C15 FROG		2 1/2 IN	SHURE-BITE BAIT CO.	MI 1941	20-30
115-D1 SPIRAL BAIT		3 IN	SPIRAL BAIT CO.	1928	100-150
115-D2 ANGLEWORM SPINNER		2 1/2 IN	SEYMOUR, J.K.	OH 1929	20-30
115-D3 ANGLEWORM SPINNER		2 1/4 IN	SEYMOUR, J.K.	OH 1934	20-30
115-D4 GOLDEN WOBBLER		3 1/4 IN	SURE-CATCH LURE CO.	NJ 1936	10-20
115-D5 S-SPINNER	TRUE TEMPER?		S-SPINNER BAIT CO.	OH 1941	10-20
115-D6 STORMY FROG		1 1/2 IN	STORMY BAIT CO.	1947	50-75
115-D7 S-SPINNER	TRUE TEMPER?		S-SPINNER BAIT CO.	OH 1941	10-20
115-D8 STORMY PETREL BIRD		4 IN	STORMY BAIT CO.	1947	50-75
115-D9 INJURED MINNOW		3 IN	STEWART, BUD TACKLE	MI 1953	30-40
115-D10 PAD HOPPER		2 1/4 IN	STEWART, BUD TACKLE	MI 1953	30-40
115-D11 INJURED MINNOW		2 1/4 IN	STEWART, BUD TACKLE	MI 1953	30-40
115-D12 SILVER CREEK POLLYWOG	3/4 OZ	4 IN	SILVER CREEK NOVELTY CO.	MI 1921	100-150
115-D13 SILVER CREEK WIGGLER		3 1/2 IN	SILVER CREEK NOVELTY CO.	MI 1921	200-300
115-D14 FLATHEAD	1/2 OZ	3 IN	SELBY, E.V. & CO.	IL 1948	10-20
115-D15 SIREN LURE		4 1/2 IN	SIREN LURE CO.	NJ 1947	10-20

Lures

Descriptions of Lures

Page No.	Lure Name	Misc. Inform.	Length	Manufacturer	St.	Date	Value
117-A1	POCONO BAIT	COPY	3 1/4 IN	BOORSE, J.L.	PA	1939	40-50
117-A2	CEDAR PROPELLOR BAIT	OLD	3 IN	SHIPLEY, A.B. & SON	PA	1888	400-500
117-A3	ECLIPSE WOODEN MINNOW		3 1/2 IN	STUART, WM. & CO.	OH	1907	1000-1500
117-A4	ECLIPSE WOODEN MINNOW		3 IN	STUART, WM. & CO.	OH	1905	1000-1500
117-A5	SHAEFFER MINNOW		3 3/4 IN	SHAEFFER	OH	1885	750-1000
117-A6	SNYDER SPINNER	OLD	3 IN	SNYDER BAIT CO.	NJ	1899	75-100
117-A7	SNYDER SPINNER	JERSEY RIG	3 IN	SNYDER BAIT CO.	NJ	1899	75-100
117-A8	SNYDER SPINNER	NEWER	3 IN	SNYDER BAIT CO.	NJ	1907	75-100
117-A9	SHIMMY DIVER		2 1/4 IN	SPORTSLAND MFG. CO.	TX	1944	20-30
117-A10	SHIMMY SHINER		3 1/2 IN	SPORTSLAND MFG. CO.	TX	1944	10-20
117-A11	SHIMMY SHINER		3 1/2 IN	SPORTSLAND MFG. CO.	OK	1956	10-20
117-A12	JUDAS FROG	5/8 OZ	3 3/4 IN	SPORTING INDUSTRIES	IL	1947	20-30
117-A13	SHEDEVIL LURE	GENEVA MFG.	4 IN	GENEVA MFG. CO.	IL	1946	5-10
117-A14	WIGGLING WORM (LIPPED)		6 1/2 IN	SMITH, CLARENCE	IL	1947	100-150
117-A15	WIGGLING WORM		6 1/2 IN	SMITH, CLARENCE	IL	1947	100-150
117-B1	TWIN-MIN		3 IN	STALEY-JOHNSON MFG. CO.	IN	1949	50-75
117-B2	GILLOW		2 1/2 IN	UNKNOWN		1950	5-10
117-B3	PIKE TYPE		2 1/2 IN	UNKNOWN		1950	5-10
117-B4	UNKNOWN		1 1/2 IN	UNKNOWN		1950	5-10
117-B5	UNKNOWN DARTER		1 1/2 IN	UNKNOWN		1950	5-10
145-B6	UNKNOWN FROG		1 1/2 IN	UNKNOWN		1950	5-10
117-B7	UNKNOWN POPPER		1 1/2 IN	UNKNOWN		1950	5-10
117-B8	ANGLEWORM SPINNER		3 IN	SEYMOUR, J.K.	OH	1929	75-100
117-B9	SHUREBITE		4 IN	SHURE BITE ART. BAIT CO.	OH	1938	40-50
117-B10	SHUREBITE		4 IN	SHURE BITE ART. BAIT CO.	OH	1938	30-40
117-B11	BURRELLURE MINNOW		4 IN	SMITHCRAFT PRODUCTS	NJ	1947	10-20
117-B12	FLY ROD BURRELLURE		2 1/2 IN	SMITHCRAFT PRODUCTS	NJ	1947	10-20
117-B13	SHOFF SALMON PLUG	LARGE	5 IN	SHOFF TACKLE CO.	WA	1925	40-50
117-B14	SHOFF SALMON PLUG	SMALL	3 1/2 IN	SHOFF TACKLE CO.	WA	1925	40-50
117-B15	SKIP JACK		2 1/2 IN	TACKLE INDUSTRIES	LA	1958	UNDER 5
117-C1	SCHOONIES SKOOTER		4 1/2 IN	SCHOONMAKER, J.R.	MI	1919	200-300
117-C2	SCHOONIES SKOOTER JR.		4 IN	SCHOONMAKER, J.R.	MI	1919	200-300
117-C3	SILVER TIP HELLDIVER		5 IN	SILVER TIN TACKLE CO.	OK	1945	40-50
117-C4	TWIN MINNOW	LG SHAKESPEARE	3 3/4 IN	SWEENEY, SLIM	CA	1936	100-150
117-C5	THREE BAGGER		3 IN	SCHALLER BAIT CO.	IL	1938	75-100
117-C6	UNKNOWN STRIKEMASTER		3 3/4 IN	STRIKEMASTER TACKLE	OH	1921	200-300
117-C7	UNKNOWN STRIKEMASTER		3 3/4 IN	STRIKEMASTER TACKLE	OH	1938	100-150
117-C8	UNKNOWN STRIKEMASTER		3 3/4 IN	STRIKEMASTER TACKLE	OH	1922	150-200
117-C9	UNKNOWN STRIKEMASTER		3 IN	KOSTENELLI	MI	1925	75-100
117-C10	UNKNOWN STRIKEMASTER		3 IN	STRIKEMASTER TACKLE	OH	1923	100-150
117-C11	SURFACE KILLER	#4550 3/4 OZ	3 3/4 IN	STRIKEMASTER TACKLE	OH	1925	100-150
117-C12	SURFACE KILLER	#2154 3/4 OZ	2 3/4 IN	STRIKEMASTER TACKLE	OH	1925	200-300
117-C13	NIGHT HAWK	#6352 3/4 OZ	3 1/2 IN	STRIKEMASTER TACKLE	OH	1925	100-150
117-C14	UNKNOWN CRAWDAD		3 1/2 IN	UNKNOWN			30-40
117-C15	FROG	#6725 3/4 OZ	2 1/2 IN	STRIKEMASTER	OH	1932	75-100
117-D1	MOUSE	#6527 1/2 OZ	2 1/2 IN	STRIKEMASTER	OH	1925	150-200
117-D2	MUSKIE MINNOW	1 OZ #7549	3 3/4 IN	STRIKEMASTER	OH	1925	100-150
117-D3	HELGRAMITE		3 IN	STRIKEMASTER	OH	1925	100-150
117-D4	HELGRAMITE		2 IN	STRIKEMASTER	OH	1925	100-150
117-D5	SPRAYING GLIDER SURFACE	#8747 3/4 OZ	3 1/2 IN	STRIKEMASTER	OH	1925	150-200
117-D6	ROLLING DIVER	#4346 3/4 OZ	4 1/8 IN	STRIKEMASTER	OH	1925	150-200
117-D7	PIKIE MINNOW	#7355 1 OZ	4 5/8 IN	STRIKEMASTER	OH	1925	100-150
117-D8	PELICAN		3 1/4 IN	SOUTH BEND LURE CO.	IN	1936	40-50
117-D9	TOPWATER WIGGLER		4 IN	SOBECKI, ANTON	IN	1929	150-200
117-D10	SOBECKI 1929 WIGGLER		4 IN	SOBECKI, ANTON	IN	1929	100-150
117-D11	VIRGIN MERMAID BAIT		4 IN	STREAM-EZE INC.	IN	1957	10-20
117-D12	FLY ROD VIRGIN MERMAID BAIT		1 1/2 IN	STREAM-EZE INC.	IN	1957	10-20
117-D13	BOB'S TEN CENT MINNOW		2 1/2 IN	SMITH, BOB SPORTING GOODS	MA	1915	40-50
117-D14	SCOOTER POOPER		1 1/2 IN	SCOOTER POOPER SALES	SC	1945	40-50
117-D15	STRAUSBORGER MINNOW		3 1/4 IN	STRAUSBORGER, O.L.	OH	1932	100-150

Lures

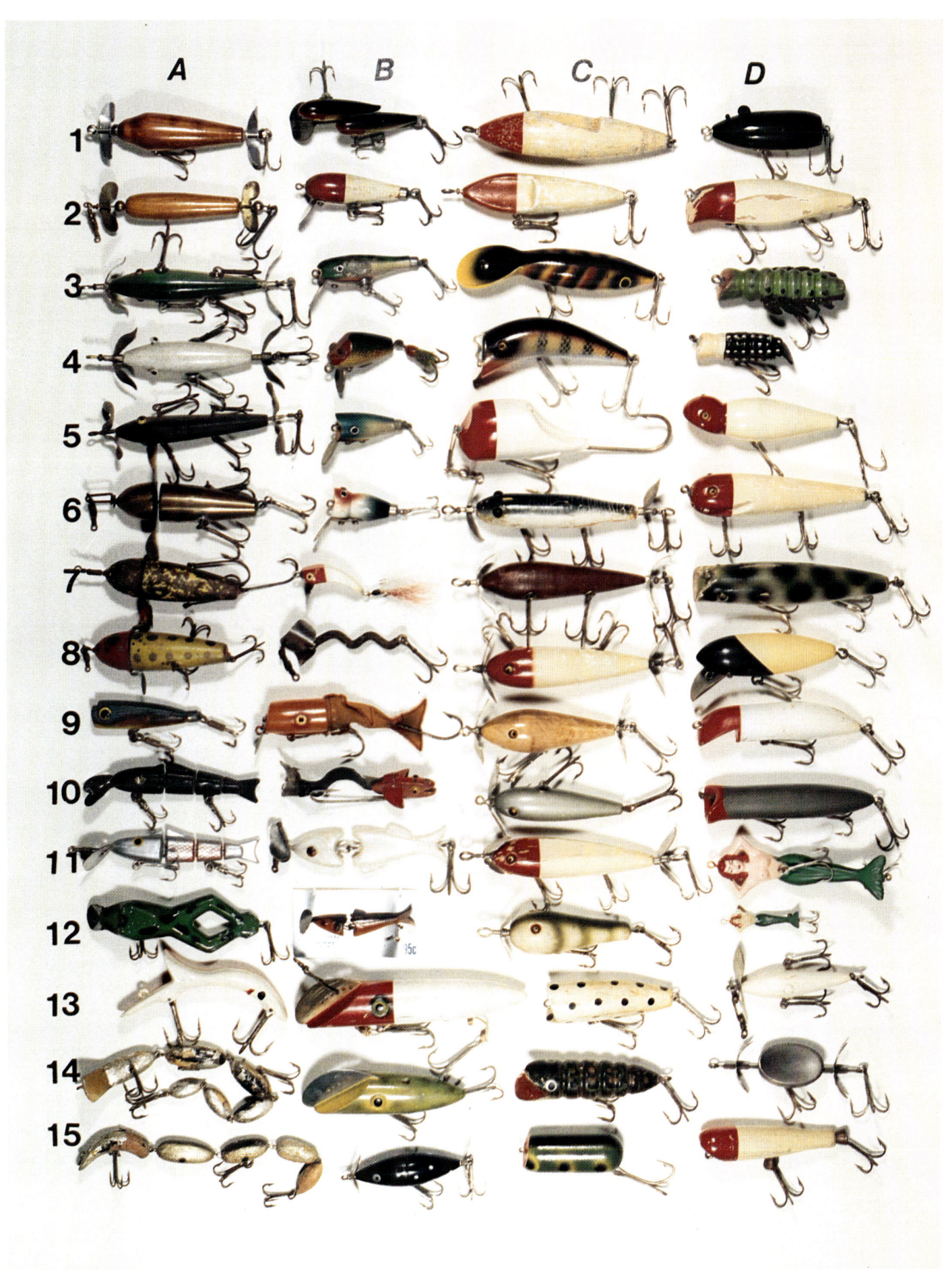

117

Descriptions of Lures

Page No.	Lure Name	Misc. Inform.	Length	Manufacturer	St.	Date	Value
119-A1	PIKE THIEF		4 1/4 IN	STEELSTAMP CO.	WI	1936	50-75
119-A2	BASS THIEF		3 3/4 IN	STEELSTAMP CO.	WI	1936	50-75
119-A3	HI-SPORT		3 IN	SPORTSMAN RESEARCH	TX	1941	5-10
119-A4	WILL-O-THE-WISP	TWO HEADS	4 1/4 IN	RESEARCH & MODEL CO.	CT	1939	50-75
119-A5	WEEDPLANE		2 1/2 IN	SEALAND MFG. CO.	FL	1940	30-40
119-A6	FLEX-O-MINO		3 1/2 IN	STRETCH LURES	IL	1915	30-40
119-A7	WEED KING		4 IN	SEDVY ENT.	MN	1952	30-40
119-A8	DOCTOR, THE BIG		4 1/2 IN	ST. PAUL'S 10000 LAKES	MN	1938	10-20
119-A9	PROFESSOR SPOON		2 IN	ST. PAUL'S 10000 LAKES	MN	1940	10-20
119-A10	PRESCOTT SPINNER			STAPH, CHARLES H.	MN	1941	5-10
119-A11	SPOOFER		5 IN	SPOOFER LURE CO.	CA	1951	5-10
119-A12	SHURLUR BAIT		3 IN	SHURLUR GARRETT MFG. CO.	IN	1932	40-50
119-A13	SHURLUR BAIT		4 IN	SHURLUR GARRETT MFG. CO.	IN	1932	40-50
119-A14	SHURLUR BAIT		3 1/2 IN	SHURLUR GARRETT MFG. CO.	IN	1932	40-50
119-A15	SHURLUR BAIT		3 3/4 IN	SHURLUR GARRETT MFG. CO.	IN	1932	40-50
119-B1	WORDEN BUCKTAIL SPINNER	MUSKY		WORDEN	IN	1898	20-30
115-B2	WORDEN FLUTED BAIT			WORDEN	IN	1900	10-20
119-B3	WORDEN SPINNER			WORDEN	IN	1902	100-150
119-B4	FROG HARNESS SPINNERED			WORDEN	IN	1902	100-150
119-B5	FROG HARNESS			WORDEN	IN	1902	100-150
119-B6	WORDEN BUCKTAIL SPINNER			WORDEN	IN	1905	100-150
119-B7	WORDEN PORK RIND BAIT		1 1/2 IN	WORDEN	IN	1904	40-50
119-B8	WHITE BUCKTAIL MINNOW #715		2 3/4 IN	WORDEN	IN	1903	400-500
119-B9	COMBINATION MINNOW		2 3/4 IN	WORDEN	IN	1903	400-500
119-B10	WORDEN 3 HOOK MINNOW #173		2 3/4 IN	WORDEN	IN	1904	400-500
119-B11	WORDEN 5 HOOK MINNOW #75		3 3/4 IN	WORDEN	IN	1904	400-500
119-B12	WORDEN 5 HOOK MINNOW #75		3 3/4 IN	WORDEN	IN	1906	400-500
119-B13	MINNOW (ALUMINUM CUPS)	5 HOOK	3 3/4 IN	SOUTH BEND BAIT CO.	IN	1910	300-400
119-B14	MINNOW (ALUMINUM CUPS)	3 HOOK	3 IN	SOUTH BEND BAIT CO.	IN	1910	300-400
119-B15	DECOY, SOUTH BEND		5 IN	SOUTH BEND BAIT CO.	IN	1913	1000-1500
119-C1	COMBINATION MINNOW	UNDERWATER #933	2 5/8 IN	SOUTH BEND BAIT CO.	IN	1914	100-150
119-C2	COMBINATION MINNOW	UNDERWATER	2 3/4 IN	SOUTH BEND BAIT CO.	IN	1914	100-150
119-C3	COMBININATION SURFACE MINNOW		2 3/4 IN	SOUTH BEND BAIT CO.	IN	1916	100-150
119-C4	UNDERWATER MINNOW	1 1/4 OZ 5 HOOK	1 1/4 IN	SOUTH BEND BAIT CO.	IN	1916	100-150
119-C5	UNDERWATER MINNOW	3/4 OZ 3 HOOK	3 IN	SOUTH BEND BAIT CO.	IN	1916	100-150
119-C6	UNDERWATER MINNOW	TACK EYE 3/4 OZ	3 IN	SOUTH BEND BAIT CO.	IN	1929	75-100
119-C7	WEEDLESS MINNOW		3 1/4 IN	SOUTH BEND BAIT CO.	IN	1916	150-200
119-C8	MIDGET UNDERWATER		2 3/4 IN	SOUTH BEND BAIT CO.	IN	1923	100-150
119-C9	PANATELLA MINNOW 3HK #91	9/10 OZ	4 1/4 IN	SOUTH BEND BAIT CO.	IN	1912	100-150
119-C10	PANATELLA 3 HK SALTWATER		4 1/4 IN	SOUTH BEND BAIT CO.	IN	1923	200-300
119-C11	PANATELLA 5 HK #915	9/10 OZ	4 1/4 IN	SOUTH BEND BAIT CO.	IN	1923	100-150
119-C12	PANATELLA BELLY HOOK		4 IN	SOUTH BEND BAIT CO.	IN	1923	75-100
119-C13	SURFACE MINNOW		3 3/4 IN	SOUTH BEND BAIT CO.	IN	1912	150-200
119-C14	SURFACE MINNOW		3 3/4 IN	SOUTH BEND BAIT CO.	IN	1916	100-150
119-C15	UNKNOWN SOUTH BEND		2 IN	SOUTH BEND BAIT CO.	IN		150-200
119-D1	SURF-ORENO	OLD 1 OZ	3 3/4 IN	SOUTH BEND BAIT CO.	IN	1912	100-150
119-D2	SURF-ORENO	WEEDLESS	3 3/4 IN	SOUTH BEND BAIT CO.	IN	1916	100-150
119-D3	SURF-ORENO	1 OZ #963	3 3/4 IN	SOUTH BEND BAIT CO.	IN	1923	40-50
119-D4	SURF-ORENO	SALATWATER	3 3/4 IN	SOUTH BEND BAIT CO.	IN	1923	50-75
119-D5	BABY SURF-ORENO	OLD	2 3/4 IN	SOUTH BEND BAIT CO.	IN	1913	200-300
119-D6	BABY SURF-ORENO		2 3/4 IN	SOUTH BEND BAIT CO.	IN	1923	40-50
119-D7	CRIPPLED-MINNOW		3 1/4 IN	SOUTH BEND BAIT CO.	IN	1929	75-100
119-D8	WOODPECKER, WEEDLESS	OLD	4 1/2 IN	SOUTH BEND BAIT CO.	IN	1912	200-300
119-D9	WOODPECKER #924		4 1/2 IN	SOUTH BEND BAIT CO.	IN	1916	50-75
119-D10	BABY WOODPECKER		3 1/2 IN	SOUTH BEND BAIT CO.	IN	1916	40-50
119-D11	SLIM-ORENO		3 3/4 IN	SOUTH BEND BAIT CO.	IN	1933	75-100
119-D12	GULF-ORENO #83	OLD 7/8 OZ	3 1/2 IN	SOUTH BEND BAIT CO.	IN	1923	150-200
119-D13	GULF-ORENO		3 1/2 IN	SOUTH BEND BAIT CO.	IN	1927	100-150
119-D14	GULF-ORENO	SMALL	2 3/4 IN	SOUTH BEND BAIT CO.	IN	1933	75-100
119-D015	TRUCK-ORENO #936	5 OZ	5 IN	SOUTH BEND BAIT CO.	IN	1939	750-1000

Lures

Descriptions of Lures

Page No.	Lure Name		Misc. Inform.	Length	Manufacturer	St. Date	Value
121-A1	BASS-ORENO		OLD	3 1/2 IN	SOUTH BEND BAIT CO.	IN 1914	200-300
121-A2	BASS-ORENO WEEDLESS		OLD	3 1/2 IN	SOUTH BEND BAIT CO.	IN 1918	100-150
121-A3	BASS-ORENO		NO EYE	3 1/2 IN	SOUTH BEND BAIT CO.	IN 1915	20-30
121-A4	BASS-ORENO		GLASS EYE	3 1/2 IN	SOUTH BEND BAIT CO.	IN 1923	10-20
121-A5	BASS-ORENO		DECAL EYE	3 1/2 IN	SOUTH BEND BAIT CO.	IN 1950	5-10
121-A6	BASS-ORENO		TACK EYE	3 1/2 IN	SOUTH BEND BAIT CO.	IN 1929	5-10
121-A7	BABE-ORENO	#972	1/2 OZ	2 3/4 IN	SOUTH BEND BAIT CO.	IN 1916	20-30
* 121-A8	BABE-ORENO COMMEMORATIVE				SOUTH BEND BAIT CO.	IN 1926	150-200
121-A9	MIDGE-ORENO GLASS EYES	#968	3/8 OZ	2 1/4 IN	SOUTH BEND BAIT CO.	IN 1933	30-40
121-A10	SPIN-ORENO				SOUTH BEND BAIT CO.	IN 1953	5-10
121-A11	FLY-ORENO	#970	1/20 OZ	1 1/8 IN	SOUTH BEND BAIT CO.	IN 1919	20-30
121-A12	FLY ROD TROUT-ORENO	#971	1 5/8 OZ	1 1/8 IN	SOUTH BEND BAIT CO.	IN 1925	20-30
121-A13	BASS-ORENO SALTWATER	#977		3 1/2 IN	SOUTH BEND BAIT CO.	IN 1925	40-50
121-A14	BETTER BASS-ORENO		5/8 OZ	3 1/2 IN	SOUTH BEND BAIT CO.	IN 1934	10-20
121-A15	BABY BETTER BASS-ORENO				SOUTH BEND BAIT CO.	IN 1934	10-20
121-B1	UNKNOWN BASS-ORENO, STEELPLATE				SOUTH BEND BAIT CO.	IN	40-50
121-B2	BABE-ORENO WITH PAGEN PATENT				SOUTH BEND BAIT CO.	IN 1927	30-40
121-B3	BASS-OBITE	#1973	5/8 OZ	3 1/4 IN	SOUTH BEND BAIT CO.	IN 1937	20-30
121-B4	BABY BASS-OBITE	#1972	1/2 OZ	2 7/8 IN	SOUTH BEND BAIT CO.	IN 1937	20-30
121-B5	MUSK-ORENO	#976	1 1/8 OZ	4 1/2 IN	SOUTH BEND BAIT CO.	IN 1920	30-40
121-B6	KING ANDY	#986		6 1/2 IN	SOUTH BEND BAIT CO.	IN 1951	20-30
121-B7	COAST-ORENO	#985		4 1/2 IN	SOUTH BEND BAIT CO.	IN 1955	30-40
121-B8	TARP-ORENO		SMALL		SOUTH BEND BAIT CO.	IN 1919	40-50
121-B9	TARP-ORENO		MED		SOUTH BEND BAIT CO.	IN 1925	75-100
121-B10	TARP-ORENO	#979	LARGE	8 IN	SOUTH BEND BAIT CO.	IN 1925	100-150
121-B11	TEASER		SMALL		SOUTH BEND BAIT CO.	IN 1925	100-150
121-B12	TEASER	#980	MED	8 IN	SOUTH BEND BAIT CO.	IN 1925	150-200
121-B13	TEASER	#981	MED	11 IN	SOUTH BEND BAIT CO.	IN 1950	100-150
121-B14	TROLL-ORENO	#978			SOUTH BEND BAIT CO.	IN 1919	100-150
121-B15							
121-C1	PIKE-ORENO OLD	#975	NO EYE	4 1/4 IN	SOUTH BEND BAIT CO.	IN 1918	50-75
121-C2	PIKE-ORENO NEW	#957	GLASS EYE	4 1/2 IN	SOUTH BEND BAIT CO.	IN 1925	30-40
121-C3	PIKE-ORENO NEW		TACK EYE		SOUTH BEND BAIT CO.	IN 1931	20-30
121-C4	PIKE-ORENO NEW		GLASS EYE		SOUTH BEND BAIT CO.	IN 1925	40-50
121-C5	BABY PIKE-ORENO	#956	GLASS EYE 2 SIZE	3 1/4 IN	SOUTH BEND BAIT CO.	IN 1918	50-75
121-C6	BABY PIKE-ORENO		NEWER		SOUTH BEND BAIT CO.	IN 1925	30-40
121-C7	BABY PIKE-ORENO		NEW		SOUTH BEND BAIT CO.	IN 1931	20-30
121-C8	MIDGET PIKE-ORENO	#955	1/2 OZ	2 1/2 IN	SOUTH BEND BAIT CO.	IN 1925	40-50
121-C9	PIKE-ORENO JOINTED				SOUTH BEND BAIT CO.	IN 1931	20-30
121-C10							
121-C11							
121-C12							
121-C13							
121-C14	PIKE-ORENO JOINTED				SOUTH BEND BAIT CO.	IN 1931	20-30
121-C15	PIKE-ORENO JOINTED				SOUTH BEND BAIT CO.	IN 1931	30-40
121-D1	DIVE-ORENO				SOUTH BEND BAIT CO.	IN 1938	10-20
121-D2	BABY DIVE-ORENO				SOUTH BEND BAIT CO.	IN 1938	10-20
121-D3	MIN-ORENO	#928	1/2 OZ	5 5/8 IN	SOUTH BEND BAIT CO.	IN 1930	40-50
121-D4	MIN-ORENO	#927	5/8 OZ	4 IN	SOUTH BEND BAIT CO.	IN 1930	40-50
121-D5	BABY MIN-ORENO	#926	1/4 OZ	3 IN	SOUTH BEND BAIT CO.	IN 1930	40-50
121-D6	TEAS-ORENO	#940	1/2 OZ	4 1/8 IN	SOUTH BEND BAIT CO.	IN 1929	40-50
121-D7	BABY TEAS-ORENO				SOUTH BEND BAIT CO.	IN 1929	40-50
121-D8	SUPER SNOOPER				SOUTH BEND BAIT CO.	IN 1955	20-30
121-D9	KETCH-ORENO	#909		1 1/2 IN	SOUTH BEND BAIT CO.	IN 1929	100-150
121-D10	SELECT-ORENO	#991			SOUTH BEND BAIT CO.	IN 1938	50-75
121-D11	WIZ-ORENO	#967		2 3/4 IN	SOUTH BEND BAIT CO.	IN 1925	50-75
121-D12	TWO-ORENO				SOUTH BEND BAIT CO.	IN 1937	40-50
121-D13	BABY TWO-ORENO	#974	1/2 OZ	3 IN	SOUTH BEND BAIT CO.	IN 1937	40-50
121-D14	TWO-OBITE				SOUTH BEND BAIT CO.	IN 1938	30-40
121-D15	BABY TWO-OBITE				SOUTH BEND BAIT CO.	IN 1938	30-40

*Babe-Oreno (standard color), 10-20

Lures

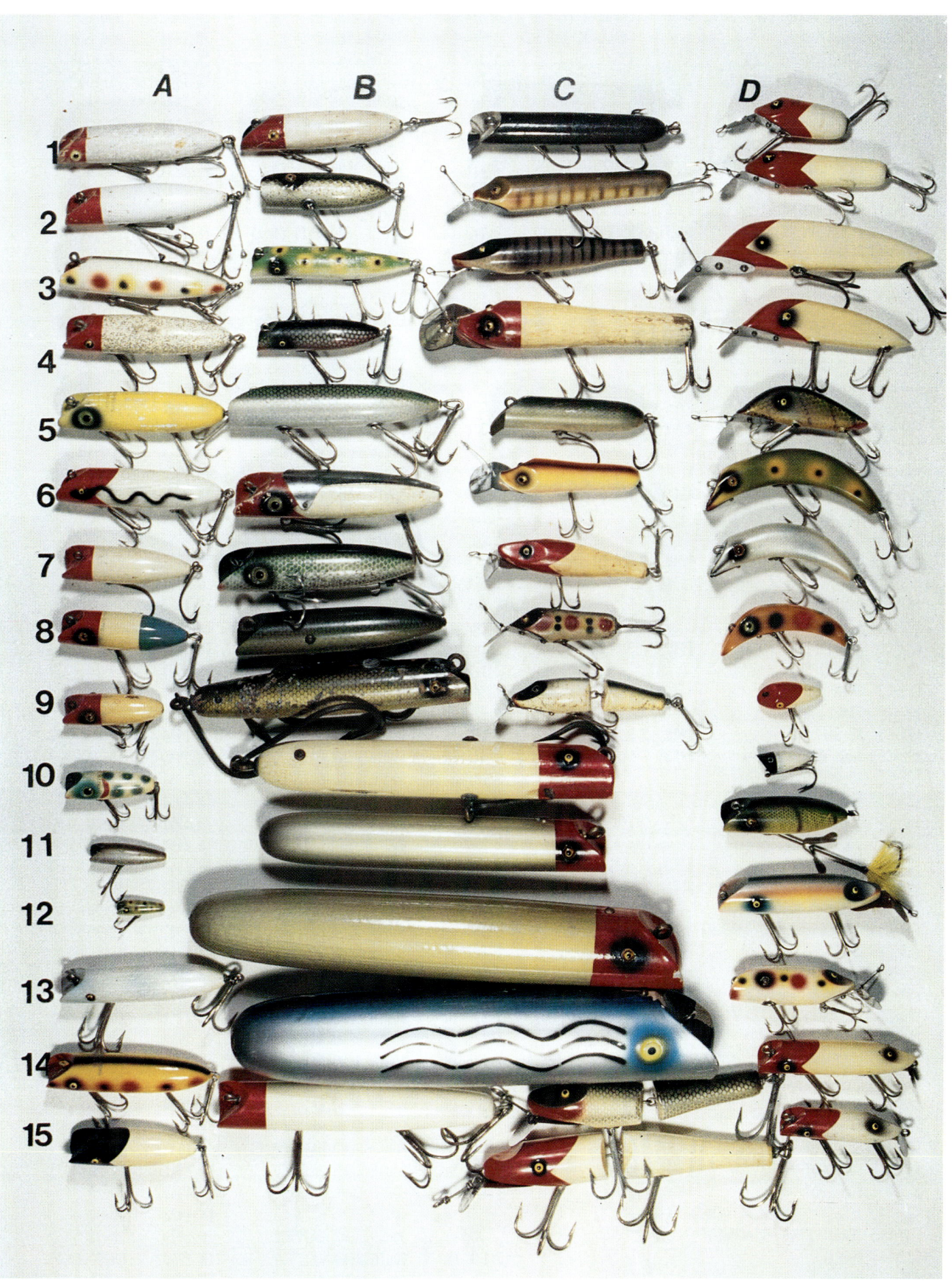

Descriptions of Lures

Page No.	Lure Name		Misc. Inform.	Length	Manufacturer	St. Date	Value
123-A1	MUSKIE MINNOW		1 1/3 OZ #953	5 1/2 IN	SOUTH BEND BAIT CO.	IN 1914	400-500
123-A2	LUNGE-ORENO	#966	LARGE 2 1/2 OZ	5 3/4 IN	SOUTH BEND BAIT CO.	IN 1932	200-300
123-A3	LUNGE-ORENO		SMALL 1 1/8 OZ	3 3/4 IN	SOUTH BEND BAIT CO.	IN 1936	200-300
123-A4	MUSKY SURF-ORENO	#964		5 3/4 IN	SOUTH BEND BAIT CO.	IN 1924	200-300
123-A5	MUSKY PEACH-ORENO			5 IN	SOUTH BEND BAIT CO.	IN 1941	75-100
123-A6	PEACH-ORENO			4 IN	SOUTH BEND BAIT CO.	IN 1941	40-50
123-A7	PEACH-ORENO		SMALL	3 IN	SOUTH BEND BAIT CO.	IN 1941	40-50
123-A8	FISH-ORENO		GLASS EYE	3 IN	SOUTH BEND BAIT CO.	IN 1926	20-30
123-A9	FISH-ORENO		SMALL	2 3/4 IN	SOUTH BEND BAIT CO.	IN 1929	50-75
123-A10	PLUNK-ORENO	#935	OLD 5/8 OZ	3 3/4 IN	SOUTH BEND BAIT CO.	IN 1929	75-100
123-A11	PLUNK-ORENO	#935	NEW PAINTED EYE	3 3/4 IN	SOUTH BEND BAIT CO.	IN 1936	75-100
123-A12	PLUNK-ORENO	#929	NO EYE 5/8 OZ	2 1/2 IN	SOUTH BEND BAIT CO.	IN 1929	75-100
123-A13	PLUNK-ORENO		NEW TACK EYE	2 1/4 IN	SOUTH BEND BAIT CO.	IN 1939	50-75
123-A14	PLUNK-ORENO		TACK EYE	2 1/4 IN	SOUTH BEND BAIT CO.	IN 1936	50-75
123-A15	PLUG-ORENO			2 IN	SOUTH BEND BAIT CO.	IN 1929	75-100
123-B1	FLY ROD SURF-ORENO			1 1/2 IN	SOUTH BEND BAIT CO.	IN 1927	75-100
123-B2	FISH-OBITE		1/2 OZ	2 3/8 IN	SOUTH BEND BAIT CO.	IN 1930	10-20
123-B3	ENTICE-ORENO	#991	1/2 OZ	2 5/8 IN	SOUTH BEND BAIT CO.	IN 1939	20-30
123-B4	999 MINNOW	#999	5/8 OZ	4 IN	SOUTH BEND BAIT CO.	IN 1931	75-100
123-B5	TEX-ORENO FLOATER	#996		2 3/4 IN	SOUTH BEND BAIT CO.	IN 1938	150-200
123-B6	TEX-ORENO SINKER	#995	5/8 OZ	2 3/4 IN	SOUTH BEND BAIT CO.	IN 1938	75-100
123-B7	WHIRL-ORENO	#935	5/8 OZ	3 1/2 IN	SOUTH BEND BAIT CO.	IN 1924	100-150
123-B8	VACUUM BAIT	#1	3/4 OZ	2 3/8 IN	SOUTH BEND BAIT CO.	IN 1921	100-150
123-B9	BABY VACUUM BAIT	#21	1/2 OZ	2 IN	SOUTH BEND BAIT CO.	IN 1921	150-200
123-B10	O.V.B. PANATELLA			4 1/2 IN	SOUTH BEND BAIT CO.	IN 1912	75-100
123-B11	O.V.B. MINNOW			3 IN	SOUTH BEND BAIT CO.	IN 1912	75-100
123-B12	MOUSE-ORENO	#949	5/8 OZ	2 3/4 IN	SOUTH BEND BAIT CO.	IN 1931	75-100
123-B13	FLY ROD MOUSE-ORENO	#948		1 5/8 IN	SOUTH BEND BAIT CO.	IN 1931	75-100
123-B14	DARTER-ORENO			3 3/4 IN	SOUTH BEND BAIT CO.	IN 1927	20-30
123-B15	STRIKE-ORENO			1 IN	SOUTH BEND BAIT CO.	IN 1927	20-30
123-C1	NIP-I-DIDDEE	#910	5/8 OZ	3 IN	SOUTH BEND BAIT CO.	IN 1947	10-20
123-C2	WEE-NIPEE			2 1/2 IN	SOUTH BEND BAIT CO.	IN 1951	10-20
123-C3	SPIN-I-DIDDEE		3/8 OZ	2 3/4 IN	SOUTH BEND BAIT CO.	IN 1955	10-20
123-C4	FIN-DINGO			1 1/2 IN	SOUTH BEND BAIT CO.	IN 1952	10-20
123-C5	BE BOP	#905	5/8 OZ	4 1/2 IN	SOUTH BEND BAIT CO.	IN 1950	10-20
123-C6	BABY BEBOP	#902	1/2 OZ	3 3/8 IN	SOUTH BEND BAIT CO.	IN 1950	10-20
123-C7	GO-PLUNK JOINTED			3 IN	SOUTH BEND BAIT CO.	IN 1951	10-20
123-C8	EXPLORER			3 IN	SOUTH BEND BAIT CO.	IN 1951	10-20
123-C9	EXPLORER JOINTED		3/8 OZ	3 IN	SOUTH BEND BAIT CO.	IN 1951	10-20
123-C10	LIL RASCAL		1/4 OZ	2 1/4 IN	SOUTH BEND BAIT CO.	IN 1950	10-20
123-C11	ROCK HOPPER	#675	SMALL 1/6 OZ	2 1/4 IN	SOUTH BEND BAIT CO.	IN 1952	10-20
123-C12	ROCK HOPPER	#676	LARGE 1/4 OZ	1 1/2 IN	SOUTH BEND BAIT CO.	IN 1952	10-20
123-C13	RUBB-ORENO CRAWFISH			2 IN	SOUTH BEND BAIT CO.	IN 1940	20-30
123-C14	CRAB-ORENO (NO RABBER)	#777	3/4 OZ	3 IN	SOUTH BEND BAIT CO.	IN 1932	20-30
123-C15	OPTIC			2 1/2 IN	SOUTH BEND BAIT CO.	IN 1955	5-10
123-D1	FLASH-ORENO			3 IN	SOUTH BEND BAIT CO.	IN 1927	20-30
123-D2	MUSKY FLASH-ORENO			5 IN	SOUTH BEND BAIT CO.	IN 1927	50-75
123-D3	ITSADUZY		5/8 OZ	1 3/4 IN	SOUTH BEND BAIT CO.	IN 1951	10-20
123-D4	SPIN-I-DUZY		3/10 OZ	1 1/4 IN	SOUTH BEND BAIT CO.	IN 1953	10-20
123-D5	DART-ORENO			1 1/4 IN	SOUTH BEND BAIT CO.	IN 1927	10-20
123-D6	CASTING SPOON			3 1/4 IN	SOUTH BEND BAIT CO.	IN 1938	10-20
123-D7	SPOON-ORENO	#586	LARGE 3/4 OZ	3 1/4 IN	SOUTH BEND BAIT CO.	IN 1934	10-20
123-D8	SPOON-ORENO	#594	SMALL 1/2 OZ	2 1/2 IN	SOUTH BEND BAIT CO.	IN 1935	5-10
123-D9	SUN SPOT		LARGE	3 1/4 IN	SOUTH BEND BAIT CO.	IN 1941	10-20
123-D10	SUN SPOT		MED	2 1/2 IN	SOUTH BEND BAIT CO.	IN 1941	10-20
123-D11	SUN SPOT		SMALL	1 1/4 IN	SOUTH BEND BAIT CO.	IN 1941	10-20
123-D12	JERSEY SPINNER ATTACHMENT	#365	1/2 OZ		SOUTH BEND BAIT CO.	IN 1913	20-30
123-D13	JERSEY FROG ATTACHMENT				SOUTH BEND BAIT CO.	IN 1913	20-30
123-D14	RASCAL			5 1/2 IN	SOUTH BEND BAIT CO.	IN 1960	UNDER 5
123-D15	RASCAL		SMALL	1 3/4 IN	SOUTH BEND BAIT CO.	IN 1960	UNDER 5

Lures

Descriptions of Lures

Page No.	Lure Name	Misc. Inform.	Length	Manufacturer	St. Date	Value
125-A1	FROG-ORENO		1 3/4 IN	SOUTH BEND BAIT CO.	IN 1935	75-100
125-A2	SUPER DUPER		5 1/4 IN	SOUTH BEND BAIT CO.	IN 1953	UNDER 5
125-A3	SUPER DUPER NIGHT FIGHTER	MED	3 1/4 IN	SOUTH BEND BAIT CO.	IN 1953	UNDER 5
125-A4	SUPER DUPER NIGHT FIGHTER	SMALL	2 3/4 IN	SOUTH BEND BAIT CO.	IN 1953	UNDER 5
125-A5	SUPER DUPER		2 3/8 IN	SOUTH BEND BAIT CO.	IN 1953	UNDER 5
125-A6	SUPER DUPER		2 IN	SOUTH BEND BAIT CO.	IN 1953	UNDER 5
125-A7	SUPER DUPER		1 1/2 IN	SOUTH BEND BAIT CO.	IN 1953	UNDER 5
125-A8	SUPER DUPER		1 IN	SOUTH BEND BAIT CO.	IN 1953	UNDER 5
125-A9	TRIX-ORENO	OLD	3 1/4 IN	SOUTH BEND BAIT CO.	IN 1931	5-10
125-A10	TRIX-ORENO	OLD	2 1/4 IN	SOUTH BEND BAIT CO.	IN 1931	5-10
125-A11	TRIX-ORENO	NEW	1 1/4 IN	SOUTH BEND BAIT CO.	IN 1931	5-10
125-A12	TRIX-ORENO	OLD	1 1/2 IN	SOUTH BEND BAIT CO.	IN 1931	5-10
125-A13	TRIX-ORENO		1 IN	SOUTH BEND BAIT CO.	IN 1931	5-10
125-A14	TRIX-ORENO		3/4 IN	SOUTH BEND BAIT CO.	IN 1931	5-10
125-A15	TRIX-ORENO SPINNING		2 IN	SOUTH BEND BAIT CO.	IN 1951	UNDER 5
125-B1	FLIPIT	#600	2 1/2 IN	SOUTH BEND BAIT CO.	IN 1953	UNDER 5
125-B2	FLIPIT		1 1/2 IN	SOUTH BEND BAIT CO.	IN 1953	UNDER 5
125-B3	FLIPIT		1 1/4 IN	SOUTH BEND BAIT CO.	IN 1953	UNDER 5
125-B4	FLIPIT		1 IN	SOUTH BEND BAIT CO.	IN 1953	UNDER 5
125-B5	PEARL SPOON		4 IN	SOUTH BEND BAIT CO.	IN 1914	10-20
125-B6	PEARL SPOON WEEDLESS		3 IN	SOUTH BEND BAIT CO.	IN 1914	10-20
125-B7	PEARL KIDNEY SPINNER			SOUTH BEND BAIT CO.	IN 1921	10-20
125-B8	PEARL KIDNEY SPINNER	SMALL		SOUTH BEND BAIT CO.	IN 1921	10-20
125-B9	COLORADO PEARL SPOON			SOUTH BEND BAIT CO.	IN 1921	10-20
125-B10	COLORADO PEARL			SOUTH BEND BAIT CO.	IN 1921	10-20
125-B11	WEEDLESS SPINNER HOOK		1 IN	SOUTH BEND BAIT CO.	IN 1916	10-20
125-B12	WEEDLESS BUCKTAIL HOOK		3/4 IN	SOUTH BEND BAIT CO.	IN 1916	10-20
125-B13	WEEDLESS BUCKTAIL SPINNER		3/4 IN	SOUTH BEND BAIT CO.	IN 1916	10-20
125-B14	NITE LUMINOUS DOUBLE SPINNER			SOUTH BEND BAIT CO.	IN 1921	10-20
125-B15	JUNEBUG SPINNER	#89		SOUTH BEND BAIT CO.	IN 1931	5-10
125-C1	WIGGINS-ORENO			SOUTH BEND BAIT CO.	IN 1927	10-20
125-C2	WGTD WEED. BUCKTAIL BASS SPOON			SOUTH BEND BAIT CO.	IN 1919	10-20
125-C3	POSSUM WEEDLESS BAIT #824			SOUTH BEND BAIT CO.	IN 1912	10-20
125-C4	BUCKTAIL DOUBLE SPINNER			SOUTH BEND BAIT CO.	IN 1912	5-10
125-C5	BUCKTAIL MINNOW SPOON #801			SOUTH BEND BAIT CO.	IN 1920	5-10
125-C6	COLORADO SPINNER			SOUTH BEND BAIT CO.	IN 1914	10-20
125-C7	KIDNEY SPINNER			SOUTH BEND BAIT CO.	IN 1914	20-30
125-C8	ZIPPER UNDERWATER	BIG BOY	3 1/2 IN	PAW PAW BAIT CO.	IN 1934	30-40
125-C9	ZIPPER TOPWATER	BIG BOY	3 1/2 IN	PAW PAW BAIT CO.	IN 1924	30-40
125-C10	WEIGHTED WOBBLER		3 1/4 IN	KINGFISHER SURELUCK	IN 1932	75-100
125-C11	SURFACE LURE	BEST-O-LUCK	3 IN	SOUTH BEND BAIT CO.	IN 1934	40-50
125-C12	WOUNDED MINNOW	BEST-O-LUCK #920 3/4 OZ	4 IN	SOUTH BEND BAIT CO.	IN 1934	30-40
125-C13	INJURED MINNOW	BEST-O-LUCK LG	3 5/8 IN	SOUTH BEND BAIT CO.	IN 1934	30-40
125-C14	INJURED MINNOW	BEST-O-LUCK SM	3 IN	SOUTH BEND BAIT CO.	IN 1934	30-40
125-C15	PANATELLA WOBBLER	BEST-O-LUCK	4 1/4 IN	SOUTH BEND BAIT CO.	IN 1934	30-40
125-D1	UNDERWATER MINNOW	BEST-LUCK	3 IN	SOUTH BEND BAIT CO.	IN 1934	30-40
125-D2	BEST-O'-LUCK MINNOW	LARGE	4 1/4 IN	SOUTH BEND BAIT CO.	IN 1934	30-40
125-D3	BEST-O'-LUCK MINNOW	SMALL	3 IN	SOUTH BEND BAIT CO.	IN 1934	30-40
125-D4	STANDARD WOBBLER, BEST-O-LUCK	5/8 OZ #943	3 3/4 IN	SOUTH BEND BAIT CO.	IN 1934	30-40
125-D5	PIKIE TYPE JTD, BEST-O-LUCK	4 1/2 OZ #931	3 3/4 IN	SOUTH BEND BAIT CO.	IN 1934	30-40
125-D6	BABY JTD. PIKIE, BEST-O-LUCK	1/2 OZ #908	3 1/2 IN	SOUTH BEND BAIT CO.	IN 1934	30-40
125-D7	PIKE LURE, BEST-O-LUCK	5/8 OZ #930	4 3/8 IN	SOUTH BEND BAIT CO.	IN 1934	30-40
125-D8	RHODES PERFECT CASTING MINNOW	C.J. RHODES	4 IN	SHAKESPEARE	MI 1904	1000-1500
125-D9	RHODES CASTING MINNOW	KALAMAZOO TACKLE	3 IN	SHAKESPEARE	MI 1904	750-1000
125-D10	RHODES KALAMAZOO MINNOW	KALAMAZOO TACKLE	3 1/4 IN	SHAKESPEARE	MI 1908	1500-2000
125-D11	RHODES METAL MINNOW	RHODES	3 IN	SHAKESPEARE	MI 1907	750-1000
125-D12	RHODES SURFACE BAIT	RHODES	2 3/4 IN	SHAKESPEARE	MI 1906	750-1000
125-D13	DECOY, UNKNOWN	RHODES	6 IN	UNKNOWN	1885	750-1000
125-D14	RHODES COMBINATION MINNOW	RHODES	2 1/4 IN	SHAKESPEARE	MI 1903	750-1000
125-D15	RHODES CORK REVOLUTION	RHODES	3 1/2 IN	SHAKESPEARE	MI 1897	1000-1500

Lures

125

Descriptions of Lures

Page No.	Lure Name	Misc. Inform.	Length	Manufacturer	St. Date	Value
127-A1	REVOLUTION MINNOW, WOOD		3 1/2 IN	SHAKESPEARE	MI 1897	2000-3000
127-A2	REVOLUTION, EARLY #2		3 1/2 IN	SHAKESPEARE	MI 1902	200-300
127-A3	REVOLUTION, LATER #2		3 1/2 IN	SHAKESPEARE	MI 1905	150-200
127-A4	REVOLUTION, LATEST #2		3 1/2 IN	SHAKESPEARE	MI 1910	150-200
127-A5	BABY REVOLUTION MINNOW #1	EARLY	3 IN	SHAKESPEARE	MI 1905	300-400
127-A6	BABY REVOLUTION MINNOW #1	LATER	3 IN	SHAKESPEARE	MI 1910	300-400
127-A7	MUSKY REVOLUTION #3		4 1/4 IN	SHAKESPEARE	MI 1905	750-1000
127-A8	MUSKY REVOLUTION #3	LATER	4 1/4 IN	SHAKESPEARE	MI 1910	750-1000
127-A9	WORDEN BUCKTAIL BAIT #4		2 1/4 IN	SHAKESPEARE	MI 1905	150-200
127-A10	WORDEN BUCKTAIL BAIT	LATE	2 1/4 IN	SHAKESPEARE	MI 1910	150-200
127-A11	SURE LURE		2 3/4 IN	SHAKESPEARE	MI 1902	1000-1500
127-A12	SURE-LURE, LATE #6504		2 5/8 IN	SHAKESPEARE	MI 1930	150-200
127-A13	EVOLUTION, EARLY #5		4 IN	SHAKESPEARE	MI 1902	300-400
127-A14	EVOLUTION, LATER		4 IN	SHAKESPEARE	MI 1910	200-300
127-A15	EVOLUTION, SMALL LATER #3		2 1/8 IN	SHAKESPEARE	MI 1910	200-300
127-B1	ARTIFICIAL TROLLING MINNOW #3		4 IN	SHAKESPEARE	MI 1905	750-1000
127-B2	FISHYLURE		4 3/4 IN	SHAKESPEARE	MI 1936	100-150
127-B3	FISHYLURE		3 1/4 IN	SHAKESPEARE	MI 1936	100-150
127-B4	FISHYLURE		2 1/2 IN	SHAKESPEARE	MI 1936	100-150
127-B5	WEEDLESS FROG #3 GWF		3 1/4 IN	SHAKESPEARE	MI 1903	500-750
127-B6	RHODES MECHANICAL FROG		3 1/4 IN	SHAKESPEARE	MI 1910	200-300
127-B7	RHODES SURFACE MINNOW	COLDWATER? 5 HK	5 IN	SHAKESPEARE	MI 1909	400-500
127-B8	RHODES CASTING MINNOW		4 IN	SHAKESPEARE	MI 1904	400-500
127-B9	RHODES KALAMAZOO CASTING LURE		4 IN	SHAKESPEARE	MI 1905	400-500
127-B10	RHODES BELLYHOOK MINNOW	BINGS?	3 3/4 IN	SHAKESPEARE	MI 1906	200-300
127-B11	RHODES MINNOW	5 HOOK	3 3/4 IN	SHAKESPEARE	MI 1906	200-300
127-B12	RHODES MINNOW	3 HOOK	3 IN	SHAKESPEARE	MI 1906	200-300
127-B13	RHODES MINNOW	LARGE 3 HOOK	3 3/4 IN	SHAKESPEARE	MI 1908	200-300
127-B14	RHODES MINNOW	5 HOOK	3 3/4 IN	SHAKESPEARE	MI 1910	150-200
127-B15	RHODES MINNOW	3 HOOK	3 IN	SHAKESPEARE	MI 1910	150-200
127-C1	RHODES FANCYBACK MINNOW		2 3/4 IN	SHAKESPEARE	MI 1914	150-200
127-C2	PIRATE		2 1/2 IN	SHAKESPEARE	MI 1909	30-40
127-C3	LITTLE PIRATE		2 IN	SHAKESPEARE	MI 1909	150-200
127-C4	RHODES FLOATING MINNOW		3 3/4 IN	SHAKESPEARE	MI 1919	150-200
127-C5	TORPEDO	GLASS EYE	3 1/4 IN	SHAKESPEARE	MI 1912	150-200
127-C6	TORPEDO		3 IN	SHAKESPEARE	MI 1905	300-400
127-C7	TORPEDO		3 1/4 IN	SHAKESPEARE	MI 1910	200-300
127-C8	RHODES KAZOO	5 HOOK	4 IN	SHAKESPEARE	MI 1910	200-300
127-C9	RHODES KAZOO	3 HOOK	3 IN	SHAKESPEARE	MI 1910	200-300
127-C10	SHINER MINNOW	LARGE	3 7/8 IN	SHAKESPEARE	MI 1909	200-300
127-C11	SHINER MINNOW	SMALL	2 3/4 IN	SHAKESPEARE	MI 1909	200-300
127-C12	WHIRLWIND	EARLY	1 1/4 IN	SHAKESPEARE	MI 1910	200-300
127-C13	WHIRLWIND	LATER	1 1/4 IN	SHAKESPEARE	MI 1915	200-300
127-C14	SLIM JIM 5 HOOK		4 5/8 IN	SHAKESPEARE	MI 1915	200-300
127-C15	SLIM JIM 3 HOOK #6552		4 1/2 IN	SHAKESPEARE	MI 1915	150-200
127-D1	SLIM JIM, SIDE HOOK		3 3/4 IN	SHAKESPEARE	MI 1908	100-150
127-D2	SLIM JIM, BELLY HOOK		3 3/4 IN	SHAKESPEARE	MI 1915	75-100
127-D3	SLIM JIM, 3 HOOK #6552		3 IN	SHAKESPEARE	MI 1908	150-200
127-D4	SLIM JIM, McKINNIE SPECIAL		4 IN	SHAKESPEARE	MI 1930	40-50
127-D5	SLIM JIM, SALTWATER		4 IN	SHAKESPEARE	MI 1930	30-40
127-D6	MUSKY FLOATING MINNOW		3 3/4 IN	SHAKESPEARE	MI 1909	200-300
127-D7	REGULAR FLOATING MINNOW		3 3/4 IN	SHAKESPEARE	MI 1909	150-200
127-D8	SURFACE WONDER OLD		4 1/2 IN	SHAKESPEARE	MI 1908	200-300
127-D9	SURFACE WONDER NEW		4 1/2 IN	SHAKESPEARE	MI 1910	100-150
127-D10	SURFACE WONDER SMALL		4 IN	SHAKESPEARE	MI 1915	300-400
127-D11	BUCKTAIL SURFACE MINNOW		2 1/2 IN	SHAKESPEARE	MI 1915	200-300
127-D12	NIGHT CASTER #680		3 1/2 IN	SHAKESPEARE	MI 1908	100-150
127-D13	PUNKINSEED	SUBMERGIBLE #30	2 3/4 IN	SHAKESPEARE	MI 1912	200-300
127-D14	PUNKINSEED	FLOATING #31	3 IN	SHAKESPEARE	MI 1912	300-400
127-D15	PUNKINSEED	JIM DANDY	2 3/4 IN	SHAKESPEARE	MI 1918	200-300

Lures

Descriptions of Lures

Page No.	Lure Name	Misc. Inform.	Length	Manufacturer	St. Date	Value
129-A1	MUSKY MINNOW	5 HOOK	5 1/2 IN	SHAKESPEARE	MI 1908	500-750
129-A2	MUSKY MINNOW	3 HOOK	4 1/2 IN	SHAKESPEARE	MI 1910	400-500
129-A3	MUSKY MINNOW	2 HOOK	4 1/2 IN	SHAKESPEARE	MI 1908	400-500
129-A4	SUBMERGIBLE MINNOW	5 HOOK	3 3/4 IN	SHAKESPEARE	MI 1908	200-300
129-A5	SUBMERGIBLE MINNOW	5 HOOK	3 3/4 IN	SHAKESPEARE	MI 1912	150-200
129-A6	SUBMERGIBLE MINNOW	EMB. EYE 5 HOOK	3 3/4 IN	SHAKESPEARE	MI 1925	75-100
129-A7	CASTING MINNOW	5 HOOK	3 3/4 IN	SHAKESPEARE	MI 1908	200-300
129-A8	CASTING MINNOW	5 HOOK	3 IN	SHAKESPEARE	MI 1908	200-300
129-A9	UNDERWATER MINNOW	3 HOOK	2 3/4 IN	SHAKESPEARE	MI 1910	200-300
129-A10	MIDGET WOODEN MINNOW	3 HOOK	2 IN	SHAKESPEARE	MI 1914	200-300
129-A11	SUBMARINE MINNOW OLD #42		3 3/4 IN	SHAKESPEARE	MI 1923	200-300
129-A12	SUBMARINE MINNOW #42		3 3/4 IN	SHAKESPEARE	MI 1927	150-200
129-A13	SUBMARINE MINNOW #31	RHODES	3 IN	SHAKESPEARE	MI 1910	300-400
129-A14	PORK RIND MINNOW		1 3/4 IN	SHAKESPEARE	MI 1930	400-500
129-A15	PORK RIND MINNOW		1 3/4 IN	SHAKESPEARE	MI 1920	400-500
129-B1	METALIZED MINNOW	5 HOOK	3 3/4 IN	SHAKESPEARE	MI 1910	300-400
129-B2	METALIZED MINNOW	3 HOOK	3 IN	SHAKESPEARE	MI 1910	300-400
129-B3	METALIZED MINNOW	3 HOOK	2 3/4 IN	SHAKESPEARE	MI 1910	300-400
129-B4	METALIZED MINNOW	3 HOOK	2 IN	SHAKESPEARE	MI 1908	400-500
129-B5	MIDGET UNDERWATER		2 IN	SHAKESPEARE	MI 1925	150-200
129-B6	MIDGET SPINNER		1 3/4 IN	SHAKESPEARE	MI 1930	100-150
129-B7	SURFACE MINNOW	EMBOSSED EYE	2 3/4 IN	SHAKESPEARE	MI 1940	75-100
129-B8	BABY INJURED MINNOW	EMBOSSED EYE	2 1/2 IN	SHAKESPEARE	MI 1946	20-30
129-B9	MIDGET INJURED MINNOW	EMBOSSED EYE	1 1/2 IN	SHAKESPEARE	MI 1946	10-20
129-B10	NU-CRIP MINNOW #6510	5/8 OZ	4 IN	SHAKESPEARE	MI 1939	50-75
129-B11	NU-CRIP JR. MINNOW		3 IN	SHAKESPEARE	MI 1939	300-400
129-B12	JIM DANDY CRIPPLED MINNOW	3 HOOK	4 1/2 IN	SHAKESPEARE	MI 1932	150-200
129-B13	JIM DANDY CRIPPLED MINNOW		4 1/2 IN	SHAKESPEARE	MI 1932	150-200
129-B14	JIM DANDY CRIPPLED MINNOW		3 3/4 IN	SHAKESPEARE	MI 1932	150-200
129-B15	JIM DANDY MINNOW		4 IN	SHAKESPEARE	MI 1932	150-200
129-C1	SPECIAL		4 IN	SHAKESPEARE	MI 1939	10-20
129-C2	SPECIAL JR.		3 3/4 IN	SHAKESPEARE	MI 1939	10-20
129-C3	JERKIN LURE #6567		4 IN	SHAKESPEARE	MI 1939	20-30
129-C4	WAUKAZOO (JIMMY SKUNK)		2 1/2 IN	SHAKESPEARE	MI 1932	100-150
129-C5	UNKNOWN SHAKESPEARE		3 3/4 IN	SHAKESPEARE	MI 1908	500-750
129-C6	FAVORITE FLOATING BAIT		3 3/4 IN	SHAKESPEARE	MI 1908	500-750
129-C7	KAZOO CHUB MINNOW #635		3 5/8 IN	SHAKESPEARE	MI 1923	200-300
129-C8	NEW ALBANY FLOATING BAIT		5 1/2 IN	SHAKESPEARE	MI 1913	3000-4000
129-C9	DARTING SHRIMP #6535		4 1/4 IN	SHAKESPEARE	MI 1927	150-200
129-C10	BASS KAZOO #590		4 IN	SHAKESPEARE	MI 1923	150-200
129-C11	BASS KAZOO 2 HOOK		4 IN	SHAKESPEARE	MI 1923	75-100
129-C12	BASS-A-LURE 3 HOOK		3 3/4 IN	SHAKESPEARE	MI 1924	100-150
129-C13	BASS-A-LURE 2 HOOK		3 3/4 IN	SHAKESPEARE	MI 1923	75-100
129-C14	BASS-A-LURE JR. #591 1/2		3 IN	SHAKESPEARE	MI 1926	100-150
129-C15	MIDGET BASS-A-LURE		2 3/4 IN	SHAKESPEARE	MI 1926	75-100
129-D1	MULTI-LIPPED WOBBLER		4 IN	SHAKESPEARE	MI 1920	500-750
129-D2	JIM DANDY DARTER		3 IN	SHAKESPEARE	MI 1930	50-75
129-D3	STRIKE-IT #6666	4/5 OZ	3 3/4 IN	SHAKESPEARE	MI 1932	100-150
129-D4	TARPALUNGE #6640	2 3/4 OZ	5 3/4 IN	SHAKESPEARE	MI 1929	400-500
129-D5	TANTALIZER #638	9/10 OZ	4 IN	SHAKESPEARE	MI 1932	75-100
129-D6	TANTALIZER JR. #6639	3/4 OZ	3 3/4 IN	SHAKESPEARE	MI 1939	75-100
129-D7	PLOPPER #6511	3/5 OZ	3 3/4 IN	SHAKESPEARE	MI 1930	100-150
129-D8	SALTWATER SPECIAL		3 IN	SHAKESPEARE	MI 1924	400-500
129-D9	SARDINIA SALTWATER SPECIAL	#711	3 IN	SHAKESPEARE	MI 1924	400-500
129-D10	FROGSKIN BAIT #6505		3 3/4 IN	SHAKESPEARE	MI 1930	150-200
129-D11	BABY FROGSKIN BAIT		3 IN	SHAKESPEARE	MI 1930	150-200
129-D12	POP-EYE FROG OLD		3 1/2 IN	SHAKESPEARE	MI 1936	50-75
129-D13	POP-EYE FROG LATE #6575		3 IN	SHAKESPEARE	MI 1946	10-20
129-D14	POP-EYE FROG OLD		3 IN	SHAKESPEARE	MI 1936	50-75
129-D15	POP-EYE FROG, JR. LATE		1 1/2 IN	SHAKESPEARE	MI 1946	10-20

Lures

Descriptions of Lures

Page No.	Lure Name	Misc. Inform.		Length	Manufacturer	St. Date	Value
131-A1	STRIPED BASS WOBBLER			6 IN	SHAKESPEARE	MI 1939	300-400
131-A2	STRIPED BASS WOBBLER, JOINTED			6 IN	SHAKESPEARE	MI 1939	300-400
131-A3	PIKIE KAZOO	#637		6 IN	SHAKESPEARE	MI 1923	100-150
131-A4	EGYPTIAN WOBBLER	#6636	1 OZ	4 7/8 IN	SHAKESPEARE	MI 1930	75-100
131-A5	KINGFISH WOBBLER			4 7/8 IN	SHAKESPEARE	MI 1939	75-100
131-A6	EGYPTIAN WOBBLER JR.	#6635	1/2 OZ	3 5/8 IN	SHAKESPEARE	MI 1930	100-150
131-A7	EGYPTIAN WOBBLER JR.	#6677	9/10 OZ	5 1/4 IN	SHAKESPEARE	MI 1930	100-150
131-A8	KAZOO WOBBLER, JOINTED			5 1/4 IN	SHAKESPEARE	MI 1927	100-150
131-A9	BABY EGYPTIAN WOBBLER			3 1/2 IN	SHAKESPEARE	MI 1939	75-100
131-A10	PIKIE KAZOO, SURFACE			5 IN	SHAKESPEARE	MI 1935	75-100
131-A11	BABY PIKIE KAZOO	#637 1/2		3 3/8 IN	SHAKESPEARE	MI 1926	75-100
131-A12	EGYPTIAN WOBBLER, FLOATING			3 1/2 IN	SHAKESPEARE	MI 1926	50-75
131-A13	MIDGET PIKIE KAZOO			3 IN	SHAKESPEARE	MI 1930	50-75
131-A14	BARNACLE BILL	#6529	3/5 OZ	3 IN	SHAKESPEARE	MI 1930	300-400
131-A15	BUDDY	#6568	3/5 OZ	4 1/4 IN	SHAKESPEARE	MI 1939	30-40
131-B1	JACKSMITH LURE 2 HOOK			4 IN	SHAKESPEARE	MI 1930	100-150
131-B2	JACKSMITH LURE 3 HOOK			4 IN	SHAKESPEARE	MI 1932	100-150
131-B3	JACKSMITH LURE, SALTWATER			4 IN	SHAKESPEARE	MI 1936	50-75
131-B4	JACK JR.	#6500	2 3/4 OZ	4 IN	SHAKESPEARE	MI 1937	50-75
131-B5	SEA WITCH, SPINNERED			3 3/4 IN	SHAKESPEARE	MI 1930	150-200
131-B6	SEA WITCH	#6531		4 IN	SHAKESPEARE	MI 1928	150-200
131-B7	SEA WITCH JR.	#6531		3 3/4 IN	SHAKESPEARE	MI 1928	150-200
131-B8	BABY SEA WITCH	#6553	1/2 OZ	3 5/16 IN	SHAKESPEARE	MI 1928	150-200
131-B9	KOMINSKI SPECIAL			2 IN	SHAKESPEARE	MI 1930	150-200
131-B10	WIGGLE DIVER	#6529	LARGE	4 5/8 IN	SHAKESPEARE	MI 1938	20-30
131-B11	WIGGLE DIVER, JR.	#6527		3 1/2 IN	SHAKESPEARE	MI 1938	20-30
131-B12	BABY WIGGLE DIVER			2 1/4 IN	SHAKESPEARE	MI 1938	20-30
131-B13	MUSKY PAD-LER	#6679	1 1/2 OZ	3 3/4 IN	SHAKESPEARE	MI 1937	150-200
131-B14	PAD-LER	#6678	1 OZ	3 1/4 IN	SHAKESPEARE	MI 1937	100-150
131-B15	BABY PAD-LER	#6680	7/10 OZ	2 7/8 IN	SHAKESPEARE	MI 1937	100-150
131-C1	SWIMMING MOUSE, ORIGINAL	#578	4/5 OZ	3 3/8 IN	SHAKESPEARE	MI 1923	75-100
131-C2	SWIMMING MOUSE	#6578		3 1/4 IN	SHAKESPEARE	MI 1926	30-40
131-C3	SWIMMING MOUSE, LATER	#6578		3 1/4 IN	SHAKESPEARE	MI 1930	20-30
131-C4	SWIMMING MOUSE JR.	#6580	5/8 OZ	2 3/4 IN	SHAKESPEARE	MI 1930	20-30
131-C5	BABY SWIMMING MOUSE	#6500		2 1/2 IN	SHAKESPEARE	MI 1939	10-20
131-C6	MIDGET SWIMMING MOUSE			2 IN	SHAKESPEARE	MI 1939	10-20
131-C7	FLY ROD SWIMMING MOUSE			1 3/8 IN	SHAKESPEARE	MI 1939	10-20
131-C8	SWIMMING MOUSE		NO EYE	3 1/4 IN	SHAKESPEARE	MI 1919	100-150
131-C9	HYDROPLANE OLD	#709		4 1/2 IN	SHAKESPEARE	MI 1923	150-200
131-C10	HYDROPLANE NEWER			5 IN	SHAKESPEARE	MI 1930	200-300
131-C11	HYDROPLANE, JR.	#709 1/2		3 IN	SHAKESPEARE	MI 1923	150-200
131-C12	MERMAID	#583		3 5/8 IN	SHAKESPEARE	MI 1923	150-200
131-C13	MERMAID JR.	#582		3 1/4 IN	SHAKESPEARE	MI 1923	150-200
131-C14	FISHER BAIT	#6509	3/5 OZ	3 3/4 IN	SHAKESPEARE	MI 1937	100-150
131-C15	FISHER BAIT JR.			3 IN	SHAKESPEARE	MI 1938	100-150
131-D1	GADABOUT			3 IN	SHAKESPEARE	MI 1941	40-50
131-D2	BABY BLITZ			2 IN	SHAKESPEARE	MI 1941	20-30
131-D3	BALSA BUG	#6330		1 3/8 IN	SHAKESPEARE	MI 1946	20-30
131-D4	LITTLE JOE	1/2 OZ	#6530	2 IN	SHAKESPEARE	MI 1930	75-100
131-D5	SURFACE POPPER			2 IN	SHAKESPEARE	MI 1939	40-50
131-D6	JIM DANDY SPOONBILL WOBBLER	#6400	3/4 OZ	3 3/4 IN	SHAKESPEARE	MI 1930	75-100
131-D7	JIM DANDY SPOONBILL WOBBLER JR			3 1/4 IN	SHAKESPEARE	MI 1931	150-200
131-D8	JIM DANDY LURE			2 1/2 IN	SHAKESPEARE	MI 1925	75-100
131-D9	SPINTAIL			1 1/2 IN	SHAKESPEARE	MI 1939	10-20
131-D10	DOPEY	#6603		1 5/16 IN	SHAKESPEARE	MI 1939	10-20
131-D11	GRUMPY	#6602	1 3/4 IN	1 5/16 IN	SHAKESPEARE	MI 1939	10-20
131-D12	PUP	#6564	1/2 OZ	2 5/8 IN	SHAKESPEARE	MI 1939	10-20
131-D13	POP-I			2 3/4 IN	SHAKESPEARE	MI 1939	20-30
131-D14	PIN HEAD	#6566	1 OZ	3 3/8 IN	SHAKESPEARE	MI 1940	20-30
131-D15	CASTING WEIGHT 5/8 OZ			2 3/4 IN	SHAKESPEARE	MI 1938	10-20

Lures

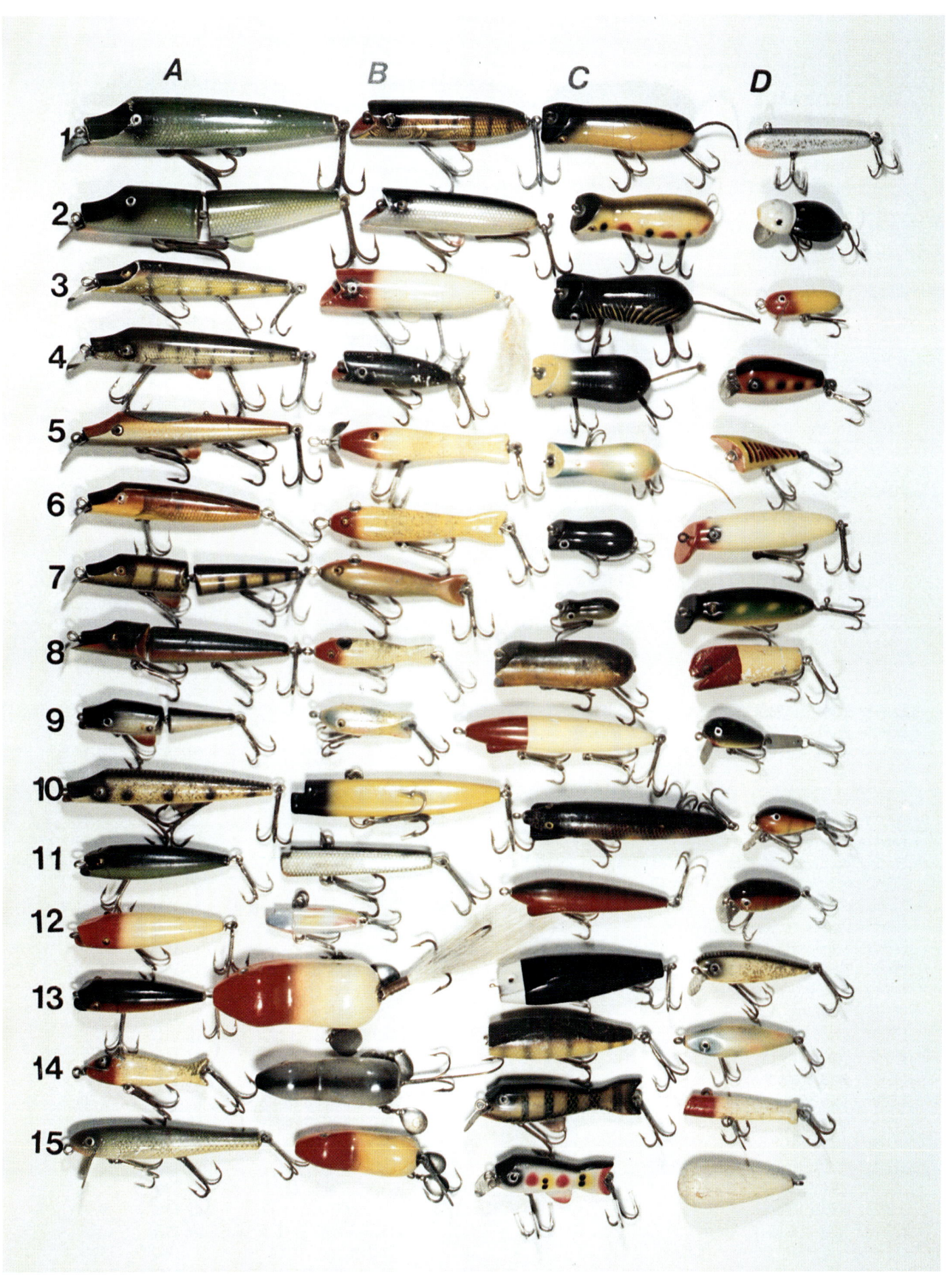

131

Descriptions of Lures

Page No.	Lure Name	Misc. Inform.		Length	Manufacturer	St.	Date	Value
133-A1	FLY ROD MOUSE			1 IN	SHAKESPEARE	MI	1930	50-75
133-A2	FLY ROD CRAWDAD			1 IN	SHAKESPEARE	MI	1930	50-75
133-A3	SPINTAIL BUG	WRIGHT-McGILL?		1 IN	SHAKESPEARE	MI	1938	40-50
133-A4	JIM DANDY DARTER			4 IN	SHAKESPEARE	MI	1932	75-100
133-A5	JIM DANDY LURE			3 1/4 IN	SHAKESPEARE	MI	1935	100-150
133-A6	TRICKY BUCKER	#6610	5/8 OZ	2 IN	SHAKESPEARE	MI	1935	75-100
133-A7	TRICKY FROGGIE	#6611	5/8 OZ	1 1/4 IN	SHAKESPEARE	MI	1935	75-100
133-A8	TRICKY CRAB	#6612	5/8 OZ	3 IN	SHAKESPEARE	MI	1935	100-150
133-A9	KAZOO FLAPPER WING			2 IN	SHAKESPEARE	MI	1924	150-200
133-A10	KAZOO WOBBLE TAIL			1 1/2 IN	SHAKESPEARE	MI	1924	150-200
133-A11	KAZOO BUG			3/4 IN	SHAKESPEARE	MI	1924	75-100
133-A12	KAZOO TROLLING BUG	#366		1 1/2 IN	SHAKESPEARE	MI	1924	100-150
133-A13	KAZOO TROLLING MINNOW	#972			SHAKESPEARE	MI	1924	100-150
133-A14	KAZOO TROLLING MINNOW	SMALL			SHAKESPEARE	MI	1924	100-150
133-A15	DARB-A-LURE			1 1/2 IN	SHAKESPEARE	MI	1932	10-20
133-B1	PALMER GOLD FLUTTER	#1988		3 IN	SHAKESPEARE	MI	1925	20-30
133-B2	KAZOO FLUTTER SPOON			2 1/2 IN	SHAKESPEARE	MI	1925	30-40
133-B3	FLUTTER LURE			1 1/4 IN	SHAKESPEARE	MI	1925	20-30
133-B4	KALAMAZOO PILOT FLY			1 IN	SHAKESPEARE	MI	1905	200-300
133-B5	KALAMAZOO SPOON BASS FLY #2000				SHAKESPEARE	MI	1924	30-40
133-B6	KALAMAZOO SPOON BASS FLY	WEIGHTED			SHAKESPEARE	MI	1924	30-40
133-B7	WEEDLESS FLUTTER FLY BUCKTAIL				SHAKESPEARE	MI	1925	30-40
133-B8	WEEDLESS FLUTTER FLY FEATHER				SHAKESPEARE	MI	1925	30-40
133-B9	WEEDLESS BASS FLY				SHAKESPEARE	MI	1925	30-40
133-B10	T. ROBB BASS FLY				SHAKESPEARE	MI	1924	30-40
133-B11	TROLLING MINNOW LARGE				SHAKESPEARE	MI	1924	30-40
133-B12	TROLLING MINNOW SMALL				SHAKESPEARE	MI	1920	30-40
133-B13	LOWE TYPE SPINNER	LARGE			SHAKESPEARE	MI	1920	40-50
133-B14	LOWE TYPE SPINNER	SMALL			SHAKESPEARE	MI	1920	20-30
133-B15	LOWE TYPE TANDEM SPINNER				SHAKESPEARE	MI	1920	20-30
133-C1	KIDNEY PEARL				SHAKESPEARE	MI	1920	20-30
133-C2	PEARL SPOON				SHAKESPEARE	MI	1920	10-20
133-C3	PEARL SPOON	LG		4 IN	SHAKESPEARE	MI	1920	10-20
133-C4	PEARL SPINNER	SMALL		3 IN	SHAKESPEARE	MI	1920	10-20
133-C5	PEARL SPINNER	TANDEM			SHAKESPEARE	MI	1920	20-30
133-C6	DODDRIDGE WEEDLESS HOOK				SHAKESPEARE	MI	1920	20-30
133-C7	DEEP BILL BEE	#1105	2/5 OZ	2 1/2 IN	TULSA TACKLE CO.	OK	1946	20-30
133-C8	DI-DIPPER	#700		2 1/4 IN	TULSA TACKLE CO.	OK	1952	20-30
133-C9	DEEP STUNTER			2 1/4 IN	TULSA TACKLE CO.	OK	1947	10-20
133-C10	STUNTER		1/4 OZ	1 3/4 IN	TULSA TACKLE CO.	OK	1946	10-20
133-C11	BIZZY BEE STUNTER	#300	1/3 OZ	1 3/4 IN	TULSA TACKLE CO.	OK	1947	10-20
133-C12	BEE-POPPER	#400	2/5 OZ	3 IN	TULSA TACKLE CO.	OK	1946	20-30
133-C13	BUNTY BAIT			2 1/2 IN	TOOLEY, L.J. CO.	MI	1917	300-400
133-C14	DARTER			2 1/4 IN	TOOLEY, L.J. CO.	MI	1916	300-400
133-C15	T-N-T TWISTER			2 1/2 IN	T-N-T TACKLE CO.		1946	40-50
133-D1	TURB-U-LURE WIGGLER	SCHAEFER, O.C.		3 IN	TURBULENT BAIT CO.		1941	75-100
133-D2	TURB-U-LENT SURFACE	SCHAEFER, O.C.		3 IN	TURBULENT BAIT CO.		1941	75-100
133-D3	SHINEROO			3 3/4 IN	TOM BAIT CO.	IL	1947	20-30
133-D4	GIZMO			3 1/4 IN	TOM BAIT CO.	IL	1947	20-30
133-D5	WHAM DOODLER			2 IN	TRENTON MFG. CO.	KY	1946	20-30
133-D6	SPIN DOODLER				TRENTON MFG. CO.	KY	1946	20-30
133-D7	TAIL-SPIN			3 3/4 IN	TRENTON MFG. CO.	KY	1946	30-40
133-D8	SPIN DIVER			3 1/4 IN	TRENTON MFG. CO.	KY	1946	30-40
133-D9	MAD MOUSE			2 IN	TRENTON MFG. CO.	KY	1946	30-40
133-D10	GURGLEHEAD	OLDER		2 3/4 IN	TRENTON MFG. CO.	KY	1946	30-40
133-D11	SURFACE DOODLER			2 3/4 IN	TRENTON MFG. CO.	KY	1946	30-40
133-D12	DOODLE BUG			1 1/2 IN	T.C. BAIT CO.	WI	1948	10-20
133-D13	TWIN MINNOW			3 IN	TWIN MINNOW BAIT & TACKLE	NY	1946	10-20
133-D14	TYNE-MITE			2 IN	TYNE-MITE BAIT CO.		1952	UNDER 5
133-D15	SPIN-IN-HERRY				TRADEWINDS INC.	WA	1950'S	5-10

Lures

Descriptions of Lures

Page No.	Lure Name	Misc. Inform.	Length	Manufacturer	St. Date	Value
135-A1	FLASHER BAIT		2 1/4 IN	TRUE ART FLY CO.	FL 1947	5-10
135-A2	FLASHER BAIT	SMALL	1 1/2 IN	TRUE ART FLY CO.	FL 1947	5-10
135-A3	CHELLY		1 1/2 IN	THOMMEN BAIT CO.	NY 1950	UNDER 5
135-A4	FALCON		1 IN	THOMMEN BAIT CO.	NY 1950	UNDER 5
135-A5	RIPPLE SCOOTER		2 IN	THOMMEN BAIT CO.	NY 1950	UNDER 5
135-A6	THOMMEN BAIT		2 1/2 IN	THOMMEN BAIT CO.	NY 1950	UNDER 5
135-A7	BETTAGAL		1 1/4 IN	THOMMEN BAIT CO.	NY 1950	UNDER 5
135-A8	DOLLY		1 IN	THOMMEN BAIT CO.	NY 1950	UNDER 5
135-A9	CYCLONE		3/4 IN	THOMMEN BAIT CO.	NY 1950	UNDER 5
135-A10	SPINNER BAIT			THOMMEN BAIT CO.	NY 1950	UNDER 5
135-A11	TADY SPOON		4 IN	TADY BAIT CO.	NY 1952	UNDER 5
135-A12	TUTTLE SPINNER			TUTTLE, O.C.	NY 1925	10-20
135-A13	WHIRL-O-MINNOW		2 IN	TUTTLE, O.C.	NY 1920	30-40
135-A14	TUTTLE SPOON		1 1/2 IN	TUTTLE, O.C.	NY 1917	20-30
135-A15	TEMPTER FROG (NO LEGS)		2 IN	TEMPTER BAIT CO.	PA 1928	200-300
135-B1	TURNER CASTING MINNOW		4 1/2 IN	TURNER, Z.T.	MI 1903	500-750
135-B2	TURNER CASTING MINNOW		4 1/2 IN	TURNER, O.A.	MI 1905	500-750
135-B3	TURNER TOPWATER BAIT		3 1/4 IN	TURNER, O.A.	MI 1907	500-750
135-B4	BASS CHARMER		3 IN	TAYLOR'S MFG. CO.	MN 1917	75-100
135-B5	CHARMER, BUCKTAIL		2 IN	TAYLOR'S MFG. CO.	MN 1917	150-200
135-B6	SPINNO MINNO		2 3/4 IN	UNILINE MFG. CO.	TX 1947	10-20
135-B7	MILLER'S REVERSIBLE SPINNER			UNION SPRINGS SPECIALTY	NY 1913	150-200
135-B8	MILLER'S REVERSIBLE WOOD MINN.		4 1/4 IN	UNION SPRINGS SPECIALTY	NY 1913	3000-5000
135-B9	U.B. JUNEBUG			UNKEFER & BRADLEY	IL 1914	40-50
135-B10	U.B. ROACH CASTING FLY			UNKEFER & BRADLEY	IL 1914	40-50
135-B11	MUSKY VIVI	FRANCE	5 3/4 IN	VIVI LURE BAIT CO.	1960	UNDER 5
135-B12	VIVI BASS LURE	FRANCE	2 3/4 IN	VIVI LURE BAIT CO.	1960	UNDER 5
135-B13	VESCO LURE		3 1/4 IN	VESCO BAIT CO.	NY 1922	150-200
135-B14	SAM'S SPOON		5 IN	VOM HOFE, EDWARD	NY 1918	40-50
135-B15	VAUGHN'S LURE		3 3/4 IN	VAUGHN'S TACKLE CO.	MI 1932	150-200
135-C1	VANN-CLAY MINNOW		4 IN	VANN-CLAY CO., THE	GA 1928	200-300
135-C2	VANN-CLAY WOBBLER		4 1/4 IN	VANN-CLAY CO., THE	GA 1928	300-400
135-C3	VAL-CHIPPEWA-LURE			VAL PRODUCTS	IL 1936	30-40
135-C4	VAL-ELEREE-LURE		2 1/4 IN	VAL PRODUCTS	IL 1936	30-40
135-C5	VAL-PIKE-LURE JOINTED		4 IN	VAL PRODUCTS	IL 1936	30-40
135-C6	VAL-PIKE-LURE WEEDLESS		2 3/4 IN	VAL PRODUCTS	IL 1936	30-40
135-C7	VAL-PIKE-LURE		3 1/4 IN	VAL PRODUCTS	IL 1936	30-40
135-C8	VAL-PIKE-LURE, BABY WEEDLESS		2 3/4 IN	VAL PRODUCTS	IL 1936	30-40
135-C9	BABY VAL-PIKE-LURE		2 3/4 IN	VAL PRODUCTS	IL 1936	30-40
135-C10	VERMILLION SPOON		2 3/4 IN	VERMILLION BAIT CO.	OH 1922	40-50
135-C11	VERMILLION SPINNER		1 1/2 IN	VERMILLION BAIT CO.	OH 1922	40-50
135-C12	VERMILLION SPINNER		2 IN	VERMILLION BAIT CO.	OH 1922	40-50
135-C13	VERMILLION MOUSE OLD		3 3/4 IN	VERMILLION BAIT CO.	OH 1922	50-75
135-C14	VERMILLION MOUSE NEW		3 3/4 IN	VERMILLION BAIT CO.	OH 1924	50-75
135-C15	VERMILLION PEARL SPINNER			VERMILLION BAIT CO.	OH 1922	10-20
135-D1	WHIRLING DIRVISH		2 1/4 IN	WAIT TACKLE CO.	MI 1952	10-20
135-D2	TWIRLING TWIRP		3 IN	WAIT TACKLE CO.	MI 1946	40-50
135-D3	METAL MINNOW		3 1/2 IN	WILLIAMS, OSBORNE	FL 1932	150-200
135-D4	FLUTTER FIN		1 IN	WORTH BAIT CO.	WI 1955	10-20
135-D5	MUSKY JIM-DANDY		4 IN	WISE SPORTSMAN'S SUPPLY	IL 1915	150-200
135-D6	JIM-DANDY PIKE WOBBLER		2 1/2 IN	WISE SPORTSMAN'S SUPPLY	IL 1915	40-50
135-D7	JIM-DANDY BASS WOBBLER		2 1/2 IN	WISE SPORTSMAN'S SUPPLY	IL 1915	40-50
135-D8	JIM-DANDY POPPER		2 1/2 IN	WISE SPORTSMAN'S SUPPLY	IL 1915	150-200
135-D9	EXPERT	5 HOOK ROUND PROP	3 3/4 IN	WOODS, F.C.	OH 1905	200-300
135-D10	EXPERT	5 HOOK POINTED PROP	3 3/4 IN	WOODS, F.C.	OH 1909	200-300
135-D11	EXPERT	3 HOOK ROUND PROP	3 IN	WOODS, F.C.	OH 1905	300-400
135-D12	EXPERT	3 HOOK POINTED PROP	3 IN	WOODS, F.C.	OH 1909	300-400
135-D13	BABY EXPERT, ROUND		3 3/4 IN	WOODS, F.C.	OH 1909	200-300
135-D14	EXPERT, ROUND BODY	3 HOOK	3 IN	WOODS, F.C.	OH 1909	200-300
135-D15	FLY ROD WOOD'S MINNOW		2 1/4 IN	WOODS, F.C.	OH 1909	200-300

Lures

Descriptions of Lures

Page No.	Lure Name	Misc. Inform.		Length	Manufacturer	St.	Date	Value
137-A1	CRUSADER				WINCHESTER REPEAT. ARMS	CT	1924	40-50
137-A2	CRUSADER				WINCHESTER REPEAT. ARMS	CT	1924	40-50
137-A3	WINCHESTER FLUTED BAIT				WINCHESTER REPEAT. ARMS	CT	1924	40-50
137-A4	WINCHESTER WILLOWLEAF				WINCHESTER REPEAT. ARMS	CT	1924	40-50
137-A5	CRUSADER				WINCHESTER REPEAT. ARMS	CT	1924	40-50
137-A6	CRUSADER				WINCHESTER REPEAT. ARMS	CT	1924	40-50
137-A7	JUNE BUG SPINNER				WINCHESTER REPEAT. ARMS	CT	1924	40-50
137-A8	WINCHESTER SPOON			1 1/2 IN	WINCHESTER REPEAT. ARMS	CT	1924	40-50
137-A9	WINCHESTER MINNOW	5 HOOK		4 IN	WINCHESTER REPEAT. ARMS	CT	1919	300-400
137-A10	WINCHESTER MINNOW	3 HOOK	GLASS EYE	3 1/4 IN	WINCHESTER REPEAT. ARMS	CT	1919	300-400
137-A11	WINCHESTER MINNOW	3 HOOK	LATER	3 1/4 IN	WINCHESTER REPEAT. ARMS	CT	1925	200-300
137-A12	MULTI-WOBBLER		GLASS EYE	3 1/4 IN	WINCHESTER REPEAT. ARMS	CT	1920	200-300
137-A13	MULTI-WOBBLER		DECAL EYE	3 1/4 IN	WINCHESTER REPEAT. ARMS	CT	1925	150-200
137-A14	WINCHESTER MINNOW, CHEAPLINE			4 IN	WINCHESTER REPEAT. ARMS	CT	1927	100-150
137-A15	UNKNOWN WINCHESTER		UNKNOWN	4 1/4 IN	WINCHESTER REPEAT. ARMS	CT	1946	30-40
137-B1	UNKNOWN WINCHESTER LURE		BOBBIE BAIT	6 IN	WINCHESTER REPEAT. ARMS	CT	1946	30-40
137-B2	UNKNOWN WINCHESTER LURE		MUSKY SUICK	6 1/2 IN	WINCHESTER REPEAT. ARMS	CT	1946	30-40
137-B3	UNKNOWN WINCHESTER LURE		UNKNOWN	4 1/4 IN	WINCHESTER REPEAT. ARMS	CT	1946	30-40
137-B4	MUSKY STUMP DODGER			5 IN	WINNIE BAIT CO.	MI	1915	200-300
137-B5	FLOATER			3 1/4 IN	WINNIE BAIT CO.	MI	1914	100-150
137-B6	BABY FLOATER			2 3/4 IN	WINNIE BAIT CO.	MI	1914	100-150
137-B7	STUMP DODGER			3 3/4 IN	WINNIE BAIT CO.	MI	1914	100-150
137-B8	STUMP DODGER, OLD			3 1/2 IN	WINNIE BAIT CO.	MI	1916	100-150
137-B9	DECOY, STUMP DODGER			7 IN	WINNIE BAIT CO.	MI	1919	400-500
137-B10	DECOY STUMP DODGER		LARGE	6 IN	WINNIE BAIT CO.	MI	1919	400-500
137-B11	WOBBLER		LARGE	4 IN	WILSON, AL	CA	1917	10-20
137-B12	WOBBLER		MED	3 1/2 IN	WILSON, AL	CA	1917	10-20
137-B13	WOBBLER		SMALL	2 3/4 IN	WILSON, AL	CA	1917	10-20
137-B14	BASS KILLER		LARGE	3 1/4 IN	WHISLER, BERT		1934	40-50
137-B15	BASS KILLER		SMALL	3 IN	WHISLER, BERT		1934	40-50
137-C1	FANTAIL WIZARD			2 IN	WIZARD LIVE MFG. CO.	OH	1948	20-30
137-C2	WELSHERANA BAIT			3 IN	WELSHERANA BAIT CO.		1920	50-75
137-C3	FLY ROD WELSHERANA			1 1/4 IN	WELSHERANA BAIT CO.		1920	50-75
137-C4	WHIR-LI-GIG LURE			2 1/2 IN	WOOD & WATERS BAIT CO.		1949	20-30
137-C5	WILLIAMS WOBBLER			2 1/4 IN	WILLIAMS BAIT CO.	WA	1941	10-20
137-C6	WILLIAMS WOBBLER			1 1/4 IN	WILLIAMS BAIT CO.	WA	1941	10-20
137-C7	WAKEMAN HARNESS				WAKEMAN	NY	1879	200-300
137-C8	DOC WATSON'S SECRET LURE			3 IN	WATSON, DOC	WA	1937	40-50
137-C9	WINTER'S BASS FLY			2 IN	SOUTHER, N.C. CO.	IL	1924	200-300
137-C10	MUSKY MINNOW			6 1/2 IN	WELLER, ERWIN CO.	IA	1925	400-500
137-C11	CLASSIC MINNOW			4 1/2 IN	WELLER, ERWIN CO.	IA	1927	75-100
137-C12	CLASSIC MINNOW			3 1/4 IN	WELLER, ERWIN CO.	IA	1927	75-100
137-C13	OZARK WIGGLER	#6	1/2 OZ	2 1/2 IN	WELLER, ERWIN CO.	IA	1927	100-150
137-C14	SIMPLEX MINNOW	#10		5 IN	WELLER, ERWIN CO.	IA	1924	75-100
137-C15	MOUSE			2 IN	WELLER, ERWIN CO.	IA	1925	100-150
137-D1	CLASSIC			3 1/2 IN	WELLER, ERWIN CO.	IA	1925	75-100
137-D2	CLASSIC, OLDER			3 1/2 IN	WELLER, ERWIN CO.	IA	1924	75-100
137-D3	CLASSIC, NEWER	#4		3 1/2 IN	WELLER, ERWIN CO.	IA	1927	75-100
137-D4	CROAKER BASS BAIT		EMMONS	5 IN	WILFORD, L.A. & CO.	MI	1910	300-400
137-D5	CROAKER UNDERWATER			4 IN	WILFORD, L.A. & CO.	MI	1910	300-400
137-D6	CROAKER	OLD		4 IN	WILFORD, L.A. & CO.	MI	1909	300-400
137-D7	BIG SHOT			2 1/4 IN	WEBER TACKLE CO.	WI	1954	10-20
137-D8	FLIP-FROG			2 IN	WEBER TACKLE CO.	WI	1955	10-20
137-D9	MOUSE			2 IN	WEBER TACKLE CO.	WI	1960	5-10
137-D10	SN2 SPINNING PLUG			2 1/2 IN	WEBER TACKLE CO.	WI	1957	5-10
137-D11	TWIN SPINNER				WEBER TACKLE CO.	WI	1960	UNDER 5
137-D12	TWIN SPINNER				WEBER TACKLE CO.	WI	1960	UNDER 5
137-D13	SPLIT SPOON			2 1/4 IN	WEBER TACKLE CO.	WI	1960	UNDER 5
137-D14	MUSKY DUCK			2 1/2 IN	WEBER TACKLE CO.	WI	1960	UNDER 5
137-D15	DUCK			2 IN	WEBER TACKLE CO.	WI	1960	UNDER 5

Lures

Descriptions of Lures

Page No.	Lure Name		Misc. Inform.	Length	Manufacturer	St. Date	Value
139-A1	BASS-O-GRAM		5 SIZES	4 IN	WRIGHT & McGILL CO.	CO 1929	200-300
139-A2	UNKNOWN			2 3/4 IN	UNKNOWN		5-10
139-A3	NICKY MOUSE			2 IN	WRIGHT & McGILL CO.	CO 1931	150-200
139-A4	BASS NABBER		LARGE	3 1/4 IN	WRIGHT & McGILL CO.	CO 1939	50-75
139-A5	BASS NABBER		MED	2 3/4 IN	WRIGHT & McGILL CO.	CO 1940	50-75
139-A6	BASS NABBER		SMALL	2 1/4 IN	WRIGHT & McGILL CO.	CO 1941	50-75
139-A7	CRAWFISH			2 3/4 IN	WRIGHT & McGILL CO.	CO 1930	100-150
139-A8	WIGGLING SHRIMP			2 IN	WRIGHT & McGILL CO.	CO 1929	150-200
139-A9	FLAPPER CRAB		LARGE	2 1/2 IN	WRIGHT & McGILL CO.	CO 1930	50-75
139-A10	FLAPPER CRAB		SMALL	2 IN	WRIGHT & McGILL CO.	CO 1932	50-75
139-A11	FLY ROD BUG			1 IN	WRIGHT & McGILL CO.	CO 1938	40-50
139-A12	RIGHT-FISH SPOON	#760	1/4 OZ	1 1/2 IN	WRIGHT & McGILL CO.	CO 1952	5-10
139-A13	FLY ROD RIGHT-FISH			1 IN	WRIGHT & McGILL CO.	CO 1952	5-10
139-A14	FLASHER		LARGE	3 IN	WRIGHT & McGILL CO.	CO 1955	5-10
139-A15	FLASHER		SMALL	2 IN	WRIGHT & McGILL CO.	CO 1955	5-10
139-B1	WHIRLWIND SPINNER	#20			WRIGHT & McGILL CO.	CO 1930	20-30
139-B2	MIRACLE MINNOW JOINTED			2 1/2 IN	WRIGHT & McGILL CO.	CO 1950	5-10
139-B3	MIRACLE MINNOW			2 IN	WRIGHT & McGILL CO.	CO 1949	5-10
139-B4	MIRACLE MINNOW, DELUXE			2 IN	WRIGHT & McGILL CO.	CO 1949	5-10
139-B5	MIRACLE MINNOW		TOPWATER	2 IN	WRIGHT & McGILL CO.	CO 1950	5-10
139-B6	MIRACLE MINNOW		FLOATER LARGE	3 1/2 IN	WRIGHT & McGILL CO.	CO 1951	5-10
139-B7	MIRACLE MINNOW		SMALL	3 IN	WRIGHT & McGILL CO.	CO 1951	10-20
139-B8	BASS HAWK			2 1/2 IN	WRIGHT & McGILL CO.	CO 1949	10-20
139-B9	HIJACKER	#302	5/8 OZ	3 1/2 IN	WRIGHT & McGILL CO.	CO 1952	5-10
139-B10	HIJACKER, TOPWATER			3 1/2 IN	WRIGHT & McGILL CO.	CO 1952	5-10
139-B11	BUG-A-BOO	#303	LARGE 1/2 OZ	2 3/4 IN	WRIGHT & McGILL CO.	CO 1953	5-10
139-B12	BUG-A-BOO	#467	3/8 OZ	2 1/2 IN	WRIGHT & McGILL CO.	CO 1953	5-10
139-B13	FLY ROD BUG-A-BOO			1 3/4 IN	WRIGHT & McGILL CO.	CO 1953	10-20
139-B14	WOBBLER		LARGE	2 1/2 IN	WRIGHT & McGILL CO.	CO 1949	10-20
139-B15	WOBBLER		SMALL	2 IN	WRIGHT & McGILL CO.	CO 1949	10-20
139-C1	WORROCK WOBBLER			3 IN	WORROCK BAIT CO.	1939	20-30
139-C2	CALAMITY TROLLER			3 3/4 IN	WEISENFIELD	MD 1926	30-40
139-C3	WEED QUEEN			2 3/4 IN	WALTON, EVANS CO.	MI 1936	30-40
139-C4	CISCO KID DEEP DIVER		LARGE	3 1/2 IN	WALLSTEN CO.	IL 1955	UNDER 5
139-C5	CISCO KID DEEP DIVER		SMALL	2 1/4 IN	WALLSTEN CO.	IL 1955	UNDER 5
139-C6	CISCO KID DIVER			2 IN	WALLSTEN CO.	IL 1958	UNDER 5
139-C7	CISCO KID DIVER JOINTED			1 3/4 IN	WALLSTEN CO.	IL 1960	UNDER 5
139-C8	CISCO KID INJURED		LARGE	3 1/4 IN	WALLSTEN CO.	IL 1950	5-10
139-C9	CISCO KID FLASHER			3 IN	WALLSTEN CO.	IL 1960	UNDER 5
139-C10	SIX-IN-ONE WOBBLER		HASTINGS SPORT.	4 IN	WILSON BAIT CO.	MI 1915	300-400
139-C11	FLANGED WOBBLER	OLD	HASTINGS SPORT.	4 IN	WILSON BAIT CO.	MI 1915	75-100
139-C12	FLANGED WOBBLER		HASTINGS SPORT.	4 IN	WILSON BAIT CO.	MI 1919	75-100
139-C13	UNKNOWN FLANGED WOBBLER		HASTINGS SPORT.	3 3/4 IN	WILSON BAIT CO.	MI	200-300
139-C14	ALGER'S GETSEM		HASTINGS SPORT.	2 1/4 IN	WILSON BAIT CO.	MI 1915	100-150
139-C15	GRASS WIDOW		HASTINGS SPORT.	2 1/4 IN	WILSON BAIT CO.	IL 1919	100-150
139-D1	SIZZLER	OLD	HASTINGS SPORT.	3 IN	WILSON BAIT CO.	IL 1904	100-150
139-D2	SIZZLER	NEW	HASTINGS SPORT.	2 1/4 IN	WILSON BAIT CO.	MI 1915	75-100
139-D3	FLY ROD WILSON WOBBLER		HASTINGS SPORT.	3 IN	WILSON BAIT CO.	IL 1920	100-150
139-D4	FLY ROD WILSON WOBBLER	#6	HASTINGS SPORT.	2 IN	WILSON BAIT CO.	MI 1920	100-150
139-D5	MUSKY WILSON WOBBLER		HASTINGS SPORT.	5 IN	WILSON BAIT CO.	MI 1920	100-150
139-D6	WILSON WOBBLER		HASTINGS SPORT.	4 IN	WILSON BAIT CO.	MI 1920	40-50
139-D7	WILSON WOBBLER WEEDLESS		HASTINS SPORT.	4 IN	WILSON BAIT CO.	MI 1914	50-75
139-D8	BABY WILSON WOBBLER		HASTINGS SPORT.	3 3/4 IN	WILSON BAIT CO.	MI 1914	50-75
139-D9	SUPER WOBBLER	#15	HASTINGS SPORT.	4 IN	WILSON BAIT CO.	MI 1919	75-100
139-D10	SUPER WOBBLER	SMALL	HASTINGS SPORT.	3 1/2 IN	WILSON BAIT CO.	MI 1919	75-100
139-D11	CUPPED WOBBLER		HASTINGS SPORT.	4 IN	WILSON BAIT CO.	MI 1915	150-200
139-D12	BASS SEEKER,	OLD	HASTINGS SPORT.	4 IN	WILSON BAIT CO.	MI 1915	200-300
139-D13	BASS SEEKER	NEW	HASTINGS SPORT.	3 1/2 IN	WILSON BAIT CO.	MI 1919	100-150
139-D14	BABY BASS SEEKER		HASTINGS SPORT.	3 1/4 IN	WILSON BAIT CO.	MI 1919	100-150
139-D15	BASSMERIZER		HASTINGS SPORT.	3 3/4 IN	WILSON BAIT CO.	,I 1917	300-400

Lures

Descriptions of Lures

Page No.	Lure Name		Misc. Inform.	Length	Manufacturer	St. Date	Value
141-A1	WADHAM NATURE BAIT	#3	LARGE	3 IN	WADHAM, PERCY	EN 1909	30-40
141-A2	WADHAM NATURE BAIT	#2	MED	2 IN	WADHAM, PERCY	EN 1909	30-40
141-A3	WADHAM NATURE BAIT	#1 1/2	SMALL	1 1/2 IN	WADHAM, PERCY	EN 1909	40-50
141-A4	SPOT TAIL MINNOW JOINTED	#1300	1/2 OZ	3 1/4 IN	WOOD MFG. CO.	AR 1950	5-10
141-A5	DIPSY-DOODLE SINKER	#1400		2 1/2 IN	WOOD MFG. CO.	AR 1950	5-10
141-A6	DIPSY-DOODLE	#1500		2 IN	WOOD MFG. CO.	AR 1950	5-10
141-A7	DIPSY-DOODLE	#1600		2 IN	WOOD MFG. CO.	AR 1950	5-10
141-A8	DOODLER	#600		4 IN	WOOD MFG. CO.	AR 1950	5-10
141-A9	DOODLER			3 1/4 IN	WOOD MFG. CO.	AR 1950	5-10
141-A10	DIPSY DOODLE OLD	#500		1 3/4 IN	WOOD MFG. CO.	AR 1947	5-10
141-A11	DEEP-R-DOODLE	#800		2 1/4 IN	WOOD MFG. CO.	AR 1950	5-10
141-A12	DEEP-R-DOODLE	#300		1 3/8 IN	WOOD MFG. CO.	AR 1950	5-10
141-A13	SPOT TAIL MINNOW	#700		2 1/4 IN	WOOD MFG. CO.	AR 1950	5-10
141-A14	SPOT TAIL MINNOW	#1000		3 IN	WOOD MFG. CO.	AR 1950	5-10
141-A15	SPOT TAIL, TOPWATER	#2000		2 3/4 IN	WOOD MFG. CO.	AR 1950	5-10
141-B1	DOODLER	#1700		4 IN	WOOD MFG. CO.	AR 1950	5-10
141-B2	DOODLER	#1600		3 IN	WOOD MFG. CO.	AR 1950	5-10
141-B3	LITTLE POPPA	#3200		2 IN	WOOD MFG. CO.	AR 1950	5-10
141-B4	UNKNOWN, WOOD'S			2 3/4 IN	WOOD MFG. CO.	AR 1950	5-10
141-B5	BIG POPPA	#3000	1/2 OZ	4 IN	WOOD MFG. CO.	AR 1950	5-10
141-B6	POPPA-DOODLER	#3100	1/4 OZ	3 3/4 IN	WOOD MFG. CO.	AR 1950	5-10
141-B7	POPPER, SURFACE			3 IN	WOOD MFG. CO.	AR 1950	5-10
141-B8	WOODS BAIT, OLD STYLE			3 IN	WOOD MFG. CO.	AR 1944	30-40
141-B9	ARKANSAS WIGGLER		LARGE	2 3/4 IN	WOOD MFG. CO.	AR 1950	5-10
141-B10	ARKANSAS WIGGLER		SMALL	2 IN	WOOD MFG. CO.	AR 1950	5-10
141-B11	REX SPOON			2 IN	WEEZEL BAIT CO.	OH 1937	5-10
141-B12	MUSKY WEEZEL			1 1/2 IN	WEEZEL BAIT CO.	OH 1936	20-30
141-B13	WEEZEL, FEATHERED			3/4 IN	WEEZEL BAIT CO.	OH 1935	10-20
141-B14	BABY WEEZEL		1/20 OZ	1/2 IN	WEEZEL BAIT CO.	OH 1937	10-20
141-B15	WHIZZER			3 IN	WEEZEL BAIT CO.	OH 1938	10-20
141-C1	WEEZEL SPARROW		1/2 OZ	3 IN	WEEZEL BAIT CO.	OH 1948	20-30
141-C2	WEEZEL SPARROW		1/2 OZ	3 IN	WEEZEL BAIT CO.	OH 1946	20-30
141-C3	WHOPPER STOPPER			3 IN	WHOPPER STOPPER BAIT CO.	TX 1947	5-10
141-C4	BABY WHOPPER STOPPER			2 IN	WHOPPER STOPPER BAIT CO.	TX 1947	5-10
141-C5	WHOPPER STOPPER, JOINTED			3 3/4 IN	WHOPPER STOPPER BAIT CO.	TX 1960	5-10
141-C6	WHOPPER STOPPER WOBBLER	#400		3 IN	WHOPPER STOPPER BAIT CO.	TX 1948	10-20
141-C7	BAYOU BOOGIE		SALTWATER	4 1/4 IN	WHOPPER STOPPER BAIT CO.	TX 1952	5-10
141-C8	BAYOU BOOGIE			3 IN	WHOPPER STOPPER BAIT CO.	TX 1952	5-10
141-C9	BAYOU BOOGIE			2 IN	WHOPPER STOPPER BAIT CO.	TX 1953	5-10
141-C10	BAYOU BOOGIE, TOPWATER			2 IN	WHOPPER STOPPER BAIT CO.	TX 1953	5-10
141-C11	BAYOU BOOGIE TOPPER			2 IN	WHOPPER STOPPER BAIT CO.	TX 1948	5-10
141-C12	LIZARD BAIT		LARGE	4 IN	WHOPPER STOPPER BAIT CO.	TX 1952	10-20
141-C13	BABY LIZARD		SMALL	3 IN	WHOPPER STOPPER BAIT CO.	TX 1952	10-20
141-C14	WATER WITCH			2 IN	WILSON	1959	UNDER 5
141-C15	WEESNER BUCKTAIL SPINNER				WEEZEL BAIT CO.	OH 1939	10-20
141-D1	WORDEN'S BONEFISH		YAKIMA BAIT CO.	1 3/4 IN	WORDEN FLOATING SPIN CO.	WA 1948	10-20
141-D2	WHITEHALL SPOON		CLOVERLEAF	3 IN	WHITEHALL BAIT CO.	NY 1927	10-20
141-D3	WHITEHALL SPOON		CLOVERLEAF	3 IN	WHITEHALL BAIT CO.	NY 1927	10-20
141-D4	WHITEHALL SPOON		CLOVERLEAF	3 1/2 IN	WHITEHALL BAIT CO.	NY 1927	10-20
141-D5	WHITEHALL SPOON		CLOVERLEAF	3 IN	WHITEHALL BAIT CO.	NY 1927	10-20
141-D6	WHITEHALL WILLOWLEAF		CLOVERLEAF	3 IN	WHITEHALL BAIT CO.	NY 1927	10-20
141-D7	WHITEHALL WILLOWLEAF		CLOVERLEAF		WHITEHALL BAIT CO.	NY 1927	10-20
141-D8	WHITEHALL COLORADO		CLOVERLEAF		WHITEHALL BAIT CO.	NY 1927	10-20
141-D9	WHITEHALL SPINNER		CLOVERLEAF		WHITEHALL BAIT CO.	NY 1927	10-20
141-D10	WHITEHALL TANDEM SPOON		CLOVERLEAF		WHITEHALL BAIT CO.	NY 1927	10-20
141-D11	YANKEE DANDY			2 1/4 IN	YANKEE SPORTS GOOD	CA 1954	10-20
141-D12	ZENITH FLUTED BAIT				ZENITH BAIT CO.	1910	10-20
141-D13	CHICAGO SPINNER			2 IN	ZYLETER	IL 1900	150-200
141-D14	ZINC SCREWTAIL			2 1/2 IN	ZINC ARTIFICIAL BAIT CO.	IL 1946	40-50
141-D15	ZOLI BAIT		4 SIZES	2 1/2 IN	ZOLI INC.	NJ 1955	20-30

Lures

Descriptions of Lures

Page No. Lure Name	Misc. Inform.	Length	Manufacturer	St. Date	Value
143-A1 BELMARIS & EASTERN SAND EEL			WHITTEMORE, H.A.	MA 1948	5-10
143-A2 LEAD SHARK			UNKNOWN	1900	40-50
143-A3 LEAD CODFISH JIG			UNKNOWN	1890	40-50
143-A4 EASTERN EELSKIN RIG			WHITTEMORE, H.A.	MA 1948	5-10
143-A5 EELSKIN RIG			MARSHALL FIELD	IL 1920	10-20
143-A6 MULLET JIG			JOHNSON LURES	NY 1955	5-10
143-A7 PUG NOSE			POINT JUDE	RI 1949	20-30
143-A8 GAYLURE			BRAIDWOOD TACKLE	NY 1934	30-40
143-A9					
143-A10 POINT JUDE BAIT			POINT JUDE CO.	1958	5-10
143-A11 HINKY-DO			HINKY-DO PLUG CO.	MA 1949	20-30
143-A12 POPPER			CAP'N BILL	1947	30-40
143-A13 BASS-AQUA			SYLVESTER, JERRY	MA 1947	30-40
143-A14 BLUE STREAK WOBBLER			SYLVESTER, JERRY	MA 1946	50-75
143-A15 UNKNOWN					
143-B1					
143-B2					
143-B3					
143-B4					
143-B5					
143-B6					
143-B7					
143-B8					
143-B9 NYLON JIG			UNKNOWN		
143-B10 FEATHER JIG			UNKNOWN		
143-B11					
143-B12					
143-B13					
143-B14					
143-B15					
143-C1 MUSKY THRILLER			SUICK TACKLE	WI 1948	10-20
143-C2 WHIP-TAIL SUCKER MUSKY PLUG			WHIP-TAIL SUCKER CO.	FL 1941	75-100
143-C3 MIRACLE LURE			MIR-LURE INC.	1955	5-10
143-C4 LEATHER SQUID			UNKNOWN		20-30
143-C5 ATOM			ATOM MFG. CO.	MA 1952	20-30
143-C6 BEACHCOMBER			HICKY-DO PLUG CO.	MA 1948	20-30
143-C7 HEAVYWEIGHT			SYLVESTER, JERRY	MA 1947	30-40
143-C8 EEL JIG			BARRACUDA	FL 1955	5-10
143-C9 SUPER DUDE JIG			BARRACUDA	FL 1958	5-10
143-C10 POPPER			GIBBS, STAN	MA 1960	5-10
143-C11 MULLET			SYLVESTER, JERRY	MA 1950	30-40
143-C12 SURF POPPER			POINT JUDE	RI 1949	20-30
143-C13 UNKNOWN			UNKNOWN		20-30
143-C14 CEDAR POPPER			UNKNOWN		30-40
143-C15 BANANA LURE			UNKNOWN		10-20
143-D1					
143-D2					
143-D3					
143-D4					
143-D5					
143-D6					
143-D7					
143-D8					
143-D9					
143-D10					
143-D11					
143-D12					
143-D13					
143-D14					
143-D15					

Saltwater Lures and Others

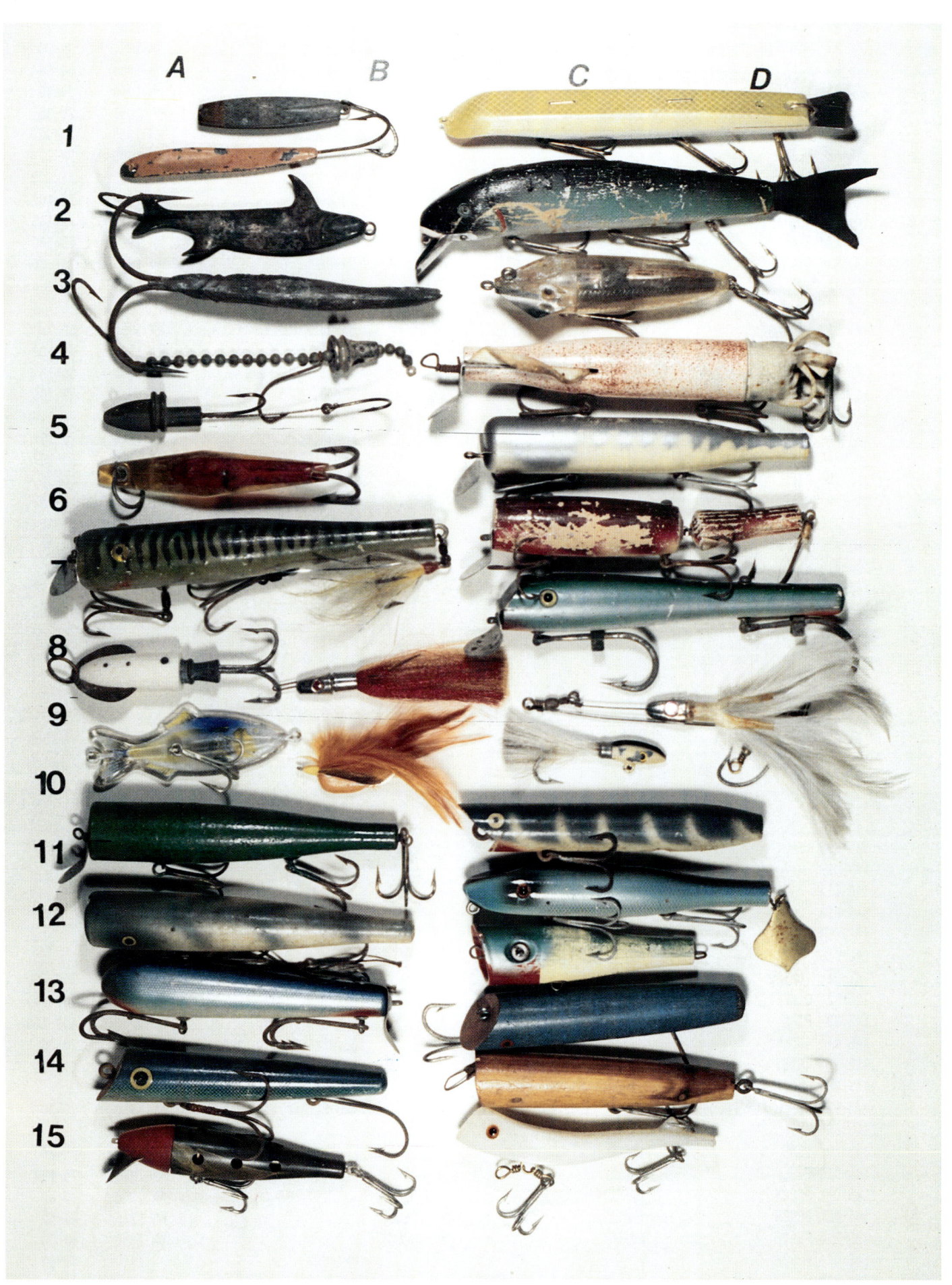

Descriptions of Lures

Page No.	Lure Name	Misc. Inform.	Length	Manufacturer	St.	Date	Value
145-A1	PIKE			SLETTON	MN	1951	20-30
145-A2	PERCH			SLETTON	MN	1951	20-30
145-A3	SUNFISH			SLETTON	MN	1951	20-30
145-A4	PIKE			LEACH, LOUIE	MN	1938	40-50
145-A5	SUCKER			RANDALL	MN	1955	30-40
145-A6	PIKE	LARGE		RANDALL	MN	1955	20-30
145-A7	PIKE	SMALL		RANDALL	MN	1955	20-30
145-A8	METAL DECOY			RANDALL	MN	1950	20-30
145-A9	SUCKER			ARWOOD, J.	MN	1933	75-100
145-A10	SUCKER			UNKNOWN	MN	1930'S	75-100
145-A11	WHITEFISH			UNKNOWN	MN	1930'S	75-100
145-A12	PIKE			WASHALL, TY	MN	1934	75-100
145-A13	PIKE			WASHALL, TY	MN	1934	75-100
145-A14	WALLEYE			UNKNOWN	MN	1930'S	75-100
145-A15							
145-B1	PIKE			UPPRDAN/BLANK	MN	1950	50-75
145-B2	KINGFISH			BARLAKE	MI	1930	75-100
145-B3	PIKE			BOB'S FLY TYING	MI	1950	50-75
145-B4	WALLEYE			KROAB, M.	MI	1946	75-100
145-B5	GOLD FISH			VEIHL, RAY/ ERVIN	MI	1960	75-100
145-B6	PIKE ICE KING	LARGE		BEAR CREEK	MI	1960	20-30
145-B7	PIKE ICE KING	MEDIUM		BEAR CREEK	MI	1960	20-30
145-B8	PIKE ICE KING	SMALL		BEAR CREEK	MI	1960	20-30
145-B9	PIKE ICE KING	EX SMALL		BEAR CREEK	MI	1960	20-30
145-B10	TONKA FISH			SCHIPPER, J.A.	MN	1947	40-50
145-B11	TONKA FISH			MINNETONKA BROS.	MN	1960	20-30
145-B12	PIKE			UNKNOWN		1940'S	40-50
145-B13	PERCH			UNKNOWN		OLD	200-300
145-B14	PERCH			UNKNOWN		1940'S	20-30
145-B15							
145-C1							
145-C2							
145-C3							
145-C4							
145-C5							
145-C6							
145-C7							
145-C8							
145-C9							
145-C10							
145-C11							
145-C12							
145-C13							
145-C14							
145-C15							
145-D1	TURTLE			UNKNOWN		1920'S	200-300
145-D2	CRAWFISH			UNKNOWN		1930'S	200-300
145-D3	PIKE			UNKNOWN		1930'S	100-150
145-D4	SUCKER			BETHEL, C.	MN	1950	20-30
145-D5	TROUT			BETHEL, C.	MN	1950	20-30
145-D6							
145-D7	PERCH (GREENLEE)			BRU-ELL	MN	1950	20-30
145-D8							
145-D9	PIKE	LARGE		FLANNIGAN, W.	NY	1938	75-100
145-D10	PIKE	SMALL		FLANNIGAN, W.	NY	1938	75-100
145-D11	PERCH	LARGE	CY'S DECOY		MN	1950	40-50
145-D12	PERCH	SMALL	CY'S DECOY		MN	1950	40-50
145-D13	PERCH	LARGE	CY'S DECOY		MN	1950	40-50
145-D14	PERCH			UNKNOWN		1940'S	40-50
145-D15							

Fishing Decoys

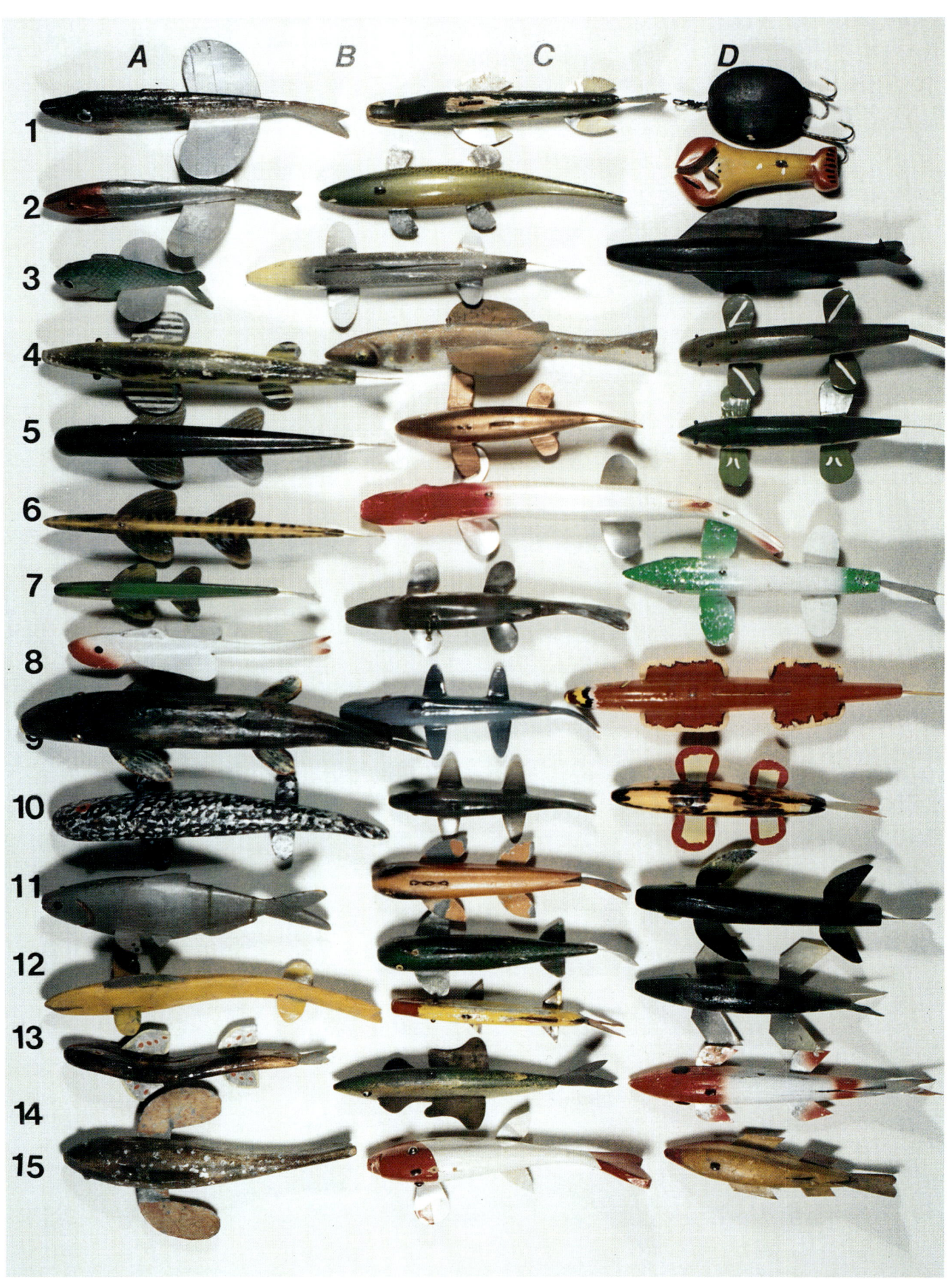

145

Descriptions of Lures

Page No.	Lure Name	Misc. Inform.	Length	Manufacturer	St.	Date	Value
147-A1	WINKIN WOBBLER						10-20
147-A3	THREE IN ONE			ASHING GROUNDS, INC.	TN		10-20
147-A4	DRAGON FLY			CORONADO TACKLE			10-20
147-A5	BENO EEL				TX		10-20
147-A6	BENO EEL				TX		10-20
147-A7	LUCID LURE			LEON BAIT CO.			20-30
147-A8	3 IN 1 TOPWATER						10-20
147-A9	3 IN 1 DIVER						10-20
147-A10	CHUM CHUM			CHUM LURE CO.			10-20
147-A11	FOOD FOR CHUM CHUM						UNDER 5
147-A12	RAY LURE			RAY LURE CO.	TX	1950	5-10
147-A13	PADDLE POPPER						10-20
147-A14	UNKNOWN						10-20
147-A15	MOSS KING			SKIPPER BAIT CO.	MO	1960	5-10
147-B1	UNKNOWN						5-10
147-B2	UNKNOWN						5-10
147-B3	UNKNOWN						5-10
147-B4	BUMBLE BUG			GOWEN MFG.			10-20
147-B5	BON-NET TYPE						10-20
147-B6	UNKNOWN						5-10
147-B7	PULVERIZE			PULVER, LEN	IA	1952	5-10
147-B8	UNKNOWN						5-10
147-B9	UNKNOWN						5-10
147-B10	UNKNOWN						10-20
147-B11	AQUA BAIT			BURROUGH, F.S. & CO.	NJ	1947	10-20
147-B12	WEDGE LURE			McGUIRE-PHILLIPS	RI	1947	10-20
147-B13	UNKNOWN						
147-B14	UNKNOWN						UNDER 5
147-B15	UNKNOWN						UNDER 5
147-C1	UNKNOWN						10-20
147-C2	UNKNOWN						10-20
147-C3	UNKNOWN						UNDER 5
147-C4	VEE-LURE			WEBER	WI		5-10
147-C5	JARRETT MINNOW			JARRETT BAIT CO.	OK	1948	30-40
147-C6	SQUEAKY MOUSE			BLIMPS BAIT CO,			10-20
147-C7	UNKNOWN						10-20
147-C8	CRAZY LEGS			CRAZY LEGS BAIT CO.	MO		10-20
147-C9	BLOODY GOOD						10-20
147-C10	DRAGONFLY			ODON BAIT CO.			10-20
147-C11	OLD RAT TAIL						5-10
147-C12	BUG-N-BASS			BUCKEYE BAIT CO.	KS	1960	5-10
147-C13	BATWING						5-10
147-C14	WIGGLEFISH WOBBLER			PROVEN BAIT CO.	OH	1946	10-20
147-C15	WIGGLEFISH SURFACE			PROVEN BAIT CO.	OH	1946	10-20
147-D1	FORK LURE						10-20
147-D2	KITCHEN SINK LURE			NOVELTY CO.			10-20
147-D3	MERMINO						10-20
147-D4	G & W DISTLLLERY			GOODERHARN & WORTS			5-10
147-D5	DeKALB			ARBOGAST			5-10
147-D6	PAIR-A-DICE LURE			NOVELTY CO.			5-10
147-D7	EL PRODUCTO CIGARS						5-10
147-D8	AIRPLANE LURE						5-10
147-D9	UNKNOWN			FOREIGN			UNDER 5
147-D10	SHAKER			HERSHALL, JOHN	NY	1950	10-20
147-D11	WALKER SPECIAL			WALKER BAIT CO.	SC		UNDER 5
147-D12	UNKNOWN			FOREIGN			UNDER 5
147-D13	UNKNOWN			FOREIGN			UNDER 5
147-D14	UNKNOWN			FOREIGN			UNDER 5
147-D15	UNKNOWN			FOREIGN			UNDER 5
147-A2	UNKNOWN						10-20

Novelty Lures

Descriptions of Lures

Page No. Lure Name	Misc. Inform.	Length	Manufacturer	St. Date	Value
149-A1 BIG BROTHER (BIG BOY)		7 1/4 IN	ABBEY & IMBRIE	NY 1940	10-20
149-A2 FLY ROD HULA-POPPER		3/4 IN	ARBOGAST	OH 1946	10-20
149-A3 FLY ROD HAWAIIAN WIGGER #1			ARBOGAST	OH 1946	10-20
149-A4 HELGRAMITE		3 IN	ATLANTIC	RI 1956	10-20
149-A5 LUCKY BUNNY JR.		1 1/2 IN	AMERICAN ROD & GUN	CT 1955	20-30
149-A6 PULL-ME-SLOW	HANSEN	3 1/4 IN	ARNST, ADOLPH	MI 1936	200-300
149-A7 UNKNOWN ARNST	HANSEN	4 IN	ARNST, ADOLPH	MI 1932	500-750
149-A8 SILVER SOLDIER		3 IN	A.L. & W.	CD 1920	50-75
149-A9 BOSSARD BASS BUG	DONLEY?	2 IN	BOSSARD TACKLE	OK 1945	40-50
149-A10 KRAZY MINNOW		3 IN	ATKIN-WARNER	OH 1960	10-20
149-A11 WOOD CRAB	LARGE	3 IN	BARR-ROYER	IA 1931	100-150
149-A12 WOOD CRAB	SMALL	3 IN	BARR-ROYER	IA 1931	100-150
149-A13 BOMBER, HANDMADE		3 IN	BOMBER BAIT CO.	TX 1939	75-100
149-A14 KNOTHEAD	SMALL	2 1/4 IN	BOMBER BAIT CO.	TX 1948	30-40
149-A15 STICK	SMALL	3 1/2 IN	BOMBER BAIT CO.	TX 1952	10-20
149-B1 MICKEY THE MOUSE		1 1/2 IN	BIFF BAIT CO.	WI 1926	150-200
149-B2 WEED HOG		2 1/2 IN	BAILEY WEEDLESS	OH 1948	50-75
149-B3 GOLD CAP DODGER	SMALL	3 IN	BRAINERD BAIT CO.	MN 1932	100-150
149-B4 BUCKTAIL SPINNER			BURGESS, B.F.	MI 1898	150-200
149-B5 MINNOW RIG, "B"		1 1/4 IN	'B'	1938	30-40
149-B6 BROOK'S SPOON		3 IN	BROOKS (RJ IND.)	OH 1948	10-20
149-B7 MUSKY TROLLING SPOON		6 IN	BUEL, J.T.	NY 1884	150-200
149-B8 MINNOW SPOON		3 IN	BUEL, J.T.	NY 1885	200-300
149-B9 WHITE WONDER		4 IN	LAHMAN	MI 1910	300-400
149-B10 UNKNOWN		4 1/4 IN	UNKNOWN	MI 1910	100-150
149-B11 MOUSE		3 IN	BLEEDER BAIT CO.	TX 1940	150-200
149-B12 DIDO		3 IN	BLEEDER BAIT CO.	TX 1940	75-100
149-B13 RANGER FLOATER		3 IN	BLEEDER BAIT CO.	TX 1940	75-100
149-B14 NEEDLEFISH	SMALL	4 1/2 IN	BOONE BAIT CO.	FL 1957	5-10
149-B15 BING'S PEARL SPOON		3 IN	BINGENHEIMER, A.F.	WI 1905	50-75
149-C1 BINGO		2 1/2 IN	BALLARD, IKE	IN 1960	5-10
149-C2 REAL SHAD		2 1/4 IN	BARBER, E.E.	KY 1960	5-10
149-C3 DOCTOR SPOON	10000 LAKES	5 IN	BRAINERD BAIT CO.	MN 1940	20-30
149-C4 BASSKIL	SMALL	2 1/2 IN	BASSKIL CO.	TX 1950	5-10
149-C5 SEAHAWK		3 IN	BASSKIL CO.	TX 1950	5-10
149-C6 SUCKER MINNOW	SMALL	2 1/2 IN	BEAR CREEK BAIT CO.	MI 1952	10-20
149-C7 BEAVER BAIT		3 IN	BEAVER BETTER BAITS	OH 1949	10-20
149-C8 WATER SCOUT, DEEP DIVE		2 IN	CLARK, C.A.	MO 1947	20-30
149-C9 REEL LURE 1/2	CHARMER	3 IN	SPRINGFIELD NOVELTY	MO 1934	200-300
149-C10 GRASSHOPPER		3 1/4 IN	CAIN, RALPH	OK 1937	200-300
149-C11 PIKE WIGGLER		4 1/2 IN	COLDWATER	MI 1917	200-300
149-C12 MUSKY WIGGLER		6 IN	COLDWATER	MI 1917	200-300
149-C13 MUSKY JOINTED WIGGLER		5 IN	COLDWATER	MI 1917	200-300
149-C14 KING CHUB	MED	2 1/2 IN	CHICAGO TACKLE	IL 1952	20-30
149-C15 KING CHUB	SMALL	2 IN	CHICAGO TACKLE	IL 1952	20-30
149-D1 SPOONFISH	SMALL	1 1/2 IN	CARTER-DUNK'S	IN 1930	40-50
149-D2 SPOONFISH	LARGE	3 IN	CARTER-DUNK'S	IN 1930	40-50
149-D3 CRAW, DAY-N-NIGHT		3 IN	CARTER-DUNK'S	IN 1930	100-150
149-D4 DOUBLE HEADER	LARGE	2 1/2 IN	CARTER-DUNK'S	IN 1933	75-100
149-D5 WILCOX WIGGLER		3 3/4 IN	CAMPBELL, F.C.	OH 1907	3000-5000
149-D6 COMBS MINNOW	LARGE	2 3/4 IN	COMBS, E.E.	MO 1946	20-30
149-D7 COMBS MINNOW	SMALL	1 3/4 IN	COMBS, E.E.	MO 1946	20-30
149-D8 PLASTERED MINNOW		2 1/4 IN	CROWDER, BILL	1960	10-20
149-D9 BIG JERK		2 IN	CROWDER, BILL	1960	10-20
149-D10 FLASHER		2 IN	CROWDER, BILL	1960	10-20
149-D11 FLY ROD BASS PIKIE		2 IN	CREEK CHUB BAIT CO.	IN 1924	200-300
149-D12 FLY ROD TROUT PIKIE	NO EYE	1 1/2 IN	CREEK CHUB BAIT CO.	IN 1921	100-150
149-D13 ICE FISHING LURE		2 IN	CREEK CHUB BAIT CO.	IN 1960	20-30
149-D14 FLY ROD JOINTED PIKIE		2 IN	CREEK CHUB BAIT CO.	IN 1960	20-30
149-D15 FLY ROD PIKIE		1 3/4 IN	CREEK CHUB BAIT CO.	IN 1960	20-30

Supplement I
Lures

149

Descriptions of Lures

Page No.	Lure Name		Misc. Inform.	Length	Manufacturer	St.	Date	Value
151-A1	WAG TAIL CHUB OLD	#800		2 3/4 IN	CREEK CHUB BAIT CO.	IN	1920	75-100
151-A2	UNDERWATER MINNOW		SURE STRIKE	3 3/4 IN	CREEK CHUB BAIT CO.	IN	1925	400-500
151-A3	BIG MOUTH PLUNKER		SURE STRIKE	2 3/4 IN	CREEK CHUB BAIT CO.	IN	1928	50-75
151-A4	CONCAVE DARTER		SURE STRIKE	3 1/4 IN	CREEK CHUB BAIT CO.	IN	1930	20-30
151-A5	NEAL SPINNER			2 3/4 IN	NEAL ARTIFICIAL BAIT		1948	20-30
151-A6	MUSKY MINNIE THE SWIMMER			4 1/2 IN	DRULEY'S RESEARCH	WI	1939	75-100
151-A7	FLY ROD MINNIE THE SWIMMER			1 1/2 IN	DRULEY'S RESEARCH	WI	1939	50-75
151-A8	WOW			3 IN	DONALY, JIM BAITS	NJ	1936	100-150
151-A9	JERSEY WOW			2 3/4 IN	DONALY, JIM BAITS	NJ	1936	150-200
151-A10	COBURG BAIT				DULANEY	NY	1898	20-30
151-A11	DAM SPOON		GERMANY	2 3/4 IN	DAM		1940	10-20
151-A12	ELECTRO-LURE			4 1/4 IN	DAVIS	IL	1931	200-300
151-A13	DAVEY SPOON		ENGLAND	3 IN	DAVEY		1910	10-20
151-A14	DAY SPINNER				DAY & CO.	NY	1903	20-30
151-A15	MASTER MINNOW		CHIPMUNK	10 IN	DEAN, POP		1956	100-150
151-B1	JERSEY SKEETER			2 1/2 IN	LOCKHART (EUREKA)	MI	1914	400-500
151-B2	PUP	#40		3 1/2 IN	FURY MFG. CO.	MI	1952	10-20
151-B3	CHARMER	#60		2 IN	FURY MFG. CO.	MI	1952	10-20
151-B4	FLY ROD DILLINGER			2 1/4 IN	EGER BAIT CO.	FL	1948	20-30
151-B5	TORPECUDA			4 1/2 IN	FLORIDA FISHING TACKLE	FL	1950	40-50
151-B6	SCO BO			2 1/2 IN	FLORIDA FISHING TACKLE	FL	1946	40-50
151-B7	UNKNOWN FLORIDA FISHING TACKLE			3 1/2 IN	FLORIDA FISHING TACKLE	FL	1952	20-30
151-B8	SPINNER SPOON			2 1/2 IN	FLORIDA FISHING TACKLE	FL	1952	10-20
151-B9	FORTY NINER			3 IN	GARFIELD LAKE	MN	1939	20-30
151-B10	DYNAMITE			1 3/4 IN	DYNAMITE TACKLE	TX	1952	UNDER 5
151-B11	SHORE PATROL			3 1/2 IN	FUELSCHA, DON J. & CO.	AR	1959	5-10
151-B12	DOOFER		SMALL	2 IN	UNCLE HUB	FL	1946	10-20
151-B13	GAB-A-LUR			4 IN	GABBARD TACKLE	MI	1948	10-20
151-B14	HIBBARD SPOON				HIBBARD SPOON CO.	MI	1884	200-300
151-B15	FLY ROD BEETLE			1 1/2 IN	HAAS	OK	1938	400-500
151-C1	BAD-O-MAD JR.			2 3/4 IN	HERINGTON, BILL	MO	1934	40-50
151-C2	SOUR PUSS			3 IN	CIRCLE H LURES	OH	1949	10-20
151-C3	BUTCH			2 3/4 IN	CIRCLE H LURES	OH	1949	10-20
151-C4	WONDER BUG			2 1/2 IN	HILDRETH, MIKE	CO	1960	10-20
151-C5	WOBBLER			1 3/4 IN	HORROCK-IBBOTSON CO.	NY	1950	10-20
151-C6	THREE-IN-ONE PLUG			2 1/2 IN	HARMON, JACK	OK	1948	30-40
151-C7	HENKENIUS/KANE BAIT			4 1/2 IN	HENKENIUS/KANE	IN	1900	2000-3000
151-C8	TWIGGLER			3 IN	HORVATH, F.H.	VT	1954	50-75
151-C9	TOPWATER			2 3/4 IN	ISLE ROYALE BAITS	MI	1947	20-30
151-C10	TOPWATER			4 IN	LASSITER, JACK	OJ	1958	10-20
151-C11	JACKDIVER		LARGE	4 IN	LASSITER, JACK	OJ	1958	10-20
151-C12	JACKDIVER		SMALL	2 1/4 IN	LASSITER, JACK	OJ	1959	10-20
151-C13	JIFFY-KICKER				JIFFY KICKER BAIT	FL	1950	10-20
151-C14	ZIPPER			3 IN	JENSEN	TX	1955	10-20
151-C15	FLIPPER SHRIMP			2 1/2 IN	JENSEN	TX	1960	5-10
151-D1	MUSKY WIGWAG GEP BAIT			6 IN	JAMISON, WM. J.	IL	1936	150-200
151-D2	MUSKY NEMO			4 1/4 IN	JAMISON, WM. J.	IL	1911	750-1000
151-D3	MUSKY BUCKTAIL				JAMISON, WM. J.	IL	1918	50-75
151-D4	BUCKTAIL WEIGHTED				JAMISON, WM. J.	IL	1918	50-75
151-D5	JAWBREAKER			3 1/2 IN	JUDGES BAIT CO.	MO	1956	10-20
151-D6	KIMMICH MOUSE			2 3/4 IN	KIMMICH BAIT CO.	PA	1936	200-300
151-D7	NAPPANEE-YPSI BAIT			3 1/4 IN	KAUFMANN, A.H.	MI	1936	30-40
151-D8	DRAGNETTER				KRIEGEN-RIGGS	OK	1948	5-10
151-D9	UNKNOWN KEELING			2 1/2 IN	KEELING, FRED C.	IL	1933	75-100
151-D10	CRAB		LARGE	3 1/4 IN	KEELING, FRED C.	IL	1933	150-200
151-D11	UNKNOWN KEELING			3 1/2 IN	KEELING, FRED C.	IL	1934	200-300
151-D12	DOUBLE POP WOBBLER			4 IN	LUCKY DAY BAIT		1948	10-20
151-D13	DOUBLE POP		SMALL	2 1/2 IN	LUCKY DAY BAIT		1948	10-20
151-D14	AUTOMATIC WEEDLESS			2 1/2 IN	LANE, C.W.	NY	1912	2000-3000
151-D15	MINNOW HARNESS				LANE, C.W.	NY	1910	100-150

Supplement I
Lures

Descriptions of Lures

Page No. Lure Name	Misc. Inform.	Length	Manufacturer	St. Date	Value
153-A1 LULU		3 1/2 IN	LULU LURES	OH 1947	20-30
153-A2 WOBBLER		4 1/4 IN	LUCKY STRIKE	CD 1946	10-20
153-A3 LUNKER LOCATER		3 1/2 IN	LASSITER LURES	TX 1947	20-30
153-A4 META-LURE		3 IN	META-LURE BAIT CO.	FL 1940	UNDER 5
153-A5 FLY ROD WONDERLURE		2 IN	MAKINEN	MI 1949	20-30
153-A6 TOP KICK	LARGE	3 1/2 IN	MILLER BAITS	MO 1958	5-10
153-A7 TOP KICK	SMALL	2 1/2 IN	MILLER BAITS	MO 1958	5-10
153-A8 SHAD-O-LURE		3 IN	MEL'S BAIT CO.	AR 1958	20-30
153-A9 KIDNEY SPINNER			MANCO	NY 1910	30-40
153-A10 MANISTEE BAIT		3 1/2 IN	MANISTEE BAITS	MI 1907	1000-1500
153-A11 FLY ROD GOOFBALL		1 IN	MILLS	1956	10-20
153-A12 WORM SPINNER		3 1/2 IN	MARATHON BAIT CO.	WI 1952	20-30
153-A13 BIG BILL		4 1/4 IN	MARATHON BAIT CO.	WI 1952	20-30
153-A14 MUSKY MARATHON BAIT		1 1/2 IN	MARATHON BAIT CO.	WI 1952	10-20
153-A15 ALASKAN SALMON PLUG		6 IN	ALASKAN BAIT CO.	WA 1948	20-30
153-B1 FT. WORTH MOUSE	GLASS EYE	2 3/4 IN	MOUSE BAIT CO.	TX 1926	50-75
153-B2 FT. WORTH MOUSE	TACK EYE	2 3/4 IN	MOUSE BAIT CO.	TX 1930	50-75
153-B3 FLOATING BAIT	LARGE	5 1/2 IN	MOONLIGHT BAIT CO.	MI 1910	75-100
153-B4 FLOATING BAIT	SMALL	3 3/4 IN	MOONLIGHT BAIT CO.	MI 1910	200-300
153-B5 FLY ROD FLOATING BAIT		2 1/4 IN	MOONLIGHT BAIT CO.	MI 1910	200-300
153-B6 WEEDLESS WOW	OLD	1 1/4 IN	MOONLIGHT (PAW PAW)	MI 1915	100-150
153-B7 UNDERWATER		2 IN	MOONLIGHT (PAW PAW)	MI 1912	1000-1500
153-B8 CASTER	NO EYE	3 1/4 IN	PAW PAW BAIT CO.	MI 1939	75-100
153-B9 UNKNOWN MOONLIGHT		5 1/2 IN	PAW PAW BAIT CO.	MI 1939	75-100
153-B10 WOTTAFROG		4 1/4 IN	PAW PAW BAIT CO.	MI 1939	50-75
153-B11 MUSKY MOUSE BAIT		4 1/4 IN	PAW PAW BAIT CO.	MI 1939	400-500
153-B12 PIKE CASTER		5 1/2 IN	PAW PAW BAIT CO.	MI 1939	75-100
153-B13 PIKE CASTER		3 1/2 IN	PAW PAW BAIT CO.	MI 1939	75-100
153-B14 CURVE-A-LURE		3 IN	NORTHWOOD BAIT CO.	MI 1958	10-20
153-B15 UNKNOWN PAW PAW		3 IN	PAW PAW BAIT CO.	MI 1951	20-30
153-C1 CRAYFISH	RUBBER	4 IN	PAW PAW BAIT CO.	MI 1960	20-30
153-C2 UNKNOWN PAW PAW		3 IN	PAW PAW BAIT CO.	MI 1946	40-50
153-C3 UNKNOWN MOONLIGHT		1 1/4 IN	MOONLIGHT BAIT CO.	MI 1930	40-50
153-C4 MINNIE THE WIGGLER		2 1/2 IN	UNKNOWN		300-400
153-C5 MINNIE THE WIGGLER	SUNFISH	1 3/4 IN	UNKNOWN		300-400
153-C6 JOINTED SHRIMP	BEN SMITH	4 IN	NORWICH FLA CORP.	FL 1938	20-30
153-C7 NICHOL'S PIKE		3 3/4 IN	NICHOLS	TX 1938	20-30
153-C8 NICHOL'S PLUNKER		3 1/2 IN	NICHOLS	TX 1938	20-30
153-C9 UNKNOWN NICHOLS		3 IN	NICHOLS	TX 1938	30-40
153-C10 LITTLE LIZARD		2 1/4 IN	OZARK LURE CO., THE	OK 1948	10-20
153-C11 TOP LIZARD		2 1/4 IN	OZARK LURE CO., THE	OK 1948	10-20
153-C12 WEED WING		2 3/4 IN	O'NEAL, JOHNNIE	1960	UNDER 5
153-C13 OLE FIGHTER		3 IN	BEAVER BAIT CO.	PA 1955	10-20
153-C14 NERVOUS MINNIE DEEP DIVE		2 3/4 IN	POE	1955	5-10
153-C15 NERVOUS MINNIE		2 3/4 IN	POE	1955	5-10
153-D1 POLK MINNOW		4 IN	POLK MFG. CO.	MS 1952	10-20
153-D2 POLK WALKER		3 1/2 IN	POLK MFG. CO.	MO 1952	10-20
153-D3 PRETZ-L-LURE		3 1/2 IN	PRETZ BAITS	TX 1959	30-40
153-D4 SPINDLE		4 3/4 IN	PORTER	FL 1954	10-20
153-D5 PIRATE		4 1/4 IN	PORTER	FL 1954	10-20
153-D6 BABY PLUNKER		2 1/2 IN	PORTER	FL 1954	10-20
153-D7 UNKNOWN PICO		4 IN	PICO	FL 1946	20-30
153-D8 UNKNOWN PICO		3 1/2 IN	PICO	FL 1946	20-30
153-D9 UNKNOWN PICO		2 1/4 IN	PICO	FL 1946	20-30
153-D10 PAL		4 IN	PICO	FL 1946	20-30
153-D11 PET		3 IN	PICO	FL 1946	20-30
153-D12 UNKNOWN PICO		3 IN	PICO	FL 1946	10-20
153-D13 JAKE'S BAIT		1 1/2 IN	PARK MFG. CO.	OH 1959	10-20
153-D14 FLY ROD JAKE'S BAIT		1/2 IN	PARK MFG. CO.	OH 1959	10-20
153-D15 SUCCESS SPOON			PFLUEGER	OH 1885	200-300

Supplement I
Lures

153

Descriptions of Lures

Page No.	Lure Name	Misc. Inform.		Length	Manufacturer	St.	Date	Value
155-A1	ROAMER	LARGE		3 IN	PEPPER, JOE. E. BAIT CO.	NY	1912	300-400
155-A2	ROAMER	SMALL		3 IN	PEPPER, JOE E. BAIT CO.	NY	1912	300-400
155-A3	YANKEE AERO JOINTED			3 IN	PEPPER, JOE E. BAIT CO.	NY	1916	400-500
155-A4	DELTA BUG			3/4 IN	PEPPER, JOE E. BAIT CO.	NY	1920	200-300
155-A5	UNKNOWN PEPPER				PEPPER, JOE E. BAIT CO.	NY	1907	100-200
155-A6	BASSNIC			3 3/4 IN	ROSS MFG.	TN	1960	5-10
155-A7	FINCHEROO	SMALL		2 3/4 IN	ROBFIN	AZ	1970	10-20
155-A8	MUSKY BEYERLEIN			5 1/2 IN	BEYERLEIN, G.B.	MO	1920	50-75
155-A9	FISHERMAN'S FAVORITE			3 IN	SPORTSMAN	TX	1949	5-10
155-A10	HUMPY	SMALL		2 1/4 IN	SPORTSMAN	TX	1940	5-10
155-A11	HUMPY	LARGE		2 1/2 IN	SPORTSMAN	TX	1940	5-10
155-A12	SWIMMING MOUSE			1 3/4 IN	SPORTSMAN	TX	1940	5-10
155-A13	SHRIMP	LARGE		3 IN	SPORTSMAN	TX	1940	10-20
155-A14	SHRIMP	SMALL		2 1/4 IN	SPORTSMAN	TX	1940	10-20
155-A15	CREE-DUK	SMALL		2 1/2 IN	SZABO, BILL	OH	1950	40-50
155-B1	FROG	G.E.	SURE-BITE	2 3/4 IN	STRIKEMASTER	OH	1928	100-150
155-B2	CRAB	LARGE	SURE-BITE	3 IN	STRIKEMASTER	OH	1925	100-150
155-B3	CRAB	SMALL	SURE-BITE	2 IN	STRIKEMASTER	OH	1925	100-150
155-B4	HELGRAMITE		SURE-BITE LG	4 IN	STRIKEMASTER	OH	1927	100-150
155-B5	TEASER, SURFACE		SURE-BITE	3 IN	STRIKEMASTER	OH	1925	100-150
155-B6	BABY WIZARD		SURE-BITE	3 IN	STRIKEMASTER	OH	1925	100-150
155-B7	BUG		SURE-BITE	3 1/4 IN	STRIKEMASTER	OH	1920	100-150
155-B8	HOOT A MINNIE		SURE-BITE	2 IN	STRIKEMASTER	OH	1922	100-150
155-B9	DEATH PRIDE		SURE-BITE	3 1/2 IN	STRIKEMASTER	OH	1922	100-150
155-B10	SURFACE MINNIE		SURE-BITE	4 IN	STRIKEMASTER	OH	1925	100-150
155-B11	BASS KING		SURE-BITE	3 3/4 IN	STRIKEMASTER	OH	1925	100-150
155-B12	PROCTOR'S DARTER			4 1/4 IN	PROCTOR & GREY	MI	1920	150-200
155-B13	TANDEM SPINNER		SURE-BITE		STRIKEMASTER	OH	1925	100-150
155-B14	SPOON, SHIPLEY			5 IN	SHIPLEY	PA	1893	100-150
155-B15	DELEVAN SPINNER				SHIPLEY	PA	1893	100-150
155-C1	BASS EAT-US			3 IN	SILVER CREEK	MI	1920	75-100
155-C2	BABE-EAT-US			2 1/2 IN	SILVER CREEK	MI	1920	75-100
155-C3	TROUT-EAT-US			1 1/2 IN	SILVER CREEK	MI	1920	75-100
155-C4	MOUSE			3 IN	SUTTON, S.R.	NY	1910	20-30
155-C5	ACRO-BAIT			5 IN	STRETCH MFG.	IL	1924	75-100
155-C6	WEEDLESS SPOON			3 1/4 IN	STEELSTAMP CO.	WI	1937	30-40
155-C7	STAGE FROG			2 3/4 IN	STAGE	OH	1919	400-500
155-C8	STAGE FROG			3 1/2 IN	STAGE	OH	1923	500-750
155-C9	CRIK-ORENO			1 IN	SOUTH BEND BAIT CO.	IN	1933	75-100
155-C10	FLY ROD HOP-ORENO			1 IN	SOUTH BEND BAIT CO.	IN	1933	50-75
155-C11	REVOLUTION			4 IN	SHAKESPEARE	MI	1898	2000-3000
155-C12	UNKNOWN POPPER			4 1/2 IN	SHAKESPEARE	MI	1938	200-300
155-C13	BABY BASS-A-LURE			3 IN	SHAKESPEARE	MI	1929	150-200
155-C14	OLE LIZ			3 1/4 IN	TATE BAIT CO.	AR	1948	10-20
155-C15	BABY OLE LIZ			2 1/4 IN	TATE BAIT CO.	AR	1948	10-20
155-D1	TRIL-O FROG			2 1/4 IN	TRIL-O BAIT CO.	OH	1950	20-30
155-D2	BABY BEE BOPPER			2 IN	TULSA TACKLE	OK	1948	10-20
155-D3	BEE			2 IN	TULSA TACKLE	OK	1948	10-20
155-D4	BIZZY BEE			1 1/2 IN	TULSA TACKLE	OK	1948	10-20
155-D5	U.B. SPINNER				U.B. BAIT CO.	IL	1920	75-100
155-D6	LUCKY TAIL WOBBLER			3 1/2 IN	WAYNE PRECISION	GA	1946	20-30
155-D7	LUCKY-TAIL WOBBLER JOINTED			3 3/4 IN	WAYNE PRECISION	GA	1946	20-30
155-D8	GRAN POPPA			2 1/2 IN	WAYNE PRECISION	GA	1946	20-30
155-D9	MUSKY FLUTTER-FIN			3 1/4 IN	WORTH	WI	1940	150-200
155-D10	SHRIMP			2 IN	WRIGHT & McGILL CO.	CO	1917	500-750
155-D11	FLY ROD CROAKER			2 1/2 IN	WILFORD & SON	MI	1909	500-750
155-D12	WILSON FROG			2 1/2 IN	WILSON	OH	1915	500-750
155-D13	STAGGERBUG			3 3/4 IN	WILSON, ART	MI	1918	2000-3000
155-D14	WATER-LOU			2 IN	LUCK LURE BAIT CO.	OH	1960	UNDER 5
155-D15	MUSKY TOPPER			4 IN	STEN, WALT	IL	1958	UNDER 5

Supplement I
Lures

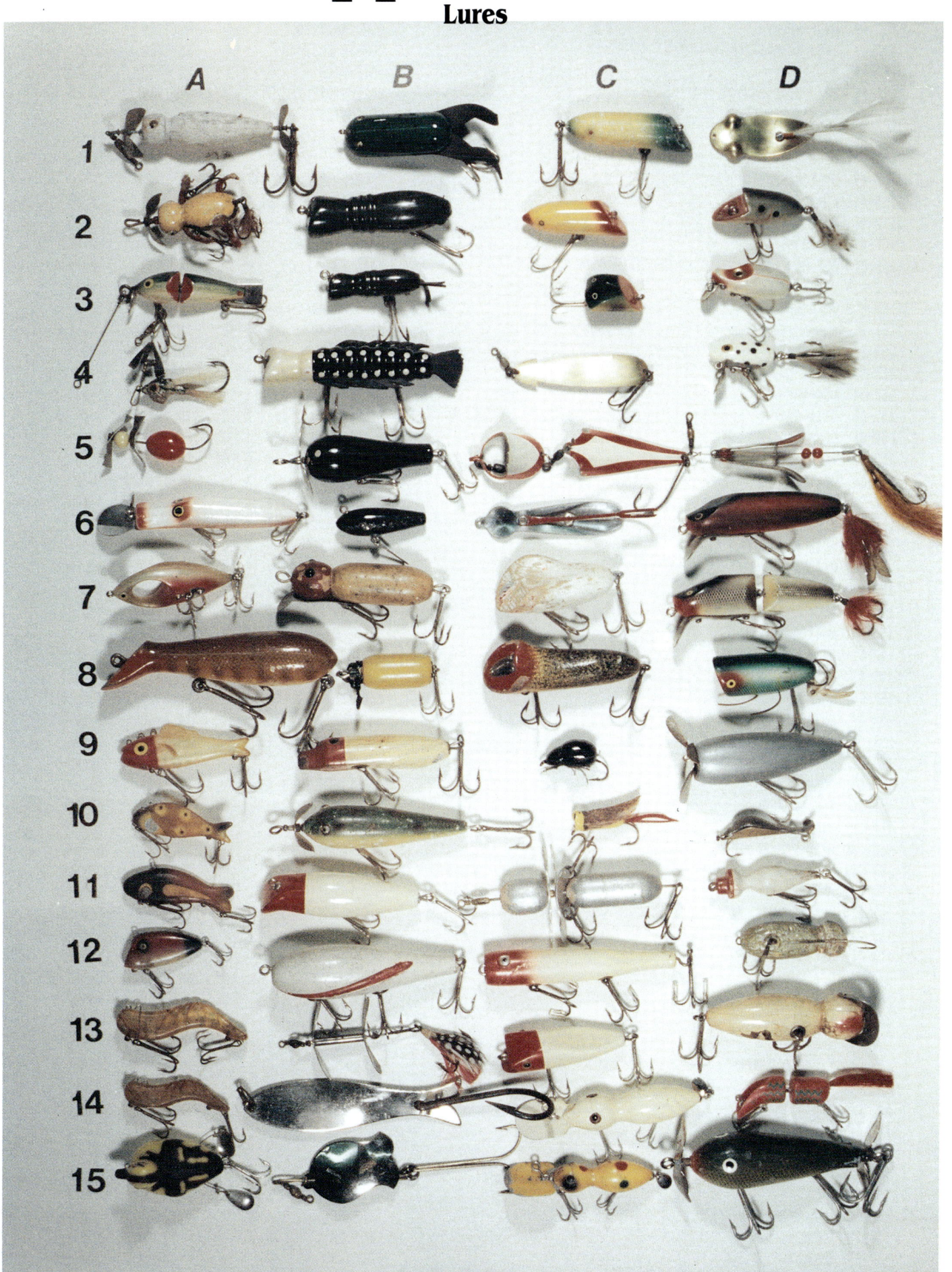

Descriptions of Lures

Page No.	Lure Name	Misc. Inform.	Length	Manufacturer	St.	Date	Value
157-A1	LAZY BUG			B & K PRODUCTS	MI	1940	10-20
157-A2	UNNER-FLASH	WOOD		O.M. BAIT CO.	MI	1938	75-100
157-A3	BABY SPIN STICK			BOMBER BAIT CO.	TX	1950	5-10
157-A4	ROOTER			SMITHWICK	LA	1958	20-30
157-A5	DEEP DIVE DEVIL HORSE			SMITHWICK	LA	1959	10-20
157-A6	BUCK & BRAWL			SMITHWICK	LA	1960	5-10
157-A7	TWITCHIN CUDA	SPINNING		FLORIDA FISHING TACKLE	FL	1950	10-20
157-A8	STUMP KNOCKER	SPINNING		EGER	FL	1948	10-20
157-A9	DALTON SPECIAL	SPINNING		FLORIDA FISHING TACKLE	FL	1958	10-20
157-A10	FRANCIS SPINNER			FRANCIS CONSOLID. LURES	RI	1953	10-20
157-A11	PIKE			GARLAND BROTHERS	FL	1938	75-100
157-A12	GAYLE MINNOW			GAYLE, GEORGE	KY	1929	50-75
157-A13	FLY ROD LIV-MINNOW			HAAS TACKLE CO.	OK	1938	300-400
157-A14	DARTER, RUBE			RUBE, DICK	MO	1948	10-20
157-A15	UNKNOWN	PLASTIC		HILDEBRANDT?		1953	10-20
157-B1	GO-GETTER	WOOD		HILDEBRANDT, J.J. & CO.	IN	1928	100-150
157-B2	HELGRAMITE			HILDEBRANDT, J.J. & CO.	IN	1890'S	20-30
157-B3	SHADY LADY			HILDEBRANDT, J.J. & CO.	IN	1928	5-10
157-B4	WIG-WAG			HILDEBRANDT, J.J. & CO.	IN	1955	5-10
157-B5	SPIN-TAIL			HILDEBRANDT, J.J. & CO.	IN	1949	5-10
157-B6	BUCKTAIL FLY SPIN			HILDEBRANDT, J.J. & CO.	IN	1925	5-10
157-B7	FLICKER SPOON			HILDEBRANDT, J.J. & CO.	IN	1938	5-10
157-B8	BEETLE			HILDEBRANDT, J.J. & CO.	IN	1948	10-20
157-B9	FLICKER SPIN			HILDEBRANDT, J.J. & CO.	IN	1948	5-10
157-B10	HILDE FLAPPER			HILDEBRANDT, J.J. & CO.	IN	1932	5-10
157-B11	SLIM ELI			HILDEBRANDT, J.J. & CO.	IN	1940	5-10
157-B12	BEADED SPINNER			HILDEBRANDT, J.J. & CO.	IN	1955	UNDER 5
157-B13	FEATHERED FLY SPIN			HILDEBRANDT, J.J. & CO.	IN	1940	5-10
157-B14	DOUBLE STANDARD SPINNER			HILDEBRANDT, J.J. & CO.	IN	1948	UNDER 5
157-B15	BOTTOM DOLLAR			HILDEBRANDT, J.J. & CO.	IN	1939	50-75
157-C1	BASS BANDIT	SHANNON		JAMISON, WM. J.	IL	1939	10-20
157-C2	WEIGHTED SPINNER			JUNOD, P. & CO.	OH	1903	30-40
157-C3	UNKNOWN			KEELING, FRED C.	IL	1930'S	100-150
157-C4	BAT IKE			KAUTSKY LAZY IKE CORP.	IA	1960	5-10
157-C5	DOUBLE POP MINNOW			LUCKY DAY BAIT CO.	MN	1948	10-20
157-C6	BARNEY GOOGLE			McGAGG BAIT CO.	NY	1947	30-40
157-C7	CRAWFISH	EXT WT		MOONLIGHT BAIT CO.	MI	1929	400-500
157-C8	THE CASTER			PAW PAW BAIT CO.	MN	1955	10-20
157-C9	DINKY			PAUL BUNYAN	MN	1939	20-30
157-C10	WEEDLESS SPOON			PAUL BUNYAN	MN	1954	5-10
157-C11	UNKNOWN	SURE-BITE		STRIKEMASTER	OH	1922	75-100
157-C12	UNKNOWN	SURE-BITE		STRIKEMASTER	OH	1925	100-150
157-C13	SURFACE MINNOW	SURE-BITE		STRIKEMASTER	OH	1925	100-150
157-C14	TOURNAMENT FROG			SHAKESPEARE	MI	1902	1500-2000
157-C15	WILSON FROG			WILSON	OH	1915	500-750
157-D1	SHADRAC			WEBER TACKLE CO.	WI	1960	UNDER 5
157-D2	KER-PLUNK			YORK BAIT CO.	PA	1960	UNDER 5
157-D3	UNKNOWN			HOMEMADE?		1950	10-20
157-D4	UNKNOWN	SILVER		FOREIGN			75-100
157-D5	CELLULOID MINNOW	ENGLAND		ALLCOCK		1890'S	100-150
157-D6	MINNOW SPOON	ENGLAND		ALLCOCK		1890'S	100-150
157-D7	AMBERITE MINNOW	ENGLAND		HARDY		1900	200-300
157-D8	FEATHERED PHANTOM	ENGLAND		HARDY		1930'S	30-40
157-D9	FEATHERED PHANTOM	ENGLAND		HARDY		1930'S	30-40
157-D10	FEATHERED PHANTOM	ENGLAND		HARDY		1930'S	30-40
157-D11	UNKNOWN	METAL		GERMANY		1930'S	30-40
157-D12	BERNARD SPOON	ENGLAND		BERNARD, J.		1880'S	100-150
157-D13	UNKNOWN	SILVER		FOREIGN		1880'S	100-150
157-D14	UNKNOWN	SILVER		FOREIGN		1880'S	100-150
157-D15	UNKNOWN	SILVER		FOREIGN		1880'S	100-150

Supplement II
Lures

Descriptions of Lures

Page No. Lure Name	Misc. Inform.	Length	Manufacturer	St. Date	Value
159-A1 BING'S MINNOW			BINGENHEIMER, A.F.	WI 1905	400-500
159-A2 KNOTHEAD	LARGE		BOMBER BAIT CO.	TX 1948	40-50
159-A3 RANGER DIVER			BLEEDER BAIT CO.	TX 1939	30-40
159-A4 BOTTLE BAIT			UNKNOWN		30-40
159-A5 SWIM-A-LURE CHIPMUNK			CARTER-DUNKS	OH 1939	300-400
159-A6 SWIM-A-LURE DUCKLING			CARTER-DUNKS	OH 1939	200-300
159-A7 JOINTED MINNOW			DAM	1958	20-30
159-A8 GOBEL MINNOW	EVERREADY		GOBEL	OK 1936	200-300
159-A9 OFFSIDE VANE	TROLLING		PARADISE LURE CO.	PA 1947	75-100
159-A10 TANDEM CYCLONE SPINNER			HENDRYX	CT 1886	20-30
159-A11 WEEDLESS MINNOW			HENDRYX	CT 1906	150-200
159-A12 HARLOW SPOON			HARLOW, J.R.	NY 1888	200-300
159-A13 JOINTED WIG-L-LURE			JACK'S TACKLE	OK 1948	20-30
159-A14 UNKNOWN KEELING			KEELING, FRED C.	IL 1923	40-50
159-A15 WILLOWLEAF SPOON			MANN, J.H.	NY 1880	75-100
159-B1 MUSKY LAZY DAZY			LAZY DAZY LURE CO.	MN 1952	5-10
159-B2 LAZY DAZY			LAZY DAZY LURE CO.	MN 1952	5-10
159-B3 LAZY DAZY	SMALL		LAZY DAZY LURE CO.	MN 1952	5-10
159-B4 BUCKTAIL JIG			MOONLIGHT BAIT CO.	MI 1922	50-75
159-B5 KIDNEY SPOON			McHARG, J.B.	NY 1880	150-200
159-B6 ROMAN DIVER			PEPPER, JOS. E.	NY 1920	500-750
159-B7 PERMA BAIT			PERMA BAIT CO.	1949	5-10
159-B8 PELICAN			PELICAN BAIT CO.	FL 1941	20-30
159-B9 BASS KING			RED & GREEN TACKLE CO.	MI 1948	20-30
159-B10 SKI WIG-LURE			UNKNOWN	1950	5-10
159-B11 TURNER SPOON			TURNER BROS.	OH 1939	20-30
159-B12 MUSKY MOBY DICK			PAUL BUNYAN	MN 1949	10-20
159-B13 FLEX-O-MINO			STRETCH LURES	IL 1918	40-50
159-B14 SHANNON SPOON			JAMISON, W.J.	IL 1949	5-10
159-B15 VESCO LURE	LARGE		VESCO BAIT CO.	NY 1922	150-200
159-C1 UNKNOWN WHOPPER STOPPER			WHOPPER STOPPER BAIT CO.	TX 1958	10-20
159-C2 SHADRAC	SMALL		WEBER TACKLE CO.	WI 1960	5-10
159-C3 ST. LAWRENCE GANG			ABBEY & IMBRIE	NY 1906	20-30
159-C4 WIGGLEWORM			L & L BAIT	MI 1958	10-20
159-C5 TO 159-D15 UNKNOWNS					
159-D2 RED'S NEVERFAIL			DON ASH CO.	MI 1973	5-10
159-D11 BUG-N-BIRD			WONDER STATE PRODUCTS	AR 1948	40-50

Identification of Unknowns Page 160

160-C1 FEATHER MINNOW	ENGLAND		HARDY BROTHERS	1938	40-50
160-C12 SAFE-T-MINNOW			GLENWILLOW	OH 1949	20-30
160-D6 LUCKY TAIL WOBBLER			WAYNE PRECISION	GA 1946	10-20
160-D9 UNKNOWN KEELING			KEELING		

Identification of Unknowns Page 161

161-A3 WATER WIGGLER			TULSA TACKLE	OK 1946	10-20
161-A6 UNKNOWN BIEK, ALSO 162-C4			BIEK BAIT CO.	MI 1954	10-20
161-B4 AND 161-B5, GREEN SIREN			FARRIS BAIT CO.	IL 1934	30-40
161-B12 BASS-A-LURE			UNKNOWN	1936	30-40
161-C4 HOODLER			GILMORE MFG. CO.	AR 1958	5-10
161-C6 STRAUSBORGER			STRAUSBORGER, O.C.	OH 1932	100-150
161-C14 GROOVEHEAD			COLGER MFG.	MI 1953	30-40

Identification of Unknowns Page 162

162-A2 NEVERMISS #3100	LUCKY HIT BAIT		WINCHESTER BAIT & MFG.	IN 1927	100-150
162-B9 TILLS TOPPER			TILLS & WEAVER	TX 1952	10-20
162-B11 STEELHEAD			WONDER STATE PRODUCTS	AR 1948	20-30
162-C15 SHARKIE			LASSITER, J.	OK 1952	5-10
162-D2 NICHOL'S SHRIMP			NICHOLS BAIT CO.	TX 1946	10-20
162-D5 AND 162-D6, OKEY DOKEY			SOONER BAIT CO.	OK 1960	5-10
162-D13 CARSWELL FROG, ALSO #162-D14	ENGLAND		CARSWELL	1898	75-100
162-C6 WEEDLESS LIVE BAIT	FISHING PLUG		MARTZ, H.A.	MN 1954	30-40

(Continued on Page 276)

Supplement III

Unknown Lures

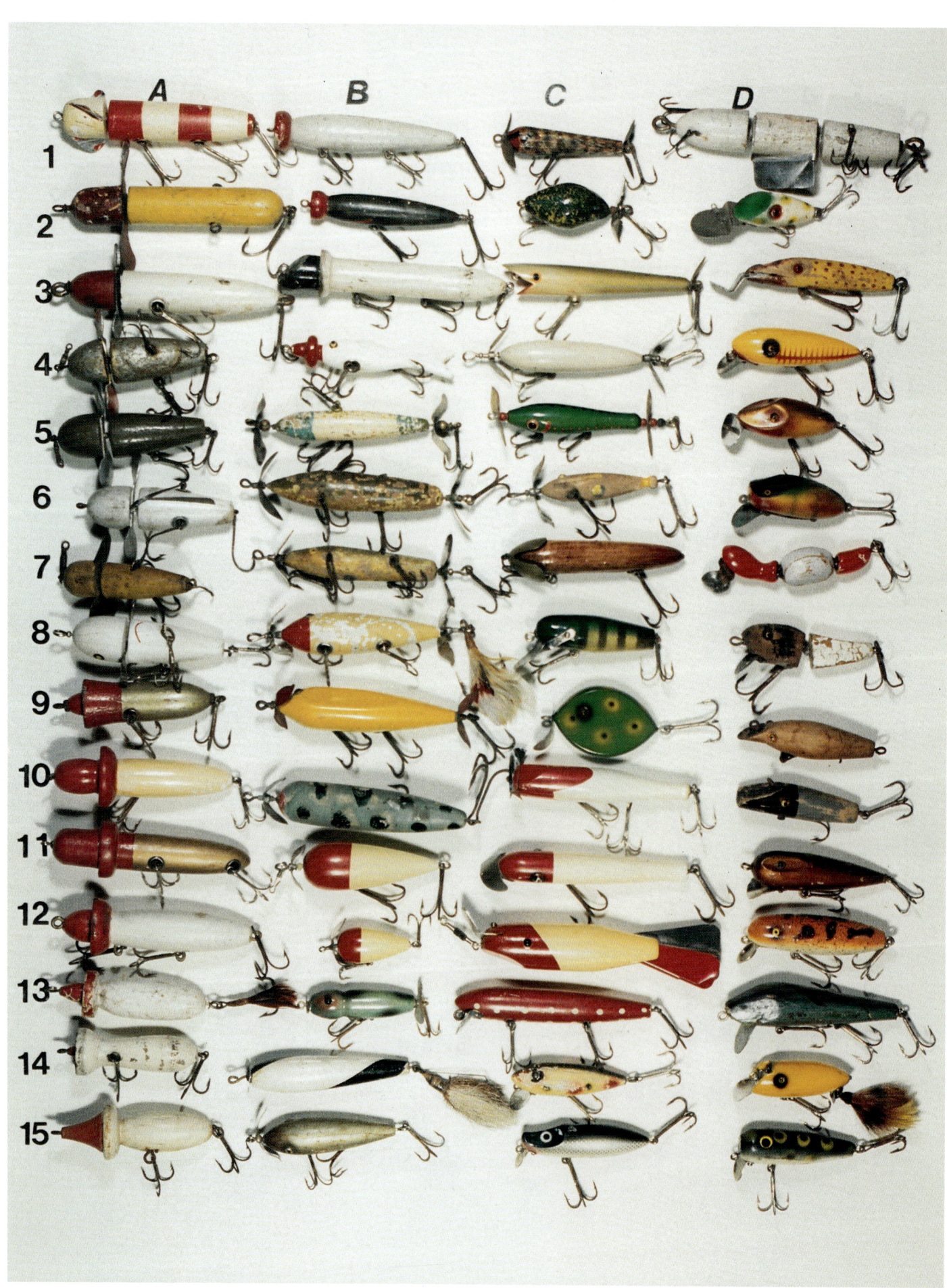

160

Unknown Lures

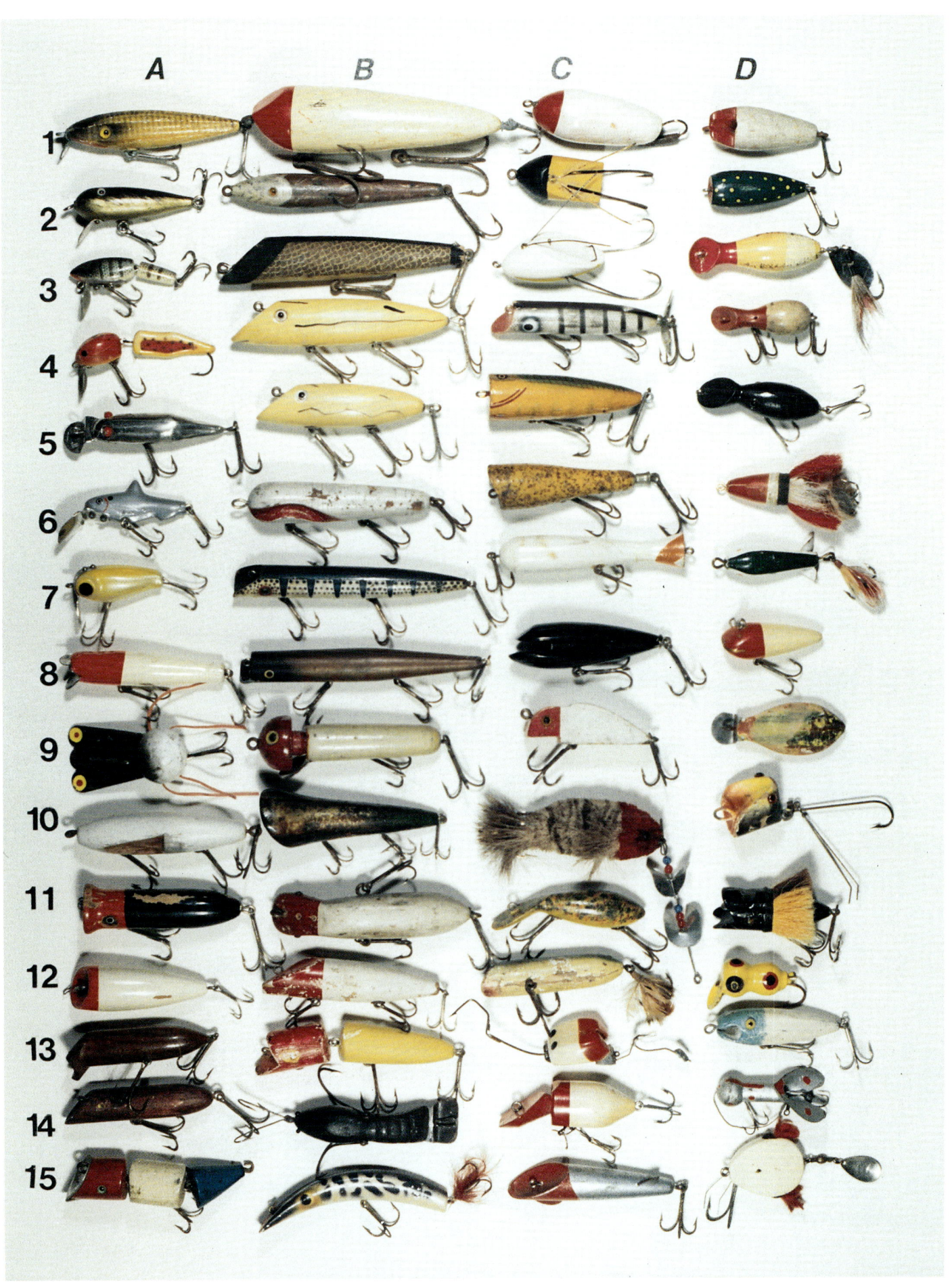

Unknown Lures

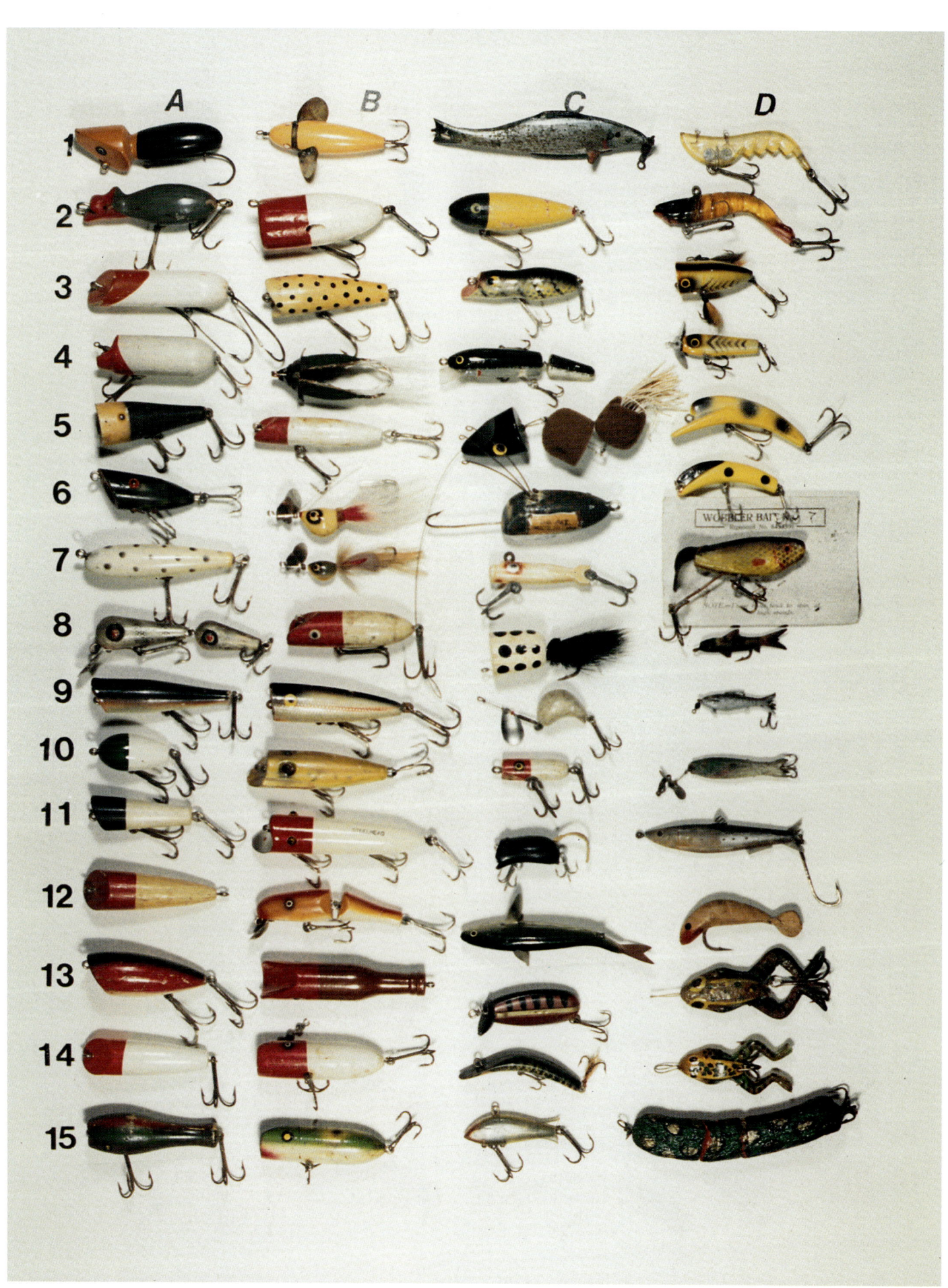

162

Unknown Lures

163

Unknown Lures

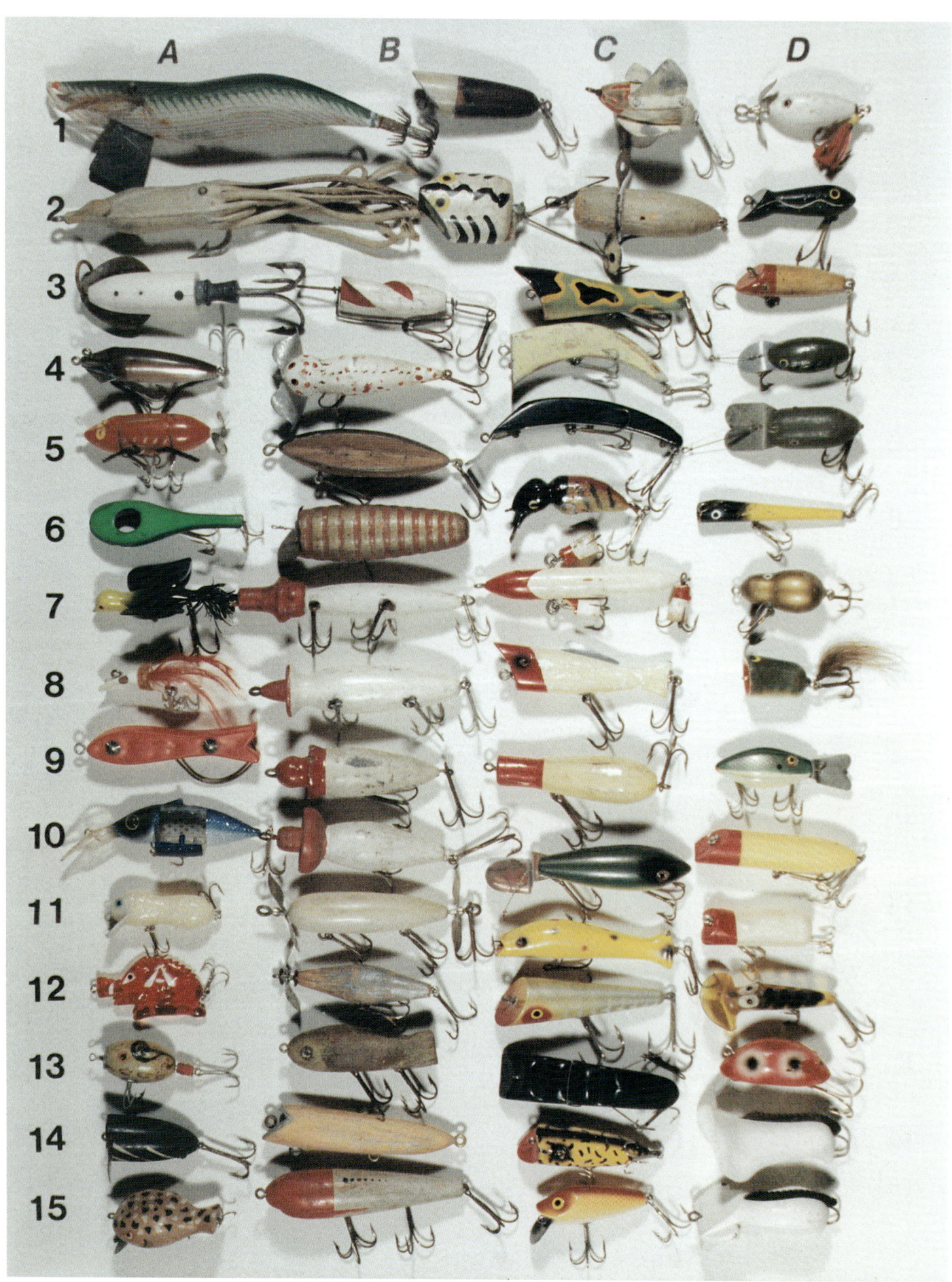

164

Unknown Lures

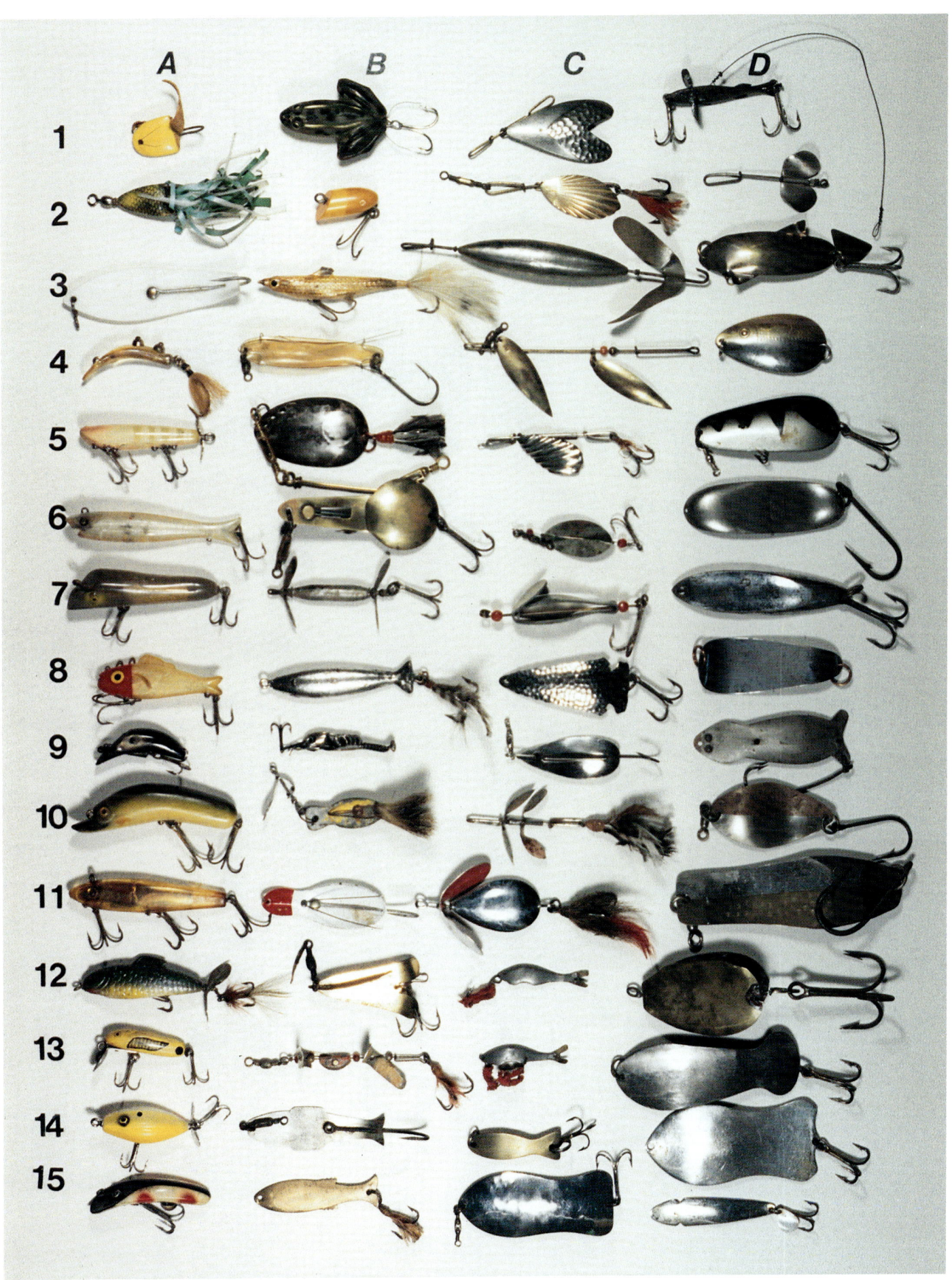

Unknown Lures

Unknown Homemade Lures

167

Unknown Fly Rod Lures

Unknown Fly Rod Lures

A B C D E F G H

Phantoms and Devons

Foreign

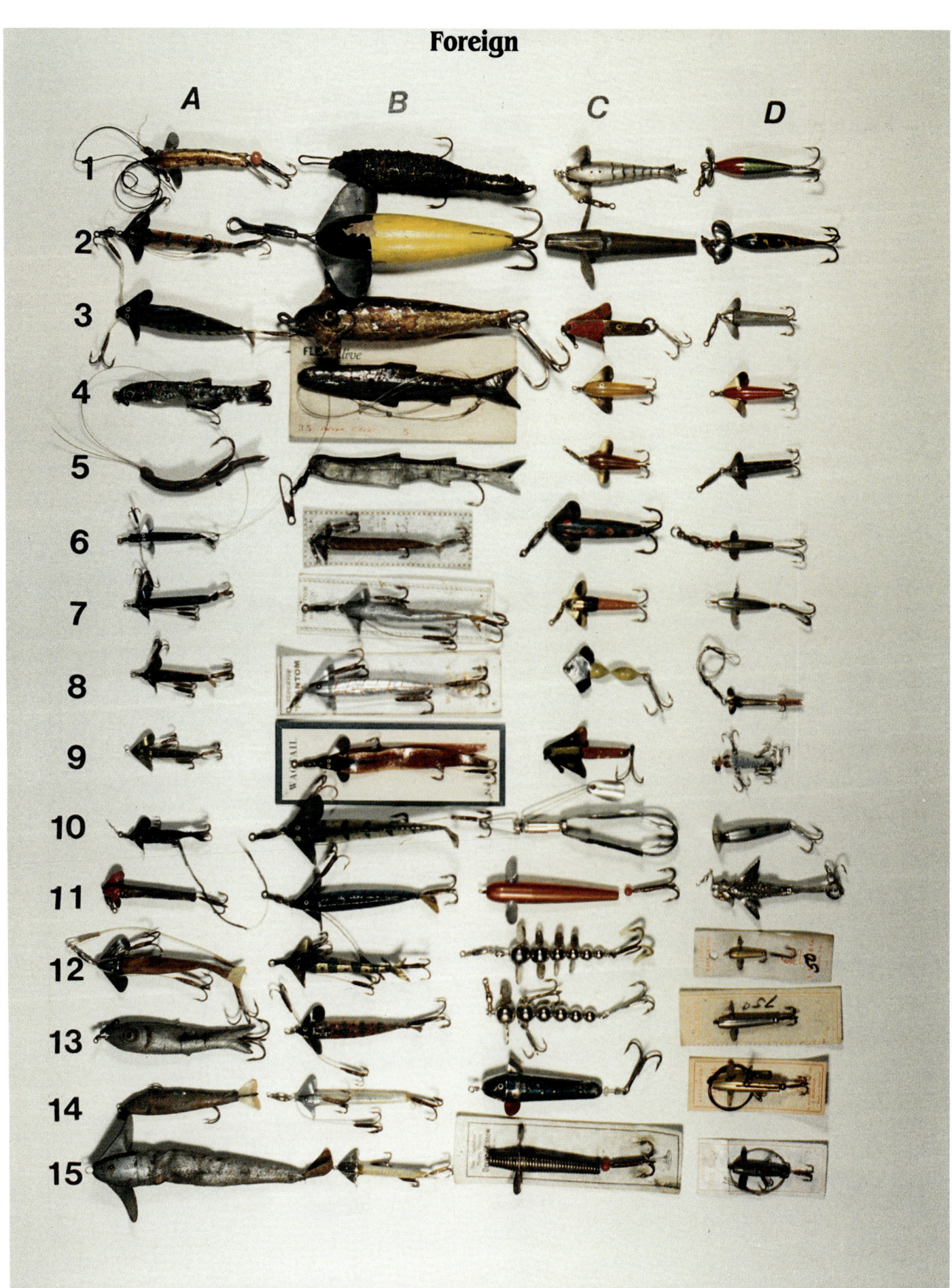

170

Lure Boxes

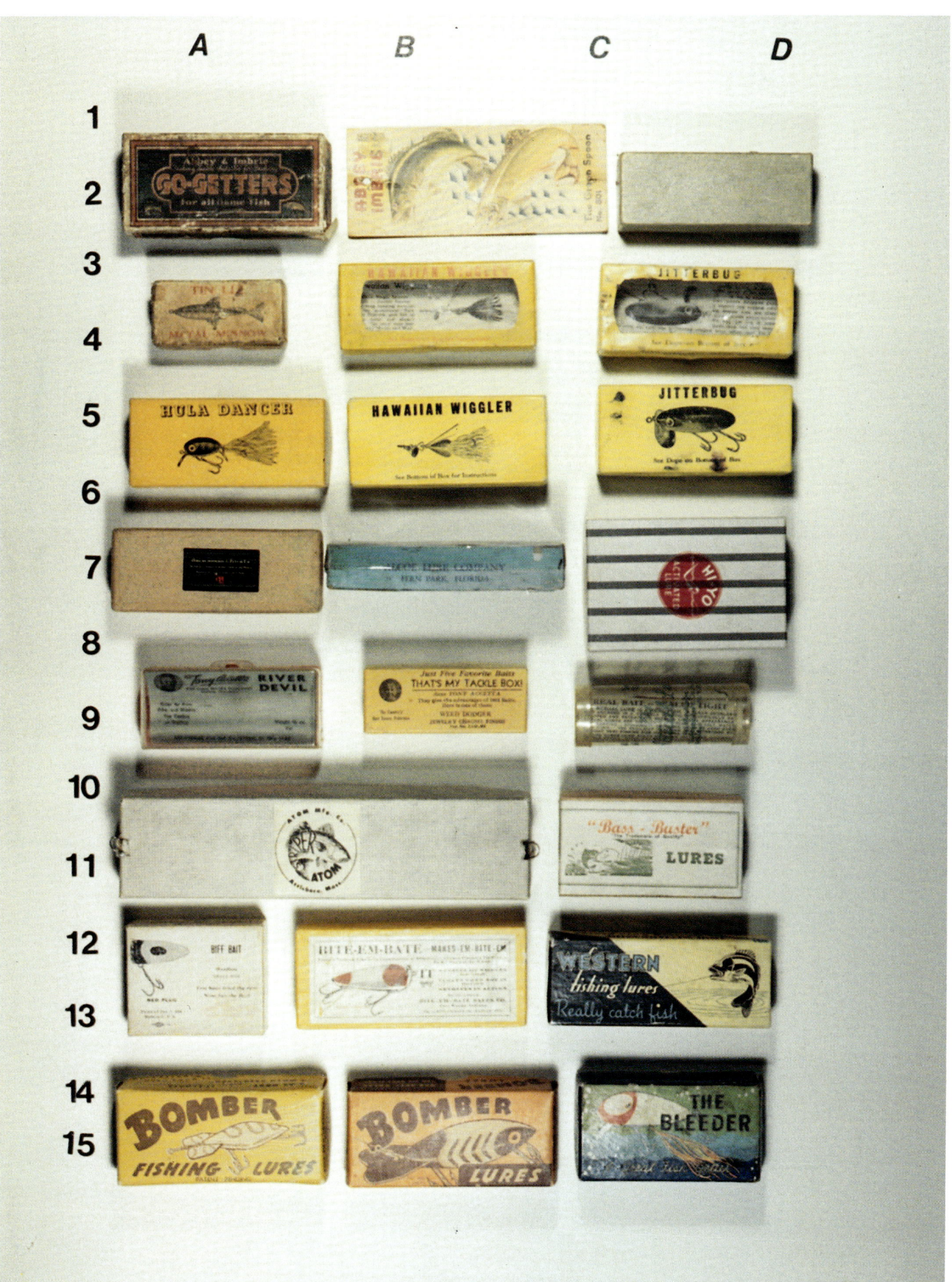

Lure Boxes

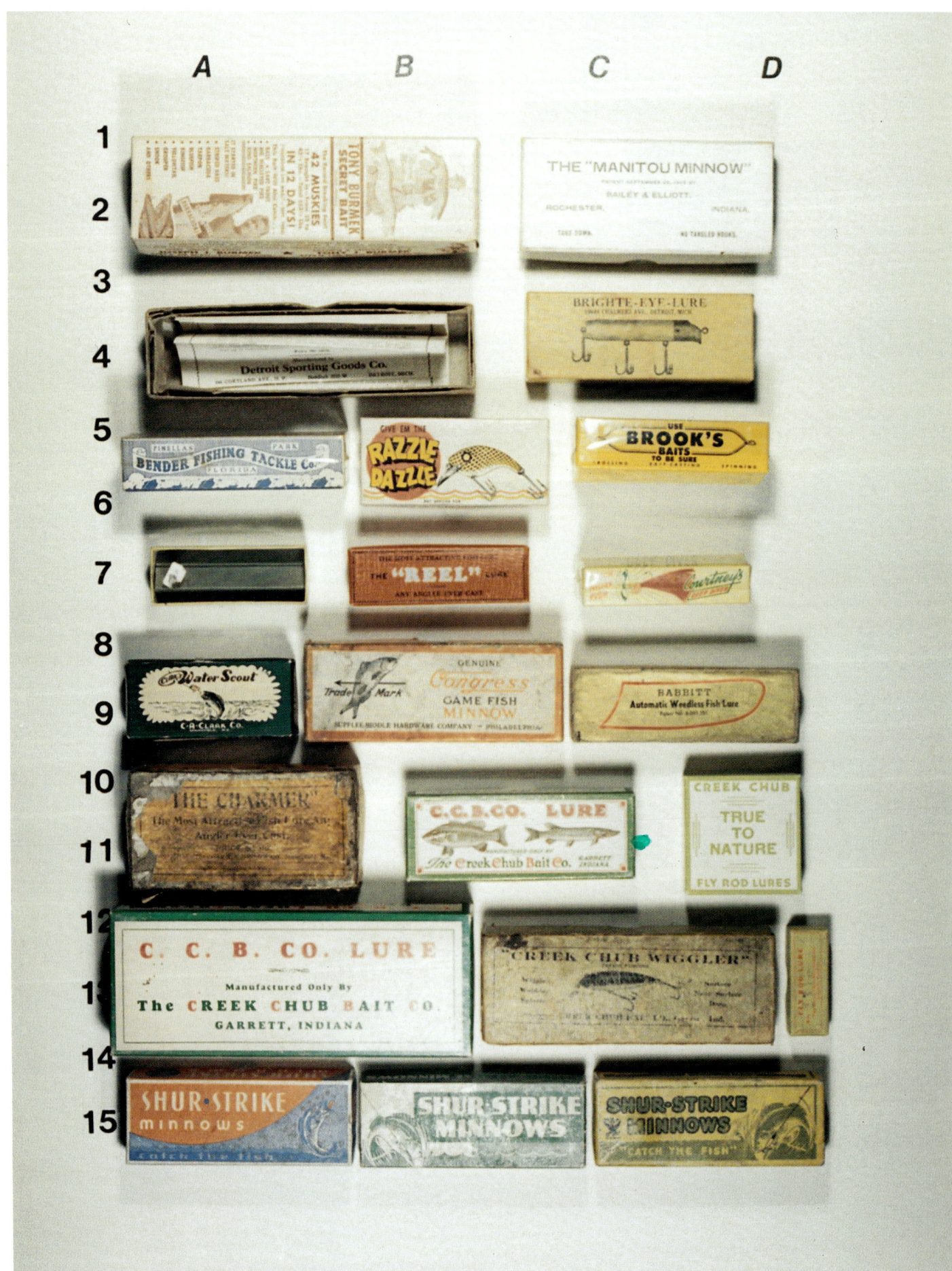

Lure Boxes

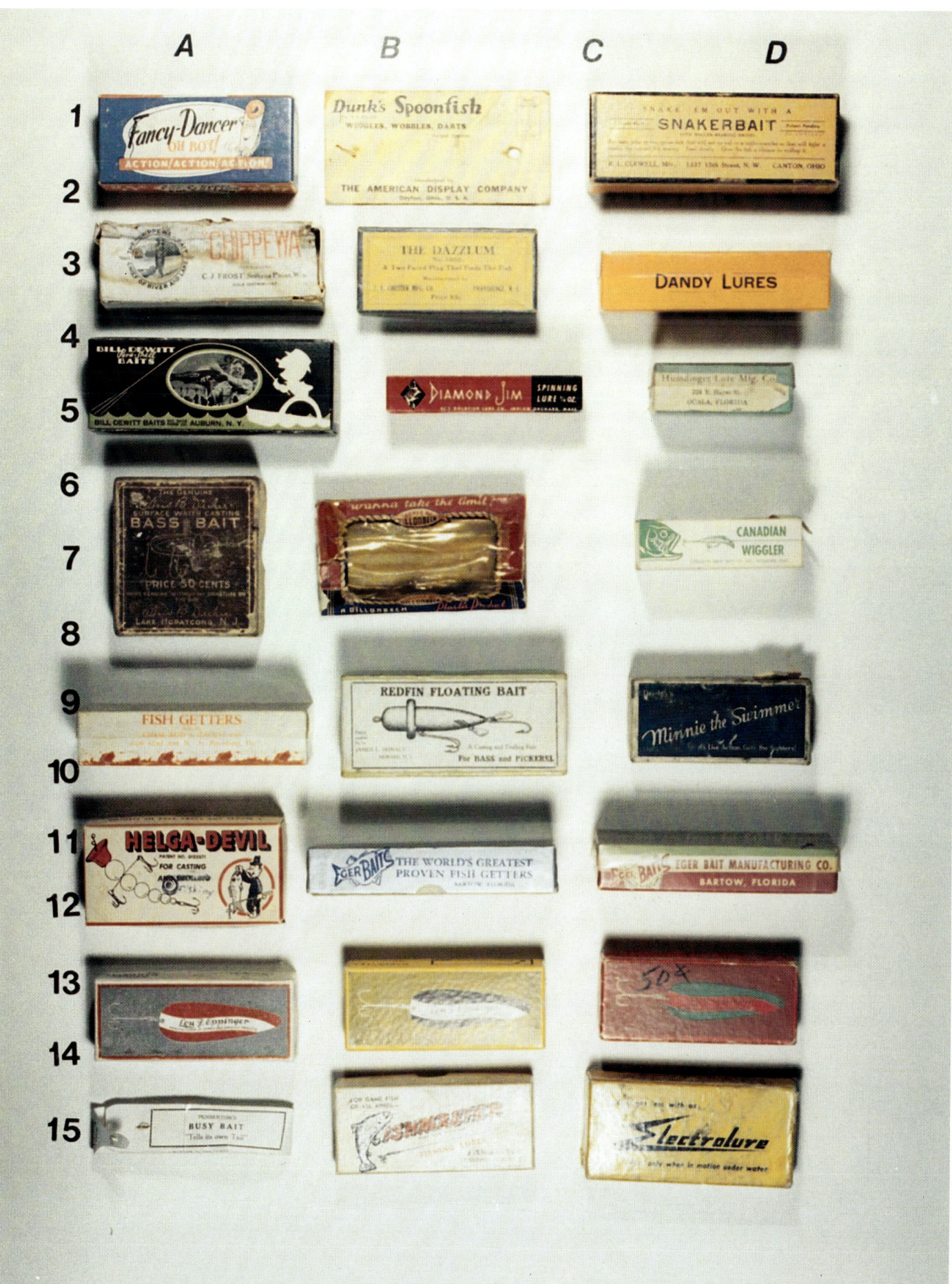

Lure Boxes

174

Lure Boxes

Lure Boxes

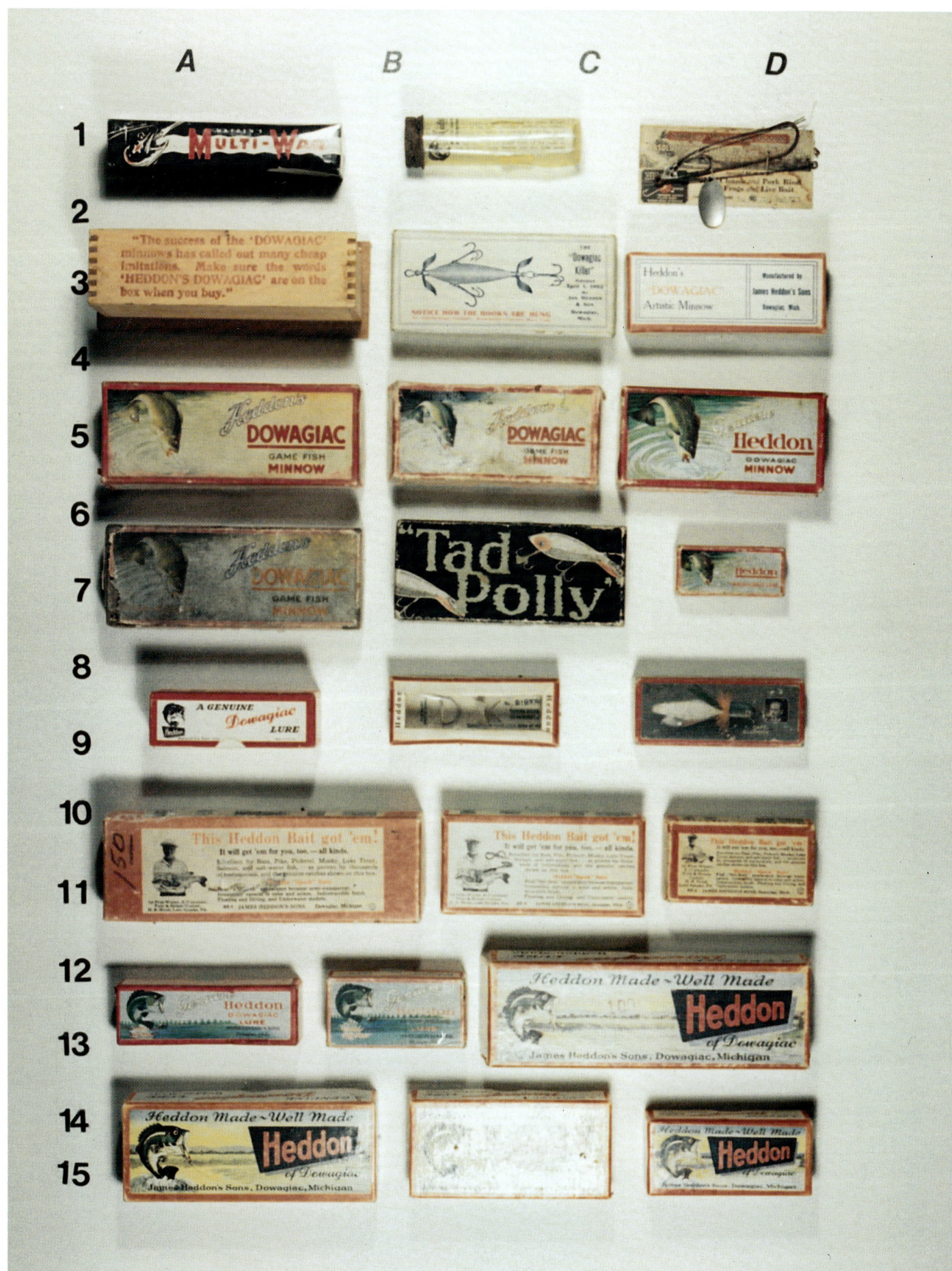

Lure Boxes

Lure Boxes

Lure Boxes

179

Lure Boxes

Lure Boxes

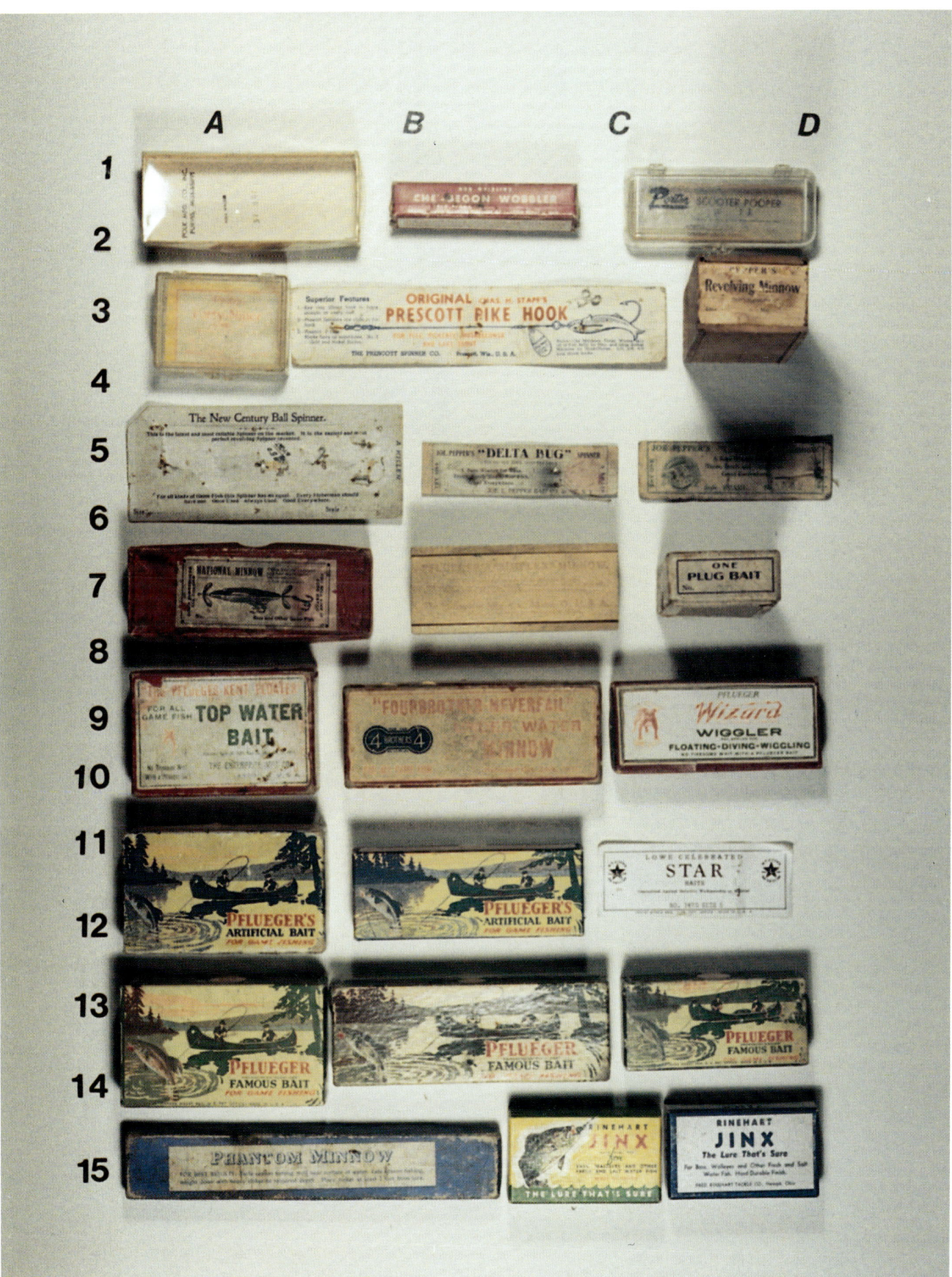

Lure Boxes

Lure Boxes

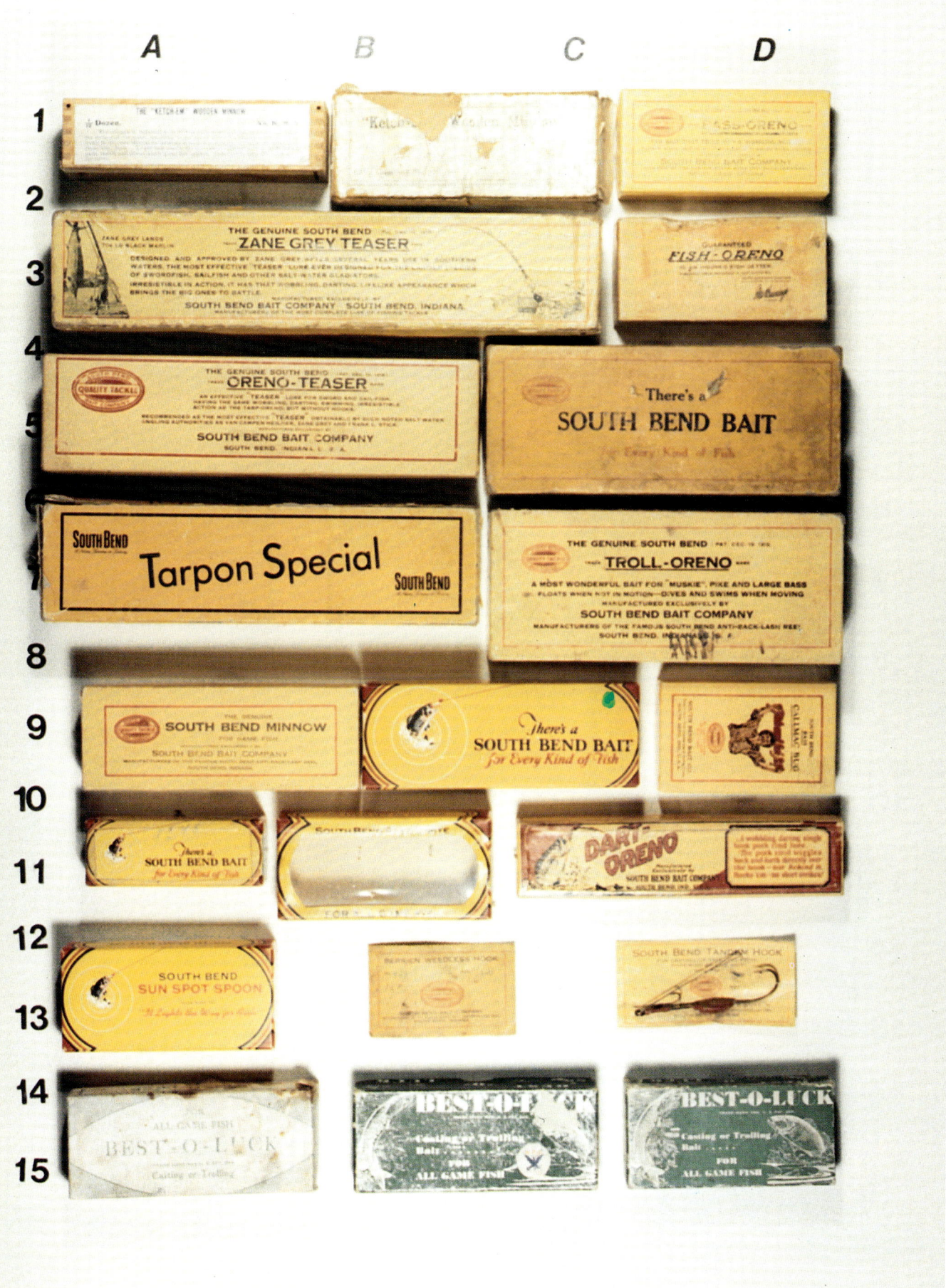

Lure Boxes

Lure Boxes

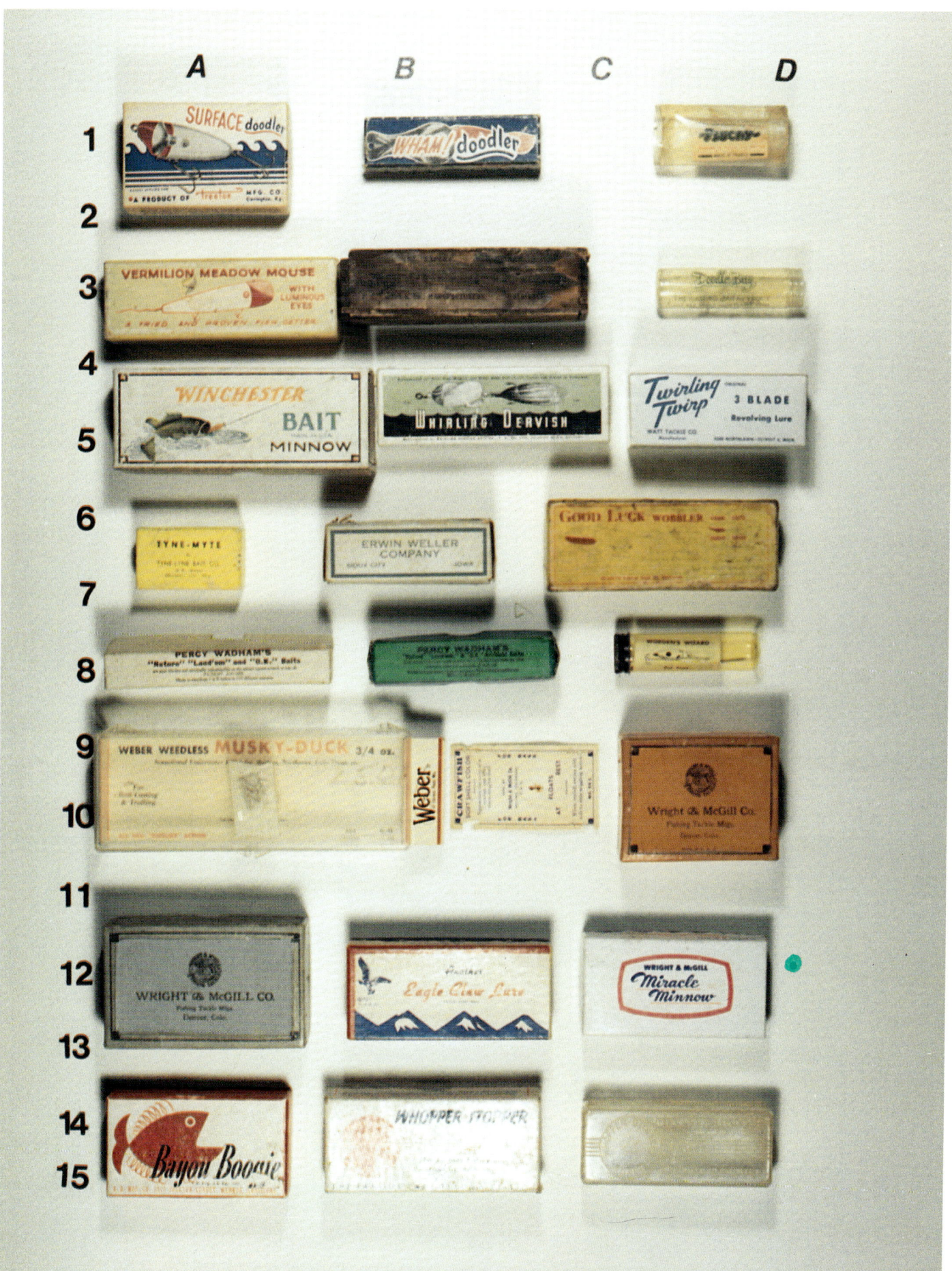

Lure Boxes

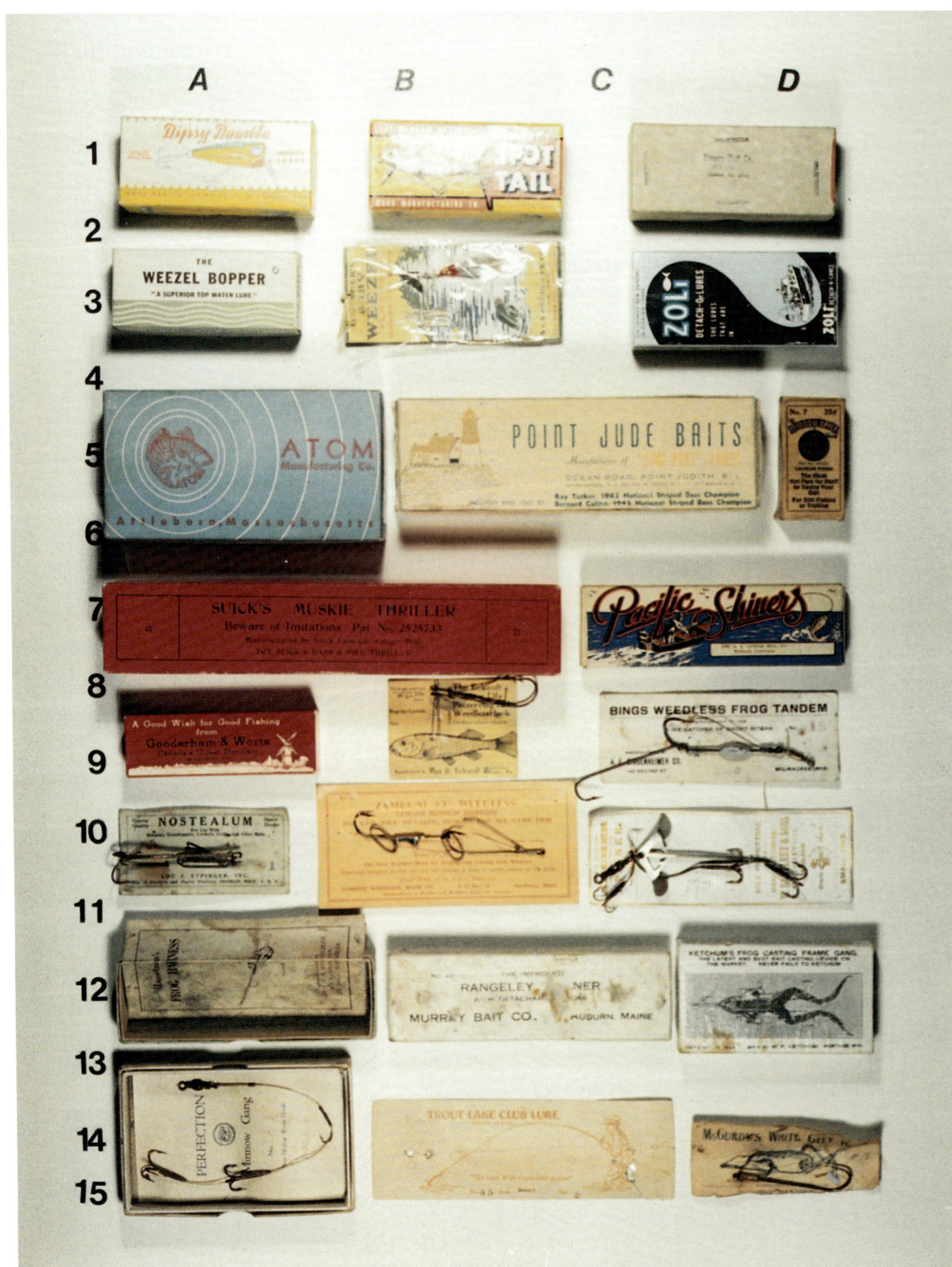

186

Lure Boxes

Supplement I

Rods
Descriptions on Page 191

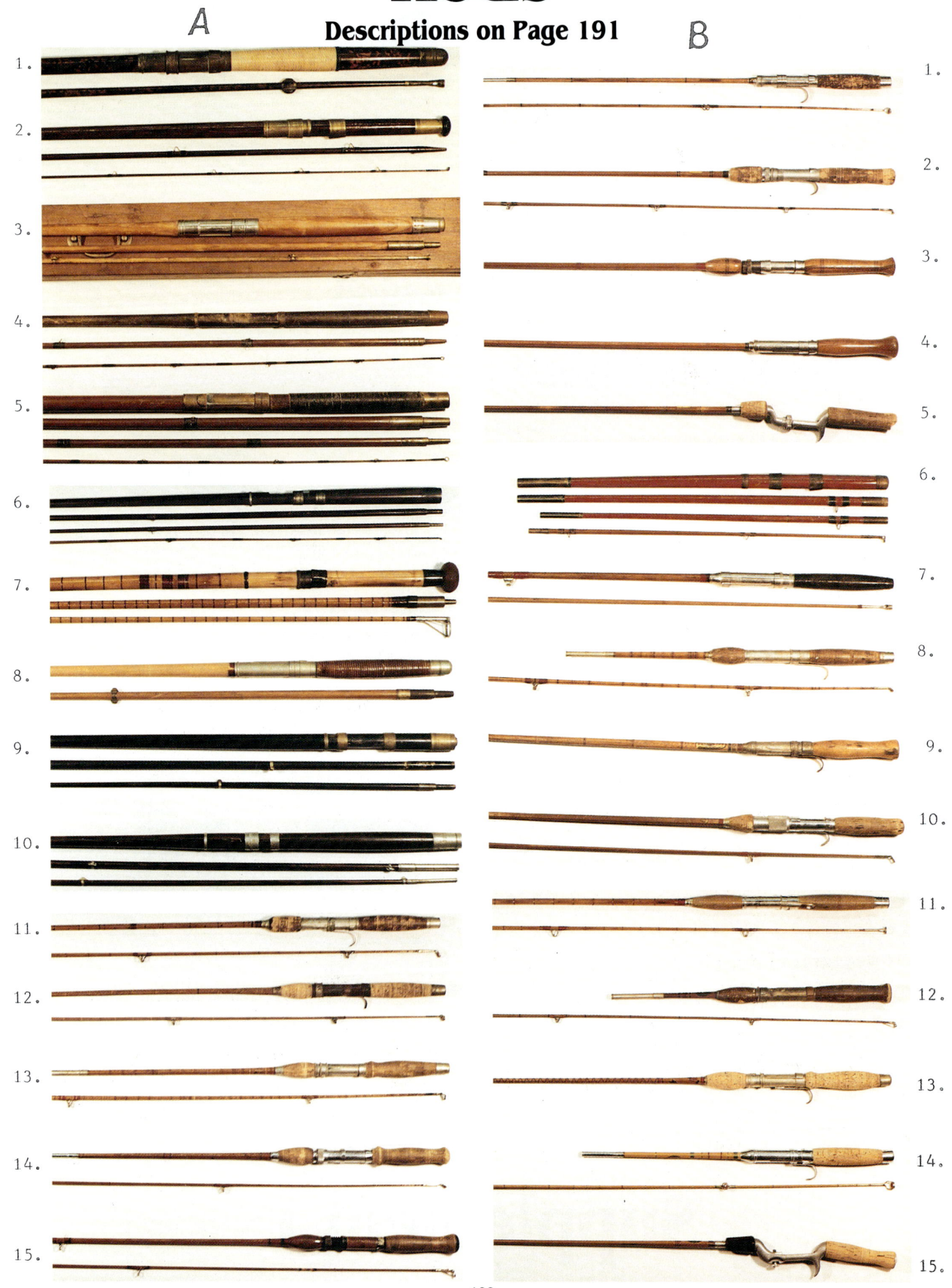

188

Rods

A   Descriptions on Page 191 & 192   B

Rods

A B
Descriptions on Page 192

1.
2.
3.
4.
5.
6.
7.
8.
9.
10.

1.
2.
3.
4.
5.
6.
7.
8.
9.
10.

A11.
A12.
A13.
A14.

LUCKY FLY FISHING OUTFIT

Heddon LONE-EAGLE KIT

Rods

Pictures on Page 188 & 189

ID	Maker	Model	Type	Pieces	Material	Length	Price
188-A1	UNKNOWN MAKER	UNKNOWN	POLE ROD	2 PCS	BRASS MOUNTINGS	8 FT	150-200
188-A2	FORREST KELSO		POLE ROD	3 PCS	BRASS MOUNTINGS	17 1/2 FT	100-150
188-A3	McCARB	PATENT 3-18-1873	POLE ROD	3 PCS	SILVER MOUNTINGS	10 1/2 FT	200-300
188-A4	UNKNOWN MAKER	UNKNOWN	POLE ROD	3 PCS	BRASS MOUNTINGS	10 1/2 FT	100-150
188-A5	UNKNOWN MAKER	UNKNOWN	POLE ROD	4 PCS	BRASS MOUNTINGS	16 FT	100-150
188-A6	UNKNOWN MAKER	UNKNOWN	POLE ROD	4 PCS	SILVER MOUNTINGS	12 FT	150-200
188-A7	UNKNOWN MAKER	UNKNOWN	POLE ROD	3 PCS	BAMBOO	9 1/2 FT	100-150
188-A8	FRED DIVINE	THE DIVINE ROD	POLE ROD	3 PCS	BRASS MOUNTINGS	8 1/2 FT	150-200
188-A9	CHARLES FARLOW	ENGLISH	POLE ROD	3 PCS	BRASS MOUNTINGS	7 1/2 FT	150-200
188-A10	UNKNOWN MAKER	UNKNOWN	POLE ROD	3 PCS	SILVER MOUNTINGS	9 FT	200-300
188-A11	WINCHESTER	ARMAX	CASTING ROD	2 PCS	SPLIT BAMBOO	5 FT	100-150
188-A12	HEDDON		CASTING ROD	2 PCS	SPLIT BAMBOO	5 FT	100-150
188-A13	HEDDON		CASTING ROD	2 PCS	SPLIT BAMBOO	4 1/2 FT	100-150
188-A14	HEDDON		CASTING ROD	2 PCS	SPLIT BAMBOO	5 FT	100-150
188-A15	HEDDON		CASTING ROD	2 PCS	SPLIT BAMBOO	6 FT	75-100
188-B1	HENSHALL TYPE		CASTING ROD	2 PC	SPLIT BAMBOO	5 FT	100-150
188-B2	SOUTH BEND		CASTING ROD	2 PCS	SPLIT BAMBOO	5 1/2 FT	50-75
188-B3	SOUTH BEND		CASTING ROD	1 PC	SPLIT BAMBOO	4 1/2 FT	75-100
188-B4	SOUTH BEND		CASTING ROD	1 PC	SPLIT BAMBOO	5 1/2 FT	75-100
188-B5	SOUTH BEND		CASTING ROD	1 PC	SPLIT BAMBOO	6 FT	40-50
188-B6	MILWARDS		POLE PACK ROD	4 PCS	BRASS MOUNTINGS	7 FT	100-150
188-B7	BRISTOL		CASTING ROD	2 PCS	SOLID ROD	5 FT	50-75
188-B8	THOMAS E. WILSON		CASTING ROD	2 PC	SPLIT BAMBOO	4 FT	40-50
188-B9	FLORIDA FISHING TACK	BARRACUDA	TROLLING ROD	1 PC	SOLID ROD	3 1/2 FT	30-40
188-B10	MONTAGUE		CASTING ROD	2 PCS	SPLIT BAMBOO	5 FT	40-50
188-B11	SHAKESPEARE	MANITOU	CASTING ROD	2 PCS	SPLIT BAMBOO	5 1/2 FT	200-300
188-B12	SHAKESPEARE		CASTING ROD	2 PCS	SPLIT BAMBOO	5 1/2 FT	40-50
188-B13	SHAKESPEARE	TOURNAMENT	CASTING ROD	1 PC	SPLIT BAMBOO	4 1/2 FT	200-300
188-B14	SHAKESPEARE	JIM DANDY	CASTING ROD	2 PCS	SPLIT BAMBOO	4 FT	40-50
188-B15	SHAKESPEARE		CASTING ROD	1 PC	BAMBOO	4 1/2 FT	30-40
189-A1	SOUTH BEND	JOE BATES #569	SPINNING ROD	2 PCS	SPLIT BAMBOO	7 FT	50-75
189-A2	AIREX		SPINNING ROD	2 PCS	SPLIT BAMBOO	7 FT	40-50
189-A3	UNKNOWN MAKER	UNKNOWN	SPINNING ROD	2 PCS	SPLIT BAMBOO	5 1/2 FT	40-50
189-A4	UNKNOWN MAKER	UNKNOWN	SALMON ROD	3 PCS	SPLIT BAMBOO	9 1/2 FT	75-100
189-A5	GEORGE A. BURTIS		SALMON ROD	3 PCS	SPLIT BAMBOO	10 FT	150-200
189-A6	HORROCK-IBBOTSON		FLY ROD	3 PCS	SPLIT BAMBOO	9 FT	50-75
189-A7	MONTAGUE		FLY ROD	3 PCS	SPLIT BAMBOO	8 1/2 FT	100-150
189-A8	MONTAGUE		FLY ROD	3 PCS	SPLIT BAMBOO	9 FT	75-100
189-A9	UNKNOWN MAKER	MIDGE M/27	FLY ROD	2 PCS	SPLIT BAMBOO	5 1/2 FT	1000-1500
189-A10	THE HORTON MFG. CO.		FLY ROD	3 PCS	SOLID ROD	8 1/2 FT	100-150
189-A11	L.L. BEAN		FLY ROD	3 PCS	SPLIT BAMBOO	9 FT	100-150
189-A12	ABBIE & IMBRIE	R.P. DAVIS	FLY ROD	3 PCS	SPLIT BAMBOO	9 FT	400-500
189-A13	BASSETT		FLY ROD	3 PCS	SPLIT BAMBOO	9 FT	400-500
189-A14	WINCHESTER		FLY ROD	3 PCS	SPLIT BAMBOO	9 FT	200-300
189-A15	WINCHESTER	B. THUSSUS	FLY ROD	3 PCS	SPLIT BAMBOO	9 FT	400-500

Rods

Pictures on Page 189 & 190

ID	Maker	Model	Type	Pieces	Material	Length	Value
189-B1	KRAKU---	UNKNOWN	FLY ROD	3 PCS	SPLIT BAMBOO	7 1/2 FT	200-300
189-B2	PFLUEGER	EMPIRE CITY	FLY ROD	3 PCS	SPLIT BAMBOO	9 FT	50-75
189-B3	UNKNOWN MAKER	UNKNOWN	FLY ROD	3 PCS	SPLIT BAMBOO	9 FT	50-75
189-B4	ARROWHEAD SPECIAL		FLY ROD	3 PCS	SPLIT BAMBOO	8 FT	50-75
189-B5	UNKNOWN MAKER	UNKNOWN	FLY ROD	3 PCS	SPLIT BAMBOO	8 FT	50-75
189-B6	JOSEPH PEPPER	PEPPEROD	FLY ROD	3 PCS	SPLIT BAMBOO	8 1/2 FT	200-300
189-B7	CONGRESS	S.B.H. CO.	FLY ROD	3 PCS	SPLIT BAMBOO	8 FT	75-100
189-B8	CONGRESS	S.B.H. CO.	FLY ROD	3 PCS	SPLIT BAMBOO	8 1/2 FT	150-200
189-B9	FRED DIVINE		FLY ROD	3 PCS	SPLIT BAMBOO	9 FT	150-200
189-B10	GEORGE A. BURTIS		FLY ROD	3 PCS	SPLIT BAMBOO	9 FT	200-300
189-B11	SOUTH BEND		FLY ROD	3 PCS	SPLIT BAMBOO	9 FT	100-150
189-B12	HORROCK-IBBOTSON		FLY ROD	3 PCS	SPLIT BAMBOO	9 FT	100-150
189-B13	HORROCK-IBBOTSON		FLY ROD	3 PCS	SPLIT BAMBOO	8 1/2 FT	50-75
189-B14	SENATE		FLY ROD	3 PCS	SPLIT BAMBOO	8 FT	75-100
189-B15	GRANGER	ARISTOCRAT	FLY ROD	3 PCS	SPLIT BAMBOO	8 1/2 FT	150-200
190-A1	UNKNOWN MAKER		FLY ROD	3 PCS	SPLIT BAMBOO	9 FT	200-300
190-A2	H.L. LEONARD		SALMON ROD	3 PCS	SOLID ROD	11 FT	1000-1500
190-A3	LEONARD-MILLS		FLY ROD	3 PCS	SPLIT BAMBOO	9 FT	200-300
190-A4	FROST KELSO		FLY ROD	3 PCS	SPLIT BAMBOO	9 FT	200-300
190-A5	THOMAS & THOMAS		FLY ROD	3 PCS	SPLIT BAMBOO	9 FT	200-300
190-A6	ULANO		FLY ROD	3 PCS	SPLIT BAMBOO	9 FT	100-150
190-A7	HARDY		FLY ROD	3 PCS	SPLIT BAMBOO	9 FT	150-200
190-A8	HARDY	STEEL WRAPPED	FLY ROD	3 PCS	SPLIT BAMBOO	11 FT	400-500
190-A9	UNKNOWN MAKER		FLY ROD	3 PCS	SOLID ROD	9 FT	100-150
190-A10	UNKNOWN MAKER		UNKNOWN	3 PCS	SPLIT BAMBOO	9 FT	100-150
190-A11	SOUTH BEND		FLY ROD KIT	3 PCS	SPLIT BAMBOO	9 FT	150-200
190-A12	HEDDON		CASTING ROD KIT	2 PCS	SPLIT BAMBOO	4 FT	150-200
190-A13	HEDDON	BLACK BEAUTY	FLY ROD	3 PCS	SPLIT BAMBOO	8 1/2 FT	150-200
190-A14	HEDDON	BLUE WATER	FLY ROD	3 PCS	SPLIT BAMBOO	9 FT	100-150
190-B1	D.S. & K.	HUB	SALMON ROD	3 PCS	SPLIT BAMBOO	9 FT	100-150
190-B2	UNKNOWN MAKER		SALMON ROD	3 PCS	SPLIT BAMBOO	8 1/2 FT	75-100
190-B3	UNKNOWN MAKER		SALMON PACK ROD	6 PCS	SOLID ROD	12 FT	200-300
190-B4	UNKNOWN MAKER		FLY PACK ROD	6 PCS	SPLIT BAMBOO	7 FT	150-200
190-B5	UNKNOWN MAKER		FLY PACK ROD	6 PCS	SPLIT BAMBOO	7 FT	150-200
190-B6	PREMAX		CASTING ROD	1 PC	STEEL ROD	4 FT	5-10
190-B7	HEDDON	PAL	CASTING ROD	1 PC	STEEL ROD	5 1/2 FT	10-20
190-B8	THE HORTON MFG. CO.	BRISTOL	EXTEND. FLY ROD	1 PC	STEEL ROD	9 FT	10-20
190-B9	THE HORTON MFG. CO.	LINE THROUGH ROD	FLY ROD	1 PC	STEEL ROD	7 FT	75-100
190-B10	WINCHESTER		CASTING REEL	2 PCS	STEEL ROD	5 FT	50-75

Usually steel and fiberglass rods are not of great value (less than $20.00), unless a name like Winchester, Silaflex, etc is attached. Uniqueness and beauty are also of some value in steel or fiberglass rods.

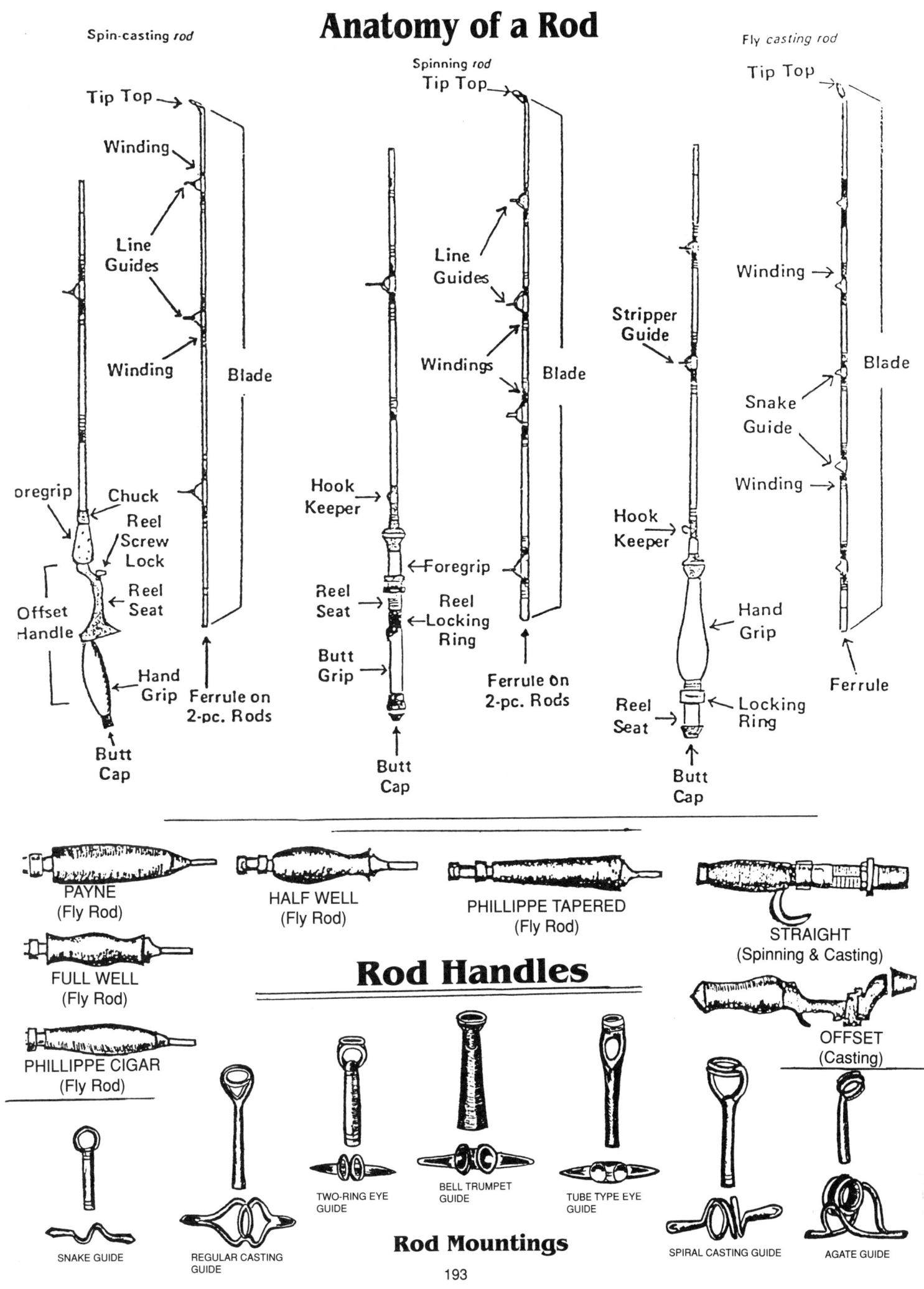

Rods at Auction

Maker	Model	Location	Year	Length	Condition	Price
ABBEY & IMBRIE	BEST	NY	1881	11 FT	EXCELLENT	100-150
ABBEY & IMBRIE	ANNIVERSARY	NY	1920	9 FT	EXCELLENT	50-75
ABBIE & IMBRIE		NY		8 FT 6IN	EXCELLENT	150-200
ABERCROMBIE & FITCH	YELLOWSTONE SPECIAL	NY		8 FT 6 IN	EXCELLENT	200-300
ABERCROMBIE & FITCH		NY		7 FT 6 IN	GOOD	400-500
ALDRED-BERNARD-FARLOW		ENG	1851		VERY GOOD	
BAILLIE, C.		ENG		14 FT	EXCELLENT	200-300
BAILLIE, C.		ENG		9 FT	EXCELLENT	200-300
BARR, A.	THE WINIDIGO		1879	8 FT	EXCELLENT	150-200
BASSETT				9 FT	EXCELLENT	100-150
CARLSON, S.	THOMAS ROD CO.	CT		7 FT 6 IN	EXCELLENT	3000-5000
CARLSON, S.	BILL ROSGEN	CT		6 FT 6 IN	EXCELLENT	5000-7000
CARLSON, S.	THOMAS ROD CO.	CT		5 FT	EXCELLENT	5000-7000
CARPENTER, W.	PAYNE ROD CO.			8 FT	EXCELLENT	1000-1500
CHUBB	'SALMON'	VT		14 FT	EXCELLENT	400-500
CHUBB		VT		10 FT 6 IN	GOOD	30-40
CHUBB		VT		6 FT	EXCELLENT	200-300
CHUBB		VT		VARIES	EXCELLENT	400-500
CONROY & BISSETT		NY		11 FT	EXCELLENT	200-300
CONROY, T.J.		NY	1890	10 FT	EXCELLENT	400-500
CONROY, T.J.		NY	1890	8 FT 6 IN	VERY GOOD	150-200
CROOK, J.B. & CO.		NY		9 FT	VERY GOOD	100-150
DAME STODDARD & KENDALL		MA	1890	10 FT	EXCELLENT	200-300
DAME STODDARD & KENDALL		MA	1890	9 FT	EXCELLENT	200-300
DICKERSON	'SALMON'	MI		9 FT	VERY GOOD	400-500
DICKERSON		MI		8 FT 6 IN	EXCELLENT	750-1000
DICKERSON		MI		8 FT	EXCELLENT	3000-5000
DICKERSON		MI		7 FT	EXCELLENT	7000-10000
DIVINE, FRED	PRESENTATION	NY	1880	8 FT 8 IN	EXCELLENT	300-400
DIVINE, FRED		NY	1910	9 FT 6 IN	EXCELLENT	300-400
DIVINE, FRED		NY		7 FT 4 IN	EXCELLENT	750-1000
EDWARDS, E.W.	HORTON	CT	1925	9 FT	EXCELLENT	300-400
EDWARDS, E.W.	DELUXE - HORTON	CT		9 FT	EXCELLENT	300-400
EDWARDS, E.W.	MT. CARMEL - HORTON	CT		8 FT	EXCELLENT	400-500
EDWARDS, E.W.	EDWARDS SPEC.-HORTON	CT		7 FT	EXCELLENT	400-500
EDWARDS. E.W.	MT. CARMEL	CT		5 FT 6 IN	EXCELLENT	400-500
GARRISON	'SALMON'	NY	1942	9 FT	EXCELLENT	2000-3000
GARRISON		NY	1962	8 FT 6 IN	EXCELLENT	1000-2000
GARRISON		NY	1972	8 FT	EXCELLENT	2000-3000
GARRISON		NY		7 FT 9 IN	EXCELLENT	3000-5000
GARRISON		NY		7 FT 6 IN	EXCELLENT	5000-7000
GARRISON		NY		7 FT	EXCELLENT	7000-10000
GILLUM, H.S		CT		9 FT 6 IN	EXCELLENT	1500-2000
GILLUM, H.S.		CT		9 FT	EXCELLENT	2000-3000
GILLUM, H.S.		CT		8 FT 9 IN	EXCELLENT	3000-5000
GILLUM, H.S.		CT		8 FT 6 IN	EXCELLENT	3000-5000
GILLUM, H.S.		CT		8 FT	EXCELLENT	3000-5000
GILLUM, H.S.		CT		6 FT 9 IN	EXCELLENT	10000-15000
GILLUM, H.S.		CT		6 FT	EXCELLENT	15000-20000
GRANGER	REGISTERED	CO	1940'S	7 FT 6 IN	EXCELLENT	2000-3000
GRANGER	PREMIER	CO	1940'S	8 FT	EXCELLENT	1000-2000
GRANGER	DELUXE	CO	1940'S	7 FT 6 IN	EXCELLENT	750-1000
GRANGER	ARISTOCRAT	CO	1940'S	7	EXCELLENT	400-500
GRANGER	SPECIAL	CO	1940'S	7 FT 6 IN	EXCELLENT	300-400
GRANGER	VICTORY	CO	1940'S	8 FT	EXCELLENT	200-300
GREEN, E.A.			1860'S		VERY RARE	
HALSTEAD, G.		CT		8 FT	VERY GOOD	1000-1500
HALSTEAD, G.		CT		7 FT 6 IN	EXCELLENT	1500-2000
HALSTEAD, G.		CT		6 FT 2 IN	EXCELLENT	7000-10000
HALSTEAD, G.		CT		6 FT	EXCELLENT	7000-10000

Rods at Auction

Maker	Model		State	Year	Length	Condition	Price
HOWES, H.W.	"A & F"				9 FT	EXCELLENT	1000-1500
HOWES, H.W.					8 FT 9 IN	EXCELLENT	1000-1500
HEDDON	PRESENTATION	#1000	MI	1948	8 FT 6 IN	EXCELLENT	400-500
HEDDON	PRESIDENT	#50	MI	1930	8 FT 6 IN	EXCELLENT	300-400
HEDDON	PEERLESS	#35	MI		7 FT 6 IN	EXCELLENT	400-500
HEDDON	DELUXE SALMON #35-60		MI		9 FT	EXCELLENT	200-300
HEDDON	STANLEY'S FAVOR.-#20		MI		8 FT 6 IN		200-300
HEDDON	BLACK BEAUTY	#17	MI		9 FT	EXCELLENT	150-200
HEDDON	THOROBRED	#14	MI		9 FT	EXCELLENT	100-150
HEDDON	BLUE WATER	#10	MI		8 FT 6 IN	EXCELLENT	75-100
HEDDON	"HEDDON"		MI		9 FT	EXCELLENT	50-75
HOWELLS, G.					9 FT	EXCELLENT	750-1000
HOWELLS, G.					8 FT	EXCELLENT	750-1000
KAMP, G.			NY		8 FT 6 IN	GOOD	150-200
KOSMIC	PAYNE-THOMAS-EDWARDS			1890	9 FT	EXCELLENT	200-300
KOSMIC	PAYNE-THOMAS-EDWARDS			1890	8 FT 6 IN	EXCELLENT	300-400
KOSMIC	PAYNE-THOMAS-EDWARDS			1890	8 FT 3 IN	EXCELLENT	300-400
KREIDER,.C.M.					9 FT	EXCELLENT	500-750
LANDMAN. J.G.	VON LENGERKE DETMOLD		NY	1890	9 FT 3 IN	EXCELLENT	1000-1500
LEONARD, H.L.			ME		15 FT	EXCELLENT	100-150
LEONARD, H.L.			ME		13 FT 6IN	EXCELLENT	100-150
LEONARD, H.L.			ME		11 FT 6 IN	GOOD	150-200
LEONARD, H.L.			ME		11 FT 4 IN	EXCELLENT	150-200
LEONARD, H.L.			ME		11 FT	EXCELLENT	200-300
LEONARD, H.L.			ME		10 FT	EXCELLENT	200-300
LEONARD, H.L.			ME		9 FT 6 IN	EXCELLENT	300-400
LEONARD, H.L.			ME		9 FT	EXCELLENT	300-400
LEONARD, H.L.			ME		8 FT 10 IN	EXCELLENT	400-500
LEONARD, H.L.			ME		8 FT 6 IN	EXCELLENT	500-750
LEONARD, H.L.			ME		8 FT	EXCELLENT	500-750
LEONARD, H.L.			ME		7 FT 6 IN	EXCELLENT	750-1000
LEONARD, H.L.			ME		7 FT 3 IN	EXCELLENT	1000-1500
LEONARD, H.L.			ME		7 FT	EXCELLENT	1000-1500
LEONARD, H.L.			ME		6 FT 6 IN	EXCELLENT	1500-2000
LEONARD, H.L.			ME		6 FT	EXCELLEMT	2000-3000
MITCHELL, WM. & SON			NY	1883	10 FT	VERY GOOD	500-750
MONTAGUE	MANITOU	#52	NY			EXCELLENT	75-100
MONTAGUE	RED WING		NY			EXCELLENT	75-100
MONTAGUE	FISH KILL		NY			EXCELLENT	50-75
MONTAGUE	BLUE STREAK		NY			EXCELLENT	50-75
MONTAGUE	RADIDAN		NY		7 FT	EXCELLENT	40-50
MONTAGUE	FLASH		NY		9 FT	EXCELLENT	30-40
MONTAGUE	RAINY RIVER		NY		8 FT 6 IN	EXCELLENT	30-40
MONTAGUE	SUNBEAM		NY			EXCELLENT	20-30
MONTAGUE	CLIPPER		NY			EXCELLENT	20-30
MONTAGUE	MOUNT TOM		NY			EXCELLENT	20-30
MONTAGUE	LAKE PLEASANT		NY			EXCELLENT	10-20
MONTAGUE	HIGHLAND		NY				10-20
MONTAGUE	CLEAR LAKE		NY			EXCELLENT	10-20
MURPHY, C.F.			NJ	1860'S	10 FT 6 IN	VERY GOOD	500-750
NEEDHAM, O.H.			ME		8 FT	EXCELLENT	750-1000
NEEDHAM, O.H.			ME		7 FT 6 IN	EXCELLENT	1000-1500
NICHOLS, B.F.			MS		12 FT	VERY GOOD	200-300
ORVIS, CHARLES F.	SUPERFINE		VT		10 FT 6IN	EXCELLENT	200-300
ORVIS, CHARLES F.	DELUXE		VT		8 FT 6 IN	EXCELLENT	400-500
ORVIS, CHARLES F.	SHOOTING STAR		VT		8 FT 6 IN	EXCELLENT	500-750
ORVIS, CHARLES F.	ROCKY MOUNTAIN		VT		7 FT	EXCELLENT	400-500
ORVIS, CHARLES F.	MIDGE		VT		7 FT 6 IN	EXCELLENT	500-750
ORVIS, CHARLES F.	BATTENKILL		VT		7 FT	EXCELLENT	400-500
ORVIS, CHARLES F.	FLEA		VT		6 FT 6 IN	EXCELLENT	400-500

Rods at Auction

Maker	Model	State	Year	Length	Condition	Price
ORVIS, CHARLES F.	WES JORDAN	VT		6 FT 6 IN	EXCELLENT	500-750
ORVIS, CHARLES F.	LIMESTONE SPECIAL	VT		8 FT 6 IN	EXCELLENT	300-400
ORVIS, CHARLES F.	DELUXE	VT		6 FT 6 IN	EXCELLENT	300-400
ORVIS, CHARLES F.	SUPERFINE	VT		9 FT	EXCELLENT	200-300
ORVIS, CHARLES F.	ROCKY MOUNTAIN	VT		7 FT 6 IN	EXCELLENT	750-1000
ORVIS, CHARLES F.	HEAVY SPIN	VT		7 FT 6 IN	EXCELLENT	150-200
PAYNE, J.		NY		10 FT 6 IN	EXCELLENT	400-500
PAYNE, J.		NY		10 FT	EXCELLENT	500-750
PAYNE, J.		NY		9 FT 6 IN	EXCELLENT	750-1000
PAYNE, J.		NY		9 FT	EXCELLENT	750-1000
PAYNE, J.		NY		8 FT 6 IN	EXCELLENT	1000-1500
PAYNE, J.		NY		8 FT	EXCELLENT	1500-2000
PAYNE, J.		NY		7 FT 6 IN	VERY GOOD	2000-3000
PAYNE, J.		NY		7 FT	EXCELLENT	3000-5000
PAYNE, J.		NY		6 FT 6 IN	EXCELLENT	5000-7000
PAYNE, J.	BANTY	NY		4 FT 4 IN	EXCELLENT	5000-7000
PAYNE, E.F.		CA		13 FT 2 IN	EXCELLENT	100-150
PAYNE, E.F.		CA		6 FT	EXCELLENT	2000-3000
PHILLIPE, SAMUEL		PA	1840'S		VERY RARE	300-400
PHILLIPE, SOLON		PA	1850'S		VERY RARE	
POWELL, E.C.		CA		9 FT 6 IN	GOOD	300-400
READ, WM. & SON		MA		9 FT 6 IN		50-75
REED & GILDNER		PA		10 FT		200-300
SCHOCH, D.			7 FT			400-500
SCRIBNER, E. & SON				15 FT	VERY GOOD	200-300
SEIGER, J.F.		NJ		8 FT		50-75
SCHAER				8 FT		500-750
SHAKESPEARE		MI		6 FT 6 IN		500-750
SMITH, BOB		MA		14 FT		50-75
SNART		ENG	1801		VERY RARE	
THOMAS, F.E.	BROWNTONE	ME		14 FT	VERY GOOD	200-300
THOMAS, F.E.	SPECIAL	ME	1913	13 FT 6 IN	VERY GOOD	150-200
THOMAS, F.E.	SPECIAL	ME	1913	10 FT	VERY GOOD	75-100
THOMAS, F.E.	SPECIAL	ME	1913	9 FT 6 IN	GOOD	150-200
THOMAS, F.E.	BANGOR ROD	ME		9 FT 3 IN	EXCELLENT	200-300
THOMAS, F.E.	DIRIGO	ME		9 FT	EXCELLENT	200-300
THOMAS, F.E.	SPECIAL	ME		8 FT 6 IN	VERY GOOD	300-400
THOMAS, F.E.	BROWNTONE	ME		8 FT	EXCELLENT	500-750
THOMAS, F.E.	BROWNTONE	ME		7 FT	VERY GOOD	750-1000
THOMAS, F.E.	SPECIAL	ME		6 FT 8 IN	GOOD	1000-1500
THOMAS & THOMAS	PARADIGM	MD		7 FT	EXCELLENT	1000-1500
TROWBRIDGE		MA		11 FT		100-150
USLAN				8 FT		500-750
VARNEY		MA		9 FT 6 IN		150-200
VOM HOFE, E.	SALMON	NY		16 FT		300-400
VOM HOFE, E.	SALWATER	NY		7 FT		75-100
WHEELER, C.E.				10 FT 6 IN	EXCELLENT	200-300
WINSTON, R.L.			1943	8 FT	EXCELLENT	500-750
YOUNG, P.H.		MI		9 FT	EXCELLENT	500-750
YOUNG, P.H.	PARABOLIC 17	MI		8 FT 6 IN	EXCELLENT	1000-2000
YOUNG, P.H.	EXPERIMENT	MI		8 FT 3 IN	EXCELLENT	1000-2000
YOUNG, P.H.	PARABOLIC 15	MI		8 FT	VERY GOOD	2000-3000
YOUNG, P.H.	PERFECTIONIST	MI		7 FT 6 IN	EXCELLENT	3000-5000
YOUNG, P.H.	PRINCESS	MI		7 FT	EXCELLENT	5000-7000
YOUNG, P.H.	LITTLE GIANT	MI		6 FT 6 IN	EXCELLENT	3000-5000
YOUNG, P.H.	MIDGE			6 FT 3 IN		3000-5000

Anatomy of a Reel

Casting Reel

Spinning & Spin Casting Reel

Single Action Fly Reel

Automatic Fly Reel

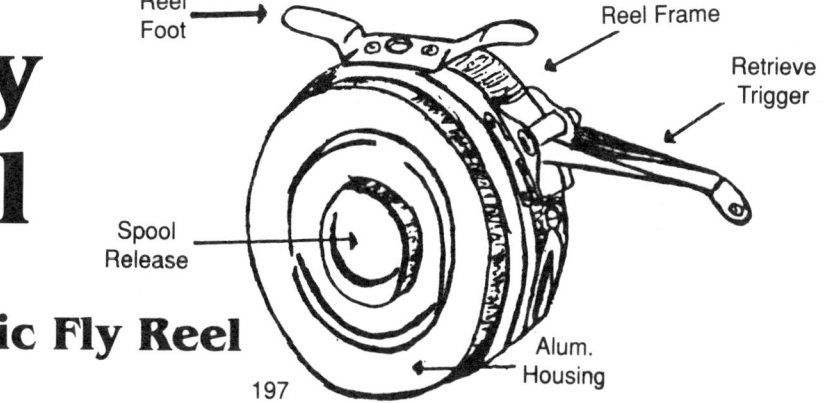

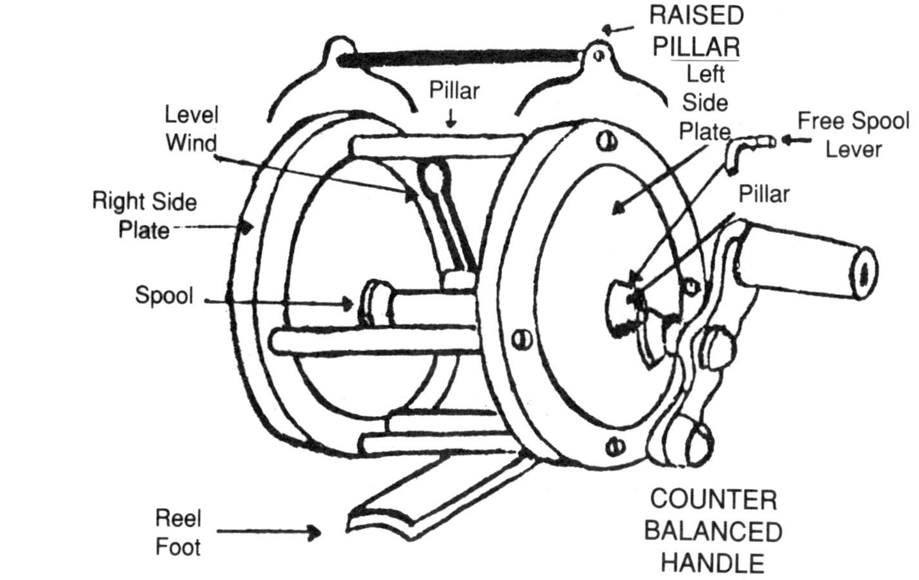

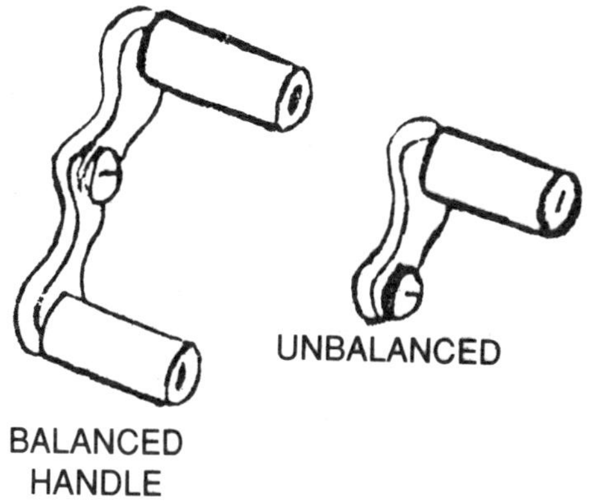

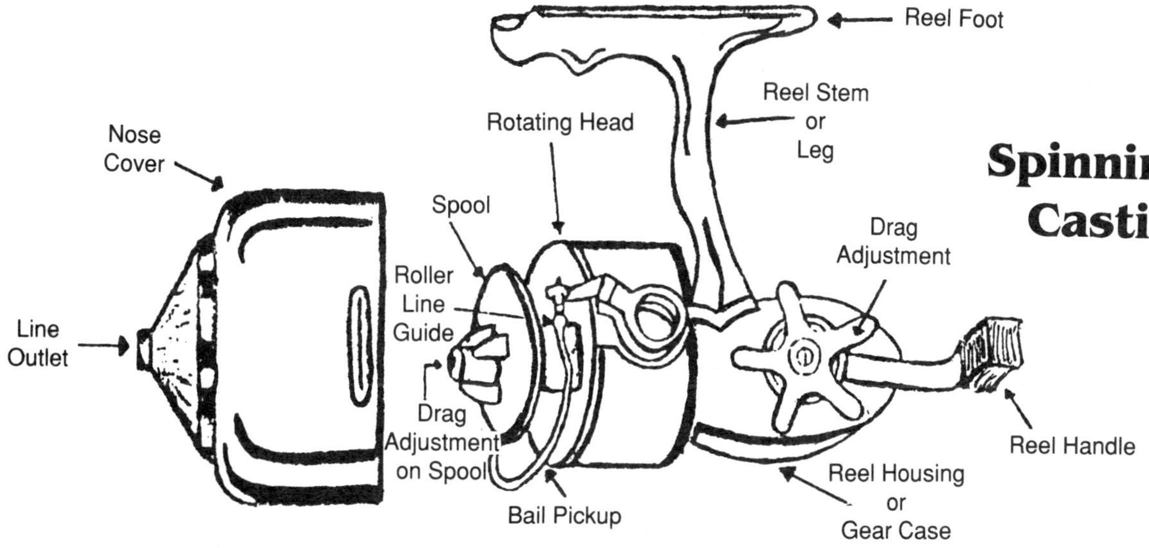

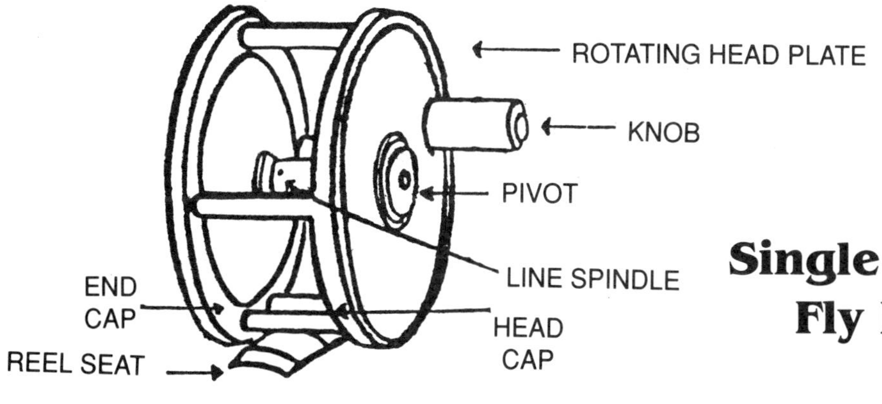

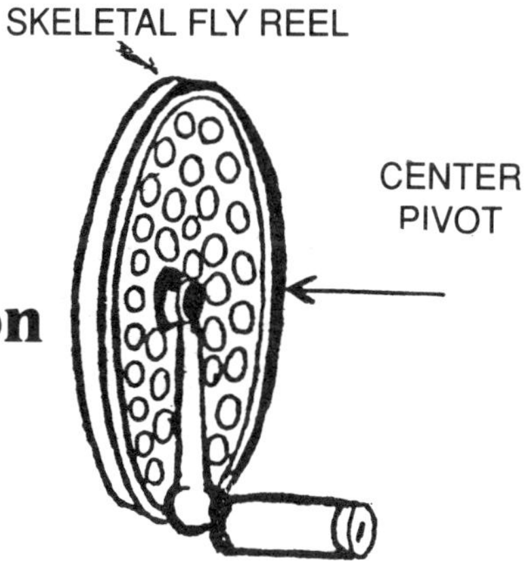

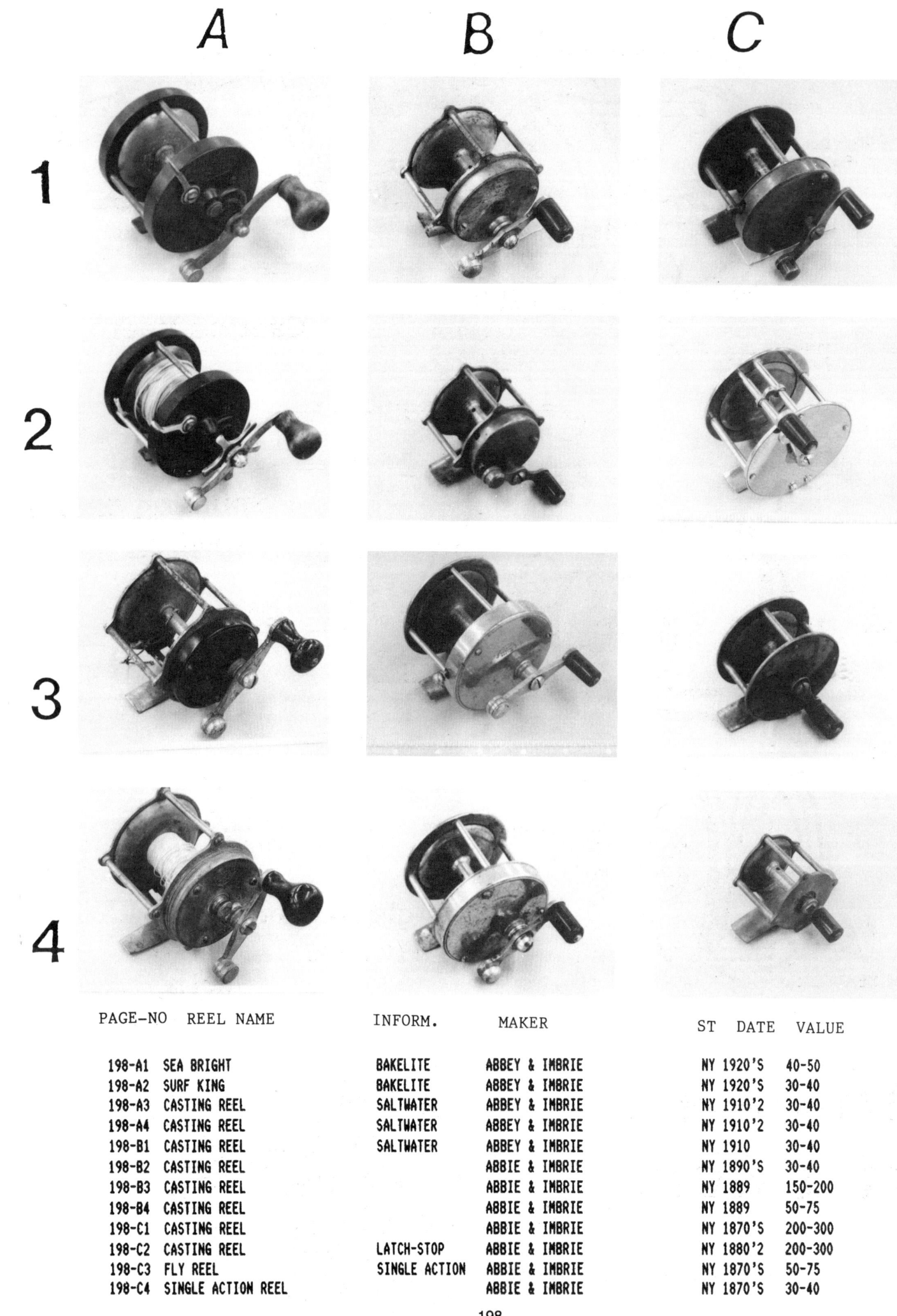

PAGE-NO	REEL NAME	INFORM.	MAKER	ST	DATE	VALUE
198-A1	SEA BRIGHT	BAKELITE	ABBEY & IMBRIE	NY	1920'S	40-50
198-A2	SURF KING	BAKELITE	ABBEY & IMBRIE	NY	1920'S	30-40
198-A3	CASTING REEL	SALTWATER	ABBEY & IMBRIE	NY	1910'2	30-40
198-A4	CASTING REEL	SALTWATER	ABBEY & IMBRIE	NY	1910'2	30-40
198-B1	CASTING REEL	SALTWATER	ABBEY & IMBRIE	NY	1910	30-40
198-B2	CASTING REEL		ABBIE & IMBRIE	NY	1890'S	30-40
198-B3	CASTING REEL		ABBIE & IMBRIE	NY	1889	150-200
198-B4	CASTING REEL		ABBIE & IMBRIE	NY	1889	50-75
198-C1	CASTING REEL		ABBIE & IMBRIE	NY	1870'S	200-300
198-C2	CASTING REEL	LATCH-STOP	ABBIE & IMBRIE	NY	1880'2	200-300
198-C3	FLY REEL	SINGLE ACTION	ABBIE & IMBRIE	NY	1870'S	50-75
198-C4	SINGLE ACTION REEL		ABBIE & IMBRIE	NY	1870'S	30-40

	A	B	C
1			
2			
3			
4			

199-A1	BEVERLEY	ABBIE & IMBRIE	NY 1890'2	40-50
199-A2	LAKESIDE	ABBIE & IMBRIE	NY 1946	20-30
199-A3	SAFETY REEL	ALUMAG	IN 1948	40-50
199-A4	OLDER MASTER REEL	BACH-BROWN	NJ 1939	20-30
199-B1	APACHE	AIREX	NJ 1949	20-30
199-B2	BACH-BROWN MASTER REEL	AIREX-MEISSELBACH	NJ 1950	30-40
199-B3	VIC	AIREX	NJ 1955	30-40
199-B4	ABLETTE #270	AIREX-MEISSELBACH	NJ 1955	30-40
199-C1	OTCO	OHIO TOOL CO.	OH 1949	30-40
199-C2	AMERICA'S REEL	AMERICA'S REEL CO.	IL 1902	200-300
199-C3	METER REEL #1724	ALFORD	MI 1950	75-100
199-C4	ARNOLD FLY REEL	BIVAN'S MFG. CO.	MI 1955	30-40

A   B   C

1			
2			
3			
4			

200-A1	THUMBEZY		BENJAMIN	MI 1916	500-750
200-A2	BIRD CAGE FLY REEL		BILLINGHURST	NY 1859	1000-1500
200-A3	WINONA (LARGE)	INDIANA STYLE	BOYER	IN 1918	100-150
200-A4	WINONA	INDIANA STYLE	BOYER	IN 1920	50-75
200-B1	INDIANA REEL		BENSON	IN 1919	75-100
200-B2	IDEAL BENSONS		ALOFS MFG. CO.	MI 1929	40-50
200-B3	MERCURY		BRONSON	MI 1955	10-20
200-B4	SILVER KING		BRONSON	MI 1950	10-20
200-C1	COMET		BRONSON	MI 1955	10-20
200-C2	LASHLESS		BRONSON	MI 1955	10-20
200-C3	MODERN		BRONSON	MI 1931	10-20
200-C4	COMMANDER		BRONSON	MI 1955	10-20

201-A1	NEW DEAL	BRONSON	MI 1955	10-20
201-A2	MASTER REEL	BRONSON	MI 1960	10-20
201-A3	VETERAN	BRONSON	MI 1955	10-20
201-A4	BELMONT	BRONSON	MI 1955	10-20
201-B1	FLEETWING	BRONSON	MI 1941	10-20
201-B2	INVADER	BRONSON	MI 1960	10-20
201-B3	ARROW	BRONSON	MI 1941	10-20
201-B4	HAWK	BRONSON	MI 1960	10-20
201-C1	MATE 900	BRONSON	MI 1960	10-20
201-C2	COXE SALTWATER	BRONSON	CA 1938	40-50
201-C3	PEERLESS	BRONSON	CA 1928	50-75
201-C4	REEL-O-MINE	BRONSON	MI 1933	150-200

202-A1	CORSAIR	BRONSON	MI 1940	40-50
202-A2	ZANE GREY COXE	COXE REEL CO.	CA 1938	1500-2000
202-A3	COXE	BRONSON	MI 1949	75-100
202-A4	COXE 25-2	COXE REEL CO.	CA 1930'3	75-100
202-B1	COXE 25-3	COXE REEL CO.	CA 1930'3	75-100
202-B2	COXE 10-C	COXE REEL CO.	CA 1940'S	50-75
202-B3	COXE 60-C	COXE REEL CO.	CA 1940'S	50-75
202-B4	EXPERT 20	BRONSON	MI 1930	100-150
202-C1	EXPERT 40	BRONSON	MI 1938	100-150
202-C2	LION	BRONSON	MI 1941	10-20
202-C3	BILTWELL	BRONSON	MI 1941	10-20
202-C4	BROOKLURE	BRONSON	MI 1930'S	30-40

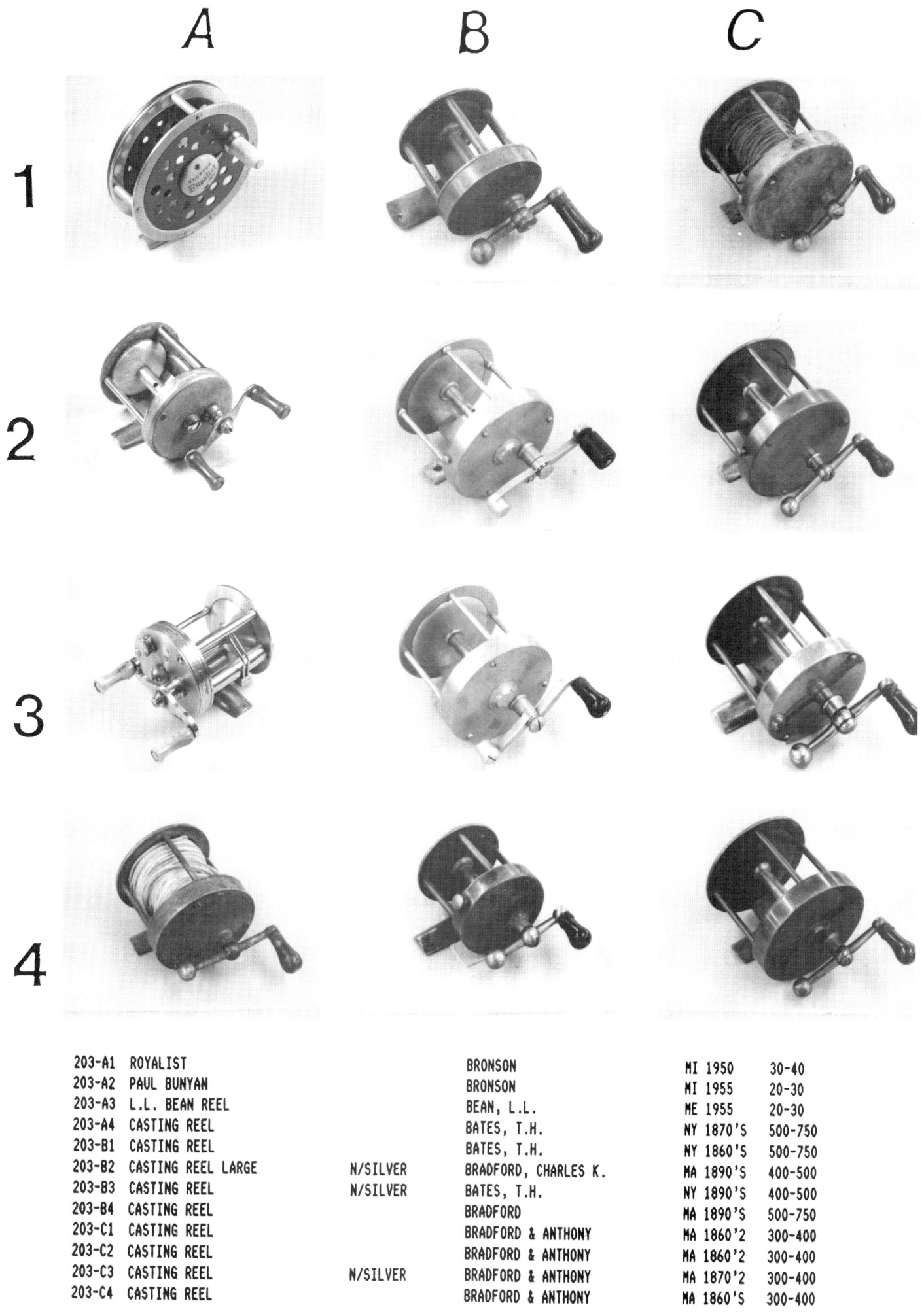

203-A1	ROYALIST		BRONSON	MI 1950	30-40
203-A2	PAUL BUNYAN		BRONSON	MI 1955	20-30
203-A3	L.L. BEAN REEL		BEAN, L.L.	ME 1955	20-30
203-A4	CASTING REEL		BATES, T.H.	NY 1870'S	500-750
203-B1	CASTING REEL		BATES, T.H.	NY 1860'S	500-750
203-B2	CASTING REEL LARGE	N/SILVER	BRADFORD, CHARLES K.	MA 1890'S	400-500
203-B3	CASTING REEL	N/SILVER	BATES, T.H.	NY 1890'S	400-500
203-B4	CASTING REEL		BRADFORD	MA 1890'S	500-750
203-C1	CASTING REEL		BRADFORD & ANTHONY	MA 1860'2	300-400
203-C2	CASTING REEL		BRADFORD & ANTHONY	MA 1860'2	300-400
203-C3	CASTING REEL	N/SILVER	BRADFORD & ANTHONY	MA 1870'2	300-400
203-C4	CASTING REEL		BRADFORD & ANTHONY	MA 1860'S	300-400

A B C

	204-A1	CASTING REEL		BRADFORD & ANTHONY	MA 1870'S	300-400
	204-A2	CASTING REEL		BRADFORD & ANTHONY	MA 1870'S	300-400
	204-A3	FLY REEL		BRADFORD & ANTHONY	MA 1870'S	500-750
	204-A4	SPINNING REEL		BRADCO	1950	10-20
	204-B1	CASTING REEL		CLERK, J. & CO.	NY 1880'S	500-750
	204-B2	CASTING REEL		CONROY, J.C. & CO.	NY 1880'S	300-400
	204-B3	CASTING REEL		CROOK, J.R.	NY 1880'S	300-400
	204-B4	CASTING REEL	SILVER	CONROY, J.C. & CO.	NY 1880'S	300-400
	204-C1	CASTEY		CLARKSON	CA 1930'S	30-40
	204-C2	MULTIPLIER 9 LARGE		CARLTON	NY 1905	200-300
	204-C3	MULTIPLIER 9 REEL	MEDIUM	CARLTON	NY 1905	150-200
	204-C4	MULTIPLIER 9 REEL	SMALL	CARLTON	NY 1905	150-200

	A	B	C		
205-A1	MULTIPLIER REEL		CARLTON	NY 1905	150-200
205-A2	IDEAL FLY REEL		CARLTON	CA 1930'2	50-75
205-A3	IDEAL FLY REEL		CARLTON	NY 1890'S	40-50
205-A4	LIGHTWEIGHT FLY REEL		CARLTON	NY 1880'2	75-100
205-B1	GEM FLY REEL		CARLTON	NY 1890'S	75-100
205-B2	AUTOMATIC FLY REEL		CARLTON	NY 1907	75-100
205-B3	CASTING REEL		BARNEY & BERRY	1912	30-40
205-B4	CASTING REEL		CROWN FISHING TACKLE	PA 1920	30-40
205-C1	SALTWATER REEL		COZZONE	1914	200-300
205-C2	LIGHT SALTWATER REEL		COZZONE	1920	200-300
205-C3	HUNTER REEL		CHAMBERLAIN CART. & TARGET CO.	OH 1907	300-400
205-C4	WAWASEE	INDIANA STYLE	CREEK CHUB BAIT CO.	IN 1923	150-200

	A	B	C
1			
2			
3			
4			

206-A1	CLINTON FLY REEL	CLINTON, C.M.	NY 1870'S	5000-7500
206-A2	CASTING REEL	DUNCAN-BRIGGS	RI 1954	20-30
206-A3	L-16 REEL	DUNCAN-BRIGGS	RI 1954	20-30
206-A4	SINGLE ACTION FLY REEL	DUNCAN-BRIGGS	RI 1954	20-30
206-B1	SINGLE ACTION FLY REEL	DUNCAN-BRIGGS	RI 1950	30-40
206-B2	OPTIMUS FLY REEL	DAME STODDARD & KENDALL	MA 1910'S	400-500
206-B3	SALMON REEL	DAME STODDARD & KENDALL	MA 1910'S	400-500
206-B4	CASTING REEL	DAME STODDARD & KENDALL	MA 1900'S	150-200
206-C1	OPTIMA	DAME STODDARD & KENDALL	MA 1900'S	300-400
206-C2	REX REEL	EVERREADY	1944	30-40
206-C3	REEL 600	EVANS	1952	20-30
206-C4	NO TANGLE FREE SPOOL	EPPINGER, LOU	MI 1930'S	50-75

A   B   C

	A	B	C
1			
2			
3			
4			

207-A1	CROWN FLY REEL		EDWARDS	NY 1958	20-30
207-A2	FLY REEL		EDWARDS	NY 1958	20-30
207-A3	CROWN FLY REEL		EDWARDS	NY 1958	20-30
207-A4	SAFETY REEL		FRIES TOOL & MACHINE	IN 1948	40-50
207-B1	MODEL 11B REEL		FRASER-PRINCETON	MI 1949	10-20
207-B2	CASTING REEL		FOX, A.H. GUN CO.	PA 1930'S	30-40
207-B3	CASTING REEL		FOX, A.H. GUN CO.	PA 1930'S	30-40
207-B4	SALTWATER REEL		FOX, A.H. GUN CO.	PA 1920'S	40-50
207-C1	SALTWATER REEL		FOX, A.H. GUN CO.	PA 1930	40-50
207-C2	SPINNING REEL (ALVEY)	ENGLISH	FERGUSON	1920	40-50
207-C3	KELSO AUTOMATIC FLY REEL		FROST, H.J.	NY 1919	50-75
207-C4	FOLLETT FLY REEL		FOLLETT	NY 1873	750-1000

208-A1	AMERICAN SWISS		FERNWOOD	OH 1910'S 75-100
208-A2	CROWN REEL		FULLILOVE, FRANK	KY 1905 5000-7000
208-A3	UTRACAST		MARSHALL FIELDS & VLA	NY 1910'S 150-200
208-A4	FIELD SPECIAL		MARSHALL FIELDS	NY 1910'S 150-200
208-B1	THE REAL REEL	LARGE	GO-ITE MFG. CO.	MI 1926 150-200
208-B2	THE REAL REEL	SMALL	GO-ITE MFG. CO.	MI 1932 75-100
208-B3	THE REAL REEL		GO-ITE MFG. CO.	MI 1928 75-100
208-B4	HANDMADE GAYLE		GAYLE, GEORGE & SON	KY 1890'S 1500-2000
208-C1	TOURNAMENT #3		GAYLE, GEORGE, & SON	KY 1890'S 2000-3000
208-C2	EASY CONTROL		FOSS, AL	OH 1920'S 500-750
208-C3	SIMPLICITY #0		GAYLE, GEORGE	KY 1910'S 30-40
208-C4	SIMPLICITY #6		GAYLE, GEORGE	KY 1910'S 30-40

209-A1	SIMPLICITY #3	GAYLE, GEORGE	KY 1910'S 30-40
209-A2	SIMPLICITY #5	GAYLE, GEORGE	KY 1910'S 30-40
209-A3	SIMPLICITY #2	GAYLE, GEORGE	KY 1910'S 30-40
209-A4	HOLIDAY 98	GREAT LAKES	MI 1949 30-40
209-B1	SPIN CAST REEL	GOODALL	MI 1948 30-40
209-B2	CASTING REEL	HERTER'S	MN 1948 20-30
209-B3	CASTING REEL	HORROCK-IBBOTSON	NY 1920 30-40
209-B4	CASTING REEL	HORROCK-IBBOTSON	NY 1920 30-40
209-C1	EARLY AUTOMATIC FLY REEL	HORROCK-IBBOTSON	NY 1890'S 50-75
209-C2	AUTOMATIC FLY REEL	HORROCK-IBBOTSON	NY 1920'S 20-30
209-C3	NATIONAL SPORTSMAN FLY REEL	HORROCK-IBBOTSON	NY 1930'S 20-30
209-C4	VERLEY FLY REEL	HORROCK-IBBOTSON	NY 1940 20-30

210-A1	TURN N' SPIN		HORROCK-IBBOTSON	NY 1952 20-30
210-A2	CASTING REEL		HORROCK-IBBOTSON	NY 1955 20-30
210-A3	COMMODOR		HORROCK-IBBOTSON	NY 1955 10-20
210-A4	CAPTAIN		HORROCK-IBBOTSON	NY 1955 10-20
210-B1	SPORTCRAFT #60 HICO		HORROCK-IBBOTSON	NY 1943 10-20
210-B2	HICO MATIC		HORROCK-IBBOTSON	NY 1943 20-30
210-B3	HUMPHREY	LARGE	HAYWOOD MFG. CO.	CO 1949 30-40
210-B4	HUMPHREY REEL	SMALL	HAYWOOD MFG. CO.	CO 1947 30-40
210-C1	SPIN CAST #66		HUMPAL	CO 1949 30-40
210-C2	FLY REEL		HOLMES, L.W.	CN 1945 40-50
210-C3	FLY REEL		HOLMES, L.W.	CN 1945 40-50
210-C4	HIGGINS REEL	WARDS	HIGGINS, J.C.	IL 1952 20-30

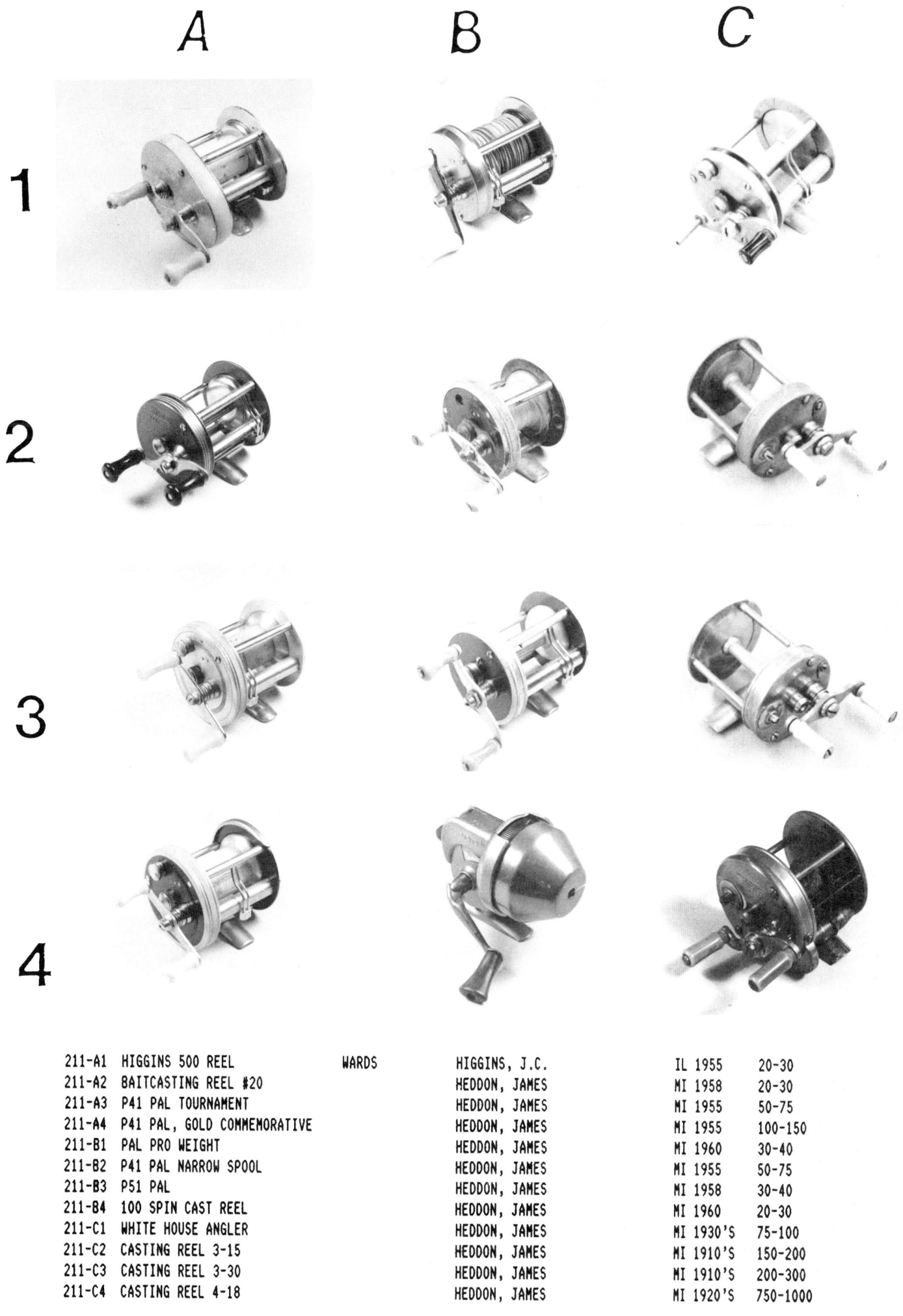

211-A1	HIGGINS 500 REEL	WARDS HIGGINS, J.C.	IL 1955 20-30
211-A2	BAITCASTING REEL #20	HEDDON, JAMES	MI 1958 20-30
211-A3	P41 PAL TOURNAMENT	HEDDON, JAMES	MI 1955 50-75
211-A4	P41 PAL, GOLD COMMEMORATIVE	HEDDON, JAMES	MI 1955 100-150
211-B1	PAL PRO WEIGHT	HEDDON, JAMES	MI 1960 30-40
211-B2	P41 PAL NARROW SPOOL	HEDDON, JAMES	MI 1955 50-75
211-B3	P51 PAL	HEDDON, JAMES	MI 1958 30-40
211-B4	100 SPIN CAST REEL	HEDDON, JAMES	MI 1960 20-30
211-C1	WHITE HOUSE ANGLER	HEDDON, JAMES	MI 1930'S 75-100
211-C2	CASTING REEL 3-15	HEDDON, JAMES	MI 1910'S 150-200
211-C3	CASTING REEL 3-30	HEDDON, JAMES	MI 1910'S 200-300
211-C4	CASTING REEL 4-18	HEDDON, JAMES	MI 1920'S 750-1000

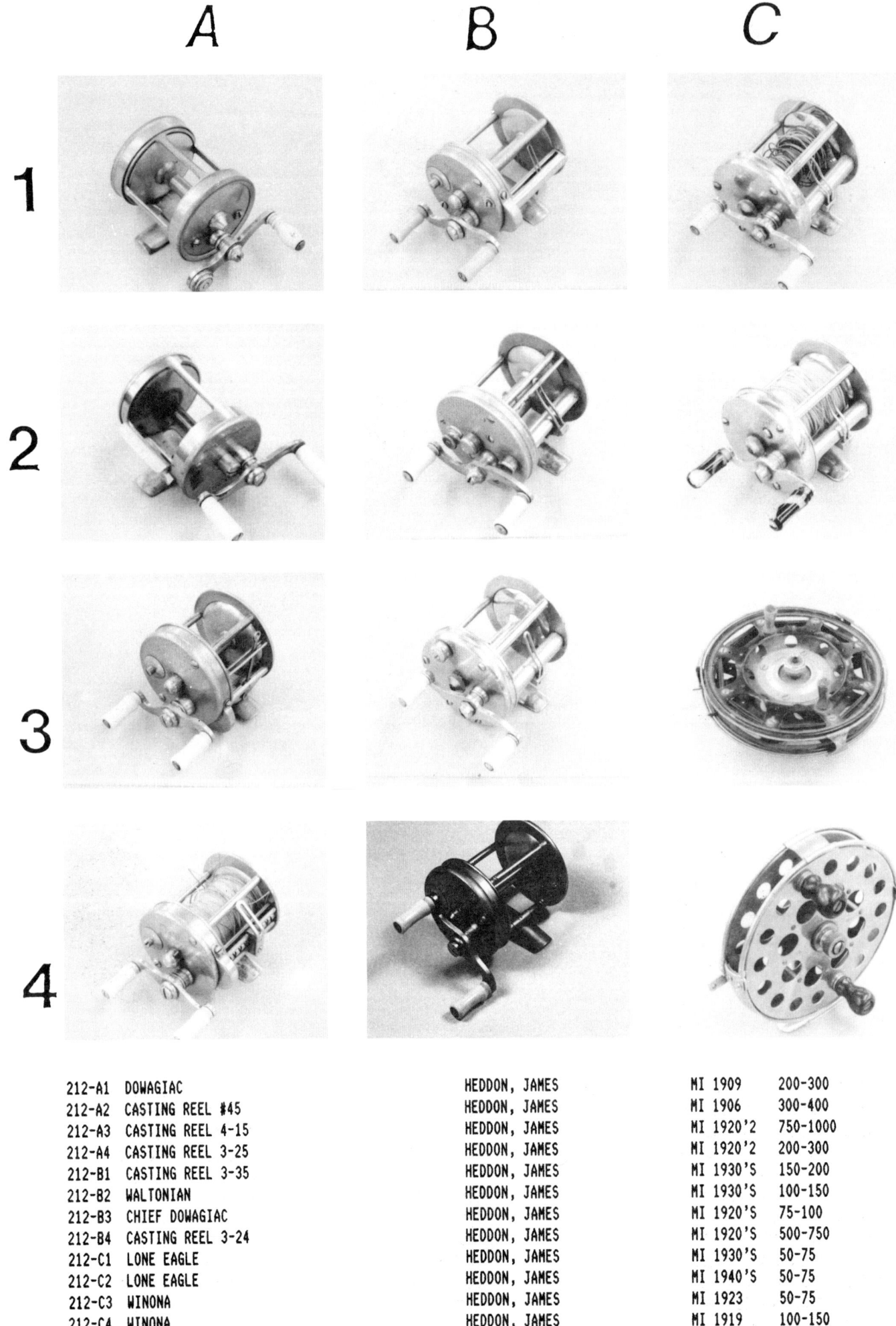

212-A1	DOWAGIAC	HEDDON, JAMES	MI 1909	200-300
212-A2	CASTING REEL #45	HEDDON, JAMES	MI 1906	300-400
212-A3	CASTING REEL 4-15	HEDDON, JAMES	MI 1920'2	750-1000
212-A4	CASTING REEL 3-25	HEDDON, JAMES	MI 1920'2	200-300
212-B1	CASTING REEL 3-35	HEDDON, JAMES	MI 1930'S	150-200
212-B2	WALTONIAN	HEDDON, JAMES	MI 1930'S	100-150
212-B3	CHIEF DOWAGIAC	HEDDON, JAMES	MI 1920'S	75-100
212-B4	CASTING REEL 3-24	HEDDON, JAMES	MI 1920'S	500-750
212-C1	LONE EAGLE	HEDDON, JAMES	MI 1930'S	50-75
212-C2	LONE EAGLE	HEDDON, JAMES	MI 1940'S	50-75
212-C3	WINONA	HEDDON, JAMES	MI 1923	50-75
212-C4	WINONA	HEDDON, JAMES	MI 1919	100-150

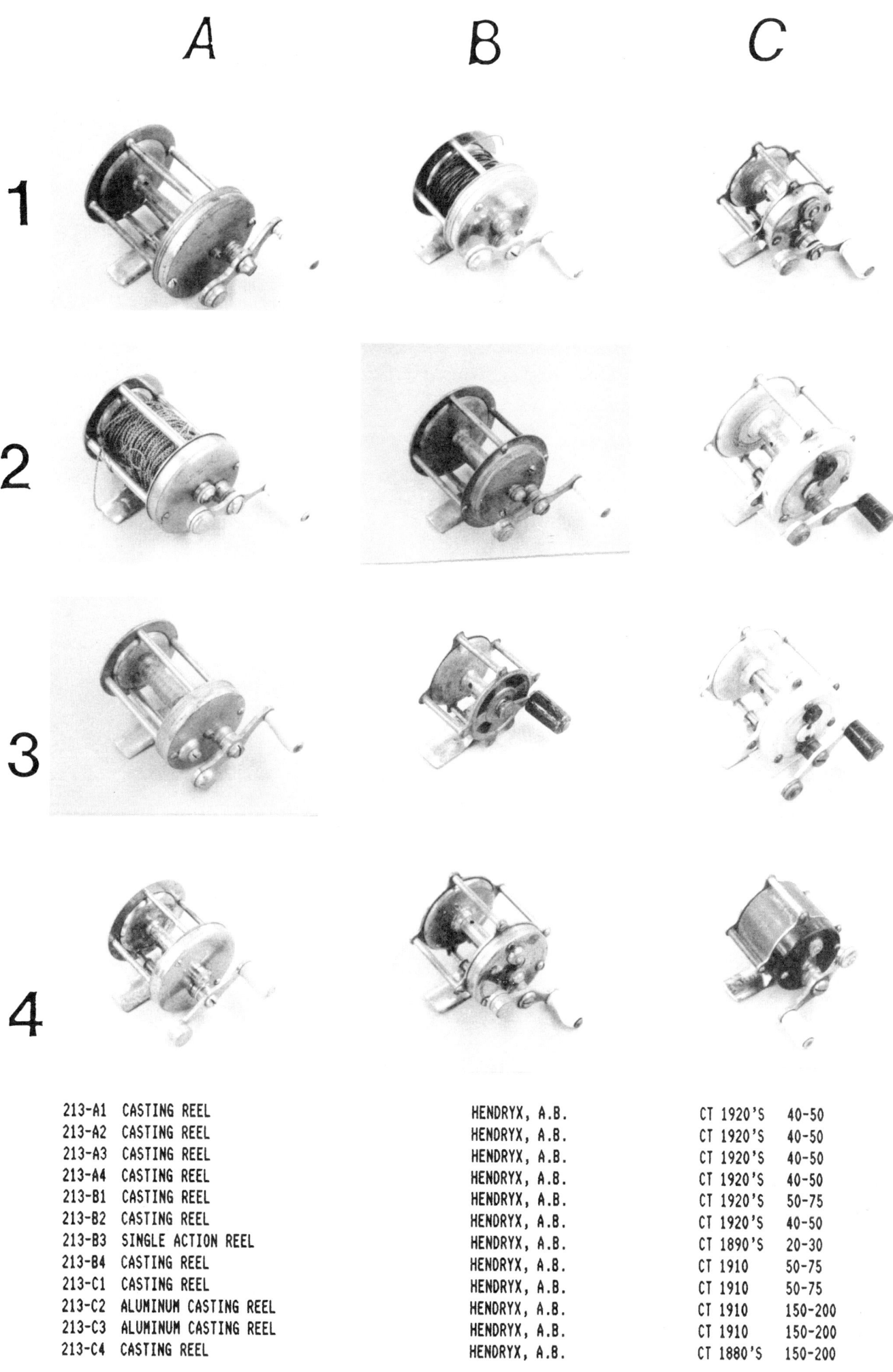

213-A1 CASTING REEL	HENDRYX, A.B.	CT 1920'S 40-50
213-A2 CASTING REEL	HENDRYX, A.B.	CT 1920'S 40-50
213-A3 CASTING REEL	HENDRYX, A.B.	CT 1920'S 40-50
213-A4 CASTING REEL	HENDRYX, A.B.	CT 1920'S 40-50
213-B1 CASTING REEL	HENDRYX, A.B.	CT 1920'S 50-75
213-B2 CASTING REEL	HENDRYX, A.B.	CT 1920'S 40-50
213-B3 SINGLE ACTION REEL	HENDRYX, A.B.	CT 1890'S 20-30
213-B4 CASTING REEL	HENDRYX, A.B.	CT 1910 50-75
213-C1 CASTING REEL	HENDRYX, A.B.	CT 1910 50-75
213-C2 ALUMINUM CASTING REEL	HENDRYX, A.B.	CT 1910 150-200
213-C3 ALUMINUM CASTING REEL	HENDRYX, A.B.	CT 1910 150-200
213-C4 CASTING REEL	HENDRYX, A.B.	CT 1880'S 150-200

214-A1	CASTING REEL		HENDRYX, A.B.	CT 1886	100-150
214-A2	CASTING REEL		HENDRYX, A.B.	CT 1910	100-150
214-A3	CASTING REEL		HENDRYX, A.B.	CT 1920'2	50-75
214-A4	CASTING REEL		HENDRYX, A.B.	CT 1910	40-50
214-B1	SALTWATER REEL		HENDRYX, A.B.	CT 1920'S	50-75
214-B2	REEL		HENDRYX, A.B.	CT 1880'S	50-75
214-B3	BAKELITE		HENDRYX, A.B.	CT 1890'S	75-100
214-B4	FLY REEL		HENDRYX, A.B.	CT 1890'S	75-100
214-C1	FLY REEL		HENDRYX, A.B.	CT 1890'S	50-75
214-C2	CASTING REEL		HAWK-OGILVEY	NY 1900'S	400-500
214-C3	MY REEL	606430	HAWTHORNE	1955	20-30
214-C4	PRACTICAL		JAMISON	IL 1950	50-75

A B C

	A	B	C
215-A1	SPIN CAST #80	JOHNSON	IL 1950	10-20
215-A2	SPIN CAST REEL #10	JOHNSON	IL 1950	10-20
215-A3	INDIANA STYLE REEL	KIEST, HENRY	IN 1920'S	40-50
215-A4	INDIANA STYLE REEL	KIEST, HENRY	IN 1920'S	40-50
215-B1	HEAVY CASTING REEL	KOSMIC	NY 1900'S	200-300
215-B2	CASTING REEL	KOSMIC	NY 1900'S	200-300
215-B3	CASTING REEL	KNOXALL	1930	20-30
215-B4	CASTING REEL	KOPH	NY 1880'S	40-50
215-C1	SINGLE ACTION REEL	KOPH	NY 1880'S	50-75
215-C2	TOWBRIDGE SINGLE ACTION	BAKELITE	KOPH	NY 1880'S	75-100
215-C3	SINGLE ACTION REEL	KOPH	NY 1880'S	75-100
215-C4	CASTING REEL	KIFFE, H.H.	NY 1895	75-100

216-A1	CASTING REEL	KIFFE, H.H.	NY 1895	100-150
216-A2	KENNEBUNC REEL	KENNEBUNC REELS	MA 1952	20-30
216-A3	CHALLENGER	KALAMAZOO	MI 1951	20-30
216-A4	PRIDE	KALAMAZOO	MI 1951	20-30
216-B1	MUSKY CASTING REEL	KALAMAZOO	MI	20-30
216-B2	UTILITY	KALAMAZOO	MI 1941	20-30
216-B3	SURPRISE	KALAMAZOO	MI 1938	30-40
216-B4	SURPRISE	KALAMAZOO	MI 1938	30-40
216-C1	MIRACLE AUTOMATIC FLY REEL	KALAMAZOO	MI 1946	30-40
216-C2	LEADER	KINGFISHER	PA 1941	20-30
216-C3	CHEAPLINE REEL	KINGFISHER	PA	20-30
216-C4	KA-MAR-K-7	FERRIS-LINDGREN	NY 1958	20-30

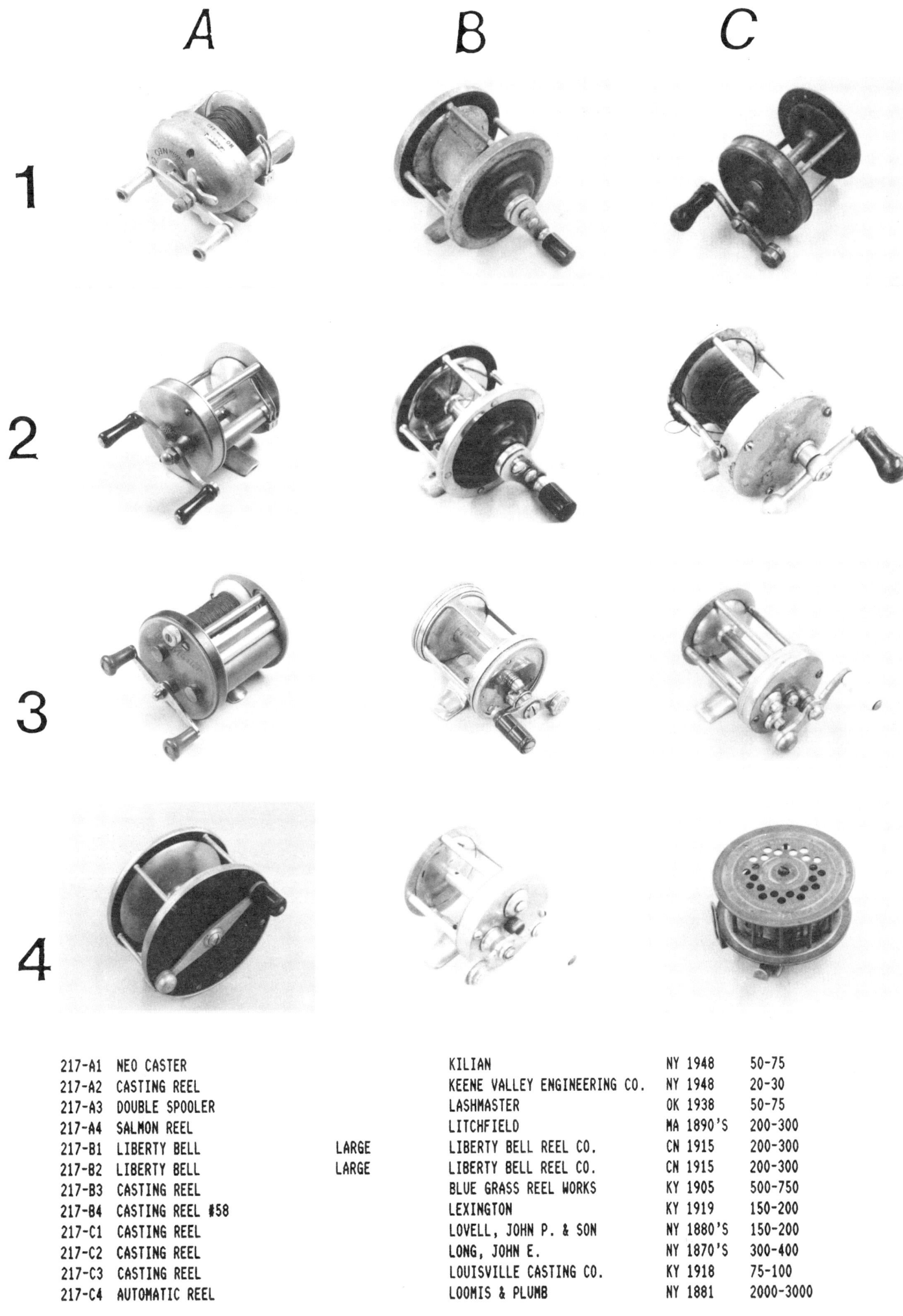

217-A1	NEO CASTER		KILIAN	NY 1948	50-75
217-A2	CASTING REEL		KEENE VALLEY ENGINEERING CO.	NY 1948	20-30
217-A3	DOUBLE SPOOLER		LASHMASTER	OK 1938	50-75
217-A4	SALMON REEL		LITCHFIELD	MA 1890'S	200-300
217-B1	LIBERTY BELL	LARGE	LIBERTY BELL REEL CO.	CN 1915	200-300
217-B2	LIBERTY BELL	LARGE	LIBERTY BELL REEL CO.	CN 1915	200-300
217-B3	CASTING REEL		BLUE GRASS REEL WORKS	KY 1905	500-750
217-B4	CASTING REEL #58		LEXINGTON	KY 1919	150-200
217-C1	CASTING REEL		LOVELL, JOHN P. & SON	NY 1880'S	150-200
217-C2	CASTING REEL		LONG, JOHN E.	NY 1870'S	300-400
217-C3	CASTING REEL		LOUISVILLE CASTING CO.	KY 1918	75-100
217-C4	AUTOMATIC REEL		LOOMIS & PLUMB	NY 1881	2000-3000

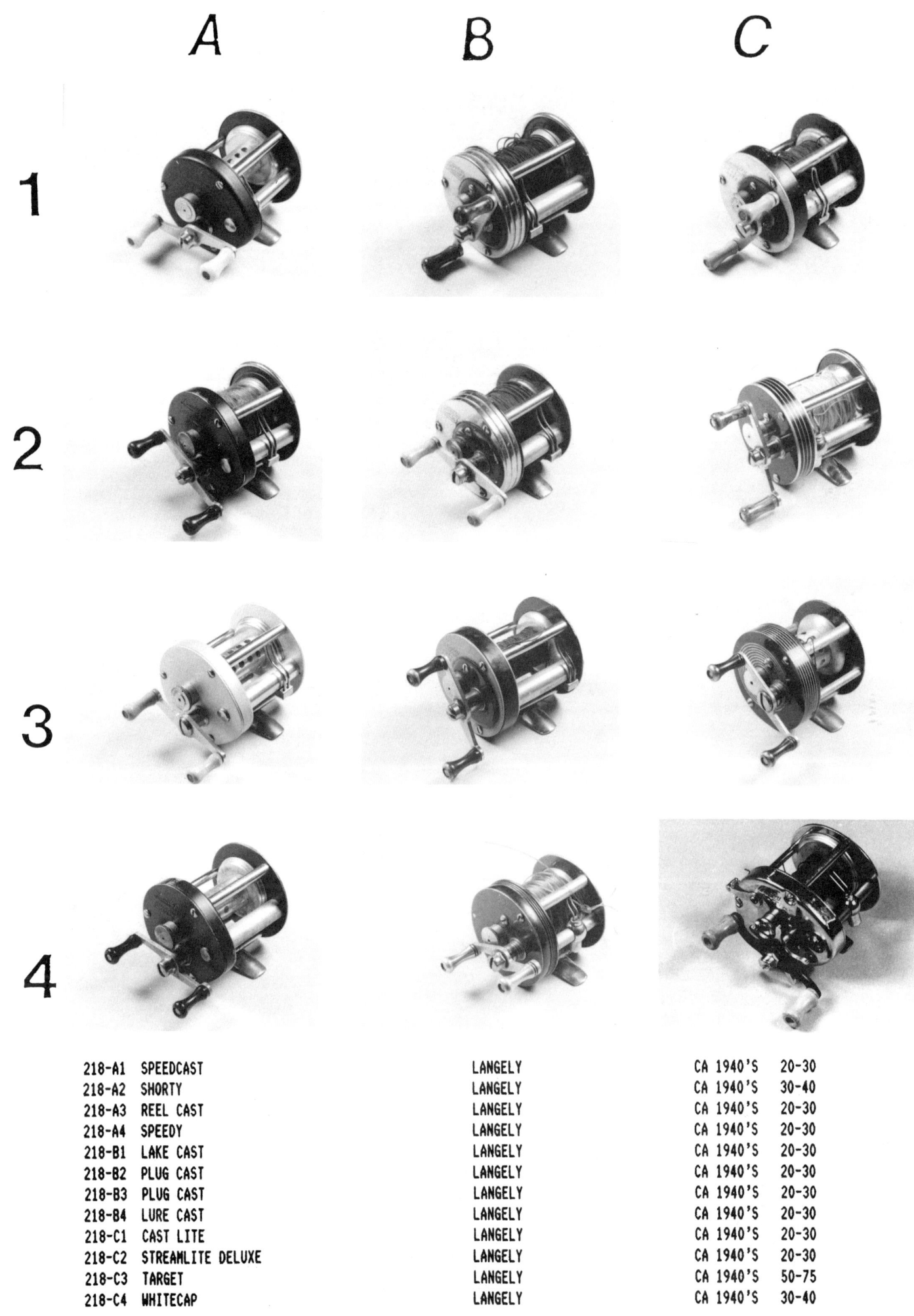

218-A1	SPEEDCAST	LANGELY	CA 1940'S 20-30
218-A2	SHORTY	LANGELY	CA 1940'S 30-40
218-A3	REEL CAST	LANGELY	CA 1940'S 20-30
218-A4	SPEEDY	LANGELY	CA 1940'S 20-30
218-B1	LAKE CAST	LANGELY	CA 1940'S 20-30
218-B2	PLUG CAST	LANGELY	CA 1940'S 20-30
218-B3	PLUG CAST	LANGELY	CA 1940'S 20-30
218-B4	LURE CAST	LANGELY	CA 1940'S 20-30
218-C1	CAST LITE	LANGELY	CA 1940'S 20-30
218-C2	STREAMLITE DELUXE	LANGELY	CA 1940'S 20-30
218-C3	TARGET	LANGELY	CA 1940'S 50-75
218-C4	WHITECAP	LANGELY	CA 1940'S 30-40

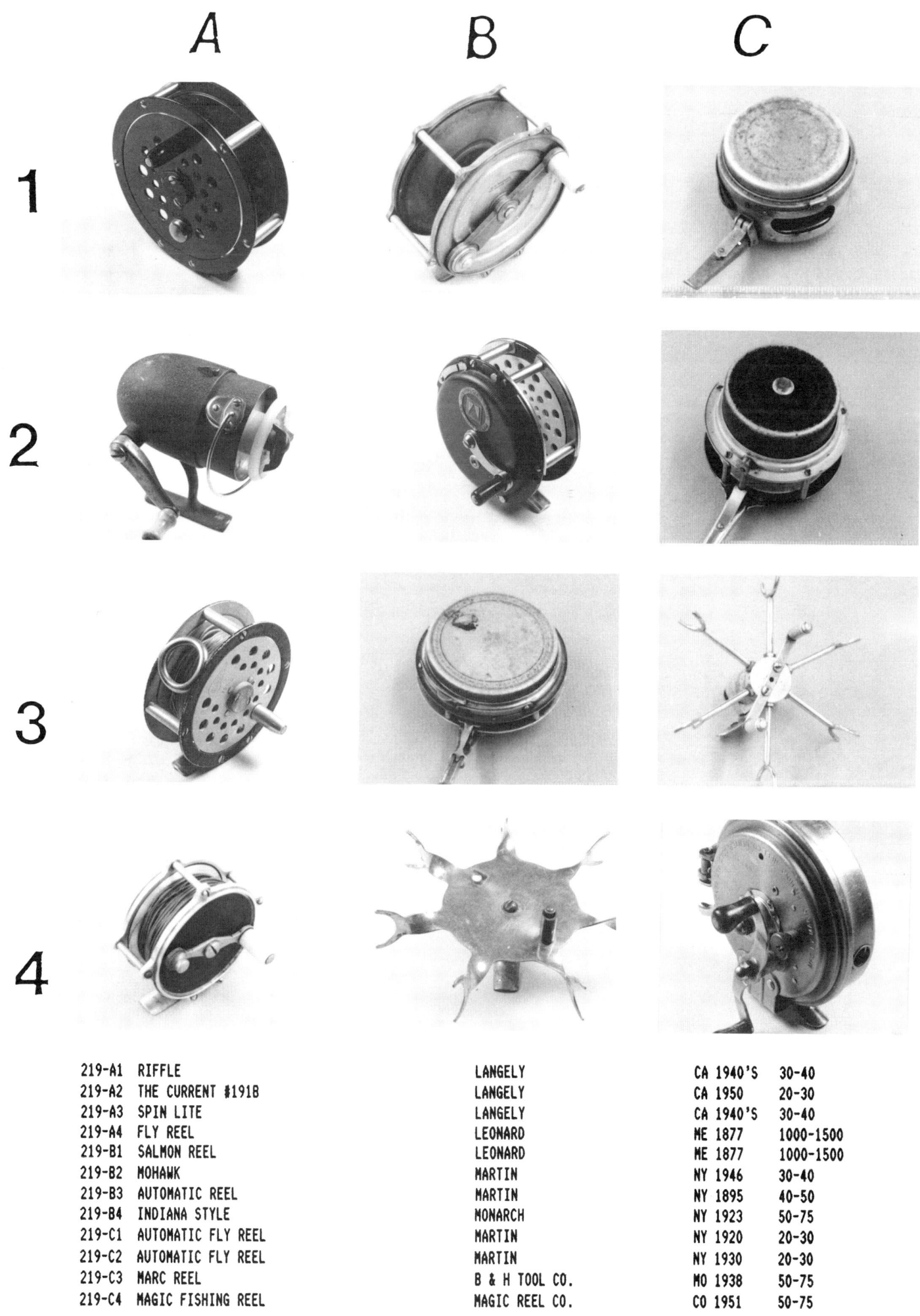

219-A1	RIFFLE	LANGELY	CA 1940'S	30-40
219-A2	THE CURRENT #191B	LANGELY	CA 1950	20-30
219-A3	SPIN LITE	LANGELY	CA 1940'S	30-40
219-A4	FLY REEL	LEONARD	ME 1877	1000-1500
219-B1	SALMON REEL	LEONARD	ME 1877	1000-1500
219-B2	MOHAWK	MARTIN	NY 1946	30-40
219-B3	AUTOMATIC REEL	MARTIN	NY 1895	40-50
219-B4	INDIANA STYLE	MONARCH	NY 1923	50-75
219-C1	AUTOMATIC FLY REEL	MARTIN	NY 1920	20-30
219-C2	AUTOMATIC FLY REEL	MARTIN	NY 1930	20-30
219-C3	MARC REEL	B & H TOOL CO.	MO 1938	50-75
219-C4	MAGIC FISHING REEL	MAGIC REEL CO.	CO 1951	50-75

220-A1	MAR-VEL COMBINATION REEL		O'BRIAN INDUSTRIES INC.	CA 1952	50-75
220-A2	REEL #35		MONTAGUE	NY 1948	10-20
220-A3	CLIPPER REEL		MONTAGUE	NY 1928	20-30
220-A4	KENTUCKY STYLE REEL		McGREGOR-NOEL	KY 1920	400-500
220-B1	CASTING REEL		MALLESON, FRED K.	NY 1895	1000-1500
220-B2	INDIANA STYLE REEL		MICRO-MOTOR	IN 1931	75-100
220-B3	REEL #2	BRASS	MEEK-MILAM	KY 1865	1500-2000
220-B4	REEL #2	SILVER	MEEK-MILAM	KY 1867	1000-1500
220-C1	REEL #3	SILVER	MEEK-MILAM	KY 1870	1000-1500
220-C2	REEL #3		MILAM, B.C.	KY 1880	1000-1500
220-C3	REEL #2		MILAM, B.C.	KY 1880	1000-1500
220-C4	REEL #4		MEEK, B.F.	KY 1883	1500-2000

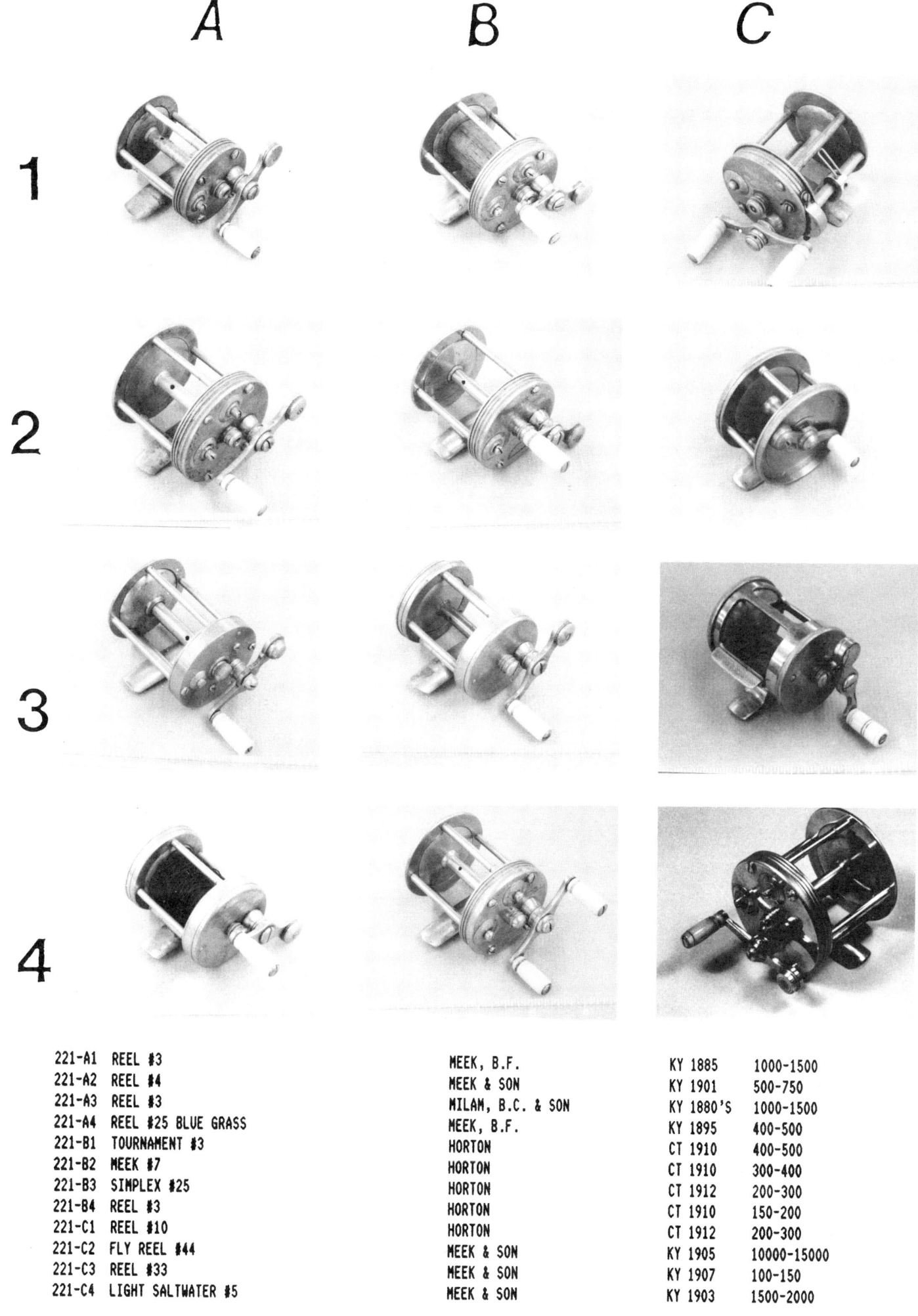

221-A1	REEL #3	MEEK, B.F.	KY 1885	1000-1500
221-A2	REEL #4	MEEK & SON	KY 1901	500-750
221-A3	REEL #3	MILAM, B.C. & SON	KY 1880'S	1000-1500
221-A4	REEL #25 BLUE GRASS	MEEK, B.F.	KY 1895	400-500
221-B1	TOURNAMENT #3	HORTON	CT 1910	400-500
221-B2	MEEK #7	HORTON	CT 1910	300-400
221-B3	SIMPLEX #25	HORTON	CT 1912	200-300
221-B4	REEL #3	HORTON	CT 1910	150-200
221-C1	REEL #10	HORTON	CT 1912	200-300
221-C2	FLY REEL #44	MEEK & SON	KY 1905	10000-15000
221-C3	REEL #33	MEEK & SON	KY 1907	100-150
221-C4	LIGHT SALTWATER #5	MEEK & SON	KY 1903	1500-2000

A B C

222-A1	REEL #34		HORTON	CT 1910	100-150
222-A2	CASTING REEL		BRISTOL	CT 1930'S	75-100
222-A3	BRISTOL #77		BRISTOL	CT 1930'S	75-100
222-A4	BRISTOL ELECTRO-MATIC		BRISTOL	CT 1930'S	75-100
222-B1	BRISTOL #65		BRISTOL	CT 1930'S	75-100
222-B2	FLY REEL #5		HORTON	CT 1920	75-100
222-B3	BRISTOL #63 ELECTRONIC		BRISTOL	CT 1930'S	50-75
222-B4	CASTING REEL	BAKELITE	MEISSELBACH, A.F.	NJ 1896	150-200
222-C1	CASTING REEL		MEISSELBACH, A.F.	NJ 1903	200-300
222-C2	TRIPART FREESPOOL		MEISSELBACH, A.F.	NJ 1908	75-100
222-C3	SIMMONS TRIPART		MEISSELBACH, A.F.	NJ 1908	75-100
222-C4	KINGFISHER'S TRIPART		MEISSELBACH, A.F.	NJ 1908	75-100

223-A1	TAKAPART		MEISSELBACH, A.F.	NJ 1907	40-50
223-A2	OKEH FREESPOOL		MEISSELBACH, A.F.	NJ 1909	50-75
223-A3	SYMPLOREEL NON-BACKLASH		MEISSELBACH, A.F.	NJ 1914	50-75
223-A4	OKEH #600		MEISSELBACH, A.F.	NJ 1909	75-100
223-B1	SYMPLOREEL	(CATUCCI)	MEISSELBACH, A.F.	NJ 1915	75-100
223-B2	SYMPLOREEL LEVELWIND		MEISSELBACH, A.F.	NJ 1920	75-100
223-B3	SYMPLOREEL LEVELWIND		MEISSELBACH, A.F.	NJ 1925	75-100
223-B4	SYMPLOREEL, BLAKESTONE		MEISSELBACH, A.F.	NJ 1918	75-100
223-C1	SYMPLOREEL	BAKELITE	MEISSELBACH, A.F.	NJ 1920	30-40
223-C2	BLACK #100		MEISSELBACH, A.F.	NJ 1928	30-40
223-C3	GREEN #100		MEISSELBACH, A.F.	NJ 1930	30-40
223-C4	ANTI-BACKLASH		MEISSELBACH, A.F.	NJ 1922	30-40

224-A1	SALTWATER REEL	MEISSELBACH, A.F.	NJ 1900'S 100-150
224-A2	KINGFISHER	MONTAGUE	MA 1920'S 30-40
224-A3	SALTWATER REEL	MEISSELBACH, A.F.	NJ 1910 75-100
224-A4	TRITON	MEISSELBACH, A.F.	NJ 1910 50-75
224-B1	SALTWATER REEL	MEISSELBACH, A.F.	NJ 1933 75-100
224-B2	NEPTUNE	MEISSELBACH, A.F.	NJ 1915 50-75
224-B3	HERMOS REEL	MEISSELBACH, A.F.	NJ 1886 75-100
224-B4	HERMOS REEL	MEISSELBACH, A.F.	NJ 1890 75-100
224-C1	HERMOS REEL	MEISSELBACH, A.F.	NJ 1890 75-100
224-C2	ALROUND REEL	MEISSELBACH, A.F.	NJ 1890 75-100
224-C3	ALROUND REEL	MEISSELBACH, A.F.	NJ 1900 40-50
224-C4	HERMOS REEL	MEISSELBACH, A.F.	NJ 1896 40-50

225-A1	FEATHERLIGHT FLY REEL		MEISSELBACH, A.F.	NJ 1890	30-40
225-A2	FLY REEL		MEISSELBACH, A.F.	NJ 1886	30-40
225-A3	AUTOMATIC FLY REEL		MEISSELBACH, A.F.	NJ 1930	30-40
225-A4	EXPERT FLY REEL	LARGE	MEISSELBACH, A.F.	NJ 1890'S	40-50
225-B1	EXPERT FLY REEL	SMALL	MEISSELBACH, A.F.	NJ 1890'S	50-75
225-B2	EXPERT FLY REEL #17		MEISSELBACH, A.F.	NJ 1890'S	40-50
225-B3	FLY REEL		MEISSELBACH, A.F	NJ 1900'S	50-75
225-B4	FEATHERLIGHT REEL		MEISSELBACH, A.F.	NJ 1900'S	40-50
225-C1	RAINBOW FLY REEL		MEISSELBACH, A.F.	NJ 1920'S	20-30
225-C2	SYMPLOREEL #370		MEISSELBACH, A.F.	NJ 1920'S	20-30
225-C3	SYMPLOREEL #372		MEISSELBACH, A.F.	NJ 1920'S	30-40
225-C4	CASTING REEL		NORIS	1948	10-20

226-A1	INDIANA REEL	NATIONAL SPECIALTY	IN 1917	40-50
226-A2	LINE DRYER & CASTING REEL	PETER'S BAIT CO.	1919	50-75
226-A3	OK REEL	OK REEL CO.	IN 1920	40-50
226-A4	ORVIS FLY REEL	SILVER ORVIS	VT 1874	1000-1500
226-B1	ORVIS FLY REEL	ALUMINUM ORVIS	VT 1920	300-400
226-B2	ORVIS	ORVIS	VT 1876	500-750
226-B3	OLYMPIC BRAND	JAPAN OLYMPIC	1958	30-40
226-B4	SINGLE ACTION REEL	OCEAN CITY	PA 1957	10-20
226-C1	OCEAN CITY #35	OCEAN CITY	PA 1957	10-20
226-C2	OCEAN CITY #1591	OCEAN CITY	PA 1957	10-20
226-C3	OCEAN CITY #1600	OCEAN CITY	PA 1957	10-20
226-C4	OCEAN CITY #1581	OCEAN CITY	PA 1957	10-20

227-A1	NILE	OCEAN CITY	PA 1957	20-30
227-A2	BLACK HAWK	OCEAN CITY	PA 1957	10-20
227-A3	INTERSTATE CASTING REEL	OCEAN CITY	PA 1957	10-20
227-A4	OCEAN CITY #1600	OCEAN CITY	PA 1957	10-20
227-B1	OCEAN CITY #2000	OCEAN CITY	PA 1957	10-20
227-B2	CORONADO	OCEAN CITY	PA 1957	10-20
227-B3	SEA GIRT	OCEAN CITY	PA 1938	30-40
227-B4	SPIN CAST REEL #350	OCEAN CITY	PA 1957	10-20
227-C1	IMPERIAL	OCEAN CITY	PA 1957	30-40
227-C2	QUICK-A-PART	OCEAN CITY	PA 1920'S	75-100
227-C3	OCEAN CITY REEL	OCEAN CITY	PA 1920	30-40
227-C4	COAST CIY	OCEAN CITY	PA 1939	30-40

229-A1	P & K REEL		PACHNER & KELLER	IL 1948	10-20
229-A2	KINGFISHER		PEERLESS	1923	10-20
229-A3	REEL-DEAL REEL	16 TO 1	REEL-DEAL	CA 1960	50-75
229-A4	LINE DRYER & CASTING REEL		PETER'S BAIT CO.	IN 1917	50-75
229-B1	PENN SALTWATER #80		PENN	PA 1929	20-30
229-B2	CORONADO		PENN	PA 1936	30-40
229-B3	PEERLESS		PENN	PA 1948	20-30
229-B4	PEER		PENN	PA 1948	30-40
229-C1	UNITED STATES		PENN	PA 1941	20-30
229-C2	CASTING REEL	(MONTAGUE)	PENNELL	PA 1941	30-40
229-C3	PENNELL FLY REEL #35	(MONTAGUE)	PENNELL	PA 1926	20-30
229-C4	V.L.& A. REEL	(MONTAGUE)	PENNELL	PA 1910	40-50

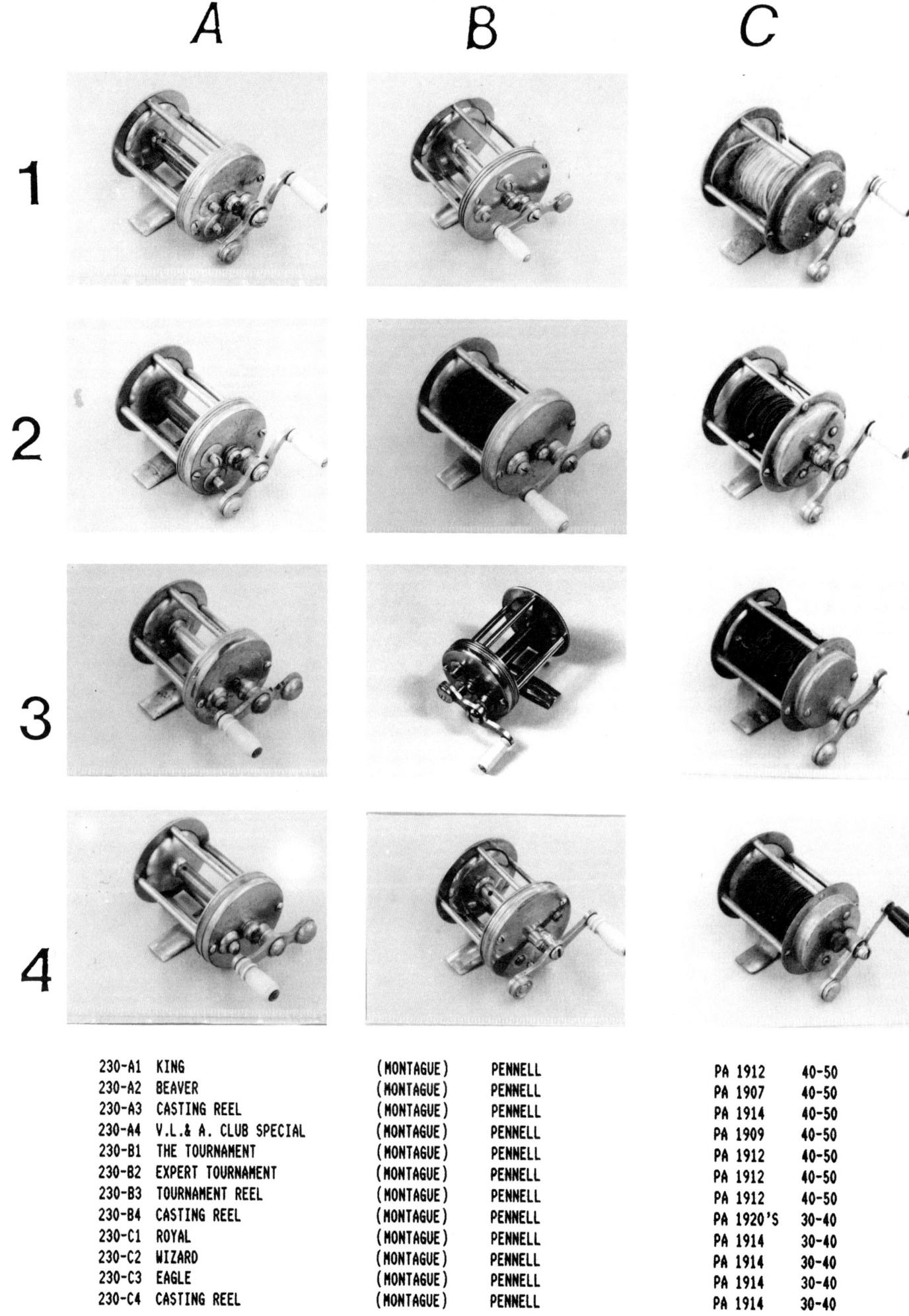

230-A1	KING	(MONTAGUE) PENNELL	PA 1912 40-50
230-A2	BEAVER	(MONTAGUE) PENNELL	PA 1907 40-50
230-A3	CASTING REEL	(MONTAGUE) PENNELL	PA 1914 40-50
230-A4	V.L.& A. CLUB SPECIAL	(MONTAGUE) PENNELL	PA 1909 40-50
230-B1	THE TOURNAMENT	(MONTAGUE) PENNELL	PA 1912 40-50
230-B2	EXPERT TOURNAMENT	(MONTAGUE) PENNELL	PA 1912 40-50
230-B3	TOURNAMENT REEL	(MONTAGUE) PENNELL	PA 1912 40-50
230-B4	CASTING REEL	(MONTAGUE) PENNELL	PA 1920'S 30-40
230-C1	ROYAL	(MONTAGUE) PENNELL	PA 1914 30-40
230-C2	WIZARD	(MONTAGUE) PENNELL	PA 1914 30-40
230-C3	EAGLE	(MONTAGUE) PENNELL	PA 1914 30-40
230-C4	CASTING REEL	(MONTAGUE) PENNELL	PA 1914 30-40

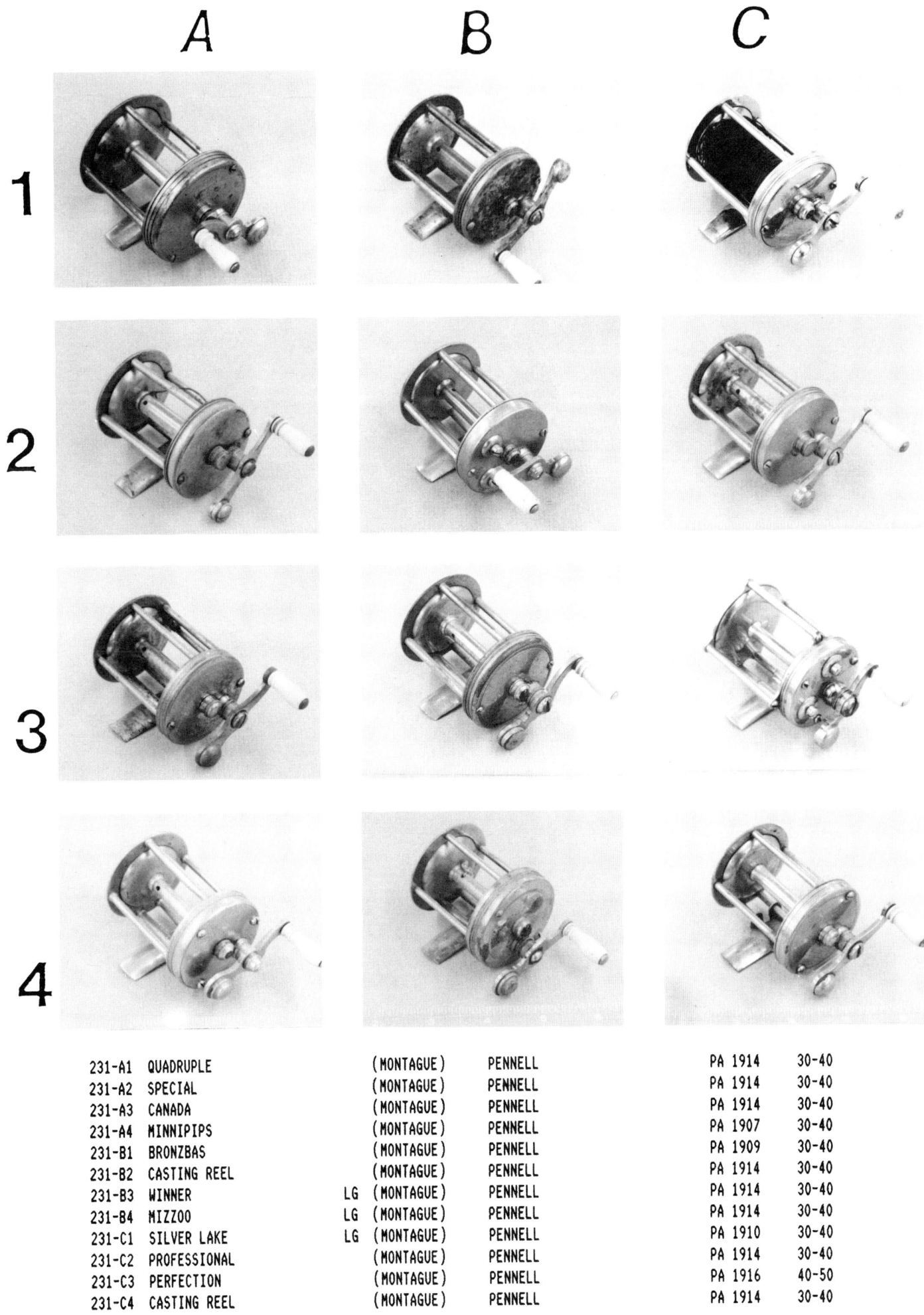

231-A1	QUADRUPLE	(MONTAGUE) PENNELL	PA 1914	30-40
231-A2	SPECIAL	(MONTAGUE) PENNELL	PA 1914	30-40
231-A3	CANADA	(MONTAGUE) PENNELL	PA 1914	30-40
231-A4	MINNIPIPS	(MONTAGUE) PENNELL	PA 1907	30-40
231-B1	BRONZBAS	(MONTAGUE) PENNELL	PA 1909	30-40
231-B2	CASTING REEL	(MONTAGUE) PENNELL	PA 1914	30-40
231-B3	WINNER	LG (MONTAGUE) PENNELL	PA 1914	30-40
231-B4	MIZZOO	LG (MONTAGUE) PENNELL	PA 1914	30-40
231-C1	SILVER LAKE	LG (MONTAGUE) PENNELL	PA 1910	30-40
231-C2	PROFESSIONAL	(MONTAGUE) PENNELL	PA 1914	30-40
231-C3	PERFECTION	(MONTAGUE) PENNELL	PA 1916	40-50
231-C4	CASTING REEL	(MONTAGUE) PENNELL	PA 1914	30-40

232-A1	KEYSTONE		(MONTAGUE)	PENNELL	PA 1914	30-40
232-A2	ST. CLAIR		(MONTAGUE)	PENNELL	PA 1914	30-40
232-A3	WINNER	SM	(MONTAGUE)	PENNELL	PA 1914	30-40
232-A4	A.C. & F	SM	(MONTAGUE)	PENNELL	PA 1914	30-40
232-B1	CASTING REEL		(MONTAGUE)	PENNELL	PA 1924	30-40
232-B2	CASTING REEL		(MONTAGUE)	PENNELL	PA 1920'S	30-40
232-B3	CASTING REEL		(MONTAGUE)	PENNELL	PA 1920'S	30-40
232-B4	CASTING REEL		(MONTAGUE)	PENNELL	PA 1920'S	30-40
232-C1	CASTING REEL		(MONTAGUE)	PENNELL	PA 1920'S	30-40
232-C2	CASTING REEL		(MONTAGUE)	PENNELL	PA 1920'S	30-40
232-C3	CASTING REEL		(MONTAGUE)	PENNELL	PA 1920'S	30-40
232-C4	CASTING REEL		(MONTAGUE)	PENNELL	PA 1920'S	30-40

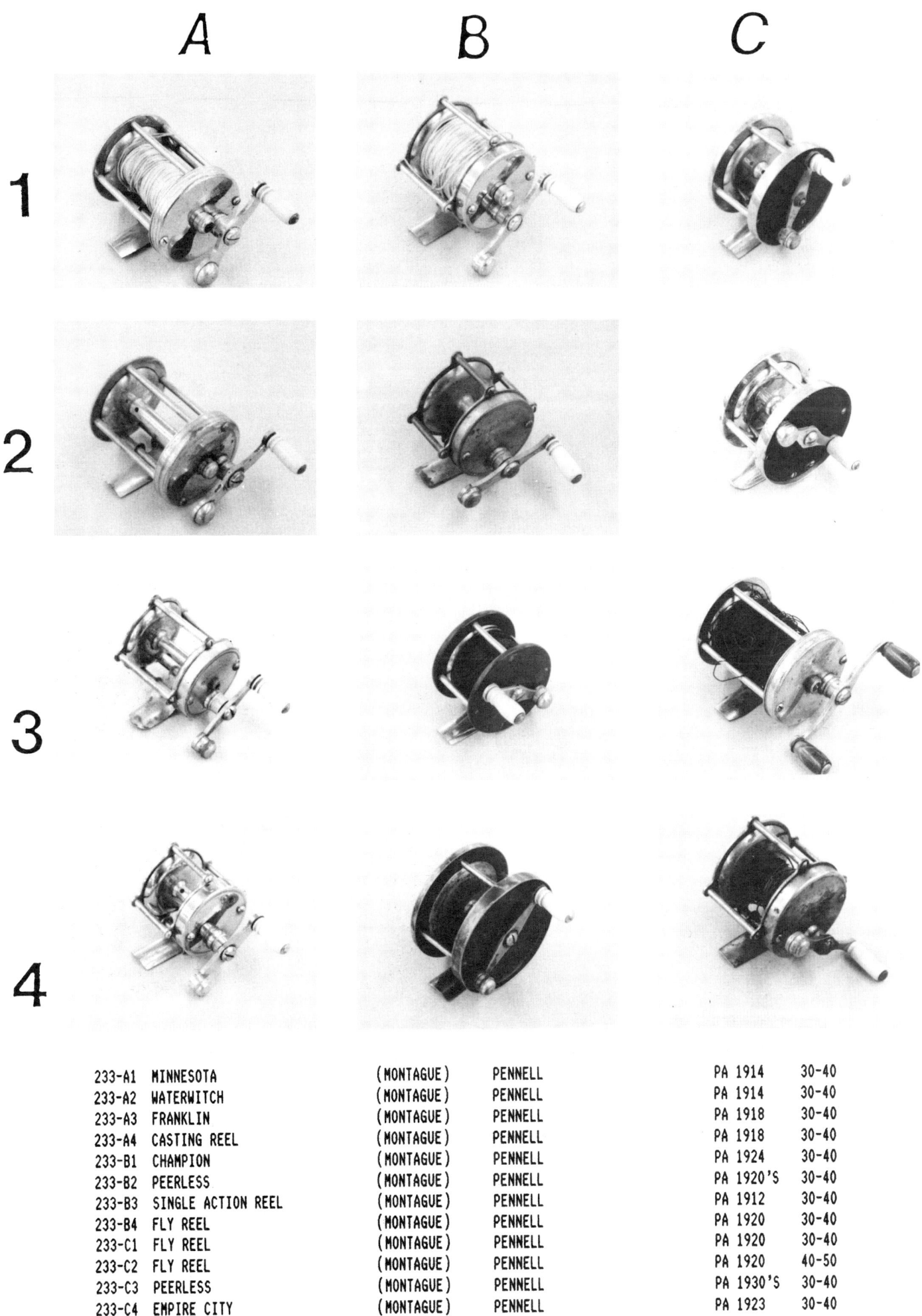

233-A1	MINNESOTA	(MONTAGUE)	PENNELL	PA 1914	30-40
233-A2	WATERWITCH	(MONTAGUE)	PENNELL	PA 1914	30-40
233-A3	FRANKLIN	(MONTAGUE)	PENNELL	PA 1918	30-40
233-A4	CASTING REEL	(MONTAGUE)	PENNELL	PA 1918	30-40
233-B1	CHAMPION	(MONTAGUE)	PENNELL	PA 1924	30-40
233-B2	PEERLESS	(MONTAGUE)	PENNELL	PA 1920'S	30-40
233-B3	SINGLE ACTION REEL	(MONTAGUE)	PENNELL	PA 1912	30-40
233-B4	FLY REEL	(MONTAGUE)	PENNELL	PA 1920	30-40
233-C1	FLY REEL	(MONTAGUE)	PENNELL	PA 1920	30-40
233-C2	FLY REEL	(MONTAGUE)	PENNELL	PA 1920	40-50
233-C3	PEERLESS	(MONTAGUE)	PENNELL	PA 1930'S	30-40
233-C4	EMPIRE CITY	(MONTAGUE)	PENNELL	PA 1923	30-40

234-A1	CASTING REEL	(MONTAGUE)	PENNELL	PA 1924	30-40
234-A2	ARROW	(MONTAGUE)	PENNELL	PA 1918	30-40
234-A3	INDIAN	(MONTAGUE)	PENNELL	PA 1928	30-40
234-A4	CASTING REEL	(MONTAGUE)	PENNELL	PA 1928	30-40
234-B1	CASTING REEL	(MONTAGUE)	PENNELL	PA 1924	30-40
234-B2	CASTING REEL	(MONTAGUE)	PENNELL	PA 1928	30-40
234-B3	CHIEF	(MONTAGUE)	PENNELL	PA 1923	30-40
234-B4	SAL TROUT FLY REEL		PFLUEGER	OH 1915	30-40
234-C1	MEDALIST	LARGE	PFLUEGER	OH 1930	30-40
234-C2	EQUALITE FLY REEL		PFLUEGER	OH 1938	40-50
234-C3	CASTING REEL		PFLUEGER	OH 1918	30-40
234-C4	GOLDEN WEST		PFLUEGER	OH 1923	150-200

235-A1	HAWKEYE	PFLUEGER	OH 1923	200-300
235-A2	PORTAGE SENTRY	PFLUEGER	OH 1920	30-40
235-A3	LEADER	PFLUEGER	OH 1930'S	20-30
235-A4	NOBBY	PFLUEGER	OH 1932	20-30
235-B1	SKILCAST	PFLUEGER	OH 1926	20-30
235-B2	AKRON	PFLUEGER	OH 1925	20-30
235-B3	AKRON	PFLUEGER	OH 1916	20-30
235-B4	SUMMIT	N/SILVER PFLUEGER	OH 1932	20-30
235-C1	SUMMIT	PFLUEGER	OH 1923	40-50
235-C2	SUPREME	PFLUEGER	OH 1912	200-300
235-C3	SUPREME	PFLUEGER	OH 1922	40-50
235-C4	SUPREME	PFLUEGER	OH 1935	30-40

	A	B	C
1			
2			
3			
4			

236-A1	FAULTLESS	PFLUEGER	OH 1912	75-100
236-A2	FOUR-BROTHERS MOHAWK	PFLUEGER	OH 1919	40-50
236-A3	INTEROCEAN	PFLUEGER	OH 1923	40-50
236-A4	ALPINE	PFLUEGER	OH 1927	40-50
236-B1	WORTH	PFLUEGER	OH 1915	150-200
236-B2	FOUR-BROTHERS PARD	PFLUEGER	OH 1930'S	30-40
236-B3	FOUR-BROTHERS TRUSTY	PFLUEGER	OH 1930'S	20-30
236-B4	FOUR-BROTHERS CASTWELL	PFLUEGER	OH 1930'S	20-30
236-C1	PORTAGE PASSTIME	PFLUEGER	OH 1920'S	20-30
236-C2	SUPEREX AUTOMATIC FLY REEL	PFLUEGER	OH 1935	20-30
236-C3	PFLUEGER #1944	PFLUEGER	OH 1955	20-30
236-C4	REDIFOR	PFLUEGER	OH 1914	150-200

237-A1	TRUMP	PFLUEGER	OH 1954	20-30
237-A2	DELUXE NOBBY TOURNAMENT REEL	PFLUEGER	OH 1948	20-30
237-A3	FAST CAST	PFLUEGER	OH 1958	20-30
237-A4	ATLAPAC	PFLUEGER	OH 1932	300-400
237-B1	ATLANTIC	PFLUEGER	OH 1923	40-50
237-B2	INTEROCEAN	PFLUEGER	OH 1908	40-50
237-B3	OCEANIC	PFLUEGER	OH 1918	40-50
237-B4	TEMCO	PFLUEGER	OH 1939	50-75
237-C1	FOUR-BROTHERS PONTIAC	PFLUEGER	OH 1932	30-40
237-C2	FOUR-BROTHERS MOHAWK	PFLUEGER	OH 1919	30-40
237-C3	FOUR-BROTHERS MOHAWK	PFLUEGER	OH 1923	30-40
237-C4	FOUR-BROTHERS ECLIPSE	PFLUEGER	OH 1923	40-50

	A	B	C
1			
2			
3			
4			

238-A1	BOND	PFLUEGER	OH 1919	40-50
238-A2	FOUR-BROTHERS ECLIPSE	PFLUEGER	OH 1917	30-40
238-A3	AVALON	PFLUEGER	OH 1912	300-400
238-A4	FOUR-BROTHERS SUMCO	PFLUEGER	OH 1931	30-40
238-B1	RUBBER CITY	PFLUEGER	OH 1921	50-75
238-B2	SEA KING	PFLUEGER	OH 1950	30-40
238-B3	SEA QUEEN	PFLUEGER	OH 1950	30-40
238-B4	PAKRON	PFLUEGER	OH 1906	30-40
238-C1	TAXIE	PFLUEGER	OH 1910	30-40
238-C2	SAL TROUT	PFLUEGER	OH 1933	20-30
238-C3	CAPTAIN	PFLUEGER	OH 1910	20-30
238-C4	MEDALIST	PFLUEGER	OH 1930	30-40

239-A1 PROGRESS	PFLUEGER	OH 1923	30-40
239-A2 FLY REEL	PFLUEGER	OH 1912	20-30
239-A3 PROGRESS	PFLUEGER	OH 1923	50-75
239-A4 IDEAL	PFLUEGER	OH 1915	50-75
239-B1 PORTAGE NIFFTIE	PFLUEGER	OH 1920'S	30-40
239-B2 NEVERMISS	PFLUEGER	OH 1914	30-40
239-B3 AJAX	PFLUEGER	OH 1919	30-40
239-B4 PORTAGE SEMINOLE	PFLUEGER	OH 1920'S	30-40
239-C1 PORTAGE	PFLUEGER	OH 1920'S	30-40
239-C2 PORTAGE	PFLUEGER	OH 1920	30-40
239-C3 NEVERMISS	PFLUEGER	OH 1914	30-40
239-C4 BROTHERS ROYAL	PFLUEGER	OH 1923	30-40

240-A1	FOUR BROTHERS RUBBER CITY	PFLUEGER	OH 1920'S	30-40
240-A2	SUPEREX 755	PFLUEGER	OH 1958	20-30
240-A3	SUPEREX	PFLUEGER	OH 1960	20-30
240-A4	SPIN CAST #88	PFLUEGER	OH 1960	20-30
240-B1	NORSEMAN	PFLUEGER	OH 1958	10-20
240-B2	QUAKER CITY	QUAKER CITY	1937	20-30
240-B3	BEETZEL	REDIFOR	OH 1918	300-400
240-B4	REDIFOR FLEGEL	REDIFOR	OH 1909	400-500
240-C1	QUICK-A-PART	9 MULTIPLIER ROCHESTER REEL CO.	NY 1909	200-300
240-C2	QUICK-A-PART	4 MULTIPLIER ROCHESTER REEL CO.	NY 1909	200-300
240-C3	GEM FLY REEL	ROCHESTER REEL CO.	NY 1910	30-40
240-C4	WINNER FLY REEL	ROCHESTER REEL CO.	NY 1910	30-40

241-A1	IDEAL FLY REEL	ROCHESTER REEL CO.	NY 1910	40-50
241-A2	REV-O-NOC	H.S. & B. CO.	1929	20-30
241-A3	REV-O-NOC	H.S. & B. CO.	1936	20-30
241-A4	REV-O-NOC	H.S. & B. CO.	1936	20-30
241-B1	AMBROSE	SHULTZ	NY 1908	75-100
241-B2	SEA GULL	SCHOENFIELD-GUTTER	NY 1918	150-200
241-B3	SPIRALWIND	SPIRAL WIND REEL CO.	NY 1936	40-50
241-B4	CORMORANT REEL	SMALL, E.F. & SONS	MA 1920'S	75-100
241-C1	SALMON REEL	SCRIBNER, D.	NY 1890'S	200-300
241-C2	SCOTBE	SUTTON, WILLIAM S.	IN 1902	200-300
241-C3	KEEN KASTER	RAVENNA METAL WORKS	WA 1948	40-50
241-C4	CASTING REEL	SHIPLEY, A.B.	PA 1895	100-150

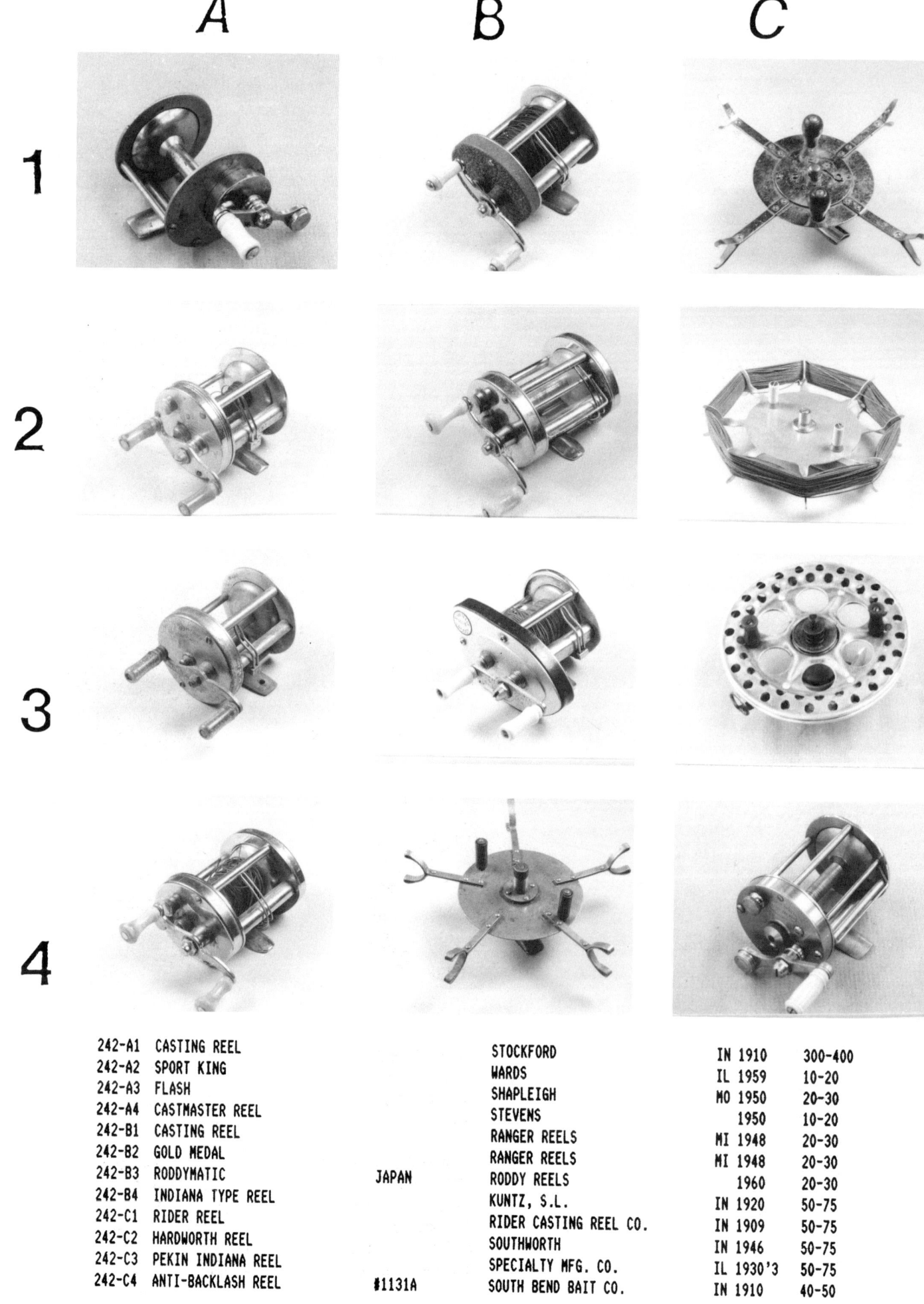

242-A1	CASTING REEL		STOCKFORD	IN 1910	300-400
242-A2	SPORT KING		WARDS	IL 1959	10-20
242-A3	FLASH		SHAPLEIGH	MO 1950	20-30
242-A4	CASTMASTER REEL		STEVENS	1950	10-20
242-B1	CASTING REEL		RANGER REELS	MI 1948	20-30
242-B2	GOLD MEDAL		RANGER REELS	MI 1948	20-30
242-B3	RODDYMATIC	JAPAN	RODDY REELS	1960	20-30
242-B4	INDIANA TYPE REEL		KUNTZ, S.L.	IN 1920	50-75
242-C1	RIDER REEL		RIDER CASTING REEL CO.	IN 1909	50-75
242-C2	HARDWORTH REEL		SOUTHWORTH	IN 1946	50-75
242-C3	PEKIN INDIANA REEL		SPECIALTY MFG. CO.	IL 1930'3	50-75
242-C4	ANTI-BACKLASH REEL	#1131A	SOUTH BEND BAIT CO.	IN 1910	40-50

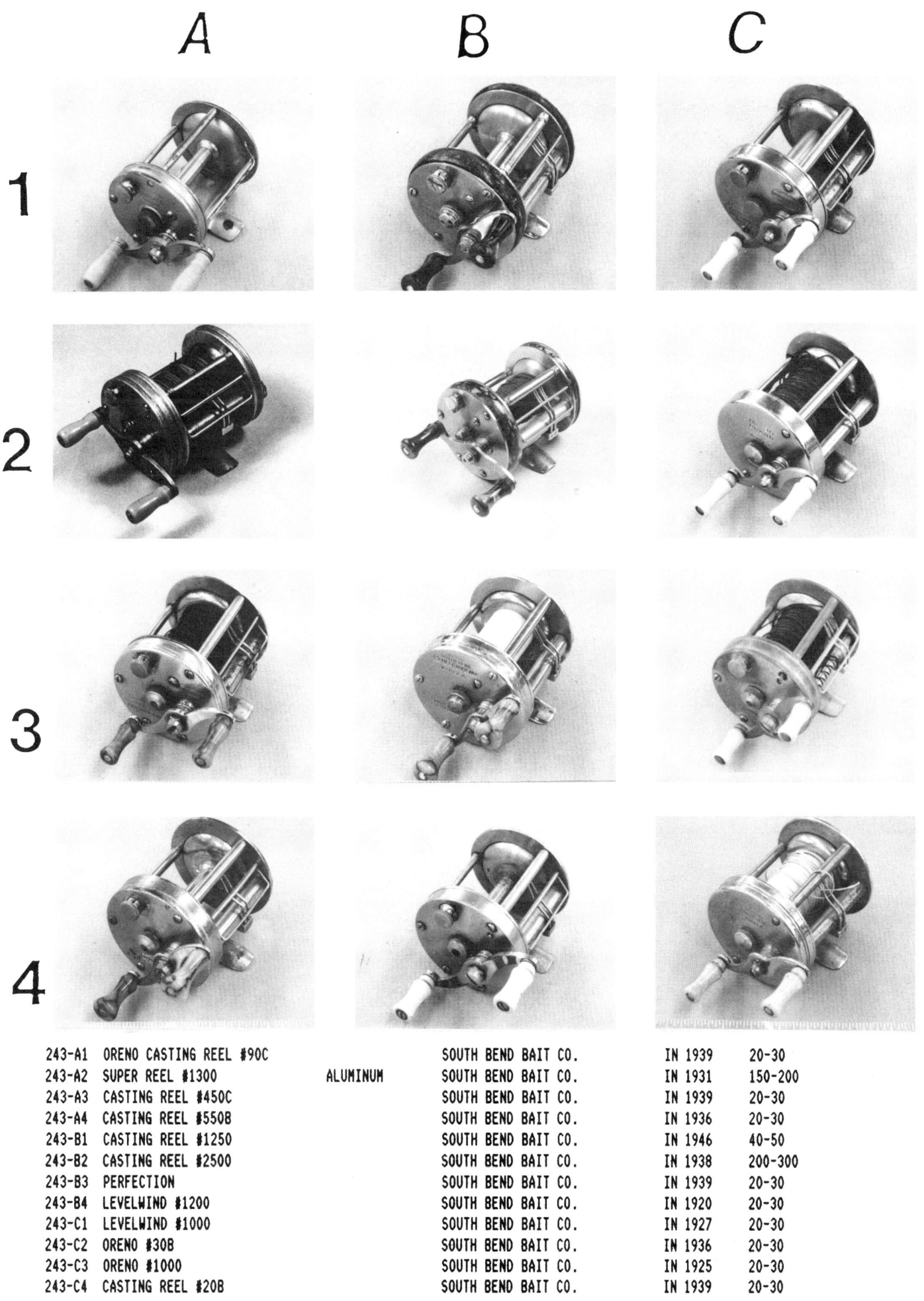

243-A1	ORENO CASTING REEL #90C		SOUTH BEND BAIT CO.	IN 1939	20-30
243-A2	SUPER REEL #1300	ALUMINUM	SOUTH BEND BAIT CO.	IN 1931	150-200
243-A3	CASTING REEL #450C		SOUTH BEND BAIT CO.	IN 1939	20-30
243-A4	CASTING REEL #550B		SOUTH BEND BAIT CO.	IN 1936	20-30
243-B1	CASTING REEL #1250		SOUTH BEND BAIT CO.	IN 1946	40-50
243-B2	CASTING REEL #2500		SOUTH BEND BAIT CO.	IN 1938	200-300
243-B3	PERFECTION		SOUTH BEND BAIT CO.	IN 1939	20-30
243-B4	LEVELWIND #1200		SOUTH BEND BAIT CO.	IN 1920	20-30
243-C1	LEVELWIND #1000		SOUTH BEND BAIT CO.	IN 1927	20-30
243-C2	ORENO #30B		SOUTH BEND BAIT CO.	IN 1936	20-30
243-C3	ORENO #1000		SOUTH BEND BAIT CO.	IN 1925	20-30
243-C4	CASTING REEL #20B		SOUTH BEND BAIT CO.	IN 1939	20-30

244-A1	ANTI-BACKLASH REEL	SOUTH BEND BAIT CO.	IN 1938	20-30
244-A2	SMOOTHCAST #780	SOUTH BEND BAIT CO.	IN 1958	10-20
244-A3	PERFECTORENO	SOUTH BEND BAIT CO.	IN 1960	10-20
244-A4	HUMMER	SOUTH BEND BAIT CO.	IN 1928	40-50
244-B1	REEL #1201	SOUTH BEND BAIT CO.	IN 1946	20-30
244-B2	LEVELWIND #350	SOUTH BEND BAIT CO.	IN 1930	10-20
244-B3	SPIN CAST REEL #700	SOUTH BEND BAIT CO.	IN 1950	10-20
244-B4	ST. JOE FLY REEL #1180	SOUTH BEND BAIT CO.	IN 1934	20-30
244-C1	FLY REEL #115	SOUTH BEND BAIT CO.	IN 1940	20-30
244-C2	SPIN CAST #1100	SOUTH BEND BAIT CO.	IN 1956	10-20
244-C3	BEST O' LUCK #20	SOUTH BEND BAIT CO.	IN 1922	40-50
244-C4	SPECIAL TOURNAMENT	SOUTH BEND BAIT CO.	IN 1920	200-300

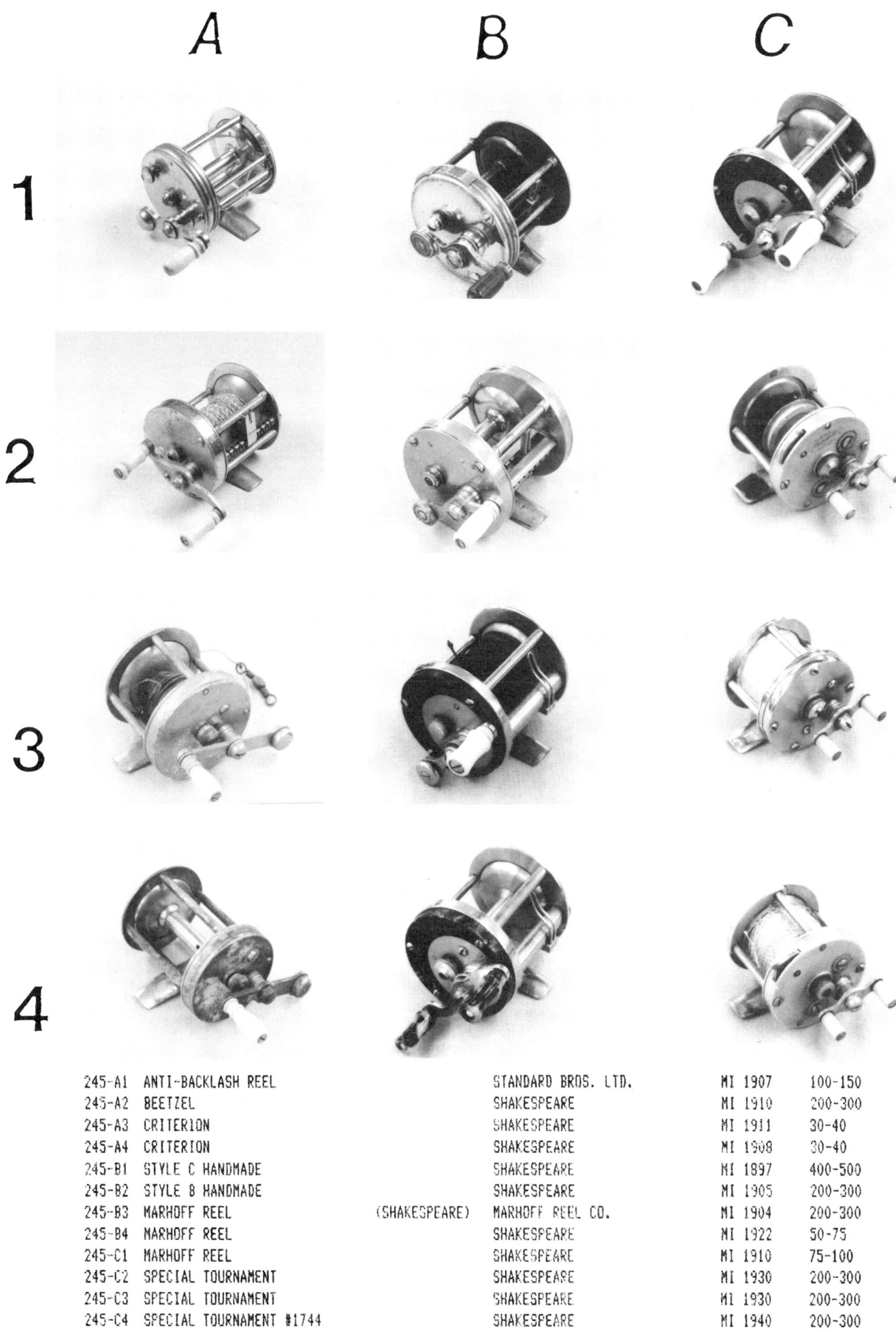

245-A1	ANTI-BACKLASH REEL	STANDARD BROS. LTD.	MI 1907	100-150
245-A2	BEETZEL	SHAKESPEARE	MI 1910	200-300
245-A3	CRITERION	SHAKESPEARE	MI 1911	30-40
245-A4	CRITERION	SHAKESPEARE	MI 1908	30-40
245-B1	STYLE C HANDMADE	SHAKESPEARE	MI 1897	400-500
245-B2	STYLE 8 HANDMADE	SHAKESPEARE	MI 1905	200-300
245-B3	MARHOFF REEL	(SHAKESPEARE) MARHOFF REEL CO.	MI 1904	200-300
245-B4	MARHOFF REEL	SHAKESPEARE	MI 1922	50-75
245-C1	MARHOFF REEL	SHAKESPEARE	MI 1910	75-100
245-C2	SPECIAL TOURNAMENT	SHAKESPEARE	MI 1930	200-300
245-C3	SPECIAL TOURNAMENT	SHAKESPEARE	MI 1930	200-300
245-C4	SPECIAL TOURNAMENT #1744	SHAKESPEARE	MI 1940	200-300

246-A1	SPECIAL TOURNAMENT #1744	SHAKESPEARE	MI 1940	200-300
246-A2	SPECIAL TOURNAMENT #1743	SHAKESPEARE	MI 1935	200-300
246-A3	SPECIAL TOURNAMENT	SHAKESPEARE	MI 1920'S	75-100
246-A4	SPECIAL TOURNAMENT	SHAKESPEARE	MI 1920'S	75-100
246-B1	SPECIAL TOURNAMENT	SHAKESPEARE	MI 1920'S	75-100
246-B2	SPECIAL TOURNAMENT #1740	SHAKESPEARE	MI 1920'S	200-300
246-B3	SPECIAL TOURNAMENT	SHAKESPEARE	MI 1920'S	75-100
246-B4	SERVICE	SHAKESPEARE	MI 1920'S	75-100
246-C1	SERVICE	SHAKESPEARE	MI 1914	40-50
246-C2	PROFESSIONAL	SHAKESPEARE	MI 1938	40-50
246-C3	PERFECT	SHAKESPEARE	MI 1915	40-50
246-C4	SUPRA	SHAKESPEARE	MI 1939	50-75

	A	B	C
1			
2			
3			
4			

247-A1	PRESIDENT	SHAKESPEARE	MI 1941	40-50
247-A2	PROFESSIONAL SPORTCAST	SHAKESPEARE	MI 1933	30-40
247-A3	IDEAL	SHAKESPEARE	MI 1932	20-30
247-A4	PROFESSIONAL	SHAKESPEARE	MI 1911	20-30
247-B1	TRU-BLUE	SHAKESPEARE	MI 1920	10-20
247-B2	INTRINSIC	SHAKESPEARE	MI 1940	20-30
247-B3	INTRINSIC	SHAKESPEARE	MI 1950'S	10-20
247-B4	PRECISION	SHAKESPEARE	MI 1907	30-40
247-C1	LEADER	SHAKESPEARE	MI 1917	10-20
247-C2	THRIFTY	SHAKESPEARE	MI 1936	10-20
247-C3	UNKNOWN SHAKESPEARE CAST. REEL	SHAKESPEARE	MI 1920'S	10-20
247-C4	BLACK KNIGHT	SHAKESPEARE	MI 1922	40-50

248-A1 ACME	SHAKESPEARE	MI 1946 20-30
248-A2 TRU-AXIS	SHAKESPEARE	MI 1950 10-20
248-A3 WONDER REEL DELUXE	SHAKESPEARE	MI 1956 10-20
248-A4 SPORT CAST REEL	SHAKESPEARE	MI 1948 10-20
248-B1 SUPERIOR	SHAKESPEARE	MI 1936 40-50
248-B2 DYCO	SHAKESPEARE	MI 1907 40-50
248-B3 STANDARD	SHAKESPEARE	MI 1908 40-50
248-B4 STANDARD PROFESSIONAL	SHAKESPEARE	MI 1903 40-50
248-C1 UNIVERSAL	SHAKESPEARE	MI 1906 50-75
248-C2 UNIVERSAL	SHAKESPEARE	MI 1906 50-75
248-C3 SUPER REEL MODEL 32	SHAKESPEARE	MI 1932 75-100
248-C4 UNCLE SAM	SHAKESPEARE	MI 1908 40-50

	A	B	C
1			
2			
3			
4			

249-A1 TRIUMPH	SHAKESPEARE	MI 1938 20-30
249-A2 EXPERT	SHAKESPEARE	MI 1922 20-30
249-A3 PIONEER	SHAKESPEARE	MI 1922 30-40
249-A4 WONDER REEL	SHAKESPEARE	MI 1946 10-20
249-B1 CLASSIC	SHAKESPEARE	MI 1948 10-20
249-B2 TRIUMPH	SHAKESPEARE	MI 1941 10-20
249-B3 KALAMAZOO	SHAKESPEARE	MI 1912 20-30
249-B4 HYDRO-FILM	SHAKESPEARE	MI 1941 20-30
249-C1 JUNIOR	SHAKESPEARE	MI 1936 20-30
249-C2 IMPERIAL	SHAKESPEARE	MI 1958 10-20
249-C3 DIRECT-O-DRIVE	SHAKESPEARE	MI 1960 10-20
249-C4 CHAMPION	SHAKESPEARE	MI 1914 20-30

250-A1	FAVORITE	SHAKESPEARE	MI 1918	20-30
250-A2	SERVICE	SHAKESPEARE	MI 1928	20-30
250-A3	HOOSIER	SHAKESPEARE	MI 1922	75-100
250-A4	WONDER REEL #1770	SHAKESPEARE	MI 1954	10-20
250-B1	WONDER CAST	SHAKESPEARE	MI 1960	10-20
250-B2	WONDER CAST	SHAKESPEARE	MI 1954	10-20
250-B3	KAZOO FLY REEL	SHAKESPEARE	MI 1908	20-30
250-B4	KAZOO FLY REEL	SHAKESPEARE	MI 1910	30-40
250-C1	RUSSELL	SHAKESPEARE	MI 1926	30-40
250-C2	RUSSELL	SHAKESPEARE	MI 1921	30-40
250-C3	RUSSELL	SHAKESPEARE	MI 1915	20-30
250-C4	RUSSELL	SHAKESPEARE	MI 1936	30-40

251-A1	STEELHEAD	SHAKESPEARE	MI 1926	30-40
251-A2	JORDAN	SHAKESPEARE	MI 1920	20-30
251-A3	AUTOMATIC FLY REEL	SHAKESPEARE	MI 1926	10-20
251-A4	AUTOMATIC FLY REEL	SHAKESPEARE	MI 1934	10-20
251-B1	CASTING REEL	TERRY, ELI	CT 1871	100-150
251-B2	SINGLE ACTION REEL	TERRY, ELI	CT 1811	75-100
251-B3	SINGLE ACTION REEL	TERRY, ELI	CT 1871	75-100
251-B4	SINGLE ACTION REEL	TERRY, ELI	CT 1871	75-100
251-C1	INDIANA STYLE REEL	VIRGINIA REEL CO.	VA 1948	40-50
251-C2	NIANGUA NEVADA	TALBOT, W.H.	MO 1901	400-500
251-C3	METEOR NEVADA	TALBOT, W.H.	MO 1915	400-500
251-C4	NIANGUA NEVADA	TALBOT, W.H.	MO 1915	400-500

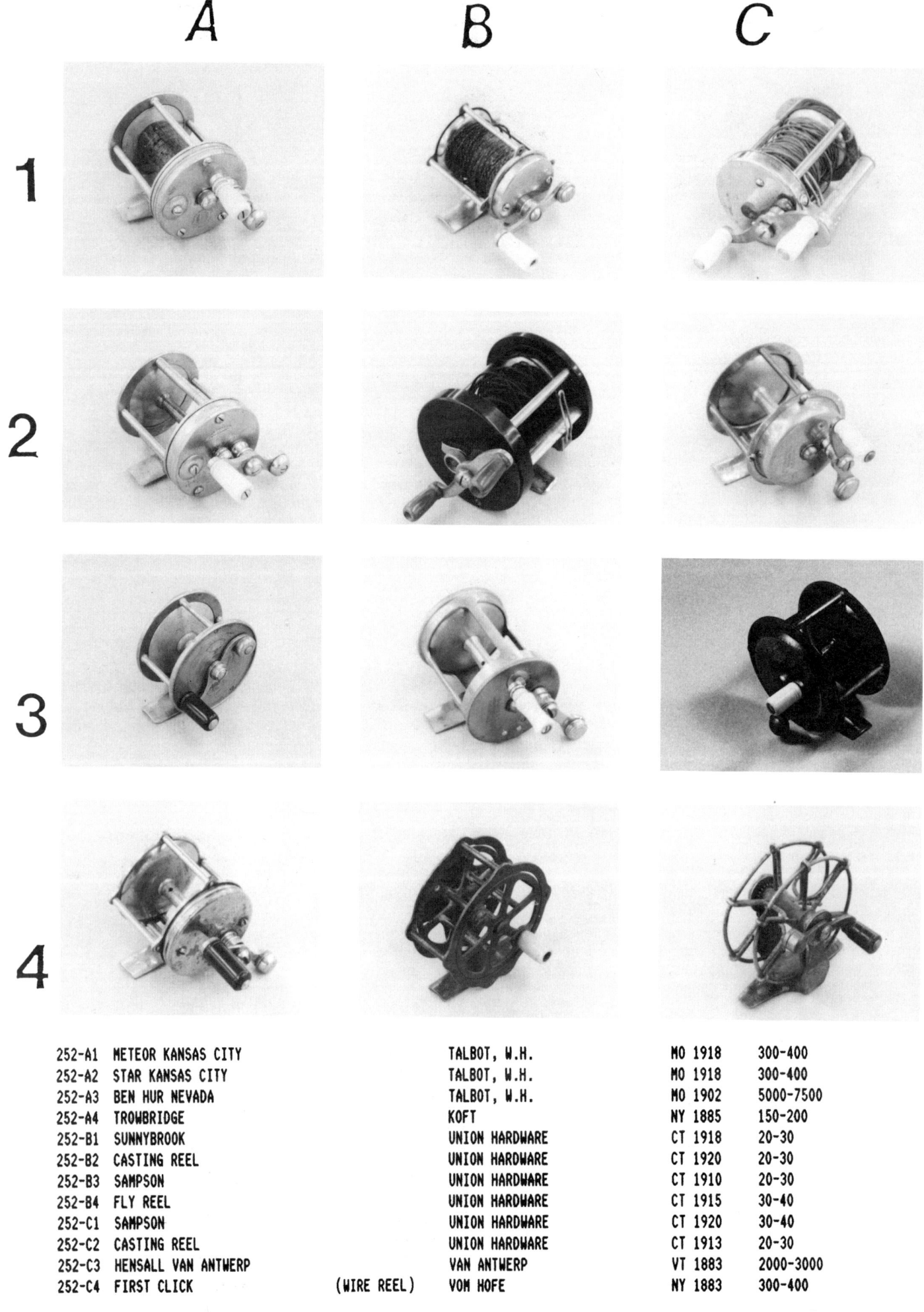

252-A1	METEOR KANSAS CITY	TALBOT, W.H.	MO 1918	300-400
252-A2	STAR KANSAS CITY	TALBOT, W.H.	MO 1918	300-400
252-A3	BEN HUR NEVADA	TALBOT, W.H.	MO 1902	5000-7500
252-A4	TROWBRIDGE	KOFT	NY 1885	150-200
252-B1	SUNNYBROOK	UNION HARDWARE	CT 1918	20-30
252-B2	CASTING REEL	UNION HARDWARE	CT 1920	20-30
252-B3	SAMPSON	UNION HARDWARE	CT 1910	20-30
252-B4	FLY REEL	UNION HARDWARE	CT 1915	30-40
252-C1	SAMPSON	UNION HARDWARE	CT 1920	30-40
252-C2	CASTING REEL	UNION HARDWARE	CT 1913	20-30
252-C3	HENSALL VAN ANTWERP	VAN ANTWERP	VT 1883	2000-3000
252-C4	FIRST CLICK (WIRE REEL)	VOM HOFE	NY 1883	300-400

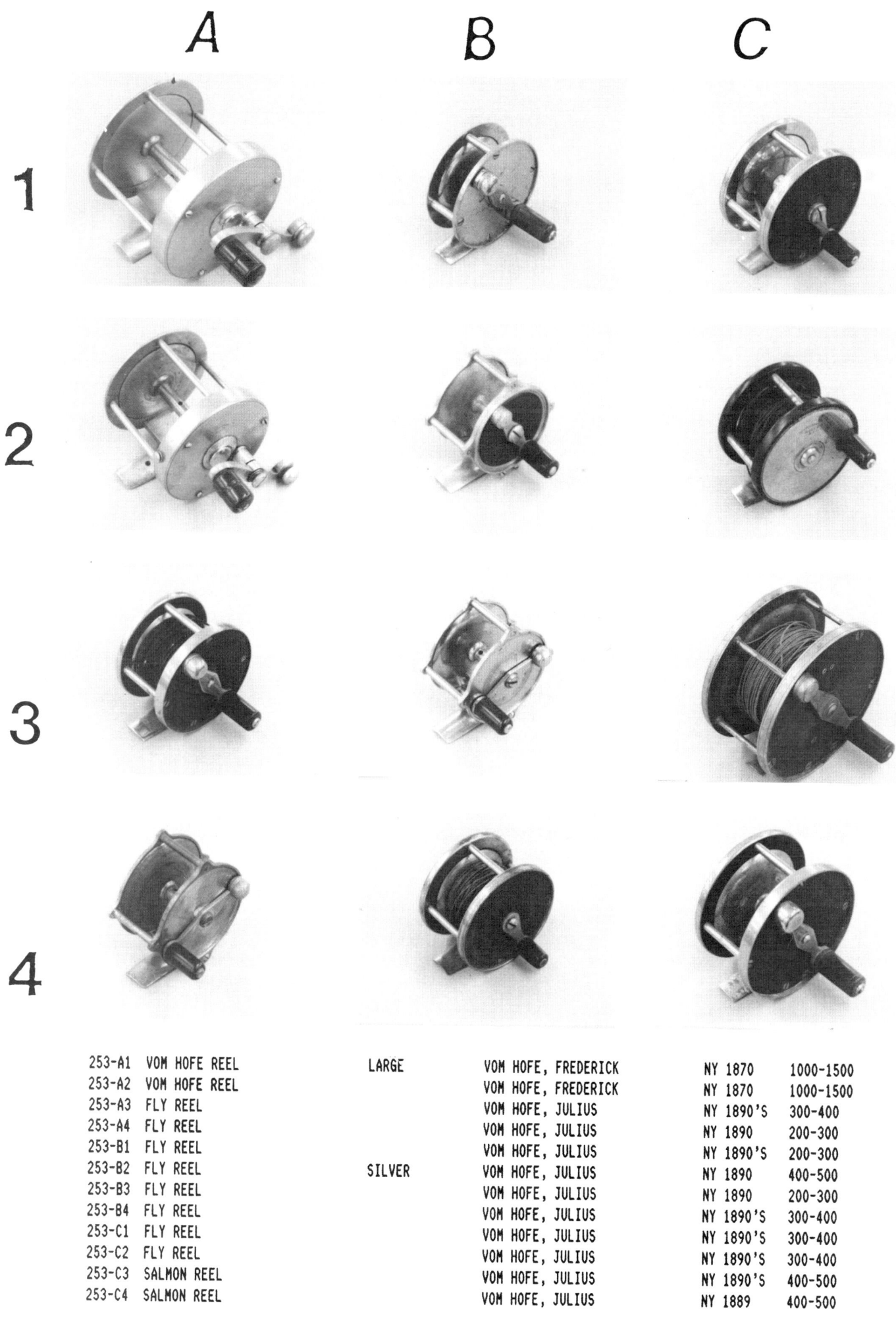

253-A1	VOM HOFE REEL	LARGE	VOM HOFE, FREDERICK	NY 1870	1000-1500
253-A2	VOM HOFE REEL		VOM HOFE, FREDERICK	NY 1870	1000-1500
253-A3	FLY REEL		VOM HOFE, JULIUS	NY 1890'S	300-400
253-A4	FLY REEL		VOM HOFE, JULIUS	NY 1890	200-300
253-B1	FLY REEL		VOM HOFE, JULIUS	NY 1890'S	200-300
253-B2	FLY REEL	SILVER	VOM HOFE, JULIUS	NY 1890	400-500
253-B3	FLY REEL		VOM HOFE, JULIUS	NY 1890	200-300
253-B4	FLY REEL		VOM HOFE, JULIUS	NY 1890'S	300-400
253-C1	FLY REEL		VOM HOFE, JULIUS	NY 1890'S	300-400
253-C2	FLY REEL		VOM HOFE, JULIUS	NY 1890'S	300-400
253-C3	SALMON REEL		VOM HOFE, JULIUS	NY 1890'S	400-500
253-C4	SALMON REEL		VOM HOFE, JULIUS	NY 1889	400-500

254-A1	SPECIAL TOURNAMENT	VOM HOFE	NY 1920'S 2000-3000
254-A2	CASTING REEL	VOM HOFE, JULIUS	NY 1890'S 40-50
254-A3	CASTING REEL	VOM HOFE, JULIUS	NY 1890'S 75-100
254-A4	CASTING REEL	VOM HOFE, JULIUS	NY 1890'S 50-75
254-B1	REEL	VOM HOFE, JULIUS	NY 1890'S 100-150
254-B2	REEL	VOM HOFE, JULIUS	NY 1890'S 100-150
254-B3	REEL	VOM HOFE, JULIUS	NY 1900'S 100-150
254-B4	REEL	VOM HOFE, JULIUS	NY 1890'S 100-150
254-C1	REEL	VOM HOFE, JULIUS	NY 1890'S 100-150
254-C2	REEL	VOM HOFE, JULIUS	NY 1890'S 50-75
254-C3	REEL	VOM HOFE, JULIUS	NY 1870 100-150
254-C4	REEL	VOM HOFE, JULIUS	NY 1870 100-150

255-A1	REEL	VOM HOFE, JULIUS	NY 1890'S	100-150
255-A2	REEL	VOM HOFE, JULIUS	NY 1890'S	100-150
255-A3	REEL	VOM HOFE, JULIUS	NY 1890'S	100-150
255-A4	REEL	VOM HOFE, JULIUS	NY 1890'S	100-150
255-B1	REEL	VOM HOFE, JULIUS	NY 1900'S	75-100
255-B2	CASTING REEL	VOM HOFE, JULIUS	NY 1890'S	50-75
255-B3	REEL	VOM HOFE, EDWARD	NY 1880	150-200
255-B4	REEL	VOM HOFE, EDWARD	NY 1880	150-200
255-C1	REEL	VOM HOFE, EDWARD	NY 1880	150-200
255-C2	SALMON REEL	VOM HOFE, EDWARD	NY 1880'S	750-1000
255-C3	SALMON REEL	VOM HOFE, EDWARD	NY 1880'S	750-1000
255-C4	SALMON REEL	VOM HOFE, EDWARD	NY 1880'S	750-1000

256-A1	SALTWATER REEL		VOM HOFE, JULIUS	NY 1890'S	100-150
256-A2	SALMON REEL		VOM HOFE, EDWARD	NY 1880'S	750-1000
256-A3	SALMON REEL		VOM HOFE, EDWARD	NY 1880'S	750-1000
256-A4	WILSON WOBBLER		WILSON HASTINGS	MI 1917	200-300
256-B1	TOURNAMENT REEL		WILSON, THOMAS E.	NY 1918	30-40
256-B2	TOURNAMENT CASTING REEL		WILSON, THOMAS E.	NY 1920	50-75
256-B3	CASTING REEL	LARGE	WHITING & HENDRICKS BROS.	1878	300-400
256-B4	CASTING REEL	SMALL	WHITING & HENDRICKS BROS.	1878	300-400
256-C1	CASTING REEL		WHITING & HENDRICKS BROS.	1878	300-400
256-C2	REEL		WELLWORTH CASTING	1923	20-30
256-C3	LIFELIKE		WEBER	WI 1920'S	20-30
256-C4	FLY REEL		WEBER	WI 1920'S	20-30

257-A1	WEBER #400	WEBER	WI 1920'S 20-30
257-A2	FUTURIST	WEBER	WI 1940 40-50
257-A3	HENSHALL #102	WEBER	WI 1930'S 20-30
257-A4	KALAKATCH	WEBER	WI 1920'S 20-30
257-B1	INDIANA STYLE REEL	WILLOUGHBY	IN 1946 40-50
257-B2	CASTING REEL	WHEELER-McGREGOR	WI 1894 400-500
257-B3	SPINCAST REEL	WRIGHT-McGILL	CO 1955 20-30
257-B4	FLY REEL	WEBER	WI 1920 20-30
257-C1	PRECISION	WARDS	IL 20-30
257-C2	TOURNAMENT	WELCH, JACK	MI 1918 750-1000
257-C3	CASTING REEL	WORLD'S LARGEST STORE	IL 1920'S 30-40
257-C4	REEL #4345	WINCHESTER	CT 1920'S 75-100

258-A1	REEL	WINCHESTER	CT 1920'S 150-200
258-A2	CASTING REEL	WINCHESTER	CT 1920'S 100-150
258-A3	REEL #4254	WINCHESTER	CT 1920'S 75-100
258-A4	REEL #4256	WINCHESTER	CT 1920'S 100-150
258-B1	REEL #4253	WINCHESTER	CT 1920'S 100-150
258-B2	REEL #4254	WINCHESTER	CN 1920'S 100-150
258-B3	REEL #4254	WINCHESTER	CT 1920'S 100-150
258-B4	REEL #2293	WINCHESTER	CT 1920'S 100-150
258-C1	REEL #2291	WINCHESTER	CT 1920'S 100-150
258-C2	CASTING REEL	WINCHESTER	CT 1920'S 100-150
258-C3	REEL #2345	WINCHESTER	CT 1920'S 100-150
258-C4	REEL #2236	WINCHESTER	CT 1920'S 100-150

259-A1 REEL #2236	WINCHESTER	CT 1920'S 100-150
259-A2 REEL #644	WINCHESTER	CT 1920'S 75-100
259-A3 FLY REEL	WINCHESTER	CT 1920 150-200
259-A4 REEL #2290	WINCHESTER	CT 1920'S 75-100
259-B1 REEL #2206	WINCHESTER	CT 1920'S 75-100
259-B2 REEL #2242	WINCHESTER	CT 1920 75-100
259-B3 SINGLE ACTION REEL	WINCHESTER	CT 1920 50-75
259-B4 REEL #1219	WINCHESTER	CT 1920 50-75
259-C1 REEL #1619	WINCHESTER	CT 1920 C 50-75
259-C2 SINGLE ACTION REEL	WINCHESTER	CT 1920 50-75
259-C3 WILSON WOBBLER	WILSON-HASTINGS	MI 1920'S 200-300
259-C4 BELT REEL	WORDEN	WA 1960 40-50

260-A1	AUTOMATIC FLY REEL		YAWMAN & ERBY	NY 1882	75-100
260-A2	AUTOMATIC FLY REEL		YAWMAN & ERBY	NY 1888	75-100
260-A3	AUTOMATIC FLY REEL	BRASS	YAWMAN & ERBY	NY 1883	100-150
260-A4	AUTOMATIC FLY REEL	BAKELITE	YAWMAN & ERBY	NY 1900	150-200
260-B1	AUTOMATIC FLY REEL	ALUMINUM	YAWMAN & ERBY	NY 1900	50-75
260-B2	AUTOMATIC FLY REEL		YAWMAN & ERBY	NY 1900	50-75
260-B3	REEL #2242		YALE	CT 1920	30-40
260-B4	MODEL 44	ARCHERY	ZEBCO	OK 1957	10-20
260-C1	MODEL #11		ZEBCO	OK 1952	10-20
260-C2	ZEBCO		ZERO HOUR BOMB CO.	OK 1948	20-30
260-C3	EDSALL BUILT-IN		EDSALL METALS	NJ 1887	400-500
260-C4	COMBINATION REEL		COATS, A.	NY 1888	500-750

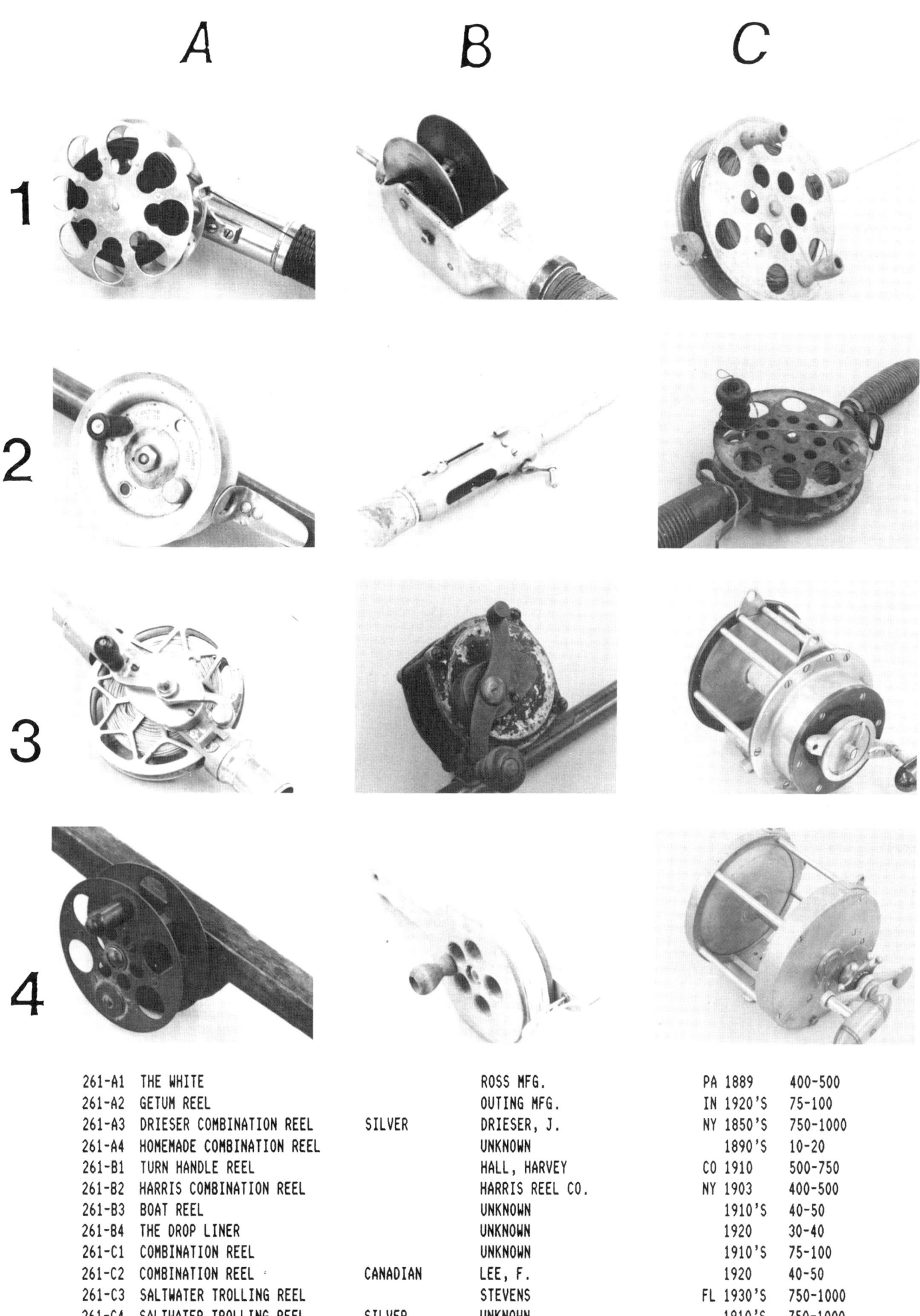

261-A1	THE WHITE		ROSS MFG.	PA 1889	400-500
261-A2	GETUM REEL		OUTING MFG.	IN 1920'S	75-100
261-A3	DRIESER COMBINATION REEL	SILVER	DRIESER, J.	NY 1850'S	750-1000
261-A4	HOMEMADE COMBINATION REEL		UNKNOWN	1890'S	10-20
261-B1	TURN HANDLE REEL		HALL, HARVEY	CO 1910	500-750
261-B2	HARRIS COMBINATION REEL		HARRIS REEL CO.	NY 1903	400-500
261-B3	BOAT REEL		UNKNOWN	1910'S	40-50
261-B4	THE DROP LINER		UNKNOWN	1920	30-40
261-C1	COMBINATION REEL		UNKNOWN	1910'S	75-100
261-C2	COMBINATION REEL	CANADIAN	LEE, F.	1920	40-50
261-C3	SALTWATER TROLLING REEL		STEVENS	FL 1930'S	750-1000
261-C4	SALTWATER TROLLING REEL	SILVER	UNKNOWN	1910'S	750-1000

	A	B	C
1			
2			
3			
4			

262-A1	SAFETY REEL		FRIES MACHINE WORKS	1930'S 40-50
262-A2	HARDWORTH	ENGLISH	SOUTHWORTH, D.C. (HARDY)	1920'S 75-100
262-A3	WOODEN CASTING REEL		UNKNONW	1890'S 75-100
262-A4	WOODEN CASTING REEL		UNKNONW	1890'S 75-100
262-B1	WOODEN CASTING REEL		UNKNONW	1890'S 75-100
262-B2	WOODEN CASTING REEL		UNKNONW	1890'S 75-100
262-B3	WOODEN CASTING REEL		UNKNONW	1890'S 75-100
262-B4	WOODEN CASTING REEL		UNKNONW	1890'S 100-150
262-C1	WOODEN CASTING REEL		UNKNONW	1890'S 100-150
262-C2	WOODEN CASTING REEL		UNKNONW	1890'S 100-150
262-C3	ANGLER WOOD REEL		UNKNONW	1890'S 75-100
262-C4	WOOD NOTTINGHAM REEL	ENGLAND	UNKNONW	1890'S 75-100

263-A1	WOOD HAND REEL		COMMERCIAL	1890	75-100
263-A2	THE EASYCAST	ENGLAND	ALLCOCK	1930'S	75-100
263-A3	SPINNING SPOOL		THROW ALL	KY 1940	75-100
263-A4	WOOD NOTTINGHAM REEL	ENGLAND	UNKNOWN	1890'S	75-100
263-B1	THE OTTER REEL		UNKNOWN	1890'S	75-100
263-B2	GOOD LUCK WOOD REEL		UNKNOWN	1890'S	75-100
263-B3	WOOD NOTTINGHAM REEL	ENGLAND	UNKNOWN	1890'S	75-100
263-B4	WOOD NOTTINGHAM REEL	ENGLAND	UNKNOWN	1890'S	75-100
263-C1	EARLY ENGLISH REEL	ENGLAND	USTONSON & PETERS	1830'S	10000-15000
263-C2	HAYWOOD	ENGLAND	H-R	1850'S	150-200
263-C3	HAYWOOD	ENGLAND	H-R	1870	150-200
263-C4	HAYWOOD	ENGLAND	H-R	1870'S	150-200

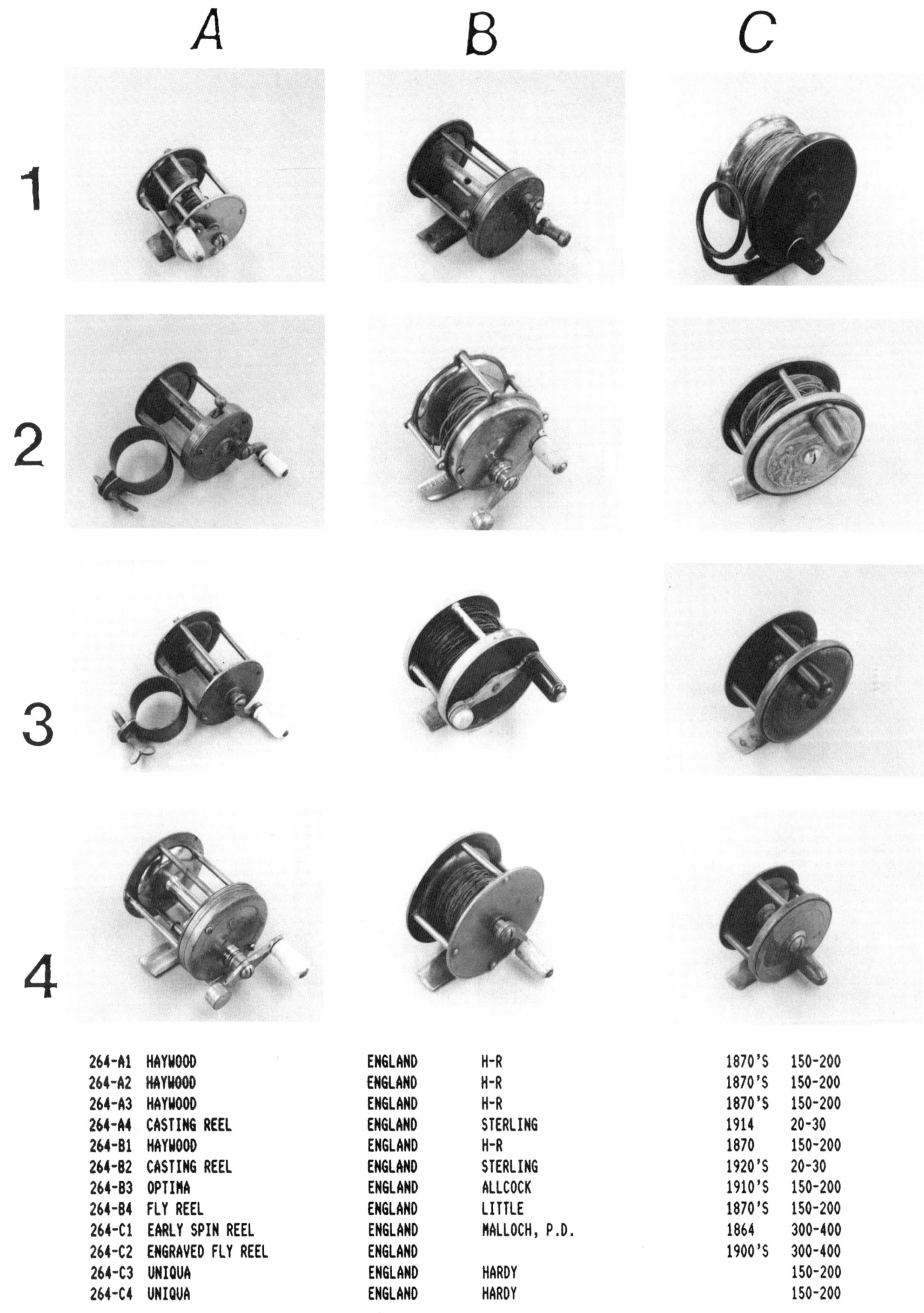

264-A1	HAYWOOD	ENGLAND	H-R	1870'S	150-200
264-A2	HAYWOOD	ENGLAND	H-R	1870'S	150-200
264-A3	HAYWOOD	ENGLAND	H-R	1870'S	150-200
264-A4	CASTING REEL	ENGLAND	STERLING	1914	20-30
264-B1	HAYWOOD	ENGLAND	H-R	1870	150-200
264-B2	CASTING REEL	ENGLAND	STERLING	1920'S	20-30
264-B3	OPTIMA	ENGLAND	ALLCOCK	1910'S	150-200
264-B4	FLY REEL	ENGLAND	LITTLE	1870'S	150-200
264-C1	EARLY SPIN REEL	ENGLAND	MALLOCH, P.D.	1864	300-400
264-C2	ENGRAVED FLY REEL	ENGLAND		1900'S	300-400
264-C3	UNIQUA	ENGLAND	HARDY		150-200
264-C4	UNIQUA	ENGLAND	HARDY		150-200

265-A1	FLY REEL	ENGLAND	MALLOCH, P.D.	150-200
265-A2	THE PERFECT	ENGLAND	HARDY	200-300
265-A3	UNIQUA	ENGLAND	HARDY	150-200
265-A4	UNIQUA	ENGLAND	HARDY	150-200
265-B1	SUPER SILEX	ENGLAND	HARDY	400-500
265-B2	SILEX NO. 2	ENGLAND	HARDY	200-300
265-B3	LEVER	ENGLAND	FARLOW, C.	150-200
265-B4	THE PERFECT	ENGLAND	HARDY	200-300
265-C1	AMBASSODOR	ENGLAND	FARLOW, C.	150-200
265-C2	UNIQUA	ENGLAND	HARDY	150-200
265-C3	THE PERFECT	ENGLAND	HARDY	200-300
265-C4	THE PERFECT	ENGLAND	HARDY	200-300

266-A1	THE PERFECT	ENGLAND	HARDY	200-300
266-A2	HOLDFAST	ENGLAND	MALLOCH, P.D.	100-200
266-A3	UNIQUA	ENGLAND	HARDY	150-200
266-A4	SUPER SILEX	ENGLAND	HARDY	400-500
266-B1	ST. JOHN	ENGLAND	HARDY	150-200
266-B2	THE PERFECT	ENGLAND	HARDY	1000-1500
266-B3	MARK II BOUGLE	ENGLAND	HARDY	1000-2000
266-B4	FLY REEL	ENGLAND	MALLOCH, P.D.	150-200
266-C1	FLY REEL	BAKELITE	UNKNOWN	100-200
266-C2	OLYMPIC	JAPAN	OLYMPIC REEL CO.	5-10
266-C3	TRENT VALLEY BATA REEL	JAPAN	TRENT VALLEY REEL CO.	10-15
266-C4	SIEGRIST RECORD	SWITZERLAND	SIEGRIST RECORD REELS	40-50

	A	B	C
1			
2			
3			
4			

267-A1	THE HELICAL TWIN		HELICAL TWIN REEL CO.	30-40
267-A2	COMPAC SIERRA	JAPAN	COMPAC SIERRA REELS	20-30
267-A3	OLYMPIC 400	JAPAN	OLYMPIC REEL CO.	20-30
267-A4	QUICK 238	GERMANY	DAM	30-40
267-B1	PECHON MIZEL LUXOR	FRANCE	PECHON MIZEL LUXOR REELS	40-50
267-B2	C.A.P. REEL	FRANCE	MITCHEL REEL CO.	40-50
267-B3	DOLPHIN SPIN REEL			40-50
267-B4	SPIN CAST REEL		UNKNOWN FOREIGN	5-10
267-C1	LAWSON #46	CANADA	LAWSON MACHINE WORKS CD	30-40
267-C2	CONGRESS REEL	ENGLAND	CONGRESS REEL CO. EG	30-40
267-C3	CASTING REEL	ENGLAND	STERLING	40-50
267-C4	GREEN DRAGON REE	JAPAN	GREEN DRAGON REEL CO.	5-10

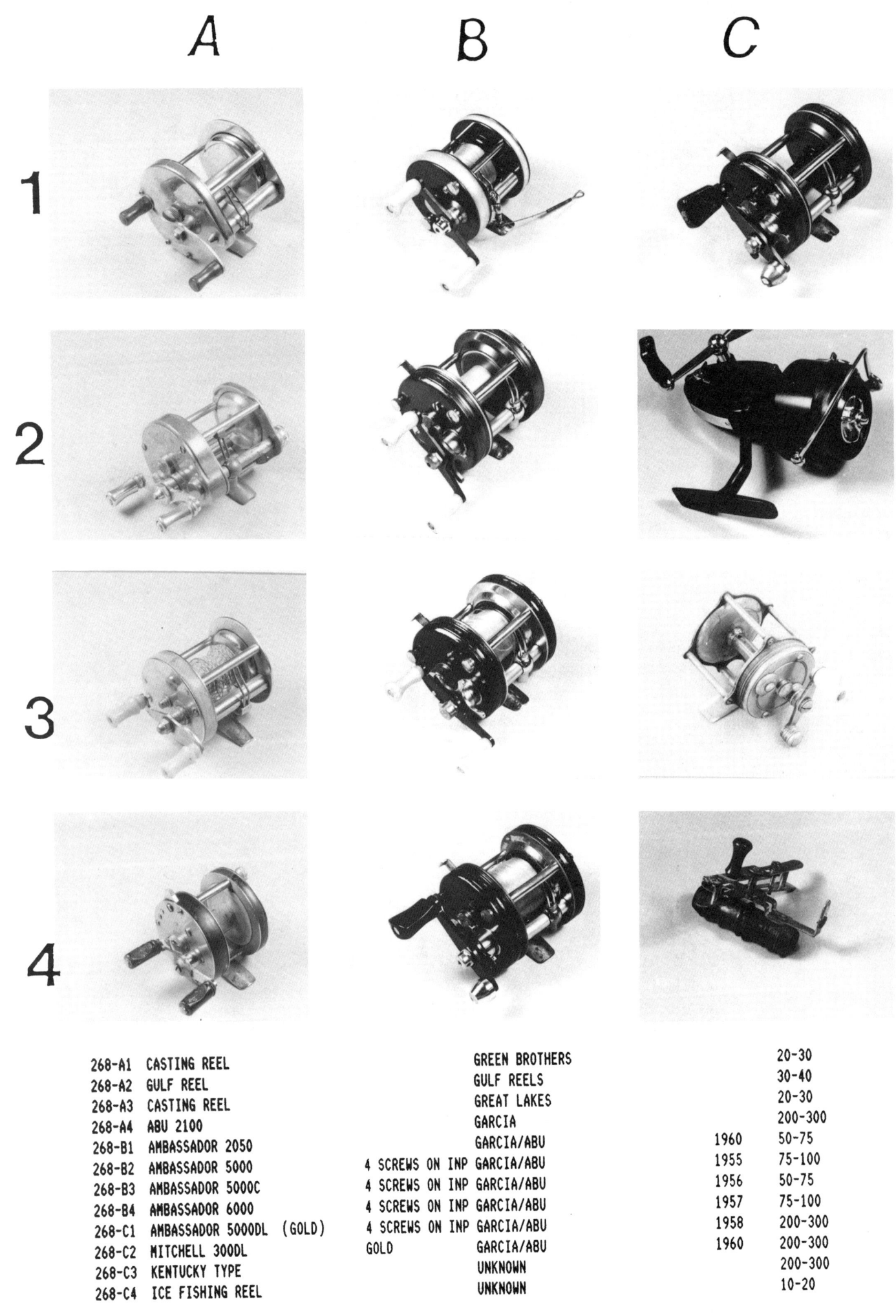

268-A1	CASTING REEL	GREEN BROTHERS		20-30
268-A2	GULF REEL	GULF REELS		30-40
268-A3	CASTING REEL	GREAT LAKES		20-30
268-A4	ABU 2100	GARCIA		200-300
268-B1	AMBASSADOR 2050	GARCIA/ABU	1960	50-75
268-B2	AMBASSADOR 5000	4 SCREWS ON INP GARCIA/ABU	1955	75-100
268-B3	AMBASSADOR 5000C	4 SCREWS ON INP GARCIA/ABU	1956	50-75
268-B4	AMBASSADOR 6000	4 SCREWS ON INP GARCIA/ABU	1957	75-100
268-C1	AMBASSADOR 5000DL (GOLD)	4 SCREWS ON INP GARCIA/ABU	1958	200-300
268-C2	MITCHELL 300DL	GOLD GARCIA/ABU	1960	200-300
268-C3	KENTUCKY TYPE	UNKNOWN		200-300
268-C4	ICE FISHING REEL	UNKNOWN		10-20

Supplement I

A   B   C

	A	B	C
1			
2			
3			
4			

269-A1	UNKNOWN			
269-A2	UNKNOWN			
269-A3	UNKNOWN			
269-A4	ARMAX	WINCHESTER	CT	1921	200-300
269-B1	AEROCAST	AERO PRODUCTS	IL	1952	40-50
269-B2	SMOOTH CASTER	BETTS BODDEUS	MI		50-75
269-B3	KEEN KASTER	KEEN KASTER REEL CO.	MI		40-50
269-B4	SPIDER	D & T SPECIALTIES	IN	1922	75-100
269-C1	KARMA	KARMA REELS	MI		40-50
269-C2	MEADOWBROOK	SEARS		1954	20-30
269-C3	FLY REEL	UNION HARDWARE	CT	1932	30-40
269-C4	STUBBY'S	CARTER-DUNK'S	OH	1924	75-100

Supplement I

A   B   C

1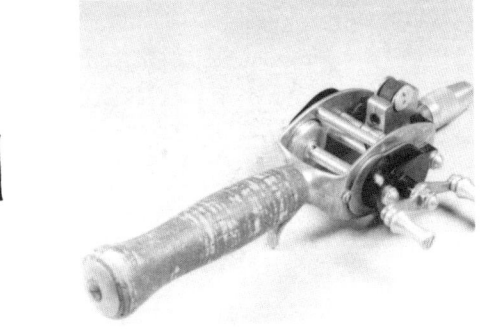

2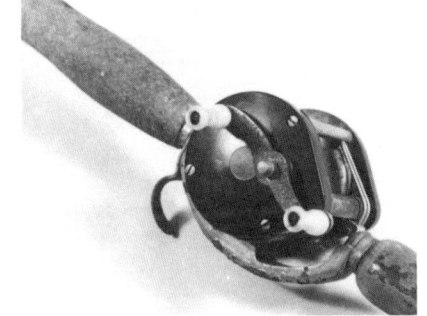

3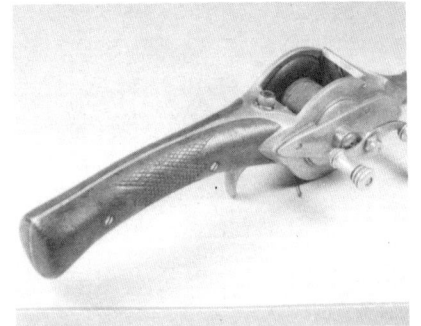

4

270-A1	GENTLEMAN STREAMLINER	CHICAGO FISHING EQUIP.	IL 1948	150-200
270-A2	WHIRL-A-WAY	GREAT LAKES PRODUCTS	MI 1949	40-50
270-A3	SUPER CASTER	HURD LOCK & MFG. CO.	MI 1946	100-150
270-A4	BENSON	KAUFMANN	WI 1950	50-75
270-B1	REELROD	TRUE TEMPER	OH 1932	100-150
270-B2	COMBINATION	OCEAN CITY	PA 1938	40-50
270-B3	UNKNOWN INDIANA	UNKNOWN		50-75
270-B4	UNKNOWN INDIANA	UNKNOWN		50-75
270-C1	UNKNOWN INDIANA	UNKNOWN		50-75
270-C2	UNKNOWN INDIANA	UNKNOWN		50-75
270-C3	UNKNOWN INDIANA	UNKNOWN		50-75
270-C4	OLD WOODEN REEL	UNKNOWN		75-100

Unknown Reels

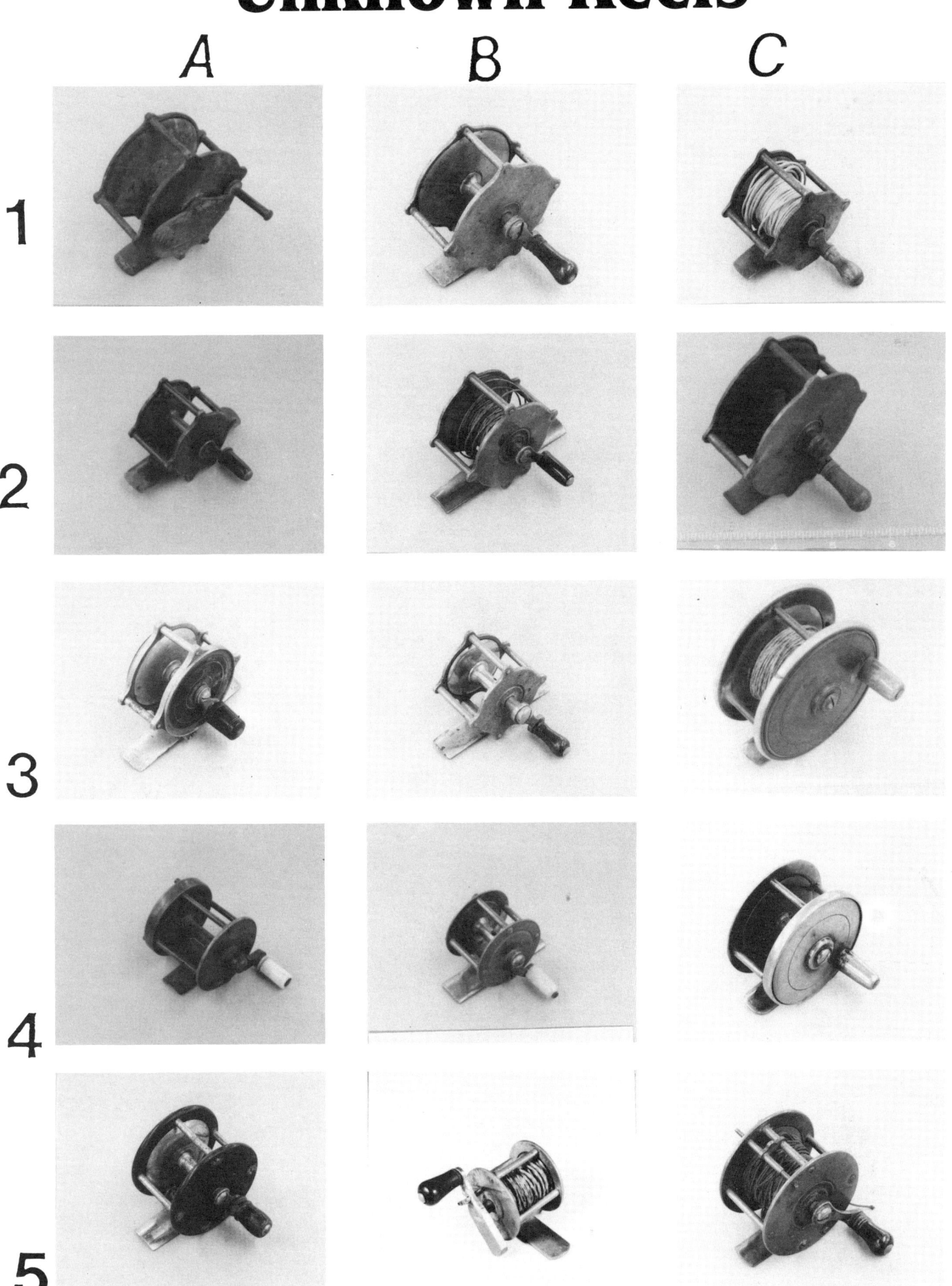

Unknown Reels

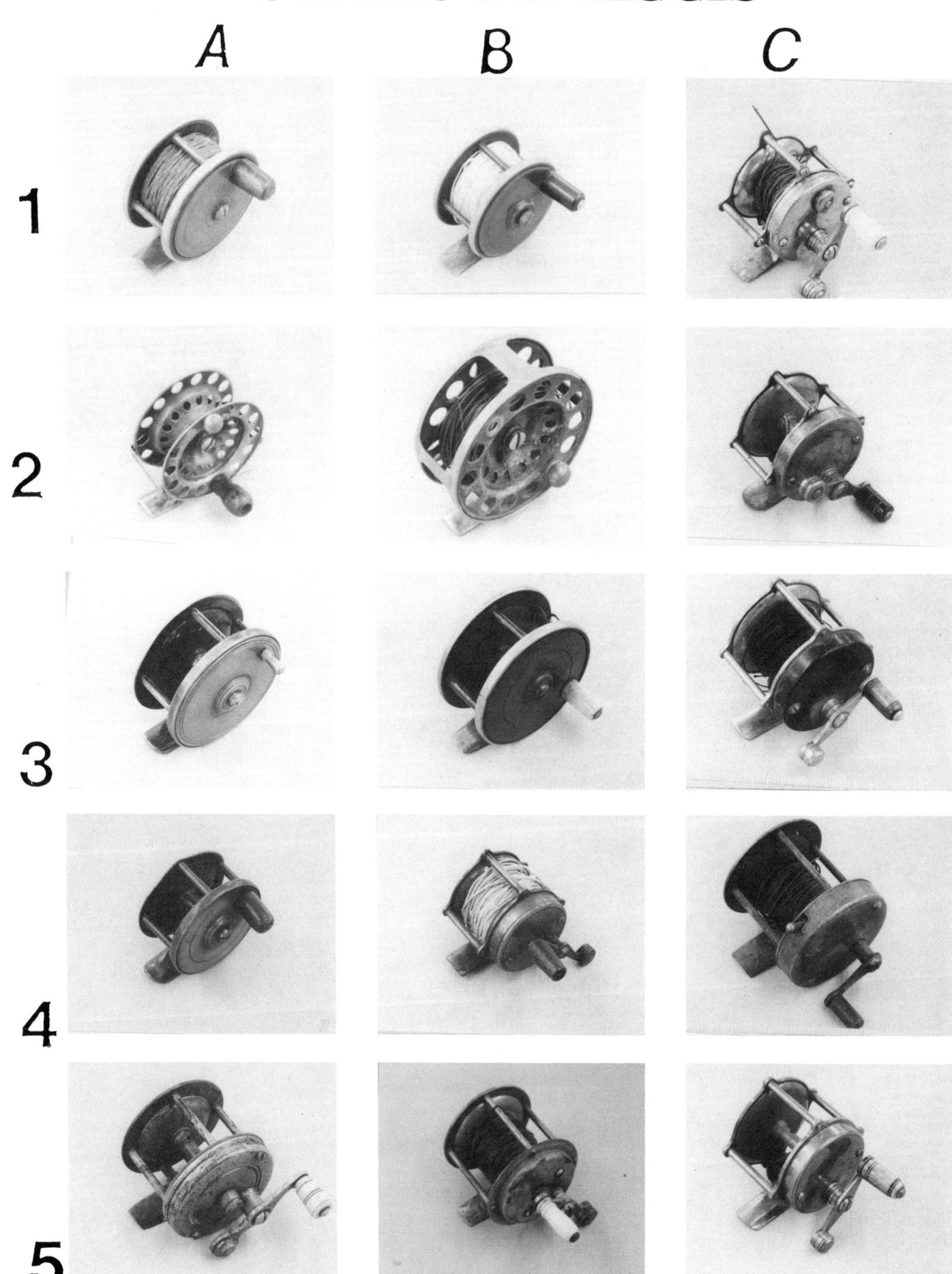

Unknown Reels

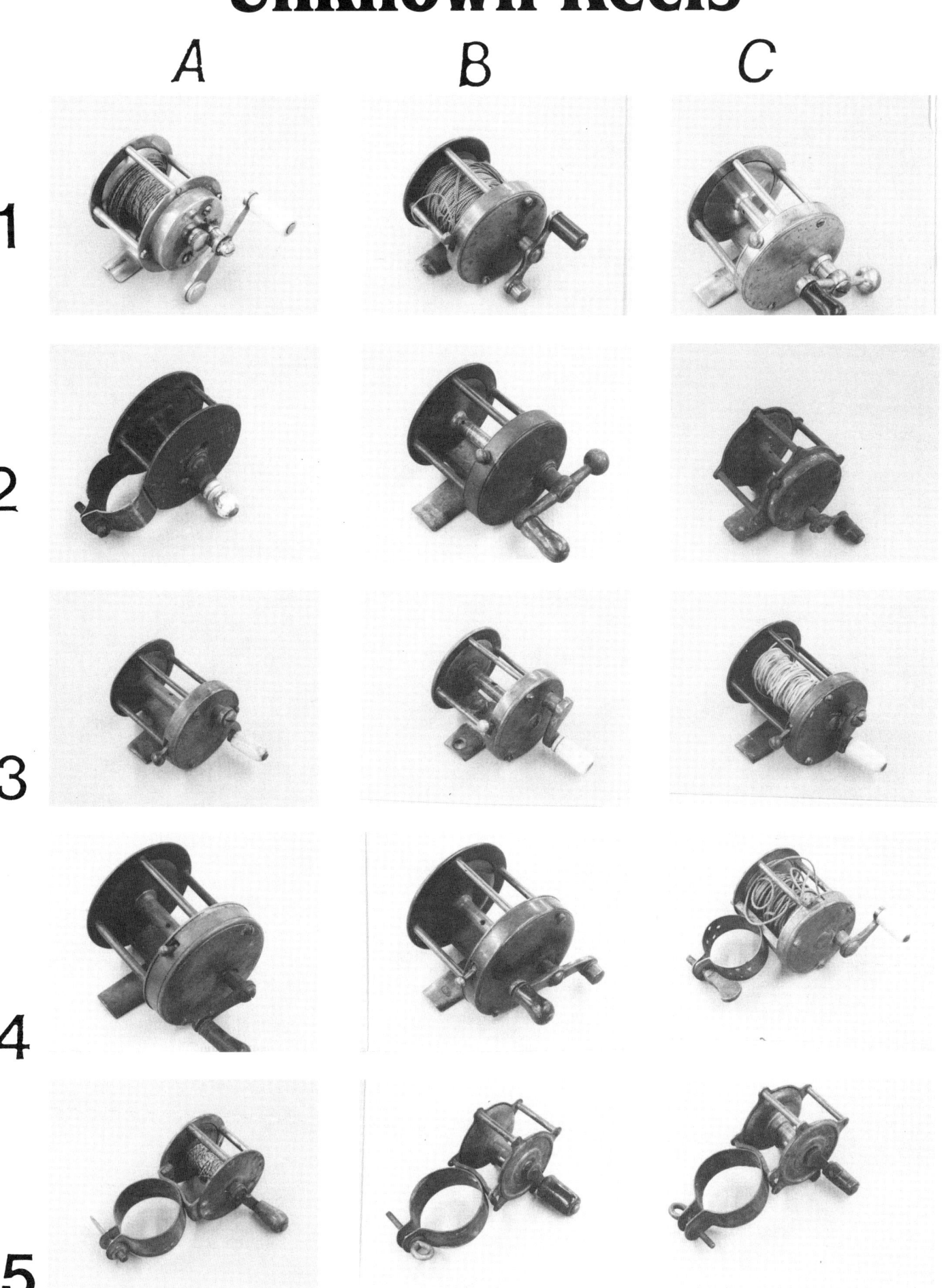

Unknown Reels

274

Unknown Reels

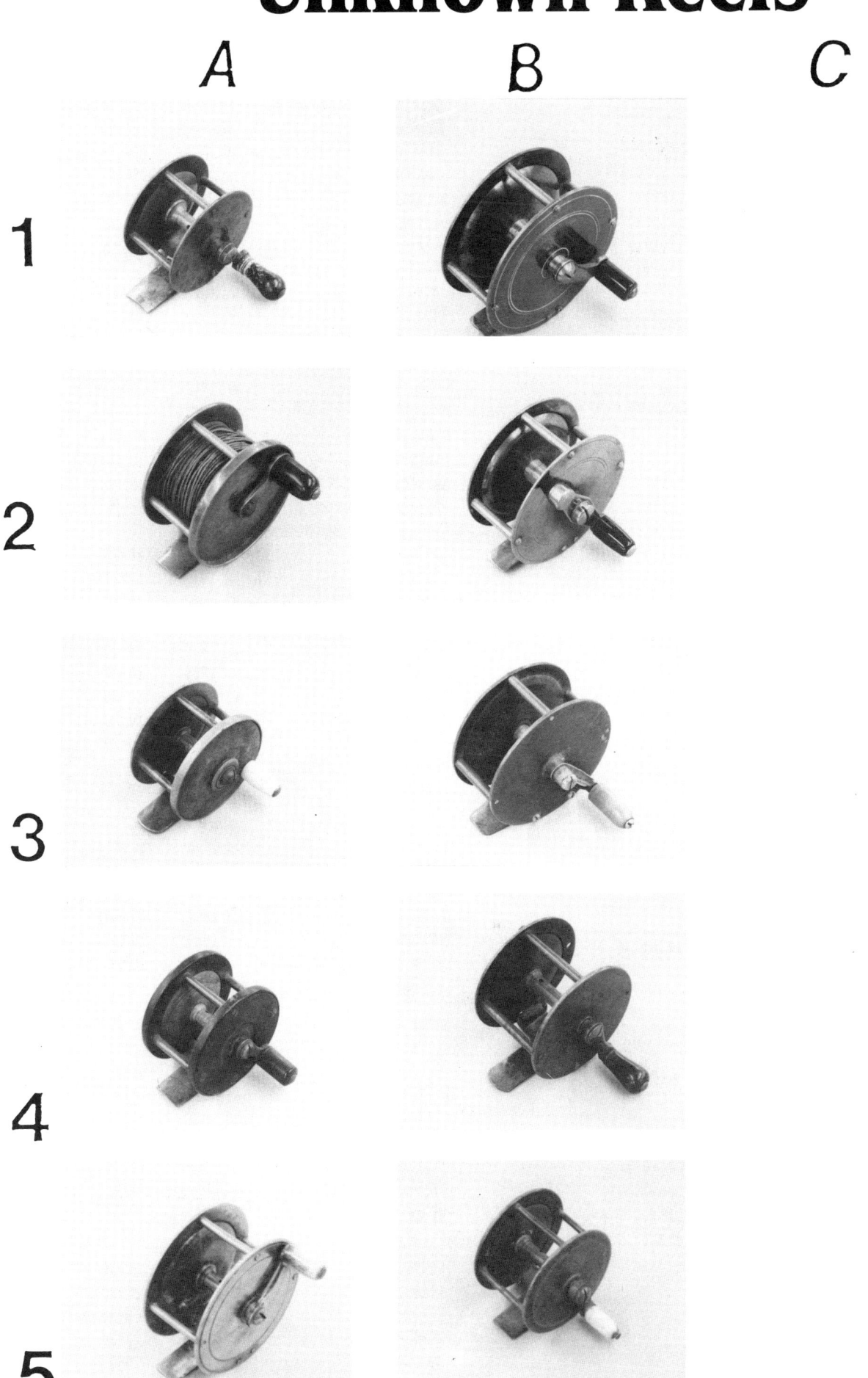

(Continued from Page 158) # Descriptions of Lures

Page No.	Lure Name	Misc. Inform.	Length	Manufacturer	St. Date	Value
\multicolumn{7}{c}{Identification of Unknowns Page 163}						

Identification of Unknowns   Page 163

Page No.	Lure Name	Misc. Inform.	Manufacturer	St. Date	Value
163-A3	DAILY DOUBLE	WOOD	MILLSITE TACKLE CO.	MI 1939	75-100
163-A5	SKIPPER BILL		MARS HILLWOOD PRODUCTS	IN 1960	10-20
163-A13	KC-6		KEEN KNIGHT	MI 1948	30-40
163-B2	SEATTLE SALMON PLUG		SEATTLE FISH LURE CO.	WA 1936	30-40
163-B10	SOCK-IT-LURE		GROUIX, J.E.	MI 1960	5-10
163-C2	FLEEME		FLEEME	1960	10-20
163-C3	FLEEME		FLEEME	1960	10-20
163-C4	DUBL-MINO		ALLEN TACKLE CO.	IL 1959	20-30
163-C7	LUCKY DUCK		LUCKY DUCK BAIT CO.	TX 1952	20-30
163-C9	JARRETT BEETLE		JARRETT BAIT CO.	OK 1948	30-40
163-C10	HORNET SR.		ARCO MFG.	MO 1952	10-20
163-C13	SAMPSON LURE		SMITH ADVERTISING	OH 1954	10-20
163-D1	FIRE FISH		ARBY'S TACKLE	1955	10-20
163-D15	LOWE SPINNER		LOWE, W.T.J.	NY 1890'S	200-300

Identification of Unknowns   Page 164

Page No.	Lure Name	Misc. Inform.	Manufacturer	St. Date	Value
164-A4	MIRACLE LURE		MIR-LURE, INC.	FL 1955	5-10
164-A5	CRAZY LEGS		CRAZY LEGS BAIT CO.	MO	10-20
164-A7	YELLOW HEADED BLACKBIRD		SHIVERDECKER, H.P.	IL	10-20
164-A9	CRACKERJACK LURE		CRACKERJACK PRIZE	1951	10-20
164-A10	MIKE THE FISHERMAN		MY FAIR LADY PRODUCTS	CA 1960	10-20
164-A11	PREZ		CORDELL	AR	10-20
164-A12	RAZORBACK		CORDELL	AR 1977	10-20
164-A14	RADFORD WOBBLER		RADFORD TACKLE	MI 1947	20-30
164-B3	O'BRIEN LURE		OBRIEN, R.F.	1918	400-500
164-C5	TANTA LURE		TANTALURE CO.	OH 1930'S	20-30
164-C13	WAVEFISH		UNKNOWN	1958	10-20
164-C14	LUCKY 'LEVEN		BAKER, BILL	OK 1947	10-20
164-C15	BAYOU BOOGIE		DANA LURES	LA 1952	10-20
164-D8	BIG BURP	SPINNING	WEBER	WI 1960	10-20
164-D11	BABY'S RATTLE		BABY RATTLE BAIT MFG.	1960	10-20
164-D12	GURGLING JOE		UNKNOWN	MI 1940	10-20

Identification of Unknowns   Page 165

Page No.	Lure Name	Misc. Inform.	Manufacturer	St. Date	Value
165-A2	WEBFOOT		WEBFOOT, JOHN	IL 1958	5-10
165-B3	SHINER, WEIGHTED		HARVEY, JIM	CT 1949	10-20
165-B12	TOMLIN SPINNER	CANADA	TOMLIN BAIT CO.	1946	5-10
165-C9	ALLEN SPOON		ALLEN BAIT CO.	NY 1894	75-100
165-D11	SUPERIOR SPOON		UNKNOWN	WA 1919	10-20
165-D15	CHEVY CHASE SPOON		CHEVY CHASE PRODUCTS		10-20

Identification of Unknowns   Page 166

Page No.	Lure Name	Misc. Inform.	Manufacturer	St. Date	Value
166-A2	HARDY KIDNEY SPOON	ENGLAND	HARDY BROTHERS	1900	20-30
166-A3	ALPINE SPOON		ALPINE BAIT CO.	OH 1949	5-10
166-B9	ALLCOCK SPOON BAIT	ENGLAND	ALLCOCK	1871	40-50
166-B13	WHIZ BANG		WHIZ BANG BAIT CO.	IN 1949	5-10
166-C1	BIG EYE		LIPMAN LURES	MO 1951	5-10
166-C4	SILVER DRAGON		MOORE, JOE	TX 1946	5-10
166-C14	HARDY SPECIAL	ENGLAND	HARDY BROTHERS	1900	20-30
166-D3	PORKER		NORTHERN TACKLE	IL 1949	5-10
166-D8	ARJON BASSY	SWEDEN	ARJON	1960	10-20

Identification of Unknowns   Page 167

Page No.	Lure Name	Misc. Inform.	Manufacturer	St. Date	Value
167-B6	BARNES MINNOW		BARNES, C.	OK 1938	20-30
167-B7	ADAM'S DIVER		ADAMS, POP	OK 1941	20-30
167-B8	HARP-DUNK'S		HARP, MARVIN	OK 1939	20-30
167-B9	WHAMMIE		RENBARGER, B.	OK 1943	20-30
167-B10	POPLIN POPPER		POPLIN, N.G.	OK 1946	20-30
167-B11	BET LURE		THARP, EARL	OK 1948	20-30
167-B12	THARP DEEP DIVER		THARP, EARL	OK 1950	20-30

Descriptions of Lures

Page No. Lure Name Misc. Inform. Length Manufacturer St. Date Value

Identification of Unknowns Page 168

Page No.	Lure Name	Misc. Inform.	Manufacturer	St.	Date	Value
168-A3	FLYROD WEBER, ALSO 168-C6	THROUGH 168-C12	WEBER	WI	1940	10-20
168-A8	FLYROD HAIR FROG, ALSO 168-A9	AND 168-A10	TUTTLE	NY	1926	40-50
168-A11	FLYROD HAIR MOUSE, ALSO 168-A12	AND 168-A13	SHOFFS	WA	1931	10-20
168-B4	FLYROD SUM PUNKIN		TRUE ART FLY CO.	FL	1960	10-20
168-B11	FLYROD FEATHER MINNOW, ALSO	168-B12/168-B13	HAYES	IN	1923	10-20
168-C1	FLYROD SKIPPER AND TOPPER.(NO. 168-D1)		FURY MFG. CO.	MI	1952	10-20
168-C15	FLYROD P & K POPPER		P & K PRODUCTS	IL	1946	5-10
168-D4	FLYROD RUB-ORENO, ALSO	169-B2	SOUTH BEND	IN	1940	20-30
168-D7	FLYROD GRUBE HORSEFLY		GRUBE	OH	1914	10-20
168-E3	FLYROD SKIPPY		WRIGHT-McGILL	CO	1939	30-40
168-E4	FLYROD BUG-A-BEE		HEDDON	MI	1937	100-150
168-F9	FLYROD PLUNK-ORENO		SOUTH BEND	IN	1938	50-75
168-G2	FLYROD VIBRATING MINNOW		REPUBLIC TACKLE	WA	1950	5-10
168-H9	FLYROD CALLMAC BUG		SOUTH BEND	IN	1935	30-40
168-H10	FLYROD ORENO FEATHER MINNO		SOUTH BEND	IN	1936	30-40

Identification of Unknowns Page 169

Page No.	Lure Name	Manufacturer	St.	Date	Value
169-A1	FLYROD HOPPER	PECKINPAUGH	IN	1930	30-40
169-A2	FLYROD ROTO-FLI	ROTO-FLI BAIT CO.	OK	1939	20-30
169-A3	FLYROD COLORADO MOTH	WRIGHT-McGILL	CO	1938	150-200
169-D9	FLYROD POP-N-WIGL	WEBER	WI	1948	5-10
169-D6	FLYROD BASS FLY	JAMISON, W.J.	IL	1938	20-30
169-D11	FLYROD TAIL LITE	ST. CLAIRE CO.	OR	1950	5-10
169-F3	FLYROD GUILBY MINNOW	PEQUEA	PA	1952	5-10
169-F4	FLYROD FEATHERED MINNOW	PECKINPAUGH	IN	1930	10-20
169-G3	FLYROD FROGGIE	SURE LUCK	IN	1946	20-30
169-G14	FLYROD PALMER GRASSHOPPER	ALKAN TACKLE		1917	40-50
169-G15	FLYROD HOP-ORENO	SOUTH BEND	IN	1933	50-75
169-H10	FLYROD FLY SPOON, ALSO 169-H11	BURTIS, GEORGE	NY	1907	100-150

Identification of Unknowns Page 170

Page No.	Lure Name	Misc. Inform.	Manufacturer	Date	Value
170-A1	PROTEAN MINNOW	ENGLAND	ALLCOCK	1871	100-150
170-A4	CALADONIAN MINNOW	ENGLAND	ALLCOCK	1871	30-40
170-A5	ROACH MINNOW	ENGLAND	ALLCOCK	1871	30-40
170-B4	FLEXIBLE MINNOW	ENGLAND	ALLCOCK	1871	30-40
170-C1	CLEOPATRA SILVER	ENGLAND	ALLCOCK	1871	100-150
170-C12	WATER WITCH, ALSO 170-C13	ENGLAND	ALLCOCK	1914	20-30
170-C14	REVERSIBLE DEVON	ENGLAND	HARDY BROTHER	1940	20-30

Identification of Unknowns Page 290

Page No.	Lure Name	Misc. Inform.	Manufacturer	St.	Date	Value
290-B3	ROTOLADY		HOME-ARTS	OH	1949	20-30
290-C14	ZIGGY LURE		ZINKE, ROBT & FRED	WI	1937	30-40
290-D1	McHARG SPINNER		McHARG	NY	1880'S	100-150
290-D3	McHARG	(HAND CRAFTED)	McHARG	NY	1870'S	200-300
290-B7	MINNOW MASTER		LIVE BAIT CO.	MI	1960'S	10-20
290-D14	DILLON-BECK MINNOW		DILLON-BECK	NJ	1960'S	10-20

Descriptions

Page NO.	Name	Misc. Inform.	Length	Manufacturer	St. Date	Value
279-A	ARMAX FLYREEL			WINCHESTER	CT 1921	100-150
279-B	REEL #3 FREESPOOL			MEEK & SON	KY 1903	400-500
279-C	MANCO			PENNELL	PA 1901	75-100
279-D	KENTUCKY REEL (GAYLE?)			MASTERS, JAMES F.	NY 1900	300-400
279EFGH	UNKNOWNS					
279-I	YANKEE ARED BAIT		3 1/2"	PEPPER, J.	NY 1918	400-500
279-H	ROMAN DIVING BAIT			PEPPER, J.	NY 1919	400-500
279-K	ROLLER FLASHER			B.& J. TACKLE	MI 1947	50-75
279-L	KEELING MOUSE			KEELING, FRED C.	IL 1923	100-150
279-M	JAMES' SQUID SPOON			JAMES, W.H.	NY 1890	100-150
279-N	BASS-O-GRAM		2 1/2"	WRIGHT-McGILL CO.	CO 1929	200-300
279-P	UNKNOWN MOONLIGHT			PAW PAW BAIT CO.	MI 1919	200-300
279-Q	BASS SEEKER FLYROD	(MOONLIGHT)		PAW PAW BAIT CO.	MI 1921	200-300
279-R	LITTLE WONDER LARGE	(MOONLIGHT)		PAW PAW BAIT CO.	MI 1923	150-200
279-S	MOONLIGHT DECOY	(MOONLIGHT)		PAW PAW BAIT CO.	MI 1925	300-400
279-T	COMBS' SPOON	(BUEL?)		COMBS	NY 1850	150-200
279-U	GUT AND HORSEHAIR TWISTING	MACHINE		ENGLAND	1800'S	400-500
279-V	MARVELOUS ELECTRIC GLOW	CASTING MINNOW		WASWYLER, DR. C.S.	WI 1915	900-1000
279-W	CHAPMAN SPINNER			CHAPMAN, W.D.	NY 1880	100-150
279-X	UNKNOWN STRIKEMASTER				OH 1920'S	100-150
279-Y	UNKNOWN COLDWATER				MI 1910'S	100-150
279-Z	WALTER HARDEN STAR - POSSIBLE CCBCo SURESTRIKE				1920'S	100-150

(NOT IN INDEX)

General Information

LURE BOXES ARE VALUED AS FOLLOWS:

Beginning 1909	$160.00
1910-1919	80.00
1920-1929	40.00
1930-1939	20.00
1940-1949	10.00
1950-1959	5.00
1960 AND UP	less than 5.00

ADD 20% IF YOU HAVE THE LURE AND THE BOX (PLUS THE VALUE OF THE LURE)
ADD 20% FOR WOODEN AND TIN BOXES [EXCEPTIONS ARE AL FOSS ($10-20)]

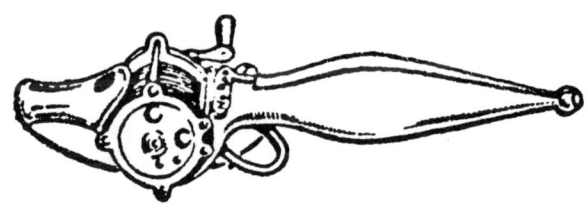

No-Rod (Red Eagle Prod Co.) New York...1923...200-300

ADDENDUM

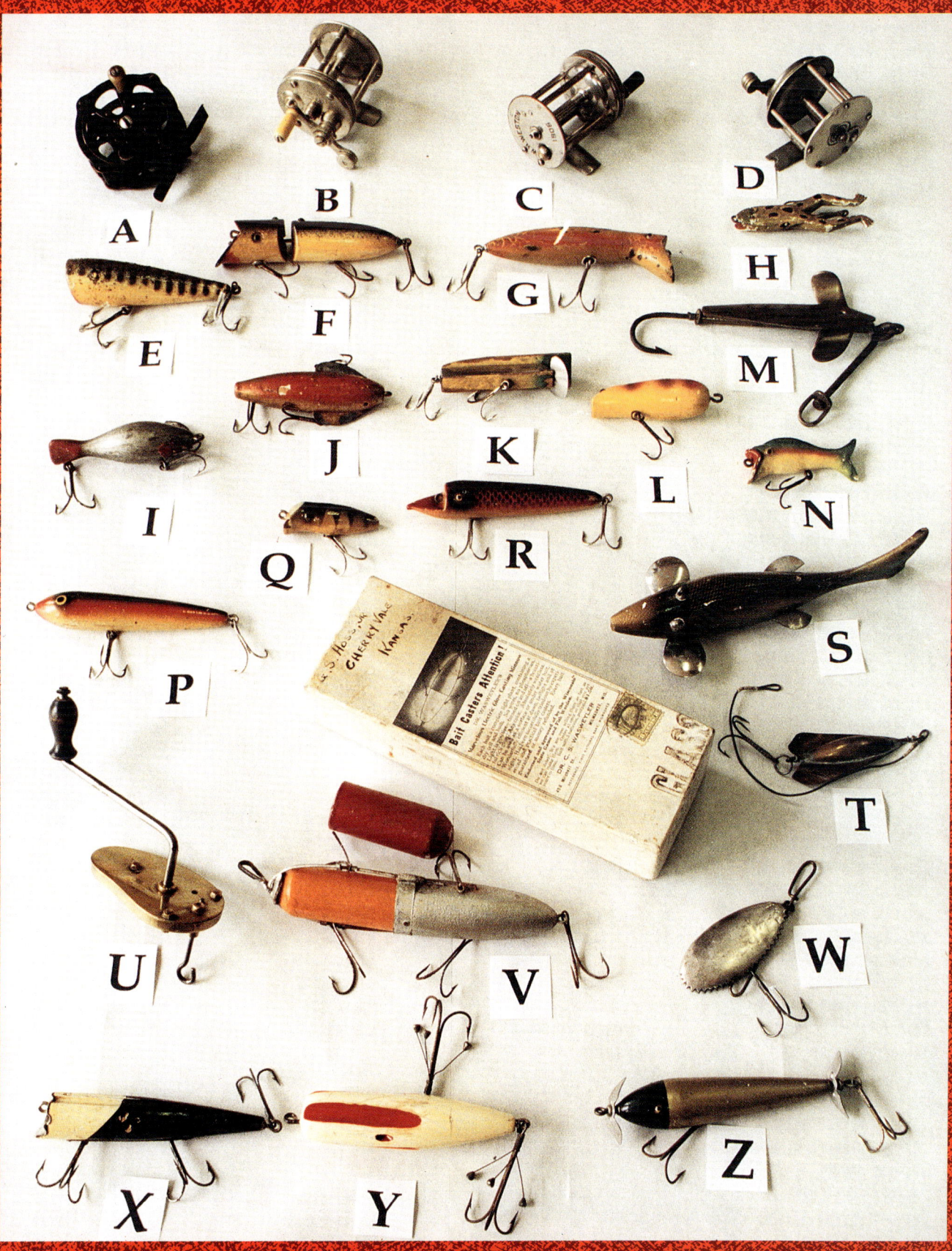

Descriptions of Lures

Continued from Page 158

Page No.	Lure Name	Misc. Inform.	Length	Manufacturer	St.	Date	Value
281-A1	FLUTED SPINNER	(McHARG)		ABBEY & IMBRIE	NY	1886	75-100
281-A2	OCTOPUS MINNOW			ABBEY & IMBRIE	NY	1903	750-1000
281-A3	WACKY			ACETTA, TONY	OH	1946	10-20
281-A4	TROLLING SPOON	ENGLAND		ALLCOCK, LTD		1850'S	30-40
281-A5	EXCELSIOR SPOON			ANGELLS	NY	1898	500-750
281-A6	OSCAR-THE-FROG			AUCLAIRE, T.F.	MI	1946	200-300
281-A7	KRAZY MINNOW	SURFACE		AUSTIN ENGINEERING	OH	1955	10-20
281-A8	UNKNOWN			BITE-EM-BAIT CO.	IN	1922	200-300
281-A9	GODEVIL			BIFF BAIT CO.	WI	1926	100-150
281-A10	FARCAST MINNOW			BUEL, J.T.	NY	1890	200-300
282-A11	LITTLE LUCKY 'LEVENS			BAKER, BILL	OK	19470	20-30
281-A12	LITTLE LUCKY 'LEVENS			BAKER, BILL	OK	1947	20-30
281-A13	LITTLE LUCKY 'LEVENS			BAKER, BILL	OK	1947	20-30
281-A14	LITTLE LUCKY 'LEVENS			BAKER, BILL	OK	1947	10-20
281-A15	BOTTLE BAIT			BIDWELL	MI	1915	400-500
281-B1	BUZZER			BROOKS "R.J. IND."	OH	1950	10-20
281-B2	FLYROD GAYLURE	#776 1/10 OZ.		BRAIDWOOD STAMP CO.	NJ	1938	40-50
281-B3	GAYLURE S.W.	#1050		BRAIDWOOD STAMP CO.	NJ	1938	40-50
281-B4	FLYROD CRAWDAD			CREEK CHUB	IN	1936	100-150
281-B5	WIGGLER, CHURCH STREET			CHURCH ST. CHICAGO	IL	1949	10-20
281-B6	WIGGLER			CHURCH ST. CHICAGO	IL	1949	10-20
281-B7	ADJUSTABLE WING			CHALLENGE TACKEL	PA	1952	5-10
281-B8	BAIT-PIOLET			CARR MFG. CO.	CA	1954	5-10
281-B9	THOREN MINNOW CHASER			CHICAGO TACKLE	IL	1937	400-500
281-B10	EXP. SALMON LURE			CHINK	WA	1938	40-50
281-B11	DIXIE MINNOW ?			DUKES, E.T.	GA	1898	200-300
281-B12	DAM JOINTED MINNOW, LARGE	GERMANY		DAM		1952	40-50
281-B13	DAM JOINTED MINNOW, SMALL	GERMANY		DAM		1952	40-50
281-B14	DETROIT MINNOW CAGE			DETROIT MINNOW TUBE	MI	1914	750-1000
281-B15	DETROIT WEEDLESS			DETROIT WEEDLESS MFG.	MI	1929	300-400
281-C1	DREISEL DIVER			DREISEL, FRED	OK	1957	20-30
281-C2	DREISEL PLUNKER			DREISEL, FRED	OK	1957	20-30
281-C3	DREISEL MINNOW			DREISEL, FRED	OK	1957	20-30
281-C4	DREISEL TOPWATER			DREISEL, FRED	OK	1957	20-30
281-C5	DREISEL WIGGLER			DREISEL, FRED	OK	1957	20-30
281-C6	DREISEL BABY WIGGLER			DREISEL, FRED	OK	1957	20-30
281-C7	ATOMIC BASS BUSTER			EVANS, G.L.	ID	1946	10-20
281-C8	B-29 BASS BUSTER			EVANS, G.L.	ID	1946	10-20
281-C9	SHIEK	#20		FOSS, AL	OH	1936	100-150
281-C10	HELLCAT	#28		FOSS, AL	OH	1940	30-40
281-C11	GLITTERBUG			O'BENE	TX		30-40
281-C12	GO-ITE ARROWHEAD	LARGE		GO-ITE MFG.	MI	1927	20-30
281-C13	GARLAND PLUNKER			GARLAND BAIT CO.	FL	1946	20-30
281-C14	HI-LO	SMALL		GARCIA ABU	NY	1957	10-20
281-C15	SAF-T-LURE			GLENWILLOW BAIT	OH	1946	20-30
281-D1	GLITTERFISH			HOBBS BROS	CA	1948	10-20
281-D2	LUCKY BUY			HAWK, DAVE	AR	1952	10-20
281-D3	FLYROD HALIK FROG			HALIK CO.	MN	1947	20-30
281-D4	FLYROD TROUT MINNOW	(HARRY KAUFMAN)		HARKAUF (PEGUA)	PA	1909	150-200
281-D5	BUBBLING BUG	#90		HEDDON	MI	1935	150-200
281-D6	CRAB			HORROCK-IBBOTSON	NY	1947	30-40
281-D7	HENNING MINNOW TUBE			HENNING, C.E.	OH	1911	750-1000
281-D8	FLYROD HIBBARD MINNOW	HOLLOW ALUMINUM BODY		HIBBARD	MI	1890	500-750
281-D9	HIBBARD MINNOW	HOLLOW ALUMINUM BODY		HIBBARD	MI	1890	750-1000
281-D10	HORNET			H.D.		1950	30-40
281-D011	HALL LURE			HALL, W.C.	VA	1951	20-30
281-D12	HELENA MINNOW			HELENA BAIT CO.	OK	1950	10-20
281-D13	FLUTED BAIT			HENDRYX, A.B.	CT	1880	75-100
281-D14	TROUT SPINNER			HENDRYX, A.B.	CT	1910	10-20
281-D15	HUMPY			HUMPY BAIT CO.	IA	1940	5-10

Continued on Page 317

Lures

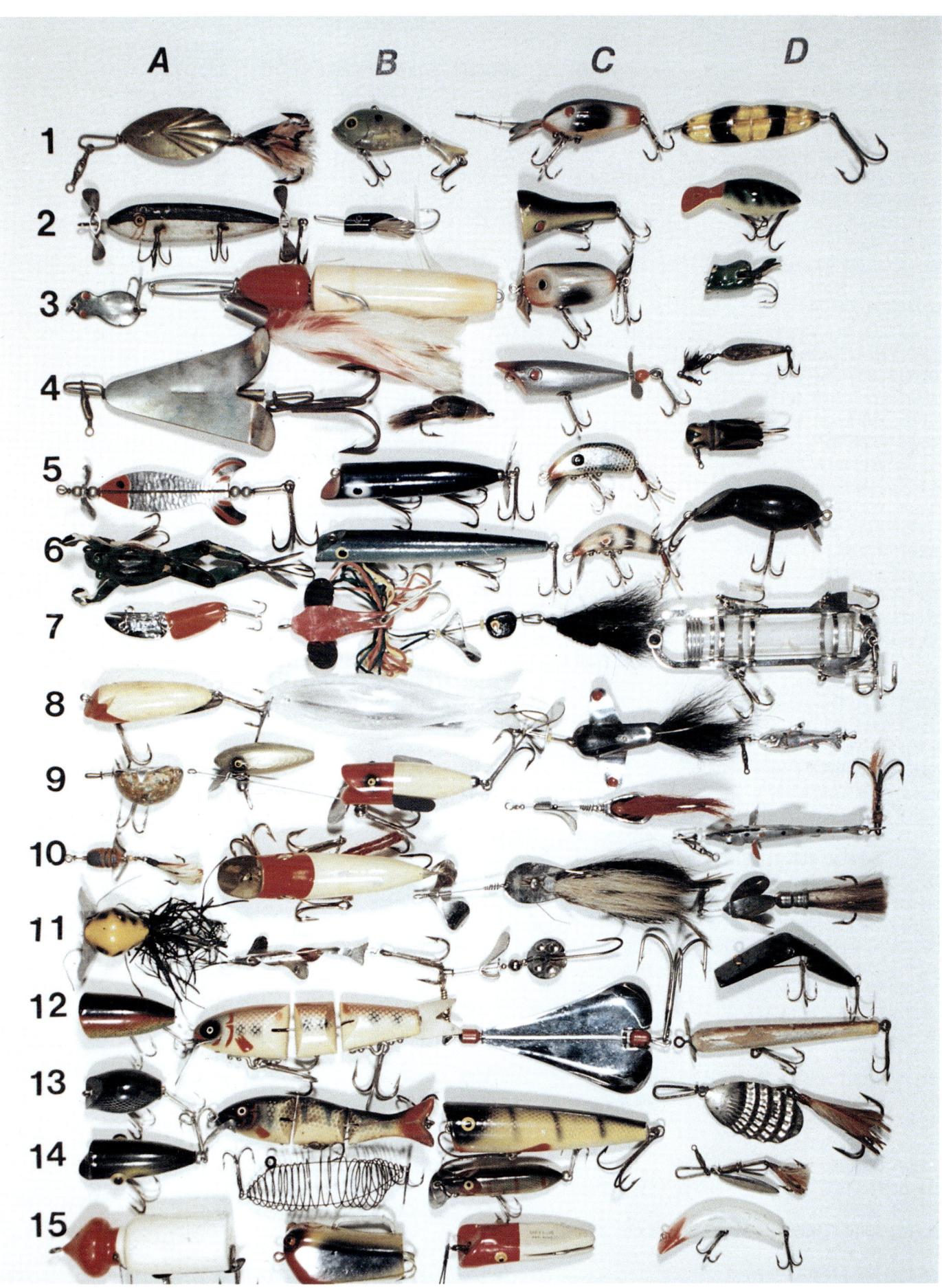

Descriptions of Lures

Page No.	Lure Name	Misc. Inform.	Length	Manufacturer	St.	Date	Value
283-A1	KIDNEY SPINNER			HAWK-OGILVEY	NY	1890'S	40-50
283-A2	STRIP TEASER			H & H PLUG CO.	IA	1955	30-40
283-A3	PIKE CHUB JOINTED			ISLE ROYAL	MI	1948	10-20
283-A4	BUBBLE SALLY	(SEE QUICKE	PAGE 307)	INTERCHANGABLE BAIT CO.	MI	1940	40-50
283-A5	JOE'S PLUG			LIESKE, J.J.	MI	1934	40-50
283-A6	JOY'S WATER NEMESIS	LARGE		JOY'S BAIT CO.	MI	1934	50-75
283-A7	FLOATING SPINNER			JAMISON, W.J.	IL	1936	50-75
283-A8	MUSKY WAG-A-SPOON			JAMISON, W.J.	IL	1936	75-100
283-A9	JAMISON WEIGHTED FLY	LARGE/SMALL		JAMISON, W.J.	IL	1938	20-30
283-A10	KEEN KNIGHT FROG			KEEN BAIT MFG.	MI	1946	200-300
283-A11	LUJON	SMALL		JOHNSON, LOUIS	IL	1947	5-10
283-A12	LUJON	LARGE		JOHNSON, LOUIS	IL	1947	5-10
283-A13	SILVER BUCKTAIL MINNOW	LARGE		JOHNSON, LOUIS	IL	1950	5-10
283-A14	KUSH SPOON			KUSH, MORRIS	MI	1956	5-10
283-A15	SPLASH KING			KALA LURES	MI	1947	20-30
283-B1	KETCHALL WOBBLER			KETCHALL BAIT		1936	75-100
283-B2	MUSKY SPOON			KELSO MFG.		1890	30-40
283-B3	EARLY LOWE SPOON			LOWE, W.J.T.	NY	1880	75-100
283-B4	EARLY LOWE SPOON			LOWE, W.J.T.	NY	1870	100-150
283-B5	EARLY LOWE SPOON			LOWE, W.J.T.	NY	1880	75-100
283-B6	CHUNK BAIT			LAUBY BAIT	WI	1930	100-150
283-B7	BASS BAIT			LASSITER, J.	OK	1960	5-10
283-B8	FLASHER	LARGE		LONG ISLAND	NY	1934	30-40
283-B9	LEBOUFF CREEPER	WOOD		LEBOUFF BAIT CO.	PA	1946	30-40
283-B10	MUSKY SCATBACK			MERMAID BAIT CO.	WI	1949	40-50
283-B11	MISSOURI BUG WOBBLER			MISSOURI BAIT CO.	MO	1916	400-500
283-B12	SPOON BAIT			McHARG, J.B.	NY	1886	150-200
283-B13	FISH HAWK			MARATHON BAIT CO.	WI	1948	10-20
283-B14	COBURG	(DELANY, W.)		MITCHELL, W.G.	NY	1880?	75-100
283-B15	COPPER SPOON			MITCHELL, W.G.	NY	1880?	75-100
283-C1	UNDERTAKER	(GLEN EVANS)		PAW PAW	MI	1937	50-75
283-C2	MUSKY FLAPJACK			PAW PAW	MI	1946	75-100
283-C3	DARTER			PAW PAW	MI	1929	150-200
283-C4	CHUB CASTER	#7200	4 IN	PAW PAW	MI	1936	100-150
283-C5	PERCH CASTER	#6500	5 IN	PAW PAW	MI	1936	75-100
283-C6	MUD MINNOW	#C-2026	3 1/2 IN	PAW PAW	MI	1936	150-200
283-C7	PIKE CASTER		3 1/4 IN	PAW PAW	MI	1947	75-100
283-C8	BONEHEAD STRUTTIN SAM	#12M	3 5/8 IN	PAW PAW	MI	1958	20-30
283-C9	BONEHEAD SOUTHERN TORPEDO	#2455	4 IN	PAW PAW	MI	1958	10-20
283-C10	BONEHEAD MISS FLATSIDES	#12D	2 IN	PAW PAW	MI	1958	10-20
283-C11	BONEHEAD BABY SPLASHER	#12S	1 7/8 IN	PAW PAW	MI	1958	10-20
283-C12	BONEHEAD WIGGLER	#12F	2 1/8 IN	PAW PAW	MI	1958	10-20
283-C13	BONEHEAD BRIGHT-EYED POPPER	#12C	2 IN	PAW PAW	MI	1958	10-20
283-C14	BONEHEAD JTD SWAMP MINNOW	#12B	2 1/4 IN	PAW PAW	MI	1958	10-20
283-C15	BONEHEAD SWAMP MINNOW	#12A	2 1/4 IN	PAW PAW	MI	1958	10-20
283-D1	SPLIT-TAIL FLAP-JACK	#8925		PAW PAW	MI	1958	10-20
283-D2	FLYROD FLAP-JACK			PAW PAW	MI	1946	10-20
283-D3	PLUNKER	#2204		PAW PAW	MI	1929	100-150
283-D4	CRAWDAD			PAW PAW	MI	1923	200-300
283-D5	PLENTY SPARKLE JR.	#5609	3 1/4 IN	PAW PAW	MI	1958	20-30
283-D6	PLENTY SPARKLE	#5500	4 IN	PAW PAW	MI	1958	20-30
283-D7	SLIM MINNOW			PAW PAW	MI	1958	20-30
283-D8	ZIPPER SWIMMER			MOONLIGHT (PAW PAW)	MI		20-30
283-D9	UNKNOWN			MOONLIGHT (PAW PAW)	MI	1925	100-150
283-D10	POLLYWOG	FIRST TYPE		MOONLIGHT (PAW PAW)	MI	1919	200-300
283-D11	SHRIMP	WOOD		NICHOLS	TX	1933	400-500
283-D12	NORTH CHANNEL	TAIL		NORTH CHANNEL BAIT CO.		1910	300-400
283-D13	TOM MACK			PACIFIC MARINE	WA	1928	5-10
283-D14	JONES PROPELLED SPOON			PACIFIC FISHING TACKLE	OR	1930	5-10
283-D15	COLORAMA	MAKES 100 LURES		NATIONAL DYNAMICS	NY	1955	20-30

Lures

Descriptions of Lures

Page No.	Lure Name	Misc. Inform.	Length	Manufacturer	St.	Date	Value
285-A1	CATALINA METALLIZED MINNOW			PFLUEGER	OH	1916	300-400
285-A2	SQUID	WOOD		PFLUEGER	OH	1926	75-100
285-A3	UNKNOWN	(PFLUEGER PROPS)		PFLUEGER	OH	1948	20-30
285-A4	SHRIMP			PFLUEGER	OH	1923	30-40
285-A5	KENT FROG		2 1/4 IN	PFLUEGER	OH	1909	400-500
285-A6	KENT FROG		2 1/4 IN	PFLUEGER	OH	1920	300-400
285-A7	KENT FROG		2 IN	PFLUEGER	OH	1929	200-300
285-A8	PIERCE SPOON	#230		PIERCE, M.F.	NY	1887	75-100
285-A9	DELTA WOBBLER			PEPPER, J.E.	NY	1925	75-100
285-A10	FLIRT			RIDENOUR, G.G.		1930'S	75-100
285-A11	RATCLIFFE SPOON			RATCLIFFE, J.	NY	1880'S	75-100
285-A12	SASSY SUSIE			UNKNOWN		1940'S	20-30
285-A13	SKINNER (TURKEY WING)	#18 SILVER		SKINNER, G.M.	NY	1874	150-200
285-A14	NIGHT HAWK (OLDER)	(SURECATCH)		STRIKEMASTER	OH	1920	75-100
285-A15	CRAB	(SURECATCH)		STRIKEMASTER	OH	1922	100-150
285-B1	FLYROD BUBBLING BUG			TROPICAL BAIT CO.		1947	30-40
285-B2	PAD POPPER			STEWART, BUD TACKLE	MI	1953	40-50
285-B3	HAMMER HANDLE			STEWART, BUD TACKLE	MI	1953	40-50
285-B4	CRIPPLE WIGGLER			STEWART, BUD TACKLE	MI	1953	50-75
285-B5	PEACHORENO (SWANBURG)	SMALL		SOUTH BEND	IN	1941	30-40
285-B6	FLYROD FROG	#845	1/20 OZ	SOUTH BEND	IN	1939	30-40
285-B7	MUSKY MINNOW	RHODES		SHAKESPEARE	MI	1900	300-400
285-B8	FROG POPPER	EXP.		SHAKESPEARE	MI	1938	100-150
285-B9	FISHYLURE EEL			SHAKESPEARE	MI	1936	200-300
285-B10	T. ROBB FLY			SHAKESPEARE	MI	1923	40-50
285-B11	T. ROBB WEEDLESS HOOK			SHAKESPEARE	MI	1925	30-40
285-B12	SPARK DART			SPARK DART CO.	OK	1948	30-40
285-B13	LURETTE	CANADA		TRANSPARENT FISHING TACK		1920'S	300-400
285-B14	TOLEDO WEEDLESS			TOLEDO BAIT CO.	OH	1925	200-300
285-B15	THOMPSON SPOON			THOMPSON, W.H.	NY	1870'S	100-150
285-C1	VOM HOFF SPOON			VOM HOFF, E.	NY	1920	40-50
285-C2	STUMP DODGER			WINNIE BAIT CO.	MI	1919	100-150
285-C3	CRAWFISH	SMALL		WRIGHT-McGILL CO.	CO	1928	100-150
285-C4	SWIMMING MOUSE	SMALL		WRIGHT-McGILL CO.	CO	1930	150-200
285-C5	SWIMMING MOUSE	LARGE		WRIGHT-McGILL CO.	CO	1930	150-200
285-C6	WIGGLE-TAIL			UNKNOWN		1950'S	30-40
285-C7	PELICAN			WHEELER-LUNBECK	IN	1938	30-40
285-C8	WOBBLER	SMALL		WHOPPER STOPPER	TX	1958	10-20
285-C9	WIDE MOUSE			WISE SPORTSMAN SUPPLY	IL	1922	200-300
285-C10	LITTLE BITCH			YORK BAITS	PA	1950	10-20
285-C11	SUSQUEHANNA CHUB			YORK BAITS	PA	1950	10-20
285-C12	FLYROD FROG			HARVEY, JIM	CT	1950	20-30
285-C13	FLYROD SHARKEY POPPER	GOO GOO EYES		COOPER, L.	CT	1960	5-10
285-C14	FLYROD POPPER			KELLMAN		1937	50-75
285-C15	TUTTLE MOUSE	OLDER/NEWER		TUTTLE, O.C.	NY	1930'S	50-75
285-D1	SPOON			PFLUEGER-CHAPMAN		1890	50-75
285-D2	UNKNOWN	PAT PENDING		KEELING?	OH	1930	40-50
285-D3	BUG-R-BIRD	#600		WONDER STATE PRODUCTS	AR	19460	40-50
285-D4	YPSILANTI MINNOW			YPSILANTI BAIT CO.	MI	1920	150-200
285-D5	FROG POPPER			UNKNOWN		1960	10-20
285-D6	TROLL KING	GOO GOO EYES		COOPER, L.	CT	1960	5-10
285-D7	BABY DUDE	GOO GOO EYES		COOPER, L.	CT	1960	5-10
285-D8	LUNKER POPPER	GOO GOO EYES		COOPER, L.	CT	1960	5-10
285-D9	SHARKEY JR.	GOO GOO EYES		COOPER, L.	CT	1960	5-10
285-D10	SUPER HUSTLER	GOO GOO EYES		COOPER, L.	CT	1960	5-10
285-D11	BIG DADDY	GOO GOO EYES		COOPER, L.	CT	1960	5-10
285-D12	HUSKY DUDE	GOO GOO EYES		COOPER, L.	CT	1960	5-10
285-D13	HUSTLER JOINTED	GOO GOO EYES		COOPER, L.	CT	1960	5-10
285-D14	HUSTLER	GOO GOO EYES		COOPER, L.	CT	1960	5-10
285-D015	SUPER SHARKEY POPPER	GOO GOO EYES		COOPER, L.	CT	1960	5-10

Lures

Descriptions of Lures

Page No.	Lure Name	Misc. Inform.	Length	Manufacturer	St.	Date	Value
287-A1	JIG-A-ROO			ACETTA, TONY	OH	1956	5-10
287-A2	MR. EEL			ACETTA, TONY	OH	1956	5-10
287-A3	ALLEN MINNOW			ALLEN, M.B.	NY	1890	75-100
287-A4	AL'S HELLEGRAMMITE			AL'S GOLDFISH	MA	1949	5-10
287-A5	WATER BEETLE			ADAMS, POP	OK	1932	100-150
287-A6	KRAZY MINNOW			ATKINS-WARNER	OH	1960	5-10
287-A7	CAL'S CRIPPLE MINNOW			BIDDLECOMB BAIT CO.	MO	1952	5-10
287-A8	RIVER FLASH	DOES NOT BLEED		AMER. NATIONAL TACKLE CO.	OK	1954	30-40
287-A9	JOINTED DARTER			BLEEDER BAIT CO.	TX	1947	100-150
287-A10	THE SPINNER			BLEEDER BAIT CO.	TX	1941	100-150
287-A11	BOBOPEN			BOBOPEN	CO	1960	5-10
287-A12	MINNOW RIG			BBCO		1939	10-20
287-A13	BLAZE-O-LURE			BLAZE-O-LURE	CA	1954	10-20
287-A14	SKIPJACK			BILL BAILER	NY	1925	30-40
287-A15	SURE STRIKE ORENO TYPE			CREEK CHUB BAIT CO.	IN	1938	30-40
287-B1	DARTER	GLASS-EYED		CREEK CHUB BAIT CO.	IN	1960	20-30
287-B2	POCKET ROCKET			CREEK CHUB BAIT CO.	IN	1960	30-40
287-B3	CORNELIUS-LIE MINNOW	NORWAY		CORNELIUS-LIE		1885	400-500
287-B4	CROWDER UNKNOW			CROWDER, BILL		1955	10-20
287-B5	CHAPMAN MINNOW			CHAPMAN, W.D.	NY	1880	300-400
287-B6	CARSWELL MOUSE	ENGLISH		CARSWELL		1890	100-150
287-B7	KING WIGGLER			COLDWATER	MI	1931	200-300
287-B8	TRIPLE DEPTH	COMPARTMENTS FOR WEIGHTS		CARPENTER	KS	1960	10-20
287-B9	SAIL SHARK			DEMON LURE CO.	TX	1960	UNDER 5
287-B10	COBURG			DELANEY, W.	NY	1890	40-50
287-B11	DRIESEL MOUSE			DRIESEL, FRED	OK	1958	10-20
287-B12	DRIESEL WOBBLER			DRIESEL, FRED	OK	1958	10-20
287-B13	DRIESEL POPPER			DRIESEL, FRED	OK	1958	10-20
287-B14	MIDGET BESTEVER	(CARTER)		DUNKS	OH	1926	30-40
287-B15	WORRY WART			DUNKS	OH	1938	40-50
287-C1	SWIM-A-LURE			DUNKS	OH	1944	150-200
287-C2	SWIM-A-LURE			DUNKS	OH	1944	150-200
287-C3	DIZZY DECOY	CANADIAN		DECOY MFG.		1953	50-75
287-C4	RAIDER			DOTY	MO	1960	UNDER 5
287-C5	DANIELS SPINNER			DANIELS, M.J.	NY	1890	50-75
287-C6	FAIRCHILD SPOON			FAIRCHILD		1910	50-75
287-C7	FLEEME POPPER FISH			FLEEME		1960	10-20
287-C8	FREAK			FST CO.		1960	UNDER 5
287-C9	GARLAND STICK			GARLAND	FL	1950	50-75
287-C10	GADDIS SPOON			GADDIS, GADABOUT		1950	UNDER 5
287-C11	BONANZA			GUSICK, H.	WI	1959	30-40
287-C12	GO GETTUM			UNKNOWN			5-10
287-C13	HULA POPPER TYPE			HERTERS	WI	1960	5-10
287-C14	HELLBENDER TYPE			HERTERS	WI	1960	5-10
287-C15	BOMBER TYPE			HERTERS	WI	1960	5-10
287-D1	FLATFISH TYPE			HERTERS	WI	1960	5-10
287-D2	HERLYN SPOON			HERLYN	WI	1960	5-10
287-D3	BLOOY-LOOY			HEPS		1958	10-20
287-D4	WEEDER			IDEEL FISH LURE	IL	1952	10-20
287-D5	JAMES' MINNOW SPOON			JAMES, W.H.	NY	1890	100-150
287-D6	JARRETT TOPWATER			JARRETT BAIT CO.	OK	1948	75-100
287-D7	LUCK-E-LURE			JACKS TACKLE	OK	1955	5-10
287-D8	BABY POGO STICK			JACKS TACKLE	OK	1955	5-10
287-D9	SPIN-IT			JACKS TACKLE	OK	1960	5-10
287-D10	FERRETT			JACKS TACKLE	OK	1947	5-10
287-D11	UNKNOWN			KEELING	IL	1930	50-75
287-D12	KNIGHT WOBBLER			KNIGHT TACKLE	FL	1958	30-40
287-D13	KNIGHT BABY WOBBLER			KNIGHT TACKLE	FL	1958	30-40
287-D14	LOWE SPINNER			LOWE, W.T.J.	NY	1880	50-75
287-D15	LOWE SPINNER			LOWE, W.T.J.	NY	1880	50-75

Lures

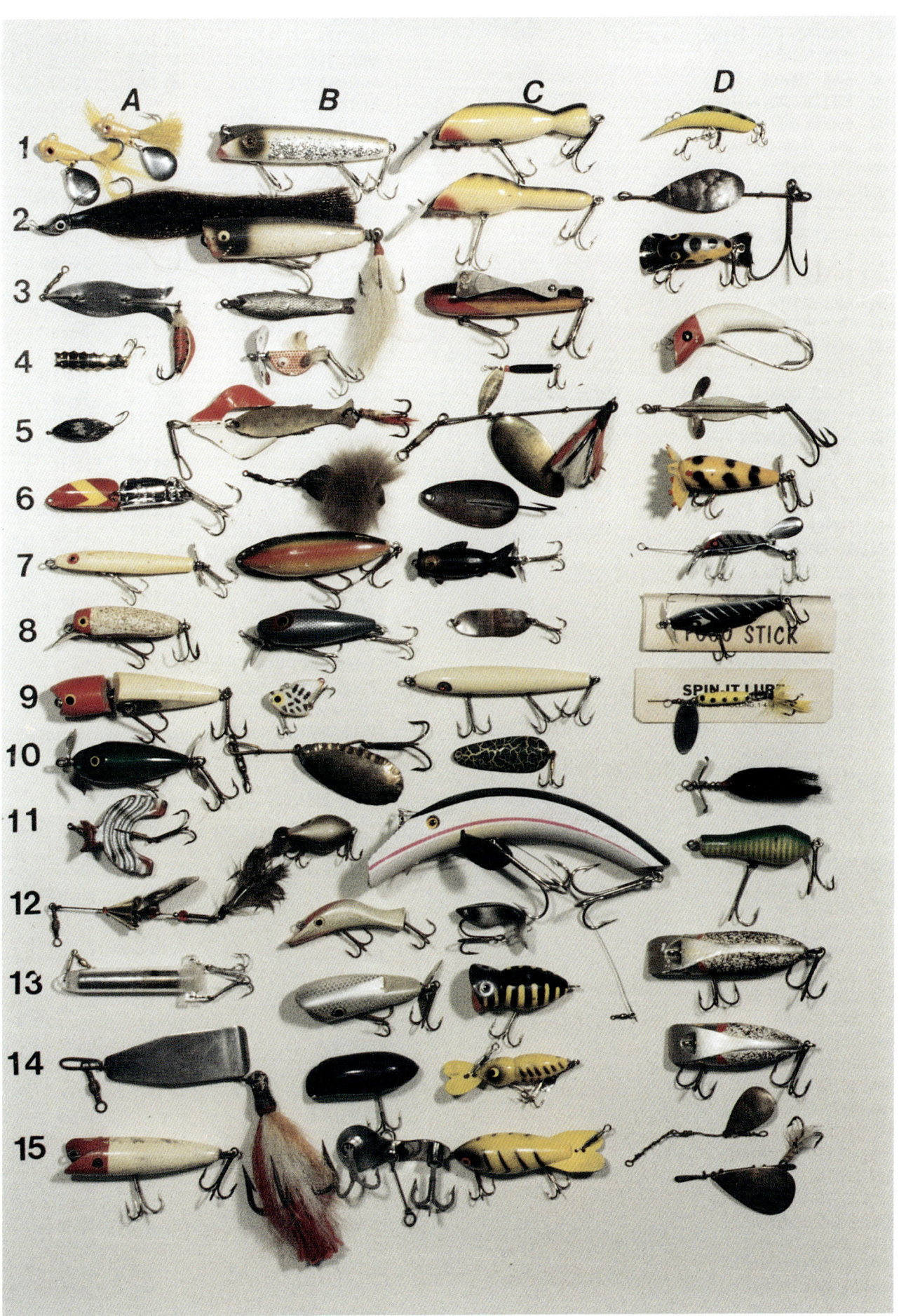

Descriptions of Lures

Page No. Lure Name	Misc. Inform.	Length	Manufacturer	St. Date	Value
289-A1 LIND INTERCHANGEABLE SPINNER			LIND, JAMES H.	1890	40-50
289-A2 LAUREL SPOON			LAUREL	MT 1925	40-50
289-A3 MARATHON DUAL SPINNER			MARATHON	WI 1955	10-20
289-A4 MANN SPINNER			MANN, J.H.	NY 1880	40-50
289-A5 KING CRAWDAD			McDONALD MFG.	MO 1960	10-20
289-A6 MARTIN COMBINATION			MARTIN MFG.		40-50
289-A7 FLYROD MARTIN SALMON PLUG			MARTIN	WA 1948	10-20
289-A8 BABY FLOATING BAIT			MOONLIGHT	MI 1915	300-400
289-A9 STICK BAIT	GLASS EYES		PAW PAW	MI 1938	150-200
289-A10 INJURED MINNOW CASTER			PAW PAW	MI 1938	200-300
289-A11 STICK BAIT	NO EYES		PAW PAW	MI 1941	75-100
289-A12 MUSKY BAIT	ABBEY & IMBRIE		PAW PAW	MI 1948	30-40
289-A13 P & W LURE			PULS & WENOKA	WI 1953	75-100
289-A14 NICHOLS MINNOW			NICHOLS	TX 1932	100-150
289-A15 BASS GETTER			POPS LURES	OK 1960	5-10
289-B1 LOCO MOTION			POES	CA 1960	UNDER 5
289-B2 BABY PICO POP			PICO	TX 1960	UNDER 5
289-B3 LEECH			ADAMS, POP	OK 1931	100-150
289-B4 DOUBLE WHAMMIE	BUD RENBARGER		PONCA BAITS	OK 1944	30-40
289-B5 ROAMER	HAND PAINTED		PEPPER, J.E.	NY 1912	500-700
289-B6 TOPWATER MINNOW	HAND PAINTED		PEPPER, J.E.	NY 1911	500-700
289-B7 ONE-EYED WOBBLER			PEPPER, J.E.	NY 1925	50-75
289-B8 P & S SPINNER			P & S BALL BEARING	NY 1890	50-75
289-B9 HELLE'S BALL BAIT			PROGRESSIVE TOOL CO.	IL 1927	100-150
289-B10 DOCTOR SPOON	(SMALL)		ST. PAUL 10,000 LAKES	MN 1947	10-20
289-B11 RO-TO-EYE			ST. PAUL 10,000 LAKES	MN 1947	10-20
289-B12 BABY ROOTER			SMITHWICK	LA 1959	5-10
289-B13 CARROT TOP			SMITHWICK	LA 1960	5-10
289-B14 RUSSO			SNOOK BAIT CO.	FL 1960	10-20
289-B15 SNOOK WIGGLER			SNOOK BAIT CO.	FL 1960	10-20
289-C1 EGYPTIAN WOBBLER JR.			SHAKESPEARE, WM.	MI 1946	50-75
289-C2 SPARKLE TAIL			SPORTSMAN'S PRODUCTS	TX 1956	5-10
289-C3 SPARKLE TAIL JRL			SPORTSMAN'S PRODUCTS	TX 1956	5-10
289-C4 SOUTH COAST METAL MINNOW	H.C ROYER?		SOUTH COAST MINNOW CO.	FL 1915	100-150
289-C5 GLOBE			SALES & ENGINEERING CO.	MI 1947	10-20
289-C6 DRAGON			STEELFISH CO.	OH 1953	5-10
289-C7 SWIMMY			SWIMMY BAIT CO.	IA 1960	5-10
289-C8 SKIPPER			SIX, CHAS CO.	MO 1947	5-10
289-C9 JOINTED HAMMER HANDLE	(TWO JOINTS)		STEWART, BUD	MI 1946	75-100
298-C10 BABY CRIPPLE WIGGLER			STEWART, BUD	MI 1946	75-100
289-C11 PILOT SPINNER	(JAMISON)		STEWART	MI 1905	150-200
289-C12 SPLIT FISH			SPLIT FISH LURE CO.	OH 1951	10-20
289-C13 PEARL ROCKET			UNKNOWN	1948	10-20
289-C14 TUTTLE MOUSE			TUTTLE BAIT CO.	WA 1929	50-75
289-C15 FLAPPER			TARHEEL BAIT CO.	NC 1954	20-30
289-D1 FUZZY DUCK			TROPICAL BAIT CO.	IN 1952	40-50
289-D2 WIESE MOUSE			WIESE BAIT CO.	IA 1939	20-30
289-D3 WIESE RUNT TYPE			WIESE BAIT CO.	IA 1939	20-30
289-D4 WIESE ORENO TYPE			WIESE BAIT CO.	IA 1939	20-30
289-D5 WIESE IKE TYPE			WIESE BAIT CO.	IA 1939	20-30
289-D6 AERO SPINNER			WALTS TACKLE		10-20
289-D7 WILSON WOBBLER	SOLID GLASS EYES		WILSON-HASTINGS	MI 1912	150-200
289-D8 WICKERSHAM SPINNER			WICKERSHAM, J.C.	OK 1960	UNDER 5
289-D9 SURFACE POPPER			WOODS	AR 1947	10-20
289-D10 CISCO KID SPINNER			WALLSTEN	IL 1960	UNDER 5
289-D11 WHING DINGER			UNKNOWN		10-20
289-D12 HEDDON 210 TYPE			WADE, WM. S.	MO 1939	10-20
289-D13 WHITMAN SALMON			WHITMAN	WA 1952	20-30
289-D14 YELENIK WHOPPER			YELENIK, ANDREW	MI 1948	20-30
289-D15 YELENIK POPPER			YELENIK, ANDREW	MI 1948	20-30

Lures

Unknowns

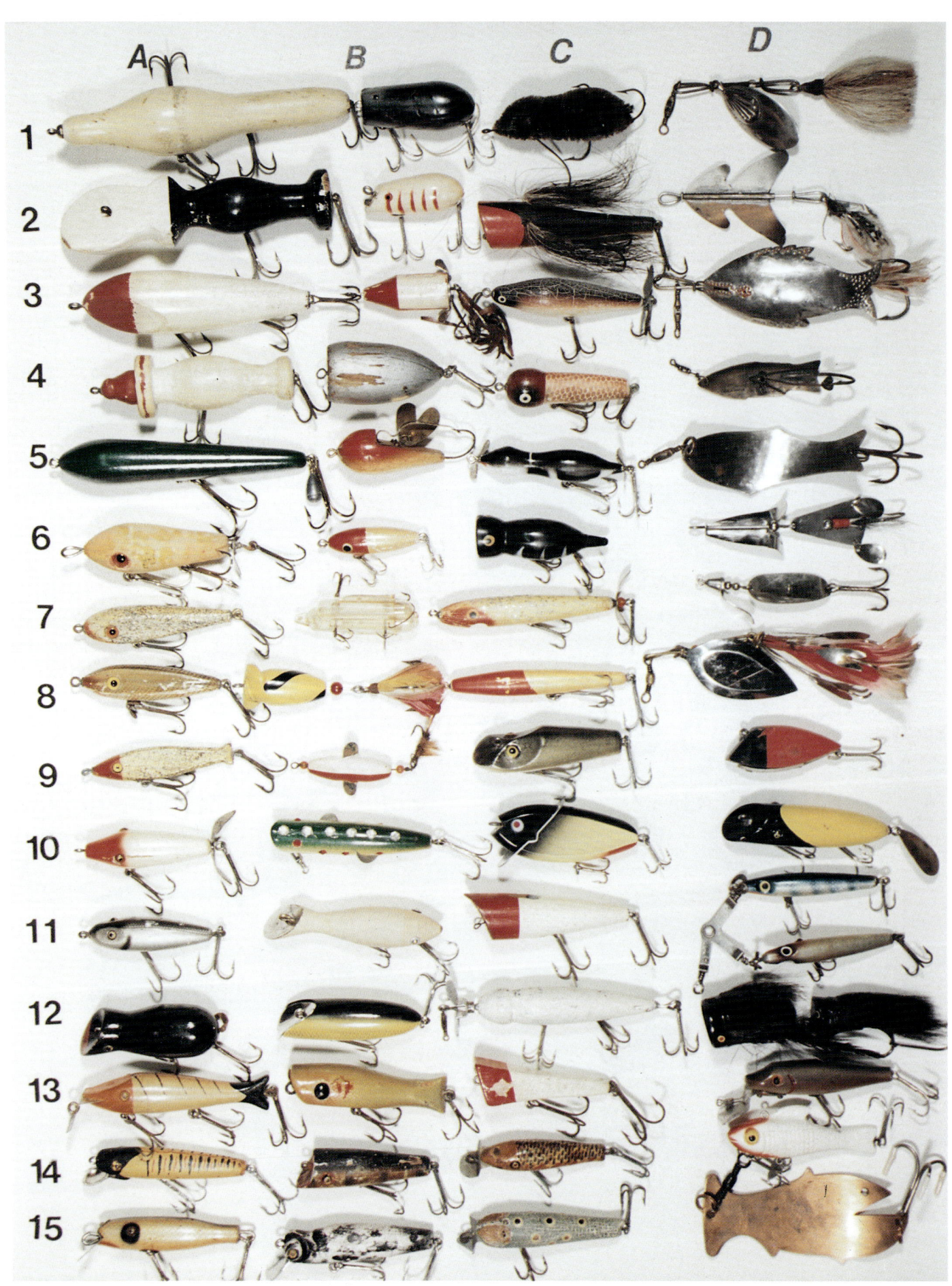

290

Unknowns

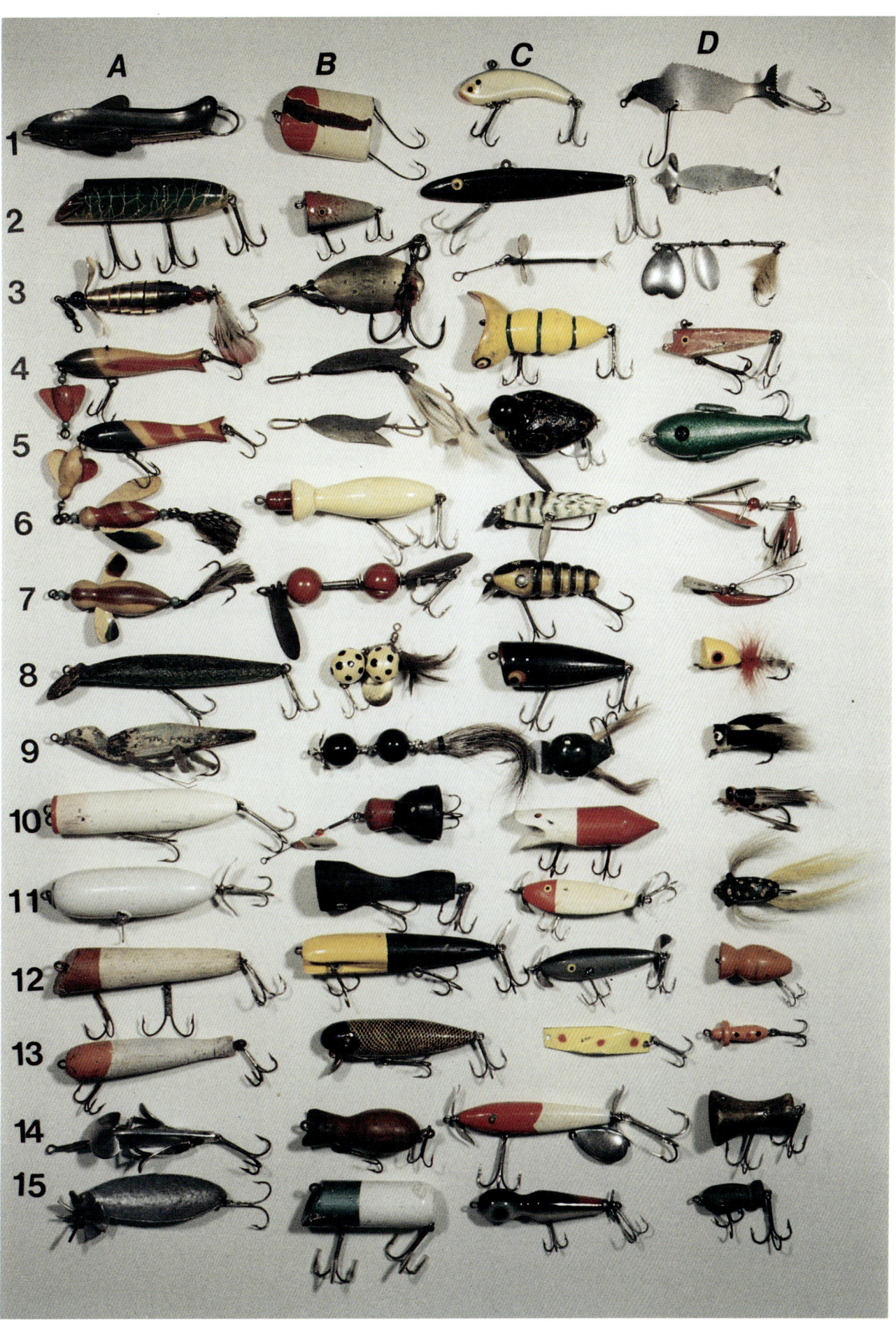

291

Unknowns

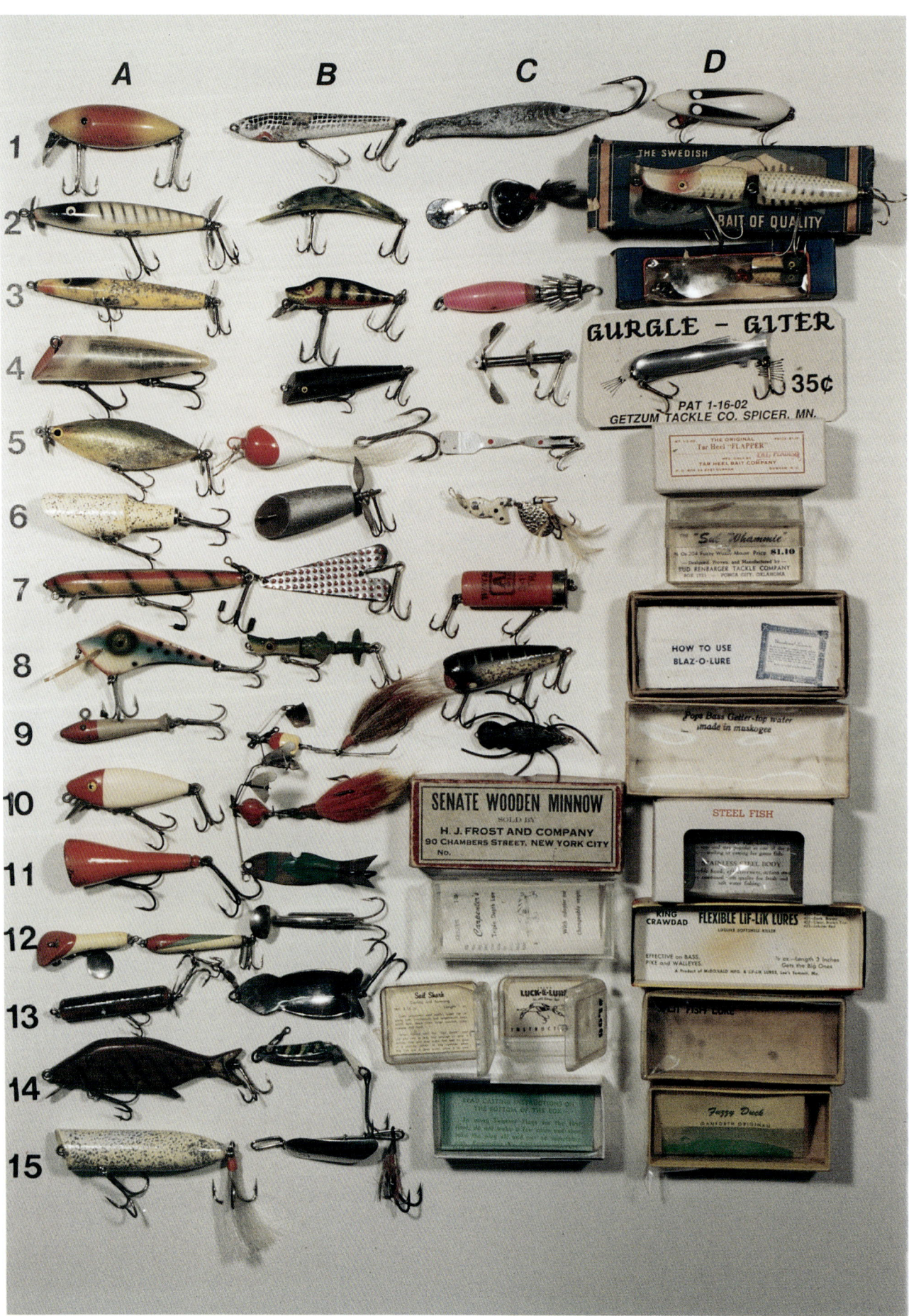

Lure Boxes

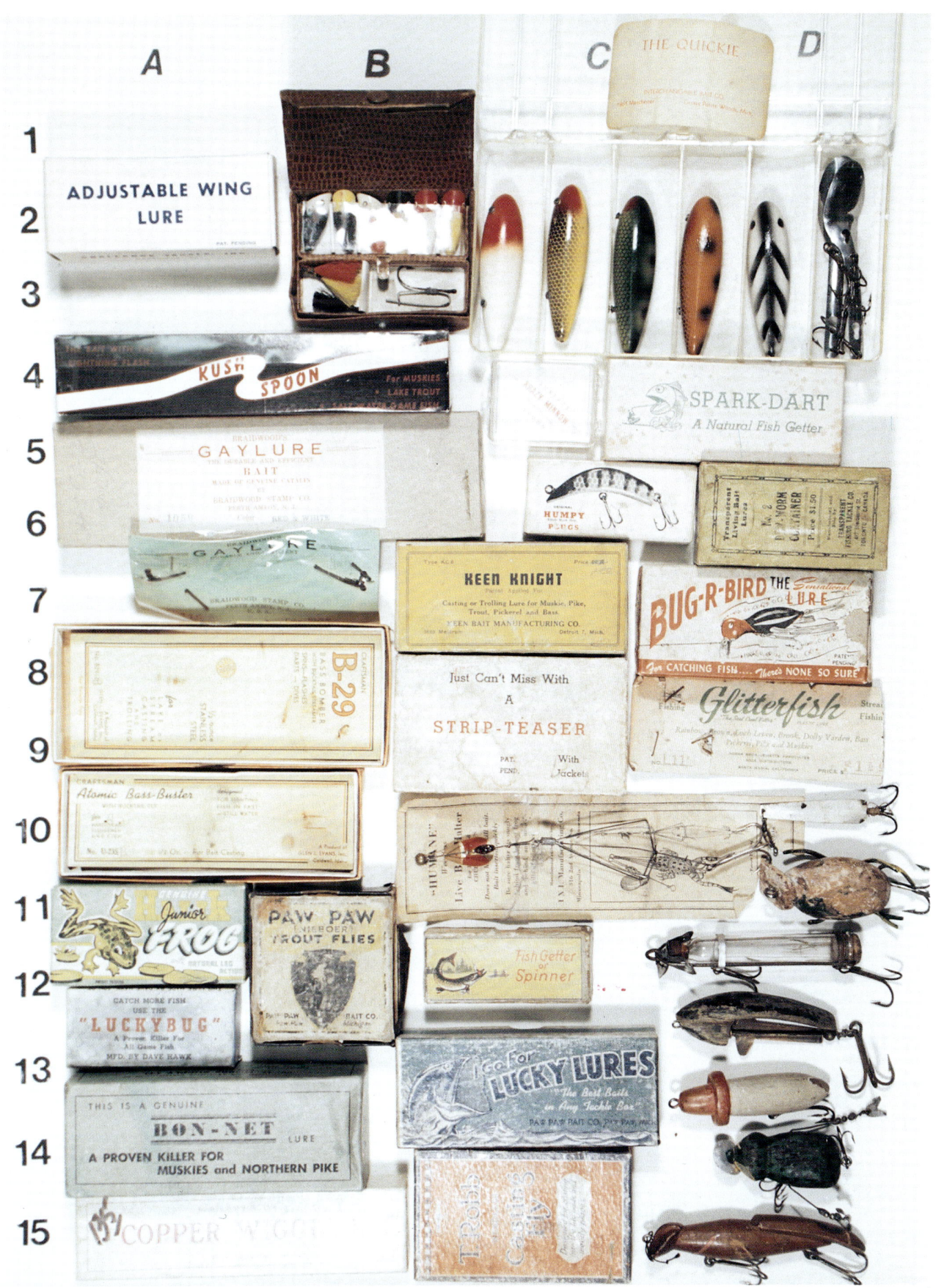

Homemade Lures

A   B   C

294-A1	KENTUCKY REEL TYPE		AMERICAN REEL CO.	IL 1960	150-200
294-A2	WINONA	EARLY	BOYER MFG. CO.	IN 1916	100-150
294-A3	CYCLOID MICROMATIC		CYCLOID CORP.	IL 1955	40-50
294-A4	LINE MASTER		DEARBORN TACKLE	MI 1950	50-75
294-B1	AMBASSADOR 3000 ABU		GARCIA	NJ 1960'S	75-100
294-B2	SPINNING REEL		GARCIA	MJ 1960	50-75
294-B3	SUPERCASTER	CHEAPER SERIES	HURD LOCK & MFG.	MI 1946	150-200
294-B4	KERREEL		KERR REEL CO.	OH 1952	50-75
294-C1	CANE POLE REEL	#100	LEWLITE	AL 1958	10-20
294-C2	FEATHERLIGHT		MEISSELBACH & BROS	NJ 1904	40-50
294-C3	SIDE MOUNTED REEL		MEISSELBACH	NJ 1886	50-75
294-C4	ST. LOUIS TAKE-A-PART		MEISSELBACH?	NJ 1920'S	75-100

295-A1	NICE-K4		MICRO-MOTOR?	PA 1931	75-100
295-A2	PELICAN		OCEAN CITY	PA 1936	75-100
295-A3	#1581		OCEAN CITY	PA 1950	20-30
295-A4	UNKNOWN BAKELITE		PENNELL?	PA 1912	30-40
295-B1	BUCKEYE	KENTUCKY TYPE	PFLUEGER	OH 1920	150-200
295-B2	CAPITOL		PFLUEGER	OH 1923	75-100
295-B3	ALPINE (ATTACHES TO ROD BOTTOM)		PFLUEGER	OH 1940'S	50-75
295-B4	SEA GULL	MOONLIGHT	SCHOENFIELD	MI 1923	100-150
295-C1	SEA GULL	MOONLIGHT	SCHOENFIELD	MI 1923	100-150
295-C2	SEA GULL	MOONLIGHT	SCHOENFIELD	MI 1923	100-150
295-C3	TOURNAMENT #23043	ALUMINUM	SHAKESPEARE	MI 1920'S	75-100
295-C4	TOURNAMENT #1740	FREE SPOOL	SHAKESPEARE	MI 1946	150-200

296-A1	BURDICK FLY REEL	#1895	SHAKESPEARE	MI 1932	50-75
296-A2	OK AUTOMATIC FLY REEL		SHAKESPEARE	MI 1938	20-30
296-A3	ANTI-BACKLASH		SHAKESPEARE	IN 1907	100-150
296-A4	NEPTUNE		TALBOT	IL 1910	300-400
296-B1	QUADRUPLE		WILKERSON	IL 1900	75-100
296-B2	WILSONIAN		WILSON, T.E.	NY 1922	50-75
296-B3	SPINNER MODEL #55		ZEBCO	OK 1955	50-75
296-B4	UNKNOWN BRASS REEL		UNKNOWN	PA 1800	50-75
296-C1	COMBINATION		UNKNOWN	1890'S	300-400
296-C2	UNKNOWN-DOOZER FLOAT-INNER	FLOAT AND	KRAFT FISH CALLER	1940'S & 1950'S	
296-C3	OLD FISH SCALERS AND OILERS			1890'S TO 1950'S	
296-C4	SHOCKER FROM CRANK PHONE AND	WIRE MINNOW	CAGE	1920'S	

	A	B	C
1			
2			
3			
4			

297-A1	X-PERT NBL		BRONSON REEL CO.	MI 1938	50-75
297-A2	GOOD-ALL COMBINATION		GOO-ALL REEL CO.	MI 1952	50-75
297-A3	MEEK #3 FREESPOOL	TOURNAMENT	HORTON	CT 1915	500-750
297-A4	OCEAN CITY #970		OCEAN CITY REEL CO.	PA 1947	10-20
297-B1	SPIN FLO #820		LANGLEY	CA 1955	20-30
297-B2	LYNX		LANGLEY	CA 1960	10-20
297-B3	CASTING REEL		SCHMELZER ARMS CO.	MO 1915	75-100
297-B4	MODEL #6-41272		SEARS	IL 1941	20-30
297-C1	TRU-FORM		SHAKESPEARE	MI 1947	20-30
297-C2	WIND-RITE		SOUTH BEND	IN 1915	30-40
297-C3	REVELATION CASTING REEL		WESTERN AUTO	MO 1953	20-30
297-C4	REVELATION FLY REEL		WESTERN AUTO	MO 1953	20-30

298-A1	FRE-LINE COMBINATION		WRIGHT-McGILL	CO 1952 50-75
298-A2	ZEBCO #66	OLD STYLE	ZEBCO	OK 1946 10-20
298-A3	ZEBCO #66	NEW STYLE	ZEBCO	OK 1952 10-20
298-A4	ZEBCO #77	COMBINATION	ZEBCO	OK 1948 30-40
298-B1	ZEBCO #89 LARGE, WITH ZEBCO	HANDY LURE	ZEBCO	OK 1952 40-50
298-B2	ZEBCO #101	COMBINATION	ZEBCO	OK 1960 30-40
298-B3	TAKE-DOWN		UNKNOWN	1930'S 40-50
298-B4	SMALL #1 TROUT REEL		UNKNOWN	1900'S 75-100
298-C1	SCHALLER'S TROLLING REEL		SCHALLER'S REEL & BAIT CO.	MI 1920'S 150-200
298-C2	HAND REEL, WIRE LINE	#1: 30-40	UNKNOWN	1920'S #2: 5-10
298-C3	AUTOMATIC HOOK SETTER,	POLE TYPE/LINE TYPE	#1: 75-100	1930'S #2: 75-100
298-C4	REEL & POLE LIGHT AND	OLD FISH TRAP	#1: 30-40	1920'S #2: 100-150

Miscellaneous

A   B

1

 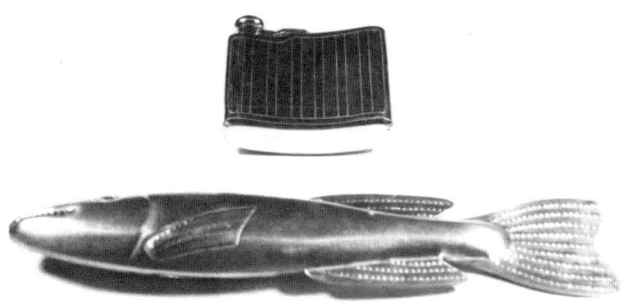

2

 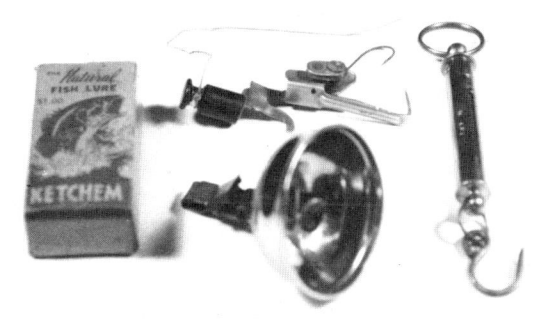

3

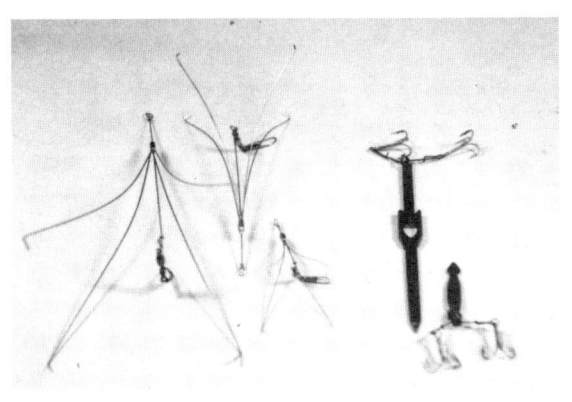 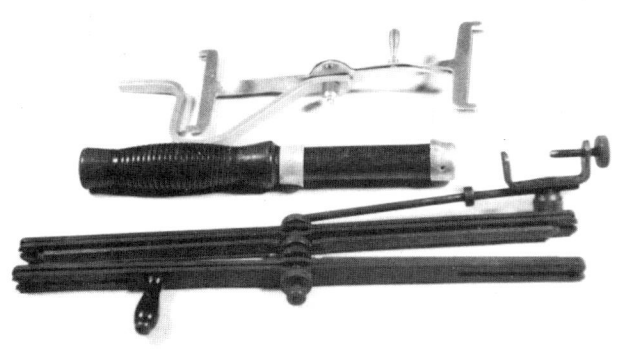

299-A1	FISH SHAPED ARTIFACTS-NETTING,	ARTIFACT & HOOK		WI 1500'S	50 EACH
299-A2	1930'S HALIBUT HOOK AND	ARTIFACT HOOKS		1700'S	50 EACH
299-A3	WIRE LURE PROTECTORS AND	MINNOW HOOKS		1950'S	10 EACH
299-B1	GENTLEMAN'S POCKET FLASK AND	SLECTA COPPER	DECOY- VALUE 5 AND 300	1950'S AND 1920'S
299-B2	SCENT-HOMEMADE SPRINGLOADED	HOOK-FISHING	BELL AND OLD SCALES	1940'S	10 EACH
299-B3	OLD LINE DRYERS		VALUE- 30 EACH	1890'S AND 1930'S

```
300-A1   VARIOUS MINNOW TRAPS                              10 TO 50 EACH
300-A2   PLUG KNOCKER AND MISCELLANEOUS LEAD ITEMS         10 TO 20 EACH
300-A3   VARIOUS NICKEL, BRASS, BAMBOO, LEAD TUNA JIGS     10 TO 20 EACH
300-A4   OLD FLY TYING VISE PLUS FLIES AND POPPERS         10 TO 20 EACH
300-B1   DRAG MINNOW BUCKET AND HEDDON- OUTING BELT BOX    10 AND 75 EACH
300-B2   1800'S PORTABLE DRINKING CUPS AND COMPASSES       10 TO 50 EACH
300-B3   VARIOUS OLD FLOATS                                10 TO 50 EACH
300-B4   VARIOUS ODD PLASTIC FLOATS                        10 TO 30 EACH
300-C1   VARIOUS HOOKS AND HARNESSES                       10 TO 30 EACH
300-C2   RULER, SCALES AND UNKNOWN                         5 TO 10 EACH
300-C3   MILITARY SURVIVAL TACKLE                          10 TO 20 EACH
300-C4   OLD LEAD MOLD, SCALER AND  FISH SKINNER           5 TO 20 EACH
```

PATENTS

PATENT NO.	YEAR	INVENTOR	FROM	COMMENTS
4,670	1846	ENGELBRECHT & SKIFF	NY	HOOK
5,255	1847	PENDELTON, S.	CT	HOOK
5,709	1848	ELLIS & GRILLEY	CT	HOOK
8,853	1852	BUEL, J.T.	NY	HOOK
10,771	1854	BUEL, J.T.	NY	HOOK
13,068	1855	DESAE, C.	NY	HOOK
13,081	1855	COOK, R.F.	AL	HOOK
14,706	1856	BUEL, J.T.	NY	HOOK
16,153	1865	DECKER, E.F.	ME	SINKER
20,343	1858	GARL, J.	OH	LURE
25,507	1859	HASKELL, R.	OH	LURE
46,453	1865	DECKER, E.F.	ME	SINKER
51,120	1865	QUINBY, I.B.	MA	FISH DECOY
54,684	1860	CHAPMAN, W.D.	NY	HOOK
60,786	1867	RHODES & RHODES	OH	HOOK
79,446	1868	CHRISTIAN, J.	IL	LURE
83,681	1868	ALBEE, S.	ME	SINKER
104,930	1870	CHAPMAN, W.D.	NY	HOOK
5,291	1871	MANN, J.H.		LURE
115,434	1871	CHAPMAN, W.D.	NY	LURE
121,020	1871	TERRY. S.B.		REEL
143,146	1873	HARPER & SMITH	CANADA	SPOON
151,394	1874	HUARD & DUNBAR	WI	LURE
167,784	1875	PIERCE, G.R.	MI	SPOON
171,768	1876	BUEL, J.T.	NY	SPOON
177,639	1876	HILL, L.S.	MI	SPOON
181,308	1876	BRUSH, H.C.	NY	HOOK
189,805	1877	SMITH, B.F.		LURE
211,906	1879	HILL, L.S.	MI	HOOK
216,345	1879	WAKAMAN, A.	NY	HOOK
231,912	1880	IRGENS, J.	NORWAY	LURE
244,828	1881	SMITH, F.R.		REEL
252,554	1882	VOM HOFE, J.		REEL
253,090	1862	OHAVER & O'BANNON		REEL
253,308	1882	MULLER, K.		LURE
267,203	1882	HILL, L.S.	MI	SPOON
271,424	1883	COMSTOCK, H.	NY	LURE
272,317	1883	PFLUEGER, E.F.	OH	LURE
273,996	1883	HYMERS, C.	MO	LURE
276,055	1883	LOWE, W.T.J.	NY	SPOON
281,083	1883	KESSLER, L.	MI	LURE
248,056	1883	PFLUEGER, E.F.	OH	LURE
289,508	1883	DAWSON, A.L.	DAKOTA TERR	HOOK
295,350	1884	CHAPMAN, W.D.	NY	LURE
295,360	1884	DICKINSON, N.A.	CT	LURE
295,758	1884	HIBBARD, C.B.	MI	SPOON
16,198	1885	LOWE, W.T.J.	NY	LURE
323,111	1885	CHAPMAN, W.D.	NY	LURE
326,886	1885	ROBINSON, F.C.P.	NY	LURE
330,793	1885	LIE, C.		LURE
336,953	1886	SCOTLAND & CORDON		HOOK
339,952	1886	WAKEMAN, A.	NY	LURE
341,954	1886	SKINNER, G.M.	NY	SPOON
345,088	1886	VAN NORMAN, G.		LURE
354,721	1886	McHARG, J.F.	NY	LURE
360,339	1887	COOKE, W.A.	MD	LURE
354,742	1888	BRADFORD, C.K.		REEL
390,028	1888	LOFTIE, H.	NY	SPOON
394,632	1888	WOOD, J.		SPOON
395,480	1889	BREWSTER, W.F.	NJ	LURE
403,733	1889	BRADFORD, C.K.		REEL
418,200	1889	LOFTIE, H.	NY	SPOON
430,491	1890	STURROCK&MacDOUGALD	SCOT	LURE
432,436	1890	PFLUEGER, E.F.	OH	SPOON
432,764	1890	PAYNE, E.F.		REEL
446,827	1891	CASS, H.M. JR.		LURE
449,519	1891	CARSWELL, M.	SCOTLAND	LURE
454,580	1891	MACK, A.G.		HOOK
456,931	1891	ANGELL, A.		HOOK
463,240	1891	ZUCKWEILER, H.	IL	LURE
463,519	1891	LAGERSTEDT, S.S.	MA	LURE
467,849	1892	BEAN, S.L.		REEL
470,312	1892	STRETCH, J.		HOOK
478,864	1892	HUNTER, W.H.		HOOK
479,194	1892	MACK, A.G.	IL	HOOK
496,441	1893	PEPPER, J.JR.	NY	HOOK
515,001	1894	DOUBLE BAIT (??)		LURE
519,684	1894	GOFF & JUDKINS	CA	LURE
534,682	1894	BURGESS, B.F.	MI	HOOK
24,724	1895	PEALER, E.O.		LURE
534,506	1895	HASTINGS, J.T.	IL	LURE
538,169	1895	KELLEY, A.	MA	LURE
539,149	1895	SHATTUCK, W.P.	MN	HOOK
543,479	1895	HARRISON & WADLEIGH	IA	LURE
551,581	1895	CRANE, E.H.	MI	HOOK
551,582	1895	CRANE, E.H.	MI	HOOK
552,012	1895	STANLEY, H.O.	ME	LURE
562,851	1896	PROSSER, G.		LURE
564,839	1896	PFLUEGER, E.F.	OH	LURE
570,344	1896	SMITH, A.H.		HOOK
570,632	1896	HASTINGS, J.T.	IL	LURE
574,993	1897	HINCKLEY, L.S.	NJ	LURE
576,680	1897	KITTLE, D. McC.	NY	LURE
580,915	1897	WELCH, H.J.	NY	LURE
582,677	1897	PARKER, M.C.P.	IN	HOOK
586,620	1897	OSBORN, H.R.	NY	LURE
588,729	1987	HARRIS, C.R.		LURE/FROG
610,098	1898	SLY, C.J.	NY	LURE
614,411	1898	ROCKWOOD, W.H		LURE
616,209	1898	STANEK, L.		LURE
623,290	1898	SCHLAEBITZ, T.A.	NE	HOOK
626,777	1898	SLOTTERBECK, H.	CA	HOOK
627,015	1898	SCHLAEBITZ, T.A.		HOOK
627,344	1899	MARONEY, T.	NY	LURE
632,200	1899	PFLUEGER, E.F.	OH	BAIT SWIVEL
633,726	1899	MANCHESTER, A.	CT	FLY
635,503	1899	NEELEY, SL.	SC	HOOK
635,547	1899	HOWARD, H.A.		LURE
636,694	1899	PFLUEGER, E.F.	OH	DECOY
638,885	1899	PETERSON & OLSON	MN	LURE
643,573	1900	VOTAW & THOMAS	KY	LURE
644,911	1899	HEDGELAND, F.W.	IL	LURE
647,076	1899	CARPENTER, C.B.	NY	HOOK
648,360	1900	PFLUEGER, E.F.	OH	SPOON
655,603	1900	CANTRELL, R.B.	NY	HOOK
657,387	1900	BEW, C.	IL	HOOK
771,869	1900	HENKENIUS, P.	IN	LURE
664,476	1900	HALL, J.B.	OH	LURE
667,257	1900	SHAKESPEARE/LOCHER	MI	LURE
671,613	1900	SHAKESPEARE/LOCHER	MI	LURE
673,087	1900	RABBETH, F.J.	MA	HOOK
675,521	1900	WEISS, A.	PA	SPOON
681,308	1900	GEEN, P.		LURE
682,554	1900	DUKES, E.	GA	LURE
686,353	1901	SHAKESPEARE	MI	REEL
693,269	1902	HALL, J.B.	OH	LURE
696,433	1902	HEDDON, J.	MI	LURE/SLOPE NOSE
713,435	1902	HILDEBRANDT, J.H.	IN	SPOON
716,451	1902	MANTZ, E.P.	MD	LURE
718,907	1902	McCURDY, B.F.	IL	LURE
723,045	1903	SHAFFER, C.C.	OH	LURE
724,362	1903	WILSON, A.W.	CA	LINK
726,020	1903	BRYAN, T.A.	MD	LURE
726,021	1903	BRYAN, T.A.	MD	LURE
728,360	1903	BREIDENSTEIN, C.F.	CA	SPOON
729,435	1903	SMITH, A.	LA	HOOK
730,064	1903	WILSON, A.	CA	SPOON
747,976	1903	JUNOD P.	OH	SPOON
751,365	1904	WOODS, F.C.	OH	LURE
755,612	1904	BURDETT, F.		LURE
756,527	1904	REYNOLDS, H.	CT	LURE
757,077	1904	WHIPPLE, F.B.		LURE
760,028	1904	SHULEAN, W.W.	MN	LURE
765,482	1904	HARDY, W.A.	IN	LURE
766,565	1904	WILSON, A.	CA	LURE
766,638	1904	MARTIN, S.D.	OH	LURE
768,451	1904	HEDLUND, J.		HOOK
770,083	1904	JAMISON, W.J.	IL	LURE
772,333	1904	BIERSACH, L.	IL	HOOK
777,382	1904	LeBEAU, V.	LA	DECOY
777,488	1904	RHODES, F.D.	MI	LURE
777,491	1904	BROWN, D.W.	OH	LURE
779,744	1904	SHAKESPEARE, WM.JR.	MI	LURE
781,794	1904	SMITH, C.H.	IN	LURE
784,398	1904	HECKELER, W.	PA	LURE
788,047	1904	HOLZ & HAERRY	NY	BOBBER
798,344	1904	HOLZ & HAERRY	NY	BOBBER
798,575	1904	EASTMAN, F.K.	MI	SPOON
798,836	1905	SHERBROOK, J.D.	MI	LURE
800,536	1905	BAILEY & ELLIOT	IN	LURE/MANITOU MIN
803,134	1905	RHODES, J.B.	MI	LURE/FROG
806,898	1905	KEPLER, I.F.	OH	LURE
808,285	1905	HAINES, J.T.	NJ	LURE
810,017	1906	ACKERMAN, J.L.	IN	LURE
817,257	1906	LEE, J.H.	ENGLAND	LURE
820,326	1906	UPTON, G.W.		REEL
824,739	1906	PHELPS, H.	IL	SPINNER
824,817	1906	RHODES, B.O.	MI	LURE
825,140	1906	LULL, E.L.	WI	LURE
830,404	1906	BARNES, E. & B.D.		LURE
831,831	1906	CLIPPINGER, H.C.		LURE
832,520	1906	WOODS, F.C.	OH	LURE
839,917	1907	CHAPMAN, W.D.	NY	LURE
841,429	1907	PASSAGE, H.H.	MI	LURE
841,506	1907	GIBSON, L.P.		LURE
843,256	1907	BOWERSOX	IN	LURE
849,367	1907	BURKE, B.F.	IL	LURE
849,522	1907	ADAMS, E.C.	NJ	LURE
857,883	1907	KREISSER, J.D.	OH	LURE
861,116	1907	HEDDON, J.	MI	LURE

PATENTS

PATENT NO.	YEAR	INVENTOR	FROM	COMMENTS
865,676	1907	BROWN, D.W.	OH	LURE
870,069	1907	WILCOX, C.M.	OH	LURE
871,057	1907	DAVIS, W.E.	NJ	LURE
871,167	1907	GILMORE, E.L.		REEL
871,935	1907	HENZEL, J.G.	IL	LURE
872,817	1907	HIPP, F.J.		LURE
875,684	1908	BIERSACH, L.	IL	HOOK
879,869	1908	HANSEN, J.	MI	LURE
881,805	1908	KLEIN, H.D.	WI	LURE
885,861	1908	PEPPER, J.E.	NY	LURE
886,794	1908	GILMORE, E.L.		LURE
889,804	1908	PFLUEGER, E.A.	OH	LURE
890,549	1908	ZAMEL, A.G.	PA	LURE
890,892	1908	DOUGLASS, L.F.		REEL
891,037	1908	CALDWELL, C.D.		LURE
893,664	1908	SHAKESPEARE, W., JR.	MI	LURE
903,333	1908	SLOCUM & HOKAMP		LURE
906,519	1908	FISCHER, J.B.		LURE
913,102	1909	BURKE, B.F.		LURE
923,095	1909	WILCOX, C.M.	OH	LURE
923,670	1909	LOCKHART, E.J.	MI	LURE
923,854	1909	KENYON, B.C.	MI	LURE
932,477	1909	KRANTZ, A. & GUSTAG, S	NY	CHAUTAUQUA MIN
935,657	1909	HOWE, F.O.		LURE
941,911	1909	BURTHE, M.A.	VA	LURE
945,091	1910	HANEL, A.B.	WI	LURE
954,691	1910	PFLUEGER, J.E.	OH	WIRE THRU HH
956,872	1910	ALGER, F.A.	MI	LURE
962,237	1910	MURRY, W.	ME	LURE
963,202	1910	BOHANNAN, J.	IL	BOHANNAN MIN
963,860	1910	BYROM, T.J.	TN	LURE
966,068	1910	WILLIAMSON, H.A.	MO	LURE
967,660	1910	PEDERSEN, T.	ID	LURE
967,897	1910	GELSINGER, H.A.	IL	HOOK
968,961	1910	LEE, F. & LEE, H.	ENG	SPINNER
969,014	1910	WALTER, J.E.	OH	LURE
970,216	1910	GROVE, C.	OH	LURE
972,748	1910	BREDER, R. & LOYD, J.	MO	CHARMER MIN
974,050	1910	GARRISON, G.H.	WA	GARRISON MIN
974,493	1910	IMMELL, O.F.	WI	CHIPPEWA
975,993	1910	PAYTON, J.Y.	AR	HOOK
978,290	1910	HEATHY, M.L.		LURE
980,869	1910	PFLUEGER, G.A.	OH	SPOON
981,454	1911	MILLER, A. & BALL, H.	MI	FISH NIPPLE
982,974	1911	MILLER, W.A.	CA	SPOON
985,659	1911	CLAYTON, W.		METAL
989,145	1911	HATCHETT, A.	KY	FLOAT
989,869	1911	PFLUEGER, G.A.	OH	METAL
990,984	1911	IMMELL, O.F.		CHIPPEWA
993,374	1911	HOLMGREEN, E.	IL	MIN. HARNESS
994,927	1911	JEFFERSON, W.T.	IL	LURE
995,493	1911	STEPHENS, J. & ZEA, W.	OK	FISH TRAP
998,238	1911	DINEEN, J.	IL	1911 SP'NG MIN
999,214	1911	FILIPOWSKI, W.	IL	LINE HOLDER
999,559	1911	HAUTALA, E. & W.		METAL
1,002,981	1911	FORD, B.	PA	LT, HH, LURE
1,003,962	1911	HENNING, C.E.	OH	MINNOW TUBE
1,007,007	1911	PFLUEGER, E.A.	OH	NF-HH
1,009,077	1911	LOCKHART, E.J. & E.M.	MI	LURE
1,009,363	1911	WINNIE, A.	MI	FLY
1,009,538	1911	LOWE, H.E.	PA	LURE
1,009,968	1911	HERRMANN, O.H.	WA	LURE
1,010,481	1911	CRANE, J. & GRAVES, R.	TN	ARTIFICIAL FISH
1,017,088	1912	DREMEL, A.J.	WI	LURE
1,019,926	1912	STAPLES, F.A.	CA	?METAL?
1,021,699	1911	NORDLUND, J.	CA	LURE
1,025,695	1912	GIBSON, A.R.	CA	HOOK
1,038,866	1912	FULLER, J. & MILLER, A.	MO	MINNOW TUBE
1,045,716	1912	MACK, O. & FERGUSON, W.	WA	FISH BAIT
13,499	1912	BREDER, F. & LOYD, J.	MO	CHARMER, SURF
1,050,759	1913	BETTS, J. & EWENS, C.	AK	SPOON
1,056,494	1913	BLEE, C. & HELMKAMP, J.	IN	SUBMARINE BAIT
1,060,873	1913	WILSON, R.T.	MI	FLUTED WOBBLER
1,067,178	1913	LAMBERT, R.A.	WA	METAL
1,068,908	1913	LANE, C.W.	NY	WAGTAIL WOBBLER
1,069,093	1913	FAUGHT, H.S.	MI	LURE
1,072,672	1913	SWEET, W.F.	MO	HOOK
1,073,199	1913	WILT, C.	MO	CLINTON WILT
1,078,886	1913	WELLES, H.S.	NY	LURE
1,079,891	1913	SIMMS, J.C.	WV	LURE
1,084,517	1914	WILSON, R.T.	MI	FLANGE WOBBLER
1,086,256	1914	WILBUR, F.R. & BALL, H.E.	MI	ZIG ZAG
1,088,475	1914	STEWART, C.W.	NY	LURE
1,093,980	1914	DONALY, J.L.	NJ	RED FIN MINNOW
1,099,606	1914	LARRABEE, S.O.	MI	EUREKA WIGGLER
1,101,223	1914	WELLES, H.S.	NY	LURES
1,102,312	1914	WINNIE, A.	MI	STUMP DODGER
1,110,956	1914	McBRIDE, W.F.	IN	LURE
1,113,360	1914	LOCKHART, E.M	MI	LURE
1,114,137	1914	HEDDON, C.	MI	1600 WIGGLER
46,794	1914	YAKELEY, L.	NY	LURE
1,124,719	1915	FISCHER, J.B.	IL	LURE
1,131,909	1915	CLARKSON, F.L. & HUMMON, O.P.	OH	SURPRISE MINN
1,133,669	1915	REYNOLDS, J.W.	IL	ALL-IN-ONE
1,133,724	1915	HEDDON, C.	MI	DUMMY DBL-HOOK
1,140,279	1915	MYERS, E.D.	MI	LURE
1,143,140	1915	BIDWELL LURE	MI	LURE
1,144,756	1915	DAMSMA, H.P.	MI	LURE
1,148,140	1915	BIDWELL, C.W.	MI	LURE
1,150,635	1915	SHAKESPEARE, E. JR.	MI	PLATE-HH
1,155,883	1915	BURKMAN, A.	MI	LURE
1,159,278	1915	SAMPEY, A.		ELECTRIC LURE
47,706	1915	YAKELEY, L.	NY	LURE
1,173,694	1916	WITTY, J.A.		LURE
1,180,753	1916	ZIEGLER, W.P.	PA	LURE
1,182,010	1916	HEDDON C.	MI	1700 WIGGLER
1,182,442	1916	ALGER, F.A.	MI	ALGER'S GETSUM
1,188,583	1916	TOWNSEND, E.C.	MN	FISH DECOY
1,193,077	1916	SCHOONMAKER, J.R.	MI	SCH'NS SKOOTER
1,202,039	1916	GRAVES, L.S.	IL	HOOK
1,202,631	1916	WINNIE, A.	MI	STUMP DODGER
1,204,204	1916	STRUBE, G.F.	IL	LURE
1,204,538	1916	BELDING, W.S.	WA	LURE
1,207,588	1916	MAUS, E.J.	IL	LURE
1,209,020	1916	PFLUEGER, C.T.	OH	RECORD SPOON
1,209,022	1916	PHINNEY W.E.	MI	LURE
1,209,237	1916	WARREN, F.	WA	LURE
1,209,641	1916	OLDS, J.S.	MI	BASS-ORENO
49,378	1916	YAKELEY, L.	NY	LURE
1,220,921	1917	WILSON, R.T.	MI	SIX-IN-ONE
1,226,701	1917	SCHILLINGER, H. H.	MI	JIM DANDY
1,230,968	1917	WILBERT, F.R. & BALL, H.E.	MI	LADYBUG
1,232,211	1917	BURKMAN, A.	MI	?STAGGERBUG?
1,232,804	1917	JAMISON, W.J.	IL	WINGLESS MASCOT
1,233,507	1917	REYNOLDS, J.W.	IL	LURE
1,234,323	1917	FOSS, W.A.	OH	LURE TESTER
1,235,331	1917	KUROKI, K.	CA	METAL
1,236,463	1917	MADDERRA, J.S.	OK	HOOK
1,237,529	1917	KUROKI, K.	CA	METAL
1,239,724	1917	REIMERS, T.	NE	FROG HARNESS
1,239,956	1917	PHINNEY, W.E.	MI	COLDWATER KING
1,239,957	1917	PHINNEY, W.E. & LARRABEE, S.O.	MI	COLDWATER WEEDLESS
1,242,556	1917	JAY, J.W.	PA	LURE
1,243,391	1917	DONALY, J.L.	NJ	RED FIN WEEDLESS
1,246,150	1917	PARR, G.T.	MN	LURE
1,246,162	1917	ROSS, S.J.	IL	LURE
1,247,955	1917	GRUBE, W.J.	OH	METAL
1,249,194	1917	RACE, G.A.	IL	LURE
1,250,473	1917	LADD, F.B.	IN	METAL
1,250,913	1917	McCORMIC, J.T.	MI	MERMAID
1,251,994	1918	FARMES, C.	MN	KING WIGGLER
1,255,516	1918	DALLER, B.C.	MI	LURE
1,256,155	1918	O'BRIEN, R.F.		?BITE-EM BATE?
1,262,039	1918	GRAVES, L.S.	IL	METAL
1,264,626	1918	FOSS, W.A.	OH	LITTLE EGYPT
1,264,627	1918	FOSS, W.A.	OH	ORIENTAL WIGGLER
1,265,900	1918	FOSS, W.A.	OH	METAL
1,266,311	1918	PHINNEY, W.E.	MI	HELLDIVER
1,267,627	1918	CAMPBELL, F.L.	OH	RUBBER BAIT
1,268,635	1918	SHUFF, W.H.	MO	LURE
1,270,033	1918	KNOWLES, E.S.	CA	KNOWLES AUTOS
1,271,021	1918	DEATS, W.	NY	MAGNETIC FISH
1,272,003	1918	CAMERON, L.W.	B.C.	ARTIFICIAL FISH
1,272,183	1918	ARNOLD, S.	MO	ARTIFICIAL PORK RIND
1,272,812	1918	KEISTER, A.J.	IA	LURE/HK HANGER
1,273,425	1918	TUTTLE, O.C.	NY	SPOON
1,276,062	1918	HEDDON, C.	MI	DUMMY DBL & L-RIG
1,278,146	1918	HENTHORN, B.F.	KS	LURE
1,288,118	1918	HORIAN, F.B.	NY	LURE
1,288,552	1918	FOSTER, M T.	WI	LURE
1,292,865	1919	OLT, P.S.	IL	METAL
1,293,500	1919	MASON, L.P.	IL	LURE
1,293,592	1919	WILBER, F.R. & BALL, H. E.	MI	FOLDING CHAIR
1,295,448	1919	DINGWELL, R.	MA	?LURE?
1,295,617	1919	SHANNON, J.P.	WI	SHANNON SPIN.
1,297,354	1919	JAY, J.W.	MD	METAL
1,297,617	1919	WELLES, H.S.	NY	LURE
1,299,432	1919	DICKENS, J.W.	IN	LIAR CONVERT.
1,299,703	1919	GRAY, M.K.	OR	METAL
1,300,149	1919	EVANS, J.S.	B.C.	SPOON
1,300,488	1919	ROBINSON, H.	MS	LURE
1,302,102	1919	TUTTLE, O.C.	NY	FLY
1,303,467	1919	ETTERSHANK, R.	B.C.	METAL
1,312,451	1919	MEDLEY, H.L.	CA	MEDLEY CRAWFISH
1,313,476	1919	EWERT, W.S.	CA	EWERT'S ARTIF.
1,315,408	1919	RABBETH, F.J.	CA	LURE

PATENTS

PATENT NO.	YEAR	INVENTOR	FROM	COMMENT
1,316,040	1919	JAMISON, W.J.	IL	SURFACE WIGGLER
1,318,073	1919	GOTTSCHALK, H.L.	IL	HOOKZEM
1,320,570	1919	REYNOLDS, J.W.	IL	LURE
1,321,850	1919	RHODES, JAY B.	MI	ICE DECOY
1,322,458	1919	DILLS, H.S.	IN	SCALE FINISH
52,925	1919	STOLLEY, W.A.	MI	CRAB WIGGLER
53,610	1919	REYNOLDS, J.W.	IL	TEMPTER
54,071	1919	DILLS, H.S.	IN	OPEN MOUTH SHINER
54,072	1919	DILLS, H.S.	IN	CRAWDAD
54,109	1919	McCARTY & FALCK	CA	LURE
1,333,154	1920	BUDDLE, G.T.		LURE
1,333,318	1920	KIJIMA, K.	CA	LURE
1,334,249	1920	LANE, C.W.	NY	WAGTAIL WBLR
1,338,953	1920	ODELL, R.R.	MN	LURE
1,341,618	1920	MEDLEY, H.L.	CA	MEDLEY CRAWFISH
1,352,054	1920	DILLS, H.S.	IN	WIGGLER & LIP
1,362,562	1920	DOANE, S.E.	NY	LURE
54,391	1920	DICKENS, J.W.		LIAR CONVERT.
55,462	1920	HAMILTON, H.G.	OH	MEDLEY CRAWFISH
56,707	1920	NASH, W.I.	MI	LURE
1,368,939	1921	KELLEY, L.P.	NH	LURE
1,376,590	1921	STOLLEY, W.A.	MI	#1600 WIGGLER
1,380,876	1921	WARDEN W.S.	NY	GLOWBODY
1,383,546	1921	KNOWLES, E.S.	CA	METAL
1,385,536	1921	GLEASON, S.B.	NJ	LURE
1,385,627	1921	LANE, L.J.	CT	MULTIWOBBLER
1,388,058	1921	PETERSON, P.	AK	METAL
1,388,386	1921	SVENSON, S.	WI	BAIT HOLDER
1,390,458	1921	MOREE, E.A.	NY	LURE
1,390,601	1921	CALDWELL, J.C.		LURE
1,391,030	1921	WHEELER, G.W.	ONT	DECOY/LURE
1,393,617	1921	FRAME, J.	ME	LURE
1,394,313	1921	LEEPER, H.T.	KY	LEEPER BASS BAIT
1,401,096	1921	NEUDECK, W.R.		LURE/REEL
57,311	1921	CARTER, T.J.	IN	BESTEVER
57,739	1921	STOLLEY, W.A.	MI	WIGGLE KING
57,871	1921	STOLLEY, W.A.	MI	LUCKY 13
58,116	1921	STOLLEY, W.A.	MI	VAMP
58,139	1921	DILLS, H.S.	IN	FINISH
58,183	1921	DILLS, H.S.	IN	PIKIE MINNOW
59,770	1921	PIGGOTT, J.N.		LURE
1,402,798	1922	RYAN, D.P.	OH	LURE
1,406,834	1922	FISHER, C.B.	IL	LURE
1,415,653	1922	KOEPKE, F.L.	WA	LURE
1,415,913	1922	AUBERLIN, W.	OH	METAL LURE
1,417,482	1922	ASPELIN, J.O.	MN	AUTO HOOK
1,417,574	1922	SCHMID, W.	MI	LURE
1,418,229	1922	BUDDLE, G.T.	IL	LURE
1,418,326	1922	PFLUEGER, C.T. & ADAMS, W.L.	OH	WIZARD
1,419,540	1922	BROWN, W.C.	NY	WDLS ATTACH
1,419,903	1922	BAILEY, R.W.	OH	METAL
1,420,228	1922	WATKINS, G.S.B.S.	SCOT	LURE
1,420,422	1922	FOSS, W.A.	OH	B/T HOLDER
1,421,991	1922	RODGERS, C.M. & WENGER, A.W.	IN	BITE-EM METAL
1,423,025	1922	RODGERS, C.M. & WENGER, A.W.	IN	LIPPED WIGGLER
1,424,385	1922	STOLLEY, W.A.	MI	HOOK HANGER
1,430,336	1922	STOLLEY, W.A.	MI	DEEP-O-DIVER
1,434,204	1922	GROUNSELL, W.N.	NY	LURE
1,440,869	1923	FOSS, W.A.	OH	SHIMMY WIGGLER
1,441,059	1923	BROWN, C.J.		LURE
1,442,332	1923	FRAMENT, W.A.	NY	LURE
1,442,981	1923	SHERRY, J.C.		LURE
1,445,916	1923	SMITH, U.G.	OH	LURE
1,446,816	1923	TAYLOR, C.F. & SANDERS, E.	FL	LURE
1,450,798	1923	FLIPOWSKI, W.	IL	METAL
1,451,436	1923	BARNIA, F.I.		DEVON
1,452,359	1923	CASS, F.A.	IN	PIKE-ORENO
1,455,624	1923	KOCH, W.E.	NY	LURE
1,462,949	1923	WALLS, H.H.		LURE
1,464,387	1923	KISHPAUGH, J.M.		LURE
1,466,545	1923	PETERSEN, P.E.	MA	LURE
1,468,627	1923	DICKENS, J.W.	IN	
1,477,756	1923	HEDDON, C. & STOLLEY, W.A.	MI	GAMEFISHER
1,477,864	1923	BOLTON, C.W.	MI	ABC MINNOW
1,479,652	1924	CRANSTONE, C.		LURE
1,483,842	1924	CARTER, T.J.	IN	BESTEVER
1,487,556	1924	GOBLE, B.G.	OK	LURE
1,489,035	1924	KNILL, F.	OH	METAL
1,489,156	1924	RUSSELL, H.E.		MINNOW TUBE
1,492,244	1924	SMITH, F.M.	NY	TADPOLLY
1,494,605	1924	JONES, W.O.	OH	LURE & HK-HANG
1,495,927	1924	ROLAND, J.A.		LURE
1,499,819	1924	GOBLE, B.G.	OK	LURE
1,499,975	1924	FORD, J.E.	WI	LURE
1,510,923	1924	COSEY, A.	NY	LURE
1,516,707	1924	BROWN, F.		METAL
1,521,090	1924	GOBLE, B.G.		LURE
1,529,459	1925	WUNDERLIN, A.H.		LURE
1,540,702	1925	MORRISS, G.C.	TX	LURE
1,548,662	1925	CRAWFORD, C.S.		LURE
1,549,121	1925	KNILL, F.K.		SINKER
1,551,677	1925	HALFET, L.A.	B.C.	METAL
1,553,933	1925	DILLS, H.S.	IN	LURE TAIL
1,557,644	1925	ANDERSEN, C.A.	SD	LURE
68,719	1925	KIRWAN, M.F.	NE	LURE
1,569,993	1926	McLEOD, S.B.	IL	LURE
1,571,770	1926	FENNER, G.E.		LURE
1,581,833	1926	BONNETT, C.E.	LA	LURE
1,582,171	1926	FOSS, W.A.	OH	JAZZ WIGGLER
1,582,713	1926	WELCH, J.T.	MI	HOOK HANGER
1,586,178	1926	COMSTOCK, F.E.	IN	COMSTOCK BAIT
1,588,690	1926	BABBITT, E.J.	MI	LURE
1,597,703	1926	YOUNG, P.J.	WV	DECOY
1,598,786	1926	ROMADKE, G.	MI	LURE
1,603,118	1926	KNILL, F.K.	OH	METAL
1,604,027	1926	DILLS, H.S.	IN	LURE
1,606,176	1926	PAULSON, F.	IL	LURE
1,607,107	1926	WELLER, E.E.	IA	CLASSIC MINNOW
1,608,375	1926	DEWEY, C.L.	IN	FLOATER GETUM
1,609,090	1926	KNILL, F.K.	OH	LURE
1,610,029	1926	WYRILL, J.F.		METAL
1,612,264	1926	CRESSEY, S.E.		LURE
1,615,803	1927	PFLUEGER, J.E.	OH	PAL-O-MINE
1,616,485	1927	CARTER, T.J.	IN	HOOK HANGERS
1,617,091	1927	WUNDERLIN, A.H.		LURE
1,620,497	1927	SYKES, H.M.		LURE
1,627,455	1927	PETERSON, O.W.		LURE
1,627,512	1927	HUGHES, C.H. & KOTHE, B.E.	OH	LURE
1,633,419	1927	REED, C.M.	WV	LURE
1,636,832	1927	PAGIN, J.B.	IN	FISH-ORENO
1,638,923	1927	DANIELSON, R.	IL	LURE
1,639,863	1927	SINCLAIR, C.C. & PHELPS, F.A.	MI	LURE FINISH
1,645,644	1927	DAVENPORT, S.F.	IN	WEED BUG
72,039	1927	SHIRLEY, D.A.	NJ	LURE
1,663,465	1928	NEFF, J.A.		LURE
1,666,072	1928	SCHILPP, C.P.	OH	PONCA BLADE
1,672,498	1928	OTTO, J.	IL	LURE
1,677,176	1928	DONALY, J.L.	NJ	WOW
1,678,448	1928	SHANNON, J.P.	WI	METAL
1,683,933	1928	TESHIMA, T.	OR	METAL
1,689,541	1928	WELCH, J.T.	MI	LUNY FROG
1,691,225	1928	CLEWELL, R. & C.W.	OH	SNAKERBAIT
1,692,935	1928	HEDDON, C.	MI	ZIG-WAG
1,694,195	1928	WATTS, T.L.	IN	LURE
74,497	1928	FOSTER, H.F.	CA	LURE
74,759	1928	PRIEUR, E.	MI	LURE
1,698,151	1929	CHAPLEAU, L.A.	IN	WHIRL-ORENO
1,698,735	1929	ROBERTS, C.C.	WI	MUD PUPPY
1,698,736	1929	ROBERTS, C.C.	WI	MUD PUPPY
1,698,964	1929	PAGIN, J.B.	IN	NAT'L FINISH
1,700,061	1929	KIMMICH, J.J.	PA	LURE
1,701,444	1929	DARR, C.A.	TX	METAL
1,701,528	1929	CLEWELL, R.L.	OH	SNAKEBAIT
1,702,074	1929	COMSTOCK, F.E.	IN	METAL
1,707,407	1929	MILES, W.C.	NY	LURE
1,708,015	1929	GOBLE, B.C.	OK	FROG
1,708,825	1929	BARCLAY, A.	B.C.	METAL LURE
1,709,010	1929	FOSS, W.A.	OH	FROG WIGGLER
1,710,102	1929	MOORE, D.P.	FL	LURE
1,710,906	1929	VEREECKEN, L.F.	B.C.	LURE
1,711,200	1929	HEDDON, C.	MI	LUNY FROG
1,723,193	1929	McLAUGHLIN, F.	ONT	LURE
1,723,557	1929	ONO, K.	CA	LURE
1,725,636	1929	HEASLIP, P.S.		LURE
1,726,502	1929	PFLUEGER, J.E.	OH	METAL
1,727,936	1929	PFLUEGER, J.E.	OH	METAL
1,731,165	1929	FARLEY, E.K.	AR	METAL
1,734,883	1929	SHANNON, J.P.	WI	SHAN TWIN SPIN
1,736,403	1929	HEDDON, C.	MI	S.O.S.
1,737,683	1929	READMAN, H.	SCOT	DEVON
1,738,617	1929	SCHARRER, C.H.	OH	METAL
1,739,258	1929	QUIN, F.S.	ONT	LURE
1,740,273	1929	SHANNON, J.P.	WI	METAL
1,749,335	1929	COWAN, J.H.	ONT	LURE
1,740,521	1929	NELSON, G.E.		LURE
79,681	1929	WRIGHT, S.W. & McGILL, A.D.	CO	METAL
1,742,786	1930	ROBERTS, M.B.	MI	METAL
1,744,366	1930	DAVENPORT, S.E.	IN	HOOK-HANGER
1,745,006	1930	CHAPLEAU, L.A.	IN	TEAS-ORENO
1,746,753	1930	WHITNEY, E.R.	ID	LURE
1,750,243	1930	PFLUEGER, J.E.	OH	METAL

PATENTS

PATENT NO.	YEAR	INVENTOR	FROM	COMMENTS
1,750,604	1930	PFLUEGER, J.E.	OH	SPOTLITE FINISH
1,750,783	1930	PEMBERTON, U.C.	FL	LURE
1,750,842	1930	HREN, J.	NY	FLOAT
1,752,088	1930	HUNTINGTON, L.B.	MD	METAL
1,752,706	1930	SOBECKI, A.J.	IN	LURE
80,908	1930	PEMBERTON, U.C. & JOHNSON, J.B.	FL	LURE
1,754,073	1930	YATES, J.C.	MD	METAL
1,754,567	1930	NEWELL, C.	CA	METAL
1,755,047	1930	BRAIDWOOD, C.A.	NJ	METAL LURE
1,755,647	1930	HARVEY, G.F.	B.C.	METAL
1,756,260	1930	PFLUEGER, C.T.	OH	BREAKLESS DEVON
1,758,160	1930	LEE, A.L.	FL	LURE
1,758,344	1930	WRIGHT, S.M. & McGILL, A.D.	CO	METAL
1,758,817	1930	BABBITT, E.J.	MI	LURE
1,762,914	1930	CORNELIUS, L.R.	IL	LURE
1,763,031	1930	YATES, J.C.	MD	SPOON
1,766,279	1930	BROWN, J.E.	OH	WEED GUARD
1,769,083	1930	TOZIER, G.H.	WA	METAL
1,770,904	1930	ARBOGAST, F.A.	OH	TIN LIZ
1,771,587	1930	SHOGREN, H.T.	WI	JUNE BUG
1,772,058	1930	WELCH, J.T.	WI	DOWAGIAC SPOOK
1,772,250	1930	HAGEN, W.F.	WI	LURE
1,773,561	1930	WETHALL, H.G.	MN	LURE
1,774,976	1930	HUNTINGTON, L.B.	MD	SPOON
1,776,090	1930	SHROYER, F.E.	IL	ILLUM'G LURE
1,777,004	1930	LEMER, L.S. & LONG, W.M.	WA	RUBBER LURE
1,777,594	1930	WELLER, E.E.	IA	WELLER MOUSE
1,778,065	1930	DAVENPORT, S.F.	IN	PLUNKER
1,778,214	1930	FISHER, B.	IL	SPOON
1,781,161	1928	FARLEY, E.L.	AR	LURE
1,786,568	1930	KUTZ, W.G.	OH	LURE
80,908	1930	PEMBERTON, U.C. & JOHNSON, J.B.	FL	LURE
1,825,866	1931	PEKIN CASTING REEL	IL	REEL
1,874,102	1932	JACOBS, EDWARD	MI	LURE
87,373	1932	WEBER, H.M.	WI	LURE
87,374	1932	WEBER, H.M.	WI	LURE
91,235	1933	EDWARDS, L.O.	NY	LURE
1,933,170	1933	GRIEDER, J.A.		LURE
2,001,844	1935	KUMM, ARTHUR	MI	LURE
96,092	1935	CHRISTIANSEN, O.	MN	LURE
98,644	1935	BURGE, F.O.	IN	FLY
2,123,150	1938	PAUL BUNYAN		LURE
2,190,791	1940	PAUL BUNYAN		LURE
2,191,244	1940	WISE, L.V.		LURE
2,217,677	1940	GEORGE, A.N.	MI	LURE/FROG
133,949	1942	JACOBS, EDWARD	MI	LURE
2,235,905	1943	TWAIN TOOL & MFG.	IL	LURE
2,430,111	1944	DORY, A.J.	IL	LURE/FROG
2,413,344	1946	WILLMAN, W.	MI	LURE
2,437,803	1948	BELL LURE	MI	LURE
2,476,733	1949	JACOBS, EDWARD	MI	LURE
2,605,572	1952	HOLMGREN, F.P.	IL	LURE/FROG
2,607,151	1952	MORRIS, M.U.	IN	LURE/FROG
2,636,316	1953	SOLOVIOFF, N.N.	NY	LURE/FROG

SHAKESPEARE

CODE AS TO VINTAGE

```
REELS    1  2  3  ④  5  ⑥  7  8  9  0
         K  J  H  Ⓖ  F  Ⓔ  D  C  B  A
         V  U  T  S  R  Q  P  N  M  L
```

(TWO LETTERS ON SIDE PLATE)   EXAMPLE GE = 1946 FROM TABLE

```
RODS    A   B   C   D   E   Ⓕ   G   H   J   K   L   M
        0   9   8   7   6   ⑤   4   3   2   1   11  12
        OCT SEP AUG JUL JUN Ⓜ️AY APR MAR FEB JAN NOV DEC
```

FIRST TWO LETTER INDICATE YEAR - LAST LETTER IS MONTH

EXAMPLE: FFF = 1955 MAY

NOTE: PRIOR TO AUGUST 1954 THE YEAR CHANGED AUGUST 1st WITH THE SELLING SEASON

Index by Lure Name

"0", BROOKS 39-A4
"0", HEDDON 69-D1,69-D2
"00", HEDDON 69-D6,69-D7
#1500, JAMISON 79-A11
#1501 JOINTED, JAMISON 79-A6
10,000 LAKES JUNEBUG SPINN..85-A4
1900, MOONLIGHT 93-B5
1913 SPECIAL, MOONLIGHT.....29-G
2900, MOONLIGHT 93-A3
3 IN 1 DIVER................147-A9
3 IN 1 JACK HARMON DIVER....65-D11
3 IN 1 JACK HARMON POPPER...65-D10
3 IN 1 JACK HARMON SPINNER..65-D12
3 IN 1 TOPWATER.............147-A8
3000, MOONLIGHT.............93-A4
3350, MOONLIGHT.............93-B1,93-B2
4-BROS FLUTED SPOON.........105-B3,105-B4
4-BROS KIDNEY SPOON.........105-A2
4-BROS WILLOWLEAF SPOON.....105-A5,105-A6
4-IN-1 BAIT.................97-D4
49er BAIT...................61-A12
99% WEEDLESS BAIT...........93-B10,93-B11,93-B12
999 MINNOW..................123-B4

A

A-B-C MINNOW, BOLTON........39-C8
A.B.C. MINNOW...............35-B11
ABENAKI SPINNER.............35-D5
ABU SPINNER.................63-C14,63-C15
ACE BULLET..................73-C9
ACE, WEEDLESS...............75-D15
ACRO-BAIT...................155-C5
ACROBAT SURFACE MINNOW......87-C1
ACTION LURE.................35-A2
ACTUAL CRAWDAD..............35-A10
ACTUAL MINNOW...............35-A9
ACTUAL SHAD.................35-A8
ADAMS DIVER.................167-B7
ADIRONDACK SPINNER..........105-A11,105-A12
ADJUSTABLE WING.............281-B7
ADMIRAL BAIT................107-D3,107-D4
AERO SPINNER................289-D6
AEROPLANE BAIT..............29-H
AIREX SPINNER...............35-B8
AIRPLANE LURE...............147-D8
AL'S HELLEGRAMMITE..........287-A4
ALASKAN SALMON PLUG.........153-A15
ALGER'S GETSEM..............139-C14
ALGER'S MINMOW..............35-B1
ALL RIGHT FLUTED BAIT.......65-B3,65-B4
ALL-IN-ONE MINNOW...........111-A8
ALLCOCK SPOON BAIT..........166-B9
ALLEN MINNOW................287-A3
ALLEN SPOON.................165-C9
ALLIGATOR BAIT..............61-A3,61-A4
ALLURE......................45-B1,45-A11,45-A12
ALPINE SPOON................166-C15
AMAZIN' MAIZIE..............101-A6
AMBRITE MINNOW..............157-D7
AMERICAN BALL SPINNER.......105-C10
AMERICAN SPINNER............69-A8
ANDERSON MINNOW.............31-D12
ANDY REEKER BAIT............111-D3
ANGLEWORM SPINNER...........115-D2,115-D3,117-B8
ANGLEWORMS..................107-C10
ANTEATER BAIT...............49-B8
AQUA BAIT...................147-B11
ARBOGASTER.................33-D4,33-D5
ARISTOCRAT MINNOW...........97-B2
ARJON BASSY.................166-D8
ARKANSAS WIGGLER............141-B9,141-B10
ARROWHEAD...................45-B5,63-B4
ARROWHEAD SPINNER...........85-B11
ARTFUL DODGER...............99-C9
ARTIFICIAL BAIT, EWERT......28-M
ARTIFICIAL TROLLING MINNOW..127-B1
ARTISTIC MINNOW.............69-C6
ARTISTIC TYPE MINNOW........93-A9
ASTRA.......................31-B8
ATOM........................143-C5
ATOMIC BASS BUSTER..........281-C7
ATTRACTOR...................39-B11
AUSTRALIAN TANDEM SPINNER...61-D1
AUTOMATIC STRIKER BAIT......77-D4,77-D5,77-D6
AUTOMATIC WEEDLESS, GILMORE.61-A1
AUTOMATIC WEEDLESS, LANE....151-D14

B

B-29 BASS BUSTER............281-C8
B-K BAIT....................39-D10,39-D11
BABBITT WEEDLESS............39-D12
BABE-ORENO..................121-A7,121-A8,121-B2

BABE-ORENO TYPE.............31-B13
BABY ANTEATER...............49-B9
BABY BASS SEEKER............93-B8,93-B9,193-D14
BABY BASS-A-LURE............155-C13
BABY BASS-OBITE.............121-B4
BABY BEBOP..................123-C6
BABY BEE BOPPER.............155-D2
BABY BESTEVER...............43-A10
BABY BETTER BASS-ORENO......121-A15
BABY BLITZ..................131-D2
BABY BOMBER.................47-A15
BABY CAT....................83-D15
BABY CHUB WIGGLER...........45-C3,45-C4
BABY CHUGGER SPOOK..........73-D4
BABY COMPETITOR MINNOW......109-A12
BABY CRAB SPOOK.............73-A9
BABY CRAB WIGGLER...........73-A4,73-A5
BABY CRAWDAD................45-C7,45-C8
BABY CRAZY CRAWLER..........75-A3
BABY CREE-DUK...............115-B6
BABY CRIPPLE WIGGLER........298-C10
BABY DECKER.................53-A2
BABY DILLINGER..............57-C5
BABY DIVE-ORENO.............121-D2
BABY DOWAGIAC MINNOW........69-C7
BABY DOWAGIAC SPOOK.........73-C13
BABY DUDE...................285-D7
BABY EGYPTIAN WOBBLER.......131-A9
BABY EXPERT, CLARK..........43-B15
BABY EXPERT, WOODS..........135,D13
BABY FLAPJACK...............97-A6
BABY FLOATER................137-B6
BABY FLOATING BAIT..........289-D8
BABY FROGLEGS...............77-C7
BABY FROGSKIN BAIT..........129-D11
BABY GAMEFISHER.............73-A12
BABY INJURED MINNOW.........45-D9,45-D10,129-B8
BABY JIGGER.................47-D2
BABY JOINTED MUSTANG........111-A7
BABY JOINTED PIKIE..........47-A12,49-B12,95-C5
BABY JTD. PIKE,BEST-O-LUCK..125-D6
BABY LIVEWIRE MINNOW........111-C4
BABY LIZARD,WHOPPER STOPPER.141-C13
BABY LUCKY 13...............71-C11
BABY MAGIC MINNOW...........87-B10
BABY MIN-ORENO..............121-D5
BABY MUSKRAT................91-A2
BABY MUSTANG FLOATER........111-A6
BABY MUSTANG SINKER.........111-A5
BABY NEAR SURFACE WIGGLER...71-C5
BABY OLD FAITHFUL...........95-C8
BABY OLE LIZ................155-C15
BABY OPEN MOUTH SHINER......45-C10
BABY ORIENTAL WIGGLER.......59-B10
BABY OSPREY WOBBLER.........57-A10
BABY PAD-LER................131-B15
BABY PICO POP...............289-B2
BABY PIKE-KEE-WIG...........83-C4
BABY PIKE-ORENO.............121-C5,121-C6,121-C7
BABY PIKIE..................45-D3,45-D4,49-B5
                            95-C3
BABY PIKIE KAZOO............131-A11
BABY PLUNKER................153-D6
BABY POGO STICK.............287-D8
BABY REEFER.................39-A6
BABY REVOLUTION MINNOW......127-A5,127-A6
BABY RIVER PUP..............111-D8
BABY RIVER RUNT.............49-B14
BABY ROMAN REDTAIL..........103-B5
BABY ROOTER.................289-B12
BABY RUBY EYE SPOON.........99-D11
BABY SEA GULL...............93-C7,93-C8
BABY SEA WITCH..............131-B8
BABY SEVEN THOUSAND.........47-C2
BABY SHARKEE................49-A9
BABY SPIN STICK.............157-A3
BABY SURF-ORENO.............119-D5,119-D6
BABY SURF-ORENO TYPE........49-D2
BABY SURPRISE...............111-B6
BABY SWIM.MOUSE,SHAKESPEARE.131-C5
BABY TADPOLLY...............73-B3
BABY TEAS-ORENO.............121-D7
BABY TOM WIGGLER............83-B12
BABY TWIN-SPIN..............79-D3
BABY TWO-OBITE..............121-D15
BABY TWO-ORENO..............121-D13
BABY VACUUM BAIT............123-B9
BABY VAL-PIKE-LURE..........135-C9
BABY VAMP...................75-A10
BABY WEEDLESS BROOKS........39-A9
BABY WEEZEL.................141-B14
BABY WHOPPER STOPPER........141-C4
BABY WIGGLE DIVER...........131-B12
BABY WIGGLE FISH............47-D7

Name	Reference
BABY WIGGLE-FISH	65-D9
BABY WILSON WOBBLER	139-D8
BABY WINGED MASCOT	79-D15
BABY WIZARD	109-A5,155-B6
BABY WOOD CRAB	93-D12
BABY WOODPECKER	119-D10
BABY ZARA-SPOOK	73-B15
BABY ZIG ZAG	91-D11
BABY'S RATTLE	164-D11
BAD-O-MAD JR	151-C1
BAG-O-MAD	65-C15
BALDWIN MINNOW	37-A1
BAIT PIOLET	281-B8
BALL BAIT	105-C1
BALL SPINNER, PFLUEGER	105-C11,105-C12
BALLERINA JR	111-C1
BALLERINA MINNOW	111-B1
BALSA BUG	131-D3
BANANA LURE	101-B6,143-C15
BARN DOOR HINGE	31-D10,31-D11
BARNACLE BILL	131-A14
BARNES'BAIT	39-D9
BARNES'MINNOW	167-B6
BARNEY GOOGLE	157-C6
BASGETER, SURFACE	37-B15
BASGETER, UNDERWATER	37-B14
BASS BAIT	283-B7
BASS BANDIT	157-C1
BASS BIRD	62-B2
BASS BUG, REYNOLD'S	113-B15
BASS CALLER	55-A14
BASS CHARGER	81-B15
BASS CHARMER	135-B4
BASS EAT-US	155-C1
BASS FLY, JAMISON	79-B13
BASS GETTER	289-A15
BASS HAWK	63-D14,139-B8
BASS HOG	39-C10
BASS KAZOO	129-C10,129-C11
BASS KILLER	113-B7,137-B14,137-B15
BASS KING, NATIONAL	97-C10,97-C11
BASS KING, RED & GREEN TACK	159-B9
BASS KING, STRIKEMASTER	155-B11
BASS MASTER	83-D14
BASS NABBER	139-A4,139-A5,139-A6
BASS POP W/FROG	59-C10
BASS SEEKER ,JTD, PAW PAW	95-D11
BASS SEEKER, MOONLIGHT	93-B6,95-C11
BASS SEEKER, PAW PAW	95-D10
BASS SEEKER, WILSON	139-D12,139-D13
BASS THIEF	119-A2
BASS-A-LURE	129-C12,129-C13,161-B12
BASS-A-LURE JR	129-C14
BASS-AQUA	143-A13
BASS-O-GRAM	139-A1
BASS-OBITE	121-B3
BASS-ORENO	121-A1,121-A3,121-A4 121-A5
BASS-ORENO, SALTWATER	121-A13
BASS-ORENO TYPE,ABBEY-IMBR	31-B12
BASS-ORENO TYPE,CREEK CHUB	49-C7,49-C8
BASS-ORENO TYPE, H-I	67-C10,67-C11
BASSER	31-A3,71-D3,71-D6
BASSER SALTWATER	71-D4
BASSKIL	149-C4
BASSMERIZER	139-D15
BASSNIC	155-A6
BASSOR	91-C4,91-C5
BASSY BIFF	35-D6
BASSY GETUM	99-B12
BASSY GETUM FLOATER	99-B13
BAT IKE	157-C4
BATSELL "KILLER"	41-A5
BATWING	147-C13
BAYFIELD SPOON	99-14
BAYOU BOOGIE	141-C7 to 141-C10 164-C14
BAYOU BOOGIE TOPPER	141-C11
BE BOP	123-C5
BEACHCOMBER	143-C6
BEADED SPINNER,HILDEBRANDT	157-B12
BEAN'S SPOON	37-A7,37-A8
BEAR VALLEY SPINNER	105-D9,105-D10
BEARCAT SPINNER	107-A5
BEAVER BAIT	149-C7
BEE	155-D3
BEE-POPPER	133-C12
BEETLE PLOP	79-A8
BEETLE, CREEK CHUB	49-A13
BEETLE, HILDEBRANDT	157-B8
BEETLEBUG	91-C11
BENDER	111-C10
BENO EEL	147-A5,147-A6
BENTLEY SPINNER	37-A2,37-A3
BERNARD SPOON	157-D12
BEST BAIT	37-C15
BEST-O'-LUCK MINNOW	125-D2,125-D3
BESTEVER BAIT	43-A5 to 43-A8
BET LURE	167-B11
BETTAGAL	135-A7
BETTER BASS-ORENO	121-A14
BEYERLEIN LURE	115-A2,155-A8
BIG BILL	153-A13
BIG BOMBER	49-D14
BIG BOY	31-A14,31-A15
BIG BROTHER (BIG BOY)	149-A1
BIG BURP	164-D8
BIG CREEK BUG WIGGLER	47-B1
BIG DADDY	285-D11
BIG EYE	166-C1
BIG JERK	149-D9
BIG JOE	71-B13
BIG MARY	71-B11,71-B12
BIG MOUTH PLUNKER	151-A3
BIG POPPA	141-B5
BIG SHOT, WEBER	137-D7
BILL'S BASS GETTER	81-A1
BILL'S PRIDE	87-C14
BIMBO	99-A14
BING'S MINNOW	159-A1
BING'S MINNOW RIG	39-A15
BING'S NEMAHBIN MINNOW	39-A14
BING'S PEARL SPOON	149-B15
BINGO	149-C1
BINGO MOUSE	49-C14
BINN'S BAIT	39-D15
BIRDIE	107-D12
BITE-EM-BATE	37-B1
BIZ MINNOW	107-D7
BIZZY BEE	155-D4
BIZZY BEE STUNTER	133-C11
BLABBERMOUTH	65-C5
BLACK BASS SPINNER	105-D3 to 105-D6
BLACK SUCKER	71-A3
BLAZE-O-LURE	287-A13
BLINKIN BEAUTY	61-C7,61-C8
BLODGETT BAIT	37-D6
BLOODY GOOD	147-C9
BLOOY LOOY	287-D3
BLUE POPPER	57-A3
BLUE RIBBON MINNOW	41-A6
BLUE STREAK, SYLVESTER	143-A14
BLUE STREAK WOBBLER, E & E	57-A4
BOB	69-B7
BOBOPEN	287-A11
BOB'S TEN CENT MINNOW	117-D13
BOMBER	37-C4,37-C5
BOMBER KREEKER, CCBO	47-A14
BOMBER SPECIAL	37-C8
BOMBER TYPE	287-C15
BOMBER, HANDMADE	149-A13
BOMBERETTE	37-C12,37-C13
BONIFIED MINNOW	29-P
BONANZA	287-C11
BONEHEAD BABY SPLASHER	283-C11
BONEHEAD BRIGHT-EYED POPPER	283-C13
BONEHEAD JTD SWAMP MINNOW	283-C14
BONEHEAD MISS FLATSIDES	283-C10
BONEHEAD SOUTHERN TORPEDO	283-C9
BONEHEAD STRUTTIN SAM	283-C8
BONEHEAD SWAMP MINNOW	283-C15
BONEHEAD WIGGLER	283-C12
BON-NET MUSKY BAIT	41-A2
BON-NET TYPE	147-B5
BONNER CASTING MINNOW	37-A14
BONNETT BAIT	37-A5
BOOSTER BAIT	63-D5
BOSSARD BASS BUG	149-A9
BOTTLE BAIT	28-B,37-C14,159-A4 281-A15
BOTTLE BASS POPPER	79-A1,79-A2
BOTTOM DOLLAR	157-B15
BOTTOM-SCRATCHER	99-A10
BOWERSOX MINNOW	28-E
BREAKLESS DEVON MINNOW	107-B5,107-B6
BRIGHT EYE, P & K INC	101-A7,101-A8
BRIGHT-EYES, BRIGHT-EYE	39-C12,39-C13
BRIGHT-TWIN SPOON	35-D4
BRILLIANT BASS SEEKER	93-B7
BROKEN BACK	39-D2
BROOK'S SHINER	39-A1
BROOK'S SPOON	149-B6
BUBBLE MINNIE	61-A11
BUBBLE SALLY	283-A4
BUBBLER	39-D6
BUBBLING BUG	115-D6,281-D5
BUCK & BRAWL	157-A6
BUCKTAIL TWIN SPIN,SHANNON	79-C8,70-C9
BUCKSKIN BAIT	81-A11
BUCKTAIL DOUBLE SPINNER	125-C4
BUCKTAIL FLY SPIN	157-B6
BUCKTAIL JIG	159-B4
BUCKTAIL MINNOW SPOON	125-C5

BUCKTAIL SPINNER	149-B4
BUCKTAIL SURFACE MINNOW	127-D11
BUCKTAIL WEIGHTED	151-D4
BUCKY GETUM	99-B7,99-B8
BUDDY	131-A15
BUEL HOMEMADE SPOON	39-B1,39-B2,39-B3
BUEL TYPE SPOON	97-D9,97-D10
BUFFALO SPINNER BAIT	85-D1 to 85-D4
BUG BASS	41-A9
BUG SPOON	35-C3
BUG SPOONETTE	35-B15
BUG, BITE-EM	37-B2
BUG, BURKE	37-A10
BUG, STRIKEMASTER	155-B7
BUG THE, MOONLIGHT	91-D14
BUG-A-BOO	139-B11,139-B12
BUG-N-BASS	147-C12
BUG-N-BIRD	159-D11
BUG-R-BIRD	285-D3
BULGE EYE FROG	57-D5
BULL NOSE BAIT	35-B2
BULL NOSE JR	35-B3
BULLHEAD	93-D10
BULL NOSE FROG	57-B14
BUMBLE BUG	147-B4
BUMBY SPECIAL	37-B13
BUNTY BAIT	133-C13
BURDETT BAIT	69-A2
BURGESS BAIT	37-D9
BURKE BAIT	37-A11
BURKE BASS BAIT	37-A12
BURMECK'S SECRET BAIT	41-A1
BURPER	67-D1
BURRELLURE	117-B11
BUSY BODY	33-C14,59-A15
BUTCH	151-C3
BUTTERFLY SPOON	85-C15
BUZZER	281-B1

C

CALADONIAN MINNOW	170-A4
CALAMITY TROLLER	139-C2
CAL'S CRIPPLE MINNOW	287-A7
CANADIAN JOINTED WIGGLER	43-D2
CANADIAN SPOON	43-D1
CANADIAN WIGGLER	43-D3
CARROT TOP	289-B13
CARSWELL FROG	162-D13,162-D14,287-B6
CASTER	153-B8
CASTING LURE, PAW PAW	95-B11
CASTING MINNOW, PAW PAW	95-B3
CASTING MINNOW, SHAKESPEARE	129-A7,129-A8
CASTING SPOON, BUEL	39-B12,39-B13
CASTING SPOON, SOUTH BEND	123-D6
CASTING WEIGHT, SHAKESPEARE	131-D15
CASTROLA	47-A2
CAT'S PAW	65-C9
CATALINA METALIZED MINNOW	285-A1
CATALINA MINNOW	111-B12,111-C2
CEDAR POPPER	143-C14
CEDAR PROPELLOR BAIT	117-A2
CEDAR SQUID	45-B12 to 45-B15
CELLULOID MINNOW	157-D5
CENTIPEDE SPINNER	99-D8
CHAMP	47-C7
CHAMPION	41-C13
CHAPMAN MINNOW	287-B5
CHARMER	41-C11,41-C12,151-B3
CHARMER JR	41-C14
CHARMER TOPWATER	41-C10
CHARMER, BUCKTAIL, TAYLOR	135-B5
CHASE FISH GETTER	43-C5
CHAUTAUQUA MINNOW	41-C5
CHAUTAUQUA PORK RIND	41-C6
CHELLY	135-A3
CHICAGO CAPTOR	59-B5
CHICAGO WOBBLER	81-A2,141-D13
CHIEF TEEZUM	87-C2
CHIPPEWA BASS BAIT	43-B11
CHIPPEWA PIKE BAIT	43-B10
CHIPPEWA SKIPPER	43-B12
CHIX	89-B2
CHRISTENSEN FROG	43-C11
CHUB	95-D1
CHUB CASTER	283-C4
CHUB WIGGLER	45-C1,45-C2
CHUBBY MINNOW	83-D12
CHUG IKE	83-A13,83-A14
CHUGGER SPOOK	73-D3
CHUGGER TYPE	57-C10
CHUM CHUM	147-A10
CHUM CHUM (FOOD FOR)	147-A11
CHUM SPOON	103-C12,103-C13,103-C14
CHUNK	43-A3
CHUNK BAIT	283-B6
CHUNKER, BLEEDER	39-D5
CHUNKER, EGER	57-C6
CISCO KID DIVER	139-C4,139-C5,139-C6
CISCO KID DIVER JOINTED	139-C7
CISCO KID FLASHER	139-C9
CISCO KID INJURED	139-C8
CISCO KID SPINNER	289-D10
CLASSIC MINNOW, WELLER	137-C11,137-C12,137-D1 137-D2,137-D3
CLEARWATER	31-A13
CLEOPATRA SILVER	170-C1
CLOSE-PIN, CREEK CHUB	47-C15
CLOSE-PIN, GARST	28-D
CLOTHES PIN BAIT, PAW PAW	97-A7,97-A8
CLOTHES PIN, FLORIDA TACKLE	53-D12
CLOTHES-PIN BAIT, JOHNSON	77-C12
COAST MINNOW	71-A4,71-A5,71-A6
COAST-ORENO	121-B7
COAXER	79-B2,79-B4,79-B5 79-B6,79-B7,79-B8
COAXER UNDERWATER	79-B12
COBURG BAIT	151-A10,283-B14,287-B10
COBURG SPINNER	55-A12,105-D14,105-D15
COCKTAIL KICKER	33-A3,33-A4
COLORADO PEARL SPIN,HENDRYX	69-A5
COLORADO PEARL SP. SO BEND	125-B9,125-B10
COLORADO SPINNER, HARDER	65-A8,65-A9
COLORADO SPINNER, PFLUEGER	105-D11
COLORADO SPINNER, SO. BEND	125-C6
COLORADO SPOON, COLLINS	41-C1,41-C2
COLORADO TYPE SP.,NO. SPEC	97-D13
COLORAMA	283-D15
COMBIN.ALLURE,BASS,CHAPMAN	45-A10
COMBIN.MINNOW PROP.CHAPMAN	45-A8,45-A9
COMBIN.SURF.MINNOW,SO.BEND	119-C3
COMBINATION MINNOW,CHAPMAN	45-A1 to 45-A7
COMBINATION MINNOW,SO BEND	119-C1,119-C2
COMBINATION MINNOW,WORDEN	119-B9
COMBS MINNOW	149-D6,149-D7
COMET-MEPPS SPINNER	87-A5
COMPETITOR MINNOW	109-A7,109-A8,109-A10 109-A11
COMPLETED FLUTED SPINNER	69-A14
CONCAVE DARTER	151-A4
CONRAD FROG	107-B12,107-B13,107-B14
CONVICT 9999 MINNOW	57-C13
COOL RIPPLE FROG	35-A7,43-D4,43-D5
COOPER PORKER	43-C13
COPPER SPOON	283-B15
CORK BAIT,HENDRYX	69-A3
CORKHEAD MINNOW	63-A4
CORNELIUS-LIE MINNOW	287-B3
COSTA LURE	29-E
CRAB SPOOK, HEDDON	73-A8
CRAB TYPE, ABBEY & IMBRIE	31-C5
CRAB WIGGLER, HEDDON	73-A1,73-A2,73-A3
CRAB, ABBEY & IMBRIE	31-A4
CRAB, HORROCK-IBBOTSON	281-D6
CRAB, KEELING	83-C2,151-D10
CRAB, PHILIP'S	101-D2
CRAB, STRIKEMASTER	155-B2,155-B3,285-A15
CRAB-ORENO	123-C14
CRABUG	41-D9
CRACKERJACK LURE	164-A9
CRAW, CARTER-DUNKS	43-B6
CRAW, DAY-N-NIGHT	149-D3
CRAWDAD, CREEK CHUB	45-C5,45-C6
CRAWDAD, GRUBE'S	61-D10
CRAWDAD, H. MILLS	87-C3
CRAWDAD, PAW PAW	95-B2,283-D14
CRAWDAD, PFLUEGER	107-C11
CRAWFISH CRAWLER	113-D6
CRAWFISH, MOONLIGHT	157-C7
CRAWFISH, P & K	101-B1
CRAWFISH, PFLUEGER	107-C12
CRAWFISH, WRIGHT & McGILL	139-A7,285-C3
CRAWPAPPY	115-B7
CRAYFISH	153-C1
CRAZY CRAB	67-C15
CRAZY CRAWLER	75-A2
CRAZY GEORGE	99-A15
CRAZY LEGS	164-A5
CREE-DUK	155-A15
CREEK & RIVER FISH LURE	47-B13
CREEK DARTER	47-C9
CRESCENT SPOON	105-B14
CRICKET	107-C9
CRIK-ORENO	155-C9
CRIPPLE CRITTER CRAWFISH	77-B8
CRIPPLE CRITTER DIVER	77-B9
CRIPPLED KILLER, PHILIP'S	101-D4,101-D5
CRIPPLED SHAD, TRU-TEMPER	59-D13
CRIPPLE WIGGLER	285-B4

307

CRIPPLED-ORENO................119-D7	DECOY, SPOOK, HEDDON........69-D10
CROAKER..................A-15,137-D4,137-D6	DECOY, STUMP DODGER........137-B9
CROAKER UNDERWATER............137-D5	DECOY, SUCK. MIN.,BEAR CREEK,39-C4,149-C6
CROWDER, UNKNOWN.............287-B4	DECOY, SUCKER, BETHEL........145-D4
CRUSADER................137-A1,137-A2,137-A5	DECOY, SUCKER, RANDALL......145-A5
137-A6	DECOY, SUNFISH..............145-A
CUMMINGS BASS BAIT.........43-D15	DECOY, TROUT, BETHEL........145-D5
CUPPED WOBBLER, WILSON......139-D11	DECOY, TONKA FISH.........145-B10,145-B11
CURVE-A-LURE................153-B14	DECOY, TURTLE...............145-D1
CYCLONE BAIT, CHAPMAN.......45-A15	DECOY, WALLEYE, KROAB........145-B4
CYCLONE SPINNER, HENDRYX....69-A10,69-A11	DECOY, WALLEYE, UNKNOWN.....145-A14
CYCLONE SPINNER, PFLUEGER...105-C8,105-C9	DECOY, WHITEFISH............145-A11
CYCLONE, THOMMEN.............135-A9	DEEP BILL BEE...............133-C7

D

DACE NATURAL MINNOW..........95-B7	DEEP CREEP..................91-C3
DAILY DOUBLE................163-A3	DEEP DIVE DEVIL HORSE.......157-A5
DAILY DOUBLE FLOATER........91-C6,91-C7	DEEP DIVING WIGGLER.........71-C2,71-C3
DAISY SPINNER...............105-A9,105-A10	DEEP IKE....................83-A12
DALTON SPECIAL..............57-D2,157-A9	DEEP RUNT TYPE..............37-A9
DALTON TWIST................57-D1	DEEP SIX....................61-B2
DAM JOINTED MINNOW LG.......281-B12	DEEP STUNTER................133-C9
DAM JOINTED MINNOW SM.......281-B13	DEEP-O-DIVE.................73-A10
DAM JOINTED PIKIE TYPE......55-C5,159-A7	DEEP-R-DOODLE...............141-A11,141-A12
DAM RIVER RUNT TYPE.........55-C4	DeKALB......................147-D5
DAM SPOON...................151-A11	DEL-REY WOBBLER.............61-B13,61-B14
DANGLE BACK.................53-D10	DELAVAN BAIT, PFLUEGER......105-C3,105-C4
DANIEL BOONE SPOON..........37-A13	DELAVAN SPINNER, HENDRYX....69-B1
DANIEL'S SPINNER............287-C5	DELAVAN SPINNER, SHIPLEY....155-B15
DANIELSON WEEDLESS..........53-D2	DELTA BUG...................155-A4
DARB-A-LURE.................133-A15	DELTA WOBBLER...............285-A9
DARBY BAIT..................55-A15	DELUXE BASSER...............71-D7
DARDEVLET...................57-B5	DELUXE SHANNON TWIN-SPIN....79-C14
DARDEVLE IMP................57-B4	DELUXE WAGTAIL CHUB.........45-D1,45-D2
DARDEVLE SPINNIE............57-B3	DETROIT MINNOW CAGE.........281-B14
DARDEVLE, CRYSTAL...........57-B6	DETROIT WEEDLESS............281-B15
DART-ORENO..................123-D5	DEVI-LURE...................85-B12
DARTER SCOUT, CLARK.........41-B11	DEVIL ACE...................73-C8
DARTER, AIREX...............35-B5	DEVIL HORSE LURE............55-A9,55-A10,55-A11
DARTER, CREEK CHUB..........47-C10,49-C3,51-A12	DEVIL QUEEN.................73-C7
281-B1	DEVIL-EYE WOBBLER...........103-A7
DARTER, JOINTED,CREEK CHUB..47-C11	DEVLIN......................91-A15
DARTER, DICK................157-A14	DEVON TYPE MINNOW, CHAPMAN..45-A4,45-A5,45-B4
DARTER, JOINTED,PAW PAW.....95-C14	DEVON TYPE MINNOW, GARCIA...63-C9
DARTER, PAW PAW.............95-C13,283-C3	DI-DIPPER...................133-C8
DARTER, PFEFFER.............101-B7,101-B8	DIAMOND JIM LURE............53-D3,53-D4
DARTER, PICO................101-C11	DIAMOND WIGGLER.............41-A8
DARTER, PORTER..............101-C3	DIAMOND WOBBLER.............55-C8,55-C9
DARTER, ROBINSON............113-B6	DIDO........................149-B12
DARTER, TOOLEY..............133-C14	DIGGER, BROOKS..............39-A2
DARTER-ORENO................123-B14	DIGGER, PICO................101-C10
DARTING SHRIMP..............129-C9	DILLON-BECK MINNOW..........290-D14
DARTING ZARA................73-B11,73-B12,73-B13	DILLY.......................39-D14
DARTO.......................77-D11	DINEEN SPINNING MINNOW......53-D1
DAVEY SPOON.................151-A13	DING BAT....................47-D11,47-D13
DAVIS SALTWATER MINNOW......55-C1,55-D1	DINGER......................47-D8,49-B15
DAY SPINNER.................43-D11,55-C6,55-C7	DINKY.......................157-C9
151-A14	DIPPER, DUBROW..............55-B15
DAZZLER.....................43-D12	DIPPER, HOM-ART.............63-D11
DAZZLUM JR..................43-D13	DIPSY DOODLE................141-A5,141-A6,141-A7
DEATH PRIDE.................155-B9	141-A10
DECKER PLUG BAIT............53-A3	DIVE-ORENO..................121-D1
DECKER WABBLE...............53-B10	DIVER, DONALY...............28-J
DECOY, A-B-C, BOLTON........39-C9	DIXIE MINNOW................281-B11
DECOY, BAT WING, HEDDON.....69-B8	DIXIE WIGGLER...............59-C2
DECOY, BEAR CREEK...........39-C6,39-C7	DIXIE WIGGLER JR............59-C3
DECOY, CREEK CHUB...........28-G	DIZZY DECOY.................287-C3
DECOY, CRAWFISH, UNKNOWN....145-D2	DIZZY DIVER.................61-B9
DECOY, FISHERETTO...........39-A11	DIZZY FLOATER...............61-B17,61-B8
DECOY, GOLD FISH, V/R/E.....145-B5	DO DAD......................43-C10
DECOY, HEDDON...............69-D9	DOANE'S MINNOW..............55-A8
DECOY, KINGFISH, BARLAKE....145-B2	DOC.........................59-D8
DECOY, METAL, HEDDON........69-D11	DOC WATSON'S SECRET LURE....137-C8
DECOY, METAL, RANDALL.......145-A8	DOCTOR SPOON................149-C3,289-B10
DECOY, MOONLIGHT............93-D6	DOCTOR, THE BIG.............119-A8
DECOY, PAW PAW..............93-D7	DODDRIDGE WEEDLESS HOOK.....133-C6
DECOY, PERCH, CY'S DECOYS...145-D11,145-D12,145-D13	DODGER......................99-C8
DECOY, PERCH, GREENLEE......145-D7	DOLLY.......................135-A8
DECOY, PERCH, SLETTON.......145-A2	DOODLE BUG..................35-D1,133-D12
DECOY, PERCH, UNKNOWN.......145-B13,145-B14,145-D14	DOODLER.....................141-A8,141-A9,141-B1
DECOY, PFLUEGER.............109-A1	141-B2
DECOY, PIKE, BOB'S FLY TYE..145-B3	DOOFER......................151-B12
DECOY, PIKE, PLANNIGAN......145-D9,145-D10	DOPEY.......................131-D10
DECOY, PIKE, ICE KING.......145-B6,145-B9	DOUBLE HAMMERED LOWE SPIN...107-A4
DECOY, PIKE, LEACH..........145-A4	DOUBLE HEADER...............149-D4
DECOY, PIKE, RANDALL........145-A6,145-A7	DOUBLE KIDNEY SPINNER......97-D12
DECOY, PIKE, SLETTON........145-A1	DOUBLE O....................39-A3
DECOY, PIKE, UPPRDN/BLANK...145-B1	DOUBLE POP..................151-D13
DECOY, PIKE, UNKNOWN........145-A12,145-B12,145-D3	DOUBLE POP MINNOW...........157-C5
DECOY, PIKE, WASHALL........145-A13,145-A12	DOUBLE POP WOBBLER..........151-D12
DECOY, RHODES...............125-D13	DOUBLE SPIN.................91-A7
DECOY, RUBBER, PFLUEGER.....107-D9	DOUBLE STANDARD SPINNER....157-B14
DECOY, SOUTH BEND...........119-B15	DOUBLE WHAMMIE..............289-B4
	DOWAGIAC 200 SPECIAL........69-B9,69-B10,69-B11
	DOWAGIAC 210 SURFACE LURE...69-B12,69-B13
	DOWAGIAC KILLER.............69-C8

308

Name	Reference
DOWAGIAC MINNOW	69-C12,69-C13,69-B3 69-B5,69-D4
DOWAGIAC UNDERWATER	69-B4
DRAGNETTER	151-D8
DRAGON	289-C6
DRAGON FLY, CORONADO	147-A4
DRAGON FLY, ODON	147-C10
DRAGON SPINNER	105-A15
DREADNOUGHT	91-D8
DRIESEL BABY WIGGLER	281-C6
DRIESEL DIVER	281-C1
DRIESEL MINNOW	281-C3
DRIESEL MOUSE	287-B11
DRIESEL PLUNKER	281-C2
DRIESEL POPPER	287-B13
DRIESEL TOPWATER	281-C4
DRIESEL WIGGLER	281-C5
DRIESEL WOBBLER	287-B12
DRONE SPOON	65-A14
DU-GETUM	99-B14,99-B15
DUBBLE-HEADER	43-A13,43-A14
DUBL-MINO	163-C4
DUBL-POP BAIT	55-C2
DUBROW SPOON	55-B14
DUCK BILL	41-B8
DUCK BILL, JOINTED	41-B10
DUCK, WEBER	137-D15
DUCKLING	41-B9
DUMMY-DOUBLE	69-C14,69-C15
DYING FLUTTER	71-B3
DYING QUIVER	71-B4
DYNA-MITE BAIT, DYNA TACKLE	55-D10
DYNA-MITE, PAUL BUNYAN	99-C11,99-C12
DYANAMITE, DYNAMITE TACKLE	151-B10

E

Name	Reference
EARLY LOWE SPOON	283-B3,283-B4,283-B5
EAT-US	155-C2
EASTERN EELSKIN RIG	143-A4
ECLIPSE WOODEN MINNOW	117-A3,117-A4
ED'S HULA HULA BAIT	43-C4
EDGREN SPINNING MINNOW	55-D3,55-D4
EDSON'S FISH FOOLER	55-D11
EEL JIG	143-C8
EELETTEY	63-C4
EELSKIN RIG	143-A5
EGER PLUNKER	57-C1
EGG BEADED BAIT	105-C13
EGG SPOON	43-D7,43-D8,43-D9
EGYPTIAN WOBBLER	131-A4,289-C1
EGYPTIAN WOBBLER JR	131-A6,131-A7
EGYPTIAN WOBBLER FLOATING	131-A12
EL PRODUCTO CIGAR BAIT	147-D7
ELECTRIC MINNOW	109-B13,109-C2,109-C3
ELECTRO-LURE, DAVIS	151-A12
ELECTRO-LURE, PAUL BUNYAN	99-C7
ELECTROLURE, ELECTROLURE	55-D8
EMPIRE CITY BAIT	105-B5,105-B6
ENTICE-ORENO	123-B3
EUREKA WIGGLER	55-D12
EVOLUTION	127-A13,127-A14,127-A15
EWELURE	101-C15
EXCELSIOR FLY SPOON	41-B1
EXCELSIOR SPOON	281-A5
EXPERT MINNOW, HOLZWORTH	65-D13,65-D14,65-D15
EXPERT SALMON LURE	281-B9
EXPERT SPOON	99-A1
EXPERT TOPWATER, HEDDON	69-B8
EXPERT MINNOW, KEELING	83-B6,83-B7,83-B8
EXPERT, CLARK	43-B14
EXPERT, WOODS	135-D9 to 135-D14
EXPLORER	123-C8
EXPLORER, JOINTED	123-C9
EYE, THE	33-C15
EZY-KATCH	31-A12,31-B7

F

Name	Reference
F&F SPOON, FISHERMANS FANCY	61-C1
FAIRCHILD SPOON	287-C6
FALCON	135-A4
FAN DANCER	59-C15
FANCY DANCER	43-C6
FANTAIL	31-D7
FANTAIL SQUID	109-C15
FANTAIL WIZARD	137-C1
FARCAST MINNOW	281-A10
FAVORITE FLOATING BAIT	129-C6
FEATH.CAST.MINN.,CREEK CHUB	49-A4
FEATHER GETUM	99-B6
FEATHER JIG	143-B10
FEATHER MINNOW	160-C1
FEATHERED FIDGET	73-D9
FEATHERED FLY SPIN	157-B13
FEATHERED MINNOW, MOONLIGHT	93-A5
FEATHERED PEARL CAST.MINNOW	67-A14
FEATHERED PHANTOM	157-D8,157-D9,157-D10
FEATHERED SPOON, BUEL	39-B5,39-B6
FEATHERED TWIN-SPIN,SHANNON	79-C7
FEATHERED WOBBLER, MARATHON	91-B4
FELIX SPOON	61-B15
FERRETT	287-D10
FETCH-IT-LURE	61-B11
FIDGET	73-D7
FIELD SPECIAL	113-A1
FIG	61-A2
FIN TAIL SHINER	45-C13,45-C14,45-C15
FIN-BACK SHINER	67-B15
FIN-DINGO	123-C4
FINCH	41-D7
FINCHEROO	111-D12,155-A7
FIRE FISH	163-D1
FISH CALL	81-B5
FISH HAWK	283-B13
FISH NIPPLE, JACOB	77-C10,77-C11
FISH NIPPLE, MOONLIGHT	91-D9
FISH PHANTOM	67-A6,67-A7,67-A8
FISH SPEAR	91-D13
FISH SPOTTER	81-C9,81-C10
FISH-N-FOOL	91-C10
FISH-OBITE	123-B2
FISH-ORENO	123-A8,123-A9
FISHCAKE	67-A3
FISHER BAIT	131-C14
FISHER BAIT JR	131-C15
FISHERETTO BAIT	39-A12,115-A5
FISHERETTO WIGGLER	39-A13
FISHERMAN'S FAVORITE	115-B1,155-A9
FISHMASTER	61-A7,61-A8
FISHMASTER WOBBLER	61-A9,61-A10
FISHYLURE	127-B2,127-B3,127-B4
FISHYLURE EEL	285-B9
FLANGED WOBBLER	139-C11,139-C12
FLAPJACK	97-A4
FLAPJACK JR	97-A5
FLAPPER	289-C15
FLAPPER CRAB	139-A9,139-A10
FLAPTAIL	75-B6,77-B7
FLAPTAIL JR	75-B4,75-B5
FLASH EYE SPOON	99-D12,99-D13
FLASH-HEAD WOBBLER	31-A8
FLASH-O-LITE	85-D15
FLASH-ORENO	123-D1
FLASHER BAIT, TRUE ART	135-A1,135-A2
FLASHER FIDGET	73-D8
FLASHER SPOON	99-A2
FLASHER, CROWDER	149-D10
FLASHER, DEWITT	53-C12
FLASHER, LONG ISLAND	85-A1,283-B8
FLASHER, WRIGHT & McGILL	139-A14,139-A15,165-B3 169-F9
FLASHING POP	55-C3
FLATFISH TYPE, CREEK CHUB	49-C4
FLATFISH TYPE, HERTER	287-D1
FLATFISH, HELIN	67-A5
FLATHEAD SALMON PLUG	61-A5
FLATHEAD, SELBY	115-D14
FLEEME	163
FLEEME POPPER FISH	287-C7
FLEX-IKE	83-A11
FLEX-O-MINO	119-A6,159-B13
FLEXIBLE MINNOW	170-B4
FLICKER SPIN	157-B9
FLICKER SPOON	157-B7
FLILITE BASS BUG	111-C13
FLIP-FLAP	47-D15
FLIP-FROG	137-D8
FLIPIT	125-B1 to 125-B4
FLIPPER	71-A11
FLIPPER FISH	87-B13
FLIPPER SHRIMP	151-C15
FLIRT	285-A10
FLOAT BASS FLY	79-B10
FLOAT DIVING MODEL	59-A3
FLOATER	137-B5
FLOATER GETUM	99-B10
FLOATING BAIT, MOONLIGHT	153-B3,153-B4
FLOATING FROG, METAL LEG	107-B10
FLOATING MINNOW, BITEM	37-B6
FLOATING RUNT TYPE	31-B9
FLOATING SPINNER, JAMISON	283-A7
FLOATING SPOON, BRUSH	37-D14,37-D15
FLOATING VAMP SPOOK	75-A8
FLOATING VAMP TYPE	31-B11
FLOOD MINNOW	59-A10
FLORIDA MINNOW	59-B2

FLORIDA POPPER	59-B1
FLORIDA SHAD	57-D6
FLORIDA SHINER	59-A1
FLORIDA SHINER JR	59-A2
FLORIDA SPECIAL	71-B9,71-B10
FLUTED BAIT, 10000 LAKES	85-A6
FLUTED BAIT, ABBEY & IMBRIE	31-C10
FLUTED BAIT, HENDRYX	281-D13
FLUTED BAIT, PFLUEGER	105-B7,105-B8
FLUTED PEARL SPINNER	69-A6
FLUTED PEARL SPOON	69-A7
FLUTED SPINNER, ABBEY-IMB.	281-A1
FLUTED SPINNER, CROFT	41-B14
FLUTED SPINNER, HENDRYX	69-A13
FLUTED SPINNER, S.A. & CO.	115-A13
FLUTTER FIN	135-D4
FLUTTER LURE	133-B3
FLUTTERJACK JR	41-D14
FLUTTERJACK SR	41-D15
FLUTTERWING	61-D13
FLY IKE	83-A8
FLY ROD BASS BUG SPOOK	77-A4
FLY ROD BASS BUG WIGG.,CCBO	47-B2
FLY ROD BASS FLY	169-D6
FLY ROD BASS HOG	39-C11
FLY ROD BASS PIKIE	149-D11
FLY ROD BASS-ORENO	31-B14
FLY ROD BEETLE, BEETLE BUG.	37-D11,37-D12
FLY ROD BEETLE, HAAS	151-B15
FLY ROD BESTEVER	43-A11
FLY ROD BUBBLING BUG	285-B1
FLY ROD BUCKTAIL SPOON	59-D7
FLY ROD BUG	139-A11
FLY ROD BUG-A-BEE	168-E4
FLY ROD BUG-A-BOO	139-B13
FLY ROD BULL PUP	93-D10
FLY ROD BURRELLURE	117-B12
FLY ROD CALLMAC BUG	168-H9
FLY ROD COAXER	79-B11
FLY ROD COLORADO MOTH	169-A3
FLY ROD CRAWDAD	133-A2,281-B4
FLY ROD CROAKER	155-D11
FLY ROD DARTER	47-C14
FLY ROD DECKER	53-D7
FLY ROD DILLINGER	151-D4
FLY ROD DINGBAT	47-B7
FLY ROD DOC	59-D9
FLY ROD FEATHER MINNOW	168-B11,168-B12,168-B13
FLY ROD FEATHERED MINNOW	169-F4
FLY ROD FLAPJACK	283-D2
FLY ROD FLAPTAIL	77-A2
FLY ROD FLITTERFLY	59-D10,59-D11,59-D12
FLY ROD FLOAT.BAIT,MOONLGT	153-B5
FLY ROD FLY SPOON	169-H10,169-H11
FLY ROD FROGGIE	169-G3
FLY ROD FROG	285-B6,285-C12
FLY ROD GAYLURE	281-B2
FLY ROD GOOFBALL	153-A11
FLY ROD GRUBE HORSEFLY	168-D7
FLY ROD HALIK FROG	281-D3
FLY ROD HAIR FROG	169-A8 TO 169-A10
FLY ROD HAIR MOUSE	168-A12 TO 168-A11
FLY ROD HAWAIIAN WIGGLER	33-C4,149-A3,33-C8
FLY ROD HIBBARD MINNOW	281-D8
FLY ROD HULA POPPER	33-B13,149-A2
FLY ROD HOP-ORENO	155-C10,169-G15
FLY ROD HOPPER	169-A1
FLY ROD INJURED MINNOW	47-B5
FLY ROD JAKE'S BAIT	153-D14
FLY ROD JITTERBUG	33-B12
FLY ROD JOINTED PIKIE	47-B9,149-D14
FLY ROD JUGHEAD	91-D4
FLY ROD LAUBY LURE	83-D7
FLY ROD LIV-MINNOW	157-A13
FLY ROD MARTIN SALMON PLUG	289-A7
FLY ROD MINNIE THE SWIMMER	151-A7
FLY ROD MINNOW,ABBEY/IMBRIE	31-B15
FLY ROD MOUSE, CREEK CHUB	47-B8
FLY ROD MOUSE, SHAKESPEARE	133-A1
FLY ROD MOUSE-ORENO	123-B13
FLY ROD ORENO FEATHER MINNO	168-A10
FLY ROD P & K POPPER	168-C15
FLY ROD PALMER GRASSHOPPER	169-G14
FLY ROD PEPPER BAIT	103-A10,103-B6
FLY ROD PET	35-C15
FLY ROD PIKIE	149-D15
FLY ROD PLUNK-ORENO	168-F9
FLY ROD POP-EYE FROG,HEDDON	77-A3
FLY ROD POP-N-WIGL	169-D9
FLY ROD POPPER, HEDDON	77-A1,77-A3
FLY ROD POPPER, KELLMAN	285-C14
FLY ROD PUNKIE	77-A1
FLY ROD QUILBY	169-F3
FLY ROD RIGHT-FISH	139-A13
FLY ROD ROTO-FLI	169-A2
FLY ROD RUB-ORENO	168-D4, 169-B2
FLY ROD RUNTIE	77-A1
FLY ROD SHANNON	79-D5
FLY ROD SHARKEY POPPER	285-C13
FLY ROD SHIMMEYETTE SPINNER	59-D5
FLY ROD SHIMMEYETTE SPIN.JR	59-D6
FLY ROD SKIPPER	168-C1
FLY ROD SKIPPY	168-E3
FLY ROD STAR SPINNER	85-C15
FLY ROD SURF-ORENO	123-B1
FLY ROD SURF.MINN.,PAW PAW	97-B11
FLY ROD SUM PUNKIN	168-B4
FLY ROD SWIM.MOUSE,SHAKESP.	131-C7
FLY ROD TIN LIZ	33-B6,33-B7,33-B8
FLY ROD TAIL LITE	169-D11
FLY ROD TOPPER	168-D1
FLY ROD TROUT MINNOW	281-D4
FLY ROD TROUT PIKIE	47-B4,149-D12
FLY ROD TROUT-ORENO	121-A12
FLY ROD VIRGIN MERMAID BAIT	117-D12
FLY ROD VIBRATING MINNOW	168-G2
FLY ROD WEBER	168-A3,168-C6 TO 168-C12
FLY ROD WATER MOLE	37-B3
FLY ROD WELSHERANA	137-C3
FLY ROD WIDGET	77-A2
FLY ROD WILDERDILG	77-A5,77-A6
FLY ROD WIGGLER, JAMISON	81-A7,81-A8
FLY ROD WILSON WOBBLER	139-D3,139-D4
FLY ROD WIZARD WOBBLER	109-D6
FLY ROD WONDERLURE	153-A5
FLY ROD WOOD'S MINNOW	135-D15
FLY ROD WORDEN	61-B1
FLY ROD WOTTAFROG	95-A12
FLY-ORENO	121-A11
FLYING FISH BAIT	81-B2
FLYING HELGRAMITE,COMSTOCK	43-A1
FLYING HELGRAMITE,PFLUEGER	109-A2
FORGE SPOON	61-B5
FORK LURE	147-D1
FORRELLE	45-B11
FORTY NINER	151-B9
FRANCIS SPINNER	157-A10
FREAK	287-C8
FREAKFISH	67-C12
FREEPORT HOOK	61-B12
FRISKY MINNOW	111-C8,111-C12,111-C9
FROG HARNESS, WORDEN	119-B4,119-B5
FROG PAPPY	57-B12
FROG POPPER	77-C6,285-D5,309-B8
FROG WIGGLER	59-C6
FROG WIGGLER JR	59-C7
FROG, BARR-ROYERS	35-D13
FROG, GRUBE	61-D12
FROG, HASTINGS	67-D6
FROG, HEDDON	69-B5
FROG, KUEHN	29-D
FROG, P & K	101-B2
FROG, PFLUEGER	107-C1,107-C3
FROG, SCHLIPP	113-D8
FROG, SHURE-BITE	115-C15
FROG, STRIKEMASTER	117-C15,155-B1
FROG-ORENO	125-A1
FROGGY JR	57-B13
FROGLEG KICKER	77-C4,77-C5
FROGSKIN BAIT	129-D10
FT. WORTH MOUSE	153-B1,153-B2
FUZZY DUCK	289-D1
FUZZY MOUSE, PAW PAW	95-A4,95-A5

G

G & W DISTILLERY	147-D4
GAB-A-LUR	151-B13
GADABOUT	131-D1
GADDIS SPOON	287-C10
GAMBY	73-D14
GAMEFISHER	73-A11
GAR MINNOW,FLA FISH. TACKLE	57-D8
GAR, CREEK CHUB	47-A1
GARCIA MINNOW	63-C8
GARCIA MULLETT	63-C7
GARCIA SHRIMP	63-C6
GARCIA SPINNER	63-C5
GARLAND PLUNKER	281-C13
GARLAND STICK	287-C9
GARRISON MINNOW	28-P
GAY BLADE	107-D14,107-D15
GAYLE MINNOW	157-A12
GAYLE'S SURFACE BAIT	61-C2,61-C3
GAYLURE	143-A8,281-B3
GEE WHIZ FROG	35-A5
GEEN DEVON TYPE	63-A8
GEEN PLUG	63-A7
GEEN SPOON	63-A5,63-A6

GEM WOODEN MINNOW	109-A6
GEN-SHAW BAIT	63-B6
GENE COOPER LURE	41-D13
GENE'S GEM	63-B8
GENERAL TOM	83-C6
GENTLEMAN JIM	35-A3
GHOST, ABBEY & IMBRIE	31-A9
GHOST, COLDWATER	41-D3
GHOST, K & K MFG	81-D15
GIANT JOINTED PIKIE	51-A1
GIANT RIVER RUNT	75-C2
GIANT TWIN-SPINNER, SHANNON	79-C6
GILLOW	117-B2
GIMPY	37-C1,37-C2
GIZMO	133-D4
GLAMOUR SPOON	103-D8
GLASS MINNOW	29-C
GLASS-EYE SPOON, ENGLISH	63-A14
GLITTER BUG	99-A12,281-C11
GLITTER FISH	281-D1
GLO BOY LURE	61-D4
GLOBE BAIT	109-C5 to 109-C9 109-C11,289-C5
GLOP	115-B5
GLOW WORM	28-L
GLOWBODY	31-A11
GLOWURM	99-A9
GLUTTON	115-C12
GLUTTON DIBBLER	81-B10
GOBEL MINNOW	159-A8
GO DEEPER CRAB	73-A6
GO DEEPER RIVER RUNT	75-C11 to 75-C14 75-D3
GO DEVIL	281-A9
GO-GETTUM	287-C12
GO-GETTER	157-B1
GO-ITE ARROWHEAD	281-C12
GO-PLUNK, JOINTED	123-C7
GOLD CAP DODGER	37-A6,149-B8
GOLD FISH, AL'S GOLD FISH	31-C12,31-C13,31-C14
GOLD FISH, PAUL BUNYAN	99-D7
GOLD FISH, VEIHL/RAY/ERVIN	145-B5
GOLDEN WOBBLER	115-D4
GOLF TEE	39-C14
GOOF BALL	91-B8
GOOFY GUS	41-B12
GOPHER	91-A1
GRAN POPPA	155-D8
GRASS WIDOW	139-C15
GRASSHOPPER, CAIN	149-C10
GRASSHOPPER, PFLUEGER	107-C8
GRASSHOPPER POPPER, CAIN	41-A15
GREAT INJURED MINNOW	93-D8,93-D9
GREAT VAMP	75-A6
GREEN SIREN	161-B4,161-B5
GREEN SPOON, ABBEY & IMBRIE	31-C8
GREENE SPOON, F.B. GREENE	61-C6
GREENE TYPE, NO. SPECIALTY	97-D15
GROOVE HEAD	95-C9,95-C10,161-C14
GRUMPY	131-D11
GUDEBROD LURE	63-B12,63-B13,63-B14
GUDEBROD POPPER	63-B15
GUIDED MISSILE LURE	67-A2
GUISE SPOON	61-C15
GULF-ORENO	119-D12,119-D13,119-D14
GUNDERSON SPOON	61-C13,61-C14
GUPPY	63-B9
GURGLEHEAD	133-D10
GURGLING JOE	164-D12
GYPSY SPINNER	103-A12

H

H & J MINNOW	65-A11,65-A12
HAGEN SPINNER	65-B7
HALIK FROG	67-D2
HALIK FROG JR	67-D3
HALL LURE	281-D11
HAMMER HANDLE	285-B3
HAMMR'D KIDNEY EGG BEADED	105-C14
HANDY LURE	298-B1
HANSEN	89-B6
HANSEN WOBBLER	31-D9
HARDER SPOON	65-A1 to 65-A5
HARDY KIDNEY SPOON	166-A2
HARDY SPECIAL	166-C14
HARKAUF WOOD MINNOW	65-C12,65-C13,65-C14
HARLOW SPOON	67-B1,159-A12
HARP-DUNK'S	157-B8
HARREN SPINNER	65-B14
HARREN SPOON	65-B15
HARRIS FROG	67-D4,67-D5
HASKELL MINNOW	63-D7

HAWAIIAN SPINNER	33-C5
HAWAIIAN SPOON	33-C12
HAWAIIAN WIGGLER	33-C2,33-C3,33-C11 33-C6,33-C7,33-C9
HAWK DIVER	63-D13
HAYNE'S MAGNET	67-A13
HEART SPOON, PFLUEGER	105-D8
HEART SPOON, MANN	87-D3
HEAVY CASTING MINNOW, HEDDON	69-C11
HEAVYWEIGHT	143-C7
HEDDON 210 TYPE	289-D12
HEINIE SPINNER	65-A10
HELENA MINNOW	67-B2,281-D12
HELGA-DEVIL	55-D7
HELGA-LURE	55-D6
HELGRAMITE, ATLANTIC	149-A4
HELGRAMITE, GRUBE	61-D11
HELGRAMITE, HILDEBRANDT	157-B2
HELGRAMITE, PFLUEGER	107-C7
HELGRAMITE, STRIKEMASTER	17-D3,117-D4,155-B4
HELL CAT	59-C12,281-C10
HELLBENDER TYPE	287-C14
HELL DIVER, HOUSER	65-C4
HELLDIVER, COLDWATER	41-D1
HELLE'S BALL BAIT	289-B9
HELLION FISH	65-A13
HENDRYX BAIT	29-A
HENKENIUS/KANE BAIT	151-C7
HENNING MINNOW TUBE	281-D7
HEP	73-D15
HERB'S DILLY	65-B1,65-B2
HERENDHEN SPOON	65-C1,65-C2
HERLYN SPOON	287-D2
HERTER BAIT	67-B9,67-B11,67-B12
HETZEL MINNOW	63-D9
HI-LO	63-C1,75-D5,281-C14
HI-SPORT	119-A3
HIBBARD MINNOW	281-D9
HIBBARD SPOON	65-B6,151-B14
HICO LURE	67-C2 to 67-C9,67-C13 67-C14
HIGGINS BAIT	67-D7 to 67-D15
HIJACKER	139-B9,139-B10
HILDE FLAPPER	157-B10
HILL'SPOON	65-B5
HINCKLEY SPOON	65-C3
HINKLE LIZARD	63-D6
HINKY-DO	143-A11
HOBO	35-C7
HOG CALLER	37-C3
HOLI-COMET	87-A11
HOLLOW HEAD, ACETTA	35-B13
HOLLOW HEAD, R-K TACKLE	113-C5
HOODLER	161-C4
HOOKER, THE	63-D15
HOOKZEM	63-B11
HOOT A MINNIE	155-B8
HOOT SPINNER	65-A15
HOOTENANNA	87-D6,87-D7
HOPALONG	35-A11
HOPKIN'S LURE	65-B8,65-B9
HOPPIE	35-B4
HOPTOIT	107-C13
HORNET	61-D5,281-D10
HORNET SR	163-C10
HORSEFLY	37-D4,37-D5
HOT SHOT	101-D10,101-D11,101-D12
HOTTER N' HELL	89-A12
HOWE'S VACUUM BAIT	65-C11
HULA DANCER	33-D1
HULA DIVER	33-D3
HULA HOOPLE	33-D14
HULA PIKE	33-D11
HULA POPPER	33-B14,33-B15
HULA POPPER TYPE	287-C13
HUM BUG	33-C13
HUMDINGER	81-A4
HUMPY, SPORTSMAN	155-A10,155-A11
HUMPY PLUG, HUMPY BAIT CO.	67-A1,281-D15
HUNGRY JACK	85-D12
HUSKY DEVLE	57-B10,57-B11
HUSKY DINGER	49-D13
HUSKY DUDE	285-D12
HUSKY FLAPTAIL	75-B9
HUSKY MINNOW, CREEK CHUB	49-D6,49-D7
HUSKY PIKIE	51-C8
HUSKY PIKIE, JOINTED	51-A3
HUSKY PLUNKER	49-D11
HUSTLER	33-D13,285-D14
HUSTLER JOINTED	285-D13
HY-YO	35-A12
HYDROPLANE	131-C9,131-C10
HYDROPLANE JR.	131-C11

I

ICE FISHING LURE, CREEK CHUB, 149-D13
IMPERIAL FLUTED BAIT........105-B15
IMPERIAL SPOON..............105-B15
INCH MINNOW.................61-A13, 61-A14, 61-A15
INDIA SPOON.................67-B10
INDIANA SPINNER, PFLUEGER...105-A7
INJURED MINNOW CASTER.......289-A10
INJURED MINNOW, ABBEY/IMBRIE, 31-B10
INJURED MINNOW, CREEK CHUB..45-D8, 49-C15
INJURED MINNOW, GARLAND.....63-A3
INJURED MINNOW, ROBINSON....113-B8
INJURED MINNOW, SOUTH BEND..125-C13, 125-C14
INJURED MINNOW, STEWART.....115-D9, 115-D11
INSTANT BASS................77-A13, 77-A14
INTERCHANGEABLE MINNOW......65-D4
INVADER.....................37-A4
INVINCIBLE MINNOW...........107-D2
IRRESISTABLE MINNOW.........65-D7
ISTOKPOGA BAIT..............81-B1
ITSADUZY....................123-D3

J

J.T.'S SHINER...............77-B5, 77-B6
JACK JR.....................131-B4
JACK'S DUAL SPINNER.........77-B2
JACK'S SPOON................77-B1
JACKDIVER...................151-C11, 151-C12
JACKSMITH LURE..............131-B1, 131-B2
JACOB'S BUCKTAIL BAIT.......77-B14
JACOB'S HOSS FLY............77-B11
JACOB'S POLLYWOG............77-B12, 77-B13
JAKE'S BAIT.................153-D13
JAKO MINNOW.................91-A8, 91-A9
JAMES'S MINNOW SPOON........287-D5
JAMISON WEIGHTED FLY........283-A9
JARRETT BEETLE..............163-C9
JARRETT MOUSE...............147-C5
JARRETT TOPWATER............287-D6
JASMINE SPOON...............77-D12
JAWBREAKER..................151-D5
JAZZ WIGGLER................59-D3
JAZZ WIGGLER JR.............59-D4
JENNING'S BULL FROG BAIT....77-C3
JENNING'S SURFACE MINNOW....77-C2
JERK........................37-C10, 37-C11, 111-A15
JERKIN LURE.................129-C3
JERRY.......................59-C14
JERRY'S MULLET..............61-A6
JERSEY EXPERT...............55-B11, 55-B12
JERSEY FROG ATTACHMENT......123-D13
JERSEY SKEETER..............151-B1
JERSEY SPINNER ATTACHMENT...123-D12
JERSEY WOW..................55-A2, 151-A9
JET WIGGLER.................77-A15
JIFFY PLUG..................57-A1, 57-B1
JIFFY-KICKER................151-C13
JIG-A-ROO...................287-A1
JIG BUG.....................35-B10
JIG IT......................35-B14
JIG TYPE MAGIC MINNOW.......87-B11
JIG, FLORIDA FISHING TACK...57-C15, 57-D10
JIG, PFLUEGER...............103-C4
JIGGER......................47-D1
JIGOLET.....................35-C1, 35-C2
JIM DANDY CRIPPLED MINNOW...129-B12, 129-B13, 129-B14
JIM DANDY DARTER............129-D2, 133-A4
JIM DANDY LURE..............129-B15, 131-B8, 133-A5
JIM DANDY WOBBLER, SHAKESP..131-D6, 131-D7
JIM-DANDY WOBBLER, WISE.....135-D6, 135-D7
JIM-DANDY POPPER............135-D8
JIMBO.......................77-B15
JINX........................111-D15
JITTERBUG...................33-B10, 33-B11
JOE'S PLUG..................283-A5
JOE MOORE BAIT..............91-B12
JOHN L BAIT.................77-B10
JOHNSON, L.G. SPOON.........77-C13, 77-C14, 77-C15
JOINTED DARTER..............287-A9
JOINTED HAMMER HANDLE.......289-C9
JOINTED MINNOW, DAM.........159-A7
JOINTED WIG-L-LURE..........159-A13
JOLIET SPINNER..............77-D8
JONES PROPELLED SPOON.......283-D14
JOS. DOODLEBUG..............77-C1
JOSEPH SPOON................105-B13
JOY'S WATER NEMESIS.........77-D9, 283-A6
JUDAS FROG..................117-A12
JUMPING JO..................55-D2
JUNE BUG SPINNER, BBCO......37-D3
JUNE BUG SPINNER, PFLUEGER..105-B1, 105-B2
JUNE BUG SPINNER, SO. BEND..125-B15
JUNE BUG SPINNER, WINCHESTER 137-A7
JUNIOR DILLINGER............57-C4
JUNOD SPINNER...............77-D14, 77-D15
JUSTRITE MINNOW.............107-D6

K

K & K ANIMATED MINNOW.......81-D11 to 81-D14
K-B SPOON...................81-C4, 81-C5, 81-C6
K-LURE......................81-B7
KALAMAZOO PILOT FLY.........133-B4
KALAMAZOO SPOON BASS FLY....133-B5, 133-B6
KAUSCH-MOUSE................81-D3
KAUSCH-SPOON................81-D4
KAZOO BUG...................133-A11
KAZOO CHUB MINNOW...........129-C7
KAZOO FLAPPER WING..........133-A9
KAZOO FLUTTER SPOON.........133-B2
KAZOO TROLLING BUG..........133-A12
KAZOO TROLLING MINNOW.......133-A13, 133-A14
KAZOO WOBBLE TAIL...........133-A10
KAZOO WOBBLER, JOINTED......131-A8
KC-6........................163-A13
KEELING SPOON...............83-C13, 83-C14
KEISTER PLUG................81-B3
KEEN KNIGHT FROG............283-A10
KENT FROG...................285-A5, 285-A6, 285-A7
KENT LURE...................83-A1, 83-A2, 83-A3
KENTUCKY LEADER LURE........85-D7
KER-PLUNK...................157-D2
KETCHALL WOBBLER............283-B1
KETCH-ORENO................121-D9
KEWELL-STEWART SPOON........81-C1, 81-C2, 81-C3
KICK-N-KACKLE...............99-A11
KIDNEY PEARL BAIT, DOERING..55-B4
KIDNEY PEARL, SHAKESPEARE...133-C1
KIDNEY SPINNER, MANCO.......153-A9
KIDNEY SPINN, HAWK-OGILVEY..283-A1
KIDNEY SPINNER, SOUTH BEND..125-C7
KIDNEY SPINN., NO. SPECIALTY, 97-D11
KIDNEY SPOON, BUEL..........39-C2
KIDNEY SPOON, COLLINS.......41-C3, 41-C4
KIDNEY SPOON, HARDER........65-A7
KIDNEY SPOON, HENDRYX.......69-A15
KIDNEY SPOON, MANN..........87-D2, 159-B5
KIDNEY SPOON, McHARG.......159-B5
KIDNEY SPOON, PFLUEGER......105-A3, 105-A4
KIMMICH MOUSE...............81-B12, 151-D6
KING........................73-C6
KING ANDY...................121-B6
KING BEE....................83-C9
KING CHUB...................149-C14, 149-C15
KING CHUB JR................43-A4
KING CRAWDAD................289-A5
KING SPIRAL.................81-A9
KING SPOON..................31-A2, 41-D5
KING WIGGLER................81-A12, 287-B7
KING-BASSER................71-D2
KING-ZIG-WAG................71-D8, 71-D9
KINGFISH, BARLAKE...........145-B2
KINGFISH PIKIE..............51-A10
KINGFISH WOBBLER............131-A5
KINGFISHER BAIT.............83-D1, 83-D2, 83-D3
KINNEY BASS BAIT............81-B4
KIRWAN'S BAD EGG............81-B11
KITCHEN SINK LURE...........147-D2
KITTY CLAW..................91-B1
KLINKER.....................57-A13
KLIPON MINNOW...............63-A9 to 63-A13
KNIGHT BABY WOBBLER.........287-D13
KNIGHT SPOON................81-B14
KNIGHT WOBBLER..............287-D12
KNOTHEAD....................149-A14, 159-A2
KNOWLE'S AUTOMATIC STRIKER..81-C12 to 81-C15
KOEPKE BAIT.................55-A13
KOMINSKI SPECIAL............131-B9
KORMISH FROG................107-C5, 107-C6
KOSMIC SPOON................81-C7, 81-C8
KOSTENELLI BAIT.............81-A13, 81-A14
KRAZY MINNOW................149-A10, 281-A7, 287-A6
KROKER BAIT.................79-B14, 79-B15
KROU MINNOW.................65-D5
KUSH SPOON..................283-A14

L

L.V. MOUSE..................113-C4
LADYBUG DIVER, PAUL BUNYAN..99-C3 to 99-C6
LADYBUG WIGGLER, MOONLIGHT..93-A11, 93-A12
LAGUNA RUNT.................75-C6
LAKE TAHOE SPOON............69-B3
LAKE TROUT SPOON............85-C4
LANDEM SPOON................85-D6
LANE'S FLASHER..............85-B6
LANE'S WEEDLESS SPOON.......85-B5
LARSON SPOON................85-B2
LARUE FROG..................85-A7
LASITER BAIT................77-B7
LAST WORD WOBBLER...........103-D9, 103-D10
LAUBY LURE..................83-D5, 83-D6

Name	Reference
LAUBY MINNOW	83-D8,83-D9,83-D10
LAUREL SPOON	289-A2
LAZY BUG	157-A1
LAZY DAZY	159-B2,159-B3
LAZY DAZY, MUSKY	159-B1
LAZY IKE	83-A5,83-A6,83-A7
LAZY IKE SPINNER	83-B4
LAZY IVER	67-B13
LEAD CODFISH JIG	143-A3
LEAD SHARK	143-A2
LEAPING LENA	87-A3,87-A4
LEATHER SQUID	143-C4
LEBOUFF CREEPER	85-C1,283-B9
LEECH	289-B3
LEEPER'S BASS BAIT	85-D5
LEWIS INTERCHANGEABLE MIN.	105-C5
LIAR CONVERTIBLE MINNOW	55-B7
LIE, CORNELIUS, PATENT BAIT	28-K
LIFELIKE MINNOW	85-A9
LIGHT CAST. MINNOW, HEDDON	71-B8
LIGHT CAST. SPOON, PAW PAW	97-A13
LIGHTED PIRATE	85-D10
LIL RASCAL	123-C10
LIM-BO-LEGS	85-D9
LIMPER, PFLUEGER	103-C15
LIMPER, ALLEN	35-B9
LIND INTERCHANGEABLE SPINN.	289-A1
LIOTTA JR	87-D8
LIPPED WIGGLER, BITE-EM	37-B8
LIPPY JOE	95-D4
LIPPY SALTWATER	101-A5
LIPPY SUE	95-D5
LIT'L BASS	33-D12
LIT'L LIZARD	99-B2
LITTLE BITCH	285-C10
LITTLE CLEO	115-C7
LITTLE EDDIE	41-B7
LITTLE EGYPT WIGGLER	59-B8
LITTLE IMP	61-C4,61-C5
LITTLE JIGGER	95-D3
LITTLE JOE, HEDDON	71-B14
LITTLE JOE, SHAKESPEARE	131-D4
LITTLE LIZARD	153-C10
LITTLE LUCKY 'LEVENS	282-A11 TO 282-A14
LITTLE LUNY	73-C3
LITTLE MINNIE	59-D2
LITTLE PIRATE	127-C3
LITTLE POPPA	141-B3
LITTLE SCAMP	115-B12,115-B13
LITTLE SHINER	97-B13,97-B14
LITTLE TOM	83-B14
LITTLE WONDER,CLINTON-WILKES	41-C15
LITTLE WONDER, MOONLIGHT	93-B4
LIV-MINNOW	65-D1,65-D2,65-D3
LIVE LURE	111-D11
LIVE MINNOW BAIT, DETROIT	55-B13
LIVE-WIRE MINNOW	111-C3,111-C5
LIZARD BAIT, CROWN	43-D10
LIZARD BAIT,WHOPPER STOPPER	141-C12
LOBB SPOON	85-A8
LOCO-MOTION	153-C13,289-B1
LOLLIPOP	43-C9
LOUIE SPINNER	85-B14,85-B15
LOWE CUPSEPTIC	85-C5,85-C6
LOWE SPINNER	287-D14,287-D15
LOWE SPOON	107-A2,107-A3,163-D15
LOWE TYPE SPIN.,SHAKESP.	133-B13,133-B14
LOWE TYPE SPOON,10000 LAKES	85-A5
LOWE TYPE TAND.SPIN. SHAKES	133-B15
LUCAS SPINNER	85-C3
LUCK-E-LURE	287-D7
LUCID LURE	147-A7
LUCKY 13	71-C8,71-C9
LUCKY 13 JR	71-C10
LUCKY 66 SPINNER	99-C1,99-C2,99-D1
LUCKY BUG	281-D2
LUCKY BUNNY	31-D15
LUCKY BUNNY JR	149-A5
LUCKY DEVIL	85-C2
LUCKY DUCK	163-C7
LUCKY LADY	85-A2
LUCKY 'LEVEN	164-C14
LUCKY LOUIE	89-B7,89-B8
LUCKY MOUSE	45-D14
LUCKY STRIKE JTD PIKE BAIT	85-A12
LUCKY STRIKE PIKE BAIT	85-A11
LUCKY TAIL WOBBLER	155-D6,160-D6
LUCKY TAIL WOBBLER, JTD	155-D7
LUJON	283-A11,283-A12
LULU, LULU LURES	153-A1
LULU BAIT, PHOENIX CO.	103-A1
LUMINOUS FROG	107-B11
LUNGE-ORENO	123-A2,123-A3
LUNKER LOCATER	153-A3
LUNKER POPPER	285-D8
LUNY FROG	73-C2
LUR-O-LITE	79-A5
LURETTE	285-B13

M

Name	Reference
M & M 66 SPOON	87-C10,87-C11
MACK MOUSE	87-D11
MACK SPINNER	87-A15
MACK'S MINNOW BUG	87-D12,87-D13
MAD DAD	43-C7,43-C8
MAD MOUSE	133-D9
MAGIC MINNOW, ALCOE	31-D14
MAGIC MINNOW, MAGIC MINNOW	87-D9
MAGIC MINNOW, SALTWATER	87-B8
MAGNET PEARL MINNOW,DOERING	55-B1,55-B2,55-B3
MAGNET, PFLUEGER	111-B9,111-B10,111-B11
MAGNET, SHANNON	79-D9
MAGNETIC WEED.,GENERAL TOOL	61-D6
MAKES-EM-BITE	41-D10
MAKILURE	87-A8
MAKILURE JR	87-A9
MANHATTAN MINNOW	103-B2
MANISTEE BAIT	153-A10
MANISTEE MINNOW	87-C12
MANITOU MINNOW	39-A10
MANN SPINNER	189-A4
MANN SPOON	87-D5
MANNING SHRIMP	87-B14
MARATHON BAIT	91-A11,91-A13
MARATHON DUAL SPINNER	289-A3
MARSH MINNOW	91-C12
MARTIN COMBINATION	289-A6
MARTIN LIZARD	91-B11
MARVELURE	87-D9
MASCOT	79-D13
MASTER BIFF	35-D8
MASTER DILLINGER	53-D8,57-C2
MASTER MINNOW,FLORIDA ARTIF	59-A13
MASTER MINNOW, POP DEAN	151-A15
MAY BUG SPOON	107-B9
MAY WES	57-D11
McDONALD	87-B2,87-B3
McHARG SPINNER	290-D1
McHARG SPOON	87-B1,290-D3
McMAHON SPOON	89-D6 to 89-D10
McMURRAY	105-D1,105-D2
MEADOW MOUSE	75-D6,75-D7
MECHANICAL FROGGIE	29-B
MEDLEY'S WIGGLE-FISH	65-D8
MERCURY MINNOW	87-D14
MERCURY MINNOW JR	87-D15
MERCURY WORM	81-B13
MERIT BAIT	111-B7,111-B8
MERMAID, CHAPMAN	45-B10
MERMAID, SHAKESPEARE	131-C12,131-C13
MERMINO	147-D3
MERRY WIDOW	87-A12
META-LURE	35-C10,153-A4
METAL MINNOW	135-D3
METALIZED MINNOW, PFLUEGER	109-B9,109-B10,109-B11 109-C12
METALIZED MINNOW,SHAKESP.	129-B1 to 129-B4
MEYER'S BAIT	91-B14
MICHIGAN FIN WING	87-A1
MICHIGAN LIFE LIKE	31-D1,31-D2
MICHIGAN TIPPER	61-B3
MICKEY THE MOUSE	149-B1
MIDGE-ORENO	121-A9
MIDGET ANTEATER	49-B10
MIDGET BASS-A-LURE	129-C15
MIDGET BEETLE	49-A12
MIDGET BESTEVER	287-B14
MIDGET CRAB WIGGLER	73-A7
MIDGET DARDEVLE	57-B2
MIDGET DARTER	47-C12
MIDGET DIGIT	75-C4,75-C5
MIDGET DING BAT	47-D12
MIDGET DINGER	47-D9
MIDGET INJURED MINNOW	129-B9
MIDGET JOINTED PIKIE	47-A13
MIDGET OSPREY WOBBLER	57-A11
MIDGET PAL-O-MINE	109-D11
MIDGET PIKE-ORENO	121-C8
MIDGET PIKIE KAZOO	131-A13
MIDGET PIKIE, CREEK CHUB	45-D5,45-D6,49-B6
MIDGET PIKIE, PAW PAW	95-C6
MIDGET PLUNKER	47-A8
MIDGET RIVER RUNT	31-C7,75-C10
MIDGET SCOOP	109-D15
MIDGET SPINNER,SHAKESPEARE	129-B6
MIDGET SWIM. MOUSE,SHAKESP.	131-C6
MIDGET TANGO TYPE, ABBEY/IM	31-C1
MIDGET TANGO, RUSH	113-A12,113-A13

313

Name	Reference
MIDGET UNDERWATER, SHAKESP.	129-B5
MIDGET UNDERWATER, SO. BEND.	119-C8
MIDGET WOODEN MINN., SHAKESP.	129-A10
MIGHTY ATOM	87-B12
MIKE THE FISHERMAN	164-A10
MILLER SPOON	87-B4, 87-B5, 87-B6
MILLER'S REVERSIBLE SPINNER	135-B7
MILLER'S REVERS. WOOD MINNOW	135-B8
MILLER TROUTER	87-B7
MIN-NIX CRAB	87-C9
MIN-NIX SPOON	87-C4 to 87-C8
MIN-ORENO	121-D3, 121-D4
MINNEHAHA SPINNER	105-B11, 105-B12
MINNIE	99-C10
MINNIE MASTER	290-B7
MINNIE MOUSE, CREEK CHUB	49-C11, 49-C12, 49-C13
MINNIE MOUSE, PAW PAW	95-A2, 95-A3
MINNIE THE MOOCHER	59-D1
MINNIE THE SWIMMER	53-D15
MINNIE THE WIGGLER	153-C4, 153-C5
MINNOW HARNESS, LANE	151-D15
MINNOW HOOK, SHANNON	79-A13
MINNOW RIG	287-A12
MINNOW RIG, "B"	149-B5
MINNOW RIG, BUEL	39-B15
MINNOW RIG, BURGESS	37-D7
MINNOW SPOON, ALLCOCK	157-D6
MINNOW SPOON, ATLANTIC	31-D9
MINNOW SPOON, BUEL	149-B8
MINNOW SPOON, PAUL BUNYAN	99-D14
MINNOW TUBE	28-H
MINNOW TYPE, CHAPMAN	45-B2
MINNOW, BARR-ROYERS	35-D14
MINNOW, GOBEL	159-A8
MINNOW, PHILIPS	101-D3
MINNOW, SOUTH BEND	119-B13, 119-B14
MIRACLE LURE	143-C3, 164-A4
MIRACLE MINNOW	139-B3 to 139-B7
MIRACLE MINNOW, JOINTED	139-B2
MIRR-O-LURE	91-B15
MISS GOLD DIGGER	59-A8
MISSOURI BUG WOBBLER	283-B11
MITY ATOM	35-A1
MOBY DICK, MUSKY	99-C14, 99-C15, 159-B12
MOELLER MINNOW	87-C13
MOHAWK DARTER	87-A6
MONARCH	109-B1 to 109-B4
MONTREAL BAIT	45-B6
MOONLIGHT BAIT	91-C13, 91-C14, 91-D1, 91-D2, 91-D3, 91-D5, 91-D6
MOONLIGHT MINNOW	93-A1, 93-A2, 93-A6, 93-A7, 93-A8, 69-C1
MOONLIGHT WEEDLESS	91-C15
MOOSEHEAD SPINNER	91-B7
MOOSELUCK WOBBLER	91-B9, 91-B10
MORAN WEEDLESS	43-C12
MOSS KING	147-A15
MOTOR-LURE	103-B12
MOUSE DEVLE	57-A14
MOUSE SPOON, "BM"	37-D1
MOUSE TRAP	85-A13
MOUSE TYPE, ABBEY & IMBRIE	31-B6
MOUSE, ABBEY & IMBRIE	31-B4
MOUSE, BLEEDER BAIT CO.	149-B11
MOUSE, CARTER-DUNKS	43-A9
MOUSE, CREEK CHUB	49-C14
MOUSE, FOSS	59-C8
MOUSE, GRUBE	61-D9
MOUSE, ISLE ROYALE	77-A11
MOUSE, MARATHON	91-A12
MOUSE, MOUSE BAIT CO.	87-B15
MOUSE, P & K	101-A13, 101-A14
MOUSE, PAW PAW	95-A1
MOUSE, STRIKEMASTER	117-D1
MOUSE, SUTTON	155-C4
MOUSE, WEBER	137-D9
MOUSE, WELLER	137-C15
MOUSE-ORENO	123-B12
MR. BIFF	35-D7
MR. CHAMP	61-B4
MR. EEL	287-A2
MUD MINNOW	283-C6
MUD PUPPY, BARR-ROYER	35-D11, 35-D12
MUD PUPPY, ROBERTS	111-D5, 111-D6
MUDDLER	97-C8
MUK-KA-CHOC FROG	65-C7
MULLET	53-C11, 143-C11
MULLET JIG	143-A6
MULTI-LIPPED WOBBLER	129-D1
MULTI-LITE	107-A1
MULTI-METAL MINNOW	69-C4
MULTI-MINNOW	81-C11
MULTI-WAG	65-B10, 65-C10
MULTI-WOBBLER	137-A12, 137-A13
MUNK MOUSE	75-D8
MUSHROOM BASS BAIT	67-A9 to 67-A12
MUSK-E-MUNK	91-B2, 91-B3
MUSK-ORENO	121-B5
MUSKIE MINNOW, SOUTH BEND	123-A1
MUSKIE MINNOW, STRIKEMASTER	117-D2
MUSKILL SPINNER	105-D12, 105-D13
MUSKOLLONGE MINNOW, HEDDON	71-A1, 71-A2
MUSKOLLONGE MINNOW, PFLUEGER	107-D8
MUSKRAT	91-A3
MUSKY BAIT	289-A12
MUSKY BLEEDER BAIT	39-D1
MUSKY BRIGHT EYES	35-D2
MUSKY BUCKSKIN BAIT	81-A10
MUSKY BUCKTAIL	151-D3
MUSKY CHAMP	47-C6
MUSKY CHICAGO CAPTOR	59-B4
MUSKY CHIPPEWA, FROST	43-B9
MUSKY CHIPPEWA, LAKE O'WOODS	87-A2
MUSKY CHUNK	43-A2
MUSKY COAXER	79-B3
MUSKY CRAZY CRAWLER	75-A1
MUSKY DECKER	53-B2
MUSKY DINGBAT	49-D12
MUSKY DOUBLELEAF SPINNER	85-C11
MUSKY DUCK, WEBER	137-D14
MUSKY EXPERT, CLARK	43-B13
MUSKY EXPERT, KEELING	83-B5
MUSKY FLAPJACK	283-C2
MUSKY FLAPTAIL	75-B8
MUSKY FLASH-ORENO	123-D2
MUSKY FLOAT. MINNOW, SHAKESP.	123-D6
MUSKY FLOATING SPOON, BRUSH	37-D13
MUSKY FLUTED SPINNER	85-C12
MUSKY FLUTTER-FIN	155-D9
MUSKY GEE WHIZ	35-A4
MUSKY GLOBE BAIT	109-C10
MUSKY HAIR MOUSE	95-A6
MUSKY HOLI-COMET	87-A10
MUSKY HOUND	91-A10
MUSKY IKE	83-A4
MUSKY INJURED MINNOW	49-D9
MUSKY IRRESISTABLE MINNOW	65-D6
MUSKY JIM-DANDY	135-D5
MUSKY JINX	111-D14
MUSKY JITTERBUG	33-B9
MUSKY JOINTED MUSTANG	111-A1
MUSKY JOINTED PIKAROON	93-C2
MUSKY JOINTED VAMP	75-B2
MUSKY JOINTED WIGGLER	149-C13
MUSKY JOLIET SPINNER	77-D7
MUSKY JUNOD SPINNER	77-D13
MUSKY LAUBY LURE	83-D4
MUSKY LAZY DAZY	159-B1
MUSKY LUCKY 13	71-D1
MUSKY MAKILURE	87-A7
MUSKY MARATHON BAIT	153-A14
MUSKY MASCOT	79-D12
MUSKY MINNIE THE SWIMMER	151-A6
MUSKY MINNOW, BARR-ROYERS	35-D15
MUSKY MINNOW, SHAKESPEARE	129-A1, 129-A2, 129-A3, 285-B7
MUSKY MINNOW, WELLER	137-C10
MUSKY MOBY DICK	159-B12
MUSKY MOUSE BAIT	153-B11
MUSKY NEMO	151-D2
MUSKY PAD-LER	131-B13
MUSKY PEACH-ORENO	123-A5
MUSKY PIKAROON	93-C1
MUSKY PIKE BAIT	95-B12, 95-B13
MUSKY REEL LURE	41-C7
MUSKY REVOLUTION	127-A7, 127-A8
MUSKY SILVER SOLDIER MINN.	81-D5
MUSKY SCATBACK	283-B10
MUSKY SOS	71-A7
MUSKY SOUTH HAVEN	155-A8
MUSKY SPINNER BAIT, MARATHON	91-A4, 91-A5, 91-A6
MUSKY SPINNER, HENDRYX	69-B2
MUSKY SPIRAL SPINNER	35-D9
MUSKY SPOON	283-B2
MUSKY STUMP DODGER	137-B4
MUSKY SUCKER	89-D11, 89-D12, 89-D13
MUSKY SURFUSSER	69-D15
MUSKY TANGO	113-A3
MUSKY THRILLER	143-C1
MUSKY TIZ LIZ	33-A8
MUSKY TNT MINNOW	107-D10
MUSKY TOM	83-C7
MUSKY TOPPER	155-D15
MUSKY TROLLING SPOON, BUEL	149-B7
MUSKY TWIN, LOWE	85-C7
MUSKY TWIN-SPINNER, SHANNON	79-C5
MUSKY VAMP	75-A4, 75-A5
MUSKY VIVI	135-B11

MUSKY WAG-A-SPOON	283-A8
MUSKY WEEZEL	141-B12
MUSKY WEIGHTED BAIT, LOWE	85-C9
MUSKY WIGGLE FISH	49-D8
MUSKY WIGGLER, HELLDIVER	149-C12
MUSKY WIGWAG GEP BAIT	151-D1
MUSKY WILLOWLEAF SPINNER	85-C10
MUSKY WILSON WOBBLER	139-D5
MUSKY WIZARD WOBBLER	109-D1
MUSKY ZARAGOSSA	73-C1
MUSTANG MINNOW	111-A2,111-A3,111-A4

N

NAPPANEE-YPSI BAIT	81-B8,151-D7
NATIONAL MINNOW	103-B1
NATURAL HAIR MOUSE	95-A8
NATURAL MINNOW	53-C13,53-C14,53-C15
NEAL SPINNER	97-D5-97-D6,151-A5
NEAR SURFACE WIGGLER	71-C4
NEEDLEFISH	41-A3,41-A4,149-B14
NELSON	89-B1
NEMO BASS BAIT	81-A6
NEON MICKEY	97-C15
NERVOUS MINNIE	153-C14,153-C15
NEVERFAIL MINNOW	109-B5 to 109-B8
NEVERMISS	162-A2
NEW ALBANY FLOATING BAIT	129-C8
NEW CENTURY MINNOW	103-A9,103-B3,103-B4
NEW EGYPT	59-C1
NEW HUSKY PIKIE	51-C14
NEW SPINNER	97-A14
NEW SURFACE MINNOW	69-C5
NICHOLS MINNOW	239-A14
NICHOLS PIKE	153-C7
NICHOLS PLUNKER	153-C8
NICHOLS POPPER	101-C9
NICHOLS SHRIMP	39-D8,162-D2
NICKY MOUSE	139-A3
NIFTY MINNIE	97-C14
NIGHT CASTER	127-D12
NIGHT HAWK	117-C13,285-A14
NIKIE	47-D3
NIP-I-DIDDEE	123-C1
NITE LUMINOUS DBL SPINNER	125-B14
NIXON IVORY MINNOW	97-C13
NO SNAG RIVER RUNT SPOOK	75-D4
NO TANGLE SPINNER	57-A12
NORTH CHANNEL BAIT	97-D2,97-D3,283-D12
NORTH COAST MINNOW	111-B14,111-B15
NOTCHED WOBBLER	93-C12,93-C13
NU-CRIP JR. MINNOW	129-B11
NU-CRIP MINNOW	129-B10
NYLON JIG	143-B9

O

OCTOPUS MINNOW	281-A2
O'BOY MINNOW	111-A9,111-A10
O'BOY SPINNER	103-D12
O'BOY SPOON	103-C2
O'BRIEN LURE	164-B3
OFFSIDE VANE	159-A9
O.K. SPINNER	99-A6,99-A7
O.V.B. MINNOW	123-B11
O.V.B. MINNOW	123-B10
OKEY DOKEY	162-D5,162-D6
OLD ALBERT	57-D4
OLD FAITHFUL	95-C7
OLD FLOAT. MINNOW, PFLUEGER	109-B12
OLD LOBB TYPE	97-D14
OLD RAT TAIL	147-C11
OLD RELIABLE	99-A8
OLD RUBBER MINNOW	107-C15
OLD TIMER NIPPLE DIPPER	53-D14
OLE FIGHTER	153-C13
OLE LIZ	155-C14
OLESON SPOON, PAUL BUNYAN	85-B8
OLLIE'S DOUBLE WEEDLESS	99-A13
OLSON SPOON	67-B8
ONE-EYED WOBBLER	289-B7
OPEN MOUTH SHINER	45-C9
OPTIC	123-C15
ORIENTAL WIGGLER	59-B9
ORIGINAL GOLD FISH	31-C15
OSCAR THE FROG	28-A,281-A6
OSPREY SPOON	57-A15
OSPREY WOBBLER	57-A8,57-A9
OVAL HAMMERED BAIT	105-C2
OZARK LIZARD	99-B1
OZARK WIGGLER	137-C13

P

P & S SPINNER	289-B8
P & W LURE	289-A13
PACIFIC SHINER	103-B13
PAD HOPPER	115-D10
PAD-LER	131-B14
PADDLE BUG	91-C9
PADDLE JUMPER	55-C13
PADDLE POPPER	147-A13
PADDLER	39-C15
PAD POPPER	285-B2
PAIR-A-DICE LURE	147-D6
PAKRON MINNOW	111-C11
PAL	153-D10
PAL-O-MINE	109-D9
PAL-O-MINE HAIR MOUSE	109-D12
PAL-O-MINE JOINTED MINNOW	109-D7
PAL-O-MINE JR.	109-D10
PALMER GOLD FLUTTER	133-B1
PAN FISH DING BAT	47-B6
PANATELLA MINNOW	119-C9 to 119-C12
PANATELLA WOBBLER	125-C15
PATROL	103-C3
PAUL BUNYAN MINNOW	99-D3,99-D4
PAULSON WOBBLER	101-D1
PEACH-ORENO	123-A6,123-A7
PEACHORENO, SWANBURG	285-B5
PEARL CASTING MINNOW,HAYNES	67-A15
PEARL COLORADO SPN,PFLUEGER	107-A11
PEARL KIDNEY SPIN.,SO.BEND	125-B7
PEARL KIDNEY SPIN.,HENDRYX	69-A4
PEARL KIDNEY SPIN.,PFLUEGER	107-A12
PEARL MINNOW, PFLUEGER	107-A14,107-A15
PEARL OVAL SPIN.,PFLUEGER	107-A13
PEARL PLUG	103-A3
PEARL ROCKET	289-C13
PEARL SPINNER, SHAKESPEARE	133-C4,133-C5
PEARL SPOON WEED. SO. BEND	125-B6
PEARL SPOON, DOERING	55-B5,55-B6
PEARL SPOON, PFLUEGER	107-B1,107-B2
PEARL SPOON, SHAKESPEARE	133-C2,133-C3
PEARL SPOON, SOUTH BEND	125-B5
PEARL TANDEM SPIN.,PFLUEGER	107-A10
PEARL WOBBLE BOY	97-C2
PEARLER, PAW PAW	97-C3
PECK'S CASTING MINNOW	101-B15
PEE-WEE	59-A5
PEERLESS FLOATING MINNOW	109-B14,109-B15
PEERLESS FLUTED BAIT	105-B9
PEERLESS MINNOW	109-A9,109-A13 to 109-A15
PEERLESS UNDERWATER MINNOW	109-C1
PELICAN	117-D8,159-B8,285-C7
PEMBERTON FLAPPER	59-A14
PENCIL BAIT	97-A9,97-A10
PENCIL POPPER	63-A2
PEPPER HARNESS	103-A11
PEPPER SPINNER	103-A15
PEPPER SPOON	29-K,103-A8
PEPPY	101-C7
PEQUEA MOMBO DANCER	103-B14
PERCH CASTER	95-B10,283-C5
PERCH SPOON	91-A14
PERMA BAIT	159-B7
PERSUADER, SHANNON	79-C13
PET SPOON	35-C12,35-C13,35-C14
PET, PICO	153-D11
PETER'S BAIT MINNOW	101-D14
PETER'S BAIT WOBBLER	101-A15
PETER'S DEVON	103-B15
PETER'S SPECIAL	49-A15
PETITE SPINNER	49-D3
PFEIFFER'S LIVE BAIT HOLDER	103-A4
PHANTOM FLATTIE	63-B1
PHANTOM TYPE	45-A14
PHILIP MORRIS SPINNER	103-A2
PICKEREL BAIT	45-B7,45-B8,45-B9
PICKEREL PIKIE	47-A11
PIERCE SPOON	285-A8
PIKAROON	93-C3
PIKAROON MINNOW	93-C9
PIKAROON JOINTED	93-C4
PIKE, AIKEN	35-D3
PIKE, BEST-O-LUCK	125-D7
PIKE, GARLAND	157-A11
PIKE, FLANNIGAN	145-D9,145-D10
PIKE, ICE KING	145-B6 to 145-B9
PIKE, LEACH	157-A11
PIKE, RANDALL	145-A6,145-A7
PIKE, SLETTON	145-A1
PIKE, UPPRDN/BLANK	145-B1
PIKE, UNKNOWN	145-A12,145-B12,145-D3
PIKE, WASHALL	145-A13

PIKE BAIT, CARTER	43-A12
PIKE BAIT, JTD, PAW PAW	95-A14,95-A15
PIKE CASTER, PAW PAW	95-B9,153-B12,153-B13 283-C7
PIKE CASTER, JTD, PAW PAW	95-B5
PIKE CHUB JOINTED	283-A3
PIKE CHUB, ISLE ROYALE	77-A9,77-A10
PIKE MASTER, L & S	83-D13
PIKE SPOON, NO. SPECIALTY	97-D7,97-D8
PIKE THIEF	119-A1
PIKE TOM WIGGLER	83-B13
PIKE TYPE	117-B3
PIKE TYPE JOINTED	31-B3
PIKE WIGGLER	149-C11
PIKE-KEE-WIG	83-C3
PIKE-ORENO	121-C1 to 121-C4
PIKE-ORENO JOINTED	121-C9,121-C14,121-C15
PIKIE GETUM	99-B11
PIKIE KAZOO	131-A3,131-A10
PIKIE MINNOW, CREEK CHUB	45-C11,45-C12
PIKIE MINNOW, STRIKEMASTER	117-D7
PIKIE MINNOW, SUGARWOOD	115-B2
PIKIE TYPE,JTD,BEST-O-LUCK	125-D5
PIKIE, CREEK CHUB	49-B4,49-B11
PIKIE, FLUTED, PAW PAW	95-C1
PIKIE, JOINTED, PAW PAW	47-A10,95-C4
PIKIE, PAW PAW	95-C2
PILOT	79-C2
PILOT SPINNER	289-C11
PIN HEAD	131-D14
PIPPIN WOBBLER	103-D5,103-D6,103-D7
PIRATE, PORTER	153-D5
PIRATE, SHAKESPEARE	127-C2
PITT-KAN MINNOW	101-D13
PLAIN SHANNON TWIN-SPIN	79-C15
PLASTERED MINNOW	149-D8
PLATYPUS	97-A12
PLENTY SPARKLE	283-D6
PLENTY SPARKLE JR	283-D5
PLOPPER	129-D7
PLUG-ORENO	123-A15
PLUNK-ORENO	123-A10 to 123-A14
PLUNKER, CREEK CHUB	47-A6,47-A7
PLUNKER, PAW PAW	95-D12,95-D13,283-D3
PLUNKER, PORTER	101-C2
PLUNKER, SURE STRIKE	49-C5
PLUNKET	77-A12
PLUNKING BASSER	71-D5
PLUNKING DINGER	47-D10
PLUNKY	63-C10,63-C11,63-C12
POCKET ROCKET	287-B2
POCONO BAIT	117-A1
POGO STICK	97-B7
POINT JUDE BAIT	143-A10
POINT JUDE JIG	103-B10
POINTED NOSE WIGGLER	49-C1
POLK MINNOW	101-A1,153-D1
POLK WALKER	101-A2,153-D2
POLLY WIGGLE	45-D13
POLLYWOG BAIT	55-D15,283-D10
PONTIAC MINNOW	103-B9
PONY LURE	101-B4,101-B5
POP N DUNK	47-B14,49-C6
POP-EYE FROG, SHAKESPEARE	129-D12,129-D13,129-D14
POP-EYE FROG JR	129-D15
POP-I	131-D13
POPPA-DOODLER	141-B6
POPPER SCOUT	41-B13
POPPER, CAP'N BILL	143-A12
POPPER, GIBBS	143-C10
POPPER, PHILIPS	101-D6
POPPER, WOOD'S	141-B7
POPPING LURE	97-A1
POPLIN POPPER	167-B10
POPRITE	111-A11,111-A13
POPRITE JR	111-A12
PORK RIND BAIT, MOONLIGHT	93-B13,93-B14
PORK RIND MINNOW,SHAKESP.	129-A14,129-A15
PORK RIND SPIN., PFLUEGER	107-A6
PORKER	166-D3
PORKER TWIN-SPIN	79-C10
PORKY GETUM	99-B9
POSSUM WEEDLESS BAIT	125-C3
PRACTICE CASTING FROG	107-B15
PRESCOTT SPINNER	119-A10
PRETZ-L-LURE	153-D3
PREZ	164-A11
PROCTOR'S DARTER	155-B12
PROFESSOR SPOON	119-A9
PROPELLOR LURE	103-D13,103-D14
PROTEAN MINNOW	170-A1
PUG NOSE	143-A7
PULL-ME-SLOW	31-D5,149-A6
PULVERIZE	147-B7
PUNKIE-SPOOK	75-D11
PUNKINSEED TYPE,ABBEY/IMB	31-C2
PUNKINSEED, GOBEL	61-C11,61-C12
PUNKINSEED, HEDDON	75-D9,75-D10
PUNKINSEED, SHAKESPEARE	127-D13,127-D14,127-D15
PUP	131-D12,151-B2

Q

QUAITAW TRAVELER	81-B9
QUALMAN SPOON BAIT	111-B13
QUEEN STRIKEE	97-C4
QUIVERLURE	79-A3,79-A4

R

RADFORD METAL MINNOW	111-D1
RADFORD WOBBLER	164-A14
RAIDER	287-C4
RAINBOW PEARL MINNOW	107-B3,107-B4
RAINEY'S SECRET BAIT	111-D9
RANGER	149-B13,159-A3
RANGER TYPE	39-D7
RAPALA MINNOW	113-C1,113-C2
RASCAL	123-D14,123-D15
RAT TRAP	85-A13
RATCLIFFE SPOON	285-A11
RATTLE BUG	91-C8
RAY LURE	147-A12
RAZEM MINNOW	107-C14
RAZORBACK	164-A12
RAZZLE DAZZLE	37-A15
REAL SHAD	149-C2
RECORD SPOON	103-C10,103-C11
RED DEVIL SPINNER	107-B7,107-B8,103-A5
RED EYE PEARL SPOON	67-B6
RED EYE SPINNER	67-B7
RED EYE SPOON	67-B4,67-B5
RED EYE WIGGLER	67-B3
RED'S BAIT	111-D4
RED'S NEVERFAIL	159-D2
REDFIN COLLAR BAIT	55-A6
REDFIN FLOATING BAIT	55-A4
REDFIN MINNOW	55-A3
REDFIN WEEDLESS BAIT	55-A5
REEFER	39-A5
REEL LURE	41-C8,41-C9,149-C9
REFLECTO SPOON	57-D12,57-D13
REFLEX	63-C13
REGULAR FLOAT.MINN.SHAKESP.	127-D7
RESEARCH PLUG	75-B10
RETREATING MINNOW	63-D1
REVERSIBLE DEVON	170-C14
REVERSIBLE PROPELLOR	45-A13
REVOLUTION MINNOW	127-A1 to 127-A4 155-C11
REVOLVING MINNOW	29-J
REX FIELD	89-B9 to 89-B12
REX SPOON	141-B11
REYHU	53-D11
RHEAD MINNOW	111-D13
RHODES CASTING MINNOW	127-B8,125-D8,125-D9
RHODES COMBINATION MINNOW	125-D14
RHODES CORK REVOLUTION	125-D15
RHODES FANCYBACK MINNOW	127-C1
RHODES FLOATING MINNOW	127-C4
RHODES KALAMAZOO CAST. LURE	127-B9
RHODES KALMAZOO MINNOW	125-D10
RHODES KAZOO	127-C8,127-C9
RHODES MECHANICAL FROG	127-B6
RHODES METAL MINNOW	125-D11
RHODES MINNOW	127-B10 to 127-B15
RHODES SURFACE MINNOW	125-D12,127-B7
RIDEAU	31-A6
RIGHT-FISH SPOON	139-A12
RIP-L-LURE	77-B4
RIPPLE SCOOTER	135-A5
RIVER DEVIL	35-C8,35-C9
RIVER FLASH	39-D3,39-D4,287-A8
RIVER GO GETTER	95-D2
RIVER PUP	111-D7
RIVER RUNT	75-C3
RIVER RUNT SPOON	75-C7,75-C8
RIVER RUNT SPOOK JOINTED	75-D1,75-D2
RIVER RUNT TYPE	31-C6,49-B13
RIVER RUSTLER	45-D12,49-B3
RIVER SCAMP	47-B15
ROACH MINNOW	170-A5
ROAMER	155-A1,155-A2,289-B5
ROBINSON, HANDMADE	113-B9 to 113-B12
ROCHESTER SPOON BAIT	113-C6
ROCK HOPPER	123-C11,123-C12
ROLLING DIVER	117-D6
ROMAN DIVER	159-B6

Name	Reference
ROMAN PEARL SPINNER	103-A13, 103-A14
ROMAN REDTAIL MINNOW	103-B7
ROMAN SPIDER	103-B8
ROOTER	157-A4
ROSEGUARD	89-B4
ROTARY MARVEL	43-C1, 43-C2
RO-TO-EYE	289-B11
ROTO-FLI	113-D9
ROTO-FLI CASTING BAIT	113-D12
ROTO-FLI SPINNER	113-D10, 113-D11
ROTOLADY	290-B3
ROUND NOSE	49-B7
ROVER PORK RIND BAIT	103-D15
ROVER, PFLUEGER	105-A8
ROY SELF LURE	113-D13
ROY'S WOW	111-D2
RUBB-ORENO CRAWFISH	123-C13
RUBY EYE WOBBLER	61-D14, 61-D15
RUBY SPOON, PAUL BUNYAN	99-D9
RUBY-EYE SPOON	99-D10
RUSH TANGO	113-A4
RUSH TANGO JR	113-A5
RUSH TANGO TYPE	31-B1
RUSSELURE	111-C14, 111-C15
RUSSO	289-B14

S

Name	Reference
S-SPINNER	115-D5, 115-D7
SABER TOOTH	73-D13
SAFE-T-LURE	115-A8, 281-C15
SAFE-T-MINNOW	160-C12
SAIL SHARK	287-B9
SAINT SPINNER	73-C15
SALAMO SPOON	103-C1
SALMON PLUG, MARTIN	89-A1 to 89-A11
SALMON RIVER RUNT	75-C1
SALMON SPOON	89-A14, 89-A15
SALMONEER	115-C1
SALTWATER SPECIAL, HEDDON	71-C1
SALTWATER SPECIAL, SHAKES	129-D8
SAM'S SPOON, VOM HOFE	135-B14
SAM-BO	97-D1
SAM-SPOON, HEDDON	73-A15
SAMBA SPINNER	113-C3
SAMPSON LURE	163-C13
SAN LUCO LURE	115-B4
SARASOTA	47-A3, 47-A4
SARDINIA SALTWATER SPECIAL	129-D9
SASSY SUSIE	285-A12
SCANDINAVIAN SOCKAROO	97-C12
SCAT BACK	91-B6
SCHLITZ SPOON	115-B3
SCHMOO	67-C1
SCHOONIES SKOOTER	117-C1
SCHOONIES SKOOTER JR	117-C2
SCISSORTAIL SPOOK	75-B1
SCO BO	151-B6
SCOOP	109-D13
SCOOP JR	109-D14
SCOOTER POOPER	117-D14
SCOOTER, ARBOGAST	33-D8
SCOOTER, PORTER	101-C4
SCORPION FIZZAL	115-A14, 115-A15
SCOUT	83-C10
SCUDDER	33-D15
SEA DEVLE IMP	57-B8
SEA DEVLET	57-B9
SEA DILLINGER	53-D5, 57-C3
SEA GULL	93-C5
SEA GULL, JOINTED	93-C6
SEA HAWK, FLA FISHING TACK	57-D9
SEA RUNT	75-B15
SEA SHINER	115-B14
SEA SPOOK	73-C11
SEA WITCH	131-B5, 131-B6
SEA WITCH JR	131-B7
SEA-BAT	55-C10
SEAGRAM LUCKY 7	95-C15
SEAHAWK, BASSKIL	149-C5
SEATTLE SALMON PLUG	163-B2
SEATTLE TROUT SPOON	105-D7
SELECT-ORENO	121-D10
SELF STRIKER SPOON	103-C7, 103-C8, 103-C9
SERIES 9100 BAIT	95-D6
SERIES 9100-J BAIT	95-D8
SERIES 9300 BAIT	95-D7
SERIES 9300-J BAIT	95-D9
SERPENTINE MINNOW	37-B12
SEVEN THOUSAND	47-C1
SHAD	53-D6
SHAD-O-LURE	153-A8
SHADRAC	157-D1, 159-C2
SHADY LADY	157-B3
SHAEFFER MINNOW	117-A5
SHAKER	33-C1, 147-D10
SHANNON SPOON	159-B14
SHARK IKE	83-B3
SHARKEY	162-C15
SHARKEY JR	285-D9
SHARK-MOUTH MINN	71-D14
SHEDEVIL	117-A13
SHIEK	59-C9, 281-C9
SHIELD SPOON	87-D1
SHIMMY DIVER	117-A9
SHIMMY FLUTTER SPOON	59-C4, 59-C5
SHIMMY GAL	59-B11, 59-B12
SHIMMY JR	59-B13
SHIMMY SHINER	117-A10, 117-A11
SHIMMY SPINNER	59-B14, 59-B15
SHIMMYETTE FLY ROD SPINNER	59-D5, 59-D6
SHINER MINNOW, JOINTED	83-D11
SHINER MINNOW, SHAKESPEARE	127-C10, 127-C11
SHINER, FLORIDA TACKLE	53-D7
SHINER, PFEFFER	101-B9, 101-B10
SHINER, WEIGHTED	165-B3
SHINEROO	133-D3
SHINY FISH	101-B3
SHOFF SALMON PLUG	117-B13, 117-B14
SHORE MINNOW, PAW PAW	97-B8
SHORE PATROL	151-B11
SHORTY SHRIMP	101-C12
SHRIMP, FLORIDA ARTIFICIAL	59-A12
SHRIMP, JOINTED	153-C6
SHRIMP, NICHOLS	283-D11
SHRIMP, PFLUEGER	285-A4
SHRIMP, SPORTSMAN	155-A13, 155-A14
SHRIMP, WRIGHT-McGILL	155-D10
SHRIMPKIN	57-D14
SHRIMPY SPOOK	71-D15
SHURE-BITE BAIT	115-C13, 115-C14
SHUREBITE	117-B9, 117-B10
SHURLUR	119-A12 to 119-A15
SIDE FLOAT. MINNOW, MICHAEL	87-D10
SIDE FLOAT. MINNOW, PORTER	101-C1
SIDE-WINDER	115-C2, 115-C3
SILVER BUCKTAIL MINNOW	77-D2, 283-A13
SILVER CREEK POLLYWOG	115-D12
SILVER CREEK WIGGLER	115-D13
SILVER DRAGON	166-C4
SILVER KING	73-C5
SILVER MINNOW	55-C14, 77-D1
SILVER SHINER	99-D6
SILVER SOLDIER MINN., KAUSCH	81-D6 to 81-D9
SILVER SOLDIER SPIN., KAUSCH	81-B10
SILVER SOLDIER, A.L. & W.	149-A8
SILVER STREAK	55-C15
SILVER TIP HELLDIVER	117-C3
SILVER WOBBLER	67-B14
SIMMON'S SPECIAL	49-A14
SIMPLEX MINNOW, PFLUEGER	109-C4
SIMPLEX MINNOW, WELLER	137-C14
SINFUL SAL	47-C3
SINGLE-SPIN	79-D8
SINGLE-SPIN PORK RIND BAIT	79-D7
SINKEE	61-B6
SIREN LURE	115-D15
SIX-IN-ONE WOBBLER	139-C10
SIZZLER	139-D1, 139-D2
SKATE	115-A10
SKI WIG-LUR	159-B10
SKIDDER	59-B7
SKINNER DBL BUCKSKIN SPOON	113-C14
SKINNER FLOATING DEVICE	113-C11
SKINNER FLUTED BAIT	113-C12
SKINNER FLY CASTING SPOON	113-C15
SKINNER SPOON	113-C7, 113-C9, 113-C10
SKINNER TROLLING BAIT	113-D1
SKINNER TURKEY WING	285-A13
SKINNER TYPE	31-C9
SKINNER WEEDLESS BAIT	113-C13
SKINNER WILLOWLEAF	113-C8
SKINNY MINNY	33-D9, 33-D10
SKIP JACK	117-B15, 287-A14
SKIPPER	289-C8
SKIPPER BILL	163-A5
SKIPPER, CREEK CHUB	47-D5
SKIPPER, HOM-ART	63-D10
SKITTER IKE	83-A15
SLANT-NOSE	49-C2, 49-C9, 49-C10
SLEEK-FISH	31-D8
SLEEKEE	115-B9, 115-B10
SLIM ELI	158-B11
SLIM JIM, CREEK CHUB	49-D4
SLIM JIM, SHAKESPEARE	127-C14, 127-C15, 127-D1, 127-D2, 127-D3
SLIM JIM, McKINNIE SPECIAL	127-D4

SLIM JIM, SALTWATER	127-D5
SLIM LINDY	97-B6
SLIM MINNOW	283-D7
SLIM-ORENO	119-D11
SLIPPERY SLIM	77-C9
SLO-POKE	41-A7
SMACKER	79-C4
SMITH MINNOW	29-N
SN2 SPINNING PLUG	137-D10
SNAKE BAIT, HENDRYX	69-A1
SNAKE BAIT, SNAKE BAIT CO.	115-B15
SNAKE TIN LIZ	33-A7
SNAKER BAIT, CLEWELL	43-C3
SNAPIE SPINNER	103-D1,103-D2
SNARK-EEL	49-A8
SNEAK-BAC	55-D9
SNELL LURE	115-B11
SNIPE	115-A9
SNOOK PIKE	51-A8
SNOOK PIKE JOINTED	49-D15
SNOOK PLUNKER	49-D10
SNOOK WIGGLER	289-B15
SNYDER SPINNER	117-A6,117-A7,117-A8
SOBECKI 1929 WIGGLER	117-D10
SOCK-IT-LURE	163-B10
SOFT HOLLOW RUBBER FROG	79-B1
SOFTY THE WONDER CRAB	101-A12
SONAR	75-A14,75-A15
SOS, HEDDON	71-A8,71-A9,71-A10
SOS, RUSH	113-A11
SOS TANGO TYPE,ABBRY/IMB.	31-B2
SOUR PUSS	151-C2
SOUTH COAST METAL MINNOW	289-C4
SOUTH HAVEN MOUSE	115-A6
SOUTH HAVEN PLUG	115-A7
SOUTH HAVEN WOBBLER	115-A2,115-A3,115-A4
SOUTHERN BASSER	77-A77
SPAR-X-PLUG	89-B5
SPARK DART	285-B12
SPARKLE TAIL	289-C2
SPARKLE TAIL JR	289-C3
SPARK-L-EYED WOBBLER	85-B13
SPARK-L-WOBBER	85-B9,85-B10
SPAULDING COLORADO SPOON	113-D2,113-D3
SPAULDING KIDNEY SPOON	113-D4
SPECIAL	129-C1
SPECIAL JR	129-C2
SPEED BAIT	115-A1
SPEED SHAD	59-D14
SPEED SHAD JR	59-D15
SPIKE TAIL MOTION BAIT	113-B14
SPIN DANCER	33-D2
SPIN DIVER	133-D8
SPIN DODGER	35-C4
SPIN DOODLER	133-D6
SPIN FIN	73-D10,73-D11
SPIN STICK	37-C7
SPIN-DEEPSTER	49-A3
SPIN-DIVER	71-B7
SPIN-I-DIDDEE	123-C3
SPIN-I-DUZY	123-D4
SPIN-IN-HERRY	133-D15
SPIN-IT	287-D9
SPIN-ORENO	121-A10
SPIN-TAIL	157-B5
SPIN-TWIN	115-B8
SPINDLE	153-D4
SPINNAREN WITH 7 SPINNERS	91-B13
SPINNER BAIT, THOMMEN	135-A10
SPINNER SPOON,FLA.FISH TACK.	151-B8
SPINNER, A.L. & W.	35-A13
SPINNER, BURGESS	37-D8
SPINNER, A.L. & W.	35-A14
SPINNERED HAIR MOUSE	95-A7
SPINNING DARTER	47-C13
SPINNING INJURED MINNOW	45-D11
SPINNING MINNIE	101-A10
SPINNING MINNOW	35-B6
SPINNING PIKIE	45-D7
SPINNING PLUNKER,CREEK CHUB	47-A9
SPINNING PLUNKER, PAW PAW	95-D14
SPINNING WOUNDED MINNOW	97-B12
SPINNO MINNO	135-B6
SPINTAIL	131-D9
SPINTAIL BUG	133-A3
SPINTAIL KICKER	33-A1,33-A2
SPIRAL BAIT, SPIRAL BAIT CO	115-D1
SPIRAL SPINNER PIKE, BIFF	35-D10
SPLASH KING	81-B6,283-A15
SPLIT FISH	289-C12
SPLIT SPOON, WEBER	137-D13
SPLIT TAIL FLAPJACK	283-D1
SPOOFER	119-A11
SPOON BELLY WOBBLER	95-B4
SPOON FIN, GENERAL TOM	61-D7
SPOON FIN, HOAGE	63-D8
SPOON WITH WEED GUARD, BUEL	39-B7
SPOON, BBCO	37-D2
SPOON, CROFT	41-B15
SPOON, E. CLARK	41-A10 to 41-A14
SPOON, H.W. BUEL	39-C3
SPOON, J.T. BUEL	39-B4
SPOON, PFLUEGER-CHAPMAN	285-D1
SPOON, SHIPLEY	155-B14
SPOON BAIT	283-B12
SPOON PLUG	101-D7,101-D8,101-D9
SPOON-FISH	31-A1
SPOON-ORENO	123-D7,123-D8
SPOON-TAIL	49-A1,49-A2
SPOONFISH	43-B7,43-B8,149-D1 149-D2
SPOONJACK	31-D3,31-D4
SPOONY FISH	71-C13,71-C14,71-C15
SPOONY FROG	73-C4
SPOT TAIL MINNOW	141-A13,141-A14,141-A15
SPOT TAIL MINNOW JOINTED	141-A4
SPOTTY THE WONDER FROG	101-A15
SPRAYING GLIDER	117-D5
SPRING LOADED ARROWHEAD	99-A5
SPRING LOADED SPOON	63-B7
SPRITE	77-D3
SPUTTER BUG	33-D6,33-D7
SPUTTER FUSS	33-C10
SQUEAKY MOUSE	147-C6
SQUID, NORRIS	97-C9
SQUID, PFLUEGER	107-D13,285-A2
ST. GEORGE BALL BAIT	85-A10
ST. JAMES'S SPOON	39-B14
ST. JOHN'S WIGGLER	83-C8
ST. LAWRENCE GANG	159-C3
STAGE FROG	155-C7,155-C8
STAGGERBUG	155-D13
STANDARD WOBBLER,BEST-O-LUCK	125-D4
STANLEY HOOK	75-D14,75-D13
STANLEY PORK RIND BAIT	71-B6
STANLEY SMELT	113-D5
STAR SPINNER BAIT	85-C13,85-C14
STEELHEAD	162-B11
STEEL'S FROG	35-A6
STEELSTAMP SPOON	85-B7
STICK	149-A15,289-A6,289-A11
STINGAREE, HEDDON	75-A12,75-A13
STINGAREE, LAZY IKE CORP.	83-B1,83-B2
STINGRAY	63-C2
STORMY PETREL BIRD	115-D8
STRAUSBORGER MINNOW	117-D15,161-C6
STREAMLINED MINNOW	103-A6
STREAMLINER	41-B6
STRIKE-IT	129-D3
STRIKE-O-MATIC, JOINTED	79-C12
STRIKE-ORENO	123-B15
STRIKEE MINNOW	97-C6
STRIKEE WOBBLER	97-C7
STRIP TEASER	283-A2
STRIPED BASS WOBBLER,SHAKES	131-A1,131-A2
STRIPER ATOM	35-A15
STRIPER PIKIE	51-C10,51-C12
STRIPER PIKIE, JOINTED	51-A4,51-A6
STRUGGLING MOUSE	81-A5
STUBB SPOON	115-A11,115-A12
STUBB'S HYDRO-PLUG	43-B5
STUMP DODGER	137-B7,137-B8,285-C2
STUMP KNOCKER	157-A8
STUNTER	133-C10
SUBMARINE	28-C
SUBMARINE MINNOW	129-A11,129-A12,129-A13
SUBMASTER	65-C6
SUBMERGIBLE MINNOW,SHAKESP.	129-A4,129-A5,129-A6
SUCCESS SPOON	153-D15
SUCKER MINNOW, CREEK CHUB	45-D15
SUCKER MINNOW, JTD., CCBO	93-D13
SUCKER MINNOW, PAW PAW	93-D13,93-D14
SUICIDE	57-C8,57-C11
SUN SPOT, SOUTH BEND	123-D9,123-D10,123-D11
SUNBEAM MOUSE SPOON	61-D3
SUNBEAM SPOON	61-D2
SUNFISH TIN LIZ	33-A9
SUNSPOT, EDWOOD	55-D5
SUPER DOWAGIAC	73-C14
SUPER DUPER	125-A2,125-A5 to 125-A8
SUPER DUPER NIGHT FIGHTER	125-A3,125-A4
SUPER HUSTLER	285-D10
SUPER LURE	59-C11
SUPER MIDGET	59-A7
SUPER MOP	35-C11
SUPER POPPER	289-D9
SUPER SHARKEY POPPER	285-D15
SUPER SNOOPER	121-D8
SUPER STRIKE	59-A11

Name	Reference
SUPER STRIKE ORENO TYPE	287-A15
SUPER WOBBLER	139-D9,139-D10
SUPERIOR SPOON	165-D11
SURE LURE	127-A11,127-A12
SURE STRIKE PIKIE, JTD	49-B1,49-B2
SURF POPPER	51-A14,143-C12
SURF-KEE-WIG	83-C1
SURF-ORENO, CREEK CHUB	49-D1
SURF-ORENO, SOUTH BEND	119-D1 to 119-D4,123-A4
SURFACE DING BAT	47-D14
SURFACE DOODLER	133-D11
SURFACE KILLER	117-C11,117-C12
SURFACE LURE, SOUTH BEND	125-C11
SURFACE MEADOW FROG	107-C2
SURFACE MINNIE,STRIKEMASTER	155-B10
SURFACE MINNOW,DUNKS	43-A15
SURFACE MINNOW,KEELING	83-B9
SURFACE MINNOW,MOONLIGHT	93-A10
SURFACE MINNOW,PAW PAW	97-B9,97-B10
SURFACE MINNOW,SHAKESPEARE	129-B7
SURFACE MINNOW,SOUTH BEND	119-C13,119-C14
SURFACE MINNOW,STRIKEMASTER	157-D13
SURFACE MINNY	71-A12
SURFACE POPPER,SHAKESPEARE	131-D5
SURFACE SPINNER, GO-ITE	63-B5
SURFACE TOM WIGGLER	83-C5
SURFACE VAMP	75-A11
SURFACE WIGGLER	81-A3
SURFACE WONDER	127-D8,127-D9,127-D10
SURFSTER, CREEK CHUB	51-C1,51-C3,51-C4
SURFUSSER, HEDDON	69-D12,69-D13,69-D14
SURPRISE MINNOW	111-B2,111-B3,111-B4
SURPRISE MINNOW, SPINNERED	111-B5
SUSQUEHANNA CHUB	285-C11
SUTTON COLORADO SPINNER	115-C9,115-C10
SUTTON SPOON	115-C8,115-C11
SWIM-A-LURE	287-C1,287-C2
SWIM-A-LURE CHIPMUNK	159-A5
SWIM-A-LURE DUCKLING	159-A6
SWIM-A-LURE FROG	43-B1
SWIM-A-LURE JOINTED PIKE	43-B4
SWIM-A-LURE PIKE	43-B3
SWIM-A-LURE PIKIE	43-B2
SWIMMERSPOON	67-A4
SWIMMING MINNOW,HEDDON	69-C2,69-C3
SWIMMING MINNOW, PICO	101-C5,101-C6
SWIMMING MOUSE, CREEK CHUB	49-A10,49-A11
SWIMMING MOUSE, PAW PAW	95-B1
SWIMMING MOUSE, SHAKESP.	131-C1 to 131-C4,131-C8
SWIMMING MOUSE, SPORTSMAN	155-A12
SWIM.MOUSE,WRIGHT-McGILL	139-A2,285-C4,285-C5
SWIMMY	289-C7
SWIVALURE	85-A3

T

Name	Reference
T-N-T TWISTER	133-C15
T. ROBB BASS FLY	133-B10
T. ROBB FLY	285-B10
T. ROBB WEEDLESS HOOK	285-B11
TADPOLLY	73-B2,73-B4,73-B5
TADPOLLY BOTTLENOSE	73-B1
TADY POLLY	135-A11
TAFFEE MINNOW	103-D11
TAIL-SPIN	133-D7
TALKY TOPPER, BERRY-LEBECK	39-D13
TAMPA BAY MINNOW	41-D8
TANDEM CYCLONE SPINNER	159-A10
TANDEM FLUTED SPOON, BUEL	39-B8
TANDEM SPIN FROG, PFLUEGER	107-C4
TANDEM SPINNER, HENDRYX	69-A9
TANDEM SPINNER, PFLUEGER	107-A7,107-A8
TANDEM SPINNER,STRIKEMASTER	155-B13
TANGO	133-A6
TANGOLURE	113-A10
TANTALIZER	129-D5,129-D6
TANTALURE	164-C5
TANTRUM	111-A14
TARP-ORENO	121-B8,121-B9,121-B10
TARPALUNGE	129-D4
TARPON PIKIE	51-C6
TARPON TANGO	113-A2
TEAR DROP DBL SPOON, MANN	87-D4
TEAS-ORENO	121-D6
TEASER, JAMISON	79-B9
TEASER, SOUTH BEND	121-B11,121-B12,121-B13
TEASER, STRIKEMASTER	155-B5
TEELAN MINNOW	107-D1
TEMPTER BAIT	113-B13
TEMPTER FROG	135-A15
TEX-ORENO	123-B5,123-B6
TEXAS SHORTY SHRIMP	77-C8
THARP DEEP DIVER	167-B12
THE CASTER	157-C8
THE SPINNER	287-A10
THIN DEVLE	57-B7
THOMMEN BAIT	135-A6
THOMPSON SPOON	285-B15
THOREN MINNOW CHASER	281-B9
THREE BAGGER	117-C5
THREE IN ONE, CORONADO	147-A3
THREE-IN-ONE PLUG, HARMON	151-C6
TIGER TANGO	113-A7 to 113-A9
TIGER TANGO TYPE	31-B5
TILL'S TOPPER	162-B9
TIN LIZ	33-B2 to 33-B5
TIN LIZ, 3 FIN	33-A12
TIN LIZ, HICKORY SHAD	33-A13
TIN LIZ, SPINTAIL	33-B1
TIN LIZ. SUNFISH	33-A10
TIN SQUID	57-A2
TINY CHUGGER	73-D5
TINY FLOATING RUNT	75-C9
TINE GO DEEPER RUNT	75-C15
TINY LUCKY 13	71-C12
TINY MITE	79-D4
TINY SPOOK	73-D6
TINY TAD	73-B6
TINY TEAZ	75-B13
TINY TIM	49-A5,49-A6
TINY TORPEDO	75-B11
TIP TOP	83-B15
TIPSY CUDA	57-C14
TNT MINNOW	107-D11
TOLEDO WEEDLESS	285-B14
TOM	59-C13
TOM MACK	283-D13
TOM THUMB	83-B10,83-B11
TOMLIN SPINNER	165-B12
TOP IKE	83-A9,83-A10
TOP KICK	153-A6,153-A7
TOP LIZARD	99-B3,99-B4,153-C11
TOP SHINER	101-B12,101-B13
TOP-N-POP	49-A7
TOPPER, BOMBER	37-C9
TOPPER, EGER	57-C9
TOPPER, JR.,FLA TACKLE CO	59-A6
TOPPER, PFEFFER	101-B14
TOPWATER CAST.BAIT, DECKER	53-A1
TOPWATER MINNOW,PAUL BUNYAN	99-D5
TOPWATER MINNOW, PEPPER	289-B6
TOPWATER NO.5, BROOKS	39-A7
TOPWATER WIGGLER, SOBECKI	117-D9
TOPWATER, ISLE ROYALE	151-C9
TOPWATER, LASSITER	151-C10
TOR-P-DO	99-A3
TORPECUDA	151-B5
TORPEDO RAY	65-C8
TORPEDO SPOOK	71-B1
TORPEDO, ABBEY & IMBRIE	31-A10
TORPEDO, HEDDON	71-A13,71-A14,71-A15
TORPEDO, JAMISON	79-A7
TORPEDO, PAW PAW	95-C12
TORPEDO, SHAKESPEARE	127-C5,127-C6,127-C7
TOURNAMENT FROG	157-C14
TRANS-LURE	99-D15
TRICKY BUCKER	133-A6
TRICKY CRAB	133-A8
TRICKY FROGGIE	133-A7
TRIGGER FISH	55-A7
TRIL-O FROG	155-D1
TRIPLE DEPTH	287-B8
TRIPLE TEASER	73-C10
TRIP-LURE	31-C11
TRIX-ORENO	125-A9 to 125-A10
TROLL KING	285-D6
TROLL-ORENO	121-B14
TROLLING MINNOW, SHAKESP.	133-B11,133-B12
TROLLING SPOON, ALLCOCK	281-A4
TROLLING SPOON, BUEL	39-B9,39-B10,39-C1
TROPICAL STRIKEE	97-C5
TRORY MINNOW	29-L
TROUT CASTER	95-B8
TROUT CASTER, JOINTED	95-B6
TROUT SPINNER, HENDRYX	281-D14
TROUT TANGO	113-A14,113-A15
TROUT TANGO TYPE	31-C3
TROUT-EAT-US	93-C14,93-C15,155-C3
TRUCK-ORENO	119-D15
TUBE SPINNER	35-B7
TULSA WIGGLER	61-C9,61-C10
TUMBLEBUG	111-D10
TUNA JIG	81-A15
TURB-U-LENT SURFACE	133-D2
TURB-U-LURE WIGGLER	133-D1
TURN-A-ROUND	79-C3
TURNER CASTING MINNOW	135-B1,135-B2
TURNER SPOON	159-B11
TURNER TOPWATER BAIT	135-B3
TUTTLE MOUSE	285-C14,289-C14
TUTTLE SPINNER	135-A12
TUTTLE SPOON	135-A14

TWEEDLER	39-C5
TWIGGLER	151-C8
TWIN DANCER	63-D4
TWIN LIZ	33-A14,33-A15
TWIN MINNOW, SLIM SWEENEY	117-C4
TWIN MINNOW, TWIN MINNOW CO	133-D13
TWIN PAL	75-B14
TWIN PIKE BAIT	85-C8
TWIN SPINNER, WEBER	137-D11,137-D12
TWIN-MIN, STALEY-JOHNSON	117-B1
TWIN-SPIN SPOON	79-D10
TWIN-SPIN JOINTED	79-C11
TWINKLE SPINNERS	65-B11,65-B12,65-B13
TWIRL BUG, PAUL BUNYAN	99-C13
TWIRL-BUG, LLOYD & CO	85-D13
TWIRLING TWIRP	135-D2
TWITCHIN CUDA	57-D3,59-A4
TWITCHIN CUDA MIDGET	157-A7
TWO-OBITE	121-D14
TWO-ORENO	121-D12
TWO-ORENO TYPE	31-C4
TYNE-MITE	133-D14

U

U.B. JUNEBUG	135-B9
U.B. ROACH CASTING FLY	135-B10
U.B. SPINNER	155-D5
UBANGI	43-D6
UNCLE HUB'S DOOFER	63-D12
UNDERTAKER	283-C1
UNDERWATER DECKER	53-A4
UNDERWATER EXPERT, HEDDON	69-B6
UNDERWATER MINNOW, BITE-EM	37-B7
UNDERWATER MINNOW, CREEK CH	49-D5,151-A2
UNDERWATER MINNOW, PAW PAW	97-B1
UNDERWATER MINNOW, SHAKESP	129-A9
UNDERWATER MINNOW, SO.BEND	119-C4 to 119-C6,125-D1
UNDERWATER SPINNER MINNOW	47-B12
UNDERWATER, MOONLIGHT	153-B7
UNK.BASS-ORENO, STEELPLATE	121-B1
UNK.DEERHAIR WOBB.,MOONLIGHT	93-D15
UNKNOWNS	41,59,63,113,117,143 147,149,157,159 to 166 281,283,285,287
UNKNOWN ALLURE, CHAPMAN	105-C15
UNKNOWN ARNST	149-A7
UNKNOWN BIEK	161-A6,162-C4
UNKNOWN BITE-EM	37-B9
UNKNOWN COLDWATER	41-D6
UNKNOWN CRAWDAD	117-C14
UNKNOWN DARTER	117-B5
UNKNOWN DAZZLER	43-D14
UNKNOWN DECKERS	53
UNKNOWN DECKER METAL	53
UNKNOWN DICKENS	55-B10
UNKNOWN DIVING BAIT,PFLUEGER	111-C6,111-C7
UNKNOWN FLANGED WOBBLER	139-C13
UNKNOWN FLA FISHING TACKLE	57-C12,57-D7/D15,151-B7
UNKNOWN FROG	145-B6
UNKNOWN KEELING	83-C11,83-C12,151-D9 151-D11,159-A14
UNKNOWN KINGFISHER	93-B3
UNKNOWN LADY BUG	93-A13
UNKNOWN LLOYD	85-D14
UNKNOWN MOONLIGHT	153-B8,153-C3 37-B10,37-B11
UNKNOWN MUSKY JAMISON	79-D11
UNKNOWN NICHOLS	101-C8/C13/C14,153-C9
UNKNOWN PAW PAW	97-B15,153-B15,153-C2
UNKNOWN PEPPER	155-A5
UNKNOWN PFLUEGER	105-C6,105-C7
UNKNOWN PICO	153-D7 to 153-D9,153-D12
UNKNOWN PLUNKER, PAW PAW	95-D15,97-A2
UNKNOWN POPPER	117-B7,155-C12
UNKNOWN POPPER, PFLUEGER	109-C13,109-C14
UNKNOWN ROTARY HEAD,HEDDON	71-B5
UNKNOWN SALMON PLUG	89-D1 to 89-D5
UNKNOWN SALTWATER, HEDDON	71-B15
UNKNOWN SCHOENFIELDS	93-D1 to 93-D5
UNKNOWN SHAKESPEARE	129-C5
UNKNOWN SHANNON	79-D1,79-D2
UNKNOWN SOUTH BEND	119-C15
UNKNOWN STRIKEMASTER	117-C6 to 117-C10
UNKNOWN WHOPPER STOPPER	159-C1
UNKNOWN WILCOX	43-C15
UNKNOWN WILSON TYPE	81-D1,81-D2
UNKNOWN WINCHESTER	137-A15,137-B1 to 137-B3
UNKNOWN WOBBLER, MOONLIGHT	91-D15
UNKNOWN WOODPECKER, HEDDON	69-B14,69-B15
UNKNOWN WOODS	141-B4
UNNER-FLASH	157-A2

V

VACUUM BAIT	123-B8
VAL-CHIPPEWA-LURE	135-C3
VAL-ELEREE-LURE	135-C4
VAL-PIKE-LURE	135-C6 to 135-C8
VAL-PIKE-LURE JOINTED	135-C5
VALLEXAY	63-C3
VAMP, LUNY FROG	75-A7
VAMP JOINTED	31-A5,75-B3
VAMP SPOOK	75-A9
VANITIE MINNOW	107-D5
VANN-CLAY MINNOW	135-C1
VANN-CLAY WOBBLER	135-C2
VAUGHN'S LURE	135-B15
VEE-BUG	91-B5
VEE-LURE	147-C4
VERMILLION MOUSE	135-C13,135-C14
VERMILLION PEARL SPINNER	135-C15
VERMILLION SPINNER	135-C11,135-C12
VERMILLION SPOON	135-C10
VESCO LURE	135-B13,159-B15
VIRGIN MERMAID BAIT	117-D11
VIVA	63-B10
VIVI BASS LURE	135-B12
VOM HOFE SPOON	285-C1

W

W.A.B.	59-B6
WACKY	281-D3
WADDLE BUG	87-A13
WADHAM NATURE BAIT	141-A1,141-A2,141-A3
WAG	75-B12
WAG TAIL CHUB	151-A1
WAG-A-SPOON	79-C1
WAGTAIL WITCH	55-D13
WAGTAIL, LANES	38-D8
WAKEMAN HARNESS	137-C7
WALKER SPECIAL	147-D11
WALKIE TALKIE	101-A4
WALKIE TALKIE SALTWATER	101-A3
WALLACE HIGHLINER	89-B3
WALLEYE	145-A14
WALLEYE TIN LIZ	33-A11
WALTON FEATHERTAIL	69-C9,69-C10
WATER DOG	37-C6
WATER BEETLE	287-A5
WATER GREMLIN	61-D8
WATER MOLE	37-B4
WATER NYMPH	45-B3
WATER PLANE	63-B3
WATER SCOUT	41-B2 to 41-B5,149-C8
WATER WIGGLER	161-A3
WATER WITCH, ALLCOCK	170-C12,170-C13
WATER WITCH, LLOYD	85-D11
WATER WITCH, WILSON	141-C14
WATER-LOU	155-D14
WAVE-LURE	164-C13
WAUKAZOO, JIMMY SKUNK	129-C4
WEAVER	99-D2
WEBFOOT	154-A2
WEDGE LURE	147-B12
WEE GEE	99-B5
WEE-DEE	47-C4,47-D4
WEE-NIPEE	123-C2
WEED BUG	47-B11
WEED DODGER	35-C5,35-C6
WEED HOG	149-B2
WEED KING	119-A7
WEED QUEEN	139-C3
WEED SPLITTER PLUG	85-A14
WEED SPLITTER SPOON	85-A15
WEED WING	153-C12
WEEDER	287-D4
WEEDLESS BAIT, COLDWATER	41-D4
WEEDLESS BASS FLY	133-B9
WEEDLESS BASS-ORENO	121-A2
WEEDLESS BEETLE	37-D10
WEEDLESS BUCKTAIL HOOK	125-B12
WEEDLESS BUCKTAIL SPINNER	125-B13
WEEDLESS BROOKS	39-A8
WEEDLESS DILLINGER	57-B15
WEEDLESS FLUTTER FLY	133-B7,133-B8
WEEDLESS FROG	127-B5
WEEDLESS KICKER	33-A5,33-A6
WEEDLESS MINNOW, ACME	85-B3,85-B4
WEEDLESS MINNOW, HENDRYX	159-A11
WEEDLESS MINNOW, SO. BEND	119-C7
WEEDLESS POPPER, MOONLIGHT	93-B15
WEEDLESS SPINNER HOOK	125-B11

WEEDLESS SPOON, PAUL BUNYAN	157-C10
WEEDLESS SPOON, LARSON	85-B1
WEEDLESS SPOON, STEELSTAMP	155-C6
WEEDLESS WIDOW	73-A13,73-A14
WEEDLESS WONDER, ANDERSON	31-D13
WEEDLESS WONDER, DICKENS	55-D8
WEEDLESS WOW	95-A13,95-A14,153-B6
WEEDMASTER, SHANNON	79-D6
WEEDMASTER, WOODS	55-B9
WEEDO	77-D10
WEEDPLANE	119-A5
WEESNER BUCKTAIL SPINNER	141-C15
WEEZEL SPARROW	141-C1,141-C2
WEEZEL, FEATHERED	141-B13
WEIGHTED SPINNER, JUNOD	157-C2
WEIGHTED TAND.SPIN,PFLUEGER	107-A9
WEIGHTED TRAILER, SHANNON	79-A14,79-A15
WEIGHTED WOBBLER	125-C10
WELSH & GRAVES MINNOW TUBE	63-D2,63-D3
WELSHERANA BAIT	137-C2
WESTERN BASS PLUG	89-A13
WGTD WEED. BUCK. BASS SPOON	125-C2
WHAM DOODLER	133-D5
WHAMMIE	167-B9
WHING DINGER	289-D11
WHIP-TAIL SUCKER MUSKY BAIT	143-C2
WHIR-LI-GIG LURE	137-C4
WHIRL-A-WAY	101-A9
WHIRL-O-MINNOW	135-A13
WHIRL-ORENO	123-B7
WHIRLING CHUB	31-A7
WHIRLING DIRVISH	135-D1
WHIRLWIND SPIN.,WRIGHT/McGIL	139-B1
WHIRLWIND, SHAKESPEARE	127-C12,127-C13
WHIS-PURR	73-D12
WHITMAN SALMON	289-D13
WHITE BUCKTAIL MINNOW	119-B8
WHITE WONDER	149-B9
WHITEHALL COLORADO	141-D8
WHITEHALL SPINNER	141-D9
WHITEHALL SPOON	141-D2 to 141-D5,141-D10
WHITEHALL WILLOWLEAF	141-D6,141-D7
WHIZ BANG	166-B13
WHIZZER	141-B15
WHOOPEE	103-C5
WHOOPEE SPINNER	103-C6
WHOPPER STOPPER	141-C3
WHOPPER STOPPER JOINTED	141-C5
WHOPPER STOPPER WOBBLER	141-C6
WICKED WIGGLER	47-C8
WICKERSHAM SPINNER	289-D8
WIDE MOUSE	285-C9
WIESE IKE TYPE	289-D5
WIESE MOUSE	289-D2
WIESE ORENO TYPE	289-D4
WIESE RUNT TYPE	289-D3
WIG-L-LURE	77-B3
WIG-L-TAIL	79-A9
WIG-L-TWIN	79-A10
WIG-WAG, HILDEBRANDT	157-C15
WIG-WAG, GEP BAIT	79-A12
WIG-WAG, MILLSITE	91-C1,91-C2
WIGGINS-ORENO	125-C1
WIGGLE DIVER	131-B10
WIGGLE DIVER JUNIOR	131-B11
WIGGLE FISH	47-D6
WIGGLE WIZARD	47-A5
WIGGLE WONDER	53-D13
WIGGLE WORM	159-C4
WIGGLE-KING	71-C6,71-C7
WIGGLE-TAIL	57-C7,285-C6
WIGGLEFISH	147-C14,147-C151
WIGGLER, BITE-EM	37-B5
WIGGLER, CHURCH ST	281-B5,281-B6
WIGGLER, COLDWATER	41-D2
WIGGLING SHRIMP	139-A8,163-D1
WIGGLING WORM	117-A14,117-A15
WIGGLY WIGGLER	35-B12
WIGGLETAIL MINNOW	28-F
WIGL-Y RIND	47-C5
WILCOX POPPER	43-C14
WILCOX WIGGLER	149-D5
WILL-O-THE-WISP	119-A4
WILLIAMS WOBBLER	137-C5,137-C6
WILLOWLEAF DBL., PFLUEGER	105-A12,105-A14
WILLOWLEAF SPINNER,HENDRYX	69-A12
WILLOWLEAF SPOON, MANN	159-A15
WILLOWLEAF, HARDER	65-A6
WILLOWLEAF, WINCHESTER	137-A4
WILSON FROG	155-D12,157-C15
WILSON WOBBLER	93-A14,93-A15,139-D6,289-D7
WILSON WOBBLER WEEDLESS	139-D7
WINCHESTER FLUTED BAIT	137-A3
WINCHESTER MINNOW	137-A9 to 137-A11,137-A14
WINCHESTER SPOON	137-A8
WINGED HUSKY DEVLE	57-A5,57-A6,57-A7
WINGED MASCOT	79-D14
WINKIN WOBBLER	147-A1
WINTER'S BASS FLY	137-C9
WIZ-ORENO	121-D11
WIZARD WOBBLER	109-D2 to 109-D5
WIZARD WOODEN MINNOW	109-A3,109-A4
WOB-L-RITE	115-C4,115-C5,115-C6
WOBBLE BOY	97-A15,97-C1
WOBBLE WIZARD	55-D14
WOBBLE-BUG	103-B11
WOBBLER, AL WILSON	137-B11,137-B12,137-B13
WOBBLER, HORROCK-IBBOTSON	151-C5
WOBBLER, LUCKY STRIKE	153-A2
WOBBLER, MOONLIGHT	93-C10,93-C11
WOBBLER, P & K	101-A11
WOBBLER, PAW PAW	97-A3
WOBBLER, PFEFFER	101-B11
WOBBLER, WHOPPER-STOPPER	285-C8
WOBBLER, WISE	87-C15
WOBBLER, WRIGHT & McGILL	139-B14,139-B15
WOBBLING WILLIE	41-D11
WOBLIT	77-A8
WONDER BAIT	162-D7
WONDER BUG	151-C4
WONDER MOUSE	113-D7
WONDER PLUG	89-D3
WONDERLURE	87-A14
WOOD CRAB, BARR-ROYER	149-A11,149-A12
WOOD CRAB, PAW PAW	93-D11
WOODEN MINNOW, MEADOWS	29-F
WOODPECKER	119-D8,119-D9
WOOD'S BAIT	141-B8
WORDEN BONEFISH	141-D1
WORDEN MINNOW	119-B10,119-B11,119-B12
WORDEN BUCKTAIL BAIT	127-A9,127-A10
WORDEN BUCKTAIL SPINNER	119-B1,119-B6
WORDEN FLUTED BAIT	115-B2
WORDEN PORK RIND BAIT	119-B7
WORDEN SPINNER	119-B3
WORM SPINNER	153-A12
WORROCK WOBBLER	139-C1
WORRY WART	287-B15
WOTTAFROG	95-A9 to 95-A11,153-B10
WOUNDED MINNOW, PAW PAW	97-B3,97-B4,97-B5
WOUNDED MINNOW, SOUTH BEND	125-C12
WOUNDED SPOOK, HEDDON	71-B2
WOW	55-A1,151-A8

Y

YACKLEY EXPERT	113-B2
YACKLEY PATENT BAIT	113-B3,113-B4,113-B5
YACKLEY SPINNER	113-B1
YANKEE AERO JOINTED	155-A3
YANKEE DANDY	141-D11
YELENIK POPPER	289-D15
YELENIK WHOPPER	289-D14
YELLOW HEADED BLACK BIRD	164-A7
YOWSER	73-D1,73-D2
YPSILANTI MINNOW	55-C11,55-C12,285-D4

Z

ZAM BAIT	103-D3,103-D4
ZARA-SPOOK	73-B14
ZARAGOSSA	73-B7,73-B8,73-B10
ZARAGOSSA SPOOK	73-B9
ZENITH FLUTED BAIT	141-D12
ZIG WOG	59-B3
ZIG ZAG	91-D10,91-D12
ZIGGY	290-C14
ZIG-WAG	71-D10,71-D11
ZIG-WAG JUNIOR	71-D12
ZIG-WAG SALMON	71-D13
ZINC SCREWTAIL	141-D14
ZIPPER, SOUTH BEND	125-C8,125-C9
ZIPPER, JENSEN	151-C14
ZIPPER SWIMMER	283-D8
ZOLI BAIT	141-D15

Index by Lure Company Name

A

ABBEY & IMBRIE..............31,149,159,281
ACETTA, TONY.................35,281,287
ACME.........................85
ACTUAL LURE CO...............35
ADAMS, POP...................167,287,289
ADVANCE DEVICES CO. INC......87
AIKEN BAIT CO................35
AIREX BAIT CO................35
AKRON TACKLE.................31
AL'S GOLD FISH...............31,287
ALASKAN BAIT CO..............153
ALKAN TACKLE.................169
ALCOE LURE CO................31
ALGER, FRANK.................35
ALLCOCK......................157,166,170,281
ALLEN BAIT CO................35,160,166
ALLEN TACKLE CO..............163
ALLEN, M.B...................35,165,287
ALLIANCE MFG.................35
ALLSTAR BAIT CO..............35
ALPINE BAIT CO...............159,166
AMER. & NATION. TACKLE CO....39,287
AMERICAN ROD & GUN...........31,149
ANDERSON & SON...............31
ANDERSON BAIT CO.............31
ANGELLS......................41,281
APEX BAIT CO.................35
AQUA SPORTS, INC.............35
ARBOGAST.....................33,147,149
ARBY'S TACKLE................163
ARCO MFG.....................163
ARJON........................166
ARNOLD, S & CO...............35
ARNST, ADOLPH................31,149
ARWOOD, J....................145
ASH, DON CO..................159
ASHING GROUNDS, INC..........147
ASSOCIATED SPECIALTY CO......35
ATKIN-WARNER................149,287
ATLANTIC LURES...............31,149
ATOM MFG.CO..................35,143
ATOMIC FISHING TACKLE........31
AUCLAIR......................28,281
AUSTIN ENGINEERING...........281

B

B & K PRODUCTS...............157
B & M PRODUCTS...............37
BBCO.........................287
BABBITT, E.J.................39
BABY RATTLE BAIT MFG.........164
BAILER, BILL.................39,287
BAILEY & ELLIOT..............39
BAILEY WEEDLESS CO...........149
BAKER, BILL..................164,281,282
BALDWIN......................37
BALLARD, IKE.................149
BARBEE BAIT CO...............41
BARBER, E.E..................149
BARLAKE......................145
BARNES, C....................167
BARNES, E. & B.D.............39
BARR-ROYER..................35,149
BARRACUDA....................143
BASS BUSTER..................37
BASSKIL CO...................149
BATES, T.H...................37
BATSELL BAIT CO..............41,57
BBCO.........................37
BEAN, L.L....................37
BEAR CREEK BAIT CO...........39,145,149
BEAVER BAIT CO...............153
BEAVER BETTER BAITS..........149
BEETLE BUG BAIT CO...........37
BENDER FISHING TACKLE........39
BENTLEY, JOHN................37
BERNARD, J...................157
BERRY-LEBECK................39,99
BEST BAIT CO.................37
BETHEL, C....................145
BEYERLEIN, G.B...............115,155
BIDDLECOMB BAIT CO...........287
BIDWELL, C.W.................28,37,281
BIEK BAIT CO.................39,161
BIFF BAIT CO.................35,149,281
BINGENHEIMER,A.F.............39,149,159
BINGHALL & SCHAAF............41
BINN'S BAIT INC..............39
BITE-EM-BAIT CO..............37,281
BLAZE-O-LURE.................287
BLEE & HELMKAMP..............28
BLEEDER BAIT CO..............39,149,159,287
BLIMPS BAIT CO...............147
BLODGETT BAIT CO.............37

BOBOPEN......................287
BOB'S FLY TYING..............145
BOLTON.......................39
BOMBER BAIT CO...............37,149,157,159
BON-NET BAIT CO..............41
BONNER CO....................37
BONNETT, C.E.................37
BOONE BAIT CO................41,149
BOONE, DANIEL BAIT CO........37
BOORSE, J.L..................117
BOSHEAR TACKLE CO............37
BOSSARD TACKLE...............149
BOULTON, T.J.................39
BOWERSOX.....................28
BRAIDWOOD STAMP CO...........143,281
BRAINERD BAIT CO.............37,149
BRIGHT-EYE LURE PRODUCTS.....39
BROOK'S SHINER BAIT CO.......39
BROOKS BAITS (RJ IND)........39,149,281
BROWN........................28-F
BROWN BAITS..................39,115
BRU-ELL......................145
BRUSH, H.C...................37
BUCKEYE BAIT CO..............41,147
BUEL, H.W....................39
BUEL, J.T....................39,149,281
BUMBY, JOSEPH HARDWARE CO....37
BURGESS, B.F.................37,149
BURKE, B.F.,BAITS............37
BURMECK, TONY................41
BURROUGH, F.S. & CO..........147
BURTIS, GEO..................169
BYLER, AL, BAITS.............37
BYU QUEEN....................57

C

CAIN, RALPH..................41,149
CAMPBELL, F.C................43,149
CANADIAN BAIT CO.............43
CARNES, JACK LURES...........43
CARPENTER....................287
CARR MFG. CO.................281
CARSWELL.....................162,287
CARTER BAIT CO...............43
CARTER-DUNK'S................43,159
CASE BAIT CO.................43
CAST RIGHT BAIT CO...........45
CEDAR SQUID BAIT CO..........45
CHALLENGE TACKLE.............281
CHAPMAN, W.D.................45,105,287
CHARMER BAIT CO..............41
CHASE ROD & TACKLE...........43
CHESTER, F.E.................43
CHEVY CHASE PRODUCTS.........165
CHICAGO TACKLE CO............43,149,281
CHINK........................281
CHIX.........................89
CHRISTENSEN, O...............43
CHUM LURE CO.................147
CHURCH ST, CHICAGO...........281
CINCINNATI SUPERIOR BAITS....85
CIRCLE H. LURES..............151
CLARK'S BAIT CO..............41
CLARK, C.A...................41,149
CLARK, EDWIN.................41
CLARK, J.L. MFG. CO..........43
CLEWELL, R.L.................43
CLINTON-WILTE................41
COLDWATER BAITS..............41,149,287
COLGER MFG...................161
COLLINS, H...................41
COLT DISTRIBUTING CO.........101
COMBS, E.E...................149
COMSTOCK, F.E................43
COMSTOCK, HARRY..............43
COOK, L.B. MFG. CO...........41
COOL RIPPLE LURES, INC.......43
COOPER LURES.................43
COOPER, GENE.................41
COOPER, L....................285
CORDELL......................164
CORNELIUS-LIE................287
CORONADO TACKLE..............147
CRABUG BAIT CO...............41
CRACKERJACK PRIZE............164
CRAZY LEGS BAIT CO...........147,164
CREEK CHUB BAIT CO...........28,45,47,49,51
                              149,151,281,287
CREME, NICK..................43
CROFT, W. & SON..............41
CROWDER, BILL................49,149,287
CROWN BAIT CO................43
CUMMINGS BAIT CO.............43
CUMMINGS, ED INC.............43
CY'S DECOY...................145

D

Name	Pages
DAM	55,151,159,281
DANA LURES	164
DANDY LURES	53
DANIELS, M.J.	287
DANIELSON, RUBEN	53
DARBY BAIT CO.	55
DAVEY	151
DAVIS	151
DAVIS TACKLE MFG. CO.	55
DAVIS, JOHN	55
DAVIS, W.E.	55
DAY & CO.	43,151
DAY, J.F.	55
DAYTON BAIT CO.	53
DEAN, POP	151
DECKER, ANS. B.	53
DECOY MFG.	287
DELANEY, W.	287
DEMON LURE CO.	287
DETROIT BAIT CO.	28,55
DETROIT GLASS MINN. TUBE	55,281
DETROIT WEEDLESS MFG.	281
DEWITT, BILL BAITS	53
DIAMOND JIM TACKLE CO.	53
DIAMOND MFG.	55
DICKENS BAIT CO., THE	55
DILLON-BECK	290
DINEEN, JOHN	53
DOANE, EDWARD	55
DOERING, F.S. 7 CO.	55
DONALY, JIM BAITS	28,55
DOTY	287
DRAKE, HARRY F.	55
DREISEL, FRED	281,287
DRULEY'S RESEARCH	53,151
DUBROW, E.B.	55
DULANEY	55,151
DUKES, E.T.	281
DUNK'S	43,149,159,287
DURA-FLOTE	53
DYNA TACKLE CO.	55
DYNAMITE TACKLE	151

E

Name	Pages
E & E TACKLE	57,143
ECKFIELD BOAT CO.	55
EDGREN MFG. CO.	55
EDSON FISH LURES	55
EDWOOD	55
EGER BAIT MFG. CO.	57,151,157
ELECTROLURE	55
ELECTRONIC UNITS CO.	55
ELKAY BAIT CO.	55
ENGLAND	163
ENGLISH	65
EPPINGER, LOU J.	57
ETCHEN TACKLE CO.	55
EUREKA BAIT CO.	55,151
EVANS CASE CO.	57
EVANS, GLEN	61,67,281
EWERT	28
EXCEL LURE CO.	55

F

Name	Pages
FAIR PLAY INDUSTRIES	61
FAIRCHILD	287
FALL'S BAIT CO.	61,91
FALLS CITY BAIT CO.	61
FARRIS BAIT CO.	161
FENNER WEEDLESS BAIT CO.	59
FETCH-IT-CO, THE	61
FIELD, REX	89
FISCHER-SHUBERTH CO.	59
FISHATHON BAIT CO.	61
FISHER	59
FISHERMAN CO.	431
FISHERMAN'S FLY & BAIT CO.	61
FISHMASTER	61
FLANNIGAN, W.	145
FLEEME	163,287
FLOOD, T.L.B.	59
FLORIDA ARTIFICIAL BAIT CO.	59
FLORIDA FISHING TACKLE	57,151,157
FLORIDA TACKLE CO.	57,59
FOREIGN	61,147,157
FORGE	61
FOSS, AL	59,281
FRANCE	63
FRANCIS CONSOLIDATED LURES	157
FREEPORT HOOK CO.	61
FROST, C.J.	43,61
FST	287
FUELSCHA, DON J. & CO.	151
FURY MFG. CO.	151,168

G

Name	Pages
G G BAIT CO.	63
GABBARD TACKLE	151
GADDIS, GADABOUT	287
GAME GUIDE PRODUCTS	63
GARCIA ABU	281
GARCIA, CHARLES	63
GARDNER SPORTS MFG.	63
GARFIELD LAKE	151
GARLAND BROTHERS	63,157,281,287
GARRISON	28
GARST	28
GAYLE, GEORGE W.	61,157
GEEN BAIT CO.	63
GEN-SHAW BAIT CO.	63
GENERAL TOOL CO.	61
GENEVA MFG. CO.	117
GERMANY	157
GIBBS	61
GIBBS, STAN	63
GILL, J.J.	63
GILMORE MFG. CO.	161
GILMORE, E.L. & CO.	61
GLENWILLOW PRODUCTS	115,160,281
GLO-BOY BAIT CO.	61
GLO-LURE CO.	61
GO-ITE MFG. CO.	63,281
GOBEL	61,159
GOOD LUCK	61
GOODERHARN & WORTS	147
GOWENS MFG.	147
GRAVES, CALVIN V.	63
GREEN-WYLIE CO.	63
GREENE, F.B.	61
GREIDER, J.A.	63
GRIZZLY INC.	111
GROUIX, J.E.	163
GRUBE'S BAITS	61,168
GUDEBROD BAITS	63
GUISE, O.	61
GUNDERSON, AXEL	61
GUSICK, H.	287

H

Name	Pages
H.D.	281
H & H PLUG CO.	283
H & J FISHING TACKLE	65
HAAS TACKLE CO.	65,151,157
HACKETT	65
HAGEN TACKLE CO.	65
HALIK CO., THE	67,281
HALL, W.C.	281
HAMILTON, F.B.	65
HANSEN LURES	89
HANSON, W.B.	65
HASTINGS	139
HARDER BAIT CO.	65
HARDY, J.A.	65,157,160,166,170
HARDY, W.A.	65,157
HARGRETT	65
HAURKAUF	281
HARLOW, J.R.	67,159
HARMON, JACK	65,151
HAREEN, E. & SONS	65
HARRIS, A.	67,87,153
HARP, MARVIN	157
HARTMAN, LEN	67
HARVEY, JIM	165,285
HASKELL, RILEY	63
HASTINGS	67
HAWK FISH LURE CO.	63,281
HAWK-OGILVEY	283
HAYDEN, BOYD & CO.	65
HAYES	168
HAYNES, W.B.	67
HEDDON, JAMES	31,69,71,73,75,77,168,281
HEINIE BAIT CO.	65
HELENA BAIT CO.	67,281
HELIN TACKLE CO.	67
HELLION LURE CO.	65
HENDRYX	28,69,159,281
HENKENIUS/KANE	151
HENNING, C.E.	281
HEPS	287
HENZEL, J.G.	63
HERBERT, J.M.	65
HERENDHEN, G. & SONS	65
HERLYN	287
HERINGTON, BILL	65,151
HERSHELL, JOHN	147
HERTER BAIT CO.	67,287
HETZEL	63
HIBBARD	65,151,281
HIGGINS, J.C.	67
HILDEBRANDT, J.J. & CO.	157

HILDRETH, MIKE	151
HILL, L.H.	65
HINCKLEY, ELMER	65
HINCLEY	67
HINKLE, JOE B.	63
HINKY-DO PLUG CO.	143
HOAGE, C.	63
HOBBS BROS.	281
HOFSCHNEIDER	67
HOLZAPPEL	67
HOLZWORTH, J.C.	65
HOM-ART BAIT CO.	63,290
HOMSER	28
HOOKZEM BAIT CO.	63
HOOT SPINNER CO.	65
HOPKINS FISH LURE CO.	65
HORNET, INC.	61
HORROCK-IBBOTSON CO.	67,151,281
HORVATH, F.H.	151
HOUSER	65
HUBB MFG. CO.	65
HUMPY BAIT CO.	67,281
HUNT LURE CO.	63
HUNTINGTON	65

I

IDEEL FISH LURE	287
INGALLS, JOHN CO.	99
INSTANT BASS PLUG CO.	77
INTERCHANGEABLE BAIT CO.	283
IRGEN	29
ISLE ROYALE BAITS	77,151,283

J

J & R TACKLE	77
J.T.'S LURE CO.	77
JACK'S TACKLE	77,159,287
JACOB NOVELTY CO.	77
JACOBS, EDWARD L.	77
JAMES, W.H.	287
JAMISON, WM. J.	79,81,151,157 159,169,283
JARRETT BAIT CO.	147,163,287
JASMINE PERFUME CO.	77
JENNING'S FISH TACKLE CO.	31,77
JENSEN	151
JENSON	77
JET LURES	77
JET-PROPELLED BAIT CO.	35
JIFFY KICKER BAIT	151
JOE-BOB MFG. CO.	77
JOHN-L BAIT CO.	77
JOHNSON	77
JOHNSON LURES	143
JOHNSON, CARL A.	77
JOHNSON, ERNEST	77
JOHNSON, L.G.	77
JOHNSON, LOUIS CO.	77,283
JOLIET BAIT CO.	77
JOSEPH TACKLE CO.	77
JOY'S BAIT CO.	77,283
JUDGES BAIT CO.	151
JUNOD, P. & CO.	77,157

K

K & K MFG. CO.	81
K-L COMPANY	81
KALA LURES	81,283
KALVIS, A.J. & CO.	81
KATCHMORE BAIT CO.	81
KAUFMAN, H.C.	65
KAUFMANN, A.H.	81,151
KAUSCH, C.	81
KAUTSKY LAZY IKE CORP.	83,157
KEELING, FRED C.	83,151,157,159 160,285,287
KEEN BAIT MFT.CO.	163,283
KEISTER, A.J.	81
KELLMAN	285
KELSO MFG.	283
KENT-FRIEND-PARDEE	83
KENTUCKY BAIT CO.	81
KETCHALL BAIT CO.	283
KETTLETY, E.A.	81
KEWELL, CHARLES	81
KEY, CLYDE E.	81
KEYS & JONES CO. LTD.	81
KIMMICH BAIT CO.	81,151
KING BAIT CO.	81
KING SPIRAL CO.	81
KINGFISHER BAIT	83,125
KINNEY, H.& A. CO.	81
KIRWAN, M.F. MFG.	
KNIGHT & WALL	29,81
KNIGHT, C.W.	81
KNIGHT TACKLE	287
KNOWLES, S.F.	81
KOEPKE, FRANK	55
KOSMIC BAIT CO.	81
KOSTENELLI	81
KRANTZ & SMITH	41
KRIEGEN-RIGGS	151
KROAB, M.	145
KUEHN	29
KUMM, A.J.	81
KURZ BROS. CO.	81
KUSH, MORRIS	283

L

L & L BAIT CO.	159
L & S BAIT CO.	83
LAHMAN	149
LAKE O' WOODS	87
LAMOTHE-STOKES	85
LANDEM LURE CO.	85
LANE, C.W. MFG. CO.	85,151
LARSON	85
LARUE BAITS	85
LASSITER, JACK	151,153,162,283
LAUBY BAIT CO.	83,283
LAUREL	289
LAYFIELD	59
LAZY DAZY LURE CO.	159
LEACH, LOUIE	145
LEBOUFF BAIT CO.	85,283
LEEPER, HENRY	85
LEMASTER BAIT CO.	83
LEON BAIT CO.	147
LEVAN INDUSTRIES	85
LEX BAITS	85
LIESKE, J.J.	283
LIFE LIKE BAIT CO.	85
LIND, JAMES W.	289
LIPMAN LURE CO.	159,166
LIVE BAIT CO.	290
LLOYD & CO.	85
LOBB, F.F.	85
LOCKHART	151
LONG ISLAND MFG.	85,283
LOWE, W.J.T.	85,163,283,287
LS BAIT CO.	85
LUCAS BAIT CO.	85
LUCK LURE BAIT CO.	155
LUCKY DAY BAIT CO.	55,151
LUCKY DUCK BAIT CO.	163
LUCKY LADY TACKLE CO.	85
LUCKY STRIKE BAIT CO.	85,153
LULU LURES	153

M

M & M PRODUCTS	87
MACK BAIT CO.	87
MACK HOOK CO.	87
MACK'S TACKLE WORKSHOP	87
MAGIC MINNOW CO.	87
MAKINEN TACKLE CO.	87,153
MANCO	153
MANISTEE BAIT CO.	87,153
MANN, J.H. LURE CO.	87,159,289
MANNING LURE CO.	87
MARATHON BAIT CO.	91,153,283,289
MARRS HILLWOOD PRODUCTS	163
MARSH BAIT CO.	91
MARTIN MFG. CO.	289
MARSHALL FIELD	143
MARTIN BAIT CO.	91
MARTIN FISH LURE CO.	89
MARTZ TACKLE CO.	91,159
MASTER WEEDLESS	87
MAYGARD, ROY	89
McDONALD MFG.	289
McDONALD, P.	87
McGAGG BAIT CO.	157
McGUIRE PHILLIPS	147
McHARG, J.B.	87,159,283,290
MEADOWS	29
MEL'S BAIT CO.	153
MEPPS BAIT CO.	87
MERCOY TACKLE CO., THE	87
MERMAID BAIT CO.	91,283
META-LURE BAIT CO.	35,153
MICHAEL, J. EARL	87
MICHIGAN TACKLE CO.	87
MID-NORTH TACKLE CO.	79
MIGHTY ATOM BAIT CO.	87
MILES, WM. C. CO.	87
MILLER BAITS	153
MILLER MFG. CO.	87
MILLER, RALPH	87
MILLS	91,153

MILLS, HERB FISH TACKLE	87
MILLSITE TACKLE CO.	91,163
MINNETONKA BROS.	145
MINNIX	87
MIR-LURE, INC.	143,164
MIRRO LURE CO.	91
MISNER	89
MITCHELL, W.G.	283
MITY ATOM BAIT CO.	35
MODERN SPORTING GOODS	77
MOELLER MFG. CO.	87
MOHAWK LURE CO.	87
MONTPELIER BAIT CO.	87
MOONLIGHT BAIT CO.	29,31,37,91 93,153,157,159 283,289
MOORE, JOE	91,166
MOOSEHEAD LURE CO.	91
MOOSELUCK BAIT CO.	91
MORAN BAIT CO.	43
MORRIS, PHILIP CO.	103
MOUSE BAIT CO.	87,153
MUSKY SUCKER MFG. CO.	89
MY FAIR LADY PRODUCTS	164
MYERS & SPELLMAN	91

N

N & N TACKLE	97
NASH PRODUCTS	97
NATIONAL BAIT CO.	97
NATIONAL EXPERT BAITS	99
NATURALURE BAIT CO.	97
NAUTO	99
NEAL ARTIFICIAL BAIT CO.	97,151
NELSON LURES	89
NEON MICKEY BAIT CO.	97
NESS, JOSEPH M.	97
NICHOLS BAIT CO.	39,101,153,162 283,289
NIXON, FRANK	97
NORRIS, BRAD	97
NORTH CHANNEL BAIT CO.	97,283
NORTHERN SPECIALTY	97
NORTHERN TACKLE CO.	65,166
NORTHWOOD BAIT CO.	153
NORWICH FLA CORP.	153
NOVELTY LURE CO.	97

O

O'BENE	281
O'BRIEN, R.F.	164
O'GENE CO.	99
O'NEAL, JOHNNIE	153
O.M. BAIT CO.	157
ODON BAIT CO.	147
OLD PAL	99
OLD RELIABLE BAIT CO.	99
OLIVER & GRUBER	99
OLLIE'S DBL WEEDLESS CO.	99
OLT, PHILIP	99
ORCHARD INDUSTRIES	77,99
ORLUCK BAIT CO.	99
OUTING MFG. CO.	99
OZARK LURE CO., THE	99,153

P

P & S BALL BEARING	289
P & K PRODUCTS	168
PACHNER & KELLER, INC.	101,168
PACIFIC BAIT CO.	103
PACIFIC FISHING TACKLE	283
PACIFIC MARINE SUPPLY CO.	89,283
PARADISE LURE CO.	159
PARK MFG. CO.	153
PARKER	29
PARKER, EWELL	101
PAUL BUNYAN BAIT CO.	85,99,157,159
PAULSON, FRED	101
PAW PAW BAIT CO.	93,95,97,125 153,157,283,289
PAYNE BAIT CO.	103
PEARL BAIT CO.	103
PECKINPAUGH, E.H.	101,169
PELICAN	159
PEPPER, JOE E. BAIT CO.	29,103,155,159 285,289
PEQUEA WORKS, INC.,THE	103,169
PERMA BAIT CO.	159
PERRY, BUCK	101
PETERS BAIT CO.	101,103
PFEFFER, JIM	101
PFEIFFER, LIVE BAIT CO.	103
PFLUEGER	29,103,105,107 109,111,153
PFLUEGER-CHAPMAN	285

PHILIP TACKLE CO.	101
PHOENIX CO., THE	103
PICO	101,153,289
PIERCE, M.F.	285
PITT-KAN BAIT CO.	101
POE	153
POES	289
POINT JUDE BAIT CO.	103,143
POLK MFG. CO.	101,153
PONCA BAITS	289
PONTIAC MFG. CO.	103
POPE, EDDIE & CO.	101,167
POPLIN, N.G.	167
POPS LURES	289
PORTER	101,153
PRESTO	103
PRETZ BAITS	153
PROCTOR & GREY	155
PROGRESSIVE TOOL CO.	289
PROVEN BAIT CO.	147
PULS & WENOKA	289
PULVER, LEN	147

Q

QUAITAW TRAVELER BAIT CO.	81
QUALMAN, GEORGE	111

R

R-K TACKLE CO.	113
RADFORD	111,164
RAINEY BAIT CO.	111
RANDALL	145
RAPALA, LOURI	113
RATCLIFFE, J.	285
RAY LURE CO.	147
REBUPLIC TACKLE	168
RED & GREEN TACKLE CO.	159
RED'S BAIT CO.	111
RENBARGER, B.	167
RESEARCH & MODEL CO.	119
REYNOLD'S J.W. DECOY CO.	113
RHEAD, LOUIS	29,111
RICE ENG. CO.	111
RIDENOUR, G.G.	285
RINEHART TACKLE CO.	111
ROBERTS, C.C.	111
ROBFIN	111,155
ROBINSON BAIT CO.	113
ROCHESTER BAIT MFG. CO.	113
ROCKWOOD	31
ROESSLER CORP.	113
ROOT, L.V.	113
ROSEGUARD	89
ROSS BAIT CO.	111
ROSS MFG.	155
ROTO-FLI BAIT CO.	113,169
ROY TACKLE CO.	111
RUBE, DICK	157
RUSH, J.K.	113
RUSSELURE MFG. CO.	111

S

S-SPINNER BAIT CO.	115
S.A & CO.	115
SALES & ENGINEERING CO.	289
SAMPSON PRODUCTS	163
SAN LUCO INC.	115
SCAMP LURE CO.	115
SCANDINAVIAN BAIT CO.	97
SCHALLER BAIT CO.	117
SCHILPP, CHARLES	113
SCHIPPER, J.A.	145
SCHLITZ NOVELTY	115
SCHOONMAKER, J.R.	117
SCHROEDER	89
SCOOTER POOPER SALES	117
SCORPION BAIT CO.	115
SEA SHINER BAIT CO.	115
SEALAND MFG. CO.	119
SEATTLE FISH LURE CO.	163
SEDVY ENT.	119
SELBY, E.V. & CO.	115
SELF, ROY	113
SENECA BAIT CO.	115
SEYMOUR, J.K.	115,117
SHAEFFER	117
SHAKESPEARE	125,127,129,131 133,155,157,285 289
SHIPLEY	155
SHIPLEY, A.B. & SON	117
SHIVERDECKER, H.P.	164
SHOFF TACKLE CO.	117,168
SHURE BITE ARTIF. BAIT CO.	117

SHURE-BITE BAIT CO.	115
SHUREBITE INC.	115
SHURLUR GARRETT MFG. CO.	119,146
SILVER CREEK NOVELTY CO.	115,155
SILVER TIN TACKLE CO.	117
SILVERDOCKER, H.P.	164
SIREN LURE CO.	115
SIX, CHARLES CO.	289
SKINNER, G.M.	113,285
SKIPPER BAIT CO.	147
SLEEKER BAIT CO.	115
SLETTON	145
SMITH	29
SMITH ADVERTISING	163
SMITH & YELTON	115
SMITH, BOB SPORTING GOODS	117
SMITH, CLARENCE	117
SMITHCRAFT PRODUCTS	117
SMITHWICK	55,157,289
SNAKE BAIT CO.	115
SNELL LURE CO.	115
SNOOK BAIT CO.	289
SNYDER BAIT CO.	117
SOBECKI, ANTON	117
SOONER BAIT CO.	162
SOUTH BEND BAIT CO.	119,121,123,125 155,168,169,285 289
SOUTH BEND LURE CO.	117
SOUTH COAST MINNOW CO.	289
SOUTH HAVEN PLUG CO.	115,155
SOUTHER, N.C. CO.	137
SOUTHWEST TACKLE	49
SPARK DART CO.	285
SPAULDING	113
SPLIT FISH LURE CO.	289
SPIN-TWIN BAIT CO.	115
SPIRAL BAIT CO.	115
SPOOFER LURE CO.	119
SPORTING INDUSTRIES	117
SPORTSLAND MFG. CO.	117
SPORTSMAN	77,115,155
SPORTSMAN'S PRODUCTS	77,101,160,163 289
SPORTSMAN RESEARCH	119
SPRINGFIELD NOVELTY	41,149
ST. CLAIRE CO.	169
ST. CROIX BAIT CO.	115
ST. GEORGE BAIT CO.	85
ST. PAUL'S 10,000 LAKES	119,289
STAGE	155
STALEY-JOHNSON MFG. CO.	117
STANLEY & CHAPMAN	113
STAPH, CHARLES H.	119
STEEL, FRANK R, INC.	35
STEELFISH CO.	289
STEELSTAMP CO.	85,119,155
STEN, WALT	155
STEWART, BUD TACKLE	115,285,289
STORM MFG. CO.	115
STRAUSBORGER, O.C.	117,161
STREAM-EZE INC.	117
STREAMLINE BAIT CO.	83
STRETCH MFG.	119,155,159
STRIKEMASTER TACKLE	117,145,155,157 285
STUART, WM & CO.	117
STUBB BAIT CO.	115
SUGARWOOD LURE CO.	115
SUICK TACKLE	143
SUMMER WOODS, INC.	55
SUPERIOR DOOR CATCH CO.	81
SURELUCK	125,169
SURE-CATCH LURE CO.	115
SUTTON, S.R.	115,155
SWEENEY, SLIM	117
SWIMMY	289
SYLVESTER, JERRY	143
SZABO, BILL	115,155

T

T-N-T TACKLE CO.	133
T.C. BAIT CO.	133
TACKLE INDUSTRIES	117
TADY BAIT CO.	135
TAMPA BAY MINNOW CO.	41
TANTALURE CO.	164
TARHEEL BAIT CO.	289
TATE BAIT CO.	155
TAYLOR'S MFG. CO.	135
TEMPTER BAIT CO.	135
THARP, EARL	167
THOMMEN BAIT CO.	135
THOMPSON, W.H.	285
TILLS & WEAVER	162
TOLEDO BAIT CO.	285
TOM BAIT CO.	133
TOMLIN BAIT CO.	160,165
TOOLEY, L.J. CO.	133
TRADEWINDS INC.	133
TRANSPARENT FISHING TACKLE	285
TRENTON, MFG. CO.	133
TRIL-O BAIT CO.	155
TROPICAL BAIT CO.	115,285,289
TRUE ART FLY CO.	135,165,168
TULSA TACKLE CO.	133,155,161
TURBULENT BAIT CO.	133
TURNER BROS.	159
TURNER, O.A.	135
TURNER, Z.T.	135
TUTTLE, O.C.	135,168,285,289
TWIN MINNOW BAIT & TACKLE	133
TYNE-MITE BAIT CO.	133

U

U.B. BAIT CO.	155
UNCLE HUB'S ENTERPRISE	63,151
UNILINE MFG. CO.	135
UNIOK SPRINGS SPECIALTY	135
UNKEFER & BRADLEY	135

V

VACUUM BAIT CO., THE	65
VAL PRODUCTS	135
VANDECAR	29
VANN-CLAY CO., THE	135
VAUGHN'S TACKLE CO.	135
VEIHL, RAY/ERVIN	145
VERMILLION BAIT CO.	135
VESCO BAIT CO.	135,159
VIVI LURE BAIT CO.	135
VOM HOFE, EDWARD	135,285

W

WADE, WM S.	289
WADHAM, PERCY	141
WAIT TACKLE CO.	135
WAKEMAN	137
WALLACE	89
WALLSTEN CO.	139,289
WALTON PRODUCTS	115
WALTON, EVANS CO.	139
WALTS TACKLE	289
WARDS	67
WASHALL, TY	145
WASWEYLER, DR.	28
WATSON, DOC	137
WAYNE PRECISION	155,160
WEBER CO.	137,147,157,159 164,168
WEBFOOT, JON	165
WEEZEL BAIT CO.	141
WEISENFIELD	139
WELLER, ERWIN CO.	137
WELSHERANA BAIT CO.	137
WHEELER-LUNBECK	285
WHIP-TAIL SUCKER CO.	143
WHISLER, BERT	137
WHITEHALL BAIT CO.	141
WHITMAN	289
WHIZ BANG BAIT CO.	166
WHOPPER STOPPER BAIT CO.	141,159,285
WICHERSHAM, J.C.	289
WIESE BAIT CO.	289
WILFORD & SON	155
WILFORD, L.A. & SO.	137
WILLIAMS BAIT CO.	137
WILLIAMS, OSBORNE	135
WILSON	141,155,157
WILSON-HASTINGS	289
WILSON BAIT CO.(HASTINGS)	139
WILSON, AL	137
WILSON, ART	155
WINCHESTER BAIT & MFG.	162
WINCHESTER REPEATING ARMS	137
WINNIE BAIT CO.	137,285
WISE SPORTSMAN'S SUPPLY	135,285
WIZARD LIVE MFG. CO.	137
WOOD & WATERS BAIT CO.	137
WOOD MFG. CO.	141
WOOD, J.	63,289
WOODS, F.C.	135
WONDER STATE PRODUCTS	159,162,285
WORDEN	115,119
WORDEN FLOAT. SPINNER CO.	141
WORDEN SPINNER BAIT CO.	61
WORROCK BAIT CO.	139
WORTH BAIT CO.	135,155
WRIGHT-McGILL CO.	139,155,168,169 285

Index by Lure Company Name (CONTINUED)

Y
YANKEE SPORTING GOODS......141
YELENIK, ANDREW............289
YORK BAIT CO...............157,285
YPSILANTI BAIT CO..........55,285

Z
ZEBCO......................298
ZENITH BAIT CO.............141
ZINC ARTIFICIAL BAIT CO....141
ZINKE, ROBT. & FRED........290
ZOLI INC...................141
ZYLETER....................141

Add-on Lure Manufacture Index from Identified Unknowns

BEAVER BAIT CO.............153
CHEVY CHASE PRODUCTS.......165
HERSHELL, JOHN.............147
KING BAIT CO...............81
MODERN SPORTING GOODS......77
SMITH ADVERTISING..........163
SOUTHWEST TACKLE...........49

Index by Reel Company Name

A
ABBEY & IMBRIE.............198,199
AERO PRODUCTS..............269
AIREX......................199
AIREX-MEISSELBACH..........199
ALFORD.....................199
ALLCOCK....................263,264
ALOFS MFG. CO..............200
ALUMAG.....................199
AMERICA'S REEL CO..........199,294

B
B & H TOOL CO..............219
BACH-BROWN.................199
BARNEY & BERRY.............205
BATES, T.H.................203
BEAN, L.L..................203
BENJAMIN...................200
BENSON.....................200
BETTS7E,7F BODDEUS.........269
BILLINGHURST...............200
BIVAN'S MFG. CO............199
BLUE GRASS REEL WORKS......217
BOYER......................200,294
BRADCO.....................203
BRADFORD & ANTHONY.........203,204
BRADFORD, CHARLES K........203
BRISTOL....................222
BRONSON....................200,201,202,203
                           297

C
C.A.P. REEL CO.............267
CARLTON....................204,205
CARTER-DUNKS...............269
CHAMBERLAIN CART.& TARGET..205
CHICAGO FISHING EQUIP......270
CLARKSON...................204
CLERK, J. & CO.............204
CLINTON, C.M...............206
COATS, A...................260
COMPAC SIERRA REELS........267
CONGRESS REEL CO...........267
CONROY, J.C. & CO..........204
COXE REEL CO...............202
COZZONE....................205
CREEK CHUB BAIT CO.........205
CROOK, J.R.................204
CROWN FISHING TACKLE.......205
CYCLOID CORP...............294

D
DAM........................267
DAME STODDARD & KENDALL....206
DEARBORN TACKLE............294
DRIESER, J.................261
DUNCAN-BRIGGS..............206

E
EDSALL METALS..............260
EDWARDS....................207
EPPINGER, LOU..............206
EVANS......................206
EVERREADY..................206

F
FARLOW, C..................265
FERGUSON...................207
FERNWOOD...................208
FERRIS-LINDGREN............216
FOLLETT....................207
FOSS, AL...................208
FOX, A.H. GUN CO...........207
FRASER-PRINCETON...........207
FRIES MACHINE WORKS........207,262
FROST, H.J.................207
FULLILOVE, FRANK...........208

G
GO-ITE MFG. CO.............208
GARCIA/ABU.................268,294
GAYLE, GEORGE & SON........208,209
GOODALL....................209,297
GREAT LAKES PRODUCTS.......209,268,270
GREEN BROTHERS.............268
GREEN DRAGON REEL CO.......267
GULF REELS.................268

H
H-R........................263,264
H.S. & B. CO...............241
HALL, HARVEY...............261
HARDY......................262,264,265,266
HARRIS REEL CO.............261
HAWK-OGILVEY...............2141
HAWTHORNE..................214
HAYWOOD MFG. CO............210
HEDDON, JAMES..............211,212
HELICAL TWIN REEL CO.......267
HENDRYX, A.B...............213,214
HERTER'S...................209
HIGGINS, J.C...............210,211
HOLMES, L.W................210
HORROCK-IBBOTSON...........209,210
HORTON.....................221,222,297
HUMPAL.....................210
HURD LOCK & MFG. CO........270,294

J
JAMISON....................214
JOHNSON....................215

K
KALAMAZOO..................216
KARMA REELS................269
KAUFMANN...................270
KEEN MASTER REEL CO........269
KEENE VALLEY ENG. CO.......217
KENNEBUNC REELS............216
KERR REEL CO...............294
KIEST, HENRY...............215
KILIAN.....................217
KINGFISHER.................216
KIPPE, H.H.................215,216
KNOXALL....................215
KOFT.......................252
KOPH.......................215
KOSMIC.....................215
KUNTZ, S.L.................242

L

LANGELY...................218,219,297
LASHMASTER................217
LAWSON MACHINE WORKS......267
LEE, F....................261
LEONARD...................219
LEXINGTON.................217
LIBERTY BELL REEL CO......217
LITCHFIELD................217
LITTLE....................264
LONG, JOHN E..............217
LOOMIS & PLUMB............217
LOUISVILLE CASTING REEL CO..217
LOVELL, JOHN P. & SON.....217

M

MAGIC REEL CO.............219
MALLESON, FRED K..........220
MALLOCH, P.D..............264,265,266
MARHOFF REEL CO...........245
MARSHALL FIELDS & VLA.....208
MARTIN....................219
McGREGOR-NOEL.............220
MEEK & SON................221
MEEK, B.F.................220,221
MEEK-MILAM................220
MEISSELBACH, A.F..........222,223,224,225
                          294
MICRO-MOTOR...............220,295
MILAM, B.C................220
MILAM, B.C. & SON.........221
MITCHEL...................267
MONARCH...................219
MONTAGUE..................220,224
MOSQUITO REEL CO..........228

N

NATIONAL SPECIALTY........226
NORIS.....................225

O

O'BRIAN INDUSTRIES, INC...220
OCEAN CITY................226,227,228,270
                          295,297
OHIO TOOL CO..............199
OK REEL CO................226
OLYMPIC REEL CO...........226,266,267
ORVIS.....................226
OUTING MFG................261

P

PACHNER & KELLER..........228,229
PAYNE, GEO. W.............228
PECHON MIZEL LUXOR REELS..267
PEERLESS..................229
PENN......................229
PENNELL...................229,230,231,232
                          233,234,295
PERINE....................228
PETER'S BAIT CO...........226
PETTIGILL.................228
PFLUEGER..................234,235,236,237
                          238,239,240,295
PRECISION BUILT...........228

Q

QUAKER CITY...............240

R

RANGER REELS..............242
RAVENNA METAL WORKS.......241
REDIFOR, WARREN...........240
REEL-DEAL.................229
RIDER CASTING REEL CO.....242
ROCHESTER REEL CO.........240,241
RODDY REELS...............242
ROSS MFG..................261

S

SCHALLER'S REEL & BAIT CO...298
SCHMELZER ARMS CO.........297
SCHOENFIELD-GUTTER........241,295
SCRIBNER, D...............241
SEARS.....................269,297
SHAKESPEARE...............245,246,247,248
                          249,250,251,295
                          296,297
SHAPLEIGH.................242
SHIPLEY, A.B..............241
SHULTZ....................241
SIEGRIST RECORD REELS.....266
SMALL, E.F. & SONS........241
SOUTH BEND BAIT CO........242,243,244,297
SOUTHWORTH D.C............242,262
SPECIALTY MFG. CO.........242
SPIRAL REEL CO............241
STANDARD BROS. LTD........245
STERLING..................264,267
STEVENS...................242,261
STOCKFORD.................242
SUTTON WILLIAM S..........241

T

TALBOT, W.H...............251,252,296
TERRY, ELI................251
TRENT VALLEY REEL CO......266
TRUE TEMPER...............270

U

UNION HARDWARE............252
UNKNOWNS..................261,262,263,266
                          268,296,298
UNKNOWN FOREIGN...........267
USTONSON & PETERS.........263

V

VIRGINIA REEL CO..........251
VOM HOFE, EDWARD..........255,256
VOM HOFE, FREDERICK.......253
VOM HOFE, JULIUS..........252,253,254
                          255,256

W

WARDS.....................242,257
WEBER.....................256,257
WELCH, JACK...............257
WELLWORTH CASTING.........256
WESTERN AUTO..............297
WHEELER-McGREGOR..........257
WHITING & HENDRICKS BROS..256
WILKERSON.................296
WILLOUGHBY................257
WILSON, THOMAS E..........256,296
WILSON-HASTINGS...........256,259
WINCHESTER................257,258,259,269
WORDEN....................259
WORLD'S LARGEST STORE.....257
WRIGHT-McGILL.............257,298

Y

YALE......................260
YAWMAN & ERBY.............260

Z

ZEBCO.....................260,296,298